DIESER BAND IST DER ZWANZIGSTE DES GESAMTWERKES

DIE KUNSTDENKMÄLER DER SCHWEIZ

HERAUSGEGEBEN
VON DER GESELLSCHAFT
FÜR SCHWEIZERISCHE KUNSTGESCHICHTE
VORMALS SCHWEIZERISCHE GESELLSCHAFT FÜR
ERHALTUNG HISTORISCHER KUNSTDENKMÄLER

MIT EIDGENÖSSISCHEN, KANTONALEN,
STÄDTISCHEN UND PRIVATEN SUBVENTIONEN

BIRKHÄUSER VERLAG BASEL
1948

DIE KUNSTDENKMÄLER
DES KANTONS
GRAUBÜNDEN

VON

ERWIN POESCHEL

BAND VII
CHUR UND DER KREIS FÜNF DÖRFER

MIT 477 ABBILDUNGEN

UNVERÄNDERTER NACHDRUCK 1975

BIRKHÄUSER VERLAG BASEL
1948

ALLE RECHTE VORBEHALTEN – TOUS DROITS RÉSERVÉS
© BIRKHÄUSER VERLAG BASEL, 1948, 1975
ISBN 3-7643-0808-7

INHALTSVERZEICHNIS

	Seite
Vorworte	VI
Verzeichnis der Abkürzungen	XI

CHUR ... 1

Geographie, Geschichte und Wirtschaft ... 3
Wappen, Farben und Siegel ... 12
Ansichten und Pläne ... 15
Entwicklung der Stadtanlage ... 22
Die Stadtbefestigungen ... 25
Die Brücken ... 33
Die Brunnen ... 34
Die Kathedrale ... 36
    Geschichte und Baugeschichte, S. 36. Beschreibung früherer Bauten, S. 38. Die Marmorskulpturen der Tellokirche, S. 42. Der Hauptaltar der Tellokirche, S. 47. Baubeschreibung der heutigen Kathedrale, S. 48. Wandmalereien und Stukkaturen, S. 65. Die Plastik der Basen und Kapitelle, S. 74. Die Apostelsäulen, S. 91. Baugeschichtliche Zusammenfassung, S. 97. Die Altäre, S. 99. Die übrige Ausstattung, S. 127. (Das Sakramentshäuschen, S. 127. Das Chorgestühl, S. 131.) Grabplastik, S. 139. Die Glocken, S. 146. Sakristeimobiliar, S. 146. Kultusgeräte, S. 146. Paramente, S. 182. Bischöfliche Insignien, S. 189. Buchmalerei, S. 190. Fragmente von Altären, S. 192. Abgewanderte Kunstgegenstände, S. 195. Kreuzgang und Friedhof, S. 200.

Die Kapellen auf dem Hof ... 201
    Verschwundene Kapellen des Hofes ... 203
Das Bischöfliche Schloß ... 205
    Die Todesbilder ... 220
Die Domherrenhäuser ... 227
Die Kirchen in und bei der Stadt ... 233
    Die Kirche St. Martin ... 233
    Die Kirche St. Regula ... 248
    Die Kirche in Masans ... 253
    Die abgegangene Kirche St. Salvator ... 256
Das ehemalige Kloster St. Luzi ... 257
    Die verschwundene Kapelle St. Stephan ... 271
Das ehemalige Kloster St. Nicolai ... 275
Das ehemalige Kloster St. Hilarien ... 282
Die ehemalige Kapelle St. Margarethen ... 283
Die ehemaligen Spitäler ... 283
Die ehemaligen Friedhöfe ... 286
Die öffentlichen Profanbauten: Das Rathaus und die Zunfthäuser ... 289
Private Wohnbauten ... 316
Das Rätische Museum ... 354

KREIS FÜNF DÖRFER ... 357

    Geographie, Geschichte und Wirtschaft ... 359
    Haldenstein ... 362
    Igis ... 373
    Mastrils ... 387
    Trimmis ... 389
    Untervaz ... 395
    Zizers ... 402
Anhang ... 418
    Kunstgegenstände aus Graubünden im Schweiz. Landesmuseum in Zürich ... 421
    Nachträge zu Band I–VII ... 428
    Tabellen von Meisterzeichen ... 458
    Orts- und Personenverzeichnis ... 461
    Verzeichnis der Künstler und Handwerksmeister ... 470
    Verzeichnis der Photographen ... 473
    Gesamtverzeichnis der Orte für Band II–VII ... 474

Indem die Gesellschaft für Schweizerische Kunstgeschichte ihren Mitgliedern den siebenten und letzten Band der

KUNSTDENKMÄLER DES KANTONS GRAUBÜNDEN

als zweite Jahresgabe für 1947 überreicht, ist sie erfüllt von dem Gefühl der Genugtuung, einen würdigen Schlußstein für das Gefüge der Beschreibung des reichen Besitzes eines durch seine Kunstwerke besonders wichtigen und interessanten Kantons liefern zu können.

Daß diese umfängliche Arbeit in vorbildlicher Weise und in unverhältnismäßig rascher Folge durchgeführt werden konnte, ist das große Verdienst des ausgezeichneten Verfassers, Dr. h.c. E. POESCHEL, den seine Gattin und treue Helferin unterstützte. Unsere Dankbarkeit für seine Leistung und für die angenehme Zusammenarbeit mit unseren Organen stellt bloß eine der Stimmen im Chore von vielen dar, die sich nicht nur im ganzen Lande, sondern auch weit darüber hinaus zu Dank und Anerkennung erhoben haben.

Wir sind uns auch der vielfachen – nach außen zwar meist wenig sichtbaren –, aber sehr großen Hilfe bewußt, die nicht nur dem Verfasser sein emsiges Arbeiten entscheidend ermöglicht und erleichtert hat, sondern auch bei der Drucklegung der sieben Bündner Kantonsbände wirksam geworden ist. Wir nennen vor allem das Eidgenössische Departement des Innern, den Kleinen und Großen Rat des Kantons Graubünden, den Verwaltungsausschuß der Rhätischen Bahn und ganz besonders den kantonalen Arbeitsausschuß für die Inventarisation der Kunstdenkmäler des Kantons Graubünden, dem Prof. Dr. h. c. B. HARTMANN als Präsident, G. BENER †, Dr. E. BRANGER, S. G. BISCHOF Dr. CHR. CAMINADA und Dr. A. MEULI † angehörten.

Die nunmehr erfolgte Vollendung der Bestandesaufnahme des dritten Schweizer Kantons in unserer Reihe bietet ein neues Vorbild für das Verantwortungsgefühl aller daran beteiligten Kreise gegenüber dem heimischen Kunstgut, dessen Besitz unserem Volke bewußt gemacht und für dessen dauernde Erhaltung geworben wird. Möge es überall, wo noch alles oder noch vieles in dieser Hinsicht zu tun ist, zur Nachfolge anspornen.

Die Gesellschaft für Schweizerische Kunstgeschichte

Der Präsident:

Dr. *Louis Blondel.*

Genf, im Dezember 1947.

VORWORT DES VERFASSERS

Neben äußeren Gründen war schon von Anfang an bei dem Plan, Chur an das Ende der dem Kanton Graubünden eingeräumten Bände zu stellen, die Absicht bestimmend, damit der ganzen Folge einen bekrönenden Abschluß zu geben. Vor allem sollte die Kathedrale durch die urtümliche Kraft ihrer Erscheinung noch einmal für den Grundzug bündnerischen Formgefühls zeugen dürfen. Außer Chur umfaßt der vorliegende Band das seit alters mit der Stadt nahe verbundene Gebiet des Kreises «Fünf Dörfer», also den Bereich bis zur Landquart, und damit schließt sich, an der Grenze der «Herrschaft» – ein Dezennium nach dem Erscheinen der beiden ersten Bände –, der Rundgang dort, wo er begonnen.

Der Anhang bringt endlich einen Katalog nicht genauer lokalisierbarer Kunstgegenstände aus Graubünden im Schweizerischen Landesmuseum, ferner – wie bereits früher angekündigt – Nachträge zu den einzelnen Bänden, sei es nun, daß sich Umgestaltungen an bestehenden Objekten ereigneten oder neue Kunstdenkmäler durch Ausgrabungen und Abdeckungen zum Vorschein kamen, seit die einschlägigen Bände erschienen sind.

Obwohl der Umfang der Reihe das ursprünglich zugebilligte Maß überschritt, so würde trotzdem der nun beanspruchte Raum auch bei äußerster Einschränkung und dem Verzicht auf manches, das in weniger reich bestellten Gebieten Aufnahme gefunden hätte, nicht genügt haben, wären nicht schon die drei Bände des «Bürgerhauses» und das «Burgenbuch» dieser Publikation vorangegangen. So aber war es möglich, sich bei den dort behandelten Objekten auf resümierende Zusammenfassungen und auf Ergänzungen – besonders im Hinblick auf das bewegliche Kunstgut – zu beschränken, vor allem aber in der Bilddokumentation sich mit einer knappen Auswahl und Neuaufnahmen zu begnügen.

Rechnet der Autor die Arbeit an jenen eben genannten Werken ein, so waren ihm nun 25 Jahre mit der Erforschung der Bündner Kunstdenkmäler erfüllt. Die in dieser Zeitspanne angehäufte Dankesschuld allen gegenüber, die ihm bei der Durchführung seiner Aufgabe halfen, ist mit Worten nicht abzutragen. Ich gedenke dabei nicht nur der geistlichen und weltlichen Behörden, sondern auch aller jener Lokalforscher, die gerade in Graubünden eine weitverzweigte, stille Gemeinde bilden.

Vor allem aber erfüllt tiefste Dankbarkeit mein Herz beim Abschied von unserer Bündner Kommission unter der Leitung ihres verehrten Präsidenten, Herrn Professor Dr. h. c. B. HARTMANN, deren Vertrauen und tätige Hilfe das sichertragende Fundament meiner ganzen Arbeit war.

Als glückliche Fügung dürfen wir es betrachten, daß der Technische Arbeitsdienst Zürich lange genug fortdauerte, um auch noch die letzten Arbeiten an den Plänen für den vorliegenden Band vollenden zu können. Waren die Aufnahmen für das Gebiet des Kreises «Fünf Dörfer» schon beim Beginn der Tätigkeit des früheren TAD. unter Herrn Dipl.-Arch. Dr. H. FIETZ hergestellt worden, dem gleichfalls der verbindlichste Dank abgestattet sei, so stand die Plangestaltung für Chur unter Leitung von Herrn Dipl.-Arch. H. LABHART. Welch lebhaftes Interesse und welche Sorgfalt er stets an diese Aufgabe wandte, werden wir ihm nicht vergessen. Unser besonderer Dank gebührt auch Herrn Dipl.-Arch. W. SULSER, der uns bei der Bearbeitung der Kathedrale und der Kirche St. Luzi Aufnahmen zur Verfügung stellte und auch sonst für jede Auskunft und für alle Anliegen stets zu finden war. Ebenso sind wir anderen Herren für die Überlassung von Plänen wie für ergänzende Neuaufnahmen zu Dank verpflichtet, so den Herren Architekten SCHÄFER und RISCH, Herrn R. SIEVI, Hochbaumeister der Rhätischen Bahn, und dem städtischen Baukontrolleur Herrn J. CONRAD.

VIII

Das anteilnehmende Verständnis, das S. Gn. Bischof Dr. h. c. CHR. CAMINADA unserer Arbeit entgegenbrachte, hat dem Autor in all den verflossenen Jahren die Wege geebnet, und bei dem bischöflichen Archivar, Herrn J. BATTAGLIA, fand er stets unermüdliche Hilfe und Beratung, wofür herzlich gedankt sei. Für viele Erleichterungen bei seinen Studien im Stadtarchiv ist er dem Stadtpräsidenten, Herrn Nationalrat Dr. MOHR, wie dem Kanzleichef, Herrn G. LÜTSCHER, sehr verpflichtet. Die Register besorgte wieder meine Frau und Mitarbeiterin.

Mit welch einfühlendem Verständnis der Präsident der Redaktionskommission, Herr Dr. H. SCHNEIDER, und der Herstellungsredaktor, Herr Dr. E. MURBACH, sich der Anordnung und Zusammenstimmung von Bild und Text annahmen, habe ich dankbar empfunden. Auch der Verlag sei für die Sorgfalt der Drucklegung in diesen Dank eingeschlossen.

Es erfüllt den Autor mit Trauer, daß er Herrn Direktor G. BENER, dem die Bündner Inventarisation und er selbst Entscheidendes verdanken, gerade dieses Buch über seine Vaterstadt, an der er mit unwandelbarer Liebe hing, nicht mehr überreichen kann. Auch seinem Andenken möchte es nun dienen.

Erwin Poeschel.

Dezember 1947.

ZUM ABSCHLUSS
DER BÜNDNER KUNSTDENKMÄLER

Mit dem vorliegenden VII. Band ist die Herausgabe der Bündner Kunstdenkmäler abgeschlossen, und die unterzeichnete Kommission hat ihren Auftrag erfüllt. Es sind im Frühjahr 1948 genau siebzehn Jahre vergangen seit ihrer Ernennung und Konstituierung auf Anregung des vor zwei Jahren verstorbenen Direktors der Rhätischen Bahn, G. BENER. Rechnet man aber in die Zeit zurück, da in Graubünden in privatem Kreise, dem auch schon verschiedene Mitglieder unserer Kommission angehörten, der Plan einer Inventarisation der einheimischen Kunstdenkmäler besprochen und gefaßt wurde, so gelangt man auf vierzig Jahre. Jedermann wird es verstehen, wenn wir zum Abschied nochmals den Wunsch haben, hervorzutreten, und niemand kann es uns verargen, wenn wir vielleicht gegen die Übung in solchen Dingen in unserem sachlichen Schlußwort die tiefe Freude und Dankbarkeit nicht unterdrücken, ja selbst die Wehmut nicht verschweigen, die den erfüllt, der von einem köstlichen, viele Jahre sich wiederholenden Erlebnis Abschied nimmt. So nämlich gestaltete sich die Zusammenarbeit mit unserem Autor.

Wohl steht es uns keineswegs an, die eigene Arbeit ins Licht zu setzen. Wissen wir doch, daß wir das Ziel nie erreicht hätten ohne die weitgehende Hilfe anderer. Vorne an steht da die GESELLSCHAFT FÜR SCHWEIZERISCHE KUNSTGESCHICHTE. Dazu kam das stets wachsende Interesse PRIVATER und der BEHÖRDEN DES KANTONS. Entscheidend aber für den Erfolg war die einzigartige Fügung, daß wir in Dr. h. c. ERWIN POESCHEL einen Kenner unseres weitverzweigten Landes finden durften und gleichzeitig einen Kunstgelehrten, der nicht nur der sehr großen Aufgabe voll gewachsen war, sondern auch über die Kraft und Hingabe verfügte, ihr zuliebe mehr als zwei Jahrzehnte durchzuhalten, stets assistiert von seiner kundigen Frau. Nur so erklärt sich der Idealfall, daß es gelang, in dieser verhältnismäßig kurzen Zeit das fast überreiche ältere Kunstgut des größten und seiner Geschichte nach einzigartigen Schweizer Kantons zu erfassen und in wissenschaftlich mustergültiger Weise zu inventarisieren. Das Ergebnis waren sieben Bände von insgesamt, die Illustration miteingerechnet, 3100 Druckseiten in Lexikonformat.

Für die Anfangszeiten des Planes sowie unserer Kommissionsarbeit verweisen wir auf unser Einführungswort im ersten, 1937 erschienenen Band, dem der Autor den Titel gab «Die Kunst in Graubünden; ein Überblick». Übrigens, nebenbei bemerkt, ein Band, der im Publikum besonders dankbare Aufnahme fand, so daß er schon in Bälde in zweiter Auflage erscheinen mußte. Dort, bei jenem Einführungswort, setzen wir ein, wenn wir im folgenden über die weitere Arbeit unserer Kommission berichten.

Daß uns die *Finanzierung* des Großwerkes wachsende Sorge bereitete, liegt auf der Hand. Wohl bildete seit 1931 der jährliche Beitrag der RHÄTISCHEN BAHN von Fr. 7000.– aus ihrem Budgetkredit für kulturelle Landespropaganda die finanzielle Basis des Ganzen. Er mußte aber, trotz der bescheidenen Besoldung des Autors, bedeutend ergänzt werden durch private Beiträge, die zwar stets noch flossen, aber allmählich nicht mehr ausreichten. So wagten wir es dann, im Frühling 1938 an den GROSSEN RAT zu gelangen, nachdem wir die zwei ersten Bände als besonders instruktives Ergebnis der bis dahin geleisteten Arbeit vorlegen konnten. Es bedeutete eine große Ermutigung, daß der Rat unser Gesuch einstimmig genehmigte durch eine jährliche Subvention von Fr. 5000.– auf 5 Jahre. Sie wurde dann von 1943 weg durch Beschluß des KLEINEN RATES unter etwas abgeändertem Titel erfreulicherweise bis heute verlängert.

Eine andere, uns stets wieder beschäftigende Sorge war ideeller Art und betraf die *Zahl unserer Bände.* Ursprünglich waren uns durch die Gesellschaft für Schweizerische Kunstgeschichte fünf Bündner Bände bewilligt. Das war zu einer Zeit, da unser Autor zwar bereits den Überblick über das Ganze hatte, aber die Raumbedürfnisse noch nicht zu übersehen vermochte. So bemühten wir uns denn seit 1940 um die Bewilligung eines VI. Bandes, die wir auch im folgenden Jahr erhielten. Es war ein Glück, in unserem Quästor, Direktor Dr. E. BRANGER, damals einen tatkräftigen Vertreter im Vorstand der Gesellschaft für Schweizerische Kunstgeschichte zu haben. Bald aber mußten wir immer deutlicher erkennen, daß der bedeutende Rest unseres Bestandes, darunter die Kathedrale und die Baugeschichte der Stadt Chur, den VI. Band weit überfüllt hätte. In dieser Notlage kam, zugleich mit dem Kleinen Rat unseres Kantons, unser einsichtsvoller Gönner, der leider 1945 zu früh verstorbene Direktor Dr. G. ENGI in Basel, uns zu Hilfe. Wir konnten nun der Gesellschaft für Schweizerische Kunstgeschichte an die Bewilligung eines VII. Bandes Fr. 10000.– zur Verfügung stellen und fanden erfreuliches Entgegenkommen. Die ungewöhnliche Arbeitskraft und Bereitschaft unseres Autors, Dr. Poeschel, ermöglichte es dann, schon zwei Jahre nach dem Erscheinen des VI. Bandes (Puschlav, Misox und Calanca) auch den VII. und letzten bereitzustellen. Das Ziel war erreicht.

Leider rissen die Jahre in die Reihe unserer Kommission und ihrer Berater allmählich empfindliche Lücken. Bis 1943 hatte sie sich nur insofern verändert, daß Landammann Dr. E. BRANGER Direktor der Rhätischen Bahn und Generalvikar Msgr. Dr. CHR. CAMINADA Bischof von Chur geworden war, Pfarrer B. HARTMANN aber die Altersgrenze des Churer Kantonsschullehrers überschritt. Sie blieben alle drei der Kommission treu. 1943 jedoch starb Nationalrat Dr. A. MEULI, der sich einst in den Frühzeiten so sehr um die Inventarisation unserer Kunstdenkmäler bemüht hatte, und im folgenden Jahr Prof. Dr. K. ESCHER in Zürich, der warme und kenntnisreiche Freund des Bündner Kunstbesitzes. Eine Ersatzwahl wurde weder für den einen noch den anderen getroffen, doch war im Lauf der Jahre der Direktionssekretär der Rhätischen Bahn, Dr. A. CLAVUOT, so mit unserer Aufgabe verwachsen, daß wir keine Sitzung ohne ihn abhielten. Einen schmerzlichen Verlust bedeutete uns 1942 der Hinschied unseres gewiegten wissenschaftlichen Beraters, Prof. Dr. J. ZEMP, in Zürich sowie auch 1944 der Tod des unermüdlichen Zeichners und Malers, des ehrwürdigen Veteranen unserer Inventarisation, Prof. HANS JENNY. Dann aber erfolgte leider im Januar 1946, nur eine kurze Wegstrecke noch vor dem erstrebten Ziel, der Abschied von unserem um unsere Sache so hochverdienten Direktor GUSTAV BENER. Es gehört in besonderem Grade zu der Wehmut, die sich beim Erscheinen des VII. Bandes in unsere Freude mischt, daß wir jetzt den Schlußband nicht mehr dankend in die Hände dieses großen und unvergeßlichen Anregers und Förderers der Herausgabe der Bündner Kunstdenkmäler legen können.

*Die Kommission für die Herausgabe
der Bündner Kunstdenkmäler.*

Chur und Schiers im Dezember 1947.

VERZEICHNIS DER ABKÜRZUNGEN

ASA.	= Anzeiger für Schweizerische Altertumskunde, Zürich.
BA.	= Bischöfliches Archiv, Chur.
BMBl.	= Bündnerisches Monatsblatt, Chur.
BOSSARD	= GUSTAV BOSSARD: Die Zinngießer der Schweiz und ihr Werk, Bd. I und II, Zug 1920 und 1934. Zitiert nach den Nummern der Meisterliste.
BÜHLER	= CHRISTIAN BÜHLER: Die Kachelöfen in Graubünden aus dem XVI.–XVIII. Jahrhundert, Zürich 1880.
Bürgerhaus	= Das Bürgerhaus im Kanton Graubünden, Text von Erwin Poeschel. Bd. XII, XIV und XVI der Publikation des Schweizerischen Ingenieur- und Architektenvereins: Das Bürgerhaus in der Schweiz. Zürich 1923, 1924, 1925.
Burgenbuch	= ERWIN POESCHEL: Das Burgenbuch von Graubünden, Zürich 1929.
CAMENISCH	= E. CAMENISCH: Bündner Reformationsgeschichte, Chur 1920.
Campell, Top.	= Ulrici Campelli Raetiae alpestris topographica descriptio, herausgegeben von C. J. Kind, Quellen zur Schweizer Geschichte VII, Basel 1884.
CD.	= Codex diplomaticus, herausgegeben von Th. v. Mohr, Bd. I bis IV. Chur 1848–1865.
FREI	= KARL FREI: Bemalte Steckborner Keramik des 18. Jahrhunderts, MAGZ., Bd. XXXI, Heft I (1932).
FUTTERER	= I. FUTTERER: Gotische Bildwerke der deutschen Schweiz, 1220–1440. Augsburg 1930.
GANTNER	= J. GANTNER: Kunstgeschichte der Schweiz, Frauenfeld und Leipzig, Bd. I (1936), Bd. II (1947).
GA.	= Gemeinde-Archiv.
HBLS.	= Historisch-Biographisches Lexikon der Schweiz, Neuenburg, 1921–1934.
H. u. Ö.	= J. HEIERLI und W. OECHSLI: Urgeschichte Graubündens, MAGZ., Bd. XXV, Heft I (1903).
JB HAGGr.	= Jahresbericht der Historisch-Antiquarischen Gesellschaft von Graubünden, Chur.
JB SGU.	= Jahresbericht der Schweizerischen Gesellschaft für Urgeschichte.
Kdm. Grb.	= Die Kunstdenkmäler des Kantons Graubünden.
MAGZ.	= Mitteilungen der Antiquarischen Gesellschaft Zürich.
MAYER, Bistum	= JOH. GG. MAYER: Geschichte des Bistums Chur, Bd. I und II, Stans 1907, 1914.

Necrol. Cur.	= Necrologium Curiense, herausgegeben von Wolfgang von Juvalt, Chur 1867.
NÜSCHELER	= ARNOLD NÜSCHELER: Die Gotteshäuser der Schweiz, Heft I, Bistum Chur, Chur 1864.
PfA.	= Pfarr-Archiv.
Raetia sepulta	= Rhaetia sepulta sive collectio monumentorum... à Rodolfo Salicaeo ab Haldenstein, 1773 ff. Mskr. Staatsarchiv Chur, Sign. A VII 11.
RAHN, Geschichte	= J. R. RAHN: Geschichte der bildenden Künste in der Schweiz, Zürich 1876.
ROSENBERG	= MARC ROSENBERG: Der Goldschmiede Merkzeichen, 3. Aufl., Bd. I–IV, Frankfurt 1922–1928.
SCHRÖDER	= ALFR. SCHRÖDER: Augsburger Goldschmiede, Markendeutung und Würdigungen. Arch. für die Gesch. d. Hochstiftes Augsburg VI, Dillingen 1929, S. 541–607.
SERERHARD	= NICOLAUS SERERHARD: Einfalte Delineation, 1742, zitiert nach der Neubearbeitung von O. Vasella, Chur 1944. Ausgabe C. v. Moor, siehe Abkürzungsverzeichnis Bd. VI.
SIMONET, Weltgeistliche	= J. JACOB SIMONET: Die kathol. Weltgeistlichen Graubündens, JB HAGGr. 1920.
StA.	= Stadtarchiv Chur.
TRUOG	= J. R. TRUOG: Die Pfarrer der evang. Gemeinden in Graubünden. JB HAGGr. 1935 und 1936. Zitiert nach den Nummern der Gemeinden.
UB.	= Bündner Urkundenbuch, bearbeitet von E. MEYER-MARTHALER und F. PERRET, Chur. Bisher erschienen nur Bd. I, Lieferung 1 (1947).
ZAK.	= Zeitschrift für Schweizer Archäologie und Kunstgeschichte, herausgegeben vom Schweizerischen Landesmuseum in Zürich, Verlag Birkhäuser, Basel.

Sonstige Abkürzungen siehe bei den Angaben der Spezialliteratur.

Zur Beachtung: Infolge eines technischen Versehens wurde die Abbildung 196 unrichtig gedruckt, so daß die Vögel nicht «gestürzt» erscheinen. Die Unterschrift steht daher zur Anordnung des Bildes im Widerspruch.

CHUR

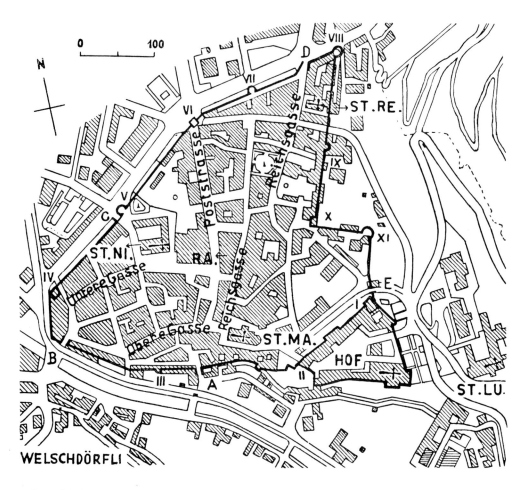

Legende: A = Das Metzgertor, B = Das Obertor, C = Das Totentörli, D = Das Untertor, E = Das Schalfigger Törli.
I = Marsöl, II = Der Torturm des Hofes, III = Turmschale, IV = Pulverturm, V = Keichenturm, VI = Schelmenturm (ehemals «Hoher Turm»), VII = Hexenturm, VIII = Schmiedenturm, IX = Turmschale, X = Hegisturm, XI = Sennhofturm.
St. LU. = St. Luzi, St. NI. = St. Nicolai, St. MA. = St. Martin, St. RE. = St. Regula, RA. = Rathaus.

Abb. 1. Chur, Stadtplan mit Rekonstruktion der alten Befestigung. – Maßstab 1:5000.

GEOGRAPHIE, GESCHICHTE UND WIRTSCHAFT

Geographie und Verkehrswege. Chur liegt 585 m ü. M. an der Mündung des Schanfiggs in das Rheintal in einer am Fuße des Mittenberges von der Plessur ausgebildeten Geländebucht. Die Stadt ist zum großen Teil auf den flachen Kegel der vom Fluß herausgetragenen Schuttmassen gegründet, die sich weit in die Ebene ergossen und dort mit den Alluvionen des Rheines zusammentrafen. Da die Plessur mit großer Kraft von der Felsenge Sassal her unmittelbar auf Chur zustößt und auch vor dem Rhein die Fluren geschützt werden mußten, bildete zu allen Zeiten die Sicherung der Ufer gegen das Zerstörungswerk des Wassers, dem nur der Hoffelsen entrückt ist, ein Hauptanliegen der Bürgerschaft. Anfänglich behalf man sich mit Kastenwuhren; schon zu Campells Zeiten (um 1570) war jedoch die Plessur bei Chur bereits mit massiven Mauern eingefaßt[1].

Wald bekleidet die beiden Torflanken des Schanfiggs – des Mittenberges rechts und des Pizokels links der Plessur – sowie, unter dem Namen «Fürstenwald», das Gebiet längs der Gemeindegrenze gegen Trimmis. Unterhalb des Waldsaumes gedeiht am Mittenberg in Sonne und häufigem Föhn die Traube. Zwischen diesen Waldgebieten und dem Rhein liegen die Felder der Churer Flur, die gegen Westen hin in die ehemalige Pferdeweide – den Roßboden – übergehen.

Seiner Verkehrslage nach ist Chur die Weichenstelle für die Verteilung der die Furche des Rheintales hinaufziehenden Verbindungen auf die Bergstraßen. Den Zufahrtsstrang bildete die alte «Deutsche Straße» (Reichsstraße), die, von Bregenz herkommend, in Maienfeld die Linie Zürich–Walensee aufgenommen hat. Die Straße, deren Führung auf Bündner Boden an anderer Stelle (Bd. II, S. 1 f. und im vorliegenden Band S. 359) skizziert ist, erreichte das Stadtgebiet bei «Halbmil» (eine halbe deutsche Meile vor Chur), wo sie die Letzi (S. 32) passierte, um, oberhalb von Masans vorbeiziehend, das Untere Tor von Chur zu erreichen.

Vom Oberen Tor und der Plessurbrücke stieg die sogenannte «Obere Straße» (Richtung Septimer–Julier) in ältester Zeit anscheinend links aufwärts in der Linie des heutigen Hohenbühl- und Kälberweideweges über St. Hilarien zum «Araschger Rank». Zumindest aber im hohen Mittelalter schon strebte sie von der Brücke aus rechts aufwärts dem Galgenbühl und St. Antönien zu. Vom Araschger Rank aus erreichte sie, im Sinne der heutigen Abkürzungen verlaufend, die Stadtgrenze bei der «Kapelle». Die «Untere» oder «Italienische Straße» (Richtung Splügen- und Bernhardinpaß mit Abzweigung der Oberalproute in Reichenau) verlief vom Obertor durch das Welschdörfli und dann – von belanglosen Abweichungen abgesehen – ungefähr in der heutigen Linie durch das Churer Gebiet nach Ems.

Der Weg ins Schanfigg zum Strelapaß (und von dort ins Engadin und zum Ofenpaß) verließ die Stadt durch das «Schalfigger» oder «Maladerser Törli» dicht unterhalb des Turmes Marsöl, bog aber dann nicht wie die heutige Straße nach links ab, sondern wandte sich nach rechts, um zwischen Kathedrale und St. Luzi hindurch über den «Marienbühl» nach Maladers zu ziehen. Der Weg ist heute noch als Fußpfad erhalten. Für die Römerzeit wird die Julier- wie die Splügenroute durch die Itinerarien bezeugt (siehe unten). Der Ausbau der «Deutschen Straße» zur modernen Kommerzialstraße fand auf Bündner Gebiet 1782–1785 statt, jener der Unteren Straße über den St. Bernhardin 1818–1823, der «Oberen Straße» von Chur bis Bivio 1834–1840 und der Schanfigger Straße bis Langwies 1874–1876, bis Arosa 1890.

---

1) «utrinque muris fossae instar munito alveo». Top. lat., S. 61.

1858 wurde Chur als Endstation der «Vereinigten Schweizer Bahnen» mit dem schweizerischen Eisenbahnsystem verbunden, und 1896 fand es durch den Bau der Strecke Landquart–Thusis auch den Anschluß an die seit 1889 vollendete Strecke Landquart–Davos. Damit setzte eine Entwicklung ein, die Chur schließlich zum Ausgangspunkt des gesamten bündnerischen Eisenbahnnetzes machen sollte.

Der Name. Die trotz den schon von Mommsen erhobenen Einwänden bisher verbreitete Ableitung des Namens von dem lateinischen Wort «Curia», das in der Kaiserzeit «Rathaus» bedeutete, war schon deshalb fragwürdig, da diese Benennung ja die Entwicklung des Ortes zur Stadtgemeinde bereits voraussetzt. Hubschmied hat nun nachgewiesen, daß «Curia» vorrömischen Ursprungs ist und von dem altkeltischen «kora», «korja», später «curia» herkommt, das «Stamm», «Sippe» bedeutet[1].

Urgeschichte. Die eben erwähnte Namensableitung läßt erkennen, daß in Chur bereits eine vorrömische, rätische Siedlung bestanden haben muß, wie denn ja überhaupt die Mehrzahl der römischen Orte nördlich der Alpen an ältere Niederlassungen anknüpften. Durch Grabungen ist diese Siedlung bisher nicht nachgewiesen. Da die Veneto-Illyrier, denen die Räter angehören, befestigte Höhenorte kannten, dürfte in vorrömischer Zeit zumindest der Felshügel des «Hofes» bewohnt gewesen sein. Stammlich scheinen die Leute der Churer Gegend zu den Kalukonen gehört zu haben[2].

Prähistorische Einzelfunde. Bronzezeit: Bronzebeile kamen oberhalb des Lürlibades (1886), in Masans (1909) und beim Rheinfels westlich Chur (1917) zutage, eine Lanzenspitze im «Sonnenberg» (1894), eine Pfeilspitze beim Rigahaus, eine Schlangenfibel am Mittenberg (1910) und eine Nadel bei der Ziegelei (1942). Die genannten Stücke sowie Fragmente von bronzenen Zieraten liegen im Rätischen Museum, während eine Sichel und einige andere kleinere Bronzeartefakte ins Schweizerische Landesmuseum gelangten.

Literatur: H. u. Ö., S. 2f., mit weiterer Literatur. JB SGU. 1909, S. 75; 1914, S. 55; 1917, S. 40; 1929, S. 64. – ASA. 1890, S. 346, mit Abb. auf Taf. XXII. – Katalog des Rätischen Museums, S. 14.

Römerzeit. Die ersten literarischen Nachweise des römischen Chur erhalten wir durch das «Itinerarium Antonini» (um 280) und die Peutingersche Tafel (4. Jahrhundert), in denen «Curia» auf den Routen von Bregenz nach Como und Mailand durch das Oberhalbstein und Schams sowie auf einer noch nicht näher bestimmten Linie von Arbor Felix bis zu einem See (Bernhardin–Lago Maggiore?) eingetragen ist[3]. Über die rechtliche Stellung Churs innerhalb des römischen Verwaltungssystems haben wir keine Kunde. Es ist kaum anzunehmen, daß es schon vor Diokletian in den Rang eines Munizipiums mit vollen Stadtrechten emporgestiegen war. Spätestens jedoch war dies in der Mitte des 4. Jahrhunderts der Fall, als die alte Provinz Raetia geteilt und Curia zum Sitz des Präses der «Raetia prima» wurde, für kurze Zeit allerdings nur, da mit der Zurücknahme der römischen Truppen über die Alpen durch Stilicho (401) auch Chur aufhörte, ein Verwaltungszentrum des Imperiums zu sein. Die Gemarkung der römischen Curia erstreckte sich offenbar von der Landquart aufwärts bis nach «awas sparsas» bei Trins und bis zur Pforte des Domleschgs vor Rotenbrunnen («punt arsischa»), in das Schanfigg hinein aber bis zum Strela und an die heutige Gemeindegrenze zwischen Malix und Churwalden[4].

---

1) J. U. Hubschmied, Chur und Churwalhen, Festschrift Jakob Jud in «Sache, Ort und Wort», Bd. 20 (1943), S. 111–130.
2) So neuerdings E. Howald und E. Meyer, Die römische Schweiz, Zürich 1940, S. 71, Anm. 14 und S. 362. – Kdm. Grb. I, S. 6, Anm. 1, ist darnach zu korrigieren.
3) Neueste Edition der Itinerarien mit weiterer Literatur in Howald-Meyer a. a. O., S. 112 ff.
4) Begründung s. BMBl. 1945, S. 11 f.

Es wird wohl mit Recht allgemein angenommen, daß die Römer auf dem «Hof» ein Kastell anlegten, doch dürfte dies vermutlich erst im 4. Jahrhundert geschehen sein. Mauerwerk, das zu dieser Befestigung gehört haben wird, fand man 1940/41 nördlich des Chores der Kathedrale (JB SGU. 1940/41, S. 115). Die dabei gehobenen Lavez-Fragmente stammten von einem Gefäß des 4. Jahrhunderts. Dafür, wie weit die mittelalterliche Befestigung auf die römische Disposition zurückgeht, ist ein Nachweis noch nicht erbracht. Über die Zisterne in der Kathedrale siehe S. 56.

Die bisher allgemein vertretene Ansicht, daß der römische «vicus», die geschlossene bürgerliche Siedlung der Handwerker und Händler, links der Plessur im «Welschdörfli» lag, wird einer Revision bedürfen. Das dort in der sogenannten «Kustorei» im Jahre 1902 in den Fundamenten ausgegrabene, aber damals noch nicht erklärte Gebäude ist ohne Zweifel ein Badehaus[1]. Da erst in geraumem Abstand von dieser Anlage und in durchaus unregelmäßiger Lage weitere kleinere Bauwerke gefunden wurden, dürfte es sich eher um das Badehaus einer Villa als die Thermen eines Vicus handeln. Das dazugehörige Herrenhaus wurde noch nicht aufgedeckt, doch kamen in der Umgebung des erwähnten Grabungsfeldes wiederholt Reste von Bauwerken zutage (Fundamente, bemalte Wände, Mosaiken, Heizanlagen), die zu seinem Bestande gehört haben könnten.

Auch der gutswirtschaftliche Charakter dieses Gebietes im frühen Mittelalter (siehe unten) spricht für die Kontinuität mit einer römischen Villa, um so mehr, als bei den Ausgrabungen festgestellt wurde, daß auf den antiken Mauern später weitergebaut worden war. Die Lage des «vicus», der geschlossenen bürgerlichen Siedlung, ist daher bis jetzt noch nicht nachgewiesen. Bei der Zähigkeit, mit der Märkte oft am alten Platze hingen, muß man doch mit der Möglichkeit rechnen, daß er auf der rechten Plessurseite zwischen der Burg und dem Obertor lag.

Ein *römisches Gräberfeld* wurde noch nicht systematisch untersucht, doch stieß man 1905 zwischen der Hofmauer und dem Oberen Spaniöl auf Gräber, die zahlreiche Lämpchen und andere Keramik enthielten. Hier lag also offenbar eine römische Begräbnisstätte, die wohl in dem Friedhof bei St. Martin ihr christliches Fortleben fand[2]. Vor 1910 im Welschdörfli angeschnittene Gräber, anscheinend ohne Beigaben, sind zeitlich nicht mehr zu bestimmen (JB SGU. 1930, S. 77; 1940/41, S. 115).

Inschrift. Im Boden der Kathedrale wurde 1921 ein Inschriftenfragment auf weißgrauem, kristallinischem Marmor im Schriftstil des 2. Jahrhunderts, mit Zinnoberrot eingefärbt, gefunden. Der Textrest lautet: ... I C A E T E N / N T I A M. Es ist die einzige bis jetzt auf Churer Boden gefundene römische Steininschrift. (ASA. 1930, S. 111.)

Einzelgegenstände. Ein aus Marmor gearbeiteter Pfirsich in natürlicher Größe, Ringe, der Fuß einer Bronzestatuette, 1829 und 1845 im Welschdörfli gefunden. Ebendort kam 1939 eine zweihenkelige Silbertasse aus dem 2. Jahrhundert n. Chr. mit den Attributen Merkurs (Widder und Heroldsstab) zutage (JB SGU. 1940/41, S. 115); außerdem zahlreiche Fragmente von Keramik, darunter auch aus Terra sigillata.

In das Schweizerische Landesmuseum gelangten vier Votivstatuetten kunstloser Arbeit aus Bronze (H. 7,3; 5,8; 5,5; 3,8 cm), zwei davon mit Strahlenkranz, vielleicht «Sol», eine möglicherweise Merkur[3]. – H. u. Ö., S. 3, mit Abb. auf Taf. V, Fig. 17 und 18; desgl. MAGZ. XII, S. 325, mit Taf. VI.

Münzen wurden in großer Zahl gefunden; die meisten davon – über 150 Stück – im Welschdörfli, doch kamen deren auch auf dem Hof sowie an mehreren Orten der

---

1) Begründung s. BMBl. 1945, S. 7f.
2) Vgl. auch JB HAGGr. 1945, S. 7.
3) Die von H. u. Ö., S. 3, erwähnte Statuette phallischen Charakters ist nicht mehr vorhanden.

Stadt bis hinaus ins Lürlibad und sogar bis an die ehemalige Letzi bei Masans zum Vorschein; zeitlich reichen sie von Augustus bis Theodosius II., betreffen also die ganze Zeit der römischen Okkupation.

Depotfunde. 1852 wurde im Welschdörfli nahe St. Margarethen ein mit römischen Münzen ganz angefülltes irdenes Gefäß gehoben. Verbleib unbekannt (ASA. 1895, S. 471). – 1935 fand man am Hang des Pizokels ein kugeliges Bronzegefäß und Reste eines Lederbeutels samt einem römischen Schlüssel zusammen mit 46 Münzen, von denen zwei noch im Behältnis lagen; alle bis auf eine im Rätischen Museum. Die Gepräge stammen aus der Zeit von 337 (Constans) bis 351 (Magnentius). Die Vergrabung wird mit den Alemanneneinfällen während der Kämpfe zwischen Magnentius und Constantius in Verbindung gebracht.

Literatur: Bezüglich der näheren Erklärung und Würdigung der Bäderanlage im Welschdörfli s. ERWIN POESCHEL in BMBl. 1945, S. 5ff., mit weiteren Literaturnachweisen. – Fundbericht über die dortigen Ausgrabungen von F. JECKLIN in JB HAGGr. 1903, S. 129–145; gleichlautend ASA. 1903, S. 137–149; ferner über die 1922 gefundene Heizanlage ASA. 1923, S. 78f. – Zusammenfassungen der älteren Funde mit Belegen s. KELLER in MAGZ. XII, S. 324f.; H. u. Ö., S. 3ff., und JECKLIN im oben genannten Grabungsbericht. Übriges einzeln zitiert.

Eine Liste der Münzfunde bis 1903 gibt H. u. Ö., S. 42f. Weitere Einzelfunde JB SGU. 1908, S. 103; 1909, S. 140; 1914, S. 87; 1931, S. 33; 1932, S. 68; 1933, S. 105; 1939, S. 93; 1940/41, S. 115; JB HAGGr. 1943, S. XVIII.

Ueber den Depotfund am Pizokel ausführlich W. BURKART im BMBl. 1939, S. 306 bis 310, und H. A. CAHN in Schweiz. Numismat. Rundschau 1943, S. 104–113. Ferner JB SGU. 1944, S. 66.

Geschichte[1]. Bald nach dem Zusammenbruch der römischen Herrschaft nördlich der Alpen, anfangs des 5. Jahrhunderts, erscheint Chur als Bischofssitz in den Akten der Mailänder Synode von 451, wo der Bischof von Como für den abwesenden Asinio, «episcopo ecclesiae Curiensis primae Rhaetiae», mit unterzeichnet[2]. Unter der Herrschaft der Goten scheint Chur eine Zeitlang auch den Namen «Thedoricopolis» geführt zu haben[3], was darauf schließen lassen könnte, daß Theoderich das – vielleicht beim Alemannenzug von 457 zerstörte – Kastell neu erbaute. Unter den Goten hatte wohl nicht nur der Präses, sondern auch der oberste militärische Befehlshaber, der «dux» – namens Servatus, also offenbar ein Romane –, seinen Sitz in Chur. Nach Abtretung Rätiens durch die Goten an den austrasischen König Theudebert I. (536) wird Chur bei der Reichssynode in Paris 614 wieder genannt, an der Bischof Victor «ex civitate Cura» teilnimmt[4]. Mit diesem Prädikat «civitas» begegnen wir denn Chur hinfort wiederholt, so bei Paulus Diaconus 701 und im Tello-Testament 765, in welch letzterem sogar «civitas publica» steht, was hier doch wohl bedeuten wird, daß die Stadt als Sitz des Präses im Rang einer königlichen Pfalzstadt gleichgeachtet wurde, der dieser Titel sonst zustand[5]. Unter der «civitas» Chur darf aber zweifellos hier nur der sogenannte «Hof», der Felshügel mit der Kathedrale und dem Bischofssitz, verstanden werden[6].

---

1) Bezüglich der allgemeinen Geschichte Graubündens, mit der jene von Chur natürlich besonders nahe verknüpft ist, muß auf die entsprechenden Abschnitte in Bd. I verwiesen werden; desgleichen hinsichtlich der näheren Ausführung einiger im folgenden nur gestreiften Probleme auf die Arbeit des Verfassers über «Chur vom Altertum bis ins Mittelalter», BMBl. 1945, Nr. 1 und 2.

2) Wegen Datum und Namenschreibung s. F. Stähelin, Die Schweiz in römischer Zeit, II. Auflage, Basel 1931, S. 549, Anm. 3.

3) Erstmals durch J. Schnetz in Zeitschr. für Schweizerische Geschichte V (1925), S. 346ff., vorgeschlagen, der «Cariolon Thedoricopolis» beim Ravennater Anonymus emendiert zu Cur(ia) id est Thedoricopolis». Weitere Literatur s. BMBl. 1945, S. 13, Anm. 23.

4) Mon. Germ., Legum Sectio III, S. 192.

5) Pauli Historia Langobardorum, Hannover 1878, Lib. VI, 21, S. 221. Tello-Testament: CD. I, S. 18.

6) Näheres darüber s. BMBl. 1945, S. 14f.

Hier residierte in fränkischer Zeit außer dem Bischof auch der Präses (seit 773 «rector») des Landes, dessen Amt wie die Bischofswürde in dem einheimischen Fürstengeschlecht der Victoriden bis zu deren Erlöschen (spätestens 773) erblich war. Nach der Einführung der fränkischen Gauverfassung in Currätien (zwischen 799 und 807) bildete Chur das Zentrum des oberrätischen «Ministeriums Curisinum», dessen Gebiet sich wohl mit der oben umschriebenen Gemarkung des römischen Chur deckte (siehe S. 4). Identisch mit diesem Bezirk war die Cent Chur und der Schultheiß, als ihr Amtsvorsteher, nichts anderes als der «Minister» in seiner Eigenschaft als oberster Richter dieses Dominialkreises[1].

Der Sitz des Grafen befand sich in Chur, und zwar vermutlich auf dem Königshof links der Plessur im heutigen «Welschdörfli», während der Minister auf einem andern Königsgut in «Salas», im Gebiet von «Planaterra», gewohnt haben könnte (siehe unten S. 22 und 322 f.). In der «Divisio», der Ausscheidung des Königsgutes vom Kirchenbesitz (um 831), hatte der König offenbar einen halben Anteil (ohne Realteilung) an der alten «civitas» im oben beschriebenen Sinn, also am «Hof», für sich in Anspruch genommen. 958 schenkte er ihn dem Bischof, so daß dieser fortan alleiniger Herr dieses Bereiches war (CD. I, S. 76). Da der Bischof 831 einen förmlichen Immunitätsbrief erhalten hatte, so bildete nun der «Hof» einen geschlossenen Immunitätsbezirk (CD. I, S. 34 f.). Was die bischöflichen Rechte außerhalb dieses engeren Bereiches auf churischem Gebiet anlangt, so bekam 951 das Hochstift vom König sämtliche Fiskaleinkünfte in der Grafschaft und damit auch der Cent Chur, 952 den Churer Zoll, 958 die Münze und 960 den Königshof dortselbst (CD. I, S. 69, 70, 75, 79).

Aus der Immunität und der Grundherrschaft entwickelte sich dann in der Folge eine Rechtsstellung des Bischofs, die ihn als den eigentlichen Territorialherrn der Stadt erscheinen läßt. Da er als geistliche Person die Blutsgerichtsbarkeit nicht selbst ausüben konnte, lag die Strafgerichtsbarkeit als bischöfliches Lehen in den Händen eines Vogtes, der sowohl als Großvogt der bischöflichen Kurie wie als Stadtvogt amtete. Inhaber dieses Amtes waren im 12. Jahrhundert die Grafen von Bregenz und von Pfullendorf, darnach die Herzöge von Schwaben, die sich durch freie currätische Herren (Untervögte) vertreten ließen. Rudolf von Habsburg zog bald nach seinem Regierungsantritt die Churer Vogtei an das Reich, wie er dies auch in Augsburg tat. Als Reichsgut wurde sie 1282 an die Vaz verpfändet, 1299 aber vom Bischof ausgelöst, so daß er nun als verpfändetes Reichsgut besaß, was ihm früher selbst gehört hatte[2].

Zum Vogteibezirk Chur zählte – als Rest der alten Cent – außer der Stadt auch noch das Gericht «Vier Dörfer» sowie Malix und Malader, welch letztere sich aber schon im 14. Jahrhundert ablösten.

Mit dem Prädikat eines Reichsfürsten («princeps noster») erscheint der Bischof erstmals 1170 (CD. I, S. 198). Als Oberhaupt eines unmittelbaren Reichsstiftes behielt er den Rang eines «wirklichen Reichsfürsten» bis zur Mediation von 1803[3].

Die Anfänge der städtischen Selbstverwaltung liegen im dunkeln. Ohne Zweifel wurzeln sie jedoch in einem ökonomischen Verband mit selbständigen Nutzungsrechten an Wald und Weide in dem oben beschriebenen Bezirk der alten Cent Chur sowie den entsprechenden Verpflichtungen zum Gemeinwerk für die Unterhaltung

---

[1] Die Identität des Ministers und des Schultheißen in Currätien ist belegt durch eine Stelle des Reichsguturbars von 831: «ministro autem, id est Sculthacio» (CD. I, S. 286). Näheres über diese Verhältnisse s. bei Purtscher, Studien zur Geschichte des Vorderrheintales, Chur, S. 22 (aus JB HAGGr. 1911).

[2] Zu Vorstehendem s. S. Rietschel, Das Burggrafenamt und die hohe Gerichtsbarkeit in den deutschen Bischofsstädten während des früheren Mittelalters. Leipzig 1905, S. 47.

[3] Vgl. dazu J. F. Fetz, Geschichte der kirchenpolitischen Wirren im Freistaat der III Bünde. Chur 1875, S. 215 f.

der Wege, die Verbauung der Plessur und den Transitdienst. Aus diesen, auch rein ländlichen Gemeinden eigenen Grundlagen heraus führte die Ausbildung von Handwerk und Gewerbe an dem geographisch bevorzugten Verkehrsknotenpunkt zu einer Entwicklung in der Richtung auf ein städtisches Gemeinwesen. Weil der Bischof als Grundherr aus der Siedlung erhebliche Einkünfte zog und sie überdies als «Glacis» seiner Burg zu gelten hatte, lagen Erstarkung und Verteidigungsbereitschaft des Gemeinwesens gegen äußere Feinde bis zu einem gewissen Grade im Interesse des geistlichen Herren, wenn sie auch andererseits den Keim zu Emanzipationsbestrebungen in sich bargen. Äußeres Sinnbild dieser Entwicklung zur Stadtform war die Ummauerung, die wir wohl in der ersten Hälfte des 13. Jahrhunderts als vollendet ansehen dürfen (siehe unten S. 27). 1282 begegnen wir dann auch «Bürgern und Räten der Stadt» und dem eigenen Siegel mit dem Torturm als Symbol der Stadtwürde (CD. II, S. 12). Allerdings war der Rat noch um 1400 eine – wenigstens theoretisch – vom Bischof eingesetzte Behörde (Ämterbücher, S. 25). Als Vertreter der Bürgerschaft, und offenbar von dieser allein bestellt, erscheint seit 1293 ein «Werkmeister» (StA.), der vielleicht ursprünglich Leiter des Gemeinwerkes war, worauf sein Name hinzudeuten scheint[1].

Das 15. Jahrhundert ist charakterisiert durch den Kampf der Bürger um die Selbständigkeit, der zwar 1422 auch zu Unruhen und zum Kirchenbann führte, im ganzen jedoch ohne gewaltsame Umwälzungen im Wege der stillschweigenden Usurpation und des zähen Verhandelns vor sich ging. 1413 erhielt die Stadt vom Kaiser das Recht auf ein Kaufhaus (siehe darüber S. 289 f.), und um 1422 sehen wir sie schon im Genuß ziemlich erheblicher Einnahmequellen aus Steuern, Transportabgaben, dem Ungelt, der Kaufhausverpachtung und Bürgerrechtsgebühren. Damit sind zugleich die wirtschaftlichen Grundlagen der öffentlichen Bautätigkeit angedeutet. An die Stelle des Werkmeisters trat um die Mitte des 15. Jahrhunderts ein Bürgermeister; als die «magna charta» der städtischen Unabhängigkeit aber darf man die von Kaiser Friedrich III. am 28. Juli 1464 nach dem großen Stadtbrand erteilten Privilegien bezeichnen, wodurch die Churer neben anderen Vergünstigungen auch das Recht auf Einführung einer Zunftverfassung erhielten, wovon sie dann 1465 Gebrauch machten.

An der Spitze des Gemeinwesens standen nun die beiden aus den Zünften gewählten Räte: der Große und der Kleine Rat. Die laufenden Geschäfte führte der Bürgermeister. Ob die Churer Zünfte aus älteren bruderschaftlichen Vereinigungen oder aus den hofrechtlichen Handwerkerschaften hervorgingen, ist nicht erkennbar[2]. Über die einzelnen Zünfte und ihre Häuser siehe S. 309 ff. 1489 erreichte die Stadt noch die im Diplom von 1464 bereits zugestandene Einlösung der Reichsvogtei; mit ihrem Anspruch auf den Rang einer unmittelbaren freien Reichsstadt aber wurde sie 1498 vom Kaiser auf Intervention des Bischofs hin formell abgewiesen[3].

Als größtes Gemeinwesen des Gotteshausbundes war Chur Vorort des Bundes und Schauplatz seiner Tagungen, die ursprünglich auf dem bischöflichen Hof, später dann im Rathaus stattfanden. Nach dem Zusammenschluß der III Bünde wurden auch deren Versammlungen in einem bestimmten Turnus mit Ilanz und Davos

---

1) Die Erwähnung eines «Werkmeisters» schon 1050 (CD. III, S. 7) ist nicht ausreichend gesichert, da sie nur im Regest einer nicht im Original erhaltenen Urkunde vorkommt. Der von P. C. v. Planta (Verf. Gesch., S. 18) zitierte «magister operum» (in CD. I, S. 386) ist kein städtischer Werkmeister, sondern ein Domherr und wohl identisch mit dem Dombaumeister («Ämterbücher», S. 19). Im Necrol. Cur. (S. 106) ist 1357 auch ein Dekan genannt, der zugleich «magister operis» war.

2) Daß es nach 1465 eine zünftische Bruderschaft bei St. Martin gab, erlaubt keine Rückschlüsse; sie kann sekundär sein; denn die Gründung von Bruderschaften für Anniversarien und andere religiöse Bedürfnisse durch die Zünfte ist eine allgemeine Erscheinung. Über die verschiedenen Wurzeln der Zünfte s. R. Eberstadt, Der Ursprung des Zunftwesens, II. Auflage, München 1915.

3) Über diese Verhandlungen s. Fr. Jecklin im Schweiz. Archiv für Heraldik 1895.

in Chur abgehalten. Von der städtischen Autonomie ausgeschlossen blieb aber der
«Hof», der weiterhin – und zwar bis zur Kantonsverfassung von 1854 – bischöfliches
Territorium bildete[1] und daher eine Enklave im Stadtgebiet darstellte, was zu verschiedenen Mißhelligkeiten im Bereich des Innungszwanges wie des Asylrechts führte
(siehe dazu unter «Brillentor», S. 30). Die Zunftverfassung galt bis 1839, in welchem
Jahr die Zünfte aufgehoben und eine neue Stadtverfassung statuiert wurde, welche
dann mehrmals (1862, 1879 und 1904) Abänderungen erfuhr.

Der Pranger befand sich ursprünglich an einem Privathaus (Joß Meyer) am Martinsplatz; 1583 beschließt der Rat die Versetzung an den Martinsturm (Rats-Prot. III,
S. 28). Ausgeführt wurde diese Arbeit aber erst 1590 durch «Poli Steinmetz» (Paul
Gering) (Rechenbuch StA.).

Der Galgen stand nach dem mittelalterlichen Abschreckungsprinzip weithin sichtbar auf einer Erhebung an der Malixer Straße unterhalb St. Antöni, jetzt «Rosenhügel» genannt. Urkundlich erstmals 1389 erwähnt[2]. Auf dem Holzschnitt der
Cosmographie (1550) ruht der Galgen auf zwei, bei Merian auf drei (oder vier?)
Pfählen. Daneben steht das Rad, horizontal auf senkrechter Achse.

Auf dem Territorium der Gemeinde Chur, das sich mit jenem des Kreises gleichen
Namens deckt, liegen außer der Stadt auch noch zwei ehemalige «Nachbarschaften»:
das nach der Namensforschung in frühfränkische Zeit zurückreichende Masans an der
«Deutschen Straße» und Araschgen am Weg nach Tschiertschen.

Für die Baugeschichte Churs von unglückseliger Bedeutung waren die zahlreichen
und zum Teil verheerenden Feuersbrünste, von denen die Stadt heimgesucht
wurde. Hier seien nur die bedeutendsten genannt: Das Kloster St. Nicolai wurde
in den ersten 70 Jahren seines Bestandes dreimal, und zwar zweimal vor 1289 und
dann wieder am 29. August 1350 ein Raub der Flammen. 1361 ging die halbe
Stadt und 1383 abermals ein größerer Teil in Feuer auf. Im Juli 1464 sank die
ganze Stadt mit Ausnahme des bischöflichen Hofes, der Klöster St. Luzi und
St. Nicolai sowie des Rorschacher Hofes in Asche; am 23. Juli 1574 brach hinter
dem Rathaus (an der heutigen Poststraße) beim Wirtshaus «Zum goldenen Hirschen» Feuer aus[3], zerstörte das Viertel beim Paradies (südlich von St. Nicolai),
lief bis nach St. Margarethen links der Plessur hinaus und drang zugleich ostwärts
bis zum Antistitium gegenüber der Martinskirche vor, die verschont blieb. Zerstört
wurden gegen 200 Häuser und 114 Ställe und Heuschober, insgesamt ein Drittel
der ganzen Stadt, und zwar – wie Pfarrer Egli angibt – der baulich wertvollste. Schon
am 21. Oktober 1576 verzehrte dann in dem zwei Jahre zuvor verschonten Stadtteil
zwischen der Unteren Reichsgasse und dem Mühlbach das Feuer wieder 53 Häuser.
Am 10. März und 6. Mai des Jahres 1674 wütete der Brand zweimal in demselben
Viertel westlich des Rathauses zwischen dem «Roten Löwen» (auf dem Areal des
heutigen «Globus») und dem Oberen Tor. Es verbrannten zuerst 70 Häuser und
68 Ställe und hernach 6 Häuser und 10 Ställe, darunter (zumindest teilweise) die
Zunfthäuser der Schmiede, Pfister und Rebleute sowie stattliche Bürgerbauten der
Familien Paravicini, Buol und anderer[4]. Am 13. Mai 1811 zerstörte eine im Domdekanat ausgebrochene Feuersbrunst einen Teil der Gebäude auf dem Hof, ergriff

---

1) Noch 1845 wird zwischen Bischof und Stadt über die Grenzen der gegenseitigen Gerichtsbarkeit verhandelt (StA.). Dem Kanton allerdings war der Hof durch eine Vereinbarung von 1815 unterstellt. Vgl. Mayer, Bistum II, S. 607.

2) R. Thommen, Urk. zur Schweizer Gesch. aus österr. Archiven II, Basel 1900, S. 237, Nr. 254.

3) Im Original des Briefes von Egli (s. unter «Literatur», S. 12) steht «cervus», nicht «corvus», wie Tr. Schieß las. Damit stimmt auch die Angabe in Eglis Brief an Bullinger vom 30. Juli (S. 490) überein.

4) Beschreibung dieser Katastrophe im Taufbuch II, p. 3 (StA., Sign. S 13) sowie bei F. Jecklin, Geschichtliches über das Zunfthaus der Rebleute in Chur, Chur 1916 (unpaginiert).

den Turm und das Dach der Kathedrale, um sich dann auf St. Luzi auszudehnen, wo das Seminar und die Kirche ausbrannte.

Kirchliche Verhältnisse. Seit wann von der Bischofskirche auf dem Hof, dem Haupt des Bistums – «caput Curiensis episcopii», wie sie 951 genannt wird (CD. I, S. 70) –, Pfarrechte auf die Kirchen in der Stadt übergegangen waren, ist uns nicht bekannt. Zweifellos geschah dies zuerst zugunsten von St. Martin, dem Gotteshaus des «burgus superior», das offenbar schon im Frühmittelalter, wenigstens «de facto», einer Pfarrkirche gleichgeachtet wurde (vgl. auch S. 233). St. Regula war in der zweiten Hälfte des 12. Jahrhunderts ebenfalls schon von einer Gutskapelle in den Rang einer Pfarrkirche aufgestiegen. Was nun die gegenseitige Abgrenzung der Sprengel anlangt, so lief sie wohl dem Nordrand des «burgus superior» entlang, so daß also der Stadtteil von der Plessur bis zur Untergasse und zum Freieck, vermutlich auch das links der Plessur gelegene Gebiet mit Ausnahme der Besitzungen von Churwalden und Pfävers zu St. Martin, die gesamte untere Stadt nebst Masans aber zu St. Regula gezählt haben dürfte. Seit dem 13. Jahrhundert gehörte die Kollatur von St. Martin und die von St. Regula zur Dompropstei. Mit Urkunde vom 1. Februar 1519 wurde sie auf Bitten des Rates vom päpstlichen Nuntius der Stadt übertragen. Dieser Akt war ein bedeutsamer Schritt auf dem Weg zur Ausbildung des städtischen Kirchenregimentes. Im Welschdörfli entwickelte sich – zu unbekanntem Zeitpunkt, jedoch vor 1258 – die dem Kloster Pfävers gehörige Kapelle St. Salvator zur Pfarrkirche[1]. Doch dürften ihre Parochialrechte auf die Klostergüter in Chur und Ems beschränkt gewesen sein[2]. Näheres siehe bei der Behandlung der genannten Kirchen.

In der Bistumseinteilung war Chur das Zentrum des nach ihm benannten Dekanats. Die Entwicklung des Domkapitels liegt im dunkeln. Urkundlich erscheint es erstmals während der Regierungszeit des Bischofs Hiltibald (972–988)[3].

Die Reformationsbewegung wurde eingeleitet von Jakob Salzmann, ehemals Magister an der Domschule und hernach Lehrer an der städtischen «Deutschen Schule» († 1526) und durchgeführt von Johannes Comander (Dorfmann) aus Maienfeld[4], Pfarrer bei St. Martin, der als der eigentliche Reformator Churs zu betrachten ist. Sie setzte 1524 ein, war 1526/27 entschieden und kam vor 1532 zum Abschluß. Wie der «Hof» eine politische Enklave im Stadtgebiet bildete, so war er dies fortan auch in konfessionellem Sinn. Über die Auswirkungen der Reformation für die Klöster St. Luzi und St. Nicolai siehe S. 258, 275.

Sprache. Campell sagt, daß erst ein Jahrhundert, bevor er seine Topographie schrieb, der Gebrauch des Romanischen in Chur allmählich abgekommen sei und daß nun der größere Teil der Bevölkerung das welsche Idiom zwar noch verstehe, aber nur in Geschäften mit den benachbarten Romanen spreche (CAMPELL, Top. S. 62 f.). Trotz diesen bestimmten Angaben wird man jedoch aus verschiedenen, hier nicht zu erörternden Gründen annehmen müssen, daß schon im 14. Jahrhundert die sprachliche Germanisierung Churs in raschem Fortschreiten war[5].

Wirtschaft. Ihrer wirtschaftlichen Struktur nach war die Stadt noch bis ins späte Mittelalter, ja noch darüber hinaus ein von landwirtschaftlichen Elementen stark

---

1) 1258 ist in einer Churer Urkunde bereits von einem «plebanus S. Salvatoris» die Rede (CD. I, S. 351).
2) Urk. im StA., ediert in der Zeitschr. für Schweiz. Kirchengeschichte, 1932, S. 131. Vgl. dort auch S. 117 f.
3) Necrol. Cur., S. 100: «fratres Curiensis congregationis».
4) Über die Frage der Herkunft Comanders vgl. O. Vasella in Zeitschr. für Schweiz. Kirchengeschichte 1932, S. 109 f., und Tr. Schieß, Zeitschr. für Schweizerische Geschichte 1930, S. 333, Anm. 51.
5) Darauf deutet das Eindringen deutscher Flurnamen von der zweiten Hälfte des 14. Jahrhunderts an. Bezeichnend ist es auch, wenn es 1398 heißt: «superiori parte porte dicte civitatis ‚zu tem türlin'.» Wenn ein öffentliches Bauwerk wie das Metzgertor schon damals nur unter dem Namen «türlin» bekannt war, muß die Germanisierung schon verhältnismäßig weit gediehen gewesen sein.

durchsetztes Gemeinwesen. Als Träger einer gehobenen Kultur dürften im Mittelalter vorwiegend noch die alten, zum Teil in «Höfen» innerhalb der Stadt wohnenden Ministerialenfamilien gewirkt haben. Das im 15. Jahrhundert schon in den Vordergrund gerückte bürgerliche Element begründete seinen Wohlstand – und damit auch die Grundlage zu einer bürgerlichen Wohnkultur – nicht durch den Handel, so daß auch in den Zünften nicht, wie etwa in Basel oder Zürich, die Kaufleute führten. Sie waren nicht einmal in einer eigenen Innung zusammengeschlossen, sondern bildeten gemeinsam mit den Schneidern, Tuchscherern und Webern die dritte Zunft. Denn Chur war zwar ein Transitort mit starkem Durchgangsverkehr, aber keine eigentliche Handelsstadt. Aus dem Transportgewerbe («Porterei») flossen wohl zu allen Zeiten nicht unerhebliche Einkünfte. Seine Blütezeit aber erlebte es in der ersten Hälfte des 19. Jahrhunderts, in der Zeit zwischen dem Ausbau der Alpenstraßen und der Eröffnung der Gotthardbahn, die den Verkehr von den Bündner Pässen ablenkte. Von Bedeutung für die wirtschaftliche und damit auch für die bauliche Entwicklung waren hier nicht nur die Speditionseinnahmen im engeren Sinn sowie die dem Gastgewerbe und Handwerk aus dem Verkehr zuteil werdende Belebung, sondern auch die Zolleinnahmen, die seit der Einführung des Systems der Zollpacht im Jahre 1716 einigen Familien, besonders den Salis, später aber auch den Maßner und Bawier zugute kamen.

Daß der Handel mit Eigenprodukten in einem industrie- und handwerksfremden Gebirgsland nicht von wesentlicher Bedeutung sein konnte, versteht sich von selbst, jedoch scheint auch der Zwischenhandel in Chur wenig entwickelt gewesen zu sein. Nur auf dem Gebiete des Kornhandels zeichnet sich schon im ersten Drittel des 16. Jahrhunderts eine eigene, und zwar spekulative Tätigkeit ab[1]. Bereits vor dem Stadtbrand von 1574 existierte südlich von St. Nicolai zwischen Ober- und Untergasse ein förmliches Kornhändlerquartier, und in der ersten Hälfte des 17. Jahrhunderts hatte sich auch eine Kornhandelsgesellschaft gebildet (StA. F 51). Wie in ganz Graubünden, so dürften aber wohl auch in Chur für die Hebung der bürgerlichen Wohnkultur die Dienste in fremden Heeren und die Beamtungen im Veltlin eine wichtige, wenn nicht ausschlaggebende Rolle gespielt haben, und zwar in doppeltem Sinn: einmal als Einnahmequelle und zum andern als Anreiz zur Entfaltung einer gewissen Repräsentation. Die aus der gewerblichen Emigration in die Heimat zurückfließenden Gewinne scheinen bis in die neuere Zeit in bescheidenen Grenzen geblieben und erst im 19. Jahrhundert angestiegen zu sein. Dafür, daß der Sinn für Luxus im alten Chur wenig entwickelt war, bildet das Goldschmiedehandwerk einen Gradmesser, das – soweit wir dies überblicken können – einen höheren Stand der Kunstfertigkeit hier nicht erreichte.

Literatur: Eine eigentliche Churer Chronik aus früherer Zeit gibt es nicht. Die chronikalische und topographische Literatur beschränkt sich daher auf die betreffenden Abschnitte bei STUMPF, MÜNSTER, CAMPELL (Topographie), GULER, FORTUNAT V. SPRECHER (Chronik) und SERERHARD. Auch eine größere zusammenfassende Churer Geschichte ist bis heute noch nicht geschrieben. Aus den zahlreichen Einzeluntersuchungen seien hier nur die für die oben berührten Gegenstände wichtigsten angeführt, soweit sie dort nicht bereits zitiert wurden.
Geographie und Verkehrsgeschichte: H. BERNHARD, Chur, Beitrag zur Siedlungs- und Wirtschaftsgeographie einer Verkehrsstadt, Chur 1937 (mit Bibliographie). – AL. SCHULTE, Geschichte des mittelalterlichen Handels und Verkehrs, Leipzig 1900. – Politische und Verfassungsgeschichte: CHR. KIND, Die Stadt Chur in ihrer ältesten Geschichte, Chur 1859. – P. C. V. PLANTA, Verfassungsgeschichte der Stadt Chur im Mittelalter, JB HAGGr. 1878. – Ders., Die currätischen Herrschaften in der Feudalzeit, Bern 1881 (Abschnitt über Chur, S. 21 ff.). – FR. JECKLIN, Organisation der Churer Gemeindeverwaltung vor 1464, Chur 1906. – H. CASPARIS, Der Bischof als Grundherr

---

[1] Vgl. O. Vasella in JB HAGGr. 1943, S. 11 f.

im Mittelalter, Bern 1910. – M. VALÈR, Geschichte des Churer Stadtrates, 1422–1922, Chur 1922. – Ders., Zur Geschichte von Handwerk und Gewerbe der Stadt Chur, Chur 1924. – HBLS. III, S. 581, Art. «Chur». – Endlich neuerdings F. PIETH, Bündner Geschichte, Chur 1945, an den im Register auf S. 608 ff. aufgeführten Stellen.

Feuersbrünste: Der genaueste Bericht über den Stadtbrand von 1574 steht in dem Brief des Pfarrers Tobias Egli zu Chur an seinen Amtsbruder Lentulus in Chiavenna vom 30. Juli 1574, Original im Staatsarchiv Zürich (E II 365, S. 347), aus dem Lateinischen übersetzt von TR. SCHIESS in BMBl. 1899, Heft 6–9; dazu zwei weitere Briefe Eglis an Bullinger vom 26. und 30. Juli 1574, ediert in den Quellen zur Schweizer Geschichte XXV, Basel 1906, S. 486 und 489 ff. – Ferner CAMPELL, Geschichte, Quellen zur Schweizer Geschichte VIII, S. 545; IX, S. 606 ff. (deutsche Ausgabe von Mohr, S. 124 und 519). – A. RIBI in BMBl. 1937, S. 33 ff. – Eine Zusammenstellung von P. GILLARDON über «Churer Feuersbrünste» im Haushaltungs- und Familienbuch, Chur 1930.

Kirchengeschichte: JOH. GG. MAYER, Geschichte des Bistums Chur, Stans 1907 und 1914. Grundlegende Zusammenfassung und Bearbeitung des bis dahin bekannten Materials; Verzeichnis der älteren Quellen in Bd. I, S. VII ff. – Zur Geschichte des Domkapitels speziell: CHR. MOD. TUOR, Reihenfolge der residierenden Domherren in Chur, JB HAGGr. 1904, und CHR. CAMINADA in Schweizer Archiv für Heraldik 1937, S. 97 f., sowie STAUBLI in JB.HAGGr. 1944, S. 64 f. – E. CAMENISCH, Bündnerische Reformationsgeschichte, Chur 1920.

Sprachgeschichte: J. JUD, Zur Geschichte der bündnerromanischen Kirchensprache, JB HAGGr. 1919. – C. PULT, Über die sprachlichen Verhältnisse der Raetia prima, St. Gallen 1928. – ROB. V. PLANTA, Über die Sprachgeschichte von Chur, BMBl. 1931, S. 97 ff. – A. SCHORTA, Das Landschaftsbild von Chur im 14. Jahrhundert, eine Flurnamenstudie. Beilage zur Festschrift Jakob Jud, Genf und Zürich 1942.

Wirtschaftsgeschichte: Siehe oben unter M. VALÈR und H. BERNHARD.

WAPPEN, FARBEN UND SIEGEL

Als **Wappen** führt das Bistum in Silber einen schwarzen steigenden Steinbock. Er erscheint schon auf dem Luziusschrein der Kathedrale (1252), jedoch nicht im Schild, also nicht ausgesprochen heraldisch betont. Deutlich als Wappen tritt er erstmals im Siegel eines bischöflichen Schreibers auf einer Urkunde von 1291 auf[1]. Die frühesten farbigen Darstellungen des bischöflichen Wappens finden wir in der Zürcher Wappenrolle, um 1340[2], und annähernd gleichzeitig auf dem Kästchen von Scheid (Bd. III, S. 141, Abb. 33).

Das Wappen der Stadt Chur ist in Silber ein rotes, dreitürmiges Tor; im offenen Bogen ein schwarzer steigender Steinbock. Die älteste erhaltene farbige Darstellung begegnet uns im Manuskript der Stadtordnung von 1461 (StA., Sign. V 1)[3]. Über das älteste Siegelbild siehe unten.

Die **Farben** des Bistums sind demgemäß Schwarz und Weiß, jene der Stadt Schwarz, Weiß, Rot.

Die amtlichen Churer **Siegel** gliedern sich in folgende Gruppen:

1. Siegel der Bischöfe. Das älteste Siegel – aus der Regierungszeit Heinrich I. (1070–1078) – zeigt die Halbfigur eines barhäuptigen Bischofs, der die Rechte zum Segen erhoben hat und in der Linken anscheinend eine Schriftrolle trägt[4]. Das Bild gibt einen bemerkenswerten Beleg dafür, daß die Mitra außerhalb Roms im 11. Jahrhundert noch nicht allgemein eingebürgert war[5] (Abb. 2). Von Interesse für die Para-

---

1) Vgl. JB HAGGr. 1944, S. 14, Anm. 33, und S. 19.
2) W. Merz und F. Hegi, Die Wappenrolle von Zürich, Zürich 1930, Banner, Taf. I, Fig. 16.
3) Abgebildet in Schweizer Archiv für Heraldik 1895 bei S. 60.
4) Undeutlich, aber offenbar kein Evangelienbuch.
5) Vgl. dazu J. Braun, Die liturgischen Paramente, II. Auflage, Freiburg i. Br. 1924, S. 165 f.

WAPPEN, FARBEN UND SIEGEL

Oben:

Abb. 2 und 3. Die zwei ältesten Bischofssiegel von Chur: für Heinrich I., 1070–1078, und Egino, etwa 1160–1170.
Text S. 12 f.

Nebenan:

Abb. 4. Das älteste Siegel des Domkapitels. Um 1100.
Text S. 14.

mentengeschichte ist auch das zweite uns erhaltene Siegel (Egino, etwa 1160–1170), auf dem der gleichfalls noch in Halbfigur erscheinende, mit der Mitra ausgestattete Bischof einen Schulterkragen trägt, der an den Troddeln als eine Almucia aus Pelz zu erkennen ist. Es dürfte dies einer der ältesten Belege dieses später zum Privileg der Chorherren gewordenen liturgischen Gewandstückes sein[1] (Abb. 3). Auch in diesem Siegel führt der Bischof noch keinen Stab, während er in einem zweiten des gleichen Inhabers, das die Gestalt sitzend in voller Figur zeigt, mit jenem Hirtensymbol ausgezeichnet ist[2]. Der «episcopus in cathedra» bleibt hernach bis in die zweite Hälfte des 14. Jahrhunderts das bischöfliche Siegelbild, wo er dann von der Muttergottes, der Patronin der Kathedrale, mit oder ohne Begleitung durch die Diözesanpatrone abgelöst wird. Unter Johann I. (1325–1331) tritt erstmals das Bistumswappen mit dem Steinbock als Zugabe im Siegelbild auf, nachdem zuvor schon, unter Friedrich I. (1282–1290), sich das Familienwappen des regierenden Bischofs als Beigabe Eingang verschafft hat. Im quadrierten Schild, mit dem Bistumswappen vereinigt, sehen wir

---

1) Vgl. Braun a. a. O., S. 179 f.
2) Allgemeinen liturgischen Charakter erhielt der Bischofsstab vom Investiturstreit an erst allmählich, in Rom nicht vor 1300. Vgl. dazu J. Braun, Liturgisches Handlexikon, II. Auflage, Regensburg 1924, S. 47 f.

es dann erstmals unter Heinrich IV. (1441–1456). Nach dem Mittelalter bleibt dies die feststehende Gestaltung, sie wird jedoch bereichert durch die bekrönende Mitra (erstmals unter Beat à Porta 1565–1590), später dann (von 1636 an) auch durch Helme mit den Kleinoden des Bistums und der Familie des Bischofs.

Das älteste Siegel entbehrt jeder Umschrift, die folgenden nennen den Namen des Inhabers.

Die Siegel der Elekten, der noch ungeweihten Bischöfe, zeigen in der älteren Zeit – von der Mitte des 13. Jahrhunderts an – einen stehenden Kleriker ohne bischöfliche Insignien, nach Johann I. (1325–1331) die Muttergottes.

Die Weihbischöfe führen teils einen thronenden oder stehenden Bischof, teils aber auch die Muttergottes oder Heilige, meist mit heraldischen Beigaben.

2. Siegel des Domkapitels. Vom ältesten Siegel ist der aus Bein geschnittene Stempel noch vorhanden, jedoch ein Abdruck bisher nicht nachgewiesen. Bild: Thronende Muttergottes (ohne das Kind), in der Linken ein Zepter haltend, beseitet von zwei Sternen. Umschrift in Antiquamajuskeln: STEL(LA) MARIS. Dm. 4,8 cm. Um 1100 (Abb. 4). Ein 1257 vorkommendes zweites Siegel zeigt die thronende Muttergottes mit dem Kind. Dm. 3,8 cm. Legende in Majuskeln: STELLA – MARIS · MATRONA – CURĒN[1]. Bei den Siegeln des 17. Jahrhunderts erscheint zu Füßen der Muttergottes das Wappen des Bistums.

3. Siegel des Geistlichen Gerichts kommen seit 1296 vor. Sie weisen das Abbild eines Bischofs auf, anfänglich thronend, später stehend in Halbfigur, im 14. Jahrhundert verbunden mit dem Wappen des Bistums. Die Umschrift des ältesten Siegels lautet: + S. IUDICII · SANCTE · ECC(LESI)E – CURIE(N)SIS.

1) Wartmann, Rätische Urkunden, Quellen zur Schweizer Geschichte X, Basel 1891, S. 5.

Abb. 5. Das älteste Siegel der Stadt Chur (1282). Text S. 15.

Abb. 6. Das älteste Kanzlersiegel (1233). Text S. 15.

Abb. 7. Das zweite Siegel der Stadt Chur, erstmals 1368. Text S. 15.

4. Das älteste amtliche (nicht persönliche) Siegel des **Generalvikars** zeigt über dem Wappen des Bistums die stehende Muttergottes. Legende in gotischen Minuskeln: + sigillum vicariatus ecclesie curiensis 1457.

5. Siegel des **Kanzleramtes**. Bild: Adler. Die Umschrift des ältesten erhaltenen Siegels in gotischen Unzialen: + s. EGENONI · KANCELLARI · C, erstmals 1233 (Abb. 6). Ein 1371 erscheinendes Siegel trägt die Legende: + IUSTAE IUDICATAE FILII HOMINUM; in der Regel aber nennen die Siegel den Namen des amtierenden Kanzlers.

6. Siegel der **Stadt Chur**. Das älteste Siegel, erstmals 1282, zeigt im Dreieckschild ein dreitürmiges Tor ohne den Steinbock. Umschrift in Majuskeln: S · CIVITATIS CURIEN (Abb. 5). – Vom 14. Jahrhundert an, erstmals 1368, zeigen die Siegel der Stadt das dreitürmige Tor mit dem Steinbock im offenen Bogen und die Umschrift in Majuskeln: S. CIVIUM CIVITATIS CURIENSIS[1] (Abb. 7).

Eigene Siegel mit dem Stadtwappen führten vom 17. Jahrhundert an ferner das **Stadtgericht** und das **Profektgericht**, im 19. Jahrhundert auch noch die **Hofgemeinde**. Die Siegel der Klöster siehe bei den Abschnitten St. Nicolai und St. Luzi.

Über die Churer **Münzen** siehe Band I, S. 270 ff.

Literatur: Über die Siegel des Bistums und des geistlichen Gerichtes: E. MEYER-MARTHALER in JB HAGGr. 1944, S. 1–38, mit Abbildungen auf 16 Tafeln, abgekürzt auch im Schweiz. Archiv für Heraldik 1944, S. 1–3, 54–59, mit Taf. I–VIII. – Siegel des Domkapitels: C. CAMINADA in Schweizer Archiv für Heraldik 1937, S. 97 ff. – Siegel des Kanzleramtes: FR. JECKLIN in Schweiz. Archiv für Heraldik 1897, S. 24 f. – Siegel der Stadt: A. V. SPRECHER in MAGZ. XIII, S. 15 ff.

ANSICHTEN UND PLÄNE

Aus dem 16. Jahrhundert. Die ältesten Churer Stadtansichten bieten die Holzschnitte in der «Eidg. Chronik» von JOH. STUMPF und der «Cosmographia» von SEB. MÜNSTER. Aus der Korrespondenz des Pfarrers bei St. Regula Joh. Blasius mit Bullinger ist zu entnehmen, daß die Vorlage zu der Ansicht bei Stumpf zwischen dem 27. Juni und dem 19. Juli 1547 von einem Maler aufgenommen wurde, der zu diesem Zweck von Feldkirch herreiste, wo er mit einem größeren Auftrag beschäftigt gewesen war. Doch scheint es sich nicht um einen Feldkircher, sondern eher um einen Churer Meister zu handeln[2]. Druck der Chronik in erster Auflage 1548 bei Froschauer in Zürich. Das Churer Bild dort auf S. 312b, Maße 7,9 × 16,9 cm (Abb. 8). Weitere Ausgaben 1586 und 1606. Vom gleichen Stock nachgedruckt bei J. GULER VON WEINECK, Raetia, S. 46b, erschienen 1616 bei Rudolf Wolff in Zürich (Inhaber der ehemaligen Froschauerschen Druckerei).

SEBASTIAN MÜNSTER gab in der ersten Auflage seiner Cosmographia von 1544 (gedruckt bei Heinr. Petri in Basel), S. 366, noch eine Phantasiearchitektur als Abbild von Chur aus, in der stark erweiterten Auflage von 1550 brachte er dann aber zwei wirkliche Ansichten, die eine «von dem hoff zu Chur» (14,5 × 16 cm), von Westen her gesehen, die andere, «Die Statt Chur» (14 × 34,3 cm), eine Gesamtansicht von Nordwesten. Beide tragen das Monogramm «I C», das von der Forschung dem JAKOB CLAUSER von Zürich, 1547–1578 in Basel tätig, zugeteilt wird (Literatur s. unten). Er dürfte der Holzschneider, keinesfalls jedoch der Zeichner der Originalaufnahme gewesen sein[3]. Bei der Ansicht der Stadt bemerkt Münster, daß er sie von Bischof Iter zugesandt erhalten habe, was man wohl erst recht auf das Bild vom Hof beziehen darf. Die Vorlagen sind also vor

---

[1]) Im 14. Jahrhundert wurde daneben auch ein kleineres Siegel mit Unzialschrift geführt.

[2]) Dafür spricht die Fassung «qui (i. e. pictor) nunc occupacior degit» und die am 27. Juni 1547 ergangene dezidierte Weisung des Rates an den Maler, ohne Verzug nach Chur zu kommen. Am 19. Juli geht die Zeichnung dann nach Zürich ab. Edition der beiden Briefe von Tr. Schieß in Quellen zur Schweizer Geschichte XIII, S. 105, Nr. 80 und S. 108, Nr. 82.

[3]) Deshalb nicht, weil sein Monogramm auf Städteansichten verschiedener Länder (Florenz, Belgrad, Jerusalem, London usw.) steht. Kögler meint, wie mir scheint ohne überzeugende Begründung, Clauser habe die Ansicht nur auf den Stock gezeichnet, nicht aber selbst geschnitten.

Abb. 8. Chur im Jahr 1547. Aus der Chronik von Joh. Stumpf, 1548. Text S. 15.

dem 4. Dezember 1549 (dem Todestag Iters) entstanden. Da Münster in seiner Vorrede selbst angibt, daß er bisweilen Holzschnitte als Vorlagen benützte (wobei er sie, wenn nötig, verkleinern ließ), so muß mit der Möglichkeit gerechnet werden, daß die zugrunde liegende Naturaufnahme noch etwas älter ist. Der auch in der Übersetzung durch den gleichen Holzschneider noch deutlich sichtbare stilistische Unterschied zwischen beiden Darstellungen läßt jedenfalls erkennen, daß die Naturaufnahmen von zwei verschiedenen Händen stammen. Die Ansicht des «Hofes» – ein Bild von hohem dokumentarischem Wert – ist nicht nur viel zuverlässiger, sondern auch zeichnerisch freier und spricht von einer viel entwickelteren Raumvorstellung wie jene der Stadt (Abb. 9 u. 10).

Zum gegenseitigen Verhältnis zwischen den Stadtansichten von Stumpf und Münster ist zu sagen, daß keinesfalls der Prospekt bei Stumpf das Vorbild für Münster abgab. Von Unterschieden im Detail ganz abgesehen, ist der Gesamtumriß der Stadt bei Stumpf völlig anders und perspektivisch richtiger gesehen, vor allem aber hat Münster als Hintergrund noch eine Kette schematischer, unwirklicher Bergkuppen, während bei Stumpf schon der Pizokel die Bildmitte ganz beherrscht und links von ihm das Schanfigg und rechts das Rheintal sich öffnet. In landschaftlich-räumlicher Beziehung bedeutet also die Darstellung der Stadt bei Münster einen Rückschritt gegenüber jener bei Stumpf.

Literatur: J. Zemp, Die Schweizer. Bilderchroniken, Zürich 1897, besonders S. 138 ff. und 234. – Über Clauser: G. K. Die Monogrammisten, Bd. II, München 1860, S. 74, Nr. 208. – E. His in Schweiz. Künstler-Lexikon I, S. 304. – Kögler bei Thieme-Becker, Allgemeines Lexikon der bildenden Künstler VII, S. 67 f., mit weiterer Literatur.

Aus dem 17. Jahrhundert. *Veduten.* Die graphischen Churer Ansichten dieses Zeitraumes werden durch Matthäus Merian bestimmt. Das in seiner «Topographia Helvetiae» (1642) aufgenommene Stadtbild (Abb. 15) war zuvor schon in der «Neuen Archontologia cosmica» des J. L. Gottfried (1638) sowie in J. A. Werdenhagens «De rebus publicis Hanseaticis» (1641) erschienen, zwei Werken, die gleichfalls Merian verlegt hatte. Die fragliche Vedute geht aber auf eine zu vermutende Zeichnung Merians zurück, die er im Jahre 1615 aufnahm, als er nach Italien reisen wollte, jedoch durch eine Paßsperre gegen Einschleppung der Pest in Chur zurückgehalten wurde. Diese Zeichnung verwertete Merian erstmals 1622 für ein Flugblatt zur Erinnerung an die Belagerung der von den Österreichern besetzten Stadt durch die Prätigauer, die Erstürmung der Schanze am Mittenberg am 30. Mai 1622 (nach neuem Kalender 10. Juni) und die Kapitulation Baldirons[1]. – Dieser Stich diente als Vorlage für die Churer Ansicht im

---

[1] Abgebildet bei G. Bener, Altes Churer Bilderbuch, Chur 1941, Taf. 6, auf dem Blatt selbst erläutert durch eine ausführliche Unterschrift: «Belagerung und Abzug der Statt Chur .... den 30. May (1622) haben auch die Bündtner die Schantz am Mittenberg nächst der Stadt Chur erobert, darauf die Spanier gezwungen zu parlamentieren und mit ihrem Obristen Balderon abzuziehen.»

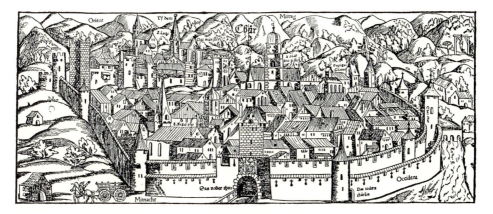

Abb. 9. Chur. Aus der Cosmographie des Sebastian Münster von 1550. Text S. 15f.

I. Teil von Daniel Meissners «Thesaurus philopoliticus» (Bl. 7), verlegt bei Eberh. Kieser in Frankfurt, erschienen 1623. E. Kieser ist wohl auch der Stecher des letztgenannten Blattes. Maße: 7 × 14,6 cm.

Nach dem Flugblatt von 1622 wurden ferner noch folgende zwei Einzelblätter gestochen: a) Titel «Chur», 17 × 46 cm. Die Stadt mit Bastionen – die nie existierten – wie auf dem Flugblatt von 1622. Im Vordergrund auf einem an Pflöcken ausgespannten Gemsfell die Legende für die wichtigsten Bauwerke. Kauf- und Rathaus sind (wie in der Topographie) irrtümlich als getrennte Gebäude bezeichnet. – b) Titel «Die Statt Chur», 13,7 × 31,8 cm. Die Stadt ohne die Bastionen, im Vordergrund Terrainwellen mit Baumstrünken. Diese Ansicht wurde auf der gleichen Platte mit einer panoramahaften Darstellung des Churer Rheintales von Luzisteig bis Chur und der dortigen Befestigungen vereinigt; diese Ansicht datiert 1629[1].

Die Vedute in der «Topographia Helvetiae» von Matthäus Merian 1642 (20,9 × 28,3 cm) ist detaillierter, weniger malerisch und trockener in der Darstellung als das Blatt von 1622. Der Standpunkt ist ungefähr die Stelle, wo heute an der ersten Kehre der neuen Schanfigger Straße ein Pavillon steht. Hinsichtlich der topographischen Genauigkeit hält die Ansicht nicht überall den Nachprüfungen stand. Die Originalkupferplatte wurde von Friedr. Samuel Schmidt von Rossan (Rossens, Waadtland) in Frankfurt aufgefunden und 1777 der Stadt Chur geschenkt. Heute im Rätischen Museum.

Literatur: Näheres über den Zusammenhang der erwähnten Blätter und die Rückführung auf eine Naturaufnahme Merians aus dem Jahr 1615 siehe E. Poeschel, «Die Originalplatte zur Ansicht von Chur in Merians Topographia Helvetiae» in ZAK. 1945, S. 43–49.

Planprospekt aus dem Schloß Knillenburg. Ölgemälde auf Leinwand im Rätischen Museum, H. 120,5 cm, Br. 115 cm. Restauriert und an einigen Stellen übermalt. Schloß Knillenburg bei Obermais (Meran), wo das Bild aufgefunden wurde, war 1641 von Bischof Johann VI. Flugi von Aspermont erworben worden, der mit seiner Sammlung historischer Dokumente wohl auch dies Gemälde dorthin verbracht hatte[2]. Die Darstellung gibt – wie der bekannte Zürcher Stadtplan von Jos Murer (1576) – eine perspektivische, auf einen nach Messungen festgelegten Grundriß gezeichnete Ansicht[3]. Trotz einigen Ungenauigkeiten im Detail (s. unten bei der Beschreibung der Türme und Tore), die zum Teil auf Rechnung der späteren Überarbeitung gehen könnten, ist sie ein für die Baugeschichte der Stadt sehr wertvolles Dokument. Um 1640[4] (Abb. 14). Eine

---

1) Titel: «Eigentliche Verzeichnus des Passes von der Steig biß gehn Chur in Pünten. Welches sich die Keyserl. impatroniret Anno 1629.» In der Kantonsbibliothek Chur liegt ein von diesem Doppelbild abgeschnittener Abzug der Ansicht von Chur, vom Benützer datiert 1626. Nach der obigen Beschriftung ist dieses Datum unzutreffend, obwohl es einen altertümlichen Duktus aufweist.

2) Über Knillenburg und das Schicksal dieser Sammlung s. Mayer, Bistum II, S. 334 und 372, Anm. 2/3.

3) Umzeichnung des Bildes von M. Risch, Einzelblatt im Verlag des Rätischen Museums Chur.

4) Zur Datierung s. S. 209, Anm. 1.

Abb. 10. Chur, «Der Hof» zu Chur. Aus der Cosmographie von Sebastian Münster, 1550.
Text S. 15f., vgl. auch Abb. 11.

ähnliche Darstellung scheint 1678 der Konstanzer Glasmaler WOLFGANG SPENGLER im Auftrag der Stadt gemalt zu haben, die indes verschwunden ist[1].

Auf dem Bild des Rosenkranzaltars in der Kathedrale von 1653 (s. S. 209) stellte im Hintergrund JOH. RUD. STURN das Schloß nach dem Umbau durch Bischof Johann V. Flugi von Aspermont dar (über Sturn s. Bd. I, S. 222). Von dem gleichen Meister (oder dessen gleichnamigen Sohn) stammt ein Kupferstich in der Zentralbibliothek Zürich (Steinfels-Sammlung), betitelt «Prospekt des Bischöflichen Schlosses Chur in Pündten», 25,3 × 37,5 cm, signiert: «Jo. Rudolph Sturn Delineavit». Eine offene Säulenhalle, das Gesims besetzt mit Figuren von Heiligen zu seiten der Maria; im Mittelbogen das Wappen Ulrichs VI. von Mont mit Titeluntschrift, umgeben von den Wappen Tirol, Marmels, Flugi von Aspermont und Planta von Wildenberg. Durch die Kolonnaden erblickt man links das «Alt Schloß Chur», rechts «das neu Schloß Chur», also die bischöfliche Residenz vor und nach dem Umbau. Entstanden wohl bald nach dem Regierungsantritt des Bischofs Ulrich VI. (1661).

[1] «Ein gmäl», «die Stadt Chur in Grund abgerissen gmahlet» 25. März 1678 (Rats-Prot. XI, S. 175). Von einer Scheibe, wie SPENGLER eine solche mit Stadtansicht 1656 für St. Gallen gemalt, ist nicht die Rede. Das Honorar, insgesamt 89 fl. 30 Kr., scheint auch für eine Glasmalerei zu nieder, es dürfte sich also auch um ein Ölbild handeln.

Abb. 11. Chur. Der «Hof» vom gleichen Standpunkt aus
wie die Ansicht in Münsters Cosmographie, Abb. 10.

Aus dem 18. und 19. Jahrhundert. Eine vollständige Aufzählung aller Stadtansichten dieses Zeitraumes, die zum Teil geringen künstlerischen und bisweilen auch beschränkten topographischen Wert haben, kann hier nicht in Frage kommen. Die wichtigsten sind zusammengestellt bei G. Bener, Altes Churer Bilderbuch, Chur 1941 (im Nachfolgenden zitiert «BB.»). Als Anhaltspunkt für Datierungen innerhalb des 19. Jahrhunderts möge dienen: Bis Mai 1811 (Hofbrand) Turm der Kathedrale mit Spitzhelm, ab 1829 heutiger Turm mit Kuppelhaube, ferner das Vorhandensein des Schelmenturmes bis 1834 und des Hegisturmes bis 1847.

In Auswahl seien folgende Darstellungen genannt:

Ansicht des bischöflichen Hofes in der Vignette eines Wandkalenders des Bistums; datiert M D CC LVII, signiert: «F. Xav. Schönbächler sc. in Einsiedeln.»

Radierung von J. J. Aschmann (1747–1809), Ansicht der Stadt von Nordwesten her, Titel in Louis-XVI-Umrahmung: «Prospekt der Stadt Chur in Bündten», darunter: «J. J. Aschmañ Fec.» (BB. Taf. 13), erschienen vermutlich 1778; Maße 29,4 × 34,6 cm.

Radierung des gleichen Zeichners. Ansicht der Stadt von Norden her in direkter Richtung auf das Untertor. Am Pizokel eine Wolkenbank (13,7 × 29,5 cm); signiert: «Aschman fec.». Ein Exemplar in der Zentralbibliothek Zürich (Steinfels-Sammlung). Von Aschmann existierte offenbar noch eine weitere Ansicht, die im Vordergrund rechts einen Baum mit daran gelehnter Leiter zeigt. Kopien davon in der Stadtkanzlei Chur, signiert: «J. Aschman fecit», «Sebastian Schöch, cop. in Feldkirch Ano 1806» (18,4 × 30 cm) und in der Kantonsbibliothek, signiert: «Gugelberg», letztere BB., Taf. 14. – Kupferstich «Vue de la Ville de Coire, Capitale du Pays des Grisons», «Dessiné par Le Barbier Lainé gravé par Piquenot» (21,7 × 34 cm). Ansicht der Stadt von Süden, von der Terrasse bei St. Hilarien her. Malerisch reizvolle Vedute (BB., Taf. 17), erschienen in «Tableaux topogr. de la Suisse en voyage pittoresque», Paris (Titelblatt dat. 1785), Text von B. F. Zurlauben (Abb. 12). – Eine *Tapete* im bischöflichen Schloß zeigt in vereinfachter Weise die Stadt von Nordwesten vor dem Hofbrand (1811).

Abb. 12. Chur von Süden. Stich nach einer Zeichnung von Le Barbier Lainé aus Zurlaubens «Tableaux topographiques». 1785. Text S. 19.

Drei Sepiaaquarelle von JOH. CHRIST, später städtischer Baumeister in Chur: 1. Die Stadtmauer vom Pulverturm bis Schelmenturm, Unterschrift: «Nach der Natur gez. von Joh. Christ 1807», rechts: «23. Sept. 1807» (25 × 38,5 cm). – 2. Der Schelmenturm, bezeichnet: «J. C. 1808» (25,2 × 38,8 cm), abgebildet BB. Taf. 25. – 3. Die Stadt von Nordosten her, bezeichnet: «28. Merz 08» (26,2 × 39,7 cm). Im Besitz von Dr. C. Jecklin, Chur. Zuverlässige und im Architektonischen genaue Aufnahmen (Abb. 13). Vermutlich hat Christ auch die Stadt von Süden her gezeichnet, da die vorhandenen Bilder eine geschlossene Serie bilden. – Guasch: «Chur in Pünten, L. Bleuler» (41 × 64 cm) im Rathaus Chur. Blick auf die Stadt von Südosten her, vor 1811. Topographisch ungenau und sehr vereinfacht, auch im Architektonischen die ungeübte Hand des damals noch jugendlichen Eleven verratend (BB., Taf. 22).
Vom gleichen Künstler drei weitere Blätter: 1. «Vue de la Ville de Coire et ses environs», «par Louis Bleuler a Schaffhouse en Suisse», Guasch auf radierter Vorzeichnung (32 × 48 cm). Blick von Nordosten auf die Stadt. Erschienen in Bleulers «Voyage pittoresque du Rhin», 1. Aufl. 1830. – 2. Gleicher Titel, Signatur jedoch: «Dessiné par Bleuler, gravé par Salathé», Aquatinta (18,9 × 28,7 cm). – 3. Die Stadt von Nordosten, im Vordergrund als Staffage ein Bauer mit Tieren (BB., Taf. 21). Erschienen in der reduzierten 2. Ausgabe der «voyage pittoresque».
Eine Bleistiftzeichnung von SAMUEL BIRMANN zeigt den Blick auf die Stadt von einem Standort am Hang gegenüber der Metzgerbrücke (21,2 × 53 cm, bei nicht ausgenützter Blattbreite), signiert: «S. Birmann f., Chur Juni 1821» (Abb. 17); von ihm auch ein Aquarell der Stadt von Norden her (24,9 × 38,2 cm), ebenfalls signiert und datiert 1821, beide im Kupferstichkabinett Basel (Sign. Bi 30, S. 44, Bl. 90, 91). – Lithographie «Coire», signiert «Ed. Pingret del^t» (20 × 28 cm), Standpunkt vor dem Untertor. Sehr vereinfacht wie alle Darstellungen von Pingret (BB., Taf. 24). Erschienen in «Promenade sur le lac Wallenstadt et dans le pays des Grisons» par Vte de Senonnes et Ed. Pingret, Paris 1827. – Aquatintablatt «Die Stadt Chur», «J. J. Meyer deli.», «R. Bodmer sc.» (14,3 × 19,3 cm). Blick von St. Hilarien aus; in J. J. Meyer, Die neuen Straßen durch den Kanton Graubünden, Zürich 1825, Taf. 1 (BB., Taf. 19) sowie in J. J. Meyer, Voyage pittoresque[1]. – Unsigniertes Aquarell, den Blick auf die Stadt

---

[1] Ein Aquarell im Rathaus zu Chur (14,5 × 19,5 cm) deckt sich in gegenständlicher Hinsicht mit

Abb. 13. Chur von Nordosten. Sepia-Aquarell von Joh. Christ, 1807. Text S. 20.

von St. Hilarien aus darstellend (23,2 × 33,5 cm). Entstanden zwischen 1811 und 1829. Ein Bleistiftnetz deutet darauf hin, daß das Blatt als Vorlage – vielleicht für einen Stich? – gedient hat. Gute Arbeit (Rathaus Chur).

Ein Ölbild (40,5 × 64,5 cm) im Stadtarchiv zeigt das bischöfliche Schloß von Osten vor dem Umbau dieses Traktes (um 1829/30) (S. 207); die gleiche Ansicht gibt der in kolorierten und schwarzen Exemplaren vorkommende Stich «Coire», «Girard del.», «Roca sc.» (Abb. 16, S. 27).

Aquarell oder (wahrscheinlicher) übermalter Stich, signiert «J. U. Fitzi» (17,5 × 23,5 cm) im Rathaus Chur. Topographisch ziemlich getreue Ansicht des Nordteils der Stadt und der angrenzenden Umgebung. Nach 1834 (BB., Taf. 23). – Aquarell, signiert «J. Ulr. Burri» (26 × 27,5 cm), Blick von der Malixerstraße aus, um 1845. Im Rathaus Chur. Darnach auch ein Stich von Hürlimann (12,9 × 17 cm), jedoch mit etwas anderem Ausschnitt (oben St. Luzi) und im Vordergrund durch Staffage bereichert.

Lithographie «Chur, Hauptstadt des Cantons Graubünden», signiert «J. Werner Sohn» «Lithogr. Brupbacher» (39 × 57 cm). Blick von St. Hilarien aus; um 1840. Ein Exemplar im Besitz von Frl. Truog, Chur.

Eine der verhältnismäßig seltenen älteren Ansichten des Obertors gibt ein Aquatintablatt nach einer Zeichnung von Wilh. Rud. Scheuchzer, signiert «Scheuchzer del.», «Basel bei Moehly und Schabelitz». Um 1841/42[1].

Für die Zeit um die Mitte des 19. Jahrhunderts sei hingewiesen auf die Stahlstiche nach Zeichnungen von L. ROHBOCK in «Der Rhein und die Rheinlande», Darmstadt 1847, Bd. I, nach S. 128 «Chur»; Blick vom alten Schanfigger Weg aus; nach S. 138 «Der römische Thurm Marsoil in Chur», Ansicht des Hofes mit dem «Brillentor» (BB., Taf. 15), ferner in der Ausgabe von 1852 als Titelbild das frühere Friedhofstor vor der Kathedrale mit den Apostelsäulen (BB., Taf. 27).

Pläne. Der älteste uns erhaltene Stadtplan ist jener von «Peter Hemmi, Obrigkeitlicher Feldmesser in Chur, 1823». Eine zweite Aufnahme von 1835 reprod. in BB., Taf. 18.

---

diesem Aquatintablatt. Die auf dem Karton angebrachte Signatur «J. J. Meyer» ist nicht original, es dürfte sich um eine Kopie nach dem Aquatintablatt handeln.

1) Das bei BB. Taf. 28 abgebildete Aquarell ist offenbar nur die Kopie eines Dilettanten nach dem erwähnten Aquatintablatt.

DIE ENTWICKLUNG DER STADTANLAGE

Über das Wachstum der Stadt Chur hat sich der Verfasser an anderer Stelle (BMBl. 1945, S. 1–64) in einer eingehenderen Untersuchung geäußert, aus der hier nur die Ergebnisse in kurzer Zusammenfassung wiedergegeben werden sollen.

Wie oben (S. 4) erwähnt, ist die vorgeschichtliche Rätersiedlung auf dem Hof (Abb. 14, Lit. A) zu vermuten, wenn der archäologische Nachweis dafür auch nicht erbracht ist. Die Römer werden auf diesem Hügel wohl ein Kastell angelegt haben, doch kaum vor dem 4. Jahrhundert. Was die zivile Niederlassung anlangt, so ist, wie oben (S. 6 f.) ausgeführt, auf dem Gebiet des heutigen Welschdörflis (G), wo ein Badehaus gefunden wurde, wohl eine Villa anzunehmen, während der eigentliche «vicus», die Niederlassung der Handwerker und Gewerbetreibenden, noch zu suchen ist. Vielleicht lag sie zu Füßen des Kastells.

Schon im 5. Jahrhundert war das römische Kastell, in dem sich nun im Schutz der Mauern die Kathedrale erhob, zum Sitz des Bischofs und des Landespräses (siehe S. 6) geworden. Als ältester Kern der heutigen Stadt ist das zungenförmig vom «Hof» aus sich gegen Westen erstreckende Gebiet zwischen der südlichen Häuserzeile der Obergasse und der Untergasse anzusehen (B). Daran schloß sich später, aber wohl noch im 1. Jahrtausend, auf einem durch Plessur-Verbauungen neu gewonnenen Grund ein schmaler, dreieckiger Häuserkomplex an, der von dem rätoromanischen Wort für Kastenwuhre, «Archen», die Bezeichnung «Archas» trug (C). Dieser ganze älteste Teil (B und C) heißt noch in Urkunden des späten 13. Jahrhunderts «burgus superior», aus welcher Bezeichnung man schließen darf, daß er damals einen «borgo», also eine nicht ummauerte, nur mit Wall und Palisadenwänden bewehrte Vorburg der von einer Ringmauer umgebenen «civitas» auf dem Hof darstellte. Hier, bei der Kirche St. Martin, fanden sicher schon seit ältester Zeit die Märkte statt, die bereits im Frühmittelalter eine große Frequenz aufwiesen[1].

Während dieser obere Teil des alten «locus Curia» die eigentliche bürgerliche Niederlassung der Handwerker, Gewerbetreibenden und Kaufleute, eine geschlossene Struktur aufwies, stellte der untere eine lockere Siedlung durchaus landwirtschaftlichen Charakters dar. In den Urkunden erscheinen hier zwei Siedlungskomplexe, die beide auf dem Boden von Gutshöfen entstanden sind: einmal «Salas», das Gebiet zwischen Untertor und «Freieck» östlich der Unteren Reichsgasse (D), dessen Kern die noch auf dem abgebildeten Planprospekt deutlich erkennbare ehemalige Stadtburg Planaterra mit der früheren Eigenkirche St. Regula war, und westlich davon das Quartier Clawuz, das sich von der Unteren Reichsgasse bis zum Mühlbach, also bis zur heutigen Poststraße, erstreckte (E). Als der obere Burgus und die Quartiere Salas und Clawuz in einen gemeinsamen Mauerring eingeschlossen wurden, zog man dessen Nordwestflucht von der Westspitze des Burgus zur Nordgrenze der beiden genannten Villikationen, so daß ein noch nahezu unüberbautes, mit Weingärten bestandenes Geländedreieck (F) der Stadt einverleibt wurde, in das hernach das Kloster St. Nicolai einrückte.

Links der Plessur hatte, wie sich an den dort haftenden Flurnamen «Palazi» und «Palazol» ablesen läßt, die römische Villa (siehe oben S. 5) in einem Königshof ihre Fortentwicklung erfahren, der wohl auf dem Territorium des Gutes St. Margarethen zu suchen ist, das im hohen Mittelalter dann dem Kloster Churwalden gehörte. Auch sonst bewahrte dieses Gebiet lange rein gutswirtschaftlichen Charakter; denn hier

---

1) CD. I, S. 71: «952.... omne teloneum et undique confluentibus emptoribus atque de omni negotio in loco curia peracto.»

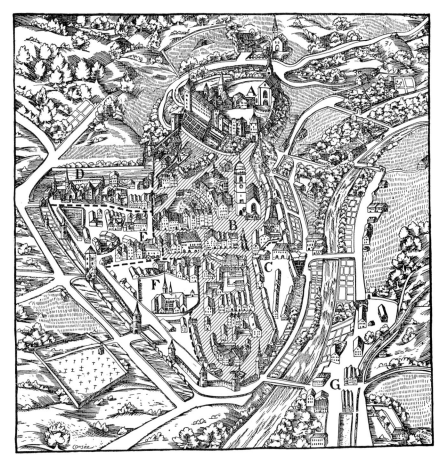

A = Der Hof, B (schraffiert) = Der «burgus superior», C = Das Quartier Archas,
D = Salas, E = Clawuz, F = St. Nicolai, G = Welschdörfli.

Abb. 14. Planprospekt von Chur, um 1640. Nach einem Ölgemälde aus dem Schloß Knillenburg
(nun im Rätischen Museum zu Chur), umgezeichnet von M. Risch. Text S. 17.

lag außerdem noch ein bischöflicher Meierhof (CD. II, S. 109f.) und im Gebiet von St. Salvatoren eine geschlossene Klosterwirtschaft des Stiftes Pfävers mit Eigenkirche. Im patriarchalischen Milieu jener Gutswirtschaften erhielt sich das rätoromanische Idiom beharrlicher als in der, fremden Einflüssen viel mehr ausgesetzten Siedlung der Handwerker und Händler rechts der Plessur, wodurch der Name «Welschdörfli» für dieses Viertel zu erklären ist[1].

Links der Plessur – im «Türligarten», dem «Bodmer» und «Auf dem Sand» – ging dann auch im 17. Jahrhundert zuerst die Ansiedlung von ständig bewohnten Bürgerhäusern außerhalb des Mauerringes vor sich, während nördlich der Stadt erst vom späten 18. Jahrhundert an die gleiche Erscheinung sich zeigte, nachdem sich zuvor nur Sommersitze dort eingefunden hatten. Dies war besonders im Gebiet «Lachen»

---

1) Über die Einteilung der Stadt in «Quarten», die erst im Spätmittelalter auftaucht, verwaltungstechnischer Natur ist und keine starren Grenzen aufweist, s. BMBl. 1945, S. 26 ff.

und «Schönberg» (zwischen Kreuzspital und Bahn) der Fall gewesen, wo nach einer Reisebeschreibung von 1745 «viel Lusthäuser sind, so nach Chur gehören und die vormahlen zur Zeit einer grassierenden Seuche dahin erbauet worden»[1].

Was die grundrißliche Gliederung der Bebauung anlangt, so wurde sie durch die Hauptverkehrsader, die Reichsstraße (siehe oben S. 3), bestimmt, die von Norden her auf den alten Marktplatz bei St. Martin zielte, um von dort aus, im rechten Winkel abbiegend, den Plessurübergang ins Gebiet des Welschdörfli zu gewinnen. Doch ist zu betonen, daß die alte Reichsstraße in ihrem oberen Teil nicht mit der heutigen Obergasse, sondern mit der Untergasse identisch ist, was deutlich aus den Urkunden hervorgeht[2]. In älterer Zeit – vor Erbauung des Kauf- und Rathauses – dürfte sich der Marktplatz von St. Martin weiter nördlich bis an die Abzweigung der jetzigen Untergasse erstreckt haben. Im übrigen wird die Gliederung des Stadtgrundrisses durch die oben geschilderte historische Entwicklung erklärt.

Die Stadt wurde von jeher durch den bei der Felsenge von Sassal aus der Plessur abgeleiteten Mühlbach durchschnitten, der innerhalb der Mauern einen (nicht mehr vorhandenen) Seitenlauf gegen das Kloster St. Nicolai hin entsandte und außerhalb noch ein Netz von kleineren Rinnsalen für die landwirtschaftlichen Bedürfnisse speiste. Bei Feuersnot konnte das ganze System durch «Aufstauen» geschwellt werden. Indirekt – durch die Erwähnung einer Mühle – ist dieser Stadtbach seit der Mitte des 12. Jahrhunderts nachgewiesen, ebenso wie der sogenannte «Obere Mühlbach» an der linken Plessurseite[3].

Was die **Bauweise** im mittelalterlichen Chur anlangt, so herrschte offenbar bis zum Stadtbrand von 1464 der Holzbau vor, da gemauerte Häuser in den Urkunden stets als solche bezeichnet werden («domus lapidea», «domus murata», «gmuret hus»). Man wird sich diese Holzbauten als Riegelhäuser aus einem Balkenskelett mit Ausfachung durch Reisig und Lehm zu denken haben. Zu den Steinbauten ist auch die in mittelalterlichen Urkunden vorkommende «Caminata», «Kämnade», «Kemmete» zu zählen, eine sogenannte «Steinkammer», nämlich ein frei im Hofe liegendes kleineres Steinhaus mit einem heizbaren Raum («Camera caminata»). Die Bezeichnung «caminata et stupa» deutet darauf hin, daß bisweilen die gemauerte Caminata mit einer gezimmerten «stupa» (Stube) kombiniert wurde. Auch einzelstehende, natürlich ebenfalls gemauerte Keller kommen in mittelalterlichen Urkunden vor.

Die Bedachung bestand noch bis zum Stadtbrand von 1574 vorwiegend aus großen, mit Feldsteinen beschwerten Bretterschindeln, und auch die Giebelfronten waren, wie auf den Abbildungen bei Stumpf und Münster zu sehen ist, häufig nur mit Holz verschalt. Nach dieser Katastrophe schrieb der Rat unter Strafandrohung harte Bedachung vor. Auch fand eine gewisse Auflockerung der Bebauung durch die Anlage neuer Plätze statt.

Über den Typus des spätgotischen Hauses in Chur – einem Reihenhaus mit der Straße zugekehrtem Giebel, häufig mit prismatischen Erkern geziert – siehe Band I, S. 146f. Das freistehende Herrenhaus wurde hier – von ehemaligen «Stadtburgen» wie etwa der «Planaterra» abgesehen – erstmals im Oberen Spaniöl (um 1645) verkörpert.

---

1) Reise von D. Landolt und Gefährten aus Zürich, beschrieben in «Reißbeschreibungen durch die Schweiz». Mskr. Zentralbibliothek Zürich L 444.
2) Ämterbücher, S. 28 (um 1400): «ain vitzdum sol ze gericht sitzen uff dem brügglin da man zuo den brediger (Predigern = St. Nicolai) hin gat an offner richsstraß.» Näheres s. BMBl. 1945, S. 25.
3) Urb. d. Domk., S. 5 und 26. Näheres s. BMBl. 1945, S. 46.

Abb. 15. Chur um 1615. Aus der Topographia Helvetiae
von Matthäus Merian, 1642. Text S. 16.

DIE STADTBEFESTIGUNGEN

Die Befestigung des Hofes

Inwieweit die Bewehrung des dreieckigen Plateaus auf römischer Grundlage beruht (siehe oben S. 5), wissen wir nicht. Das noch erhaltene aufgehende Mauerwerk läßt jedenfalls keine spezifisch römischen Merkmale erkennen. Den Bestand am Ende des Mittelalters zeigt uns die sehr zuverlässige Ansicht bei Münster (Abb. 10). Eine freistehende Ringmauer existierte damals nicht mehr, die Fronten der Häuser bildeten zugleich den Bering. Doch läßt der kleine Rest eines an die Westseite des Marsöls anschließenden Zinnenkranzes darauf schließen, daß zum mindesten der Mauerring der Nordseite erst nachträglich in Wohnbauten aufging. Diese Bewehrung ist charakterisiert durch fünf vor die Flucht vortretende Mauertürme, von denen zwei – der Marsöl und der Torturm (Hofkellerei) – noch erhalten sind[1].

Der Name *Marsöl*, der nach neuester Deutung von Muriciolu = gemauerter Bau abzuleiten ist (BMBl. 1932, S. 114), kommt im 14. Jahrhundert als Benennung des Hügels, dann der ganzen bischöflichen Burg und zuletzt (17. Jahrhundert) des Tur-

---

[1] Von der östlichen bergseitigen Ringmauer wurden 1859 Fundamentreste gefunden (MAGZ: XII, S. 321).

mes allein vor. Der Marsöl ist der nordöstliche Eckpfeiler der ganzen Wehranlage und aus großen Bossenquadern gefügt. Viergeschossig, an der Ostfront große Flickstellen in unregelmäßigem Verband. Die dem Inneren der Burg zugewandten Seiten sind nur 1,40 m stark gegen 2,60 m im Erdgeschoß der Außenwände. Auf der Hofansicht bei Münster sieht man in den Obergeschossen der Westseite eine große Bresche, die von einem Einsturz im Jahre 1537 herrührt (BMBl. 1928, S. 341). Als Bekrönung ursprünglich ein Zinnenkranz, seit 1635/40 ein Zeltdach. Eine Datierung ist durch das Fehlen formierter Teile und alter Fensterformen erschwert. Doch dürfte der Turm vielleicht schon im 11. Jahrhundert entstanden sein, während die andern Mauertürme wohl etwas später, etwa Mitte des 12. Jahrhunderts, erbaut wurden.

Zwischen Marsöl und Torturm standen in annähernd gleichen Abständen drei weitere vorspringende, rechteckige *Mauertürme* mit einwärts gerichteten Pultdächern und Zinnenbekrönung, von denen noch Reste in den heutigen Domherrenhäusern eingeschlossen sind[1].

Der *Torturm* (Hofkellerei) birgt über dem rundbogigen, von Bossenquadern eingefaßten tonnengewölbten Durchlaß drei Geschosse und war ehemals mit einer horizontalen Wehrplatte und Zinnenkranz abgeschlossen; seit etwa 1640 trägt er ein Zeltdach. An einem Quaderstein des Tores (links, 1,10 m über dem Boden) ein romanisches Steinmetzzeichen in Form eines «P». Vom Tor selbst sind nur die Kloben noch vorhanden. Spätgotische Reihenfenster von 1522. Über dem oberen Geschoß steht auf der Ansicht von Münster das bischöfliche Wappen. Die heutige heraldische Bemalung von 1933. In diesem Turm ist die in einem Urbar um 1380 erstmals erwähnte «Trinkstube» (später auch die «Chorherrn-Trinkstube» genannt) untergebracht. Sie gehört mit einer zweiten Stube zusammen heute zu dem Wirtschaftsbetrieb der «Hofkellerei». Diese Räume sollen, da sie mit den wehrtechnischen Anlagen nichts zu tun haben, später (S. 230) im Zusammenhang mit den Wohnungen der Domherren beschrieben werden. Der Zugang zu ihnen erfolgt heute in einem Treppenvorbau, der indes aus neuerer Zeit stammt. Ursprünglich erreichte man die Obergeschosse des Turmes wohl über eine hölzerne Außenstiege und außerdem vermutlich auch noch unmittelbar von einem Wehrgang aus, der den Torturm mit dem Mauerturm am westlichen Ende der Dompropstei verband. Das dort auf der Ansicht von Münster (Abb. 10) noch abgebildete bescheidene Bauwerk läßt deutlich erkennen, daß es nur an die Ringmauer angesetzt ist.

Der völlig verschwundene Turm *Spinöl* wird 1284 erstmals urkundlich erwähnt, war aber 1299 schon gebrochen (CD. II, S. 29 und 147). Er gehörte ursprünglich nicht zur eigentlichen Bischofsburg, sondern wurde von den Vaz erbaut. Nach einem 1860 aufgenommenen Plan der letzten Reste handelte es sich um einen fünf- oder sechseckigen, freistehenden Turm, der sich südlich des Torturmes hart an der Felskante erhob. Keller sah (1860) noch Mauerwerk aus Bossenquadern in etwa 4 m Höhe[2].

Außer dem Haupttor im Torturm verfügte der Hof über zwei Nebenpforten; die eine führte aus dem Schloß zur Schanfigger Straße, die andere aus dem «Höfli» bei der Mesmerei hinunter zum «Sand».

Das – nicht mehr vorhandene – Brillentor, das unmittelbar vor dem Hofturm stand, wurde von der Stadt errichtet und kommt daher S. 30 zur Behandlung.

Literatur: Näheres über die genannten Türme s. Burgenbuch S. 181 ff., mit Literaturangaben, ferner KELLER in MAGZ. XII, S. 320 und Tafel VI. Dort (Fig. 3) auch der Plan des Spinöls. Grundriß und Schnitt des Marsöls s. Bürgerhaus XIV, Taf. 33 und 34.

[1]) Auf der Gesamtansicht bei Münster deutlich zu sehen, ebenso bei Merian. Auf dem Knillenburg-Prospekt schon Zeltdach.

[2]) Vermutlich handelt es sich um den zu einer Terrasse verwendeten Mauerstock, der auf der Zeichnung S. BIRMANNS von 1821 (Abb. 17) unter den Bäumen in der Bildmitte zu erkennen ist.

Abb. 16. Chur von Osten. Stich von Roca nach Girard, um 1829/30.
Text S. 21.

Die Befestigung der Stadt

Geschichte. Es sind keine sicheren Anhaltspunkte dafür vorhanden, daß der ursprünglich nur mit Graben und Palisaden befestigte «burgus superior» (siehe oben S. 22) nach der Jahrtausendwende mit einem Mauerring umschlossen wurde. Wir haben also damit zu rechnen, daß die große, bis in die neueste Zeit aufrechte Ringmauer nicht nur die letzte, sondern auch die erste Stadtmauer war. Sie dürfte in der ersten Hälfte des 13. Jahrhunderts entstanden sein. Die früheste urkundliche Erwähnung der Südmauer (gegen die Plessur hin) erfolgt 1270 (CD. I, S. 385), während die Nordmauer (und also der «große» Mauerring) 1293 bei Übersiedlung des Klosters St. Nicolai in die Stadt schon existiert haben muß[1]. Vermutlich wurden ausgangs des Mittelalters Verbesserungen an der Stadtmauer vorgenommen. 1508 wird ein Zins von der «nuwen mur» erwähnt, was man vielleicht auf die zweite äußere Nordmauer (des Zwingers) beziehen darf (StA., Rechenbuch 1489-1537, S. 141). 1538 entstand das Vortor zum Schutz des Obertores, vielleicht auch das Vorwerk beim Metzgertor (S. 30) und 1542 akkordiert die Stadt mit Jakob Prewost über umfangreiche Erneuerungen an der Ringmauer und dem Wehrgang[2]. Vermutlich wurden auch die zwei halbrunden Turmschalen (siehe unten) damals vor die Mauer gesetzt. 1753 Errichtung des «Brillentores» vor dem bischöflichen Torturm. Durch Abbruch des Wehrganges und seiner Abdeckung im Jahre 1820 verloren die ohnehin schon gebrechlichen Mauern den Schutz gegen Einsickern des Wassers, das bei Frost dann

---

1) Die Frage der Entstehungszeit der Stadtmauern wurde vom Verfasser in BMBl. 1945, S. 28 ff. (mit Quellennachweisen) näher behandelt.
2) Rats-Prot. Bd. I, S. 69b, 1542 Mai 2: «maister Jacoben prewost die Ringkmur zmachen»; er soll «als wyt er die mur macht, oben abbrechen, so wyt abhin, da man das holtz werch legt zum Umbgang und dann wider uffmuren mit Zinnen und anderem wie diß der stat Ringkmur gemacht ist».

Abb. 17. Chur von Südwesten. Zeichnung von S. Birmann, 1821. Text S. 20.

das Gefüge sprengte[1]. 1828 wurde der Zwingwolfgraben ausgefüllt[2]. 1829 stürzte das Mauerstück westlich des Untertores ein, 1834 suchte man den bedrohlich überhängenden Abschnitt zwischen dem «Alten Gebäu» und dem Pulverturm durch Teilabtragung zu retten, doch mußte man ihn 1851 trotzdem völlig niederlegen, nachdem schon 1847 die Partie vom Schanfigger Törli bis zum Sennhofturm größtenteils eingefallen war (Ratsakten G 1). Über die Schleifung der Türme und Tore siehe unten. Praktisch hatte die Ringmauer ihre Bedeutung verloren, nachdem 1839 der Rat Aufhebung des Torschlusses bei Nacht verfügt hatte.

Die Gesamtanlage (s. Abb. 1). Die Linie der Befestigungen gibt der auf Messungen beruhende Knillenburg-Prospekt (Abb. 14) ziemlich zuverlässig wieder, wie sich an dem Hemmischen Plan von 1823 nachprüfen läßt. Der Winkel der Ostflucht erklärt sich aus der geschilderten Stadtentwicklung, nämlich dem Anwachsen der Quartiere Salas und Clawuz an den alten «burgus superior». Eine stumpfere, im Knillenburg-Prospekt überbetonte Knickung an der Westseite nördlich des Pulverturms könnte von Terrainverhältnissen oder auch einer Planänderung während des – sicher lange sich hinziehenden – Baues herrühren. Nach den Ansichten von Stumpf wie von Münster lief vom Obertor bis zum Schmiedturm (Nordostecke) ein doppelter Mauerzug, der also einen Zwinger, in den Quellen meist «Zwingwolf» genannt, einschloß. Vor der äußeren Mauer zog sich der Hauptgraben hin, der nach dem Holzschnitt bei Stumpf nur vom Obertor bis zum Schmiedturm reichte, nach dem Knillenburg-Prospekt aber bis zum Sennhofturm. Dies letztere, vielleicht erst nach 1550 angelegte Stück ist als «Hofgraben» noch im 19. Jahrhundert bezeugt[3]. Der Graben war ein Trockengraben, konnte jedoch wohl, soweit er ohne Gefälle verlief, vom Mühlbach her gefüllt werden[4]. Während die Ostmauer in ihrem unteren Teil verhältnismäßig solid konstruiert war,

1) Antrag auf Abbruch 27. Dez. 1819 (Rats-Prot.). Daß er daraufhin erfolgte, geht aus dem Gutachten Herold vom 29. Sept. 1829 hervor (Ratsakten).
2) Laut Schriftstück aus dem Turmknopf von St. Martin. Beilage zu Nr. 73 des «Freien Rätiers» vom 27. März 1931.
3) Ratsakten G 1 unter dem 7. März 1839.
4) Im Urbar von 1596 (StA.) kommen wiederholt im Stadtgraben gelegene Krautgärten vor.

Abb. 18. Chur, Außentor vor dem Obertor. Nach einer Zeichnung im Stadtarchiv. Text unten.

ermangelten Teile der Nordmauer, die zudem aus ziemlich kleinen Steinen gefügt war, sogar des Fundamentes[1].

Die **Ringmauer** bekrönten Zinnen, über denen eine nach außen gesenkte, durchgehende Abdeckung aus Hohlziegeln (früher wohl aus Schindeln) lief. Zwischen den Zinnenluken waren Kreuzschlüsselloch-Scharten angeordnet, also erst im Spätmittelalter angelegte, bereits für Feuergewehre berechnete Öffnungen. Der Wehrgang an der Innenseite ruhte auf vorkragenden Balken[2].

Zwei **Haupttore** öffneten sich in der Ringmauer für die Reichsstraße: das Obertor und das Untertor.

Das **Obertor** («porta superior», auch «porta Plessure», 1370 Urb. Domk., S. 44) an der Südseite der Stadt bei der Plessurbrücke. Der Baukörper zeigt heute noch den gleichen Zustand wie ihn der Knillenburg-Prospekt abbildet, doch weist er neue Fenster auf, da er in ein Wohnhaus einbezogen wurde (Abb. 19). Der Durchlaß rundbogig mit glatten Quadern. Dicht am Tor (links vom Heraustretenden) stand ein Wachthäuschen[3]. Ein kleines Vorwerk wurde durch zwei Außentore gebildet: eines gegen Westen zum Abschluß gegen den längs der Stadtmauer verlaufenden Weg und ein zweites an der Brücke. Auf dem letzteren las man in einem Schild am Scheitel des rundbogigen Tores die Jahreszahlen der Errichtung und der Renovation: «1538 / R 1634». Das zweite Datum darf wohl auch auf die Malereien bezogen werden, die es schmückten: in der Mitte das Stadtwappen mit Schildhaltern, links: dem Josua erscheint der Engel Gottes vor Jericho, rechts: Judith mit dem Haupt des Holofernes sowie eine Sonnenuhr. In Kartuschen (unbekannte) Inschriften, an den Kanten Scheinpilaster (Abb. 18)[4]. Abgebrochen 1844 (Ratsakten G 1).

1) Gutachten Herold vom 18. März 1839, Ratsakten G 1 (StA.). Das Urteil über die schlechte Konstruktion der Mauern wird bestätigt durch den Befund der wenigen noch vorhandenen Reste an der Südflucht.
2) Also nicht auf gemauerten Bogen, wie auf dem Merianstich angegeben. Das geht aus der oben S. 27, Anm. 2, wiedergegebenen Vertragsbestimmung hervor.
3) Abbildung bei Bener, Altes Churer Bilderbuch, Taf. 28.
4) Das Werk der alten Turmuhr befindet sich im Rätischen Museum. Die Uhr wurde 1634 hergestellt (F. Jecklin, Geschichte der St. Martinskirche, Chur 1918).

Das **Untertor** («porta inferior», früher auch «porta de Clawuz», «Tor zu Clawuz»)[1] an der Einmündung der «Deutschen Straße» in die Stadt; niedergelegt 1861. Die Anlage bestand nach den Abbildungen bei Stumpf und Münster aus dem eigentlichen Torturm, der, in der Flucht der inneren Ringmauer stehend, aus Quadern gefügt und mit einem Walmdach bedeckt war, und dem äußern, im Halbrund geschlossenen und mit Zinnen bekrönten Tor, das dem äußeren Mauerzug angehörte. Die Front des äußeren Tores zierte ein großes, von zwei Schildhaltern begleitetes, gemaltes Stadtwappen. Wohl im späten 17. Jahrhundert erhielt der Torturm ein Satteldach mit geschweiften Giebeln und das äußere Tor gleichfalls ein barockes Frontispiz. 1820 malte Wilh. Maria Rizzi von Cazis ein neues Wappen in diesen Giebeln[2]. Beide Tore waren mit Fallgattern ausgestattet[3].

Als Nebentore dienten: Das **Metzgertor,** meist schlechthin «Türli» genannt[4]. Es stellte ein einfaches, an die Südwestecke der Metzg angeschlossenes Tor ohne Hochbau dar, das – wie auf dem Knillenburg-Prospekt zu sehen ist – durch ein kleines Vorwerk (eine sogenannte «Barbakane») in Gestalt eines zinnenbekrönten Mauervierecks gesichert war. In der Westflucht der Stadtmauer öffnete sich dicht südlich des Keichen(-Gefängnis)turmes[5] das «Scalettathörli», auch «**Totentörli**» geheißen, weil es zu dem dort in der Flur «Scaletta» 1529 angelegten städtischen Friedhof führte. Unmittelbar unter dem Marsöl ließ das «**Schalfigger** (Schanfigger) oder **Maladerser Törli**» die Straße ins Schanfigg durch (siehe S. 3). Der Knillenburg-Prospekt und Sturns Altarbild in der Kathedrale zeigen das Tor überhöht von einem zinnenbekrönten Turm, der auch auf dem Stich Abb. 16 noch vorhanden ist, allerdings niederer und mit Satteldach. Heute erhebt sich nur noch ein kleines Haus über dem Durchlaß. Die 1859 gebaute «Hofstraße» führt oberhalb vorbei.

Einen Sonderfall stellte das sogenannte **Brillentor** dar, das nicht zur eigentlichen Befestigung gehörte, sondern 1753 von der Stadt infolge eines Streites mit dem Bischof wegen Gewährung des kirchlichen Asylrechtes an einen dem Stadtgefängnis entsprungenen Dieb dicht vor dem bischöflichen Torturm errichtet wurde[6]. Ein Schiedsspruch des Bundestages erkannte, daß der Bau stehenbleiben dürfe, aber die Torflügel ausgehängt werden müßten. Die Beseitigung erfolgte erst nach der Einverleibung des Hofes in das Stadtgebiet (1854). Ein Stein mit dem Stadtwappen, datiert 1753, jetzt im Rätischen Museum. Das Aussehen dieses Tores gibt ein Stahlstich von L. Rohbock wieder[7]: er zeigt ein rundbogiges Tor, über dem eine nach der Stadt hin offene Laube lag, die man über eine seitlich angebaute Treppe erreichte.

Folgende Mauertürme befanden sich – im Sinne des Uhrzeigerganges vom Hof aus aufgezählt – in der Stadtbefestigung:

Eine auf dem Stadtplan von Hemmi noch eingezeichnete halbrunde Turmschale, Dm. 8,5 m, etwa 20 m westlich des Metzgertores. Den südwestlichen Eckpfeiler der Stadtbefestigung bildete der noch erhaltene **Pulverturm,** nach dem benachbarten

---

1) Über die Identität von Untertor und Clawuzer Tor s. BMBl. 1945, S. 42.
2) F. Jecklin im Bündnerischen Haushaltungs- und Familienbuch 1917, S. 290.
3) Außgab Büchlein 1590/91 (StA.): «1590. Aug. 9 ... als sy die Rinkhmuren und die Fallgätter besichtiget handt...»
4) Necrol. Cur., S. 45: «prope portam, que vulgariter dicitur Türli.» Auch der Name «Gerberthürli», der im Rechenbuch von 1593 (29. April) vorkommt, dürfte sich auf das Metzgertor beziehen.
5) Richtig in der Ansicht von Münster, während der Knillenburg-Prospekt die Pforte fälschlicherweise in den Keichenturm selbst verlegt.
6) Über den Streitfall s. Meyer, Bistum II, S. 456 f., mit Angabe weiterer Literatur, ferner den Bundstagsabschied in den Ratsakten und einen längeren Schriftsatz im Tscharner-Archiv (Kantonsbibliothek) Stadtsachen Tom. II, Sign. 239. Im Stadtarchiv: «Rechnung über das neue Hofthor Ao 1753», Sign. F 49.
7) Abgebildet bei Bener, Churer Bilderbuch, Taf. 15.

Abb. 19. Chur. Das Obertor. Text S. 29.   Abb. 20. Der Pulverturm. Text S. 30f.

Haus «Zum Malteserkreuz»[1] in neuerer Zeit auch Malteserturm genannt. Unregelmäßiger viereckiger Grundriß mit stumpfem Winkel nach der Außenseite zu. Die Mauern aus großen Flußsteinen («Bollen») annähernd lagerhaft geschichtet, mit ziemlich kunstlosem Eckverband. In den unteren Partien einige Rollagen. Die Mauerstärken variieren zwischen 1,05 m und 0,95 m. Im oberen Teil war der viergeschossige Turm gegen Osten ehemals nur mit Holz verschalt. Demnach diente nur der untere als Pulvermagazin (Abb. 20).

Die im Knillenburg-Prospekt auf den Pulverturm folgenden beiden Rundtürme sind weder quellenmäßig noch durch den Hemmischen Plan belegt; es muß daher in Zweifel gestellt werden, ob sie existierten. Vor dem Gebäudekarree des alten städtischen Werkhofes (dem sog. «roten Werkhof») stand der **Keichenturm** (Gefängnisturm), ein zylindrischer Bau von etwa 11 m Durchmesser, mit Kegeldach[2]. Abgebrochen um 1842 (Ratsakten G 1 und Q 3). (Über das «Totentörli» daneben siehe S. 30.)

Auf dem heutigen Postplatz erhob sich der **Schelmenturm,** der in den älteren Urkunden der «Hohe Turm» heißt[3]. Den Namen «Schelmenturm», auch «Hanikel-

---

1) Es existieren keine Belege dafür, daß das Haus ehemals den Maltesern gehörte. Vermutlich handelt es sich um ein Wirtshauszeichen. Der Name kommt übrigens in älteren Quellen nicht vor.
2) Das Maß wie bei den folgenden Türmen nach dem Hemmischen Plan von 1823.
3) Mohr, Dok.-Sammlung XV Sec., Bd. II, S. 120 (Mskr. im Staatsarchiv) «1423: Plantairenmüli ge-

turm» oder kurzweg «Hanikel», erhielt er erst, nachdem dort der 1787 in Sulz hingerichtete Räuber Jakob Reinhard alias «Hanikel» gefangen saß. Ein genaues Abbild gibt ein Aquarell von JOH. CHRIST (1808)[1]. Mit annähernd der Hälfte seiner Grundfläche von etwa 7 m im Geviert trat er über die Flucht der Stadtmauer vor. Hart neben ihm floß der Mühlbach vorbei ins Freie. An der Nordfront eine rundbogig geschlossene Lichtscharte. Ein unterhalb des obersten Geschosses herauskragender Balken darf wohl als Rest einer ehemaligen Wehrlaube verstanden werden. Über den Luken – den Zwischenräumen des alten Zinnenkranzes – ruhte schon seit dem 17. Jahrhundert ein Zeltdach. Im Mai 1834 wurde der Turm abgetragen und an seiner Stelle von dem Baumeister JOH. ISRAEL DALP ein von Sandsteinpilastern flankiertes eisernes Gittertor, das «Neue Tor» errichtet[2]; wohl 1851 zusammen mit der Ringmauer beseitigt. – Im Haus Lampert (Grabenstraße 9) eingebaut, hat sich der halbrunde **Hexenturm** (Dm. 8 m) erhalten.

Als nordöstlicher Eckpfosten der Stadtbefestigung diente der **Schmiedenturm**[3], ein starker Rundturm mit Kreuzschlüssellochscharten, Luken und Zeltdach. Dm. 12 m. Erwähnt noch 1844 (StA. Urk. Sch. 62), abgerissen vermutlich um 1860. Hinter dem Karlihof ist heute noch eine Turmschale zu sehen, die ehemals ein Kegeldach trug und erst in neuerer Zeit einen Zinnenkranz erhielt. In dem Winkel der Stadtmauer unterhalb des Sennhofes (Nahtstelle zwischen oberem und unterem «burgus») stand der **Hegisturm.** Er war bedeutend schlanker als die anderen Türme, trat auch nicht über die Mauerflucht vor und dürfte wohl weniger für die Verteidigung als zur Beobachtung bestimmt gewesen sein. Unter dem Satteldach Luken. Abgetragen 1847[4]. An der Ecke, aus der die Mauer zum Hof emporsteigt, steht heute noch der nun in die Zuchthausanlage einbezogene **Sennhofturm,** Dm. 10 m, dreigeschossig, steiles Kegeldach. Fenster neueren Datums.

Als Außenbefestigung darf man hier noch die **Letzi** an der Nordgrenze des Stadtgebietes nennen, eine der Landwehren, wie sie in der Schweiz häufig angelegt wurden. Urkundlich erscheint sie erstmals als Ortsbezeichnung 1404 (BA.) und dann genauer 1489: «uss wert der gemureten Letzi...[5]» Diese Letzi war schon zu Campells Zeiten verfallen (Top. lat., S. 59), scheint aber später wieder instand gesetzt worden zu sein, denn die auf einem Stich aus dem Jahre 1629 als «die alt Schantz» bezeichnete, graphisch als Steinmauer charakterisierte Talsperre mit Durchlaß nördlich von Masans dürfte sicherlich mit der alten «gemureten Letzi» identisch sein[6]. Sie wurde wohl von der Scalarärüfe zerstört. Mitte des 19. Jahrhunderts soll bei Halbmil, unterhalb der Landstraße, noch ein Mauerstück sichtbar gewesen sein.

Literatur: Die Erwähnungen der Letzi durch die Chronisten, zusammengestellt von KELLER in MAGZ. XII, S. 334. – NÜSCHELER, Letzinen, MAGZ. XVIII, S. 52f., fußt ganz auf Keller. – Vgl. Burgenbuch, S. 18 und 173, sowie A. MOOSER in BMBl. 1917, S. 348f. Zuletzt: E. POESCHEL, Die Letzi bei Chur, Beiträge zur Kulturgeschichte, Festschrift R. Bosch, Aarau 1947, S. 155–164.

legen zu Cur in der Stadt zu underst nach by dem hohen Turm by der Stadt Ringmur...» Vgl. auch CD. III, S. 124.

1) Abb. Bener a. a. O., Taf. 25.

2) Näheres s. BMBl. 1945, S. 43. Die Verträge mit Dalp im Stadtarchiv Urk. Schachtel 62 unter 1834 März 13 und Aug. 10. Siehe auch Ratsakten G 1 unter 1834 Mai 30.

3) Der Name ist jüngeren Datums und kommt daher, daß im Erdgeschoß des Turmes eine Schmiede untergebracht war.

4) Stadtarchiv Urk. Schachtel 62 d.d. 1847 April 27.

5) Chr. Kind, Currätische Urkunden, Beilage zu JB HAGGr. 1881, S. 20, Nr. XIV.

6) Vgl. den Ausschnitt aus dem fraglichen Stich hinten am Eingang des Abschnittes über den Kreis «Fünf Dörfer».

Abb. 21. Chur. Der Martinsbrunnen. Text S. 34.

DIE BRÜCKEN

Bis in die neueste Zeit existierte nur eine befahrbare Brücke über die Plessur, jene beim Obertor. Sie ist immer gemeint, wenn in älteren Urkunden von einer Brücke gesprochen wird. Beim Metzgertor befand sich nur eine «für Menschen passable Bruck» (SERERHARD). Die Zeichnung S. BIRMANNS von 1821 (Abb. 17) zeigt sie als eine Bogenkonstruktion aus Holz. Die alte **Obertorer Brücke** charakterisiert Merian als Steinbrücke mit zwei Bogen, der Knillenburg-Prospekt aber richtiger ohne Zwischenauflager. Sie war gleichfalls aus Holz gebaut. Eine steinerne Brücke wurde erst

1822 errichtet; Pläne von R. La Nicca, Ausführung durch Joh. Gg. Fischer (StA., Mappe J 141). Die heutige Metzgerbrücke entstand 1871 unter Leitung von Baumeister Alexander Kuoni[1].

DIE BRUNNEN

Der einzige dekorativ reicher ausgestattete Brunnen Churs ist der **St.-Martins-Brunnen.** Urkundlich wird er uns erstmals bekannt durch einen Vertrag des Steinmetzen Jakob Altherr von Rorschach mit der Stadt vom 12. Juni 1556, die den Meister mit der völligen Neuherstellung des Brunnens betraute: das Becken muß «von laubwärgk gehauwen» sein, ebenso wie die Säule, auf der «ein geharnischter man mitt einem Schyldt und gemeyner statt Wapen darin gemacht werden» soll. Von diesem Werk Altherrs, das nach Campells Bericht ganz aus Marmor gehauen war[2], ist – entgegen der bisher in der Literatur vertretenen Anschauung – heute nichts mehr vorhanden. Am bestehenden Brunnen stammt das 1716 ausgeführte Becken von Johann Wanckmüller, Steinmetz aus dem Allgäu, wohnhaft in Chur, der untere Teil des Brunnenstockes aus dem 17. Jahrhundert (von 1609 oder 1672), die Säule und die Figur von Fideli Hundertpfundt aus Bregenz (1716). Das Original der Figur und des Brunnenstockes steht – in stark verwittertem Zustand – jetzt im Stadtgarten (Scalettafriedhof) und ist am Brunnen durch eine Kopie von Alexander Bianchi, Chur (1910), ersetzt. Die Figur war ehemals polichromiert; die Bemalung hatte der Organist Vincenz Schmidt, von dem auch die «Risse» für das ganze Werk stammten, besorgt.

Das aus Scalärastein[3] gehauene polygonale Becken trägt auf jeder der sechs Flächen in Relief ein Paar der Tierkreiszeichen, und zwar ist der Ablauf so angeordnet, daß er den wirklichen Himmelsrichtungen annähernd entspricht. Beim Symbol des Widders auf einem Band das Datum mit den Initialen des Meisters Johannes Wanckmüller: «17 I W 16»; bei der Waage «H L (verbunden) C B M», was «Hans Luzi Cleric Baumeister» aufzulösen ist. Der untere Teil des Brunnenstockes mit Knäufen besetzt, darüber Fratzen, alternierend mit Engelsköpfen als Masken der Auslaufstellen. Unten das Datum 1672, oben 1609 / R 1824. Auf stark gebauchter Säule mit Volutenkapitell ein Schildhalter in antiker Rüstung; auf dem Schild das Stadtwap-

---

1) Vertrag vom 23. Nov. 1870 im StA. Urk. Schachtel 64.
2) Campell, Top. lat., S. 50: «fonte vel marmorea statua... in amplissimum itidem marmoreum lapideumve craterem...»
3) Kalksandsteinhorizont im Bündner Schiefer, benannt nach dem Scalaratobel bei Trimmis, wo er offenbar früher vorwiegend gewonnen wurde.

Abb. 22. Chur, Martinsbrunnen. Tierkreiszeichen am Becken. Text siehe oben.

Abb. 23. Chur. Die Kathedrale von Osten.

pen. An dem stark verwitterten, aus graugrünem Sandstein gehauenen Original im Stadtgarten (siehe oben) ist das Gesicht durch ein maskenartiges Flickstück aus Scalärastein ersetzt; die Kopie besteht aus Mägenwiler Muschelsandstein (Abb. 21, 22).

Der Brunnen beim Karlihof. Achteckiges Becken; an der westlichen Wandung in Medaillonrahmen das Stadtwappen, bezeichnet «H L C B M (Hans Luzi Cleric, Baumeister) 1720». An dem von einer Pyramide bekrönten Schaft: «I H W» (Johann Wanckmüller) mit Meisterzeichen Tab. II A, 13. – **Der Brunnen auf dem Storchenplatz.** Auf der nördlichen Wandung des achteckigen Beckens das Stadtwappen zwischen den Initialen «I H. S. W. B. M. (Johann Simeon Willi, Baumeister) 1722», an der Ostseite ein Storch in Relief. – **Der Brunnen auf dem Ochsenplatz** wurde 1929 an Stelle des 1679 geschaffenen neu hergestellt. Auch der letztere hatte, wie der Knillenburg-Prospekt zeigt, bereits einen Vorgänger, wie denn überhaupt schon zu Campells Zeiten in den verschiedenen Stadtteilen Brunnen bestanden (Top. lat., S. 50). Im 18. Jahrhundert und wohl auch schon früher wurden alle öffentlichen Brunnen aus zwei Wasserstuben – vor dem Schanfigger Törli und auf der Kälberweide – gespeist[1].

Literatur: Alles Nähere über die genannten Brunnen, insbesondere über die Geschichte des St.-Martins-Brunnens, nebst archivalischen Nachweisen und Angaben anderweitiger Literatur s. E. Poeschel, Die alten Churer Brunnen, BMBl. 1944, S. 72–82.

1) Kantonsbibliothek, Tscharner-Archiv, Band Stadtsachen, Sign. 239, S. 685.

DIE KATHEDRALE ST. MARIAE HIMMELFAHRT

Geschichte und Baugeschichte

Urkundliche Nachrichten. Im Jahre 451 erscheint, wie erwähnt (S. 6), bereits ein Bischof von Chur, namens Asinio. Es muß daher angenommen werden, daß damals schon eine Bischofskirche zu Chur bestand, da ohne eine solche ein organisiertes Bistum nicht denkbar ist. Dokumentarische Mitteilungen, aus denen wir Aufschlüsse über die Geschichte jener Bauten schöpfen könnten, die der heute noch bestehenden Kathedrale vorausgingen, sind uns nicht überliefert. So ist auch die Stelle in der Beschwerdeschrift des Bischofs Victor an Ludwig den Frommen aus dem Jahre 821: «distructa domus ac depraedata est sancta curiensis ecclesia» (CD. I, S. 27) nicht etwa wörtlich in dem Sinn aufzufassen, daß damals der Dom zu Chur zerstört gewesen sei; sie will vielmehr nur in bildhafter Sprache die von der karolingischen Säkularisation im religiösen Leben der Churer Kirche angerichteten Schäden kennzeichnen[1].

Das Patrozinium wird uns eindeutig erstmals 831 in den Worten mitgeteilt: «constructa in honore sancte Mariae semper Virginis» (CD. I, S. 34)[2]. 951–972 tritt vorübergehend als Nebentitel der Name des St. Luzius hinzu[3], doch schon 980 erscheint das Marienpatrozinium wieder allein (CD. I, S. 97). Dabei blieb es dann für alle Zukunft, nur daß später, offenbar erst nach dem Mittelalter, eine Differenzierung in «St. Mariae Himmelfahrt» eintrat.

Baugeschichtlich verwertbare Mitteilungen, insbesondere Weihedaten, erhalten wir dann erst für die heute bestehende Kathedrale, und zwar durch die Churer Totenbücher. Die früheste – sie ist undatiert und stammt aus der zweiten Hälfte des 12. Jahrhunderts – überliefert uns die auf den 9. September festgelegte Dedikation des Altars in der Krypta zu Ehren von St. Petrus und anderen Heiligen (Necrol. Cur., S. 91). Die Benützung der Krypta zur Matutin, dem nächtlichen Chorgebet (Mette), bezeugt dann eine Nachricht aus dem gleichen Zeitraum über die Stiftung eines «Liber matutinalis» und eines Psalteriums in der Krypta[4]. Am 2. Juni 1178 fand die Weihe des Chores und des Hochaltares durch den Apostel der Wenden, den Zisterzienserbischof Berno statt[5], und am 26. Mai 1208 erfolgte die Weihe des Kreuzaltares vor der Krypta (Necrol. Cur., S. 52). 1247 erfahren wir von der Existenz des Altares St. Placidus und Sigisbert, und am 8. Februar 1259 wird der St.-Jakobs-Altar geweiht (Necrol. Cur., S. 13, 111). Diese zwei zuletzt genannten Altäre stehen an den Ostwänden der beiden Seitenschiffe, also in gleicher Linie mit dem Kreuzaltar. Näheres über die fraglichen Konsekrationen siehe S. 99 f.

1263 hören wir von einem Vermächtnis für das Bauunternehmen[6], und am 19. Juni 1272 konnte dann endlich die Schlußweihe vollzogen werden[7]. Aus diesen Mitteilun-

---

1) U. Stutz, Karls d. Gr. divisio, Weimar 1909, S. 17, übersetzt denn auch: «Verödet ist der Dom und geplündert die heilige Kirche von Chur.»

2) Da die Abkürzung «SCE · M · EPS» auf dem Grabstein des Bischofs Valentian († 548) nach E. Egli (MAGZ., Bd. XXIV, 1895), S. 38 «sanctae memoriae episcopus», und nicht, wie man zuvor annahm, «sanctae Mariae episcopus» gelesen werden muß, fällt diese Stelle hier außer Betracht.

3) Zum Beispiel 951: «sancte dei genetricis marie beatique Lucii confessoris Christi.» Ähnlich 952, 953, 958, 972 (CD. I, S. 70, 71, 74, 76, 91).

4) Necrol. Cur., S. 39. Vgl. auch JB HAGGr. 1944, S. 80 mit Anm. 319.

5) «Dedicatio chori et altaris S. Marie a Bernone episcopo consecrati Anno M C L XX VIII incarn. dom.» Necrol. Cur., S. 55. Über Berno s. ASA. 1930, S. 171, und JB HAGGr. 1944, S. 81.

6) «in aedific(ationem) monasterii», «zum Bau des Münsters». Necrol. Cur., S. 55, und Staubli in JB HAGGr. 1944, S. 82.

7) Durch die 1943 im Sepulcrum des Hochaltars aufgefundene Urkunde wird das bis dahin auf Grund

gen ist zunächst nur im großen zu entnehmen, daß der Bau der bestehenden Kathedrale in einem unbekannten Zeitpunkt vor 1178 in Angriff genommen wurde und erst vor 1272 zum Abschluß kam.

Was den Baubeginn anlangt, so dürfte Bischof Egino von Ehrenfels, der erst sieben Jahre nach dem Ableben seines Vorgängers 1167 die Weihe erlangen konnte, tief in die Unruhe der Kirchenspaltung verstrickt war und wahrscheinlich schon 1170 starb, kaum für die Inangriffnahme eines auf weite Sicht berechneten Bauprojektes in Frage kommen. Da der Befund, wie wir später sehen werden, eine Werkruhe zwischen der Vollendung der Krypta und dem Bau des 1178 geweihten Chores erkennen läßt, man also den Anfang des ganzen Unternehmens geraume Zeit zurückrücken muß, so dürfen wir wohl dem großen Reformer Bischof Adalgott (1151–1160) den Entschluß zum Neubau der Kathedrale zuschreiben. Die Ausführung schleppte sich also über einen Zeitraum von etwa 120 Jahren hin, der natürlich nicht mit einer zusammenhängenden Bautätigkeit ausgefüllt war, sondern längere – durch Provisorien überbrückte – Arbeitspausen einschloß. Die Kontinuität der tragenden Ideen und einer einheitlichen Baugesinnung wurde durch die Institution des Dombaumeisters gesichert, die zu den ständigen geistlichen Ämtern gehörte, also von einem Kleriker besetzt war[1]. Während der letzten Etappe hatte dieses Amt offenbar der Kustos Jacob v. Castelmur inne (vgl. die Inschrift S. 71).

Die Einzelheiten des Bauvorganges sind nur aus dem Bestand zu erschließen, da Rechnungen fehlen. Sie werden daher nach der Beschreibung der Architektur in der «Baugeschichtlichen Zusammenfassung» (S. 97 ff.) dargestellt, wo auch die Mitteilungen über nachträgliche Bauvornahmen ihren Platz finden sollen. Die Nachrichten über Altarweihen wurden im Vorangegangenen nur insoweit mitgeteilt, als sie für die Baugeschichte wichtig sind. Eine vollständige Zusammenstellung auch der später erfolgten Altarkonsekrationen siehe S. 99 f.

Literatur: JACOB BURCKHARDT, Beschreibung der Domkirche von Chur, MAGZ. XI, Heft 7, 1857. Über die Vorgeschichte dieser Publikation s. JB HAGGr. 1945, S. 24 f. – J. R. RAHN, Geschichte der bildenden Künste in der Schweiz, Zürich 1876, S. 382 f. – S. PLATTNER, Graubündens Altertümer und Kunstschätze, Chur 1878, S. 3 bis 24. – A. LINDNER, Die Basler Galluspforte und andere romanische Bildwerke der Schweiz, Straßburg 1899, Kap. VI, S. 82–95. – A. SIMEON, Begleiter durch die Kathedrale von Chur, Chur 1914. – R. HAMANN, Deutsche und französische Kunst im Mittelalter, Bd. I, Südfranzösische Protorenaissance, Marburg 1922. – J. SCHMUCKI, Die Kathedrale von Chur, Augsburg 1928. – E. POESCHEL, Zur Baugeschichte der Kathedrale und der Kirche St. Lucius in Chur, ASA. 1930, S. 99–113, 165–186, 219–234. Ders. in der Neuen Zürcher Zeitung vom 21. Oktober 1930. – K. ESCHER, Die Münster von Schaffhausen, Chur und St. Gallen, Frauenfeld 1932, S. 19–21, 41–61. – J. BAUM, Zur Bestimmung der romanischen Steinbildnerei im Dome zu Chur, ASA. 1934, S. 105 ff.; hier zitiert nach dem Wiederabdruck in J. Baum, Frühmittelalterliche Denkmäler der Schweiz, Bern 1943, S. 74 ff. – R. WIEBEL, Der Bildinhalt der Domplastik in Chur, ASA. 1934, S. 251–263, 1935, S. 50–63, S. 93–103. – J. GANTNER, Kunstgeschichte der Schweiz, Bd. I, Frauenfeld 1936, S. 26, 182–192, 219–222, 231 f.

Alte Ansichten: Zwei Aquarelle (Abb. 24, 25) im bischöflichen Archiv zeigen die Kathedrale vom Domplatz aus (18,4 × 20,5 cm) und das Innere vom Eingang zur Laurentiuskapelle aus gesehen (17,2 × 20,2 cm). Die beiden Blätter sind kurz nach der Vollendung des neuen Turmes der Kathedrale und vor dem Wiederaufbau der Kustorei, also 1829, entstanden und dienten den Lithographien in den MAGZ. XI (1857), Taf. III und IV, als Vorlage. Bei der Außenansicht fiel hier jedoch links eine Partie weg. Vgl. auch JB HAGGr. 1945, S. 25 und 28.

Den folgenden Planzeichnungen der Kathedrale liegen Meßbildaufnahmen aus dem Archiv für historische Kunstdenkmäler im Schweiz. Landesmuseum zu Grunde.

---

des Necrol. Cur. (S. 56) angenommene Weihedatum (4. Juni 1265) korrigiert. Siehe darüber Caminada in ZAK. 1945, S. 26, und Staubli in JB HAGGr. 1944, S. 105, Anm. 113.

1) Ämterbücher, S. 19. – Näheres darüber s. ASA., S. 166 f.

Abb. 24. Chur. Die Kathedrale von Westen.
Aquarell von 1829. Text S. 37.

Beschreibung früherer Bauten

Gelegentlich der Erneuerung des Fußbodens wurden 1921 in den von der Bestuhlung nicht besetzten Teilen des Langhauses Grabungen vorgenommen, die zu folgenden Ergebnissen führten[1]:

I. **Vorchristliche Überreste.** Im Baugrund fanden sich in erheblicher Tiefe Knochen und Zähne von Tieren in großer Zahl, teils zerstreut, teils aber auch in deutlichem Zusammenhang mit zwei Feuerstellen auf Steinplatten, die im West- und Mitteljoch des nördlichen Seitenschiffes zum Vorschein kamen (vgl. Abb. in ASA. 1930, S. 112). Der Tatbestand läßt kaum eine andere Deutung zu, als daß es sich hier um die Reste einer vorgeschichtlichen Wohn- oder Kultstätte handelt.

Am Eingang zum Ostjoch des südlichen Seitenschiffes kam ein Rauchkanal zu-

---

[1] Die nachfolgenden Mitteilungen stützen sich, wie jene in ASA. 1935, S. 99 ff., auf Berichte und Aufzeichnungen von Dipl.-Arch. Walter Sulser, Chur, der die Grabungen und die Renovation der Kathedrale leitete. In Abb. 26 sind aus dem Grabungsgrundriß nur die zu den beiden früheren Kathedralbauten gehörigen Fundamente entnommen. Die vollständige Planaufnahme s. ASA. 1930, S. 101.

Abb. 25. Chur. Das Innere der Kathedrale vom südlichen Seitenschiff aus. Aquarell von 1829. Text S. 37.

tage, der zu einer römischen Heizanlage oder, was nach den Fundumständen wahrscheinlicher ist, zu einem Kalkofen gehörte (Näheres siehe ASA. 1930, S. 110f.). Nahe dabei wurde das früher (S. 5) erwähnte Fragment einer Inschrift gehoben. Verschiedene Mauern nicht bestimmbaren Zusammenhanges dürften gleichfalls römischen Ursprungs gewesen sein, was man auch von der Zisterne (später, S. 56) vermuten darf. Über die 1940 außerhalb der Kathedrale westlich des Turmes angetroffenen römischen Fundamente siehe S. 5.

II. **Die erste Kathedrale.** Unmittelbar westlich der heutigen Choranlage wurde eine genau halbkreisförmige Apsis aus sorgfältig bearbeitetem, innen und außen mit Kalkmörtel verputztem Mauerwerk aufgedeckt. Dm. 5,90 m, Mauerstärke 72 cm. Der Boden dieses Baues bestand, wie aufgefundene Reste zeigten, aus einem Mörtelguß von Schwarzkalk mit rötlicher Oberflächenschicht, deren Farbe jedoch nicht von Ziegelmehl herrührte. Wenn die anschließenden Fundamente auch durch Gräber und spätere Bauten weitgehend zerstört waren, so konnten doch gegen Süden hin die Umrisse eines breiten Querschiffes festgestellt werden, dessen Armlänge annähernd dem Durchmesser der Apsis entsprach. Man darf also eine frühchristliche dreischiffige Basilika mit Querschiff annehmen, die, wie bereits erwähnt (S. 36), vor 450 entstanden sein muß (Näheres siehe ASA. 1930, S. 106f.).

III. **Die zweite Kathedrale** (die Tellokirche). Die oben geschilderte Apsis wurde von einer zweiten überschnitten, die deutlich über jener des ersten Baues lag und eine viel nachlässigere Konstruktion aufwies als diese[1]. Ihre Sehne maß 6,60 m, ihre Tiefe etwa 5,50 m, sie war also überstreckt oder «gestelzt» und zeigte überdies einen hufeisenförmigen Einzug. Weitere, zuverlässig zu dieser Anlage gehörige Mauerzüge wurden bei den (allerdings in ihrer Ausdehnung begrenzten) Nachgrabungen nicht gefunden, insbesondere auch keine gesicherten Anhaltspunkte dafür, daß es sich um eine Dreikonchenkirche des rätischen Typus handelte. Wenn auch der Zustand der Mauer am Nordfuß der Apsis diese Deutung zuließ, so blieb immerhin auffallend, daß keine Reste von Seitenapsiden gefunden wurden, obgleich doch das Fundament der mittleren noch vollständig erhalten war. Eine einschiffige, schmalere Kirche mit nur einer Apsis ist zwar nicht zu vermuten; denn da ein Schürfgraben im Mittelgang der Kathedrale nirgends auf eine westliche Frontmauer traf, müßte sie eine sehr langgestreckte Form gehabt haben, was mit der Neigung frühmittelalterlicher Kirchen zu gedrungenen Proportionen nicht im Einklang stünde. Zudem sprechen die Stuckfunde im südlichen Seitenschiff (s. unten) dafür, daß auch die karolingische Kirche schon die Breitenausdehnung der heutigen hatte. Die Frage spitzt sich also auf die Alternative zu: Dreikonchenanlage nach rätischem Typus oder dreischiffige Kirche ohne Seitenapsiden (eventuell mit nur ganz flachen, in die Ostmauer eingetieften Nischen)? Angesichts der beschränkten Ausdehnung der Ausgrabung wird zunächst keine eindeutige Antwort zu geben sein. Dagegen ist offenkundig, daß diese Anlage auf einen vollständigen Neubau – auch des Langhauses also – zurückging, da die Disposition der zweiten, größeren Apsis eine Verschiebung der Achse nach Süden hin bedeutete. Auch die Zeitstellung ist kaum zweifelhaft: Das Ausgrabungsergebnis rückt diese Anlage deutlich zwischen die erste (vor 450) und die bestehende Kathedrale (nach 1150) ein; da nun zahlreiche Marmorfragmente mit frühmittelalterlichen Flechtwerkskulpturen gefunden wurden, die auf Neubauten im 8. Jahrhundert weisen, überdies die Tradition den Bischof Tello († um 773) als Erbauer der Kathedrale bezeichnet, so darf die zweite Churer Bischofskirche in die Zeit um 750/760 gesetzt werden[2].

Bemerkt sei noch, daß unter der Krypta keinerlei Baufundamente liegen, wie Nachgrabungen 1924 ergaben. Gleich St. Martin zu Disentis trug offenbar auch die Tellokirche in Chur Stukkaturenschmuck, denn bei den Ausgrabungen von 1921 wurde im südlichen Seitenschiff ein «großes Feld von Stuckbrocken» mit Farbspuren angetroffen. Es fanden sich darunter auch Reste von Gewanddraperien mit geraden Falten sowie von überlebensgroßen Händen[3].

[1]) Diesen Tatbestand stellt der bei Schmucki, S. 8, wiedergegebene und von Gantner (S. 26) übernommene Grundriß in unrichtiger (umgekehrter) Reihenfolge dar, während der Text bei Gantner den Befund zutreffend skizziert.

[2]) Nüscheler (S. 47) teilt mit, daß bei der Bodenerneuerung im Jahr 1852 im Chor an der Epistelseite drei Altartritte zum Vorschein gekommen seien, auf deren mittlerem an der Ecke die Jahreszahl 810 eingegraben gewesen sei. Ob die Lesung richtig war, ist nicht mehr nachzuprüfen; im Manuskript von Monts (v. J. 1856), der auch von dieser Bodenerneuerung spricht, steht davon nichts. Bei den fraglichen Tritten müßte es sich um wiederverwendete karolingische Stücke handeln. Auf den Gesamtbau wäre das Datum kaum zu beziehen, da es in die Epoche der karolingischen Säkularisationen fallen würde, in der ein solches Unternehmen nicht wahrscheinlich ist. Doch könnte es auf die Errichtung eines Altars oder eines Altarziboriums deuten.

[3]) Bericht W. Sulser (Mskr.). Die Stuckreste sind nicht mehr vorhanden, eine nähere stilistische Bestimmung also leider unmöglich. Doch zeigte die Fundtiefe, daß die Stukkaturen jedenfalls dem vorromanischen Bestand angehörten.

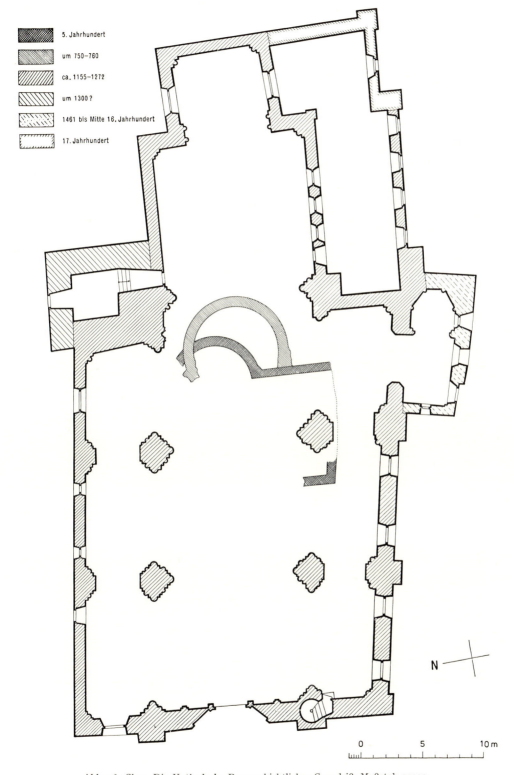

Abb. 26. Chur. Die Kathedrale. Baugeschichtlicher Grundriß. Maßstab 1:300.

Die Marmorskulpturen aus der Tellokirche

Beschreibung. Bei der Erneuerung des Chorbodens im Jahre 1854 kamen mehrere Marmorplatten mit Skulpturenschmuck zutage, die als Stufen des Hochaltars und auch als Bodenbelag Verwendung gefunden hatten. Sie wurden zunächst in einem Nebengemach beim Turm aufbewahrt und dann zum Teil 1872 in den Block des St.-Laurentius-Altars, zum andern später auch in den Kryptenaltar eingesetzt. Weitere Fragmente fand man 1921 in der Mauer. Ohne Zweifel handelt es sich um Reste von «cancelli», also Chorschranken, wobei man jedoch nicht an eine den Chor quer abschließende Brüstung nach Art der heutigen «Kommunionbänke», sondern an einen in das Schiff hineintretenden, durch eine rechtwinklige Abschrankung eingeschlossenen Psallierchor zu denken hat, etwa wie er in S. Sabina oder in S. Maria in Cosmedin zu Rom noch vorhanden und im St. Galler Klosterplan eingezeichnet ist[1].

Die an der Front und an den Kerzenstufen des Laurentiusaltars eingesetzten Platten zeigen deutlich die Konstruktionselemente dieser Cancelli: rechteckige Füllungsplatten, schmalere Lisenen und abschließende Friese. Die heute das Mittelstück des Antependiums bildende Tafel (101 × 53 cm) nahm wohl auch in der ursprünglichen Aufstellung als Füllung eine zentrale Stellung ein. Sie zeigt ein aus dreistriemigem Flechtwerk geschlungenes, auf einem Sockel stehendes lateinisches Kreuz, und während in den oberen Ecken Wirbelrosetten erscheinen, sieht man zu seiten des Stammes zwei Löwen, die zwar aufrecht eingeordnet, jedoch laufend – und nicht

---

1) Siehe dazu J. Hecht, Der romanische Kirchenbau des Bodenseegebietes, Basel 1926, S. 20, mit Taf. 5.

Abb. 27. Chur. Kathedrale. Karolingische Skulpturen am Kryptenaltar. Text S. 44.

Abb. 28. Chur. Kathedrale. Karolingische Skulpturen am St.-Laurentius-Altar. Text S. 42f.

etwa das Kreuz anspringend – dargestellt, also ganz schematisch als bereitliegendes dekoratives Motiv – vielleicht von einer Textilie – übernommen sind (Abb. 28).

Die andern Füllungsplatten dieser Front weisen als Schmuckelemente teils Spiralranken mit Blättern und ungesäumten Trauben – eine davon mit einer Taube im Blattrund (101 × 48 cm) – teils dreisträhniges, in bretzelähnlichen Formen geflochtenes Riemenwerk mit spärlichen eingesetzten Rosetten auf (101 × 51,5 cm), wobei sich die Füllungen von den Lisenen (101 × 30 cm) nur durch die Maße, nicht aber durch den Zierat unterscheiden. An den Schmalseiten des Altars befinden sich außer Fragmenten mit dem üblichen Schlingwerk zwei motivisch höchst bemerkenswerte Lisenen oder Friesstücke: gebündelte Perlstäbe, locker umschlungen von einem dreisträhnigen Band (101 × 12 cm).

Zum gleichen Typus gehört, wie hier vorwegnehmend bemerkt sei, ein nun im Rätischen Museum aufbewahrtes Fragment (25 × 52,5 cm) mit einem Gewinde von Blumen, die als Rosetten stilisiert sind; das Band ist hier jedoch aus fünf Strähnen zusammengesetzt (Abb. Bd. I, S. 29). Daß diesem Motiv die Girlande als Vorbild dient[1], wird durch die karolingischen Fresken von Münster bewiesen, wo es, ganz unmißverständlich als solche charakterisiert, gleichfalls vorkommt. Zemp (S. 27f.) hat bereits auf diese Parallele hingewiesen[2]; unterdessen (1943) ist nun ein weiteres Fragment in dieser Art zum Vorschein gekommen, das diese stilistische Übereinstimmung noch schlagender illustriert[3], weil hier das Gewinde nicht aus Rosetten, sondern aus genau den gleichen dreifingrigen Blättchen besteht wie auf den Bildern von Münster (H. 20 cm, Gesamtlänge des in zwei Teile auseinandergebrochenen Stückes 84 cm) (Abb. 29).

An den Kerzenstufen des St.-Laurentius-Altars sind Fragmente von ehemaligen

---

1) Guyer (S. 99) führt es auf die altchristliche Mosaikkunst zurück. Weitere Literatur s. dort Anm. 9.
2) J. Zemp und R. Durrer, Das Kloster St. Johann zu Münster, Genf 1906–1910, S. 27f., mit Abb. Taf. XXXII–XXXV, LVII.
3) Es wurde bei der Öffnung des Sepulcrums (1943) der Rückwand des Altars entnommen (vgl. ZAK. 1945, S. 27) und ist nun dort, mit der Reliefseite nach außen, wieder eingesetzt.

Friesstücken eingesetzt, deren Dekoration aus Muschelreihen besteht, die an einem Stück auch mit Flechtbändern kombiniert erscheinen (Abb. Bd. I, S. 29). Karolingische Marmorskulpturen, die 1921 zutage kamen, wurden im Stipes des Kryptenaltars an den Schmalseiten und als Lisenen zu seiten der Reliquiennische eingesetzt. Es handelt sich durchwegs um zweistriemiges Flechtwerk, bisweilen kombiniert mit Rosetten (Abb. 27) oder mit Tauringen (wie Burckhardt, Taf. XII rechts unten).

In und neben dem Hochaltar kamen 1943 außer dem bereits erwähnten Girlandenmotiv noch andere Stücke zutage, die gleichfalls alle Flechtwerkschmuck trugen, bei einem von ihnen – Fragment einer Füllungsplatte – durch Rosetten bereichert. Soweit sie im Hochaltar verbaut waren, wurden sie dort wieder eingesetzt, jedoch nun mit der Schauseite nach außen gekehrt; die andern fanden im Dommuseum ihren Platz.

Im Rätischen Museum zu Chur sind außer dem oben schon erwähnten Stück Fragmente aufbewahrt, die 1921 dem Fundament des Kreuzaltars und der Ausmauerung des Südfensters im Presbyterium enthoben wurden. Ihrer ursprünglichen Verwendung nach lassen sie sich folgendermaßen einteilen: a) *Reste von Füllungsplatten*. Ein in Dreieckform ausgebrochenes Fragment (35 × 52 cm) unterscheidet sich von allen zuvor beschriebenen Flechtwerkplatten dadurch, daß zwei in Spiralranken auslaufende Riemen hier nur als Randdekor ein leeres Feld umschließen (Abb. 34). – b) *Fries oder Lisenenstücke* mit dreistriemigem Flechtwerk – auch mit Spiralranken – aus Stengeln mit Blattknospen (Abb. 31) oder mit Muschelreihen. – c) *Bogen-*

Abb. 29 bis 31. Chur. Fragmente der karolingischen Marmorskulpturen aus der Kathedrale. Nr. 30, 31 nun im Rätischen Museum. Text S. 43 ff.

Abb. 32 bis 35. Chur. Fragmente der karolingischen Marmorskulpturen aus der Kathedrale.
Nr. 32, 34 nun im Rätischen Museum. Text S. 43 ff.

stücke, eines mit Flechtwerk (14,5 × 32 cm), das andere von einer in Spiralen laufenden Blattranke geziert, beide am Rand mit einer Krabbenborte eingefaßt. Es handelt sich also um Fragmente von zwei verschiedenen Bogen, die sich wohl über Pforten in den Chorschranken spannten[1] (Abb. 30). – d) *Ein Pfostenstück* mit abgefasten Seiten (im Schnitt also einer einfach zugeschrägten Rippe gleichend). Die Dekoration der geraden Seitenfläche besteht aus einem geschlungenen Wellenband, das kleine Scheiben umschließt, jene der Schrägen aus einer Krabbenreihe. Der schmale Grat wie die Rückseite sind ungeschmückt (34 × 13 cm). Um Lisenen der Schranken dürfte es sich hier nicht handeln, da die Seiten bis zum hinteren Rand Dekor tragen und keine Nuten zur Aufnahme von Füllungsplatten besitzen. Vermutlich stammt das Fragment von einer Stütze, sei es für einen der eben genannten Bogen oder die Mensa eines Altars (Abb. 32). – e) Einen besonderen Typus repräsentiert eine *Platte*, die nach Art eines Paneels in zwei leere Füllungsfelder gegliedert ist. Oben sind diese Flächen abgeschlossen mit Muschelfriesen und seitlich gerahmt von geschlungenen Wellenbändern mit eingesetzten kleinen Scheiben. Von dem unteren Feld ist nur ein Teil erhalten, doch läßt sich errechnen, daß der Stein ehemals etwa 160 cm hoch war (bei 42 cm Breite). Zu den Chorschranken, deren Höhe – wie man an der noch vollständig erhaltenen Löwenplatte ablesen kann – wenig über 1 m betrug, gehörte das Stück also offenbar nicht, vielleicht jedoch zu einem Ambo (Abb. 36).

Eine besondere Erwähnung verdient ein Stück mit dreistriemigem Flechtwerk, das auf der Rückseite, in feinen Linien eingemeißelt, das Fragment einer – im Kreis ein lateinisches Kreuz umschließenden – *Inschrift* zeigt[2]. Die noch erhaltenen Buch-

---

[1] Vgl. dazu das Giebelstück aus Lundo bei E. Schaffran, Die Kunst der Langobarden in Italien, Jena 1941, S. 97, mit Abb. Taf. 23.
[2] Vgl. auch ASA. 1930, S. 105, ZAK. 1945, Taf. 12.

Abb. 36. Chur. Fragment der karolingischen Marmorskulpturen aus der Kathedrale, nun im Rätischen Museum zu Chur. Text S. 45. Lit. e.

staben lauten: ...R N I T U R H I C M U N. Es könnte sich um eine Stifterinschrift handeln und die Ergänzung lauten: CERNITUR HIC MUNUS EPISCOPI TELLONIS = «Hier erblickt man die Gabe des Bischofs Tello.» Der vorgeschlagene Text schließt den Kreis vollständig[1]. Das Fragment konnte zu den Schranken, vielleicht aber auch zu einem Altarziborium gehört haben[2] (Abb. 38 und 39).

Würdigung. Innerhalb der frühmittelalterlichen Skulpturen, die man lange ungenau – weil zu eng – als «langobardisch» bezeichnet hat, nehmen die Churer Fragmente ihre eigene Stellung ein. Sie stehen, worauf schon Zemp hingewiesen, in ihren reicheren und üppigeren Formen der spätantik-orientalischen Empfindungswelt näher als jene von Münster[3]. Für ihre Diktion bezeichnend ist die ganz «unnordische» Neigung zur Symmetrie und zu übersichtlicher Anordnung. Die Dekoration des Paneels (Abb. 36) wirkt in den Schmuckformen wie der Einteilung ausgesprochen klassisch-antik. Charakteristisch für die Formensprache dieser Churer Plastik ist ferner der weiche, alle scharfen Knickungen vermeidende Duktus des Schlingwerkes mit seinem gerundeten, bisweilen bretzelartigen Lineament. Handwerklich sind sie von vorzüglicher Qualität, namentlich durch die Präzision der Arbeit.

Eine Besonderheit bilden die mit Bändern umwundenen Girlanden, die sonst noch nirgends auf Marmorskulpturen dieser Zeit aufgetaucht sind. Da unsere Plastiken

Abb. 37. Chur, Kathedrale. Säulenbasis vom karolingischen Altar. Text S. 48.

1) Auch Walahfrid nennt in seinen Versen für die Reichenauer Basilika die Stiftungen von Altären und Altarziborien «munera». Mon. Germ. Hist. Poetae. Lat. II, S. 426 f.

2) Das Stück selbst ist leider nicht mehr auffindbar. Nach den Photos von Arch. Sulser (Abb. 38, 39) und den Aufzeichnungen des Verfassers (vgl. ASA. 1930, S. 105) stand die Inschrift aber auf der Rückseite eines Flechtwerkfragmentes, deshalb erscheint die in ZAK. 1945, S. 36, vorgeschlagene Verwendung im Sturz über der Reliquiennische nicht einleuchtend. Damit würde auch die von Caminada dort vorgeschlagene Lesart «cernitur hic munerba» (Reliquiengefäß) dahinfallen. Zudem ist die Bezeichnung «munerba» (Kürbisflasche) für Reliquiengefäß in der Kirchensprache nicht belegt. Vgl. J. Braun, Die Reliquiare, Freiburg 1940, der die vorkommenden Benennungen sorgfältig zusammengetragen hat. Auch bei der in ZAK. a. a. O. zitierten Stelle des Glossariums von Du Cange wird der charismatische Charakter der mit verschiedenen Ölen gefüllten Flasche nicht sichtbar.

3) Zemp (S. 13) findet besonders starke Analogien zu den Fragmenten aus S. Salvatore in Brescia.

also ihr eigenes Gepräge haben, so darf man annehmen, daß sie aus einer lokalen Werkstatttradition herausgewachsen sind. Zur stilistischen Würdigung siehe auch Bd. I, S. 26.

Literatur: BURCKHARDT, S. 155, mit Abb. auf Taf. IX–XII. – MOLINIER, S. 7. – E. A. STÜCKELBERG, Langobardische Plastik, Zürich 1896. – SIMEON, S. 18. – ESCHER, S. 85, mit Abb. der Rekonstruktion einer Partie der Chorschranken im Schweizerischen Landesmuseum auf Taf. 7. – GANTNER I, S. 62. – J. BAUM, Die Schweiz. Flechtwerkplatten, in «Frühmittelalterliche Denkmäler der Schweiz», Bern 1943, S. 29–33. – Die neueste Gesamtbearbeitung der Langobardischen Denkmäler: E. SCHAFFRAN, Die Kunst der Langobarden in Italien, Jena 1941.

Der Hauptaltar der Tellokirche

Im Stipes des bestehenden Altars sind Teile des karolingischen Bestandes verwendet, die sich durch ihr Material – weißer Marmor – deutlich von dem romanischen Bestand aus Scalärastein abzeichnen. Vom Altar der Tellokirche stammen offenbar zunächst die drei Marmorsäulchen der Front, die ihr höheres Alter dadurch zu erkennen gaben, daß eines von ihnen, das mittlere, dem Maß des romanischen Altars nicht entsprach und deshalb durch ein größeres Kapitell angeglichen werden mußte. In der Rückwand ist ferner die alte Mensa (Fläche 82 × 132 cm, Dicke 10 cm) verbaut, eine Platte mit einfach geschmiegtem, 4 cm breitem und etwa 1 cm hohem Rand (vgl. Abb. 96, S. 102). Es handelt sich also um eine «eingetiefte» Mensa wie in Paspels (Bd. III, S. 108 f. mit Abb.), nur daß der Rand dort eine Profilierung aufweist, hier dagegen völlig glatt ist. Derartige Mensen mit aufgehendem Rand kommen vom 5. bis zum Beginn des 13. Jahrhunderts vor[1]. Die einfache, nicht einmal durch einen Karnies profilierte Randgestaltung der Churer Platte läßt für sich allein keine engere Datierung zu; da jedoch mit dieser Mensa zusammen Fragmente der unzweifelhaft karolingischen Cancelli im romanischen Altar verbaut wurden (siehe vorn, S. 44), dürfte die Annahme naheliegen, daß auch sie zum Bestand der Tellokirche gehörte. Dies um so mehr, als wegen der Achsenverschiebung bei Errichtung dieses Baues (siehe

1) Vgl. J. Braun, Der christliche Altar, München 1924, Bd. I, S. 259 ff. – R. Egger, Frühchristliche Kirchenbauten im südlichen Noricum, Wien 1906, S. 27 f.

Abb. 38 und 39. Chur. Fragmente einer karolingischen Umschrift aus der Kathedrale. Text S. 45 f.

vorn, S. 40) der Altar der ersten Kathedrale abgetragen werden mußte. Immerhin muß man die Möglichkeit offenlassen, daß beim Telloaltar die alte Mensa der ersten Kirche wieder verwendet wurde[1]. Der karolingische Altar war offenbar ein Tischaltar, zu dem die drei erwähnten Marmorsäulchen gehörten; die Basis eines vierten wurde 1943 dem jetzigen Stipes enthoben (Abb. 37). Die übrigen, das obere Drittel des Blockes und die Rückwand bildenden Marmorstücke scheinen, soweit sich dies feststellen ließ, mit den glatten Rückseiten nach außen gekehrte Fragmente der Schranken zu sein.

Baubeschreibung der heutigen Kathedrale

Situation. Die Kathedrale erhebt sich auf der Südostecke einer am Fuße des Mittenberges vorspringenden, gegen die Plessur hin steil abfallenden, mit Moränenschutt überdeckten Felsterrasse.

Das Innere. Die nach Osten gerichtete Anlage ist eine dreischiffige, querschifflose, gewölbte Pfeilerbasilika von drei Jochen mit einer einschiffigen vorderen und einer zweischiffigen hinteren Krypta, über denen sich der aus Presbyterium und Altarhaus bestehende, gerade abgeschlossene Chor erhebt.

Die *hintere Krypta* ist annähernd quadratisch und in zwei Schiffe von je zwei Jochen gegliedert, deren rundbogige Kreuzgratgewölbe über zwei Freisäulen und sieben Halbrunddiensten emporsteigen. Die Voll- und Halbsäulen sind von stämmigem Habitus und bestehen in der Mehrzahl aus Monolithen. Die Kapitelle variieren sehr stark in der Form: nur jene in den Ostecken sind reine Würfelkapitelle, während die mittleren Wanddienste sowie die Mittelsäule von kelchförmigen Kapitellen bekrönt werden, an der Nordseite ohne Dekor, gegenüber und bei der Freisäule jedoch mit umgerollten Blättern. Über den plastischen Schmuck der Basen und Kapitelle der Krypta siehe S. 74, 76. Von der Mittelsäule geht nur ein breiter rechtwinkliger Gurt aus, so daß allein die beiden vorderen Kreuzgewölbe unter sich durch einen Bogen getrennt sind, die hinteren jedoch nicht, was wohl die Einheitlichkeit des Altarraumes betonen soll.

Gegen die Vorkrypta öffnet sich der beschriebene Raum in einer zweigliedrigen Arkade mit Rundbogen. Die Kapitelle sind – wie bei der Kelchform – geschweift, jedoch wesentlich niederer. Die Säulen und Dienste bestehen aus Scalärastein (vgl. S. 34, Anm. 3), die Gurten aus Tuff, die Arkadenbogen aus beiden Materialien in regelmäßigem Wechsel wie in vielen italienischen Kirchen. Über die Dekoration des Gewölbes siehe S. 65, über das Gitter S. 130.

Die beiden stichbogigen Fenster gegen Osten wurden nachträglich, vielleicht im 17. Jahrhundert – möglicherweise auch erst um 1730 –, angelegt. Eine alte Lichtöffnung in Form eines Okulus befand sich in der Südseite, wie 1924 festgestellt werden konnte. Der hier anstoßende Vorraum zur alten Sakristei (nun Heizung) muß also jünger sein als die Krypta. Er wird durch eine Tür erreicht, deren gerader Sturz mit einer fetten Blattranke von gleichem Stilcharakter geziert ist, wie ihn die nun an der Mensa des Luziusaltars eingesetzten Friese zeigen. Das Gewölbe ist in Gußmauerwerk ausgeführt. Bei der Erneuerung des Verputzes im Jahre 1924 sah man die Abdrücke der senkrecht zu den vier Wänden gestellten Verschalungsbretter. Drei annähernd quadratische, vergitterte Öffnungen (40 × 35 cm) stellten ehemals eine

---

[1] Von dieser Ansicht geht ein interessanter Rekonstruktionsversuch von Chr. Caminada in ZAK. 1945, S. 35 ff., aus. Allerdings ist zu bedenken, daß der hier vorgeschlagene Typus – ein Tischaltar mit blockartiger Mittelstütze, in der sich eine Reliquiennische öffnet – für das frühe 5. Jahrhundert bis jetzt nicht nachgewiesen ist. Bei den zum Vergleich erwähnten Beispielen aus Ravenna sind die Säulchen moderne Zutaten. Vgl. J. Braun a. a. O., Bd. I, S. 148 und Taf. 11, 12.

akustische Verbindung zwischen Krypta und Presbyterium her und dienten wohl auch der Belichtung[1].

Zwischen der östlichen und der westlichen Krypta liegt ein unregelmäßig trapezförmiges Zwischenglied, dessen offensichtliche Bestimmung darin besteht, eine Achsenschwenkung nach Norden hin zu vollziehen (Näheres darüber S. 53). Es wird von einer flachen Tonne überwölbt, die haarscharf am Rand der Arkade vorbeischneidet.

Über die eigentliche *Vorkrypta* spannt sich ein sehr flach gestrecktes, auf übereck gestellten Wandpfeilern ruhendes Kreuzrippengewölbe, dessen Kämpfer mit Perl- und Eierstäben geschmückt sind. Von der Tonne des Zwischenstückes wird das Gewölbe durch einen Gurt getrennt. Die Kreuzungsstelle der Rippen ist durch keinen Schlußstein markiert. Unter ihr steht, wie eine Stütze, der S. 95 näher besprochene, über einem Löwenreiter sich erhebende Pfeiler. Bei der Tieferlegung des Bodens (1924) fand man 10 cm unter dem damaligen Plattenbelag den ursprünglichen Mörtelguß. Der heutige Fußboden liegt nun noch 20 cm unter dem ältesten Niveau. Der flache Bogen des Gewölbes stand bis in die neueste Zeit gegen das Schiff hin offen[2].

Zwei seitliche *Treppen* vermitteln den Aufstieg ins Schiff und zwei weitere, gleichfalls an den Seitenwänden geführte Stiegen von dort in den Chor. Diese Disposition, bei der nicht – wie etwa im Großmünster zu Zürich, im Dom von Piacenza und an andern Orten – die Chortreppe in der Mitte zwischen den Kryptenzugängen liegt, war hier dadurch bedingt, daß man wohl von Anfang an die Aufstellung eines Kreuzaltars (schon 1208 geweiht!) in der Mitte des Schiffes vorgesehen hatte. Die jetzt am Eingang zur Krypta stehenden Apostelsäulen werden im Zusammenhang mit dem Portal behandelt (S. 91–96).

Der Chor besteht aus dem Presbyterium, das in der Breite dem Hauptschiff entspricht, und dem östlich sich anschließenden, eingezogenen und um vier Stufen erhöhten Altarhaus. Die Grundflächen beider Räume sind annähernd quadratisch. Ihre spitzbogigen Kreuzrippengewölbe ruhen auf Vorlagen und halbrunden Diensten, die aus profilierten Sockeln und Basen aufsteigen. Die Dienste werden von Figurenkapitellen bekrönt, deren Deckplatten auf die Vorlagen übergreifen. Die Beschreibung aller Kapitelle sowie der Basisknollen in formaler und ikonographischer Hinsicht erfolgt später in zusammenhängender Darstellung (S. 74–78).

Im Presbyterium ist das Gewölbe überhöht, steigt also gegen den Scheitel hin kuppelartig an, was wir hernach auch im Mittelschiff beobachten werden. Die breiten, im Querschnitt einfach rechteckigen Rippen durchdringen sich im Altarhaus ohne Schlußstein, und zwar hält nur der von Nordost nach Südwest verlaufende Strang eine durchlaufende Linie ein, während der andere im Kreuzungspunkt nicht exakt zusammentrifft. Es ist dies bezeichnend nicht nur für eine gewisse Sorglosigkeit in technischen Dingen, sondern für die Struktur dieses Gewölbes überhaupt, das nicht aus Keilsteinen gemauert, sondern aus unregelmäßigem Material in reichlicher Mörtelbettung mehr gegossen wurde, so daß also, funktionell gesehen, die Rippen ihnen gleichsam nur unterlegt sind. Am Gewölbe des Presbyteriums sitzt im Schnittpunkt der Rippen ein durchlochter Schlußstein in Form eines Kreuzes, dessen Konturen jedoch nicht aus dem Zug der Rippen heraustreten. Das Material der Dienste, Vorlagen und Kapitelle ist Scalärastein, der Rippen und Bogen in der Hauptsache Tuff. Im Gegensatz zu den ausgeprägt spitzbogigen Gewölben selbst sind – als Folge der

---

[1] Verschlossen 1852 durch den Marmorbelag des Fußbodens im Chor. 1924 aufgefunden. Vgl. auch Nüscheler, S. 48.

[2] Er wurde wegen der Aufstellung von Beichtstühlen für Schwerhörige in der Krypta erst 1941 geschlossen.

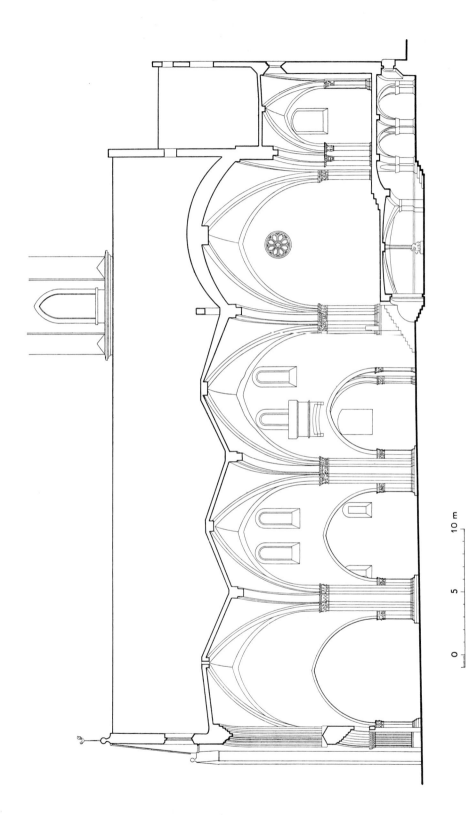

Abb. 40. Chur, Kathedrale. Längsschnitt. Maßstab 1:300.

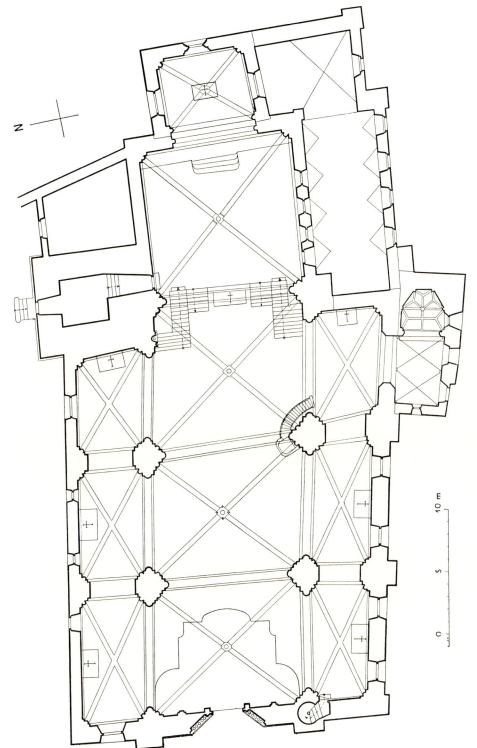

Abb. 41. Chur, Kathedrale. Grundriß. Maßstab 1:300.

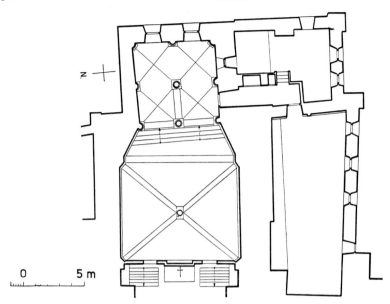

Abb. 42. Chur, Kathedrale. Grundriß der Krypta. Maßstab 1:300.

Überhöhung – die Schilde so gedrückt, daß sie beinahe rundbogige, gegen Osten hin parabolische Form haben.

Der «kleine Chorbogen», zwischen Altarhaus und Presbyterium, steigt über Vorlagen und Halbsäulen als gedrückt spitzbogige, beidseits eingekantete Archivolte auf. Die Deckplatten der Säulenkapitelle greifen auch hier auf die Vorlagen über. Zwischen den beiden Halbsäulen wird im Gefüge des Steinwerkes eine B a u n a h t sichtbar. Der Bodenbelag des ganzen Chores aus hellgrauem Untervazer Marmor wurde 1852 an Stelle eines Kalkestriches hergestellt[1]. Die Wände des Altarhauses liegen unter Verputz, während im Presbyterium bei der letzten Renovation die Quaderverkleidung aus Scalärastein, die aber nur bis zur Höhe der Kämpfer reicht, wieder von der Tünche befreit wurde. Die Belichtung erfolgt in der Ostwand durch ein hohes, in der unteren Hälfte jedoch vermauertes, im Rundbogen schließendes romanisches Fenster, dessen Leibung durch einen im Winkel von Rücksprüngen liegenden Rundstab gegliedert ist. In den Längsseiten kleinere Fenster neueren Datums. In der Südwand des Presbyteriums öffnete sich seit dem 17. Jahrhundert eine dreiteilige Lünette. Der ursprüngliche Zustand, bestehend aus einem hohen rundbogigen Mittelfenster und zwei etwas niedereren Öffnungen gleicher Form zu seinen Seiten, wurde 1924 nach den vorgefundenen alten Leibungen wiederhergestellt; dabei mußte jedoch das Mittelfenster etwas unter der ehemaligen Höhe gehalten werden, da – was für die Baugeschichte von Belang ist (siehe S. 97) – sein Scheitel von dem Schildbogen des Gewölbes überschnitten war. Im Schild der Nordwand sitzt ein gotisches Radfenster mit acht Speichen, die sich mit rundbogigen Dreipaßmaßwerken zusammenschließen. Die «Nabe» ist als Vierpaß ausgebildet. Diese Rose wurde erst nachträglich, vielleicht aber schon im frühen 14. Jahrhundert, an Stelle eines tiefer reichenden Fensters, eingesetzt. Im Quaderwerk zeichnet sich die Ausfüllung dieser älteren Öffnung noch

[1] Provenienzangabe des Materials nach den Aufzeichnungen von Domscholasticus Chr. L. von Mont (BA.). Inschrift im Boden: «Munificencia R^{mi} E$\overline{ppi}$. Casp. de Carl M D CCC LII.»

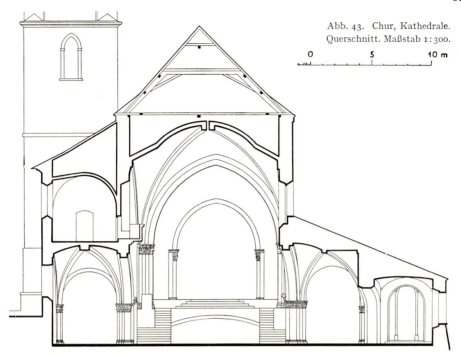

Abb. 43. Chur, Kathedrale. Querschnitt. Maßstab 1:300.

deutlich ab. Aus dem Presbyterium führen Türen zum Turm (nördlich) und in die obere Sakristei (südlich).

Der *große Chorbogen* ist in formaler und konstruktiver Hinsicht eine Wiederholung des Bogens vor dem Altarhaus.

Nachdem sich, wie erwähnt, schon zwischen den östlichen und den westlichen Raumteilen von Krypta und Chor eine Achsendrehung vollzogen hat, weicht nun das *Langhaus* nochmals von der Richtung der Chorpartie ab, so daß die gesamte Achsenknickung 10° beträgt. Zum Teil ist diese Unregelmäßigkeit aus der Baugeschichte zu erklären (siehe S. 97 f.), im wesentlichen aber drückt sich in ihr Sorglosigkeit und mangelndes Interesse für geometrische Präzision aus, die auch aus den verzerrten Linien des Grundrisses abzulesen ist. Das Langhaus umfaßt drei annähernd quadratische Joche im Mittelschiff, denen je drei längsoblonge Kompartimente in den Abseiten entsprechen, was stilgeschichtlich von Bedeutung ist (vgl. dazu Bd. I, S. 40 f.).

Die *Seitenschiffe* öffnen sich zum Hauptschiff in weitgespannten Arkaden. Ihre mächtigen, im Wuchs überdimensionierten Stützen bestehen aus Pfeilern, durch starke Halbsäulen, Rücklagen und Runddienste verstärkt und bereichert. Ihr Grundriß ist unsymmetrisch, da gegen die Seitenschiffe hin keine Halbsäulen vorgelegt sind, wovon hernach noch die Rede sein wird. Die Plinthen stehen auf besonderen Sockelplatten von unregelmäßigem Grundriß, die ungewöhnlich weit ausladen. Die über den Kapitellen aufsteigenden Archivolten sind beidseits rechtwinklig eingekantet und schließen in gedrückten Spitzbögen.

Die das Gewölbe des Mittelschiffes tragenden Vorlagen, Runddienste und Halbsäulen werden von Kapitellen bekrönt, die in der Höhe der Arkadenscheitel ansetzen. Sie sollen mit jenen des Chores und der Seitenschiffe im Zusammenhang beschrieben werden (S. 75–88).

Die Gewölbe dieses Hauptschiffes – überhöhte Kreuzgewölbe mit rechteckigen Rippen – stimmen mit jenen des Presbyteriums überein. Der Schlußstein ist im ersten Joch (vom Chor her) einfach quadratisch, im zweiten gleichfalls quadratisch, jedoch mit Eckprismen, im dritten rechteckig. Im Zentrum öffnet sich jeweils ein kreisrundes Loch, das zum Aufhängen von Kronleuchtern («rotae», siehe dazu S. 147) diente. Die einzelnen Joche sind durch rechtwinklig gefalzte Gurten getrennt. In den Seitenschiffen entsprechen den Freistützen abgetreppte, durch Runddienste in den Rücksprüngen verstärkte und mit Kapitellen bekrönte Wandpfeiler. Über ihnen liegen Kreuzgewölbe mit unprofilierten Rippen, die sich hier jedoch ohne Schlußstein durchdringen. Die Wölbungen steigen – besonders deutlich im Südschiff – von den Längswänden her gegen das Mittelschiff an, so daß also ihr höchster Punkt nicht im Scheitel, sondern peripher, nämlich am Anschluß zur Arkade liegt. Darin liegt die Erklärung dafür, daß die Schildbogen rundbogig schließen können, obwohl die Arkaden Spitzbogen aufweisen. Höchst eigentümlich stellen sich die zwischen den einzelnen Abseitenjochen sich spannenden gefalzten Gurtbogen dar, einmal ihrer derben Breite wegen, die beinahe das Doppelte beträgt wie jene der Gurten im Hauptschiff, vor allem aber durch ihre merkwürdige Linienführung, die dem maurischen Hufeisenbogen durchaus gleicht (Abb. 46). Die ungewöhnliche Dimension der Gurtbogen veranlaßte die bereits erwähnte Asymmetrie des Pfeilergrundrisses, da ungleich breite Gurten in Mittelschiff und Abseiten auch verschieden proportionierte Vorlagen verlangen und eine den breiten Seitenschiffgurten angepaßte Halbsäule allzu mächtig ausgefallen wäre. Während sich die Stärke der Gurten als vielleicht übertriebene Sicherung gegen den Seitenschub des Hauptgewölbes erklären läßt, kann die Hufeisenform nur als stilistische Eigentümlichkeit betrachtet werden, worauf noch zurückzukommen ist (S. 99). Die Pfeiler und ihre Kapitelle bestehen, wie im Chor, aus Scalärastein, desgleichen die breiten Gurten in den Abseiten und die Archivolten der Arkaden, die Rippen im Hauptschiff aus Tuff, in den Abseiten zum Teil aus Bruchstein (verputzt). Im Gegensatz zu der üblichen Konstruktionsweise sind die Stützen nicht in horizontalen Schichten aufgemauert, sondern aus mächtigen aufrechten Werkstücken gebildet, zwischen denen Fugen klafften, die erst bei der letzten Renovation mit Zement geschlossen wurden. Einige dieser Halbsäulen sind ganz, andere zu zwei Dritteln monolith. Heute wären Stücke dieses Materials von solchem Volumen in der Umgegend nicht mehr zu gewinnen; die damals betriebenen Brüche müssen also vollkommen ausgebeutet worden sein.

Am Freipfeiler zwischen Mittel- und Westjoch steht eingemeißelt: «1549 / L I B Z C / G A 4 T D / G.» Aufgelöst: «1549 Luzius Iter Bischof zu Chur gestorben am 4. Tag Dezember G (?).» Offenbar befand sich das Grab dieses Bischofs in der Nähe[1].

Vom ursprünglichen Boden, der aus einem Mörtelguß von Kalk und grobem Kies bestand, kamen 1921 Reste etwa 26 cm unter dem heutigen Niveau zutage. Burckhardt fand (1856) noch Teile davon im nördlichen Seitenschiff vor, auf denen mit Modeln eingepreßte Zierate und Montfortwappen im Stil des 13. Jahrhunderts zu sehen waren. Er wird also in der letzten Etappe des Neubaues unter Bischof Heinrich III. von Montfort (1251–1272) entstanden sein.

Während die Wände des Obergadens, wie übrigens auch jene der Abseiten, nur verputzt sind, reicht im Mittelschiff bis zum Fußpunkt der Gewölbe eine Quaderverkleidung aus Scalärastein, wodurch in dieser Zone eine durchgehende Materialeinheit zwischen den aufsteigenden Pfeilern und der Wand hergestellt wurde[2]. In

---

1) Siehe dazu auch die Ausführungen des Verfassers im JB HAGGr. 1944, S. 31.
2) Den früheren Zustand, der erst durch eine Übertünchung des ganzen Schiffes im Jahre 1818 (Mskr. von Mont, BA.) verändert worden war, stellte die letzte Restaurierung wieder her.

Abb. 44. Chur. Das Innere der Kathedrale; Blick zum Chor.

der oberen Zone herrschte wohl ursprünglich eine ähnliche Oberflächeneinheit, da man annehmen darf, daß die Rippen ehemals wie die Wände verputzt und getüncht waren. Man hätte sonst wohl kaum so unbedenklich an verschiedenen Stellen die unteren Teile der Rippen aus Bruchstein, das Übrige aber aus Tuff konstruiert. An der Ostwand des südlichen Seitenschiffes zeichnet sich im Quaderwerk zwischen dem Wandpfeiler und dem St.-Placidus-Altar eine vertikal durchgehende Baufuge ab.

An zahlreichen Stellen der Hochwände des Mittelschiffes konstatierte man 1924 würfelförmige, mit eingeritzten Kreuzen bezeichnete, eingesetzte Steine (Lichtmaß 20 × 20 cm), mit denen durchgehende, wohl für Gerüstbalken ausgesparte Löcher verschlossen waren. Bei der Öffnung fanden sich in den Hohlräumen neben Holzstücken auch Eier und Geflügelreste sowie andere Knochen (so von einem Ziegenfuß), Deposita also, die man als Bauopfer wird betrachten dürfen[1].

Die schon erwähnte *Zisterne* (S. 5) im Ostjoch des nördlichen Seitenschiffes, dicht neben dem Freipfeiler, ist zylindrisch, 70 cm weit und etwa 3 m tief, aus nur flüchtig zugerichteten Steinen annähernd lagerhaft geschichtet. Das Mundloch wurde in den Pfeilersockel selbst eingeschnitten. Es handelt sich nicht um eine Zisterne im engeren Sinn, sondern um einen «Sodbrunnen», den unterirdische Wasseradern im Moränenschutt speisten. Da nicht anzunehmen ist, daß man so dicht am Pfeiler einen Schacht neu bohrte, die Form zudem in der Römerzeit vorkommt, darf man wohl vermuten, daß der Brunnen schon dem Kastell diente[2].

Türen. Außer dem Hauptportal in der Mitte der Westfront (Beschreibung S. 60 f.) verfügte die Kirche ursprünglich über zwei Nebeneingänge in der nördlichen Langseite. Der eine führte aus dem Ostjoch zum Kreuzgang[3]. Die Umrisse dieser nicht mehr existierenden Türe wurden 1921 konstatiert. Ihre Schwellenhöhe setzt ein viel tieferes Außenniveau voraus (darüber später S. 59). Die andere Nebenpforte öffnet sich im Westjoch, rechts vom St.-Katharinen-Altar. In der Westwand des südlichen Seitenschiffes befindet sich eine Pforte zu einer in der Mauerdicke und einem der beiden Frontpfeiler ausgesparten steinernen Wendeltreppe. In halber Höhe geht von letzterer jetzt der Zugang zur Orgelempore ab, doch war ihr ursprünglicher Zweck allein, den Aufstieg in den Dachraum zu vermitteln[4]; über die Placierung der Orgel im Mittelalter siehe S. 136.

Die *Belichtung* zeigt allein im Obergaden noch den alten Zustand: hier öffnen sich schmale rundbogige (gegen Norden von außen her nachträglich zugemauerte) Fenster, je ein Paar in jeder Seite eines Joches. Nur an der Nordseite des Westjoches fehlen sie ganz. Die Westfront durchbricht jenes hohe und ziemlich breite, im Rundbogen geschlossene Fenster, für das der Ritter Ulrich von Flums († 1312) Glasgemälde gestiftet hat, die leider nicht mehr vorhanden sind[5]. Die innere Leibung ist geschrägt und mit Hausteinplatten verkleidet, der Bogen mit drei Wulstprofilen gegliedert. (Die äußere Gestaltung siehe S. 62.)

1) Siehe darüber ASA. 1930, S. 185 f., mit Literaturnachweisen.
2) Vgl. die Brunnen in Oehringen und Cannstatt in «Germania Romana II», Bamberg 1924, Taf. XXX und XXXI.
3) Necrol. Cur., S. 113: «1386 requiescit iuxta altare S. Jacobi prope parvum hostium, ubi itur ad ambitum.» Der St.-Jakobs- (auch Apostel-) Altar ist identisch mit dem heutigen Herz-Jesu-Altar. Ähnlich 1420 Necrol. Cur., S. 71.
4) Die Stufen dieser Abzweigung bestehen aus gemauerten Tritten mit Plattenauflage, während jene der Wendeltreppe ganz aus Haustein konstruiert sind.
5) Necrol. Cur., S. 18: «Anno dom. M CCC XII dom. Ulricus miles de Flumes ob. qui... fenestram magnam ultra portam magnam parari iussit...» Wann diese Glasgemälde entfernt wurden, ist nicht bekannt, vielleicht erst 1767, in welchem Jahr das fragliche Fenster erneuert wurde (Arch. d. Domk. Prot. Buch O, S. 162).

Abb. 45. Chur, Kathedrale. Die Krypta; Blick gegen Osten. Text S. 48f.

In der unteren Zone dürften die beiden kleinen rundbogigen Fenster im Mitteljoch des nördlichen Seitenschiffes wenigstens den Umrissen nach dem alten Zustand noch entsprechen, im übrigen aber sind die Fensterformen in den Abseiten neueren Datums (vermutlich aus der zweiten Hälfte des 17. Jahrhunderts). Die Glasmalereien im großen Westfenster stammen von Claudius Lavergne und seinen Söhnen, Paris 1884, jene in den Seitenschiffen von A. Schweri, Bern 1925.

Im Ostjoch der nördlichen Hochwand des Mittelschiffes kragt die – von der Luziuskapelle her (siehe S. 62f.) zugängliche *bischöfliche Betloge* vor, die auf drei stufenförmig übereinander vortretenden Stichbogen ruht. Der oberste trägt das Steinmetzzeichen Tab. II A, 4, das jenem des «Ilanzer Meisters» (Bd. I, S. 97) nahe verwandt ist. An der westlichen Schmalseite datiert «1517». Das geschweifte Holzgitter mit Régencebandwerk wurde um 1730 aufgesetzt. Über die Bemalung s. S. 69f.

Im Ostjoch des südlichen Seitenschiffes vermittelt ein breitgefaster Rundbogen den Zugang in die hier angebaute **St.-Laurentius-Kapelle.** Sie besteht aus einem zweijochigen Schiff und dem kleinen, nach Osten gerichteten, dreiseitig geschlossenen, aber flach hintermauerten spätgotischen Chor von annähernd gleicher Breite. Er ist bedeckt mit einem Sterngewölbe, dessen einfach gekehlte Rippen unmittelbar aus Halbrunddiensten mit zylindrischen Basen wachsen. Im Zentrum des Steines ein Schlußstein mit leerem Schild. Material der tragenden Glieder Scalärastein. Auf den Rippen und Diensten findet man sechs eingehauene Steinmetzzeichen (Tab. II, B 1). In der Südwand ein hohes leeres Spitzbogenfenster mit Hausteingewänden, an der nordöstlichen Schrägwand das Datum 1467[1]. Chorbogen halbrund und nur an der

---

[1] 1925 nach den alten Ziffern genau kopiert.

Schiffseite gefast. Über dem Schiff liegt ein gepaartes Kreuzgewölbe. In der Südwand hier zwei stichbogige, in der Westwand ein neues rundbogiges Fenster (1924). Ehedem öffnete sich dicht am Scheitel des Schildes ein leerer Okulus. Über dem Chorbogen steht das Datum M D X L IIII.

An der Südwand liest man unter dem Wappen des Bischofs Luzius Iter (reg. 1541–1549) die Distichen: GLORIA PONTIFICUM RHAETEIS LUCIUS ORIS PRAESES GRISAEI SPES COLUMENQUE SOLI / TRANSTULIT HUC DIVI LAURENTII PRISCA SACELLA / PRO VETERE PHANO CONDIDIT ILLE NOVUM. Diese Inschrift setzt sich an der Westwand unter den mit 1546 datierten, 1924 wieder aufgedeckten Wandgemälden fort. Die letzteren werden später im Abschnitt über die Wandmalereien beschrieben (S. 70), der Text sei jedoch wegen seiner baugeschichtlichen Hinweise hier wiedergegeben: HUC SACRA QUAE CERNIS LECTOR LAURENCIA P(RAE)SUL / TRANSTULIT IN CELSUM LUCIUS IPSE LOCUM / HICQUE NOVAM SEDEM CEPERUNT DIRUTA TECTA / IAMQUE NOVA MELIUS RELIGIONE NITENT (zum Teil 1924 kopiert und wegen des neuen Fensters versetzt)[1].

Da man im Grundriß (Abb. 26) an einem Rücksprung der äußeren Südwand deutlich ablesen kann, daß ursprünglich das Schiff um 2 m kürzer war, so werden diese Inschriften und Daten folgendermaßen auszulegen sein: Das Chörlein wurde samt dem ersten, kürzeren, vielleicht flachgedeckten Schiff, das mit der Hauptkirche nur durch eine kleine Pforte verbunden war, 1467 errichtet. 1542 verlängerte man das Schiff, wölbte es ein und gab ihm die heutige Fensterdisposition. Ausmalung 1546. Über die Ausstattung später (S. 123–130).

Die Dachräume. Die ganze Bedachung der Kathedrale wurde beim Hofbrand von 1811 zerstört; der Dachstuhl stammt also aus dieser Zeit und bietet keine

Abb. 46. Chur, Kathedrale. Das südliche Seitenschiff mit Blick gegen Westen.

1) Die 1924 wieder zutage gekommene Inschrift ist auch bei Mayer II, S. 97, Anm. 2, nach einer zeitgenössischen Transkription (durch W. W. von Zimmern 1551) wiedergegeben. Übersetzung: «Luzius, Ruhm der Bischöfe an rätischen Gestaden, Oberhaupt, Hoffnung und Säule des Graubündner Landes, überführte hierher die alten Heiltümer des göttlichen Laurentius, er gründete für das alte Heiligtum ein neues. – Die laurentianischen Heiligtümer, die du siehst, übertrug der Oberhirte Luzius selber hierher an einen erhabenen Ort und die zerstörte Stätte erhielt hier einen neuen Sitz, und nunmehr prangt sie schöner durch neue Verehrung.» Es handelt sich also nicht etwa, wie man bisweilen annahm, um eine Überführung der Architekturteile der alten Laurentiuskapelle, sondern nur um eine Translation der Zierden und Reliquien («sacellum» nach Du Cange Glossarium VII, S. 254 = «cistula reliquiis recondendis aptata»). In diesem Sinn sind auch die Angaben in ASA. 1930, S. 186, zu berichten. Über die alte Laurentiuskapelle s. S. 203 f.

bemerkenswerten Besonderheiten. Der Befund im Dachraum über dem Altarhaus zeigt, daß ehemals das Satteldach über diesem Bauteil wesentlich tiefer lag als heute. Man sieht an der östlichen Außenwand des Presbyteriums die Umrisse dieses alten Daches, darüber – in verputztem Mauerwerk – beidseits zwei konische, in die Mauer gehende, mit einem rot-weißen Kalksteinmuster dekorierte Kreisfenster (Abb. ASA. 1930). Die Reste von zwei Dachbalken sind verkohlt. Das alte Dach dürfte hier also erst beim Hofbrand von 1811 zugrunde gegangen sein.

Im Dachraum über dem Presbyterium sind über dem Gewölbeansatz noch Reste eines Wandverputzes zu konstatieren. Darüber läuft ein etwa 20 cm tiefer Rücksprung. Beides zusammen deutet darauf hin, daß im ersten Stadium das Presbyterium eine flache Decke trug. Über dem großen Chorbogen steigt eine – nur gegen Westen hin verputzte – Übermauerung empor, die in die Hochwand des Mittelschiffes hineingeht. In der Mitte ist sie von einer rundbogigen Öffnung (ohne Einsatz) durchbrochen (Abb. ASA. 1930, S. 178). Diese Pforte ist heute ohne jede Funktion, da man auf einem Laufbrett über die Mauer hinweg vom Dachraum des Schiffes in jenes des Presbyteriums schreitet. Sie gewinnt erst Bedeutung, wenn man annimmt, daß die erwähnte Übermauerung ein Rest eines ehemals über dem Presbyterium aufsteigenden Turmaufsatzes war. Diese Annahme wird durch die später (S. 65) mitgeteilten Beobachtungen am Turmfundament bestärkt.

Das Pultdach über dem nördlichen Seitenschiff hatte, wie an der noch vorhandenen Plattenabdeckung des Ansatzes am Hochschiff zu erkennen ist, ehemals die gleiche viel schwächere Neigung, die heute noch das Dach der südlichen Abseite aufweist. Die Erhöhung erfolgte wohl, um den Schneeabrutsch auf der unbesonnten Nordseite zu befördern und hatte zur Folge, daß die Fenster des Mittelschiffes vermauert werden mußten. Die erwähnte Plattenabdeckung geht in die Westwand der Luziuskapelle (S. 62 f.) hinein, was für ihre Baugeschichte von Bedeutung ist.

Das Äußere. Das Terrain in der unmittelbaren Umgebung der Kathedrale lag ehemals tiefer als jetzt, weshalb – wie 1921 bei einer Schürfung festzustellen war – zum Hauptportal Stufen emporführten. An der Nordseite stieß man in der Nähe des Turmes ebenfalls auf Stufen[1], und überdies wird hier, wie bereits (S. 56) erwähnt, durch die Lage der Seitentüre im Ostjoch ein tieferes Niveau bezeugt. Auch sieht man in der bergseitigen Mauer eines Kellerraumes östlich des Turmes die Umrisse eines Rundbogentores, das nun unter dem Bodenniveau steht, ehemals aber wohl eine Pforte in der Ringmauer darstellte.

Mit Quadern aus Scalärastein sind außer der Fassade des Mittelschiffes allein die Außenwände der Ostkrypta und die unteren Partien des Altarraumes verkleidet, alle übrigen Mauern jedoch nur verputzt, und zwar auch die Westfront des nördlichen Seitenschiffes[2]. Der Sockel ist mit Wulst und Kehle im Sinne der attischen Basis profiliert und geht an der Südseite der Krypta in den jetzigen Heizungsraum hinein. Zwei viereckige, mit Giebeln abgeschlossene starke Pfeiler flankieren die Westfassade des Mittelschiffes und dienen als Streben für die Arkadenwände im Innern. Der südliche von ihnen weist Lichtschlitze auf, da er, wie erwähnt, die Wendelstiege birgt, also gleichsam einen verkümmerten Treppenturm darstellt. Gekehlte Gesimse umrahmen das Giebelfeld. An den Hochwänden des Mittelschiffes steigen die Streben – ungegliederte viereckige Pfeiler – nur bis zur Scheitelhöhe der Fenster auf. An der Ostwand des Presbyteriums zeichnet sich dicht über dem Altarhaus ein schwächer geneigter und tiefer liegender Giebel ab. Über die Dächer von Presbyterium und Langhaus wuchs also ehemals der westliche Frontgiebel maskierend empor, was auf

---

1) Bericht Sulser, Mskr.
2) Jene der südlichen Abseite ist durch das anstoßende Schwesternhaus verdeckt.

den Ansichten bei Münster auch deutlich zu sehen ist und einer in Italien schon bei romanischen Kirchen weitverbreiteten Baugewohnheit entspricht. Die heutige Dachhöhe besteht wohl seit dem frühen 17. Jahrhundert (bei Merian schon zu sehen). Am Zusammenstoß von Altarhaus und Chor erkennt man auch außen die bereits im Innern konstatierte Baufuge.

In der Mitte der Westfront öffnet sich das *Hauptportal*. Vor dem ohne Abtreppung schräg in die Mauer dringenden Gewände stehen auf einem mit Karnies abschließenden Sockel beidseits je sechs schlanke Säulen mit attischen Basen und frühgotischen Knospenkapitellen. Die mit Akanthuskymation gezierten Kämpfer sind aus je einem monolithen Werkstück gehauen, verlaufen ohne Abtreppung und greifen um die Ecken auf die Front über. Die mit Rundstäben profilierten Konsolen des Sturzes werden von zwei bartlosen männlichen Figuren in hockender Stellung getragen[1]. Die Stelle eines Tympanons vertritt eine offene Lünette, die von dem glatten, halbrunden Entlastungsbogen umschlossen wird. Ihn begleiten, der Säulenstellung entsprechend, sechs wulstförmige, wie abgerundete Stufen wirkende Bogenläufe, während die äußere Archivolte als Karnies profiliert ist. An der dritten Säule rechts sieht man ein aus Stern, Halbmond und A M gebildetes eingeritztes Marienzeichen (abgebildet ASA. 1930, S. 185), an anderen Stellen Kreuze und unsichere Buchstaben. Keine Steinmetzzeichen, sondern nur Sgraffiti (Abb. 47–51). Die Bemalung samt den Inschriften wird S. 73 im Zusammenhang mit den Wandmalereien beschrieben.

In der Lünette sitzt ein geschmiedetes *Gitter* aus Stabeisen im Régencestil (um 1730) mit Bandwerk, Trauben und Blattmotiven, darauf – in ausgeschnittenem, bemaltem Eisenblech – Maria zwischen St. Luzius und Florinus (Abb. 51). Bronzetüre von 1936.

Obwohl das Portal noch rundbogige Archivolten aufweist, so hat es sich doch im Aufbau schon völlig vom romanischen Typus gelöst und dies nicht nur in den Formen der Knospenkapitelle, sondern mehr noch in der feingliedrigen Anordnung graziler Säulen, vor allem aber mit dem Verzicht auf die Abtreppung des Gewändes, den einfach geschrägten Sockeln und den gerade durchlaufenden Kämpfergesimsen. Während in der Übergangszeit von der Romanik zur Gotik diese Merkmale meist nur vereinzelt auftreten, erscheinen sie hier schon konsequent vereinigt, so daß man gegen eine Datierung in die Mitte des 13. Jahrhunderts keine Bedenken hegen wird[2].

Den Zugang zum Portal schützte ehemals eine *Vorhalle*, deren bis zur Bank des großen Fassadenfensters reichendes Pultdach noch auf der Ansicht des Hofes in Münsters Cosmographie zu sehen ist und die auch im Necrologium wiederholt als «vestibulum monasterii» oder «porticus monasterii» genannt wird[3]. Sie diente dem geistlichen Gericht als Tagungsort[4]. Als Stützen dieser Vorhalle fungierten die noch

---

1) Die Figuren sind sicherlich nur dekorativ aufzufassen. Wiebel (ASA. 1934, S. 256f.) spricht sie als Absalom und Salomon an. Doch sind die Haare des vermeintlichen Absalom nicht um den Rundstab gewickelt, wie Wiebel meint, sondern dieser ist nur in die Haarmasse hineingepreßt, wodurch das «Lasten» zum Ausdruck kommen soll.

2) Schräges Gewände, gerader Architrav und gerader Sockel wie in Chur auch an der ehemaligen Benediktinerstiftskirche in Trebitsch (Mähren) nach 1250. Abb. im Jahrb. des Kunsthist. Institutes der k. und k. Zentralkommission für Denkmalpflege, Bd. IX (1915), Taf. 70. Zur Datierung s. dort S. 67, wie auch Hamann, Protorenaissance, S. 124. – Dagegen tritt z. B. beim Portal der St.-Georgs-Kirche in Dinkelsbühl (um 1220) die Gewändeabstufung zusammen mit dem geraden Kämpfer auf. Kdm. Bayern, Mittelfranken IV, S. 32 und 33. Ungetrepptes schräges Gewände mit gestuften Kapitellen in Neuweiler im Elsaß um 1230. G. Dehio, Geschichte der deutschen Kunst, Bildband I, S. 233, sowie auch in Lausanne, Mon. d'art Vaud, S. 182, 183.

3) So etwa 1358, 1391, 1407 usw. Necrol. Cur., S. 47, 54, 70.

4) Necrol. Cur., S. 70: «1407 prope statuam vestibuli ubi iura reddentur pro tribunali.» Siehe auch JB HAGGr. 1910, S. 37, aus dem Urbar von St. Jakob im Prätigau (1514): «in porticu ecclesie Cathedralis curiensis loco nostro consistoriali solito... ad iura reddenda et causas audiendas pro tribunali sedente in iudicio...»

Abb. 47. Chur, Kathedrale. Das Hauptportal; Ansicht mit der älteren Türe. Text S. 60.

zu beschreibenden Apostelsäulen sowie vermutlich die jetzt in der Krypta aufgestellte Säule mit dem auf einem Löwen hockenden Männchen. Die Zugehörigkeit der erwähnten Figuren zu einer Vorhalle und nicht etwa zu einer Kanzel oder einer «Cantoria», wie man früher annahm, wird durch die Einträge im Necrologium klar erwiesen[1]. Es ist hier deutlich gesagt, daß die Statuen Bestandteile des Portikus

---

[1] Baum (S. 76) möchte der Möglichkeit Raum geben, daß die urkundlich erwiesene Vorhalle nebst ihren Statuen (d. h. anderen gotischen Statuen) erst im 14. Jahrhundert entstanden sei. Warum sind dann diese Statuen verschwunden und haben sich die romanischen, vor dem Dom stehend, erhalten?

waren («statuam vestibuli», siehe S. 60, Anm. 4), auch wird genau zwischen einer freistehenden Figur rechts und einer anderen links des Eingangs unterschieden[1]. Näheres siehe ASA. 1930, S. 274f. Urkundlich ist die Vorhalle bis Mitte des 15. Jahrhunderts belegt, bildlich durch Seb. Münster bis 1550.

Das bei der Beschreibung des Inneren schon erwähnte große *Rundbogenfenster* in der Mittelachse wahrt mit seinem abgestuften Gewände und den in die Rücksprünge eingelegten Rundstäben noch durchaus romanischen Charakter und läßt nur in den Knospenkapitellen der inneren Säulchen einen leisen Anklang an die gotische Formensprache hören. Die äußeren Säulchen zeigen – nach italienischer Art – Steinwechsel in Weiß und Grau. Im Verhältnis zur Gesamtfläche der Fassade, ja auch zu den Proportionen des Portals wirkt das Fenster ungewöhnlich groß und erinnert damit an französische Beispiele (Notre-Dame in Poitiers, St-Jouin-des-Marnes).

Im Giebelfeld sitzt ein kleines *Spitzbogenfenster* mit Vierpaßmaßwerk über polygonaler (erneuerter) Teilsäule. Die Umrahmung gekehlt. Zwar binden die beiden Kämpfersteine in die Mauer ein, doch sind die Bogensteine glatt abgesetzt und mit der Mauer nicht verzahnt, so daß man an eine spätere Zutat (des 14. Jahrhunderts) denken kann, wozu auch die Formen stimmen.

Die Fenster des Langhauses wurden bei Beschreibung des Inneren notiert; hinzuzufügen ist, daß sich die Umrisse der Dreiergruppe an der Südwand des Presbyteriums auch nach außen hin durch eine Putzumrahmung deutlich abzeichneten. Das gleichfalls noch rein romanische, im unteren Teil vermauerte Rundbogenfenster gegen Osten weist ein gestuftes Gewände mit Rundstab auf.

Auf das Ostjoch des nördlichen Seitenschiffes ist als zweites Geschoß die durch den Turm erreichbare **St.-Luzius-Kapelle** aufgesetzt. Ohne Zweifel wurde sie im Zusam-

---

[1] Die eine rechts vom Heraustretenden «ad dexteram manum prope statuam exeundo de monasterio» (Necrol. Cur., S. 51); die andere «ante scholas iuxta statuam» (a. a. O., S. 83), also linker Hand für den aus der Kathedrale Kommenden.

Abb. 48 und 49. Chur, Kathedrale. Konsolenfiguren am Hauptportal. Text S. 60.

Abb. 50. Chur, Kathedrale. Detail des Hauptportals. Text S. 60.

menhang mit der 1517 datierten Betloge erbaut, deren Zugang sie bildet. In diese Zeit gehören auch die Fenster: ein mit Vierpaß ausgesetzter Okulus gegen Westen und zwei Spitzbogenfenster mit Fischblasenmaßwerken über Rundbogen gegen Norden. Dagegen wurden die gekuppelten Kreuzgratgewölbe offenbar erst unter Bischof Johann V. Flugi (dessen gemaltes Wappen sie tragen) im ersten Jahrzehnt des 17. Jahrhunderts hergestellt. Zuvor war die Kapelle wohl nur mit einer flachen Diele gedeckt; dafür sprechen die Dachhöhe und der provisorische Zustand der Westwand in der Darstellung auf der Hofansicht Münsters. Über die Wandmalereien siehe S. 74.

An die Südwand des Chores schließt sich das zweistöckige **Sakristeigebäude** an. Das Untergeschoß besteht aus zwei Baugliedern, einem kleineren Gelaß südlich der hinteren Krypta (heute Heizung), das eine nachträgliche Zutat sein muß, da – wie S. 48 erwähnt – nach dieser Seite hin ein Rundfenster der Krypta gerichtet war. Der lange schmale Annex der vorderen Krypta barg ehemals die «Alte Sakristei», die durch eine mit Malereien gezierte Wand unterteilt war[1]. In den westlichen Abschnitt trat das südliche Auflager des großen Chorbogens herein, das – wie deutlich zu sehen war – mit der anstoßenden Schiffswand keinen Verband hat.

[1] Von diesen Malereien sah man vor dem Abbruch der Wand nur noch Spuren. Nach Nüscheler (S. 48) soll der Gekreuzigte mit Maria, Johannes, Luzius, Florinus und Christoph dargestellt gewesen sein.

Abb. 51. Chur, Kathedrale. Lünettengitter am Hauptportal; um 1730. Text S. 60.

Die «Alte Sakristei» gehörte vermutlich schon zum romanischen Bestand, da eine andere Placierung dieses notwendigen Bauteiles nicht in Frage kommt. Ungeklärt ist die Frage des Zuganges. Von einer bisweilen behaupteten Türe zum südlichen Seitenschiff wurden keine Spuren gefunden. Eine Pforte an der heutigen Stelle – in der hinteren Krypta – hätte aber zunächst ins Freie geführt (siehe S. 48). Vielleicht bestand jedoch ein schmaler gedeckter Gang von dort zur Sakristeitüre. 1941/42 wurde diese Sakristei unter Entfernung der Zwischenwand zum Dommuseum eingerichtet[1].

Die das Obergeschoß bildende «Neue Sakristei», die auch auf den Annex südlich der hinteren Krypta übergriff, wurde vermutlich um 1652 bei der Gesamtrenovation der Kathedrale unter Bischof Johann VI. Flugi aufgesetzt. Sie ist überwölbt von Tonnengewölben, in die Stichkappen mit stark vorgezogenen Graten einschneiden.

In der Ecke zwischen dem Presbyterium und dem nördlichen Seitenschiff steht der **Turm,** ein durch glatte Gesimse geteilter und an den Ecken mit Hausteinquadern gefaßter Viereckbau, über dem sich das von einer achtseitigen Kuppel mit Laterne bekrönte oktogonale Obergeschoß erhebt. In einer Nische der Westwand eine kunstlose Muttergottesfigur. Am Zugang vom Chor sieht man in der Türleibung an einem Absatz deutlich das Aneinanderstoßen von Turm und Kirchenwand.

Der Turm wurde 1828/29 durch den Baumeister JOHANN GEORG LANDTHALER völlig neu errichtet[2]. Der frühere war dem Brand vom 13. Mai 1811 zum Opfer ge-

---

1) Wohl in der unteren Sakristei stand der von Pater Augustin Stöcklin in den «Annales seu Chronicon Monasterii Fabariensis» (Stiftsarchiv St. Gallen III 14a, S. 21) mitgeteilte und von P. Gerold Suiter in dessen Chronica Fabariensis (a. a. O. Pfäverser Archiv, Bd. 107, S. 510), übernommene lateinische Wandspruch: «Vinum Canonice de Luppis sacer olimae / in quadragesima tua donat vinea bona / pluribus ex annis estque plantata Malannis / Ecclesiae Curiae Clero Sanctaeque Mariae / ut bene psallatur laus ultima postque bibatur / et pro defuncto fundatur oratio Christo.» Stöcklin bemerkt dazu: «completer win hat man alzit in der Sacristey druncken.» Zu der Kompleterschenkung s. auch Necrol. Cur., S. 54.

2) Die Steine schaffte man unmittelbar aus dem Bruch am «Münsterköpfle» (offenbar am Hang des Mittenberges) mit einer Maschinerie auf den Friedhof. Den Turmknauf vergoldete der Goldschmied W. E. FISCHER, die Uhr verfertigte ANTON JÄGER. Archiv des Domkapitels Prot. Buch T, S. 243, sowie Mappe III Nr. 19. Im genannten Prot. Buch, S. 256, auch eine Kopie des im Knauf hinterlegten Schriftstücks von 1829.

fallen. Er bestand nach den alten Ansichten, besonders jener bei Münster, aus einem viereckigen, nur durch ein Gesims geteilten, von Wimpergen bekrönten Schaft, über dem sich ein achteckiger Spitzhelm erhob.

Baugeschichtlich wichtig ist, daß der neue Turm auf den alten Fundamenten errichtet wurde[1]. Denn man sieht in einem Kellerraum, daß der profilierte Sockel des Presbyteriums weit hinter die untersten Partien des Turmes hineingeht, diese Wand also älter ist als der erste Turm. Wäre der alte Turm in Verband mit der Kirche gewesen, so wäre er auch beim Brand nicht so vollständig und ohne Beschädigung der Kirche zusammengefallen[2], wie uns dies berichtet wird[3]. Diese Beobachtungen bestätigen die schon zuvor (S. 59) geäußerte Annahme, daß anfänglich nur ein Aufsatz auf dem Presbyterium vorhanden war und der Turm erst nachträglich, wenn vielleicht auch bald nach Vollendung des Schiffes, hinzukam[4].

Wandmalereien und Stukkaturen

Vorbemerkung. Die unter B 1–6, 7, 8 aufgeführten Wandmalereien wurden 1924 bis 1925 durch E. DILLENA in Firma Christian Schmidt, Zürich, abgedeckt und restauriert, die übrigen gereinigt und, soweit erforderlich, retuschiert.

A. **In der Krypta.** Das ganze Gewölbe ist mit einer Stuckdekoration im Régencestil aus Bandwerk mit Blattmotiven überzogen; um 1730. Die Tönung des Fonds in Hellgrün und Blaßrot stammt von 1924, geht aber auf vorgefundene alte Farbreste zurück. Unter der Stukkatur liegen, wie bei der Renovation festgestellt wurde, rote Konturzeichnungen (14. Jahrhundert?).

B. **Im Innern des Langhauses** (in chronologischer Reihenfolge) I. 13. und 14. Jahrhundert. 1. Die Reste an der Westwand des Mittelschiffes sind nicht befriedigend zu deuten. Man erkennt Stücke eines rautenförmigen grünen Stoffes und rechts davon herabhängend Teile eines Fehpelzes; oben darüber eine halbkreisförmig herabhängende, weiß bordierte Draperie (?). Man möchte an ein monumentales Christophorusbild denken, doch wiederholt sich links davon sowohl das Rautenmuster wie die «Draperie». Vermutlich erste Hälfte des 14. Jahrhunderts.

2. An der Längswand des Westjoches des nördlichen Seitenschiffes (Taufkapelle) kamen Malereien zweier (eventuell dreier) Perioden zutage[5] (Abb. 52–54): a) In der ältesten Schicht sieht man in der Mitte des Wandschildes in friesartiger Darstellung die Anbetung der Drei Könige, vereint mit drei stehenden Heiligen: St. Jakobus d. Ä., eine Märtyrerin mit Palme und St. Katharina. Hintergrund blau, Gewänder gelb, grün in verschiedenen Tönen, rot und braunlila. Unten wird das Bild von einem Zackenband, oben von einer Borte mit Weinlaub begrenzt. Darüber in der Mittelachse des Feldes Christus am Kreuz mit stark hinaufgezogenen Knien ähnlich wie in Waltensburg, links davon (vom Beschauer aus) in synchronistischer Kombination mit dem Kruzifixus, eine Beweinungsszene, und in der rechten Hälfte drei ge-

---

[1] Es heißt in dem zitierten Protokollbuch T, S. 243, daß das Fundament «von Bausachverständigen gehörig untersucht und als vollkommen gut erfunden worden». Die Angabe in ASA. 1930, S. 176, daß der untere Teil des Turmes nur neu verkleidet wurde, ist nach den Angaben dieser Quelle zu korrigieren. Das aufgehende Mauerwerk scheint völlig neu zu sein.

[2] Das Zeltdach, das auf dem Aquatintablatt von J. J. MEYER (Bener, Altes Churer Bilderbuch, Taf. 19) über das Kirchenschiff emporragt, ist nicht etwa ein Notdach des Turmes, sondern das Dach des Marsöls.

[3] «Von Ostern bis Pfingsten (1828) wurde der Schutt vom alten zusammengefallenen Turm weggeräumt.»

[4] Vom Turm dürfte auch der 1945 gefundene Torso einer Muttergottesfigur stammen, die wie die heutige in einer Nische gestanden haben könnte, wenn auch bei Seb. Münster nichts davon zu sehen ist (nun rechts des Friedhofeinganges aufgestellt).

[5] Die folgende Darstellung weicht in der Beurteilung der Zeitfolge von Escher, Münster, S. 117f., ab.

Abb. 52. Chur, Kathedrale. Wandmalereien in der Taufkapelle. Text S. 65 ff.

krönte heilige Kopfträger. Über dem Heiland erscheint der mit seinem eigenen Blut die Jungen tränkende Pelikan als Symbol für den Opfertod Christi zwischen sechs aus Wolken herabschwebenden Engeln. Unter dem Kreuz erkennt man noch das Fragment eines Löwen mit seinen Jungen, als Hinweis auf die Auferstehung des Herrn, da nach alter Anschauung der Löwe seine Jungen am dritten Tag durch sein Gebrüll zum Leben erwecke[1]. Farbig ausgeführt ist nur die linke Bildhälfte, die zudem auf einer höheren Putzschicht liegt wie der bloß mit rötlichen Konturen angelegte rechte Teil. Andererseits ist unverkennbar, daß beide Stücke zu derselben Darstellung gehören: das zeigen nicht nur die Engel in beiden Hälften, sondern auch der Kreuzbalken mit dem rechten Arm Christi in der ausgeführten Zone, wenn er auch dem Balken in der Konturenzeichnung gegenüber nach oben verschoben ist (Abb. 53). Die Erklärung dieser Feststellungen liegt darin, daß der Maler – wie dies beispielsweise auch bei den 1945 in S. Giulio zu Roveredo aufgedeckten, allerdings viel späteren Fresken (1545) zu beobachten war (Bd. VI, S. 157) – zuerst auf dem trockenen Grundverputz die Darstellung in großen Zügen festlegte, um der Gesamteinteilung sicher zu sein, und dann erst auf diese Vorzeichnung in Tagesportionen den eigentlichen Freskogrund auftragen ließ. Dabei ergaben sich in der Ausführung noch Korrekturen im Detail. Durch diesen Arbeitsgang wird auch der summarische Charakter der Skizzierung verständlich, die beispielsweise bei den Kopfträgern sich mit ganz flüchtigen Angaben begnügte.

Auf dem Schildbogen ist – wie in St. Georg zu Räzüns (Bd. III, S. 47) – durch illusionistische Bemalung ein Wechsel von grauweißen und braunlilafarbenen profilierten Steinen vorgetäuscht. Diese Dekoration und beide eben beschriebenen Streifen gehören der gleichen Etappe an; ob die rechte Hälfte des oberen Bildes nicht zur Ausführung gelangte oder ob der Verputz an dieser Stelle später weggeschlagen wurde, läßt sich nicht mehr entscheiden.

Über die Autorschaft des «Waltensburger Meisters» (vgl. Bd. I, S. 72 ff.) kann kein Zweifel sein. Darauf weist nicht nur die illusionistische Bemalung des Schildbogens, auch der Typus des Gekreuzigten, die Engel, die in der Gesichtsbildung genau mit

---

[1] Ebenso auf einem Glasgemälde im Münster zu Freiburg i. Br. Vgl. zu Obigem auch K. Künstle, Ikonographie der christl. Kunst I, S. 126.

Abb. 53 und 54. Chur, Kathedrale. Details der Wandmalereien in der Taufkapelle. Text S. 65 ff.

jenen am Chorgewölbe von St. Georg zu Räzüns übereinstimmen, der Kopf der nahe bei Christus stehenden klagenden Frau, der eine geradezu wörtliche Wiederholung des Hauptes der Maria auf dem Kreuzigungsbild in Waltensburg ist, und anderes mehr. Die Weinlaubborte wiederholt sich auf dem neuerdings (1944) restaurierten

Fresko in Dusch (Bd. III, S. 116 f.), das vom gleichen Meister stammt. Zweites Viertel des 14. Jahrhunderts.

b) Beidseits des Epiphaniabildes zieht sich ein anderer Fries hin. Da er in einer Sekkotechnik ausgeführt ist und daher auf der gleichen Putzschicht liegt, ist nicht mehr zu entscheiden, ob er an den ersten nur anstieß oder über ihn hinwegging, und seine Mittelpartie bei der Abdeckung mit der Tünche verschwand, weil dieser Teil auf dem glatten Freskogrund schlecht haftete. Er zeigt links, nach dem Stifterwappen der Thumb von Neuenburg, die in dieser Kapelle ihre Gruft hatten[1], drei weibliche Heilige – St. Barbara, Katharina und eine Unbekannte – sowie einen knienden ritterlichen Stifter vor der Maria, die segnend die rechte Hand erhebt. Der Ritter ist geharnischt und trägt eine Beckenhaube mit aufgeklapptem Nasenschutz; zwischen seinen betend erhobenen Händen flattert eine (nun leere) Schriftrolle empor. Die Figuren der Fortsetzung rechts sind bis zur Unkenntlichkeit verblaßt. Der Habitus der Gestalten dieses Frieses wirkt gedrungener, der Faltenwurf großflächiger als auf den zuvor beschriebenen Streifen. Der Stifter erinnert sehr an die vier Ritter auf dem Wandbild der zweiten Hand in St. Paul zu Räzüns (Bd. III, S. 65). Anfang 15. Jh.

Zu dieser oder einer ein bis zwei Jahrzehnte späteren Etappe gehört offenbar auch die in den Zwickel links des Kreuzigungsbildes gesetzte Darstellung des Jüngsten Gerichts: Christus, umhüllt von schweren Mantelmassen mit weit ausgebreiteten Armen auf der Weltkugel stehend, begleitet von Engeln mit Posaunen. Im entsprechenden Abschnitt der rechten Seite war nichts Genaueres mehr zu ermitteln. Die merkwürdige Form der Abgrenzung zu dem großen Mittelstück ist vielleicht dadurch zu erklären, daß man vom Kreuzigungsbild möglichst wenig opfern wollte.

3. An der Südwand rechts vom Eingang zur Laurentiuskapelle wurde der obere Teil eines an die Wand gemalten Epitaphs bloßgelegt. Erhalten sind noch Brust und Kopf eines nimbierten jugendlichen Heiligen auf blauem Grund unter einem mit Krabben besetzten Baldachingiebel. Schriftrest auf einer Borte: ...hic sepultus. Vermutlich gegen 1400. Siehe auch hernach Ziffer II, 3.

4. Im gleichen Seitenschiff erscheint an der Südwand links vom St.-Josephs-Altar noch als Teil einer im übrigen vom Altar verdeckten Kreuzigungsgruppe die Gestalt der Maria auf rotem Grund in blauem Kleid, gelblichweißem Mantel und Kopftuch mit betend aneinandergelegten Händen und hervorquellenden Tränen. Gute Arbeit in Freskotechnik aus dem letzten Viertel des 15. Jahrhunderts[2] (Abb. 55).

5. Der Hintergrund des Sakramentshäuschens wurde 1925/26 nach aufgefundenen Resten erneuert. Er imitiert einen von vier Engeln geöffneten, außen grünen und innen gelben Brokatvorhang. In der rechten unteren Ecke ein Wappen, dessen Schildfigur verschwunden ist. 1484, wie das Sakramentshäuschen[3].

1) Necrol. Cur., S. 102. Über den Standort des dort genannten Allerheiligenaltars s. S. 101. Das Weiß im Schild offenbar verblaßtes Gelb.
2) Rahn in ASA. IV (1880), S. 89, bezeichnet das Bild als ein «bedeutendes Gemälde der italienischen Schule», doch dürfte es sich hier um einen süddeutschen Meister handeln.
3) 1924 wurden am Gewölbe des Presbyteriums Reste einer spätgo-

Abb. 55. Chur, Kathedrale. Fragment einer Kreuzigungsgruppe im südlichen Seitenschiff. Letztes Viertel des 15. Jahrhunderts. Text oben.

DIE KATHEDRALE

Abb. 56. Chur, Kathedrale. Bischöfliche Betloge. 1517. Text unten.

II. 16. Jahrhundert. 1. Der Balkon der bischöflichen Betloge (S. 57) ist völlig in Camaïeu aus violettbraunen Tönen mit weißen Lichtern bemalt. Nur der landschaftliche Hintergrund in Blau: Auf den Stirnseiten der tragenden Bogen sieht man Girlanden und schellenartige Gebilde an Perlschnüren aufgehängt, an der Front der Brüstung eine Anbetung der Drei Könige als Anspielung auf die Zweckbestimmung der Loge; an der Schmalseite gegen den Chor hin über dekorativen Frührenaissancemotiven (Schellen, Girlanden) das kaiserliche Wappen mit dem Orden vom Goldenen Vlies; als Herzschild nicht – wie üblich – der österreichische Bindenschild, sondern

tischen Dekoration mit Ranken und Blumen gefunden, aber wieder übertüncht. Vielleicht von 1497 (siehe das Datum an der Uhr, S. 71).

Abb. 57. Chur, Kathedrale. Grisaille an der Westwand der St.-Laurentius-Kapelle, 1546. Text unten.

ein (ungenaues) Räzünser Wappen[1]. An der anderen Schmalseite das gevierte Wappen des Bischofs Paul Ziegler, von einem Putto gehalten. Auf einem Schriftband: anno domini 1517. Die ganze Arbeit ist bemerkenswert als ein für unsere Verhältnisse frühes Beispiel einer reinen Frührenaissancedekoration (Abb. 56).

2. Im Schiff der Laurentiuskapelle an der Südwand das gevierte Wappen des Bischofs Luzius Iter, im Schild der Westwand eine Frührenaissancedekoration in Grisaille mit wenigen farbigen Akzenten. In der Mitte sah man nach der Abdeckung (1925/26) über dem bischöflichen Wappen in einer Ädikula eine sitzende Muttergottes mit dem Kind. Dieses Mittelstück wurde hernach durch die Anlage eines neuen Fensters zerstört. Das Übrige ist in restauriertem Zustand noch vorhanden. Beidseits des jetzigen Fensters St. Luzius und Florinus, eingerahmt von schwungvollen, trefflich gezeichneten Frührenaissanceranken mit Trauben, Blumen und einem Schwan; datiert 1546. Die Inschriften siehe S. 58. Angesichts einer gewissen Typenverwandtschaft zwischen dem hl. Luzius und den männlichen Köpfen des Epiphaniabildes am Laurentiusaltar könnte man daran denken, daß beide Arbeiten dem gleichen Werkstattkreis angehören (Abb. 57).

3. Als zweite Malschicht über dem Epitaph Ziffer I, 3 (S. 68), sieht man Fragmente einer von rötlichen Säulen flankierten und mit Muscheln bekrönten Ädikula, die vermutlich gleichfalls ein Epitaph darstellte.

III. 17. Jahrhundert. Die barocke Ausmalung der Seitenschiffe spielte sich in drei Etappen ab:

1. Der ersten Phase (erstes Viertel des 17. Jahrhunderts) gehören die Gewölbedekorationen der beidseitigen Ostjoche an[2]. Sie beschränken sich auf den Schmuck der Zwickel und bestehen aus symmetrisch organisierten grazilen Ranken, deren Motive noch aus dem Formenschatz der Frührenaissance-Arabesken stammen (Abb. 61). Im Scheitel des nördlichen Seitenschiffes das Wappen des Bischofs Johann VI. Flugi (reg. 1601–1627); auf einer Rippe ein unbezeichnetes Wappen (Schildfigur:

---

1) Österreich besaß die Herrschaft Räzüns seit 1497.
2) Im nördlichen Seitenschiff 1925 nach vorgefundenen Resten wiederhergestellt.

Torturm, Helmkleinod wachsender Rüde), auf der Archivolte der Arkade das Wappen Castelmur mit Beischrift: JACOBUS DE CASTROMURO, CUSTOS CURIENSIS RESTAURATOR 1273 (vermutlich von einer alten Inschrift übertragen); auf der Südseite am Gewölbeschluß ein nachträglich angebrachter Holzschild mit Allianzwappen von Mont zu Löwenberg. An den Fußpunkten der Archivolte die Wappen der Hohenbalken und der Herren von Bludenz[1].

Bei der Renovation von 1925 fand man unter der Stukkatur im Westjoch des südlichen Seitenschiffes (siehe unten) Malerei vom Stilcharakter der Dekoration in den Ostjochen. Auch dieses Kompartiment wurde also bereits damals in die Renovation einbezogen.

In dieser Etappe erfolgte auch die Erneuerung der Uhr im Presbyterium, deren Zifferblatt als Wandmalerei die Fensterrose im Presbyterium umrahmte: Rankenwerk, Wappen und Namen des Domdekans Caspar Sayn, Inschrift: «Fugit irreparabile tempus», Daten «1497 (offenbar übertragen), renovabat A⁰ 1626»[2].

2. Im Zusammenhang mit der Anlage einer bischöflichen Gruft im Westjoch des südlichen Seitenschiffes (1652) durch Johann VI. Flugi entstand die Dekoration des Gewölbes in diesem Kompartiment und wohl auch das Wandbild im westlichen Schild. Das letztere zeigt Christus mit dem in die Fluten sinkenden Petrus und ist eine Kopie nach der Lapislazulitafel, Abb. 190; hinzukomponiert wurde nur der

---

[1]) In Silber drei schwarze Ringe. Im Churer Necrologium erscheinen im 13. und 14. Jahrh. verschiedene Mitglieder dieser Familie als Gönner der Kathedrale. Vgl. auch A. Ulmer, Die Burgen und Edelsitze Vorarlbergs und Liechtensteins, Dornbirn 1925, S. 553 f.

[2]) Bei der Renovation von 1925 zum Teil aufgefunden und wieder übertüncht. Inschriften und Datum nach Mskr. von Mont (BA.).

Abb. 58. Chur, Kathedrale. Westjoch des südlichen Seitenschiffes. Text oben.

Abb. 59. Chur, Kathedrale. Gewölbedetail aus dem Westjoch des südlichen Seitenschiffs. Vgl. Abb. 58. Text nebenan.

landschaftliche Hintergrund sowie die im Vordergrund knienden Bischöfe. Unter dem linken Bildnis steht: PETRUS RASCHER EPISCOPUS CURIENSIS ANNO 1601 · 3. JANUARII OBIIT, unter dem rechten: JOHANNES FLUGIUS DE ASPERMONT EPISCOPUS CURIENSIS ANNO 1627. 30. AUGUSTI FATIS CESSIT. Neben den Knienden ihre Wappen. In «Freskosekkotechnik» ausgeführt[1]. In diesem Joch allein schmückt das Gewölbe eine Stuckdekoration, und zwar in Formen stark plastischen italienischen Charakters. Die einzelnen Felder werden beherrscht von Dreipaßkartuschen mit ausgezackten und eingerollten Rahmen, die – auf den hier stehenden Rosenkranzaltar hindeutend – gemalte Szenen aus dem Marienleben umschließen (Abb. 58, 59). Als Schmuckelement der Rippen und der Archivolte ist wiederholt auch der Schwanenkopf aus dem Flugi-Wappen verwendet; an ihren Fußpunkten Wappenkartuschen mit Unterschriften: HENRICUS MILES DE RAZINS 1455 – PLANTA VON WILDENBERG – HENRICUS DE GREIFFENSEE / CANTOR CURIENSIS 1409 – FLUGI VON ASPERMONT – DANZEN VON ZUZ[2]. An der Stirnseite der Archivolte bekrönt den Bogen das Wappen des Bischofs Johann VI. Flugi, flankiert von zwei Putten und überhöht vom Bischofshut. Beidseits als vollplastische Figuren Johannes der Täufer und der Evangelist, die Namenspatrone des Bischofs.

3. Wohl erst einige Jahrzehnte später wurden – vielleicht von JOH. CHRISTOPH GUSERER (Guser) aus Dingolfing, Maler auf dem bischöflichen Hof[3] – die Gewölbedekorationen in den Mitteljochen der beiden Seitenschiffe ausgeführt. In der nördlichen Abseite schlingen sich pralle Blattwedel in Gelb, Schwarz und Grau um dreipaßförmige Medaillons mit Szenen aus der Passion Christi. Auf der Mitte der Rippen erscheinen Evangelistensymbole, an ihren Fußpunkten Wappen mit Unterschriften: «De Sacchi», «Iter», «Graffen von Montfort», «Casatus». Am Ansatz der Archivolte die Kirchenväter Hieronymus und Gregor.

Unter dem zum Teil weggenommenen barocken Wappen Iter kommt eine ältere Fassung des gleichen Abzeichens zum Vorschein, wie man denn überhaupt annehmen darf, daß beinahe alle erwähnten Wappen Wiederholungen früherer, an der gleichen Stelle angebrachter Embleme von Wohltätern der Kirche sind, die meist auch in der Kathedrale bestattet waren.

Am Gewölbe des Mitteljoches des südlichen Seitenschiffes sind Motive der Stukka-

---

1) Trotzdem der unmittelbare Vorgänger Johanns VI. hier nicht genannt ist, kann das Bild in die Renovationsetappe nach 1652 eingeordnet werden, weil jener nicht in diesem Teil des südlichen Seitenschiffs, sondern in der Laurentiuskapelle begraben ist. Vgl. JB HAGGr. 1945, S. 33.

2) Die Mutter des Bischofs Johann VI. war Anna Danz von Zuoz. – Das Wappen Obwalden mit Unterschrift ist neu.

3) Über GUSERER (auch Guser) s. Bd. I, S. 205, sowie in Bd. IV und V an den in den dortigen Registern angegebenen Stellen. Nach dem Katholischen Kirchenregister in Chur (Stadtarchiv A 19, S. 309) starb «Joan Christophorus Guser ex Bavaria pictor aulius» am 2. August 1707.

turen der Westkapelle in Grisaillemalerei imitiert und variiert. In den Dreipaßkartuschen der Kappen folgende Szenen: 1. S. Carlo im Gebet, 2. St. Konrad sieht in der Mitternachtsstunde, am Betschemel kniend, wie Christus im Pontifikalornat, von Engeln umgeben, die Kirche von Einsiedeln weiht. Unten das Wappen der Grafen von Hohenems. 3. St. Franziskus empfängt die Stigmen. 4. Die büßende Magdalena. In der Mitte der Rippen Brustbilder der Kirchenväter, an den Fußpunkten der Rippen sowie den Archivolten Wappen und Unterschriften: «Frey Herren von Belmont», «Graffen von Sax», «Graffen von hochen Embs», «Graffen von Sultz», «Frei Herren von Brandis»[1].

C. **Am Äußern:** Auf dem glatten Lünettenbogen des Portals sieht man links ein kniendes Stifterpaar in weltlicher Tracht; darüber ein Spruchband mit Inschrift: MATER VIRGO PIA NOBIS SUCCURRE MARIA. Die Wulste der Archivolte sind mit Ornamenten – Zakkenborten, Diagonalstreifen, Blattkymation – in Blau, Rot, Gelb und Grün geziert. Auf dem zweiten Wulst (von innen her gezählt) stand eine Inschrift, die nach Gerold Suiter folgendermaßen lautete: O REGINA POLI TU CRISTO PER VIA SOLI POSCIMUS UT PER TE NOBIS PATEAT VIA VITAE[2]. Mitte des 13. Jahrhunderts. Heute sind nur noch wenige Buchstaben erhalten. Restauriert 1925.

An der Fassade sind links vom Hauptportal noch Spuren einer spätgotischen Ölbergszene zu sehen. Man erkennt links unten zwei schlafende Jünger, rechts Christus im Gebet und über ihm die aus den Wolken greifende, von einem Kreuznimbus umgebene Hand Gottes. Das Aquarell von 1829 zeigt über dem jenes Bild schützenden Dächlein noch zwei – der Schildstellung nach offenbar gotische – Wappen, außerdem rechts vom Portal ein halbrund abgeschlossenes Feld, in dem eine figürliche Darstellung mit mehreren Wappen[3] und einem breiten Inschriftenband vereinigt war. Es handelte sich augen-

Abb. 60. Chur, Kathedrale. Wandmalerei in der St.-Luzius-Kapelle. Erstes Viertel des 17. Jahrhunderts. Text S. 74.

---

1) Das Wappen des Instituts Ilanz neu (1925).
2) P. Gerold Suiter: Chronica Fabariensis, S. 510. Stiftsarchiv St. Gallen, Pfäverser Archiv, Bd. 107. Den Hinweis verdanke ich Herrn Dr. E. Rothenhäusler.
3) Nach Mitt. von S. G. Bischof Dr. Caminada handelte es sich um Schauenstein-Wappen, die 1925 entfernt wurden.

Abb. 61. Chur, Kathedrale. Gewölbemalerei im nördlichen Seitenschiff.
Erstes Viertel des 17. Jahrhunderts. Text S. 70 f.

scheinlich um ein gemaltes Epitaph der Familie Schauenstein. Die Grenzen der Malfläche sind heute noch erkennbar.

In der Luziuskapelle ist die Türe zur Betloge mit einer gemalten Scheinarchitektur in Grau und Lila eingerahmt; das Gewölbe schmückt eine graziöse und gewandt gezeichnete Renaissancedekoration von Ranken, Blumen, Masken und Fruchtgehängen. Am Gewölbe die Wappen des Hochstifts und der Flugi von Aspermont (Bischof Johann V.). Frühzeit des 17. Jahrhunderts. Abb. 60.

Die Plastik der Basen und Kapitelle

Basen. Die für romanische Säulen charakteristischen Eckknollen, die zwischen der quadratischen Plinthe und der runden Säulenbasis vermitteln, treten auch in der Churer Kathedrale auf. In der Krypta, dem Chor und an den Wandpfeilern der Abseiten zeigen sie nur die unentwickelte Form einfacher Eckblätter, während sie an den Freipfeilern des Mittelschiffs phantasievoller gestaltet sind; man sieht hier Köpfe von allerlei Getier: Frosch, Schlange, Schildkröte, Schaf, Widder, Löwe, Hund oder Wolf, auch bloße Tatzen, ferner stilisierte Menschen- und Tierfratzen sowie Schnecken oder einfache Rollen. Als besonders originell sei eine Eckverzierung am nördlichen Freipfeiler zwischen Mittel- und Westjoch hervorgehoben: sie ist als Oberkörper eines

Abb. 62 und 63. Chur, Kathedrale. Säulenbasen mit Tierköpfen und Schnecken. Text S. 74f.

Murmeltieres ausgebildet, das aus der Fußplatte wie aus seinem Bau hervorkommt und bis zum oberen Wulst der Basis hinaufsteigt. Abb. 62–65.

Die **Kapitelle** wurden offenbar als Bossen versetzt und erst an Ort und Stelle ausgearbeitet, was sich am besten an dem östlichen Arkadenkapitell des Mitteljoches beobachten läßt: bei dem Menschenpaar gegen Westen hin sieht man, wie in Brusthöhe die Detailbearbeitung in eine oberflächlich bossierte Form übergeht, die dann im Stein verschwindet; hier hat der Steinmetz den Block «verhauen». Auch die an einem Stengel aufgereihten scheibenförmigen Gebilde rechts des bärtigen Mannes dürften nur als grobe Vorformen zu betrachten sein[1] (Abb. 79, S. 83). Wie unbekümmert besonders der Bildhauer der zweiten Etappe (siehe unten S. 86) an den Block heranging, läßt sich daraus ersehen, daß er die Figuren bisweilen zu groß anfing und dann, weil er keinen Platz mehr hatte, die Füße ohne Bedenken wegließ.

1) Die ausgearbeitete Form sieht man an den runden Blättern rechts davon zwischen den beiden Männern. Die Deutung Wiebels (ASA. 1934, S. 260), der die Scheiben als Hostien betrachtet, ist deshalb nicht einleuchtend, weil eine wirklich überzeugende Beziehung des eucharistischen Motivs zu den danebenstehenden Darstellungen fehlt.

Abb. 64. Murmeltierkopf an der Basis Abb. 65.

Abb. 65. Basis eines Langhauspfeilers der Nordseite. Text oben.

Abb. 66. Chur, Kathedrale. Kapitell in der Krypta. Text unten.

Ihrer Struktur nach ordnen sich die Kapitelle der Kathedrale in folgende Formenreihe ein: Dem reinen Würfelkapitell (mit einrahmenden Falzen) begegnen wir nur in den Ostecken der hintersten Krypta, also im ältesten Teil der ganzen Anlage. Die anderen Kapitelle dieses Raumes führen das Rund des Schaftes durch eine Schweifung in das Quadrat der Platte über, ohne daß sich jedoch ein ausgesprochener Kelchblock abzeichnete. Die plastische Ausgestaltung besteht vorwiegend in glatten Blättern mit überfallenden Spitzen, doch erscheint am Südkapitell auch ein Löwenhaupt und am Arkadenkapitell der Kopf eines Ochsen, eines löwenähnlichen Ungeheuers und eines bärtigen Mannes[1] (Abb. 66).

Im Chor und am Eingang zu ihm beginnen dann die Figurenkapitelle, und zwar in einer Form, der wir – um nur zwei Beispiele herauszugreifen – auch im Kreuzgang von Arles und der Kathedrale zu Genf begegnen[2]: der Kern ist nischenartig ausgehöhlt, und den oberen Abschluß bildet ein konkaves, vom antiken korinthischen Kapitell übernommenes, aber noch tiefer eingebuchtetes Gesims. In diesen Nischen sind – diese Gesimse mit den bis an die Deckplatte reichenden Häuptern überschneidend – die Hauptfiguren geborgen. Die Nischenform noch betonend, tritt in Chur an zwei Kapitellen das Arkadenmotiv auf, ein glücklicher Einfall, weil damit schon die Bogen der Gewölbe präludierend angekündigt werden (Abb. 68–71). Der Kapitellkern ist hier vom Schmuck vollkommen verhüllt; er tritt aber gegen Westen hin in fortschreitendem Maße – wie übrigens auch in den Seitenschiffen – wieder deutlicher als Kelch hervor. Mit dieser Entwicklung parallel geht der Übergang vom antikisierenden Akanthus zu den knospenartigen Blattformen.

1) Wiebel (ASA. 1935, S. 102) möchte, obwohl der Adler des Johannes fehlt, darin Evangelistensymbole sehen.
2) Für Arles Abbildung bei Hamann, Protorenaissance S. 70, für Genf bei Gantner, Bd. II, S. 56.

Abb. 67. Chur, Kathedrale. Knospenkapitelle. Text unten.

Die Figurenkapitelle beschränken sich fast ausschließlich auf das Mittelschiff und reichen hier überdies nur bis zu dem Pfeilerpaar in der Mitte des Langhauses, um dann den rein vegetabilischen Formen zu weichen[1]. In Analogie zu gewissen Kirchen der Hirsauer Richtung wurde (von Wiebel, S. 258) daraus geschlossen, daß hierdurch die Grenze zwischen dem Raum für die Kanoniker und dem Platz für die Laien bezeichnet werde, und in der Tat stand ja bis in die neueste Zeit das Gestühl der Domherren im östlichen Mittelschiff (siehe später, S. 131). Doch spricht sich hier vielleicht eher eine stilistische Entwicklung aus; denn in der Kathedrale von Genf, wo im Gegensatz zu Chur der Neubau von Westen nach Osten vor sich ging, spielt sich auch der Übergang vom Figuren- zum Pflanzenkapitell in dieser Richtung ab[2].

Die Pflanzenkapitelle des Langhauses erscheinen – dies besonders über den starken Halbrunddiensten – einmal in der Gestalt spätromanischer bzw. frühgotischer Knospenkapitelle, bei denen ein kelchförmiger Kern von breit ansetzenden, ungezackten, aber mit kräftigen Rippen modellierten, in knollig gerollte Spitzen auslaufenden Blättern umgeben ist, dann aber auch – vor allem in den Abseiten – als kämpferartige, mit Akanthuslaub belegte Bekrönungen. Die Knollen sind hie und da, so beispielsweise am Portal, als menschliche Fratzen ausgebildet[3] (Abb. 67, 72, 73, 77).

[1] Die wenigen Dekorationen figürlichen Charakters an Wandpfeilern sind dem Blattschmuck ein- und untergeordnet.
[2] Siehe darüber C. Martin, Saint-Pierre, Genève 1909, S. 127 ff., Gantner II, S. 58.
[3] Über den rein dekorativen Charakter der als menschliche Köpfe ausgebildeten Knollen wie über die Abgrenzung symbolischer von rein dekorativen Gebilden überhaupt vgl. die auch heute noch beherzigenswerten Ausführungen von A. Springer: «Quellen der Kunstdarstellungen im Mittelalter» in den Berichten über die Verhandlungen der kgl. sächsischen Gesellschaft der Wissenschaften, Phil. Hist. Klasse, Bd. 31 (1879), S. 2–6.

Abb. 68 und 69. Chur, Kathedrale. Kapitelle im Altarhaus Nr. 2 und 4. Text unten.

In der Ornamentik der Deckplatten über den Kapitellen und Kämpfern sind verschiedene Typen zu unterscheiden: einmal das antikisierende Kymation aus aufrecht stehenden, nebeneinandergereihten palmettenartigen Akanthusblättern, meist mit, bisweilen jedoch auch ohne Überfall, dann eine ebensolche Blattborte, jedoch aus glatten, nicht gezackten Formen; ferner die Wellenranke mit Palmetten, Blättern oder Trauben, und endlich das Mäanderband, das nur am Pfeiler südlich des Choreinganges vorkommt (Abb. 72–81).

Ikonographie der Kapitelle. 1.–4. Im Altarhaus sieht man an jedem Kapitell einen mit beiden Händen die Deckplatte stützenden Engel, dem sich an den zwei westlichen Stücken noch ein Ritter zugesellt (Abb. 68, 69). Formal betrachtet stellen die Engel Karyatiden dar wie auf den Kapitellen der Apostelsäulen, ihre Vierzahl legt es jedoch nahe, an die Engel der Apokalypse (Offenb. 7, 1) zu denken, wenn auch keine allegorischen Beigaben (etwa die Zeichen der Winde, oder Tuben wie in Zillis)[1] auf ihren eschatologischen Charakter hindeuten. Dagegen dürften bei den Westkapitellen als Anspielung auf die Kreuzzugsidee zu verstehen sein: Der zum Zeichen des Aufbruches ans Schwert greifende, mit der Linken zum Himmel weisende Streiter und das Kreuz, das ein Engel an jene Stelle der Brust hält, wo die Ritter das heilige Zeichen trugen (Abb. 69). – 5. Die Kapitelle am «kleinen Chorbogen» sind als Pendants komponiert, da auf beiden je drei Figuren unter rundbogigen Arkaden erscheinen; nördlich: in der Mitte die thronende Muttergottes; das Kind segnet mit der Rechten und trägt in der Linken einen Apfel. An ihrer linken Seite Joseph, das Haupt in die Hand stützend, gegen das Presbyterium hin eine sitzende weibliche Gestalt, die einen Apfel

1) Vgl. dazu E. Poeschel, Die romanischen Deckengemälde von Zillis, Zürich 1941, S. 12.

Abb. 70 und 71. Chur, Kathedrale. Kapitelle Nr. 5 und 6. Text S. 78 f.

in der Rechten emporhält. – 6. Auf dem Kapitell der Südseite: die Drei Könige mit Reifkronen, kugelige, mit Knopfdeckeln verschlossene Gefäße als Gaben bringend. Die Drei Könige bilden mit Maria und Joseph in der gegenüberliegenden Plastik zusammen die Darstellung des Epiphaniaereignisses (Abb. 70, 71). In der Frau mit dem Apfel sieht Wiebel «die Jungfrau Maria, die empfangen hat» (der Apfel als Sinnbild der Leibesfrucht), man kann aber auch – nach einer bekannten Antithese – daran denken, daß hier Eva, die Mutter der erbsündigen Menschheit, der Mutter der erlösten Christenheit, Maria, gegenübergestellt ist[1].

7.–8. Auf dem Kapitell in der Nordostecke des Presbyteriums erscheint ein Adler zwischen zwei Teufeln (Abb. 83). Die Bedeutung der letzteren ist nicht zweifelhaft: sie sollen dem Gläubigen die immer drohende Gegenwart des Bösen vor Augen führen (insofern mag man sie zu der erwähnten benachbarten Darstellung der «Mutter der Erbsünde» in Beziehung setzen). Sollte der Adler hier nicht als rein dekoratives Motiv aufzufassen sein, was er in der romanischen Kunst häufig ist, so hat man, der Einordnung unter die Teufel wegen, vor allem an seinen Charakter als Raubtier zu denken und ihn demnach den gefährlichen Dämonen gleichzustellen[2]. Bekanntlich ist der Adler wie der Löwe in der christlichen Ikonographie doppeldeutig. Die Köpfchen oberhalb des Adlers dürften nur ornamentale Bedeutung haben wie am entsprechenden Kapitell der Südseite. Das Wasserweibchen dieser letzteren Skulptur ist gleichfalls als allgemeines Symbol der dämonischen Wasser- und Unterwelt zu verstehen[3],

---

1) Siehe darüber J. Bernhart, Die Symbolik im Menschwerdungsbild des Isenheimer Altars, München 1921, S. 28, sowie K. Künstle, Ikonographie der christlichen Kunst I, Freiburg 1928, S. 276 f.
2) Siehe dazu W. Weisbach, Religiöse Reform, Einsiedeln 1945, S. 145 f.
3) Vgl. dazu Poeschel, Zillis, S. 13.

Abb. 72 bis 74. Chur, Kathedrale. Oben: Kapitell Nr. 16; Mitte: Knospenkapitell; unten: Kapitell Nr. 17 (gegen das Seitenschiff hin). Text S. 77, 86.

Abb. 75 bis 77. Chur, Kathedrale. Von oben nach unten: Kapitell Nr. 19, Nr. 9, Knospenkapitell mit Kopf. Text S. 82, 87.

Abb. 78. Chur, Kathedrale. Kapitell Nr. 14. Text S. 84.

es eignet sich überdies, wie die Doppellöwen (in Abb. 76)¹, wegen seiner Zweischwänzigkeit in dekorativer Hinsicht vortrefflich als Eckverzierung.

9. Die figurenreichste Symbolisierung des Gedankens der Bedrohung des Menschen durch die Sendlinge des Teufels bietet die zu einem einheitlichen Bildfries zusammengefaßte Kapitellgruppe an der Nordseite des großen Chorbogens. Es folgt hier – vom Chor her abgelesen – auf eine Nereide als Allegorie der Verführung ein sitzender Teufel zwischen zwei Männern, die ihre Hände auf dessen Kopf legen, als Sinnbilder derer, die Gemeinschaft mit dem Bösen haben, dann ein in der Umklammerung von zwei geflügelten Drachen zusammengebrochener Mensch, dessen Kopf zu zerfleischen sich die Bestien eben anschicken², und zuletzt ein Mann zwischen zwei nach seinem Haupt greifenden Löwen, von denen jeder zwei Körper, aber nur einen Kopf hat. Diese von wilden Fabeltieren eingeschlossenen Menschen sind die in die Gewalt des Bösen gefallenen Verdammten. Beidseits, von zwei rein ornamentalen Kapitellen eingeschlossen, also abgetrennt von diesem Höllenfries, sieht man noch einen Adler mit gebreiteten Flügeln, von dem das unter Ziffer 8 Gesagte gilt; doch dürfte in diesem Fall die rein dekorative Absicht überwiegen (Abb. 76).

10. Gegenüber, am Südpfeiler, nimmt – schon rein kompositionell als nicht zu verkennende Entsprechung zu dem Mann zwischen den beiden Doppellöwen konzipiert – die Mitte über der starken, die Archivolte tragenden Halbsäule Daniel zwischen zwei

---

1) Wiebel (ASA. 1935, S. 94) möchte aus dem Auftreten der Nereide an dieser Stelle auf eine örtliche Beziehung zum Wasser schließen und nimmt an, daß im Chor getauft wurde. Dafür haben wir nicht die geringsten Anhaltspunkte, vielmehr ist es aus verschiedenen Gründen höchst unwahrscheinlich.

2) Das gleiche Motiv erscheint auch an einem Kapitell im Chorumgang des Basler Münsters in derselben Bedeutung. Siehe darüber A. Goldschmidt, Der Albanipsalter, Berlin 1895, S. 71, Abb. bei H. Reinhardt, Das Basler Münster, Basel 1939, Taf. 87. Die Doppellöwen s. ebenda Taf. 78.

Abb. 79. Chur, Kathedrale. Kapitell Nr. 15. Text S. 75 und 85.

Löwen ein. Die rechte Hand hat der Gottesmann vertrauensvoll in den Rachen des einen Raubtieres gelegt, mit der Linken umfaßt er friedlich des anderen Haupt. In der Rundung des abschließenden Gesimses steht «DANIEL P(RO)PHETA». Nicht nur formal, sondern auch der Bedeutung nach ist er das Gegenbild zu seinem Gegenüber, da er den Frommen versinnbildlicht, dem die in den Löwen verkörperten Mächte des Bösen nichts anzuhaben vermögen. Die Gestalt des Propheten ist aber hier nur Teil einer zusammenhängenden Darstellung der in den apokryphen Büchern «von dem Bel und von dem Drachen zu Babel» erzählten Ereignisse. Auf dem beschriebenen Hauptkapitell selbst wird hinter dem Löwen an der Rechten Davids Habakuk sichtbar, über der rechten Schulter einen Stab mit Krug und Bündel tragend, in denen er auf wunderbarem Weg dem Propheten Speise und Trank zubringt. Neben ihm steht der Engel des Herrn, der ihm solches befiehlt (Vom Drachen zu Babel V, 33). Zur formalen Ausbalancierung der Habakukgruppe wurde an der Linken Daniels dem Löwen abermals eine männliche Figur beigegeben: der König, der am Morgen zum Zwinger kommt. An den kleineren Kapitellen gegen das Schiff hin ist in der Mitte ein thronender König dargestellt, der mit der Rechten seinen Bart hält und mit der Inschrift «CYRUS REX» bezeichnet ist[1]. Zu seiner Rechten erblickt man die unförmige gekrönte Erscheinung des gefräßigen Gottes Bel, an seiner anderen Seite ein geflügeltes Fabelwesen mit Teufelskopf, aber phantastisch geringeltem Schwanz: es ist der Drache, den die Leute von Babel anbeteten und den Daniel zum Bersten brachte. Die nach dieser Schilderung noch verbleibenden zwei chorseitigen Stücke dieser Kapitellgruppe sind nach dem Gesetz formaler und zugleich sinnbildhafter Entsprechung gestaltet: neben dem schon genannten Engel, dem Führer des Habakuk,

---

[1] Die Inschrift ist weniger regelmäßig als jene des Daniel, doch sicherlich zeitgenössisch; vielleicht von einem Gesellen gemeißelt.

Abb. 80. Chur, Kathedrale. Kapitell Nr. 20. Text S. 87.

erscheint hier ein thronender Bischof, worauf ein weiterer Engel die Reihe beschließt. Der Bischof ist als ein Diener des wahren Gottes dem König Cyrus, dem Diener der heidnischen Götzen, kontrastiert, während der Engel als Bote des Himmels dem Drachen als Sendling der Hölle zum Widerbild dient. Damit bildet dieses auch künstlerisch stärkste Werk der ganzen Kapitellreihe ein interessantes Beispiel der Einordnung einer Erzählung in eine sowohl äußerlich formal wie sinnbildhaft nach antithetischem Gesetz durchgebildeten Gesamtkomposition (Abb. 81).

Über die Löwen an den Ecken vor den Chorstiegen siehe S. 88.

Im Langhaus entfaltet sich der figurale Schmuck in zwei Zonen: einmal an den Kapitellen der Arkaden und der Wandpfeiler der Seitenschiffe, zum andern aber an den Bekrönungen des Pfeilerpaares zwischen Mittel- und Ostjoch des Hochschiffes. Die einen stehen wegen der Höhe des Chores auf gleichem Niveau wie die Basen des Triumphbogens, die anderen in der Ebene der Kapitelle des Presbyteriums.

Untere Zone: 11.–12. Von den östlichen Arkadenkapitellen des ersten Joches (vom Chor aus gerechnet) ist jenes an der Südseite völlig vegetabilisch durchgebildet, während sich bei seinem nördlichen Gegenstück nach der Abseite hin figürlicher Schmuck dem Blätterwerk anschließt: zwei Adler und ein kniender Mann mit verschränkten Armen. Nach dem bereits zuvor (unter Ziffer 7–8) Gesagten kann hier an die Bedrohung der gefährdeten Seele durch Dämonen gedacht werden.

13.–14. Von den westlichen Kapitellen dieser ersten Arkaden ist jenes an der Südseite – bei der Kanzel – wieder rein pflanzlich gestaltet, der skulpturale Schmuck des Gegenstückes an der Nordseite aber aus Blatt- und Figurenschmuck kombiniert. In der Richtung zum Seitenschiff hin wird hier eine Sirene (Nereide) dargestellt, gegen das Hauptschiff aber wendet sich ein zentaurisches, aus menschlichem Oberkörper, Pferdeleib und Drachenschwanz zwitterhaft gebildetes Fabelwesen mit Rundschild:

Abb. 81. Chur, Kathedrale. Kapitell Nr. 10 (Danielkapitell). Text S. 82f.

vor ihm steht eine Frau, die einen Apfel in der herabhängenden Hand hält (Abb. 78). All diese Figuren sind wieder Symbole der Verführung, der Sünde und des Todes, wobei das Erscheinen des Wasserweibchens gerade an dieser Stelle durch eine Gedankenassoziation hervorgerufen sein kann, da sich neben dem fraglichen Pfeiler die Zisterne befindet.

15. Das östliche Kapitell der Mittelarkade zur nördlichen Abseite wird kompositionell beherrscht von zwei Figuren, die in formaler Hinsicht ihre Vorbilder in Konsolenfiguren haben[1]. Gegen die Abseite hin sieht man einen Jüngling in hockender Stellung mit weit vorstehenden Knien aus dem Block hervortreten, während an der entsprechenden Stelle an der Mittelschiffseite ein gleichfalls kauernder Mann erscheint, der mit der Rechten seinen Bart umfaßt hält. Zwischen beiden steht jenes schon erwähnte Paar (S. 75), deren nur halbvollendete Körper in der Steinmasse verschwinden. Nördlich beschließt die Reihe ein Adler, südlich ein weiteres Menschenpaar: der Mann kniend, die Frau sitzend, mit erhobener Rechten (Abb. 79).

Auch diese Darstellungen kreisen offenbar um das Thema der Sünde: der Jüngling mit den auf den Rücken gebogenen (gefesselten) Armen versinnbildlicht die Unterjochung unter das Böse («Der Hölle Bande umfingen mich», Ps. 18, 6), der die Frau umfangende Mann die Buhlerei; die ihren Bart fassende Gestalt aber erhält ihre Erklärung durch den mit der gleichen Gebärde dargestellten Cyrus des Danielkapitells: wie dieser schwört auch er zu fremden Göttern oder führt Gottes Namen unnützlich im Mund. Die unmittelbare Zusammenstellung der Warnung vor leichtsinnigem Schwören und Unzucht findet sich bei Sirach, 23, 5 und 7. Wenn dann in der Schlußgruppe der Mann der ihn mit erhobener Hand lockenden Frau den Rücken kehrt, so

---

[1] Zum bärtigen Mann vgl. die Konsole am Chor des Basler Münsters bei H. Reinhardt a. a. O., Taf. 70, Ende des 12. Jh.

Abb. 82. Detail des Kapitells Nr. 17 (gegen das Hauptschiff hin). Text unten.

Abb. 83. Kapitell Nr. 7. Text S. 79.

Chur, Kathedrale.

darf man dies, das angeschlagene Thema weiterspinnend, als Symbolisierung des Psalmwortes: «averte oculos meos ne videant vanitatem» (Vulgata, Ps. 118, 37)[1] auffassen[2].

16. Das entsprechende Kapitell des Wandpfeilers zeigt einen Drachen mit Löwenhaupt und phantastisch geringeltem Schwanz, der gleichfalls aus der Vorstellungswelt der Cyrusdarstellung stammt (Abb. 72).

17. Das Kapitell unter der Kanzel an der Südseite ist das einzige der Kathedrale, bei dem auch an einer Deckplatte – und zwar jener der starken Arkadenhalbsäule – figürlicher Schmuck vorkommt: es erscheinen hier, auf der Mittelschiffseite, zwei an einer Traube pickende Vögel, deren einer von einem Löwen am Fuß gepackt wird (Abb. 82). Hier hat eine merkwürdige Bildvermischung stattgefunden, die zeigt, wie leicht vielverwendete Motive mit der Zeit eine Sinnentleerung erfahren und in rein dekorativen Gebrauch herabsinken. Denn die an der Traube pickenden Vögel versinnbildlichen schon seit frühchristlicher Zeit die Eucharistie (vgl. Bd. I, S. 30), während der seine Beute fassende Löwe die den Menschen bedrohende Macht des Bösen symbolisiert (siehe hernach S. 94). Daß dieser Gedanke hier dominiert und den Sinn des eucharistischen Motives völlig verdrängt hat, zeigt der sonstige Schmuck dieser Bekrönung: an der Deckplatte, gegen die Arkade hin, erkennt man ein Fabelwesen, gebildet aus dem Körper eines wolfartigen Ungeheuers und dem Schwanze eines Drachen; dann darunter am Kapitell selbst eine geringelte Schlange zwischen zwei Doppellöwen wie bei Ziffer 9 und endlich innerhalb des Blattwerkes, in das die Gestaltung nun übergeht, die Köpfe zweier Tiere, offenbar einer Ziege und eines Rindes (Abb. 74). In die Gesamtstimmung dieser von dämonischen und tierischen Wesen bevölkerten Welt paßt denn auch das (auf der Südseite) kauernde Männchen als Gleichnis der geängstigten Seele. Über den Adler (Schiffseite) vgl. Ziffer 8.

1) Zürcher Bibel, Ps. 119, 37. «Wende meine Augen ab, daß sie nicht schauen nach Eitlem.»
2) Vgl. dazu Goldschmidt, Der Albanipsalter, Berlin 1895, S. 122.

18. Den Adlern am östlichen Arkadenkapitell der Taufkapelle sowie an deren Nordwand kommt sicherlich nur dekorative Bedeutung zu.

19. Das gleiche gilt wohl für die beiden als Eckstücke am westlichsten Arkadenkapitell der Südseite (neben der Emporentüre) verwendeten beiden Adler. An sie schließt sich, gegen das Seitenschiff hin, noch eine Figurengruppe an, die einzige im ganzen Westjoch des Domes. Sie stellt einen stehenden bartlosen Mann dar, der die Hand auf den Scheitel einer neben ihm sitzenden bedeutend kleineren Gestalt gelegt hat. Dieser letztere nun hält von hinten her die Hand auf des Größeren Hüfte, der seinerseits in der Rechten einen zepterähnlichen Stab mit Kugelbekrönung trägt. Wiebel sieht in dieser Gruppe die Segnung Jakobs durch den Engel, mit dem er gerungen und den er noch umfaßt hält. Da es zum Bild eines Ringkampfes nicht passen will, daß der stehende Mann einen Stab in der Rechten hält, könnte man vielleicht auch daran denken, daß hier dargestellt ist, wie Abraham von Melchisedek gesegnet wird, der dem Mittelalter als einer der bevorzugtesten «Vor-Bilder» Christi galt[1] (Abb. 75).

Obere Zone: 20. Die Kapitellgruppe an der nördlichen Hochwand zwischen dem ersten und zweiten Joch (vom Chor her gezählt) ist in ihrem Hauptteil abermals zu einem einheitlichen Bilderfries zusammengezogen: in der Mitte sitzt auf einem mit Masken gezierten Thron ein König, und zu seinen Seiten schließen sich acht barhäuptige Männer an, von denen drei Schriftrollen halten, ein vierter aber ein Buch. Westwärts folgt darauf ein hochaufgerichteter, ein aufgeschlagenes Buch fassender Adler, dann Maria mit dem Kind und ganz außen ein Mann, der nach seinem Schwertgriff faßt. Er findet seine Entsprechung am andern Ende der Reihe in einem Gefährten, der wie ein Wächter seine Waffe vor sich auf den Boden gestützt hält. Gegen den Vorschlag, diese Darstellungen als den Befehl des Herodes zum Kindermord zu deuten[2], meldet sich das Bedenken, daß Maria in den zahlreichen mittelalterlichen Formulierungen dieses Themas nicht vorkommt und überhaupt ein zuverlässiger Hinweis auf das erwähnte Ereignis fehlt. Die Schwertträger allein dürfen nicht als eine Andeutung in diesem Sinne aufgefaßt werden, da sie als stereotype Nebenfiguren von königlichen Personen schon seit dem Frühmittelalter eingeführt sind[3]. Man darf daher daran denken, daß der Gekrönte nicht Herodes, sondern König Salomon verkörpern soll, und zwar in dreifacher Bedeutung: einmal (in Vertretung Christi, dessen «Vor-Bild» er ist) als «Sponsus» der Ecclesia[4], die hier durch Maria, die Patronin der Kathedrale, vertreten wird; dann als Erbauer des Tempels – in Anspielung auf den Neubau der Kirche – und endlich als der weise gerechte Richter im Hinblick auf das in der Kathedrale tagende geistliche Gericht. Auf die letztere Symbolisierung weist der «Rat» zu seiten des Königs (Abb. 80).

21. Das den gegenüberstehenden Kanzelpfeiler bekrönende Kapitell ist zum Teil bis zur Formlosigkeit zerstört[5]. Eine Beschreibung kann daher nur mit Vorbehalt versucht werden. Man sieht – von Osten nach Westen ablesend – zuerst eine sehr verwitterte Gestalt, die vielleicht ein Wasserweib darstellt, dann eine sitzende bartlose Figur, daneben einen barhäuptigen jungen Mann und einen andern, der, auf einem Stuhl sitzend, ein Buch in der Hand trägt. Die Mittelgruppe bildet eine sitzende Frau mit Kind – offenbar Maria –, an deren Rechten eine kniende, einen Gegenstand prä-

---

1) Auffallend bleibt dabei aber das Fassen an die Hüfte. Es war dies, wie aus in Mos. 24, 2 hervorgeht, ein Schwurgestus.
2) Wiebel in ASA. 1935, S. 52, und nach ihm Gantner, S. 232.
3) Siehe dazu E. Poeschel, Zillis, S. 86, Ziff. 69, und S. 87, Ziff. 90.
4) Siehe dazu auch A. Goldschmidt a. a. O., S. 84, 87.
5) Wie eine Untersuchung aus nächster Nähe ergab, ist das Kapitell nicht etwa unvollendet, wie Schmucki (S. 25) annimmt; man kann vielmehr die verschiedenen Stadien der Zerstörung deutlich erkennen. Es muß hier einmal eine Zeitlang Wasser eingedrungen und vielleicht gefroren sein.

sentierende Person zu erkennen ist, an ihrer Linken aber ein Bischof. Darauf folgt eine Gestalt mit hocherhobenen, bis zur Deckplatte reichenden (und diese stützenden?) Händen; hernach ein Adler (in Parallelität zum Nordkapitell), hierauf abermals eine Mutter mit Kind und am Schluß ein hockender Teufel von gleichem Habitus wie jener in der Nordostecke des Presbyteriums.

Die Mittelgruppe könnte man, was schon Wiebel angedeutet, als Stifterbild auffassen, wobei dann der Kniende als der Gründer der Churer Kirche, also St. Luzius, der Bischof aber als der Protektor des damaligen Neubaues zu betrachten wäre, beide der Maria, als der Patronin der Kathedrale, zur Seite gestellt. Darin läge dann auch eine Beziehung zu dem Gegenbild, dem König Salomon in seiner Eigenschaft als Erbauer des Tempels Gottes in Jerusalem. Doch muß angesichts des Erhaltungszustandes jede Erklärung hier hypothetisch bleiben.

Die vorangegangenen Deutungen ergeben also kein einheitliches theologisches Gesamtprogramm. Der Versuch, eine durchgehende Grundidee herauszulösen – etwa in dem Sinn, daß im Norden der Weg ins Verderben, im Süden der Pfad in das himmlische Reich versinnbildlicht sei[1], steht nicht im Einklang mit der Gestaltung des Danielkapitells, wo innerhalb eines und desselben Frieses diese Antithese zwischen heidnischer und christlicher Welt symbolisiert ist (siehe vorn, Ziffer 10). Auch kommen Dämonen, wie Sirenen, Teufel und Drachen, auf beiden Seiten vor. Dagegen ist es wohl nicht zufällig, daß die ganze untere Kapitellzone – mit alleiniger Ausnahme der ganz isolierten figuralen Skulptur an der Westwand (Ziffer 19) – dem Werk der teuflischen Mächte und der Sünde gelten, wie denn ja auch die Verzierungen der Basen dem chthonischen Bereich entnommen sind. Manches darf wohl auch als rein dekorativer Schmuck oder Füllmotiv verstanden werden, wie etwa einige der Adler, die ja in der romanischen Kapitellplastik unzählige Male ohne erkennbare Sinnbedeutung vorkommen. Auch ereignet es sich, daß ein ursprünglich symbolisches Motiv, wie der oft an den Kanzeln verwendete Adler mit dem Evangelienbuch, als rein dekoratives Element aufgenommen wird.

Es darf überhaupt bei der ikonographischen Beurteilung der Kapitelle nicht übersehen werden, daß sie in einer Zeit entstanden sind, die schon von vererbten und häufig nicht mehr verstandenen Symbolen lebte.

Nur im weiteren Sinn zur Kapitellplastik sind die beiden vor dem Chor beidseits über den Arkadenkapitellen aus der Wand wachsenden **Löwen** zu rechnen. Der eine – an der Nordseite – schlägt die Pranken in den Kopf eines unter ihm liegenden nackten Menschen, während der andere sie um eine Konsole (kein Buch!) klammert. Das Löwenmotiv ist von der Portalplastik her, wo es besonders in Italien häufig auftritt, ins Innere der Kirche eingedrungen: wie die Tiere dort die Pforte zum Gotteshaus, so flankieren sie hier den Chor (Abb. 84 und 85). Über die stilistischen Unterschiede beider Plastiken siehe S. 90.

Des motivischen Zusammenhanges wegen sei hier zugleich auch der außen an der Nordostecke des Presbyteriums gegen Osten vorkragende Löwe angeschlossen, der gleichfalls als «Schutzlöwe» zu betrachten und hier mit der bereits (S. 59) erwähnten Pforte in Beziehung zu setzen ist, die östlich des Turmes dicht an der Kathedrale durch die Hofmauer führte. Während der Körper des Tieres nur als Relief modelliert ist, ragen Kopf und Pranken über die Mauerecke vor[1] (Abb. 86).

Die obigen Ausführungen weichen in vieler Hinsicht von den Deutungen Wiebels (siehe Literaturnachweise S. 37) ab. Doch würde es über den Rahmen eines Inventars

---

1) Dieser Gedanke wird von Wiebel vertreten, vgl. dazu insbesondere ASA., S. 52–54.

2) Über die Doppeldeutigkeit der Löwen und insbesondere über die Schutzlöwen s. auch K. Künstler Ikonographie I, S. 126 ff. Dazu Schmucki, S. 12.

Abb. 84. Löwe südlich des Choraufganges.   Abb. 85. Löwe nördlich des Choraufganges.
Chur, Kathedrale. Text S. 88.

hinausführen, in eine eingehendere Auseinandersetzung über die kontroversen Punkte einzutreten. Es muß dem Leser daher überlassen bleiben, durch Vergleichung zu entscheiden, welche Erklärung ihm annehmbarer erscheint.

Würdigung und zeitliche Einordnung der Kapitellplastik. Einen eigenen ersten Abschnitt repräsentieren die Kapitellskulpturen der Krypta, wenn auch in den Masken der Arkadenstütze ein ähnliches plastisches Gefühl zum Ausdruck kommt wie hernach bei den Arbeiten des ersten Meisters in der oberen Kirche, von Schmucki nach einem Kapitellmotiv «Danielmeister» genannt; man kann also vielleicht an ein Schulverhältnis denken.

Die Tätigkeit dieses Danielmeisters umfaßt die Kapitelle des Altarhauses und des Presbyteriums einschließlich des südlichen Chorbogenpfeilers[1]. Seine Art ist bestimmt durch den Sinn für einfache plastische Grundformen, in denen der Stein als Masse und Materie zu starker Wirkung kommt. Die Binnenformen sind nur in ihren Grundzügen angedeutet, die Falten liegen, ohne die Hauptform zu verhüllen, in dünnen, weit auseinandergelegten Falten auf. Das Danielkapitell ist die beste Leistung dieser Gruppe, während an anderen Stücken gewisse Details, wie etwa der (zur Andeutung des Tragens) ungeschickt verschobene Kopf des Engels am Südkapitell des «kleinen Chorbogens», an die Mitarbeit eines Gehilfen denken lassen.

Der zweite Meister, der bei dem nördlichen Chorbogenkapitell und im Langhaus am Werke ist, zeichnet sich von seinem Vorgänger vor allem durch geringere künstlerische Potenz ab. Die plastische Kraft der Formen ist wesentlich schwächer, die

---

[1] S. Baum, S. 78, und nach ihm Gantner I, S. 232, in teilweiser Modifikation der Einordnung Schmuckis S. 22 ff.

Bildung der Gesichter noch stereotyper und ausdrucksloser geworden. Als unverkennbares Unterscheidungsmerkmal zwischen den Arbeiten dieser beiden Bildhauer wirkt die Anordnung der Falten, die beim Danielmeister wie Vorhangdraperien in bogenförmigen Festons untereinanderhängen, bei seinem Nachfolger dagegen in senkrechter Riefelung die Figuren überziehen. Innerhalb dieser zweiten Etappe erweist sich ein Arkadenkapitell der Nordseite (Abb. 79) als Werk eines Gehilfen, dessen Figuren ein beinahe gnomenhaftes Mißverhältnis zwischen den Proportionen der Körper und der Köpfe erkennen lassen. Diesem Gesellen ist denn auch das bereits erwähnte Mißgeschick beim Aushauen passiert.

Wie zuerst Schmucki sah, steht der Danielmeister in engem Zusammenhang mit einem in Borgo S. Donnino (Fidenza) auftretenden Bildhauer der Werkstatt des ANTELAMI[1], doch dürfte angesichts des Qualitätsabstandes der Churer Plastiken zu jenen in Fidenza (auch soweit sie nicht Antelami selbst zuzuschreiben sind) kaum daran zu denken sein, daß an beiden Orten der gleiche Meister wirkte. Man wird vielmehr unsere Skulpturen als die Schöpfungen einer einheimischen Werkstatt betrachten dürfen. Dieser während der langen Bauzeit in ihrem Bestand sich verändernden Schulgemeinschaft gehört sicher auch der zweite Meister an. Daß er – wie neuerdings vorgeschlagen wurde – seine Schulung in der Zürcher Großmünsterwerkstatt empfangen[2], erscheint nicht überzeugend, da sich die Figuren in Chur und Zürich sowohl im plastischen Empfinden – die Zürcher sind viel reliefmäßiger als jene in Chur –, vor allem aber im Faltenstil sehr wesentlich voneinander unterscheiden. Besonders vernehmlich bekunden die beiden Löwen beim Choreingang ihre Herkunft von zwei verschiedenen Meistern, da sie in unmittelbarer räumlicher Konfrontierung das gleiche Motiv verkörpern. Die südliche Skulptur mit den kragenförmig angeordneten, in drei Schichten regelmäßig gelegten und am Ende eingerollten Zotteln der Mähne ist viel strenger stilisiert als ihr Gegenüber und dürfte, wie auch der Löwe am Äußeren des Altarhauses, den Arbeiten des Danielmeisters zuzurechnen sein, während sich bei dem anderen Werk Anklänge an die Löwen der Apostelsäulen erkennen lassen.

1) Schmucki, S. 22f., darnach auch Baum, S. 79, und Gantner, S. 232.
2) Von Baum, S. 81.

Abb. 86. Chur, Kathedrale. Löwe an der nordöstlichen Außenecke des Presbyteriums. Text S. 88.

Was die Datierung anlangt, so sind die Kapitelle der Krypta, dem Bauvorgang entsprechend (siehe S. 37, 97f.), um 1155 einzuordnen.

Für die Datierung der Chorskulpturen – und also der Tätigkeit des Danielmeisters – ist das Weihedatum des Chores (1178) nicht verbindlich, da dieser Raum vor seiner endgültigen Vollendung in Benützung genommen wurde (siehe S. 97). Die Ableitung von den Arbeiten der Antelami-Werkstatt in Fidenza (1178–1196) gibt einen Hinweis auf den frühesten Termin. Da diese Kapitelle, wie erwähnt, nach dem Versetzen ausgehauen wurden, dürfte ihre Ausgestaltung dem Ablauf des Bauvorganges nachschleppen. Nachdem offenbar erst kurz vor 1208 (Weihe des Kreuzaltars) die Schranke zwischen dem neuen Langhaus und dem schon zuvor provisorisch benützten Chor gefallen war (siehe hernach S. 97), die Arbeiten des Danielmeisters aber das südliche Kapitell und vermutlich den Löwen über dem ersten südlichen Arkadenkapitell noch einschließen, wird man bei dem trägen Arbeitstempo, das die überlieferten Daten messen lassen, den Abschluß dieser Werkreihe in die Zeit zwischen 1210 und 1220 rücken dürfen.

Im Anschluß daran folgt dann die Tätigkeit des zweiten Kapitellmeisters. Bedenkt man, wie nahe seine Gestalten den Figuren der unteren Reihe des 1252 datierten St.-Luzius-Schreines im Faltenstil und den Kopfformen kommen, so wird man es nicht für unmöglich erachten, daß er bis gegen die Jahrhundertmitte am Werke war.

Die Apostelsäulen

Die vier Apostelsäulen der ehemaligen Vorhalle flankierten bis zum Anfang des 20. Jahrhunderts, paarweise mit dem Rücken gegeneinandergestellt, den Eingang zum Vorhof des Domes. Von den Löwen dienten nur zwei je einem Statuenpaar als Postamente, die beiden anderen lagen auf deren Häuptern[1]. Daß diese Anordnung willkürlich und späten Datums war, betonte schon Burckhardt. Auch die mit ihnen zusammengekoppelten Pfeiler stammten aus neuerer Zeit. Nach 1900 kamen die Statuen in die hintere Krypta, und 1921 postierte man sie in richtiger Zusammenstellung – nämlich jede auf einem der Löwen – vor dem Eingang zur Krypta (Gesamthöhe variierend zwischen 2,30 und 2,85 m). Abb. 87–92.

Die ganz in der Art italienischer Portallöwen hingelagerten Bestien haben die Pranken in die unter ihnen sich krümmende Menschenbeute eingeschlagen. Auf dem Rücken jedes der vier Tiere erhebt sich eine Rundsäule, vor der auf pultartiger Blattkonsole die Gestalt eines Apostels steht. Schriftwerke kennzeichnen sie als Verkünder des Wortes: bei dem einen ist es eine Rolle, bei dem andern das Evangelienbuch. Petrus trägt die Schlüssel, ein zweiter Apostel hebt die Rechte mit der Innenfläche nach außen empor und der dritte zeigt den Sprech- oder Segensgestus, bei dem die beiden letzten Finger eingebogen werden. Diese Gebärden sind hier zum stereotypen Ausdruck sakraler Feierlichkeit geworden, ebenso wie das Fassen des Buches mit beiden verhüllten Händen beim vierten der Apostel, das als ein aus dem byzantinischen Hofzeremoniell in die christliche Kunst übergegangener Gestus zu verstehen ist[2]. Petrus allein ist durch die «tonsura S. Petri» und die Schlüssel ikonographisch genauer definiert. Bei den drei anderen Gestalten müßte jede Benennung hypothetisch bleiben[3], denn auch die Entsprechungen der Kapitelle und Löwen

---

[1] Eine genaue Vorstellung von dieser Anordnung geben die Photographien bei A. Gaudy, Die kirchlichen Baudenkmäler der Schweiz, Band Graubünden, Berlin und Zürich 1921, S. 106 und 107.

[2] Siehe darüber Poeschel, Zillis, S. 23 und 46f.

[3] Lindner (S. 88) benennt den Apostel mit der Schriftrolle als Paulus und einen andern unter Hinweis auf Arles als Andreas.

Abb. 87 und 88. Chur, Kathedrale. Apostelsäulen. Text S. 91 bis 96.

Abb. 89 und 90. Chur, Kathedrale. Apostelsäulen. Text S. 91 bis 96.

Abb. 91. Chur, Kathedrale. Apostelsäule. Kapitell. Text S. 96.

können nicht für die Bestimmung von Paaren – etwa Petrus und Paulus – herangezogen werden, da wir über die ursprüngliche Zusammensetzung nicht unterrichtet sind.

Die Bekrönungen sind, wie angedeutet, paarweise differenziert, da je zwei als korinthisierende Akanthuskapitelle gebildet, die beiden anderen aber mit je vier die Deckplatten haltenden Engeln geziert sind. Diese letzteren Kapitelle allein weisen vier Sichtseiten auf, während die andern hinten abgeplattet sind. Dies zeigt, daß ein Säulenpaar an die Wand gelehnt stand, was zur Annahme einer Vorhalle ja auch gut paßt.

Die ihre Beute packenden Löwen versinnbildlichen das Böse, die Sünde und Verdammnis[1], und wenn sie nun hier den Aposteln unter die Füße gestellt sind, so kann dies nur bedeuten, daß das von ihnen verkündete Evangelium den Tod und die Sünde überwindet. Die gleiche Zusammenstellung kommt am Portal von Saint-Gilles und Arles vor, wohin auch die stilistischen Beziehungen führen.

Die Abhängigkeit der Churer Apostelsäulen vom Portalschmuck an Saint-Trophime

---

[1] Nach dem Psalmwort: «Hilf mir aus dem Rachen des Löwen» (Ps. 22, 22). Siehe darüber Goldschmidt a. a. O., S. 65, neuerdings auch W. Weisbach, Religiöse Reform, S. 161f.

Abb. 92. Chur, Kathedrale. Apostelsäule, Kopfdetail. Text S. 96.

zu Arles, auf die Vöge zuerst hingewiesen[1], wurde von Lindner eingehend begründet. Sie hat seither keinen Widerspruch erfahren, wohingegen die Annahme Schmuckis, daß an beiden Orten sogar der gleiche Meister am Werke war, angesichts des vollkommen verschiedenen Körpergefühls und auch des Qualitätsabstandes keine Wahrscheinlichkeit für sich hat. Eine eigene schöpferische Leistung des Churer Meisters liegt darin, wie er das Vorbild verarbeitete: In Arles stehen die Apostel in Nischen, während die Löwen als Träger von figurenlosen Säulen fungieren, in Chur jedoch ist Tier, Säule und Menschengestalt zu einem einheitlichen Gebilde zusammengewachsen.

Zum Werk des Apostelmeisters ist ferner die nun in der Mitte der Vorkrypta stehende Stütze mit dem Löwenreiter zu rechnen. Statisch ist sie dort bedeutungslos, da der Druck eines Gewölbes nach den Seiten wirkt und im übrigen die Säule viel zu schwach wäre, um einen eventuellen Einbruch aufzuhalten. Sicherlich gehörte sie ursprünglich zur Vorhalle oder war doch zum mindesten zu ihrer Ausgestaltung vorgesehen. Auf dem Rücken eines Löwen, der einen Widder erbeutet hat, hockt ein Männchen mit übereinandergeschlagenen Beinen. Auf seinem gekrümmten Rücken steht ein achteckiger dünner Pfeiler, bekrönt von einem Kapitell, das mit vier bär-

[1] Im Repertorium für Kunstwissenschaft XXII (1899), 2. Heft, S. 102f.

tigen, die Deckplatten haltenden und unter ihrer Last zusammengesunkenen Männern geziert ist. Gestalten, die Lasten (Pfeiler, Konsolen, Kanzeln, Taufbecken usw.) tragen, sind ein so häufiges dekoratives Motiv in verschiedenster Verwendung, daß ihm hier keine besondere Bedeutung unterlegt zu werden braucht[1] (Abb. 45, 93).

Im Hinblick auf die Abhängigkeit der Apostelsäulen von Arles wäre eine Datierung dieser Skulpturen um 1190 möglich. Einesteils aber läßt die Baugeschichte, insbesondere die Entstehung des Portals gegen 1250, diese Ansetzung als nicht akzeptabel erscheinen[2] und weiterhin darf nicht übersehen werden, daß die Apostelsäulen, wenn auch im Formalen noch vorwiegend romanischen Charakters, doch schon Züge tragen, die in die Gotik weisen. Dazu gehört vor allem der Gedanke, die Figuren aus den Interkolumnien, in denen sie in Arles und Saint-Gilles noch stehen, herauszunehmen und mit den Säulen zu verbinden[3]. Auch ist beim Churer Meister trotz aller provinziellen Befangenheit ein stärkerer Zug zur Individualisierung zu erkennen als bei seinem Vorbild. Das trifft nicht nur auf die Unterscheidung der verschiedenen Köpfe zu, sondern ebenso auf ihre Einzelformen. Was gemeint ist, wird deutlich, wenn man etwa die Augenbogen eines Arleser Apostels, die wie Arkaden gleichsam in der Grundform gebildet sind, mit den welligen, in der Dicke an- und abschwellenden, naturalistisch gesehenen Brauen seines Churer Gegenbildes vergleicht oder das geradezu zerklüftete Antlitz des Jüngers mit der Schriftrolle in Chur (Abb. 92 S. 95) den einfach-klaren Gesichtsformen in Arles gegenüberstellt. Ja man darf sagen, daß die Übereinstimmungen zwischen den Werken in Arles und Chur mehr äußerlicher, motivischer, gleichsam «ikonographischer» Natur sind. Erst wenn man sieht, daß der Churer Meister etwas ganz anderes will – was er noch nicht völlig deutlich sagen kann –, wird man seinem Werk auch in qualitativer Hinsicht gerecht. Was er konnte, zeigte er vielleicht noch deutlicher als durch die Apostel bei den Reliefs der bärtigen Männer an dem Kapitell in der Krypta.

Aus den geschilderten Gründen wird man kein Bedenken tragen, die Entstehung dieser Werkgruppe erheblich von den Arleser Skulpturen weg und weit ins 13. Jahrhundert hineinzurücken[4]. Dieser Zeitpunkt braucht nicht unbedingt erst nach der völligen Vollendung des Portals in allen seinen Teilen zu liegen. Die Arbeit an Portal und Vorhalle kann nebeneinander hergegangen sein[5], wobei man für den Auftrag zu den Statuen vielleicht die vorübergehende Anwesenheit eines geeigneten Meisters wahrnahm. In der Tat ist dieser Bildhauer ja auch von den beiden Meistern der Kapitelle im Chor und Langhaus entschieden zu trennen.

Literatur: Die vollständigen Titel der hier zitierten Werke sind aus dem Literaturvermerk auf S. 37, zum Teil auch aus dem Abkürzungsverzeichnis des vorliegenden Bandes zu entnehmen.

1) Die Auslegung Wiebels (ASA. 1934, S. 254) geht von der unwahrscheinlichen Voraussetzung aus, daß der Pfeiler für die Krypta konzipiert sei.

2) Burckhardt (S. 155) datiert 1240–1250, ebenso Lindner (S. 83). H. Beenken, Romanische Skulptur in Deutschland, Leipzig 1924, S. 266, setzt sie in die Zeit 1180–1190; Baum (S. 76), um 1200, Gantner (S. 222), nach 1208.

3) Siehe darüber auch E. Poeschel in ASA. 1930, S. 184.

4) Die von Baum (S. 76) zur Stützung seiner Datierung (um 1200) aufgestellte These, die Vorhalle mit den Statuen könnte noch vom früheren Bau stammen, ist nicht plausibel, da der durch die Abhängigkeit von Arles festgelegte früheste Termin in eine Zeit fällt, als der Neubau schon im Zug war. Seinen Einwand, der Vergleich der Knospenkapitelle des Portals mit den Kapitellen der Säulen allein genüge schon als Beweis dafür, daß die Statuen früher als das Portal entstanden seien, ist entgegenzuhalten, daß das Zusammentreffen von romanischen und gotischen Elementen ein Charakteristikum des Churer Domes ist, wie denn auch am Portal selbst gotische Formen (Kapitelle, schräge Leibung) mit romanischen (Rundbogenwulste, Akanthuskymation am Architrav) nebeneinander auftreten.

5) Auf diesen Gedanken führt die zutreffende Bemerkung bei Gantner I, S. 222.

Baugeschichtliche Zusammenfassung

Daß der Neubau der bestehenden Kathedrale in der Richtung von Osten nach Westen vor sich ging, zeigen die erwähnten Daten der Altarweihen sowie die im gleichen Sinn ablaufende Entwicklung der Kapitelle von antikisierend-romanischen zu frühgotischen Formen. Die Konsekrationsdaten beweisen ferner, daß der Neubau abschnittweise in Verwendung genommen wurde, was bei der langen Bauzeit ja auch ohnedies anzunehmen wäre. Aus diesem Vorgehen ist endlich auch zu schließen, daß beim Baubeginn Form und Größe des ganzen Chores schon projektiert war, da das Altarhaus in der entsprechenden Entfernung vom alten Schiff angelegt werden mußte.

Die einzelnen Etappen dürften folgendermaßen abzugrenzen sein:

I. Baubeginn und vermutlich Vollendung der hinteren Krypta und des Altarhauses unter Bischof Adalgott 1151–1160. Daß dieser Teil selbständig für sich errichtet wurde, zeigt die S. 52 erwähnte Baunaht beim kleinen Chorbogen.

II. Möglicherweise stand während der kurzen und unruhigen Regierungszeit des Bischofs Egino von Ehrenfels 1167–1170 (siehe S. 37) das Bauunternehmen völlig still. Unter seinem Nachfolger Ulrich III. von Tägerfelden (1171–1199) Vollendung der vorderen Krypta (samt dem Zwischenstück) und des Presbyteriums. Da die Baunaht rechts des Aufgangs zum Chor (S. 56, 63) liegt, die Apsis der Tellokirche aber weiter nach Osten reicht, so muß beim Abschluß dieser Etappe die große Apsis der Tellokirche schon niedergelegt gewesen sein. Von gottesdienstlicher Seite bestand ein Bedenken dagegen nicht, da nun der 1178 geweihte Hochaltar im Chor zur Verfügung stand. Für die kanonischen Verpflichtungen der Stiftsherren genügte der Chor durchaus. Dieser Hauptfunktion der Kathedrale gegenüber war der Laiengottesdienst von geringerer Bedeutung, da ihm die Pfarrkirchen in der Stadt und die Laurentiuskapelle auf dem Hof (S. 203) zu dienen vermochten. Solange mit der Niederlegung des alten Schiffes noch nicht begonnen war, konnte überdies die Bresche in der Ostwand mit Brettern geschlossen und an den Seitenaltären oder auch einem improvisierten Hochaltar mit Portatile zelebriert werden.

Der Chor war, wie aus der Überschneidung des alten Gruppenfensters der Südwand (S. 52) sowie dem Befund im Dachraum (S. 59) hervorgeht, zunächst nur flach gedeckt. Über dem Presbyterium erhob sich ein turmartiger Aufbau in der Art eines Vierungsturmes, da ein eigener Campanile offenbar zunächst nicht vorgesehen war. In diese Etappe fällt sicherlich auch die Entstehung der «alten Sakristei» im Kryptengeschoß.

III. Der Abbruch des alten Langhauses muß nicht allzu lange nach der Vollendung des Chores vor sich gegangen sein, da 1208 bereits der Kreuzaltar geweiht wurde, also das Schiff im Rohbau unter Dach stand. Zwar wies es, wie der Chor, zunächst offenbar nur eine Flachdecke auf, doch waren die Gewölbe und die Jochdisposition von Anfang an projektiert, da ja die Wand – wie die Freipfeiler nach Form und Dimensionierung auf Wölbungen berechnet sind. Vermutlich wurden – schon aus technischen Gründen, um starke Widerlager gegen den Schub des Hauptgewölbes zu erhalten – zuerst die Abseiten eingewölbt und im Hauptschiff nur die Trenngurten gespannt, die mit den Kappen nicht im Verband sind. Dafür spricht auch, daß sich hier noch die Rippen nur durchdringen, während im Mittelschiff Schlußsteine vorhanden sind; ferner der Umstand, daß die Diagonalrippen im Mittelschiff nicht auf die dazugehörigen Dienste der Bündelpfeiler passen. Spätestens gleichzeitig wie die Abseiten, vielleicht auch schon früher, entstand das Gewölbe des Altarhauses, wo gleichfalls nur eine einfache – zudem ungeschickt gelöste – Durchdringung der Rippen zu beobachten ist; darnach kam das Presbyterium und das Mittelschiff an die Reihe;

die gesamte Einwölbung dürfte in den ersten Jahrzehnten des 13. Jahrhunderts fertiggestellt worden sein.

Über die Datierung der Plastik an den Kapitellen und in der Vorhalle siehe S. 89 f. Portal gegen 1250 (S. 60).

IV. Zu unbekanntem Zeitpunkt, vielleicht schon bald darnach Errichtung des Turmes.

V. Um 1340 und anfangs des 15. Jahrhunderts Ausmalung der «Taufkapelle» (S. 66).

VI. 1467 Anbau der später St. Laurentius geweihten Kapelle.

VII. 1495 ist davon die Rede, daß größere Reparaturen nötig seien[1]. Bauliche Umgestaltungen dieser Zeit sind nicht nachweisbar, doch Reste von Wandmalereien am Chorgewölbe und im südlichen Seitenschiff. S. 68, Ziff. 4, mit Anm. 3.

VIII. Vor 1517 Bau der Luziuskapelle mit der bischöflichen Betloge (S. 57, 69).

IX. 1544–1546 Erweiterung der Laurentiuskapelle.

X. Im ersten Viertel des 17. Jahrhunderts teilweise Neudekoration in den Seitenschiffen.

XI. Von 1652 an weitere Ausschmückung der Abseiten; Neugestaltung sämtlicher Altäre in den Seitenschiffen (1646–1665). Damals wohl auch Bau der oberen Sakristei und vielleicht Erhöhung des Daches.

XII. Am 13. Mai 1811 fiel der Turm und der größte Teil der mit Schindeln eingedeckten Kirchendächer dem Hofbrand zum Opfer. Bei der Wiederherstellung der Dächer Eindeckung mit Ziegeln. Neubau des Turmes erst 1828/29. Übertünchung des Innern, auch der Hausteinpartien, 1818. Marmorboden im Chor 1852; in der Folge neuer Belag im Schiff.

XIII. Letzte Gesamtrenovation (Leitung: Dipl. Arch. W. SULSER, Chur[2]) 1921 bis 1926: Entfernung des Innenverputzes von 1818, neuer Boden im Langhaus, Glasmalereien (1925), Beleuchtung, Beichtstühle, Tieferlegung des Bodens in der Krypta. 1927 neuer Sakristeiboden, 1933 Verputz der Außenwände des nördlichen Seitenschiffes. 1937 neue Empore, Windfang, Türflügel am Hauptportal und Seiteneingang. 1937/38 neue Orgel, 1938 Heizung, 1941 Abschluß der Krypta gegen das Schiff, 1941/42 Dommuseum.

Zur **Würdigung** des in seiner Raumstimmung bedeutenden und durch seine Grundrißdisposition auch in architekturgeschichtlicher Hinsicht bemerkenswerten Baues muß auf die eingehende Darstellung in Bd. I, S. 40–42, verwiesen werden. Die Stärke seiner Wirkung liegt

Abb. 93. Chur, Kathedrale. Löwenreiter in der Krypta. Text S. 95 f. Vgl. auch Abb. 45.

1) C. Wirz, Regesten zur Schweizergeschichte aus den päpstlichen Archiven VI, S. 80.

2) Die Oberaufsicht hatten als Vertreter des Domkapitels die Domherren Msgr. Chr. Caminada und E. Lanfranchi; beratend wirkte Professor Dr. J. Zemp.

vor allem darin, daß der ins Breite und Füllige gehende, durch die weiten Interkolumnien der Arkaden zu einheitlichem Volumen zusammengefaßte Raum mit der steingemäßen Massigkeit und Schwere der Einzelformen im lebendigsten Einklang steht. Infolge der Gedrungenheit des Schiffes erscheint auch der über der Krypta sich hoch erhebende Chor nicht als abgetrennter Bezirk, sondern als krönender und vollendender Teil des Ganzen.

Was nun die Stellung in der zeitgenössischen Architektur anlangt, so hat der Bau, stilgeschichtlich betrachtet, auf der Grenze zwischen Romanik und Gotik seinen Platz, in Hinsicht auf die Beziehungen von Land zu Land gesehen, steht er im gesamten Habitus den italienischen Denkmälern am nächsten, wobei insbesondere eine deutliche Strukturverwandtschaft mit S. Ambrogio in Mailand nicht zu übersehen ist. Auch gewisse Beziehungen zur südfranzösischen Architektur könnten auf dem Weg über Norditalien vermittelt worden sein[1]. Den flachen Chorabschluß hat er mit Zürich (Großmünster und Fraumünster) gemeinsam, ebenso das Dreigruppenfenster, das in Chur jedoch an der Seite des Chores, nicht an dessen Abschluß auftritt. Da aber die erwähnte Chorform in Chur – für die erste Zeit – mit dem Turmaufsatz und dem Fehlen eines Campanile zusammentrifft, kann auch an eine reduzierende Beeinflussung von der Zisterzienserarchitektur her gedacht werden[2]. Das Auftreten des Hufeisenbogens bei den Trenngurten der Abseiten wird kaum anders denn als Streumotiv aus der islamischen Kunst zu verstehen sein, das entweder durch Werke der Kleinkunst oder auch unmittelbar aus Süditalien und dem Kreis Friedrichs II., mit dem Chur gute Beziehungen verbanden, vermittelt worden sein konnte (vgl. ASA. 1930, S. 183).

Die Altäre

Geschichtliche Vorbemerkung. Die Errichtung der Altäre ging in folgender chronologischer Reihenfolge vor sich:

1. St. Petrus, Johannes, Jakobus, Adalbert, Bonifazius, Gregorius, Magnus, Luzius und Walburga, errichtet an einem 9. September der zweiten Hälfte des 12. Jahrhunderts in der Krypta (Necrol. Cur., S. 91). Heute ohne liturgisch festgelegten Titel[3].

2. Der Hochaltar St. Maria im Chor, geweiht am 2. Juni 1178, Neukonsekration 19. Juni 1272 (S. 36 mit Anm. 5 und 7).

3. Hl. Kreuz, St. Stephan, Briccius, Maria Magdalena und Emerita, in der Mitte zwischen den Chorstiegen. Weihe am 26. Mai 1208 (Necrol. Cur., S. 52). Am 30. Mai 1757 Neuweihe für St. Johannes von Nepomuk; jetzt wieder Kreuzaltar[4].

4. St. Placidus und Sigisbert, gestiftet von dem 1247 verstorbenen Disentiser Abt Konrad; Neuweihe 22. November 1271 (Necrol. Cur., S. 111, 115). Am Ostende des südlichen Seitenschiffes. Später auch St. Michaelsaltar genannt.

5. St. Johannes Evang., Jakobus und Adalbert, später St.-Jakobs- oder Apostelaltar genannt. Weihe am 8. Februar 1259, gestiftet von dem Kanonikus Jakob von Neuenburg (Necrol. Cur., S. 13f.), an der Ostwand des nördlichen Seitenschiffes. Neuweihe am 9. September 1611 zu Ehren von St. Jakob, Mauritius und S. Carlo Borromeo.

---

1) Hamann, Protorenaissance, S. 27, weist in diesem Zusammenhang besonders auf die Übereinstimmung der Churer Krypta mit jener in St.-Gilles hin.
2) Siehe darüber ASA. 1930, S. 172f., 178.
3) Den Aufsatz mit dem Bild von Mariä Krönung trägt der Altar erst seit 1925. Doch wurde dieser nicht neu geweiht.
4) Mskr. von Mont, S. 31 (BA.).

6. **St. Konrad**, gestiftet nach dem Tod des Bischofs Konrad III. von Belmont im Jahre 1282 zusammen mit dem unter Ziffer 7 genannten Altar von dem 1307 verstorbenen Heinrich von Belmont, dem Bruder des genannten Bischofs (Necrol. Cur., S. 50), im Mitteljoch des südlichen Seitenschiffes; seit der Neuweihe vom 18. Juli 1657 S. Carlo und St. Konrad, heute **St.-Josephs-Altar** genannt.

7. **St. Maria Magdalena**, gestiftet 1282 (siehe Ziffer 6); im nördlichen Seitenschiff nahe der Ostwand[1], also dem St.-Jakobs-Altar benachbart. Eingegangen.

8. **St. Nikolaus und Katharina**, später nur **St.-Katharinen-Altar** genannt, 1287 errichtet[2], im Mitteljoch des nördlichen Seitenschiffes. Neuweihe 1653; seit 1926 **St.-Luzius-Altar** genannt.

9. **St. Georg und Sebastian**, gestiftet am 5. April 1288 durch Heinrich von Räzüns (CD. II, S. 52), im Westjoch des südlichen Seitenschiffes, nahe dem St.-Oswalds-Altar[3]. Eingegangen.

10. **St. Peter und Paul**, Florinus, Pantaleon, Lucia, Elftausend Jungfrauen, Mauritius, später meist nur **St. Paul** genannt. Weihe 7. Juni 1305 (Necrol. Cur., S. 51); im Mitteljoch des nördlichen Seitenschiffes neben dem heutigen St.-Luzius- (ehemals Katharinen-) Altar. Gestiftet vom Dekan Albero von Montfort (vgl. die Grabinschrift S. 139). Eingegangen.

11. Ein vor 1306 durch Dekan Conrad von Montfort in der Krypta errichteter weiterer Altar, wahrscheinlich **St. Andreas** (Necrol. Cur., S. 83)[4]. Eingegangen. Vgl. Ziffer 17.

12. **Corpus Christi**, erstmals genannt 1312, gleichfalls in der Krypta (Necrol. Cur., S. 16). Eingegangen.

1) Nach einer Urkunde vom 4. Februar 1519 über Stiftung einer ewigen Messe (BA.) stand dieser Altar «ad latus ingredientis sinistram penes murum orientis».
2) In einem Indulgenzbrief vom 18. März 1287 als «de novo constructum» bezeichnet. CD. II, S. 137.
3) Im Necrol. Cur., S. 107, ist die Rede von einem Grab vor dem St.-Georgs-Altar in der Nähe der Gruft des Herrn von Aspermont. Die Grabstätte dieser Familie befand sich vor dem St.-Oswalds-Altar (Necrol. Cur., S. 35, 58). Die beiden Altäre müssen also dicht beieinander gestanden haben.
4) 17. Dez. 1511 (BA.): «cappelon Sant Andres altar in der grufft.»

Abb. 94. Chur, Kathedrale. Gitter am Altar der Krypta. Ende des 15. Jahrhunderts. Text S. 102.

Abb. 95. Chur, Kathedrale. Der Altar in der Krypta; um 1440/50. Text S. 102.

13. Allerheiligen, gestiftet vor 1312 (bzw. 1313) durch Ritter Ulrich von Flums (vgl. S. 139); später – bis 1496 – Zubehör der Burg Neuenburg, hernach unter Kollatur des Bischofs (JB HAGGr. 1900, S. 118); an der Westseite des nördlichen Seitenschiffes. Eingegangen.

14. St. Christophorus (?), von Nüscheler (S. 47) sowie von Juvalt (Necrol. Cur., S. 168) als Altar aufgeführt. Der betreffende Eintrag im Necrol. Cur. (S. 93) heißt: «requiescit ante S. Christophorum», also nicht wie sonst üblich «ante altare usw.». Es könnte sich daher hier um ein monumentales St.-Christophorus-Bild südlich vom Hauptaltar handeln (vgl. S. 65). Ein St.-Christophorus-Altar kommt sonst nicht vor.

15. St. Gaudentius, erstmals 1330 genannt (Necrol. Cur., S. 9), im Westjoch des nördlichen Seitenschiffes, Neuweihe 10. Februar 1665 (Nüscheler, S. 46), heute St.-Katharinen-Altar genannt.

16. St. Oswald, erstmals 1333 erwähnt (Necrol. Cur., S. 25), im Westjoch des südlichen Seitenschiffes, seit 1653 Rosenkranzaltar.

17. St. Mauritius, erstmals 1344 genannt (Necrol. Cur., S. 48), an der Südwand der vorderen Krypta. Eingegangen. Möglicherweise identisch mit St. Andreas, Ziffer 11[1].

18. St. Luzius in der Luziuskapelle hinter der Betloge. Um 1517 errichtet (vgl. S. 57). Beim Brand von 1811 beschädigt und hernach nicht wiederhergestellt.

19. St. Laurentius in der Laurentiuskapelle am südlichen Seitenschiff, an der Stelle eines älteren, wohl 1467 errichteten Altars 1545 neu dotiert[2].

---

1) Sicher ist dies im 16. Jahrhundert der Fall; so z. B. 15. Dez. 1528 (BA.): «Capellanus Altaris S.S Andreae Ap. et Mauritii etc. in cripta.»
2) Laut einem Verzeichnis von 1639 im BA. Sign. ☐ I, Bd. A.

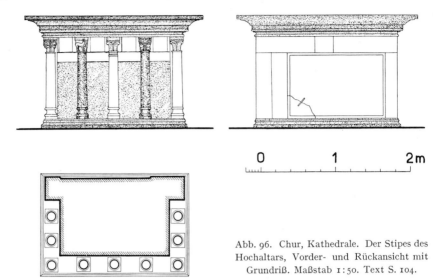

Abb. 96. Chur, Kathedrale. Der Stipes des Hochaltars, Vorder- und Rückansicht mit Grundriß. Maßstab 1:50. Text S. 104.

In einem Verzeichnis von 1639 (BA.) werden außerdem zwei im Mittelalter nicht bezeugte und heute nicht mehr vorhandene Altäre im Chor aufgeführt:
20. St. Aposteln;
21. Zehntausend Märtyrer sowie ein sonst nicht bekannter
22. Altar St. Thomas, gestiftet von Bischof Thomas von Planta (1549–1565).

Bei der Visitation vom 1. März 1599 ordnete der päpstliche Nuntius Johannes Turriani an, daß die Altäre der Kathedrale reduziert werden sollten, da sie in der Mehrzahl ungenügend dotiert seien[1]. Die Anweisung scheint dann unter Bischof V. Flugi (1601–1627) ausgeführt worden zu sein. Dadurch und infolge der Aufhebung des Altars in der Luziuskapelle im Jahre 1811 ergab sich der heutige Bestand: Je ein Altar in der Krypta und im Chor (Ziffern 1 und 2 der obigen Liste), sieben im Langhaus (Ziffern 3–6, 8, 15, 16) und einer in der Laurentiuskapelle (Ziffer 19).

Der Altar in der Krypta. Im Altarblock sind die S. 44 erwähnten karolingischen Marmorfragmente eingemauert. Ein zweiflügeliges Gitter aus Dreikanteisen mit durchbrochenem Blattwerkrahmen vom Ende des 15. Jahrhunderts[2] verschließt eine Nische mit den Reliquienschreinen des hl. Fidelis von Sigmaringen[3] (Abb. 94). Den Aufsatz bildet ein kleiner *gotischer Flügelaltar* ohne figürliches Schnitzwerk. Auf der – mit einfachem Dreipaßmaßwerk gefüllten, im Kielbogen schließenden – Tafel ist die Krönung Mariä dargestellt (H. 157 cm, Br. 127 cm). Unten erblickt man die betend niedergesunkenen Apostel, darüber auf sichelförmigem Wolkenband Maria zwischen Christus und Gottvater, die ihr die Krone aufsetzen; oben die Taube des Hl. Geistes und Engelchor. Der vergoldete Fond ist, wie das Kleid der Muttergottes, mit einem gepreßten Damastmuster geziert (Abb. 95).

Die Innenseiten der Flügel zeigen links St. Rochus und Sebastian, rechts St. Luzius und Emerita gleichfalls auf Golddamaszierung, die Außenseiten die Verkündigung an Maria. Links, in einer Hügellandschaft kniend, der Erzengel, dessen linker Hand

---

1) BA. Mappe Nuntiatur IV.
2) Vom Wandsarkophag (S. 130) 1925 hier eingesetzt.
3) Eine neuere Inschriftenplatte im Boden bei der Mittelsäule bekundet, daß St. Fidelis von Sigmaringen 1622–1686 hier begraben war. Vgl. Mayer II, S. 404f.

ein Schriftband mit dem «Englischen Gruß» entflattert; die brokatartig gemusterte Dalmatika blau und rot, Flügel weiß und grün. Rechts Maria vor dem Betpult in einem durch «Versatzstücke», die zudem aus Motiven von Innen- und Außenarchitektur kombiniert sind, nur angedeuteten, nicht aber wirklich raumhaft dargestellten Gemach, durch dessen Fenster die Taube herzufliegt. Vielleicht tirolisch, um 1440 bis 1450[1]. Restauriert von FRED BENTZ in Basel 1925. Die Mitteltafel und die Innenseiten der Flügel waren schlecht erhalten[2].

Der Hochaltar. Geschichte. Über den Hauptaltar des karolingischen Baues siehe S. 47. Von dem 1178 geweihten Altar der jetzigen Kathedrale (siehe S. 36) stammt noch der bestehende Stipes, in dem jedoch Fragmente seines karolingischen Vorgängers verwendet sind. Daß dieser romanische Altartisch bereits einen Aufsatz trug, ist urkundlich bezeugt[3], doch haben wir über Material und Form dieser Tafel keine Kunde. Vielleicht war sie aus Stein wie die Retabeln in Luxemburg und in Carrières-Saint-Denis aus dem 12. Jahrhundert[4].

Am 15. Februar 1486 stellte der Rat von Ravensburg an die Stadt Chur das Gesuch, seinem Mitbürger, dem Bildhauer JAKOB RUSS, der beabsichtige, «ain Tafel der stefft (einen Altar im Stift) zu machen», den Aufenthalt dort zu gestatten[5]. Am 21. Januar 1491 fällte Bischof Ortlieb einen Schiedsspruch zwischen dem Domkapitel und Jakob Ruß, aus dem hervorgeht, daß der Altar damals zwar im wesentlichen ausgeführt und sogar schon im Chor aufgestellt war («das Wergk der Taffel so er inen in den Chor deß Münsters unser lieben frowen geschnitten und uffgesetzt hab»), jedoch noch einige «bilde» (Statuen) fehlten. Nach Erfüllung dieser noch be-

---

1) Der Hinweis von H. Rott, Quellen und Forschungen, Text-Bd. I, S. 194, auf den Meister der Salemer Tafeln auf Schloß Eberstein vermag aus stilistischen Gründen nicht zu überzeugen.

2) Der Altar fand sich damals unbenützt in einem Nebenraum der Kirche.

3) Necrol. Cur., S. 24: «Genzo presbyter et decanus huius ecclesie obiit anno dom. inc. M C L XXXXV qui tabulam supra aram fieri fecit.» Eine andere Vergabung «ad tabulam S. Marie» kann sich nicht auf diese Altartafel beziehen, da der betreffende Stifter erst 1280–1300 gestorben ist (Necrol. Cur., S. 24 und 180).

4) Abgebildet bei R. de Lasteyrie, L'Architecture rel. en France à l'époque Romane, Paris 1929, S. 691, und J. Braun a. a. O., Bd. II, Taf. 206 und 207.

5) Der Brief erstmals publiziert von Fr. Jecklin in ASA. 1894, S. 312, dann von H. Rott, Quellen und Forschungen, Quellen-Band I (1933), S. 265. Zuletzt von L. Volkmann, Der Überlinger Rathaussaal des Jakob Ruß, Berlin 1934, S. 22 f.

Abb. 97. Chur, Kathedrale. Hochaltar. Der Stipes. Text S. 104.

stehenden Verpflichtung solle Ruß das ausbedungene Honorar von 500 fl. Churer Währung bekommen. Die Vergoldung hatte das Kapitel selbst einem anderen Meister verdingt. Sie oblag wohl dem Meister der Flügelgemälde, der sicherlich mit dem im gleichen Jahr genannten Maler MICHEL identisch ist, «so die taffeln im tuom (Dom) gemalt haut»[1]. Vollendung des Werkes am 31. Januar 1492 (Inschrift siehe hernach S. 106).

Der Altartisch. Die im Stipes verwendeten Fragmente des karolingischen Altars sind aus weißem Marmor gearbeitet, die romanischen Teile jedoch aus Scalärastein (in Abb. 96 punktiert). Vom karolingischen Bestand stammt das obere Drittel der Front und der Seitenwände sowie die Rückseite des Blockes und ferner drei der Säulchen, jedoch ohne die Kapitelle (vgl. S. 47).

Der Altar gehört jenem Typus des Tischaltars an, bei dem sich die ehemals pfeilerartige Mittelstütze bereits zu einem großen, horizontalliegenden rechteckigen Block ausgebildet hat, die Idee des Tisches aber in einem Kranz von Säulchen noch weiterlebt. Es sind hier deren neun, die indes den Block nur an drei Seiten begleiten, während die beidseits bis auf das Maß der Säulenstellung vorgezogene Rückwand völlig ungegliedert ist[2]. Die Säulen werden von Kapitellen bekrönt, deren Dekor in der Mehrzahl aus überfallenden Blättern besteht; nur zwei an der Front zeigen figürlichen Schmuck: einen Esel (oder Lamm?) und eine löwenähnliche Maske. Stilistisch gehören sie zu den Kapitellen in der Krypta. Bei der Mittelsäule der Front wurde das Kapitell durch Einschaltung eines zweiten Schaftringes verlängert, um die – aus karolingischem Bestand stammende – Stütze in der Höhe den andern anzupassen. Auf dem Block ruht eine nur wenig vorkragende Platte, die – mit Kehle und zwei Wulsten – den Karnies des Sockels in umgekehrter Stellung wiederholt. Über dieser romanischen Mensa liegt eine weit überstehende, nur roh bearbeitete zweite Platte, die vermutlich 1492 hinzukam (Abb. 96 und 97).

Das Sepulcrum befindet sich, was verhältnismäßig selten vorkommt, in der Mitte der Rückseite des Blockes, unmittelbar unterhalb der romanischen Mensa. Es besteht, wie sich bei einer Öffnung im Jahre 1943 ergab, aus einem horizontalen, 78 cm langen Schacht von 21 cm Höhe und 26 cm Breite. Im Boden dieses Schachtes fand sich, ziemlich weit im Hintergrund, eine viereckige Vertiefung (Lichtmaße 20×22 cm, Tiefe 11 cm), deren Rand einen Falz zur Aufnahme eines (nicht mehr vorhandenen) Deckels aufwies. Dieser Befund ist nicht mit aller Sicherheit zu erklären. Daß der 1178 geweihte Altar niederer gewesen wäre und wir es hier mit dem Sepulcrum in dessen Mensa zu tun hätten, ist nicht anzunehmen, da sich der bestehende Stipes durch die Kapitellskulpturen als einheitliches Werk aus der Zeit um 1178 (und nicht von 1272) deutlich zu erkennen gibt. Vielleicht enthielt dies Gelaß einen Teil der Reliquien mit der Weiheurkunde und wurde 1272 bei der zweiten Konsekration geöffnet, aber nicht mehr mit einem Deckel verschlossen; oder man hatte 1178 ursprünglich die Absicht gehabt, die Reliquien ohne die alten Behälter (Marmorsarkophag und Pyxis) zu deponieren, sie aber dann geändert.

Das Sepulcrum enthielt die Weiheurkunde vom 19. Juni 1272[3], von jener des Jahres 1178 jedoch nur das Siegel des Zisterzienserbischofs Berno (vgl. S. 36). Über die gefundenen Gegenstände siehe S. 148, 165.

1) Vgl. Bd. I, S. 127. «tuom», nicht «turm», wie bei H. Rott a. a. O., S. 266. Abdruck des Schiedsspruches in ASA. 1894, S. 313, sowie bei Rott und bei Volkmann a. a. O.

2) Die von J. Braun, Der christliche Altar, Bd. I, München 1924, S. 176 f., aufgestellte These, daß diese Rückwand erst 1492 für den gotischen Altar angelegt worden sei, ist nicht plausibel, da ja gerade sie aus dem karolingischen Material besteht.

3) Wortlaut im JB HAGGr. 1944, S. 106, und ZAK. 1945, S. 26. An letzterer Stelle genauer Bericht von Chr. Caminada über die Öffnung des Sepulcrums.

Abb. 98. Chur, Kathedrale. Der Hochaltar des Jakob Ruß von 1492. Text S. 106 bis 114.

Über der Mensa erhebt sich der spätgotische Flügelaltar des Jakob Ruß von 1492 (Abb. 98–108). Das Innere des viereckigen *Schreines* (H. 262 cm, Br. 234 cm) ist durch ein kleines Netzgewölbe von drei Jochen abgeschlossen, die Front oben mit einer reichen, aus Stäben und Laubwerk dicht verschlungenen Füllung ausgesetzt. Den vergoldeten Fond ziert eine Damaszierung aus ananas- und rosenartigen Motiven sowie Zweigen und Blättern. Den Hintergrund für die Statuen bildet eine von acht Engeln mit steil nach oben gerichteten Flügeln gehaltene Draperie aus rotem Goldbrokat mit Granatapfelmuster. Vor ihr thront in der Mitte die Muttergottes mit dem Kind, dem sie eine Birne reicht. Die herabfallende Locke des Haares der Maria ist aus geflochtenem Reisig gefertigt. Auf dem Sockel, der ihr als Postament dient, sieht man unterhalb eines Wolkenbandes vier musizierende Engelchen, zwei von ihnen umrahmt von einem abwärts gerichteten Halbmond. Auf dem Notenblatt in Kursivschrift: «Gloria in excelsis deo» (Abb. 99). Das Motiv weist auf das Weihnachtsereignis, dem die äußeren Flügelbilder gelten. Über dem Haupt Mariä hält – das Thema im Gespreng präludierend – ein schwebendes Engelpaar die Krone.

Abb. 99. Chur, Kathedrale. Die Muttergottes aus dem Hochaltar. Text oben.

Zu seiten der Muttergottes erscheinen zwei weibliche Heilige: St. Emerita und Ursula, außen zwei männliche: St. Luzius und Florinus (Abb. 104) (Höhe der Maria mit Sockel 132 cm, der übrigen Figuren 113–120 cm). Vor den Pfosten, die das Laubwerk der oberen Schreinfüllung in drei – den Gewölben entsprechende – Abschnitte gliedern, stehen vier kleine Statuetten: in der Mitte der Engel Gabriel mit Maria (Verkündigung), außen Elias und Moses; an der Rückwand vor den die Wölbung tragenden Pfeilern: Jesaias, Enoch (Henoch), Jeremias, Eliseus (Elisa). Alle diese Propheten halten Schriftbänder mit den genannten Namen.

Auf den Postamenten der Schreinfiguren standen in gotischen Minuskeln die Namen der Dargestellten, doch sind sie teilweise verschwunden. Dagegen ist die Datumsinschrift unterhalb der Muttergottesfigur noch schwach lesbar: opus consummatum est 31 die ianuarii año 1492, ferner das Meisterzeichen Tab. III, 1.

Während die Schreinfiguren vollplastisch gebildet sind, erheben sich die Gestalten der *Innenseiten der Flügel* nur zum Hochrelief. Wir sehen – wieder vor einem von Engeln

Abb. 100. Chur, Kathedrale. Der Schrein des Hochaltars. Text S. 106 f.

gehaltenen Vorhang und durch Namensinschriften bezeichnet – paarweise die Stifter der Klöster St. Gallen und Disentis, links St. Gallus und Otmar mit ihren Attributen, dem Bären und dem Fäßchen, rechts St. Sigisbert und Placidus, die ein Kirchenmodell halten; St. Placidus trägt zum Zeichen seines Martyriums ein blankes Schwert in der Rechten. Das Kirchenmodell, eine dreischiffige Basilika mit Torturm, ist nur als Idealdarstellung zu betrachten und ohne dokumentarische Bedeutung für Disentis (Abb. 105).

Die *Predella* zeigt an ihrer Vorderseite wie beim St.-Luzius-Altar aus Churwalden (Abb. Bd. II, S. 241) in drei stichbogig abgeschlossenen Nischen vollplastische Szenen aus der Passion Christi: Gethsemane, Geißelung, Dornenkrönung. Der Hintergrund ist nur bei der Ölbergszene reliefmäßig gestaltet, bei den andern Gruppen gemalt (Abb. 106). Auf den die Nischen flankierenden Pfeilern stehen unter Baldachinen: Noah, Abraham, Isaak und Jakob, mit ihren Namen auf den Schriftbändern bezeichnet.

Abb. 101. Chur, Kathedrale. Außenseite des linken Flügels am Hochaltar. Text S. 109.

Das aus Fialen und Tabernakeln kunstvoll gebaute *Gespreng* nimmt die gleiche Höhe ein wie Schrein und Predella zusammengerechnet. Im mittleren Kompartiment des Hauptgeschosses erblickt man die Krönung Mariä durch Gottvater und den Sohn, die auf einem Wolkenband mit fliegenden Engelchen thronen. Über Maria schwebt die Taube, gleichfalls von Engeln begleitet. Die Dreizahl der Krönungsgruppe klingt in der Anordnung der Apostel zu ihren beiden Seiten wieder: links erscheinen St. Peter, Johannes und Jakobus d. Ä., rechts St. Paulus, Matthias und Bartholomäus. Im Obergeschoß beherrscht die Hl. Dreifaltigkeit die Mitte, zu ihren Seiten aber knien Maria und Johannes der Täufer (Abb. 103).

Wenn sich die Flügel schließen, werden beidseits des Schreines weitere *Statuetten* sichtbar, zwei größere auf schlanken Pfeilern stehend: St. Georg und St. Mauritius,

Abb. 102. Chur, Kathedrale. Außenseite des rechten Flügels am Hochaltar. Text unten.

und zwei Gruppen kleiner Figürchen unter Baldachinen: vier mönchische Heilige (darunter offenbar St. Bonaventura) und vier heilige Kirchenfürsten: St. Wolfgang, Nikolaus und ein anderer Bischof sowie St. Hieronymus (Abb. 101, 102).

Die *Außenseiten der Flügel* (Abb. 101, 102) tragen gemalte Darstellungen von Christi Geburt und der Anbetung der Hl. Drei Könige. Beide Ereignisse spielen sich in der gleichen Szenerie ab, einer Vorhalle mit spitzbogigen Kreuzrippengewölben und romanischen Würfelkapitellen. Durch die Arkaden blickt man auf eine Flußlandschaft mit Stadtmauer und Burg. Der Himmel ist noch durch eine Goldfolie gegeben. Die biblische Ärmlichkeit der Behausung wird nur durch ein Loch im Gewölbe angedeutet. Im Weihnachtsbild ist das Kind in dem von drei Engeln gerafften Mantel der knienden Maria wie in einer Muschel geborgen. Es ist in halbsitzender Stellung dargestellt, mit

Abb. 103. Chur, Kathedrale. Die Bekrönung des Hochaltars. Text S. 108.

leicht erhobener Rechten, als ob es schon zum Segensgestus bereit wäre, ein dem Weihnachtsbild sonst nicht eigenes Motiv. Die Epiphaniaszene zeigt zwei der Könige, deren Gaben Joseph von dannen trägt, im Gebet vor dem Kind. Die in ihrer Harmonie zurückhaltenden Farben sind im wesentlichen noch im Originalzustand vorhanden. Oben schließt ein reiches Fischblasenmaßwerk die Tafeln ab. Vor den Rahmenleisten stehen auf Halbsäulchen drei Statuetten: In der Mitte der Schmerzensmann, außen Maria und Johannes. Von den beiden die Schmalseite der Predella zierenden Figuren gehört nur die nördliche – Christus nach der Auferstehung – zum alten Bestand; die südliche, der Schmerzensmann, wurde 1943 (angeregt durch eine an dieser Stelle angebrachte Ritzinschrift «ecce homo») angefertigt.

Auch die *Rückseite des Schreins* weist – im Gegensatz zu dem üblichen Typus des rückwärts nur bemalten schwäbischen Schnitzaltars – plastischen Schmuck auf[1]. Durch Pfeiler und Maßwerkbogen ist die Wand in drei Abschnitte geteilt, in denen mit einem Aufwand von 19 vollplastischen Figuren das Ereignis auf Golgatha dargestellt ist: im Mittelfeld steigt zwischen Maria und Johannes das Kreuz mit dem Erlöser hoch hinauf, umschwebt von vier Engeln, die in Kelchen das verströmende Blut auffangen. Das Haupthaar des Heilandes ist durch geflochtenes Reisig wiedergegeben. An seiner Rechten der fromme Schächer, dessen Seele von einem Engel auf-

---

[1] Doch ist die Annahme Simeons (S. 29), daß der Altar ehemals gedreht werden konnte, aus technischen Gründen abzulehnen.

Abb. 104. St. Florinus.   Abb. 105. St. Sigisbert und Placidus am rechten Flügel.
Text S. 106.   Text S. 107.
Chur, Kathedrale. Details des Hochaltars.

genommen wird[1], und an seiner Linken der Unbußfertige, über dessen Haupt der Teufel wartet. In der Gruppe dieses Feldes, also an der Linken Christi, bemerkt man den römischen Hauptmann und einen schmähend auf den Herrn weisenden Hohen-

[1] Dieser Engel fehlt auf der Abb. 108, da die fragliche Aufnahme gelegentlich der Ausstellung der Gruppe im Berner Kunstmuseum (1945) hergestellt wurde, wo das Figürchen nicht vorhanden war.

Abb. 106. Chur, Kathedrale. Predella des Hochaltars. Text S. 107.

Abb. 107. Chur, Kathedrale. Detail der Kreuzigungsgruppe Abb. 108. Text S. 110 f.

priester (Abb. 107 und 108). Vor den das Maßwerk tragenden schlanken Pfeilern stehen in der Höhe der Bogen auf Konsolen vier Statuetten: St. Stephan, Konrad, ein hl. Bischof ohne Attribut und Laurentius.

Die *Rückwand der Predella* ist wie ihre Vorderseite in drei Nischen gegliedert, die Darstellungen der Vorführung Christi bei Pilatus, der Kreuztragung und der Grablegung in Hochrelief umschließen. In der – noch im alten Zustand erhaltenen – Fassung aller Hauptfiguren herrscht Gold vor; farbig sind außer den Fleischteilen meist nur die Fütterungen der Mäntel und die Säume der Gewänder.

Wie die vorangegangene Beschreibung zeigt, behandelt der Altar ein sehr differenziertes ikonographisches Programm. Den Schwerpunkt bilden, wie stets, die lokalen Bezüge, die sich im Schrein und auf den Innenseiten der Flügel, «der Festseite» also, aussprechen. Im Zentrum des ganzen Werkes erscheint daher die Muttergottes als Patronin der Kathedrale, assistiert von den drei Diözesanheiligen und St. Ursula, welch letztere deshalb als Entsprechung zu Emerita gewählt wurde, weil auch im Heiltumsschatz des Domes beide Märtyrerinnen – durch Büstenreliquiare ausgezeichnet – ein Paar bilden. Die Flügelreliefs repräsentieren die beiden Klöster St. Gallen und Disentis, mit denen das Stift Chur seit alters in Gebetsverbrüderung verbunden war. Außerdem genoß St. Otmar in Chur besondere Anhänglichkeit, weil er hier seine Ausbildung zum Priesteramt erfahren hatte; die Verehrung für St. Placidus ist zudem noch in altem Reliquienbesitz begründet (Büstenreliquiar). Diese lokal bedingten Themen – in den kleinen Statuetten erweitert durch Gestalten anderer von der Kirche allgemein verehrter Glaubenszeugen – sind nun in den größeren Zusammenhang der Heilsgeschichte eingeordnet, wobei die Offenbarungstatsachen des Neuen Testaments präludiert werden durch Gestalten des Alten Bundes, die als Propheten des Messias oder als Vorfahren und «Vor-Bilder» des Erlösers in der christlichen Ikonographie eine wichtige Rolle spielen.

Obwohl das Programm des Altars, dem Kirchentitel entsprechend, auf die Verehrung der Maria gerichtet sein mußte, so sind die Ereignisse des Neuen Testaments nicht, wie etwa die üblichen «Rosenkranzmysterien», ausschließlich nach dem Gesichtspunkt der marianischen Devotion gewählt, sondern es wurden aus der Passion Christi auch Szenen dargestellt, an denen Maria nicht beteiligt ist.

Die Krönung im äußerlich-formalen wie im geistigen Sinn erfährt diese Themenfolge durch die Darstellungen im Gespreng. Hier erblicken wir die Apostel als die Verkündiger der Heilsbotschaft und, in der Mitte, Mariä Krönung als triumphale

Abb. 108. Chur, Kathedrale. Kreuzigungsgruppe von der Rückseite des Hochaltars. Text S. 111 mit Anm. 1.

Vollendung der Verherrlichung der Muttergottes. Die Inkoronation wird nach dem spätmittelalterlichen Bildtypus hier von der Trinität vollzogen, und es ist zunächst überraschend, daß über dieser Gruppe nochmals die Hl. Dreifaltigkeit erscheint. Der Sinn dieser abschließenden Darstellung wird durch die beiden zu seiten der göttlichen Personen knienden Gestalten von Maria und Johannes deutlich. Sie sind dem Schema des Weltgerichtsbildes entnommen, wo sie als Fürbitter fungieren. Die Gruppe symbolisiert also die Erhöhung des Gottessohnes an die Rechte des Vaters und zugleich die Erwartung seiner Wiederkunft zum Gericht.

Würdigung. Das beschriebene Werk ist der einzige uns noch erhaltene, sicher beglaubigte Altar aus der Hand des JAKOB RUSS von Ravensburg und zugleich das im Aufbau und an Figurenzahl reichste spätgotische Flügelretabel in der Schweiz. Als fünffiguriger Reihenaltar repräsentiert er den häufigsten Typus des südschwäbischen Flügelaltars, doch ist die Mitte hier nachdrücklicher betont als bei den meisten anderen Werken dieser Gattung innerhalb unseres Gebietes, da die Muttergottes als thronende Gestalt sich von den Standfiguren hier augenfälliger distanziert[1]. Die plastische Durchbildung des Schreines und der Flügelinnenseiten ist von besonderem Reichtum, weil durch die himmlischen Teppichträger zwischen die Hauptfiguren und die flache Rückwand noch eine modellierte Zwischenschicht eingeschaltet wurde. In seiner klaren Einteilung, dem standsicheren Verhältnis zwischen Höhe und Breite, vor allem aber in der naturhaften Daseinszufriedenheit der Gestalten atmet das ganze Werk die den schwäbischen Altären eigene ruhige Feierlichkeit. Nur in der

---

[1] Ähnlich wie bei dem allerdings nur dreifigurigen Altar aus Thalheim in der Stuttgarter Altertümersammlung. Abb. bei Gröber Nr. 28 und bei G. Otto, Ulmer Plastik der Spätgotik, Reutlingen 1927, S. 166.

Abb. 109. Chur, Kathedrale.
Der Schmerzensmann, um 1490.
Text S. 115.

Gruppe auf der Rückseite ist ein deutliches Bestreben nach bewegter Gestaltung spürbar, doch war es dem Künstler nicht gegeben, über eine rein äußerliche Gestik hinaus zu wirklich dramatischem Ausdruck vorzudringen. Der ganze plastische Teil ist, wie aus den Arbeitsumständen – der Übersiedlung nach Chur zu diesem einzigen Werk – und dem Wortlaut des erwähnten Schiedsspruches zu schließen ist, aus den Händen des Jakob Ruß hervorgegangen, der sich bei den Nebenfiguren jedoch offenbar von einem Gehilfen unterstützen ließ[1].

Familienname und Herkunft des «Meisters Michel», von dem, wie erwähnt, die Gemälde auf den Flügeln stammen, sind bisher nicht festzustellen gewesen[2]. Im Malerischen von einer gewissen Trockenheit nicht frei, ist er nicht ohne Originalität in der Komposition, so etwa darin, wie er das Weihnachtsbild über einem System von Kurven aufbaut, die im Mantel der Maria, den Flügeln der Engel und den Bogen des Gewölbes die tragenden Grundlinien hat. Der Empfindungsweise nach gehört er dem südschwäbisch-schweizerischen Kunstkreis an.

Literatur: BURCKHARDT, S. 157 f. – RAHN, S. 741. – NÜSCHELER, S. 49. – E. F. A. MÜNZENBERGER, Zur Kenntnis und Würdigung der mittelalterlichen Altäre Deutschlands, Bd. II. Frankfurt a. M. 1890, S. 100. – MOLINIER, S. 85 f., mit Taf. XIX, XX. – M. SCHÜTTE, Der schwäbische Schnitzaltar, Straßburg 1907, S. 245 f., mit Angabe älterer Literatur. – SIMEON, S. 28 f. – W. PINDER, Deutsche Plastik, II. Teil, Wildpark Potsdam 1929, S. 404. – A. GAUDY, Die kirchlichen Baudenkmäler der Schweiz, Graubünden, Berlin-Zürich 1921, Abb. 85 und 86. – K. GRÖBER, Schwäbische Skulptur der Spätgotik, München 1922, S. 7, Abb. Nr. 51. – SCHMUCKI, S. 29 f. – ESCHER, S. 53 und 99 f. – Kdm. Grb. I, S. 126 f. – L. VOLKMANN, Der Ueberlinger Rathaussaal des Jakob Ruß, Berlin 1934, S. 5 f. Literaturverzeichnis auf S. 59. – Zur Biographie des Jakob Ruß vgl. auch F. HARZENDORF in den Schriften des Vereins zur Geschichte des Bodensees, Heft 65 (1938), S. 37–57, J. BAUM in ZAK. 1940, S. 94, L. VOLKMANN in Oberrheinische Kunst, Jhrg. 10, S. 171 f., und E. POESCHEL in ZAK. 1946, S. 47–52. Die vollen Titel der oben abgekürzt zitierten Werke siehe S. 37 und im Abkürzungsverzeichnis des vorliegenden Bandes.

Die Nebenaltäre. Die Beschreibung erfolgt in der Reihenfolge von Osten nach Westen, jedoch nach den Schiffen getrennt.

1. Im Mittelschiff zwischen den Treppen zur Krypta *der Altar des hl. Kreuzes.* Der Altar aus rotem Marmor wurde 1925 unter Verwendung alter Teile (z. B. der Baluster) neu aufgesetzt. Statt eines Retabels erhebt sich über den mit Reliefranken gezierten Kerzenstufen ein Holztabernakel in Form eines zweigeschossigen, von ge-

---

1) Über diese Frage vgl. auch ZAK. 1946, S. 52.
2) Die von H. Rott a. a. O., S. 193, vorgeschlagenen Namen – PETER TAGBRECHT oder HANS und JÜRG BADER – kommen nicht in Frage, da der Vorname MICHEL bezeugt ist; s. vorn S. 104. Man könnte also an den St. Galler MICHAEL LANG (Rott a. a. O., S. 182) denken, doch ist kein Werk von ihm zur Vergleichung vorhanden.

wundenen Säulen umgebenen und mit vielen Statuetten gezierten Tempels; entstanden unter Bischof Ulrich VI. von Mont (reg. 1661 bis 1692), dessen Wappen an der Bekrönung erscheint. Neu gefaßt 1925.

An der Rückseite dieses Altars gegen die Krypta hin war früher unter einem kleinen gotischen Baldachin eine – nun im Dommuseum aufbewahrte – Holzskulptur des Schmerzensmannes (H. 63,5 cm) aufgestellt. Das Antlitz ist edel und von gefaßter Trauer beherrscht, der Körper mit den stark eingezogenen Lenden gut modelliert. Gegen die schon von Burckhardt vorgeschlagene Zuweisung an JAKOB RUSS bestehen keine Bedenken. Als Begründung diene der Vergleich mit dem Haupt des Gekreuzigten auf der Rückseite des Hochaltars sowie auch die Sockelbehandlung; die noch nicht sehr standfeste Haltung paßt zudem gut zu der Zeit um 1490[1] (Abb. 109).

Nur in den Ostjochen der Seitenschiffe stehen die Altäre (Nr. 2 und 3) an den Schmalseiten, während alle übrigen an den Längswänden aufgestellt sind.

Im nördlichen Seitenschiff: 2. Der *St.-Jakobs-* oder *Apostel-Altar*, nun *Herz-Jesu-Altar* genannt; zweisäuliger Aufsatz aus Holz mit Giebelstück (H. 4,48 m). 1652 als Pendant zum St.-Placidus-Altar (Nr. 5) komponiert, weist er wie dieser Seitenteile mit Figuren (St. Johannes Ev., Abb. 110, und Jakobus d. Ä.) unter baldachinartigen Bogen auf, die ent-

Abb. 110. Chur, Kathedrale. St. Johannes Evangelist am Herz-Jesu-Altar. 1652. Text nebenan.

wicklungsgeschichtlich als Rudimente der gotischen Flügel zu betrachten sind (siehe darüber Bd. I, S. 212). Das Altarblatt heute ein Herz-Jesu-Bild von FELIX BAUMHAUER von 1926, vorher eine Darstellung des St. Johannes von Nepomuk aus dem 18. Jahrhundert, nun in der Luziuskapelle aufbewahrt[2].

Im Frontispiz ein Gemälde des hl. Andreas. Auf die Säulenstühle sind die Wappen Flugi von Aspermont und Planta gemalt; sie beziehen sich auf die Stifter, die in einer lateinischen Inschrift auf dem Sockel des Aufsatzes genannt sind: Joh. Andreas Flugi von Aspermont, Erbkämmerer des Bistums Chur, und seine Ehefrau Domenica Planta von Wildenberg, 1652[3].

Auf der Mensa ein geschnitzter und vergoldeter Reliquienschrein aus der zweiten Hälfte des 17. Jahrhunderts. Das Glasfenster der Front flankiert von Hermenpilastern.

3. Im Mitteljoch steht seit 1926 der *St.-Luzius-Altar* aus Churwalden von 1511 als Depositum der Eidgenössischen Gottfried-Keller-Stiftung. Beschreibung Bd. II,

---

1) Dies entgegen Volkmann a. a. O., S. 10.
2) Nach Simeon, S. 19, befand sich unter diesem Bild das ursprüngliche, aber von ihm nicht näher beschriebene Altarblatt.
3) Wortlaut der Inschrift bei Simeon, S. 20, jedoch mit dem Datum MDCLXX, statt MDCLII. 1670 war Domenica von Flugi schon nicht mehr am Leben. Vgl. auch Mayer II, S. 372, und JB HAGGr. 1945, S. 60.

S. 238 ff., mit Abb. Nr. 232–235[1]. Das Antependium (Abb. 111) stammt von anderer Hand; um 1480. Vgl. Bd. II, S. 242. Vorher erhob sich hier der *St.-Katharinen-Altar* in der 1653 hergestellten Gestalt: die Tafeln des gotischen Flügelretabels (siehe unter Nr. 4) waren eingepaßt in einen aus Holz gebauten dreiteiligen Aufsatz mit vier Säulen, von einem Giebel mit aufgelöster Verdachung bekrönt. Eine lateinische Inschrift im Sockel besagte, daß den ehemals der hl. Katharina und nun den Hl. Albanus, Christophorus und Carlo Borromeo geweihten Altar die Brüder von Mohr – Christoph, Domprobst, und Konrad, Apost. Protonotar – 1653 neu errichteten[2]. Ihre beiden aus weißem Marmor gehauenen Wappen, die den Sockel zierten, sind nun an den Schmalseiten des Altarblockes eingebaut, das des Dompropstes ist vereinigt mit dem Kapitelswappen, das andere überhöht vom Protonotarenhut. Der Architrav des Aufsatzes zeigte noch fünf weitere, durch lateinische Beischriften bezeichnete Wappen: 1. Alphons Casati, Graf von Borgo-Lavizzaro, Rat des Erzherzogs Ferdinand Karl. 2. Bischof Johann VI. 3. Carlo Caraffa, Apost. Nuntius. 4. Francesco Casati, kaiserlicher Rat und Gesandter bei den III Bünden. 5. Maximilian von Moor (Mohr), Graf von Kuffstein, Baron von Landstein usw., 1654[3]. Diese Wappen wurden 1926 auf dem restaurierten Katharinenaltar (Nr. 4) kopiert.

Die Mensa ist mit *romanischen Werksteinen* eingefaßt, die 1925 vom Rosenkranzaltar hierher versetzt wurden. Sie weisen an der Unterseite Schrägen mit ornamentalem Schmuck auf: an den Ecken Tiermasken, von denen fette Blattranken ausgehen, ähnlich jenen am Türsturz zur alten Sakristei. Es handelt sich ohne Zweifel um Stücke einer romanischen Altarplatte, die eine Frontlänge von 223,5 cm hatte. Um 1200 (vom Kreuzaltar?)[4] (Abb. 111).

4. Über der Mensa des Westjoches erhob sich bis 1925 der nun in der St.-Luzius-Kapelle aufbewahrte Aufsatz des *St.-Gaudentius-Altars*: ein naturfarbenes Holzretabel mit vergoldeten Schnitzereien in Form einer zweisäuligen Ädikula mit Seitenteilen. Im Architrav datiert 1652. Das Mittelbild (auf Leinwand) zeigt Mariä Himmelfahrt, signiert: I · R · S · F, was sicherlich «Johann Rudolph Sturn fecit» gelesen werden darf, obwohl das Gemälde in der farbigen Haltung von der Arbeit Sturns auf dem Rosenkranzaltar (siehe S. 122) stark abweicht. Doch ist dies nicht zum geringsten Teil darauf zurückzuführen, daß hier eine temperaartige Technik angewendet ist, während es sich dort um reine Ölmalerei handelt. In den Seitenteilen (auf Holz) S. Bernardino und St. Gaudentius. Auf der Predella die Grablegung Christi, im Giebel Mariä Krönung. Der Sockel trägt eine Stifterinschrift für Kanonikus Bernardino de Gaudenzi. Das Wappen – geschnitzt und bemalt – hängt nun über dem Seiteneingang neben dem Katharinenaltar.

Die erste *Altarstufe* stammt noch aus romanischem Bestand und ist geziert mit einer an allen drei Seiten umlaufenden Borte aus Eier- und Perlstab.

1926 wurden die oben (unter Ziffer 3) erwähnten *Tafeln des alten St.-Katharinen-Altars* in den ursprünglichen Zusammenhang gebracht und hier aufgestellt (Abb. Bd. I, S. 219). Das Werk verkörpert, in anderer Form als der Kryptenaltar, den im süddeutschen und schweizerischen Gebiet verhältnismäßig seltenen Typus des nur bemalten, also

---

1) Zur Literatur ist noch nachzutragen, daß Volkmann a. a. O., S. 7 und 20, als Meister des Altars Jakob Ruß in Erwägung zieht. Die von ihm gezogenen Vergleiche zwischen Details in Chur und Bern betreffen jedoch nur traditionelle physiognomische Besonderheiten und beweisen keinen Stilzusammenhang. Übrigens ist auch die These von der Identität des Meisters des Berner Gestühls mit dem JAKOB RUSS aus Ravensburg (zuletzt vertreten von J. Baum in ZAK. 1940, S. 94 f.) unhaltbar. Nähere Begründung des Verfassers in ZAK. 1946, S. 51.

2) Wortlaut der Inschrift bei Chr. Mod. Tuor, Reihenfolge der residierenden Domherrn, Chur 1905, S. 22.

3) Transkription der Inschriften s. Tuor a. a. O., S. 22.

4) Beispiele solcher geschrägter und dekorierter Mensen bei Paul Deschamps, Die romanische Plastik Frankreichs im 11. und 12. Jahrhundert. Berlin 1930, Taf. 3 F (Orléans) und Taf. 6 A–C (Toulouse).

Abb. 111. Chur, Kathedrale. Antependium des St.-Luzius-Altars; um 1480. Text S. 116.

statuarischen Schmuckes entbehrenden spätgotischen Flügelaltars. Die Mitteltafel ist bei 188 cm Höhe nur 82,4 cm breit, weshalb ihr außer den beweglichen Flügeln auch feststehende angefügt wurden, um den Aufsatz in geschlossenem Zustand nicht allzu schmächtig erscheinen zu lassen.

Das *Mittelbild* (Abb. 112) zeigt die Kreuztragung Christi: Der Zug quillt von links her aus dem Stadttore heraus; der unter dem Kreuz zusammengebrochene, von den Schergen verhöhnte und mißhandelte Heiland wird geleitet von den heiligen Frauen, Johannes und Simeon, der das Kreuz stützt. Im Mittelgrund rechts sieht man in einem Geländeeinschnitt die Spitze des Trupps und die mit verbundenen Augen abgeführten Schächer; auf einem Hügel zu ihren Häupten wird das Kreuz errichtet und im Hintergrund verliert sich der Blick in einer gebirgigen Seenlandschaft. In dem noch unnaturalistisch als Goldfolie gegebenen Himmel steht ein Kryptogramm: zwei verschlungene «m» in gotischen Minuskeln, darunter «C A T» in Unzialen (C schwarz und A und T Gold), das Ganze bekrönt von der Kaiserkrone, deren Bänder sich um bewurzelte Blütenstengel schlingen: links Vergißmeinnicht, rechts Viola tricolor[1].

Die *Innenseiten der beweglichen Flügel* sind in je vier Felder mit kleinen szenischen Darstellungen eingeteilt; links Ereignisse aus der Legende der Altarpatronin, der hl. Katharina: von oben nach unten a) Die Verbrennung der durch die Heilige bekehrten Gelehrten; b) Katharina wird von der Kaiserin Faustina und dem Kriegs-

---

1) Die Auflösung umstritten. Der Verfasser (s. Literaturangabe) dachte an eine Beziehung zu Maximilian I.: die verschlungenen «m» = Maximilian und Maria Bianca; «C A T», unter Voranstellung der etwas größer gezeichneten Mittelziffer (nach heraldischer Lesung), «Archidux Comes Tiroliensis». – Demgegenüber wies Zinsli darauf hin, daß das gleiche Signet auf dem Titelholzschnitt des Missale von 1497 vorkommt, wo eine solche Anspielung auf Maximilian und dessen Gattin nicht wahrscheinlich sei. Er vermutet ein Marienmonogramm und läßt C A T unaufgelöst. – K. Schottenloher, Die liturgischen Druckwerke Ratdolts, Mainz 1922, S. XV, denkt gleichfalls an ein Mariensignet und liest «clamamus ad te». – Eine Abkürzung von «Catarina» kommt kaum in Frage, da keinerlei Kürzungszeichen gegeben sind.

Abb. 112. Chur, Kathedrale. Mitteltafel des St.-Katharinen-Altars; Kreuztragung. Text S. 117.

obersten Porphyrius im Gefängnis besucht; c) die zur Marter der Heiligen aufgestellten Räder werden durch Feuer vom Himmel zerstört (Abb. 114); d) Engel tragen die Entseelte zu ihrem Grab auf dem Berg Sinai. Im Vordergrund dieses Bildes der kniende Stifter Bischof Heinrich VI. von Höwen mit seinem Wappen.

Rechts Darstellungen aus den Legenden von vier Heiligen: a) Salome überbringt das abgeschlagene Haupt des Täufers Johannes; b) der Evangelist Johannes wird vor der Porta Latina in siedendes Öl gesetzt und bleibt unversehrt (Abb. 113). c) St. Blasius von einem Schergen mit eisernem Hechel geschunden; d) St. Luzius wird von seinen Verfolgern, die ihn ins Wasser geworfen, gesteinigt. Der Himmel ist, wie auf der Mitteltafel, auf all diesen Bildchen vergoldet.

Auf *den Außenseiten der beweglichen Flügel* ist – wie auf den Blindflügeln – jeweils ein Heiliger unter Maßwerk auf rotem oder grünem Grund dargestellt. Auf den beweglichen Flügeln links St. Oswald, darunter Wappen des Bistums und Höwen, rechts St. Nikolaus mit Wappen Höwen und Eberstein für die Eltern des bischöflichen Stifters[1] (Abb. 115).

Auf den *Blindflügeln* links St. Hieronymus mit dem Löwen, rechts St. Christophorus (Abb. 115).

Der Altar wurde 1925 von F. BENTZ in Basel restauriert. Die Bilder der Mitteltafel und der Innenseiten der Flügel hatten ihre alte Frische vollkommen bewahrt. Die Gestalten der Heiligen Oswald und Nikolaus waren zum Teil, Christophorus im wesentlichen ganz erhalten; Hieronymus aber mußte von einer Übermalung des 17. Jahrhunderts, die ihn zu einem St. Albanus umgestaltet hatte, befreit werden. Die Stifterwappen der Innenseiten wurden nach vorgefundenen Resten rekonstruiert, jene des (neu hergestellten) Sockels sind Kopien nach den unter Ziffer 3 genannten Wappen von 1654. – Ob das Retabel ursprünglich auf einer Predella stand, ist nicht mehr zu ermitteln.

Würdigung. Die Proportionen des Aufsatzes sind ungewöhnlich, finden jedoch eine

---

[1] Friedrich von Höwen und Adelheid geb. Gräfin Eberstein, vermählt 1445. Vgl. G. Bucelinus, Rhaetia sacra et profana, Ulm 1666, S. 392. Wappen S. 115.

Abb. 113. Martyrium des St. Johannes Evangelist.   Abb. 114. Martyrium der St. Katharina.

Chur, Kathedrale. St.-Katharinen-Altar. Text S. 118.

Parallele im Allerheiligen-Triptychon zu Reichenau-Mittelzell (1498)[1]. Mit dem tiefen satten Glanz der farbigen Harmonie, der äußerst sorgfältigen Detaildurchbildung und der vortrefflichen, in einzelnen Szenen der Flügel sogar stimmungsgesättigten Charakterisierung des landschaftlichen Raumes dürfen die Bilder dieses Altars als das bedeutendste Denkmal spätgotischer Tafelmalerei im bündnerischen Bestand gelten. In der Komposition sowie in zahlreichen Details sind klare Beziehungen zur Graphik Dürers nicht zu verkennen. Insbesondere entspricht die Grundidee der ganzen Darstellung – das Herausquellen des Zuges aus dem Schlund des Stadttores – der Darstellung in der Großen Passion (1497), wie denn überhaupt die ganze Flächenaufteilung, das Verhältnis der Architektur zur Landschaft und die Hauptlinien der Gruppengestaltung übereinstimmen. In der Haltung Christi vereinigen sich Züge aus der «Großen» und «Kleinen Passion» (1509), da der Hingesunkene zwar erhobenen Hauptes kniet, sich jedoch mit der Rechten auf den Stein stützt. Dagegen erweist sich die Churer Fassung gegenüber den Holzschnitten der beiden Passionen darin als eine in der geistigen Konzentration weniger entwickelte Gestaltung, daß die Blickverbindung zwischen Christus und der mitleidenden Veronika noch fehlt und statt dessen der Scherge in Korrespondenz zum Heiland gestellt ist. Auch in andern Zügen, so der Befreiung der Gestalt des Herrn von der Überschneidung durch eine Nebenfigur, wie es der Kriegsknecht ist, erscheint das Blatt der Großen Passion wie ein Schritt aus der befangenen Churer Formulierung zu überlegenerer Gestaltung.

1) Abbildungen in Kdm. Baden I, S. 343 und 345.

Die Beziehungen des Werkes zu Dürers Holzschnitten wurde nie in Frage gestellt, doch ist die Datierung des Altars und im Zusammenhang damit die Autorschaft umstritten[1].

Literatur: BURCKHARDT, S. 160f. – SIMEON, S. 20f. – POESCHEL, Ein Jugendwerk Dürers in der Churer Kathedrale, Neue Zürcher Zeitung 1931, Nr. 1094 und 1101. Entgegnung von P. Zinsli a. a. O., Nr. 2516. Replik dortselbst. – Kdm. Grb. I, S. 117. – Escher, S. 55f., 101, mit Tafeln 56–59. – H. ROTT, Quellen und Forschungen, Text Bd. I, Stuttgart 1933, S. 183–186.

Im südlichen Seitenschiff. 5. *Der Altar St. Placidus und Sigisbert*, seit dem 17. Jahrhundert auch *St.-Michaels-Altar* genannt (vgl. S. 99, Nr. 4). Über den Typus des Aufsatzes, der 1646 errichtet wurde und im Retabel des gegenüberliegenden Altars von 1652 ein Pendant erhielt, siehe S. 115, Nr. 2 (H. 4,40 m). Das eigentliche Altarblatt zeigt die Auferstehung Christi in mittelmäßiger, kreidiger Malerei; es ist jedoch nur an Ostern sichtbar, sonst verdeckt durch ein *Abendmahlsbild* (Abb. 116). Man sieht den Tisch nicht von der Längsseite wie beim älteren Schema, sondern die Tafel stößt von vorn in die Tiefe. Rechts sitzt Judas, den Gefährten den Rücken kehrend; seine und eines anderen, gleichfalls in Schatten getauchten Apostels dunkle Silhouette dienen der Steigerung des Tiefeneindruckes. Von den beiden Assistenzfiguren im Hintergrund, dem Gastfreund und seinem Diener, könnte der erstere (rechts) nach Stellung und Blickrichtung ein Selbstporträt des Malers darstellen, als den man sicherlich G. W. GRAESNER aus Konstanz, damals in Chur wohnhaft, annehmen darf[2]. Rechts oben das Wappen von Castelberg und Datum 1647. Der Stifter ist Kanonikus Johannes von Castelberg. Da er seit 1640 Benefiziat am St.-Konrads- (heute St.-Josephs-) Altar war, könnte das Bild ursprünglich für diesen bestimmt gewesen sein (vgl. JB HAGGr. 1944, S. 41). Im Frontispiz St. Michael, vom gleichen

---

1) Da die Übereinstimmungen zwischen dem Churer Werk und den Holzschnitten Dürers nicht zu bestreiten sind, so müßte, wenn es nicht von Dürer oder doch einem mit seinen Entwürfen vertrauten Werkstattgenossen stammt, die Datierung bis nach 1509 hinausgerückt werden, da nicht nur Elemente der «Großen», sondern auch der «Kleinen Passion» darin verwoben sind. Diese Konsequenz hat denn auch Escher gezogen, der den Altar auf 1510 ansetzt und als Meister einen zwar aus Franken (Nürnberg) gebürtigen, aber von der voraltdorferschen Donauschule – repräsentiert durch den jugendlichen CRANACH, RUELAND FRUEAUF D. J. und JÖRG BREU D. J. – beeinflußten Maler annimmt. Ebenso P. Zinsli. Die Bedenken gegen diese Zuweisung liegen darin, daß der mit den bischöflichen Insignien hier abgebildete Stifter Heinrich VI. von Höwen schon seit 1503 durch einen Administrator, seinen späteren Nachfolger, ersetzt war, und nicht mehr in Chur residierte, sondern in Straßburg wohnte, wo er 1509 starb. Daß er als Exilierter noch einen Altar in die Domkirche gestiftet haben sollte, erscheint zumindest befremdend.

Aus solchen und andern äußeren Gründen nahm der Verfasser in dem unter «Literatur» genannten Artikel trotz nicht verhehlter stilistischer Bedenken einen nahen Zusammenhang mit dem jungen Dürer an.

H. A. Schmid unterscheidet (in einer brieflichen Mitteilung, für die hier verbindlichst gedankt sei), zwischen einem an Jahren älteren Meister der Kreuztragung und der Einzelfiguren und einem jüngeren, aber gleichzeitig arbeitenden der Katharinenlegende. Für den letzteren denkt er an einen Maler aus der nächsten Umgebung CRANACHS in dessen Wiener Zeit. Datierung um 1505. – Burckhardt sprach von «verschiedenen guten Künstlern der späteren Augsburger Schule (etwa um 1530)». W. Hugelshofer (MAGZ. XXX, S. 28, bezeichnet das Werk als «ohne Zweifel konstanzisch». – Der Vorschlag von H. Rott (Text-Bd. I, S. 183), der CONRAD TÜRING D. J. nennt, ist der Diskussion entzogen, da von diesem nur archivalisch und allein für St. Gallen belegten Maler kein gesichertes Werk als Ausgangspunkt für eine Stilvergleichung bekannt ist. – Beachtung verdient noch die Publikation über die Dürersche «Thyßen-Madonna» (1498 bis 1500) durch M. J. Friedländer im Pantheon 1934, S. 321–324, wo er auf die Stilverschiedenheiten in der Malerei des jungen Dürer hinweist. Die Darstellung des Landschaftlichen in dem Bild der Rückseite (Lot und seine Töchter) steht übrigens der Malweise in dem Bildchen der Luziuslegende recht nahe, auch der Hintergrund der Vorderseite jenem in der Kreuztragung.

2) Die Zuschreibung ergibt sich aus einem Vergleich der Personentypen mit jenen des Katharinenaltars in der Klosterkirche zu Disentis (1652); s. Bd. V, S. 48f., sowie des Bildes «Gottes Zorn» in Sta. Maria, Bd. VI, S. 296. In einer Inschrift in Sta. Maria bezeichnet sich GRAESNER 1646 als in Chur wohnhaft, Bd. VI, S. 290. Später (1656) erhoben die Zünfte Einspruch gegen sein weiteres Verbleiben (Rats-Prot. VII, S. 20). Näheres über GRAESNER s. Bd. I, S. 224. JOH. RUD. STURN (vgl. S. 122) kommt aus stilistischen Gründen nicht in Frage.

Abb. 115. Chur, Kathedrale. Flügel des St.-Katharinen-Altars. Text S. 118 und Abb. Bd. I, S. 119.

Maler wie das Auferstehungsbild; unter den auskragenden baldachinartigen seitlichen Bogen zwei *spätgotische Holzfiguren* des früheren Altars: links St. Placidus (H. 79,8 cm), rechts St. Sigisbert (H. 87,5 cm); 1490–1500, nach dem Faltenstil und der Haarbehandlung vermutlich von JAKOB RUSS. Auf den Stühlen der Säulen die Wappen Hummelberg und Altmannshausen, die sich auf die Eltern des Domdekans Michael von Hummelberg beziehen, der laut einer am Sockel angebrachten lateinischen Inschrift 1646 diesen Altaraufsatz gestiftet[1]. – Auf der Mensa ein *Reliquienschrein* wie beim korrespondierenden Altar (S. 115, Nr. 2).

Über den *spätgotischen Bildteppich*, der vor 1921 das Altarblatt vertrat, siehe S. 199f.

6. Der *St.-Konrads-Altar*, jetzt *St.-Josephs-Altar* genannt (siehe S. 100, Ziffer 6). Der aus Holz gebaute Aufsatz (von 1657) verkörpert den gleichen zweisäuligen Typus

---

1) Die Eltern waren Hieronymus von Hummelberg und Perpetua von Altmannshausen (vgl. A. Ulmer, Burgen und Edelsitze, S. 756). – Wortlaut der Inschrift abgedruckt bei Simeon, S. 18.

Abb. 116. Chur, Kathedrale. Abendmahl, am Altar St. Placidus und Sigisbert; 1647. Text S. 120.

wie Nr. 2 und 5, nur daß die Seitenteile hier keine Skulpturen enthalten, sondern bemalt sind (H. 4,28 m). Altarblatt: Christus und Petrus auf dem Meer, wie das Wandbild S. 71 nach der Lapislazulitafel im Dommuseum; hinzukomponiert der landschaftliche Hintergrund, der Kahn in ein Segelschiff umgewandelt. Auf den Seitenteilen S. Carlo Borromeo und der hl. Nikolaus, im Frontispiz St. Konrad in Halbfigur. Auf den Säulenstühlen die Wappen Cabalzar und Jochberg für die Eltern des in der Sokkelinschrift genannten Domkustos Christian Cabalzar, der 1657 den Aufsatz errichten ließ[1].

7. Der *Rosenkranzaltar*, ursprünglich *St.-Oswalds-Altar* (siehe S. 101, Ziffer 16). Der 1653 errichtete heutige Aufsatz ist der einzige Stuckaltar der Kathedrale; er besteht aus einer Ädikula mit einem Paar glatter Säulen und einer Segmentverdachung, auf der Engel lagern (H. 4,28 m). Das Altarblatt zeigt die heilige Familie (Abb. Bd. I, S. 220), bietet also kein eigentliches Rosenkranzbild. Im Bogendurchblick des Hintergrundes sieht man den «Hof» mit der bischöflichen Residenz im Zustand nach dem Neubau (Abb. 229). Unten das Wappen des Bischofs Johann VI. Flugi. Zweimal signiert: a) rechts unten «J. R. S. F.», b) auf dem Sessel der Maria: «Jo: Ru: / Sturn 1653.»

Würdigung des Bildes und biographische Angaben über den Churer Maler J. R. STURN siehe Bd. I, S. 222. Als Vorlage für den Kopf des Josephs benützte Sturn das Haupt des Henkers auf dem Herodiasbild des Laurentiusaltars im Spiegelbild (siehe Abb. 119). Eine

[1] Caspar Cabalzar und Margaretha geb. von Jochberg. Stammbaum, Mskr. v. G. Casura, Kantonsbibliothek K III, 197. – Wortlaut der lateinischen Inschrift s. Tuor, S. 47.

Abb. 117. Chur, Kathedrale. Bischof Luzius Iter am St.-Laurentius-Altar. Text S. 123.

Variante des Gemäldes in der St.-Josephs-Kapelle von Darvella (Bd. IV, S. 443). In der Inschrift (1653) nennt sich Bischof Johann VI. Flugi als Stifter des Altars[1].

8. Der *St.-Laurentius-Altar* in der Laurentiuskapelle (Abb. 118). Das Retabel ist nach dem gleichen Grundschema gebaut wie der Castelbergaltar in der Klosterkirche von Disentis (Abb. in Bd. I, S. 161, und Bd. V, S. 50 ff.). Charakterisierung dieses Typus siehe dort. Der Unterschied zum Disentiser Altar liegt in der schlankeren Form des Mittelbildes, den noch zierlicheren Säulchen und darin, daß in Disentis der Sockel durch die Karyatidenpilaster schon etwas plastischer wirkt. Auch ist in Chur das Hauptgesims noch schwächer ausgebildet. Befremdend erscheint die starke Überschneidung des Bogens im Giebel.

Über hohem, durch eine Portalarchitektur gegliedertem Sockel erhebt sich der Oberbau, bestehend aus dem Mittelbild, das von leicht gedrehten, aus Blattkelchen wachsenden Säulen flankiert wird, und den in je drei Bogenfelder geteilten Seitenstücken. Wie das abermals als Portal durchgebildete Frontispiz ist auch der Sockel von à-jour-geschnitzten Delphinen begleitet, die in Blattwerk auslaufen.

Abb. 118. Chur, Kathedrale. St.-Laurentius-Altar.
Text nebenan.

Das *Hauptbild* zeigt die Anbetung der Drei Könige in Anlehnung an Dürers Holzschnitt aus dem Marienleben. Annähernd wortgetreu übernommen sind Maria und das Kind sowie der stehende König. Den Joseph Dürers gestaltete der Maler unter Beibehaltung der Haltung und Placierung in den Mohrenkönig um und setzte dafür den Nährvater an den linken Bildrand hinaus. Die Szenerie ist unabhängig von der Vorlage gestaltet. Links vorn der Stifter Bischof Luzius Iter (reg. 1541–1549) mit seinem Wappen (Abb. 117). Dahinter erblickt man noch die vom knienden König niedergelegte Krone in Form der Kaiserkrone, wie sie auf dem Katharinenaltar erscheint. In den sechs Feldern der *Seitenteile* und auf der Predella sind Szenen aus der Legende des hl. Laurentius geschildert. Links: a) Laurentius wird als Findelkind aufgenommen[2]

---

1) Wortlaut der lateinischen Inschrift s. Simeon, S. 14.
2) Nach der in den «Gesta Romanorum» mitgeteilten Legende, vgl. die Edition von H. Osterley, Berlin 1872, S. 612.

Abb. 119. Chur, Kathedrale. Giebelbild des St.-Laurentius-Altars, 1545. Text unten.

(Abb. 120) und b) vom Papst Sixtus II. zum Diakon geweiht. c) Der Papst übergibt ihm den Kirchenschatz. Rechts: d) Der Heilige wohnt der Enthauptung des Papstes Sixtus bei. e) Er verteilt den Kirchenschatz an Arme und Krüppel (Abb. 121). f) Er wird an einem Baum aufgehängt und gemartert. Auf der Predella: g) Der Tod des Heiligen auf dem glühenden Rost.

Der Komposition von Lit. b (Diakonweihe) liegt die Szene «Kaiser und Papst» aus den Holbeinschen (und Churer) Todesbildern zugrunde[1].

Giebelbild: Salome mit dem Haupt des Johannes, hinter ihr der Henker mit erhobenem Schwert, beide in Halbfigur; datiert 1545. Die Zeitangabe stimmt also zu dem Stifterwappen (Luzius Iter, 1541–1549) wie zur Erweiterung der Laurentiuskapelle (1544–1546), siehe S. 58, und darf wohl für den ganzen Altar gelten (Abb. 119).

Würdigung. Das Schnitzwerk des Aufbaues ist in der goldschmiedhaften Feingliedrigkeit der Struktur und der zarten Grazie der Ornamentik von hohem Rang. Die Abhängigkeit der Malereien von der sogenannten «Donauschule» – im weiteren stilistischen, nicht im geographischen Sinn – ist offenkundig, doch muß sogleich hinzugefügt werden, daß sie nicht in einer Übereinstimmung im künstlerisch Wesentlichen, sondern mehr in äußerlichen Zügen zum Ausdruck kommt. Insbesondere ist die Landschaft immer noch im alten Sinn Hintergrund und nicht der Raum eines wirklich in ihr sich begebenden, im richtigen Figurenverhältnis zur Szenerie vorgetragenen Ereignisses, wie bei den Meistern der «Donauschule». An sie erinnern dagegen gewisse Elemente der Darstellung, so etwa die Neigung zu düsterer Stimmung, wie beim Epiphaniabild, die Vorliebe für zackig-bizarre Architekturen, für prunkhafte Waffen und Brokate, vor allem jedoch die mit einem Netz von vielen hellen feinen Strichen und Punkten arbeitende schmuckhafte Vortragsweise. Die Art, wie der

---

1) Darauf wies zum erstenmal Sal. Vögelin hin.

Abb. 120. Auffindung des St. Laurentius.   Abb. 121. St. Laurentius verteilt den Kirchenschatz.
Chur, Kathedrale. Details des St.-Laurentius-Altars. Text S. 123 f.

gekräuselte und gefältelte Tüll über Hals und Brust der Salome sowie der Prunkmantel des knienden Königs gegeben sind, wirkt wie der Werkstatt Altdorfers abgelernt[1]. Die einzelnen Bilder schwanken in der Sorgfalt der malerischen Durchbildung, was auf die Mitarbeit eines (oder mehrerer!) Gehilfen zurückzuführen sein wird. Doch dürfte auch das Giebelstück aus der gleichen Werkstatt stammen, wie an der Stoff- und Haarcharakterisierung zu erkennen ist[2].

Die Provenienz ist unbekannt. Die Übereinstimmung des Aufbaues mit dem erwähnten Disentiser Altar von JÖRG und MORITZ FROSCH könnte an Feldkirch denken lassen, doch sind überzeugende stilistische Beziehungen zu Jörg Frosch, der zeitlich in Frage kommen könnte, nicht vorhanden[3]. Röder und Tscharner (1838) nennen als Meister der Seitenbilder einen «Keller von Luzern». Da dieser Maler sonst nicht bekannt ist, dürfte es sich hier nicht etwa um eine Hypothese der Autoren handeln wie bei ihrer Zuweisung der Laurentiusmarter an Holbein. Es ist also nicht auszuschließen, daß sie irgendeine uns nicht mehr zugängliche Information für ihre Behauptung hatten; der Name verdient daher, zunächst in Erinnerung behalten zu werden.

1) Vgl. dazu die Detailaufnahme aus der Münchner «Madonna in der Engelsglorie» (um 1525) bei L. von Baldaß, Albrecht Altdorfer, Zürich 1941, S. 161.

2) Dies in Modifikation von Bd. I, S. 160, Anm. 2. – Escher verteilt die Bilder in folgender Weise auf vier Maler: a) Mitteltafel, b) Laurentiusmarter, c) Seitenbilder, d) Salome. – Rott nimmt zwei Hände an: 1) Salome und teilweise die Mitteltafel, 2) Laurentiuslegende. Er schlägt GALLUS und LUKAS BOCKSTORFER (Söhne des CHRISTOPH BOCKSTORFER) vor, von denen aber vergleichbare Werke nicht bekannt sind. – Burckhardt war geneigt, die Laurentiusmarter Holbein selbst zuzuschreiben.

3) Eine Ähnlichkeit mehr äußerlicher Natur besteht in der Verwendung gewisser pittoresker Hintergrundsarchitekturen mit solchen auf dem Epitaph Altmannshausen in Fromengärsch aus der Werkstatt FROSCH, Feldkirch; Abb. in Veröffentl. des Vereins für christl. Kunst und Wissenschaft in Vorarlberg, Feldkirch 1912, S. 13.

Die Entscheidung darüber, ob die Todesbilder im Schloß (1543) in den gleichen Werkstattkreis gehören wie dieser Altar, ist durch die Verschiedenheit der Technik und noch mehr dadurch erschwert, daß es sich im einen Fall um Kopien handelt. Doch dürfte diese Frage nicht ohne weiteres zu verneinen sein.

Der Altar wurde 1925 durch FRED BENTZ in Basel restauriert. Beschädigt war nur die Mitteltafel: Teile der Bildhaut abgeblättert und die Lücken ausgekittet, andere übermalt. Die Augen erwiesen sich am ganzen Altar als ausgebohrt. Vor 1921 waren eine Zeitlang die Mitteltafel und das Predellenbild in der Luziuskapelle untergebracht und erstere durch eine Darstellung des St. Johann von Nepomuk aus der Mitte des 18. Jahrhunderts ersetzt.

Literatur: G. W. RÖDER und P. C. v. TSCHARNER, Der Kanton Graubünden, St. Gallen und Bern 1938, S. 125. – BURCKHARDT, S. 161. – SAL. VÖGELIN, Wandgemälde im bischöflichen Palast zu Chur, MAGZ. 1878, S. 22. – G. SCHNEELI, Renaissance in der Schweiz, München 1896, S. 129, mit Taf. XXVII. – SIMEON, S. 15f. – ESCHER, S. 57f. und 103. – ROTT, Text Bd. I, S. 195. – P. ZINSLI in ASA. 1937, S. 62f. – Vollständige Titel siehe S. 37 und Abkürzungsverzeichnis.

9. Das ehemalige *Altarblatt der St.-Luzius-Kapelle* darf man wohl in einem nun in der oberen Sakristei aufbewahrten Ölgemälde erblicken, das die Muttergottes mit dem Kind zwischen St. Luzius und Florinus zeigt; auf Holz, H. 137,5 cm, Br. 109 cm. Auf dem gemalten Postament der Madonna das Wappen des Bischofs Johann V. Flugi mit Datum 1604. Die Malersignatur: «G D pinx.» Tab. III, 2 weist auf G. DREHER (siehe unten und Bd. V, S. 117). Sorgfältig nüancierte Malerei[1].

10. Gleichfalls in der Sakristei steht ein einfacher *Altaraufsatz aus Holz* in den Formen der Spätrenaissance mit einem Paar kannelierter Säulen und Seitenteilen. Das Mittelfeld zeigt – auf Holz gemalt – den Gekreuzigten zwischen Maria, Johannes und Magdalena; signiert «G. Dreher 1606» (das G oder C mit D verbunden). Auf den bemalten Seitenstücken Jakobus d. Ä., rechts St. Leonhard. Die Tafel in der Predella ist eine spätere Zutat und seitlich beschnitten. Sie zeigt – als «Nachtstück» in

[1] Vielleicht auch C. DREHER. Der Verbindung wegen ist bei allen drei Signaturen nicht zu entscheiden, ob es sich um ein C oder G handelt.

Abb. 122. Chur, Kathedrale. Das Sakramentshäuschen von 1484. Text S. 127.

dunklen, braunen Tönen gemalt – den toten Heiland, von Engelchen betrauert. Signiert: «Francis(cus) Schorno pinxit Anno 1684»[1]. Heute gehört der Aufsatz zu keinem Altar mehr, sondern steht auf einem der Paramentenschreine; vielleicht handelt es sich um den früheren St.-Jakobs-Altar, worauf das linke Seitenbild deuten könnte.

Über zwei in der ehemaligen Luziuskapelle aufbewahrte Altarflügel s. unter Hieronymuskapelle, S. 202.

Die übrige Ausstattung

Das **Sakramentshäuschen** steht neben der linken Chorstiege – also schon außerhalb des Chores – an der Evangelienseite und ist aus Sandstein gebaut (H. 8 m) (Abb. 122). In der Entwicklung vom nischenförmigen Wandtabernakel zur freien Architektur steht es auf der Mitte des Weges, denn nur der Oberbau löst sich aus der Mauerfläche. Die Nische selbst ist jedoch in die Wand verlegt und der Fuß, eine gedrehte Säule, zwar vollplastisch gestaltet, aber in eine Vertiefung der Mauer hineingestellt. Diese beiden Nischen – die Höhlung für den Sockel und der eigentliche Tabernakel – werden umrahmt von sehr subtil durchbrochen gearbeitetem Laubwerk, das im unteren Teil aber fast völlig zerstört ist. Auf der Bank vor dem Fenster lagern zu seiten einer Konsole, die zur Aufnahme eines Kerzenarmes bestimmt war, zwei Löwen; wie die außen kauernden Hunde sind sie als Schutz- und Wachttiere, als Hüter des Heiligtums gedacht. Die Pfeiler

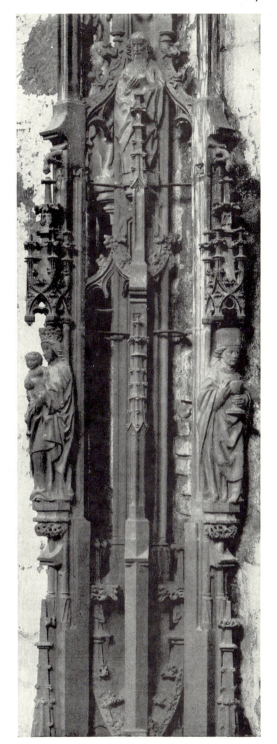

---

[1] (Joh.) Franz Schorno stammte aus Schwyz. Sein Hochaltarbild in der dortigen St.-Agatha-Kapelle, datiert 1708, zeigt ähnliche Beleuchtungseffekte. Vgl. Kdm. Schwyz II, S. 430, 433.

Abb. 123. Chur, Kathedrale. Sakramentshäuschen. Detail des Oberbaues. Text S. 128.

Abb. 124. St. Luzius. Abb. 125. Die Muttergottes.

Chur, Kathedrale. Sakramentshäuschen. Text unten.

der Fensterumrahmung werden von Engelsbüsten gekrönt; über ihnen steigen – mit Krabben besetzt – die beiden Kielbogen empor, auf denen der aus der Wand heraustretende, im Grundriß dreieckige Oberbau ruht. Als Träger sind drei Engel gedacht, von denen der eine, in der Mitte, waagrecht aus der Tiefe hervorschwebt, während die beiden anderen die Archivolten füllen. Im Sturz des Türchens sieht man die Jahreszahl 1484 und das Meisterzeichen Tab. II A, 2, auf den Schriftbändern der Engel die Worte Ecce panis angelorum[1], auf drei Schildchen das Monogramm Christi sowie die Wappen des Bistums und der Brandis (für Bischof Ortlieb). An den drei Ecken des Oberbaus stehen vor den schlanken aufsteigenden Fialen unter Baldachinen Figuren: in der Mitte Maria, an ihrer Rechten – gegen das Schiff hin – St. Luzius und ihr zur Linken St. Florinus; über ihnen, an der Mittelfiale, die Apostel Petrus und Paulus; an der Spitze Wasserspeier in Tierform. Das Türchen besteht in einem Gitter aus diagonal gelegten, ineinandergesteckten eisernen Dreikantstäben, umrahmt von durchbrochenen Laubborten (Abb. 122–126).

Zur Charakterisierung des Werkes haben die Worte J. Burckhardts auch heute noch unverminderte Geltung: «Andere gleichzeitige Arbeiten dieser Art mögen an Größe, an architektonischem und bildlichem Reichtum, auch an Vollkommenheit der Einzelbildung diesem Werke überlegen sein, kaum aber an Übersichtlichkeit und Harmonie.» Diese Wirkung hat ihre Ursache darin, daß die Grundidee des architektonischen Aufbaus – die Gruppierung von drei Eckfialen um eine Mittelspitze –

---

1) Aus der Fronleichnamssequenz «Lauda Sion Salvatorum».

Abb. 126. Chur, Kathedrale. Engel am Sakramentshäuschen. Text S. 128.

durch das Gitterwerk einer differenzierten und formenreichen Gliederung hindurch stets transparent bleibt und die Kleinform in die Klarheit des Gesamtaufbaues eingeht.

Als Meister wurde vom Verfasser bereits früher in Bd. I, S. 106, ein in der einschlägigen Zeit – und zwar nur in dieser – im Rechnungsbuch des Bischofs Ortlieb als Empfänger verschiedener Zahlungen genannter Meister «Claus von Feldkirch der Steinmetz»[1] in Vorschlag gebracht. Diese Zuschreibung wird nun durch ein unterdessen von ihm aufgefundenes Schreiben bestätigt, in dem sich ein «hanns van amwerk» (Amberg in Bayern, Reg.-Bez. Oberpfalz) als Parlier des «meisters klassen» am Sakramentshäuschen auf dem Hof bezeichnet[2]. Diesem Feldkircher Meister Claus gehört also das erwähnte Meisterzeichen, und er ist der eigentliche Schöpfer des ganzen Werkes. Bei der Ausführung bediente er sich der Hilfe seines Parliers Hans von Amberg und eines namenlos gleichfalls im bischöflichen Rechnungsbuch erscheinenden Bildhauers[3], der jedoch nicht mit Jakob Ruß identisch sein dürfte.

1) BA. Rechnungsbuch des Bischofs Ortlieb 1480–1491, fol. 21 a und v. Vgl. auch Rott, Quellen Bd. I, S.265.
2) Ratsakten Fasz. 1490–1499, Datum: «zu Sannt mäten im ower enngetein 1492». Der Genannte bewirbt sich um die (durch den Tod Steffan Klains frei gewordene) Stelle des Stadtwerkmeisters und unterzeichnet den Brief: «ich hanns van amwerk var ziten meister klassen parlier am sakermenthauss auff den hoff und meister steffens lange zit parlir zu malss.» Durch diese Bemerkung wird auch das Œuvreverzeichnis von Steffan Klain (Bd. I, S. 94 f.) um die Kirche in Mals erweitert. Dagegen erweist sich die von Rahn (Geschichte, S. 535) übernommene Mitteilung Kinds, Steffan Klain sei Parlier am Sakramentshäuschen gewesen, als Verwechslung.
3) Fol. 21 a 1483 Okt. 1: «hant ich geben v ß dn durch Cunradus Rat dem bildhower von maister Clausen wegen.» Vgl. auch Rott a. a. O., S. 265.

Literatur: BURCKHARDT, S. 156. – RAHN, Geschichte, S. 417f. und 535. – MOLINIER, S. 89f., mit Taf. XXI. – W. VÖGE, Niclas Hagnower, Freiburg i. Br. 1931, S. 13f., 31 ff., 60, mit Zuschreibung des ganzen Werkes an Hagnower, den Meister des Schnitzwerkes am Isenheimer Altar. – Entgegnung von E. POESCHEL in der «Neuen Zürcher Zeitung» vom 4. März 1931, Nr. 395. – K. ESCHER, S. 52 und 97. – LUISE BÖHLING in «Besondere Beilage des Staats-Anzeigers für Württemberg» vom 31. Juli 1934, Nr. 7, mit Zuweisung der Figuren an Jakob Ruß (wie schon Burckhardt). – L. VOLKMANN, Der Überlinger Rathaussaal, Berlin 1934, S. 9, und Oberrheinische Kunst 1939, S. 71. – E. POESCHEL, ZAK. 1946, S. 47–52, mit Nachweis des Meisters Claus.

Wandtabernakel in der St.-Laurentius-Kapelle. In der südlichen Schrägwand, ungewöhnlicherweise also an der Epistelseite. Die Umrahmung besteht aus Scalärastein, ist mit Kehle und Rundstab profiliert und schließt im Kielbogen. Im Giebel und an der Bank eine Rose; datiert 1491.

Der **Taufstein**[1] wurde 1612 von «Meister Paul steinmetz» (PAUL GERING) angefertigt[2]. Die Herstellung des Aufsatzes folgte bald nach 1685[3]. Neue Fassung 1925. Die auf profiliertem Rundfuß ruhende Schale ist mit ganz flachen, zungenförmigen Wülsten belegt. Der hölzerne Aufsatz hat die Form eines an den Ecken mit Säulen besetzten achteckigen Tempels; an den Friesen drachenartige Ornamente im Knorpelstil, an der Kuppel das Wappen des Hochstifts und des Bischofs Ulrich VI. von Mont. Als Bekrönung eine geschnitzte Gruppe der Taufe Christi.

Die **Kanzel** wurde 1733 von dem «Stuccator Meister Joseph» erbaut, «der im bischöflichen Schloß die Arbeiten ausgeführt»[4]. Sein Familienname ist nicht bekannt. Ursprünglich befand sich die Kanzel am westlichen Freipfeiler der Südseite (siehe Abb. 25); erst nach der Überführung des Gestühls in den Chor (1854) wurde sie an den östlich benachbarten Pfeiler versetzt. Sie besteht aus Stucco lustro mit Holzkern. Auf dem weit vorgebauchten Fuß des an den Ecken abgeschrägten Korpus sitzen Engelchen. Die in einer Krone zusammengefaßten Voluten des Schalldeckels sind geschmückt mit den Symbolen der Evangelisten.

Wandsarkophag. An der Ostwand des Altarhauses kragt ein auf profilierten Konsolen ruhender Sarkophag aus der Wand, der zur Aufbewahrung von Reliquiarien bestimmt war: H. 73 cm, Br. 135 cm, T. 64 cm. An Stelle einer massiven Frontwand verschloß das – nun im Block des Kryptenaltars eingesetzte – Gitter das Innere (siehe Abb. 94). Das Vorbild für dies Behältnis bildet der wirkliche Wandsarkophag in der Art des St.-Gaudentius-Grabes in Casaccia (Bd. V, S. 419).

Gitter. 1. In die Arkaden der Krypta sind Gitter aus rautenförmig gelegten durchgesteckten Vierkanteisen eingesetzt. Als Eingänge kleinere Türen (Abb. 45). Frühes 16. Jahrhundert. 2. Den Chor trennte ehemals ein «uraltes, sehr hohes, freilich auch roh gearbeitetes Gitter» (Mskr. v. Mont 1856) vom Schiff, das 1854 durch ein niederes in gotisierenden Formen ersetzt wurde: der heutige Abschluß von 1925. 3. Das Chörlein der Laurentiuskapelle schließt ein dreiteiliges Gitter in Brusthöhe ab; die beiden Außenglieder aus ineinandergesteckten Vierkanteisen mit aufgelegten Rosetten (16. Jahrhundert), das mittlere – die Türe – aus Rundstabeisen, von Bünden gehalten und mit Blattmotiven und Engelsköpfen geziert, zweite Hälfte des 17. Jahrhunderts.

1) Erste urkundliche Erwähnung eines Taufbeckens in der Kathedrale 1370: «una nova ydria... pro fonte baptismatis» (Urb. Domkap., S. 110).
2) BA.: Contobuch des Hofmeisters 1600–1620, S. 22. Über Paul Gering s. S. 291, Anm. 1.
3) Schon 1654 verlangte der päpstliche Nuntius Carolus Carafa die Herstellung eines Aufsatzes. Die Anordnung wurde, weil bisher nicht befolgt, 1685 von Nuntius Jacobus Cantelmi wiederholt. Ausführung wohl bald darauf. BA. Mappe Nuntiatur IV und Cart. U.
4) Arch. des Domkapitels Prot. Buch J, S. 178: Honorar 250 rhein. Gulden. Das Material stellte der Bischof.

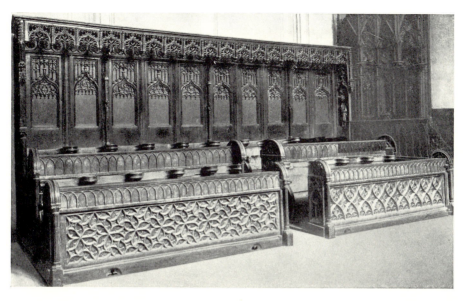

Abb. 127. Chur, Kathedrale. Das Chorgestühl; Zustand um 1910. Text S. 132.

Das **Chorgestühl**. Geschichte. Über Aussehen und Standort der ältesten Stallen der spätromanischen Kathedrale haben wir keine Kunde. Das vorhandene Gestühl scheint in seinem Hauptteil, obwohl es nach seiner Form für die Aufstellung an der Wand konzipiert ist, von Anfang an im Schiff gestanden zu haben. Wenigstens ist dies schon 1490 der Fall, wie aus dem «Directorium chori» hervorgeht[1]. Diese Placierung ist für das Gebiet nördlich der Alpen ungewöhnlich, entspricht aber in Spanien der Regel und kommt auch in England vor. Nach dem äußerst zuverlässigen Aquarell von 1829 (Abb. 25, S. 39) war das Gestühl beidseits des Mittelschiffes nur einreihig angeordnet und bestand allein aus den Sitzen mit den hohen Rückwänden samt den Vorderwänden der Pulte. Da aber außerdem heute noch alte Sitzreihen ohne Dorsale vorhanden sind, so ist anzunehmen, daß diese früher schon im Chor ihren Platz hatten. Darauf weist auch die bereits zitierte Stelle des «Directoriums chori» hin mit den Worten «in stallis suis aliis inferius». Der Grund für diese Teilung kann darin gefunden werden, daß der Platz im Presbyterium nicht für alle Sedilien ausreichte, da es auch noch zwei Altäre barg. Die beiden Gestühlsreihen im Schiff waren von ungleicher Länge, denn an der Südseite schränkte die Kanzel, die zum mindesten seit 1733 am zweiten Freipfeiler, vom Chor her gezählt, ihre Stelle hatte, die Ausdehnung nach Westen hin ein. Ganz zuverlässig läßt sich nach dem Aquarell die Aufteilung nicht bestimmen, doch scheinen von den noch vorhandenen oder nachweisbaren zwanzig Hochsitzen zwölf an der Nordseite und acht gegenüber gestanden zu haben[2]. Der ganze «chorus» war ehemals von Teppichen umschlossen, wie noch aus einer Inventarnotiz von 1589 hervorgeht: «zwei gewürkt umheng umb der thuombherren stüel»[3].

1) Fol. 28, V. «et tempore medio canonici(s) in stallis suis aliis inferius manentibus». Grammatikalisch richtig («canonicis» statt «canonici») im Breviarium von 1520 Pars estivalis de tempore fol. 2 v: «canonicis in stallis suis cum processione inferius in monasterio manentibus.»
2) Von zwei Hochsitzen und dem Traubenfries stehen noch Fragmente in der Luziuskapelle.
3) Zeitschr. für Schweizerische Kirchengeschichte 1929, S. 146.

1845 wurde das ganze Gestühl im Chor zusammengestellt, wobei man einen Vorder- und einen Hochsitz entfernte (Scheuber, S. 122). Bei der Anpassung und Neudisponierung kamen auch «neue nicht übereinstimmende Schnitzereien» hinzu (Mskr. v. Mont, BA.). Da die beiden Choraltäre längst eingegangen waren, standen Raumgründe dieser Placierung nicht mehr entgegen; andererseits hatte sich auch durch das Anwachsen der katholischen Gemeinde in Chur die Notwendigkeit ergeben, das Schiff dem Laienpublikum freizugeben. 1883/84 entstand der neugotische Pontifikalthron.

Zwischen 1910 und 1920 vergrößerte man das Gestühl durch Einschaltung einer weiteren Reihe auf jeder Seite, die jedoch keine abgeteilten Sitze, sondern eine durchlaufende, aufklappbare Bank erhielt. Sie wurde, wie die Schnitzerei der Stützen zeigt, vorhandenem Bestand des 17. Jahrhunderts entnommen[1].

Beschreibung. Das Gestühl – aus Eichenholz – umfaßt in der eben beschriebenen zweireihigen Disposition an der Evangelienseite zehn Hochsitze und neun Vordersitze mit Durchgang zwischen dem fünften und sechsten Platz, an der Epistelseite aber nur acht Hochsitze und sieben Vorderplätze mit Durchgang (Abb. 127).

Die *Trennungswände* zwischen den einzelnen Sesseln zeigen die übliche Gliederung: dem untern und oberen Teil sind kleine polygonale Säulchen vorgesetzt, während die profilierte Kante des Mittelstückes in einer Kurve aufsteigt und mit einem Knauf bekrönt ist. Die Kapitelle sind teils einfach prismatisch, teils mit leicht überfallenden Blättern geziert. In der zweiten Reihe, wo Rundsäulchen auftreten, wurden vielleicht ältere Teile verwendet. Über die Gestaltung der Knäufe siehe später unter «Figürlicher Schmuck». An der Unterseite der aufklappbaren Sitzplatten befinden sich – zur Stütze für ältere und gebrechliche Domherren – sogenannte «*Miserikordien*» in Form einer profilierten Konsole, deren zugespitzter Fuß in einem Blatt oder einer Rose endigt. Am ersten Platz der Nordseite (von Osten her) ist dieser Zierat durch einen kleinen Schild mit dem Meisterzeichen (Abb. 130) ersetzt. Bei den Vordersitzen der Evangelienseite sind die Miserikordien weggeschnitten. Die Felder der Dorsale (Rückwände) sind reich geziert mit grazilem Maßwerk, das nun mit Füllungsplatten hinterlegt ist, ehemals aber – als sich das Gestühl noch im Schiff befand – frei in den Rahmen stand (siehe Abb. 25, S. 39). Über diesen Füllungen zieht sich eine Ranke mit Rosen hin, die ganze Rückwand aber ist abgeschlossen mit einem leicht nach vorn ansteigenden Baldachin, an dessen Front, wie Spitzenvorhänge, feingliedrige Maßwerke herabhängen.

Die *Wangen der Hochsitze* bestehen aus dem geschlossenen, mit Maßwerkarchitektur geschmückten unteren Teil und dem durchbrochenen Oberstück, in dem jeweils wie in einem Tabernakel eine Statuette geborgen ist (über diese Figuren nachher). Den Abschluß gegen die Wand zu bildet eine, beide Teile in ungebrochenem Lauf begleitende, Spiralranke aus Blättern oder Weinreben. Den Stirnseiten dieser Wangen sind Säulchen mit Blattkapitellen vorgesetzt, denen oben – in 65 cm Abstand – kleine mit einer Fiale bekrönte Baldachine entsprechen. Daß hier Figuren stehen sollten, unterliegt keinem Zweifel, doch läßt sich nicht mehr entscheiden, ob sie nie zur Ausführung kamen oder zu Verlust gingen.

Von den *Wangen der Vordersitze*, die nur Maßwerkschmuck aufweisen, sind jene gegen den Durchgang hin vielleicht spätere Kopien. An den *Fronten der Kniepulte* ist die Kunst gotischer Maßwerkerfindung am reichsten entfaltet. Die Motive bestehen aus sternförmig geordneten, an den Spitzen eingerollten und dort bisweilen mit Rosetten gezierten Fischblasen oder sich schneidenden, mit Maßwerken ausgefüllten Kielbogen. Die Sockelleisten wiesen ehemals Luftlöcher in Form von halben

---

1) Scheuber traf 1910 noch die zweireihige Disposition an, wie sie unsere Abb. 127 zeigt, während auf der Innenansicht der Kathedrale bei Gaudy (1921), S. 109, schon die dreiteilige Anordnung zu konstatieren ist.

Abb. 128 und 129. Chur, Kathedrale. St. Luzius und Maria vom Chorgestühl. Text unten.

Vierpässen auf[1]. Die an den Fronten mit klassizistischen Kreuzbogenfriesen gezierten Lesepulte sind eine Zutat von 1845.

Figürlicher Schmuck. a) In den Durchbrüchen der «hohen Wangen» steht jeweils eine Heiligenfigur: an der Evangelienseite, gegen das Schiff hin, Maria (H. 75 cm), die Rechte in Entgegennahme der Verkündigung erhoben, und ostwärts St. Luzius (H. noch 71,5 cm); die letztere Figur ist unten beschnitten und mit neuerer Plinthe versehen (Abb. 128, 129). Im Originalzustand wäre sie zu hoch für die vorhandene Öffnung gewesen. An der Epistelseite westwärts St. Florinus (H. 73 cm), gegen den Altarraum hin eine qualitativ geringere Wiederholung der Maria, die sogar den Gestus der Verkündigungsszene schematisch repetiert, aber vielleicht doch als Emerita gemeint ist[2]

[1] Auf Abb. 127 noch zu sehen. Vielleicht war aber die Sockelleiste ursprünglich höher und bildeten die Luftlöcher ganze Vierpässe wie in Überlingen. 1910–20 wurde diese Leiste durch eine neue ersetzt.
[2] Nachgewiesen von I. Futterer, S. 102.

Abb. 130 und 131. Chur, Kathedrale. Meisterzeichen und Miserikordie am Chorgestühl. Text S. 132.

Abb. 132. Chur, Kathedrale. Sitzknauf am Bischofsstuhl. Text S. 135.

(H. 70 cm). Die Statuen der Hl. Luzius und Florinus sind Dubletten der künstlerisch bedeutenderen Figuren im Schweizerischen Landesmuseum (abgebildet in Bd. III, S. 195 f.), aus dem ersten Drittel des 14. Jahrhunderts, und stammen also aus einem älteren Gestühl, worauf auch die erwähnte Zurichtung des Königs hinweist. Der gleichen Zeit gehört zweifellos, schon dem Gesichtsschnitt nach, die Maria an[1]. In ihrer Haltung verlangt sie als Gegenfigur den verkündenden Engel Gabriel, wenn nicht auch sie von ihrem mutmaßlichen Vorbild ebenso wörtlich gedankenlos kopiert wurde wie die «hl. Emerita» wieder von jener Maria.

b) Während an den Vorderplätzen die Sitzgriffe nur einfache Voluten darstellen, sind sie an den Hochsitzen – von den äußersten abgesehen – als menschliche Köpfe ausgebildet (Abb. 133). Es erscheinen hier, in der Reihenfolge von Ost nach West, an der Evangelienseite: 1. Mann mit Barett und Knebelbart, 2. Bischof, 3. Jüngling mit Lockenhaar, 4. Mann mit Vollbart, 5. König mit geteiltem Bart (Abb. 134), 6. Mönch mit Tonsur, 7. ähnlich wie Nr. 1, 8. Papst, 9. Bauer mit einer den Mund deckenden Kapuze und Hut. An der Epistelseite: 1. Frau mit herabhängendem Kopftuch, 2. bärtiger Mann mit rundgeschnittenem Haar, 3. alte Frau mit Kopf- und Halstuch, die Zunge zeigend, 4. jugendliche Frau mit herabhängendem Kopftuch, 5. Fürst, 6. Frau mit kapuzenartiger Kopfbedeckung, 7. älterer Mann mit Vollbart. – Wie dies bei den Sitzknäufen der gotischen Gestühle die Regel ist, so liegt auch hier dem figürlichen Schmuck kein geschlossenes einheitliches Programm zugrunde. Immerhin klingt der Gedanke an die Repräsentation der verschiedenen Stände durch, der geistlichen im Mönch, Bischof und Papst, der weltlichen im Bauern, Bürger, Edelmann, Fürsten und König; daneben spielt die Typisierung von Lebensaltern beider Geschlechter in den Darstellungen von jungen und alten Frauen und Männern hinein. Das an dieser Stelle sich häufig in den kirchlichen Bereich einschleichende burleske Element klingt nur sehr harmlos in den beiden die Zunge weisenden Köpfen an.

Datierung. Da das Gestühl im Gesamtaufbau wie in dekorativen Details nahe mit den Chorstühlen im Münster von Überlingen verwandt ist[2], dieses aber nach seinen Wangenfiguren um 1420/30 angesetzt wird, so datiert die Forschung auch das Churer

---

1) Dies entgegen der neuerdings geäußerten Kritik Looses (S. 85) an der Datierung I. Futterers.

2) Zuerst von I. Futterer (S. 102) betont; darnach Loose, S. 85.

Abb. 133. Sitzknauf Nr. 3.   Abb. 134. Sitzknauf Nr. 5.

Chur, Kathedrale. Chorgestühl. Text S. 134.

Werk in die gleiche Zeit. Doch ist nicht zu übersehen, daß hier das Fischblasenmaßwerk schon wesentlich weiter im Sinne der spätgotischen Formensprache entwickelt ist, so daß man auch eine etwas spätere Datierung – etwa um die Mitte des 15. Jahrhunderts, wenn nicht gar erst um 1460, also in der Regierungszeit des Bischofs Ortlieb – in Frage ziehen könnte. Ein Meister wurde bisher weder für Überlingen noch für Chur genannt. Für das schwäbische (und daher auch für unser) Werk könnte zeitlich ein JONS SPIRING, «der snetzer von Veltkirch», in Betracht kommen[1].

Literatur: Zum erstenmal näher beschrieben wurde das Gestühl von J. SCHEUBER, Die mittelalterlichen Chorstühle in der Schweiz, Straßburg 1910. – I. FUTTERER, Gotische Bildwerke der deutschen Schweiz, Augsburg 1930, S. 101 f., 187, mit Abb. Nr. 183 ff. – W. LOOSE, Die Chorgestühle des Mittelalters, Heidelberg 1931, S. 85. – P. L. GANZ und TH. SEEGER, Das Chorgestühl in der Schweiz, Frauenfeld 1946, S. 98, mit Abb. Tafeln 32, 33.

Zwischen Sakramentshäuschen und Chorbogen steht der 1926 aus gotischen Fragmenten zusammengestellte untere *Bischofsstuhl*. Auf den Wangen jeweils eine Relieffigur in der Tracht eines weltlichen Vornehmen, aus dessen Linker ein Schriftband flattert. Offenbar handelt es sich um Prophetengestalten. Über den einrahmenden Kielbogen in Segmente einkomponierte Hunde, und als Sitzknäufe ein Hundekopf und eine menschliche Fratze; an der Front Maßwerke. Um 1490, und wohl aus der Werkstatt des JAKOB RUSS, wie ein Vergleich mit gewissen Figuren des Überlinger Rathaussaales ergibt[2] (Abb. 132, 136).

1) Er wurde 1428 in Überlingen eingebürgert. Vgl. K. Obser, Quellen zur Bau- und Kunstgeschichte des Überlinger Münsters in der Festgabe der Bad. Histor. Kommission zum 9. Juli 1917, Karlsruhe 1917, S. 203.
2) Siehe Abb. 43, 46 und 52 bei L. Volkmann, Der Überlinger Rathaussaal des Jakob Ruß, Berlin 1914.

Abb. 135. Chur, Kathedrale. Votivbild der Familie von Mont-Cabalzar, um 1610. Text S. 137f.

Die *Bestuhlung im Schiff* wurde nach 1854 hergestellt, doch dürften die Wangen mit dem rocailleähnlichen Dekor noch aus der Spätzeit des 18. Jahrhunderts stammen[1].

Orgel. Die älteste, von Bischof Peter I. Gelyto (reg. von 1355–1368) geschenkte Orgel[2] stand auf einer Empore an der nördlichen Hochwand über der Arkade zur Taufkapelle[3]; die heutige wurde 1938 neu hergestellt.

Im Westjoch des südlichen Seitenschiffes befand sich im Mittelalter das **Heilige Grab,** erstmals genannt 1417 (Necrol. Cur., S. 30), zuletzt 1494[4]. Es muß sich um eine größere kapellenartige Anlage gehandelt haben, denn nach dem «Directorium chori» standen bei den um dies Grab sich abspielenden liturgischen Funktionen des Ostertages zwei Chorherren in der Rolle der Engel im Gehäuse («intra sepulchrum»), das hernach dann auch noch von den zwei die Rolle der Frauen psallierenden Kanonikern betreten wurde. Ob die Figuren in Ems (Kdm. III, S. 29) vielleicht aus der Kathedrale stammen?

Einzelne Plastiken. *Vesperbild* aus Holz, Höhe ohne Konsole 65 cm; früher an der Westfassade links vom Portal unter einem Baldachin aufgestellt, der als Abschluß der Fiale einen Pelikan trug (Burckhardt, S. 159), jetzt – in neuer Fassung – beim Eingang zur Laurentiuskapelle placiert. Im Typus der mehrere Jahrzehnte älteren Gruppe im Kerchel von Schwyz verwandt (Kdm. Schwyz II, S. 413); doch

---

1) Auf dem Aquarell von 1829 sind westlich des Chorgestühls Gemeindebänke zu sehen.
2) Mayer, Bistum I, S. 378, nach dem Liber de foedis (BA.).
3) Der Ort ergibt sich aus einer Stelle von 1483 (Akten des Domkapitels), wo vom St.-Gaudentius-Altar «unnder der orgl» die Rede ist. Man fand dort 1924 auch Pfostenlöcher in der Mauer (Mskr. Sulser).
4) Vgl. Staubli in JB HAGGr. 1944, S. 83f.

Abb. 136. Chur, Kathedrale. Bischofssitz. Text S. 135.

während sich dort das rechte Knie der Maria noch unter dem Mantel abzeichnet, ist hier die Gestalt völlig in den weit auseinander fließenden Stoffmassen untergegangen. Die Konsolplatte wird von drei betenden Engeln getragen. Die Skulptur stammt aus der Werkstatt des JAKOB RUSS, und zwar von einer auch am Rathaussaal zu Überlingen beschäftigten Hand. Der Gesichtstypus der Muttergottes mit den etwas verquollenen Zügen begegnet uns wieder in der Gruppe an der Ostwand des genannten Saales sowie bei der Maria an der Rückwand des Churer Hochaltars; auch das Haupt Christi stimmt in Haar- und Bartbehandlung in Ravensburg und hier völlig überein. Die Fältelung des Lendentuches erscheint in gleicher Anordnung beim Gekreuzigten an der Rückseite des Hochaltars, und endlich zeigt die Konsole nahe Verwandtschaft mit dem Postament der Muttergottes im Schrein[1]. Um 1490 (Abb. 137). *Kruzifix* am Scheitel des kleinen Chorbogens. Gute Arbeit des späten 16. Jahrhunderts.

Bis 1921 befand sich an der Nordwand im Ostjoch ein spätgotisches (?) *Stuckrelief*, das auf dem Aquarell (Abb. 25, S. 39) deutlich zu erkennen ist. Im oberen Feld sah man eine Kreuzigung, unten eine Grablegung (?). 1921 fiel das – damals schon sehr verdorbene – Relief bei dem Versuch, es zu versetzen, zusammen.

Einzelbilder. Über dem Eingang zur Laurentiuskapelle hängt in einem Rahmen, der eine zweisäulige Ädikula bildet, ein *Votivbild* (auf Holz) (Abb. 135). Dargestellt ist

---

[1] Anderer Ansicht Escher, S. 100, während Volkmann (S. 9 f.) geneigt ist, die Gruppe Ruß zuzuschreiben. – Unter Berufung auf den damaligen bischöflichen Archivar Tuor teilt C. Kind mit, es gehe aus Rechnungen hervor, daß JAKOB RUSS diese Plastik geschaffen und in mehreren Raten fl. 40.– dafür bekommen habe. In einer der Quittungen habe der Meister dem Namen auch seinen Herkunftsort beigefügt (Anz. für Schweizer Geschichte 1877, S. 291). Diese Rechnungen sind nicht mehr aufzufinden.

Abb. 137. Chur, Kathedrale. Vesperbild um 1490. Text S. 136.

die Kreuztragung. Im Sockel die Stifterfamilie zu seiten der Allianzwappen von Mont und Cabalzar. Durch Kreuzchen über den Köpfen sind viele Personen (so alle vier Kinder) als bereits verstorben gekennzeichnet. Einer der Männer ist durch das Jerusalemkreuz auf dem Schild und auf der Brust als Ritter vom hl. Grab und als Jerusalempilger charakterisiert. Das Allianzwappen des Stifters weist auf Gallus von Mont, geb. 1537, gest. 1608, Stammvater der Linie zu Löwenberg und Erbauer der Kirche in Villa (Kdm. Grb. IV, S. 262f.).

Ein anderes – nun in der ehemaligen Luziuskapelle aufbewahrtes – *Votivbild* auf Leinwand war offenbar ursprünglich in der Laurentiuskapelle angebracht. H. 185 cm, Br. 122 cm. Es zeigt die Kreuzabnahme in einem von Grau zu Hellgelb aufsteigenden Farbaufbau. Rechts kniet der graubärtige Stifter im Ornat des Domherrn mit der Almucia aus Pelzwerk. Die lateinische Inschrift sagt, daß der Kanonikus der Kathedrale[1], Magister Johannes Tschitscher («Johanes Tshitsher») aus Feldkirch das Bild 1611 zu Ehren von St. Laurentius dargebracht. Darüber sein Wappen (in Rot ein aufrechter silberner Löwe), daneben nochmals das Datum 1611 und das Künstlermonogramm Tab. III, 4 (D M?).

1) Der Stifter, der unter den residierenden Kanonikern nicht vorkommt, war offenbar nicht residierender Domherr.

Grabplastik

Vorbemerkung. Sämtliche Grabdenkmäler der Kathedrale sowie das ältere Churer Bestattungswesen überhaupt wurden vom Verfasser an anderer Stelle in einer monographischen Darstellung behandelt, auf die hier verwiesen werden muß (hier zitiert «Gdm.»)[1]. Im Nachfolgenden sollen daher allein die mittelalterlichen Denkmäler vollständig, die anderen jedoch nur im Überblick, unter Hervorhebung einzelner Beispiele, dargestellt werden.

Standplatten. Die Grundtypen der Sakralkunst sind auch im Denkmälerbestand der Kathedrale vertreten, nämlich die Bodenplatte, die Standplatte, die Tumba und das Epitaph. Die ältesten noch erhaltenen Grabmale der Kathedrale sind zwei Standplatten, die 1859 bei Ausbesserung des Fußbodens im nördlichen Seitenschiff neben dem heutigen St.-Luzius- (ehemals Katharinen-) Altar gefunden worden waren, hernach dort als Altarstufen Verwendung fanden und 1925 am Schwesternhaus und der Hofschule, westlich der Kathedrale, aufgestellt wurden. Daß es sich um Standplatten und nicht etwa um Bodenplatten handelt, zeigt der abgeschrägte Rand.

a) *Platte aus Sandstein*, H. 232 cm, Br. 95 cm, Dicke 25 cm (Abb. 138). Auf der Fläche in schwachem Relief die Vollfigur eines jugendlichen, mit einer Dalmatika bekleideten Priesters unter giebelförmigem, mit Krabben besetztem Baldachin. Seitlich des Giebels je ein Wappen. Auf dem geschrägten Rand las man 1859 noch von der nun weiter zerstörten Inschrift in gotischen Unzialen: + H(ic) IACET ALBERO DECANUS ECC-(LESI)E CURIEN̄ ET FUNDATOR HUIUS ALTARIS ANIMA UTI... Der Stein gilt dem Dekan Albero von Montfort, gestorben 4. April 1311 (Necrol. Cur., S. 34). An den ganz abgeriebenen Wappen läßt sich nur noch feststellen, daß im Schild jedenfalls nicht die Montfortfahne steht, sondern drei waagrechte Gegenstände zu sehen waren. Die Annahme ist daher berechtigt, daß wir es mit dem Wappen der «Marschäle von Montfort» zu tun haben, die drei Sensen führten. Der im Text genannte Altar war St. Peter und Paul geweiht (siehe S. 100, Ziffer 10). Literaturnachweis Gdm., S. 39.

b) *Platte aus Sandstein*, H. 222 cm, Br. 93 cm, Dicke 33 cm. Auf der Fläche das Wappen Flums (zweimal geteilt). Die Inschrift steht in gotischen Unzialen auf dem Rand und ist heute fast ganz zerstört. 1859 las man noch: ANNO · DOMINI · M CCC XIII° · OBIIT (UD)ALRICUS MILES DE FLUM(M)S; dann nach einer größeren Lücke: TOLI REQUIESCAT I(N) PACE. Auf der Flanke in der Ecke «A M» (amen). Der Stein galt jenem Ritter Ulrich von Flums, der das – nicht mehr vorhandene – Glasgemälde im großen Fenster der Westfront (S. 56) und den Allerheiligenaltar (S. 100, Ziffer 13) gestiftet hatte. Nach dem Necrol. Cur. (S. 18) gestorben am 24. Februar 1312, wohl Schreibfehler für 1313 (Gdm., S. 56f., mit Literaturnachweis).

Sarkophag des Bischofs Ortlieb von Brandis aus rotem, vermutlich Untersberger (Salzburger) Marmor, auf vier Löwen aus Scalärastein gelagert. Standort nun im Westjoch des südlichen Seitenschiffes, bis 1652 im Mitteljoch der nördlichen Abseite. Der Prälat ist mit offenen Augen, also lebend, abgebildet, und die Drapierung des Ornates wie bei einer stehenden Figur modelliert. Das «Liegen» wird dadurch, daß das Haupt auf zwei mit einem Tuch bedeckten Löwen ruht, nur in einem «Bildzeichen» symbolisiert. Dies Schwanken zwischen aufgebahrter und stehender Gestalt war auch dem ausgehenden Mittelalter noch nicht befremdend[2]. Die Löwen zu Häupten des Bischofs versinnbildlichen die Stärke, die Hunde zu seinen Füßen die

---

1) E. Poeschel, Die Grabdenkmäler in der Kathedrale zu Chur. Mit Abbildungen nach alten Zeichnungen. JB HAGGr. 1945, S. 1–80 mit 60 Tafeln.
2) Vgl. z. B. das Bronzegrabmal des Truchseß Jörg von Waldburg in der Stiftskirche von Waldsee (1490), abgebildet bei Gg. Dehio, Geschichte der deutschen Kunst, Bd. II, S. 263, Abb. 388.

Treue. In den Ecken der Platte die Wappen Brandis und des Bistums Chur, zwischen ihnen ein Schriftband, in das nachträglich das Todesjahr Ortliebs – 1491 – eingekratzt wurde (Abb. 139).

Bischof Ortlieb gab 1485 dem Bildhauer JAKOB RUSS von Ravensburg den Auftrag, «ain epitaffen zu hawen»[1]. Offenbar war also ursprünglich an ein Wanddenkmal und nicht an einen Sarkophag gedacht, der wohl als «tumba» oder als «sarch» bezeichnet worden wäre. Vielleicht wurde sogar erst während der Ausführung die Absicht geändert, denn die Gestaltung der unteren Partie des Deckels – die Stellung der Wappen und die Anordnung des Schriftbandes scheinen einem Epitaph gemäßer als dem Typus eines Sarkophages. Möglicherweise kommt daher auch die auffallend flache Modellierung des Körpers, im Gegensatz zum Kopf des Bischofs, was dem Stil eines Wandepitaphs gleichfalls mehr entspricht als einer Tumba. Daß die Arbeit von Ruß sofort in Angriff genommen wurde, zeigen verschiedene Zahlungen im Jahre 1485[2]. Vollendet wurde sie sicher noch zu Lebzeiten des Auftraggebers, da die Inschriftenrolle leer blieb. Für das Bildnis des Bischofs darf daher wirkliche Naturtreue vorausgesetzt werden. Gegen die Autorschaft des Ruß bestehen auch keine stilistischen Bedenken, da die Figur in der Faltenbildung mit der Plastik des Hochaltars zusammengeht und in der Gesamtauffassung der ruhig-feierlichen Empfindungsweise des Ravensburger Meisters entspricht. (Zur Würdigung siehe auch Bd. I, S. 140 f., mit Abb. Nr. 65.) Der Sarkophag nahm merkwürdigerweise nicht den Körper Ortliebs auf, sondern diente als Ossarium für die den Grüften entnommenen Gebeine verschiedener Bischöfe. Siehe darüber Gdm., S. 15 f.

Literatur: BURCKHARDT, S. 156. – NÜSCHELER, S. 49 (unter Angabe einer nicht vorhandenen Inschrift). – MOLINIER, S. 12 f. – SIMEON, S. 12. – SCHMUCKI, S. 32. – ESCHER, S. 52, 99. – L. VOLKMANN a. a. O., S. 8 f. Gantner II, S. 231.

Porträtepitaph. Außer diesem Sarkophag birgt die Kathedrale nur noch ein Grabdenkmal mit dem Porträt eines Bischofs: Das Epitaph des Thomas von Planta aus schwarzem Comasker Marmor, nun an der Westwand nördlich des Eingangs; früher am Wandpfeiler zwischen dem Mittel- und Westjoch des nördlichen Seitenschiffes. H. 163 cm, Br. 86 cm. Die Figur als Halbrelief in eine flache Bogennische eingeordnet und unterhalb der Knie vom Rahmen

Abb. 138. Chur, Kathedrale. Grabplatte für Dekan Albero von Montfort, † 1311. Text S. 139.

---

1) BA., Rechnungsbuch des Bischofs Ortlieb, 1480–1491, fol. 69a: «Item maister Jacob von Ravenspurg sol mir uff sant Jacobstag ain epitaffen hawen, davon sol ich im geben XL guldin. Anno LXXXV actum est.»
2) Wiedergegeben bei Volkmann a. a. O., S. 22.

Abb 139. Chur, Kathedrale. Platte auf dem Sarkophag des Bischofs
Ortlieb von Brandis († 1491). Text S. 139.

überschnitten. Die Schrifttafel auf dem Sockel wird flankiert von Rollwerkkartuschen mit dem Wappen des Bistums und der Planta. Text: «THOMAS A PLANTA 1520 die s. Thomae natus, eademque die Anno 1549 Episcopus Curiensis electus est obiit 20 Maii Anno 1565» (Abb. 145). Seltsamerweise befand sich in der Kathedrale noch eine zweite Grabinschrift des gleichen Bischofs, und zwar auf einem Sockel- oder Gesimsstück aus Scalärastein, das nun außerhalb der Kirche rechts vom Friedhofstor aufgestellt ist. Die Schriftfläche wird seitlich begrenzt von Lisenen, vor denen in Hochrelief die Muttergottes (nur noch zur Hälfte erhalten) und der Apostel Thomas mit der Lanze stehen. Text: ANNO 1520 DIE BEATI THOMAE APLI EST NATUS EOQUE APPELLATHUS[1] ET EADEM (DIE) ANNI 49 IN EPUM ELECTUS. ESSE DESIT ANNO 65 DIE QUINTO MENSIS MAI SUE AETATIS 45 ANN (Abb. 140). Das Verhältnis beider Denkmäler zueinander ist unklar. Das Fragment setzt eine Haupttafel voraus, da auf ihm der Name des Verstorbenen nicht genannt ist. Die ungünstig wirkende untere Abgrenzung des oben beschriebenen Epitaphs könnte den Gedanken nahe legen, daß es nur ein Fragment darstellt, das nachträglich eine neue Sockelplatte erhielt, doch stimmen Material und Randschlag überein. Befremden muß ferner, daß die Angaben über den Todestag – 5. und 20. Mai – nicht übereinstimmen und beide dem mutmaßlich richtigen Datum – 28. April – nicht entsprechen. Näheres darüber siehe Gdm., S. 32.

Andere Epitaphe. Außer den eben beschriebenen Grabdenkmälern sind in der Kathedrale heute noch 56 Gedenktafeln vorhanden, die sich auf die Zeit von 1591 bis 1879 verteilen und sich in folgende Gruppen gliedern: A) Bischöfe. Die älteste uns bekannte bischöfliche Gruft lag im Ostjoch des nördlichen Seitenschiffes vor dem heutigen Herz-Jesu-Altar. Die Belegung dieser Gruft ist nachweisbar von Bischof Siegfried von Gelnhausen († 1321) bis einschließlich Hartmann II. von Vaduz († 1416). Ob den hier Beigesetzten ehemals noch eigene Epitaphe (z. B. Standplatten) gewidmet waren, wissen wir nicht. In den folgenden zwei Jahrhunderten scheinen dann hauptsächlich Einzelbestattungen vorgenommen worden zu sein, bis 1652 Johann VI. Flugi vor dem Rosenkranzaltar im Westjoch des südlichen Seitenschiffes eine neue bischöfliche Gruft anlegen ließ. Sie ist mit der Aufschrift: SEPULTURA AD LIBITUM EPISCOPORUM ANNO 1652[2] bezeichnet und blieb bis zum Tod des Bischofs Kaspar II. Willi (1879) in Gebrauch, dem die letzte in der Kathedrale vorgenommene Bei-

---

1) Nicht «appellhatus», wie Gdm., S. 32.
2) Die Originalplatte wurde 1921 durch eine Kopie ersetzt.

Abb. 140. Chur, Kathedrale. Fragment eines Epitaphs für Bischof Thomas v. Planta, † 1565. Text oben.

DIE KATHEDRALE

Abb. 141. Epitaph für Dompropst Bernardino de Gaudenzi, † 1669.

Abb. 142. Epitaph für Kanonikus Dr. Stephan Bassus, † 1707.

Abb. 143. Epitaph für Bischof Petrus II Raschèr, Ausschnitt, † 1601.

Abb. 144. Detail des Epitaphs für Bischof Ulrich VI. von Mont, † 1692.

Chur, Kathedrale. Text S. 144.

Abb. 145. Epitaph des Bischofs Thomas
von Planta († 1549).

Abb. 146. Hölzernes Epitaph des Dompropstes
Rudolf von Salis-Zizers, gest. 11. Dez. 1739.

Chur, Kathedrale. Text S. 145 f.

setzung zuteil wurde. Mit Ausnahme von Jos. Benedikt von Rost († 1754) erhielten alle in dieser Gruft bestatteten Bischöfe eigene Wandepitaphe. Für ihre Aufstellung war, solange der Platz ausreichte, die unmittelbare Umgebung der episkopalen Sepultur reserviert[1], wo auch bereits die Bischöfe Petrus II. Raschèr († 1601) und Johann V. Flugi († 1627) Gedenksteine hatten. Beispiele Abb. 143, 144.

B) Domherren und andere Geistliche. Außer der schon beschriebenen Standplatte des Dekans Albero von Montfort ist uns kein mittelalterliches Grabdenkmal dieser Kategorie erhalten. Die sonst noch vorhandenen verteilen sich auf die Zeit von 1591–1849. Beispiele Abb. 141, 142, 146.

C) Weltliche Personen. Es handelt sich hier um Glieder vornehmer Familien, darunter auch solcher, die – wie etwa die Schauenstein – schon im Mittelalter ein Anrecht auf Beisetzung in der Kathedrale gehabt; andere Personen hatten sich durch Stiftungen von Anniversarien, Benefizien und sonstige Guttaten einen solchen Anspruch erworben. In ihrem Kreis findet man auch prominente Konvertiten, wie den Obersten Paul Buol († 1696) und Georg Jenatsch († 1636)[2]. Sämtliche Grabdenk-

1) Die beiden andern in diesem Joch aufgestellten Epitaphe (Deflorin und Castelmur) wurden erst in neuerer Zeit dorthin versetzt.

2) Die Tafel für letzteren, eine ehemalige Bodenplatte, ist nun an der Westwand des nördlichen Seitenschiffes aufgestellt. Die schwer lesbare Inschrift sei ihrer originellen Fassung wegen hier wiedergegeben:
GEORGIUS JENACIUS SAGO TOGA CALAMO INCLUTUS FIDE RENATUS RHOETICI DUX MILITIS POST INSUBRI

Abb. 147. Epitaph für Bischof Dionysius von Rost, † 1793.

Abb. 148. Epitaph für Joh. Anton Buol von Schauenstein, † 1797.

Chur, Kathedrale. Text unten.

mäler (mit Ausnahme einer einzigen Platte in der Krypta) sind nun, der Schonung wegen, an den Wänden aufgestellt. Ein großer Teil von ihnen stellte ehemals Bodenplatten dar. Von den Epitaphen – also den Denksteinen, die mit dem Grab nicht in direkter Verbindung standen – fanden nur wenige ihre Ergänzung in einer mit Inschrift versehenen Verschlußplatte auf dem Grab selbst.

In formaler Hinsicht unterscheiden sich die Epitaphe von den Bodenplatten zunächst nur wenig durch ein stärkeres Relief oder auch durch Verwendung von Gesimsen (Abb. 142, 144). Die Grundelemente der Gestaltung sind Wappen und Inschrift. Die Entwicklung geht in dem Sinn vor sich, daß der Text allmählich immer mehr Raum beansprucht, bis das Wappen schließlich sogar aus der Schrifttafel in die Bekrönung hinaufgedrängt wird (Abb. 148). In der Spätzeit des 18. Jahrhunderts erscheinen dann auch freiere Formen, so etwa das von dem Konstanzer Bildhauer JOSEPH SPORER für Bischof Dionysius von Rost geschaffene Denkmal: ein Kenotaph mit der trauernden Ecclesia und dem Tod, der als Schildhalter fungiert (Abb. 147).

PROMOTA DIVI FOEDERA FATIS OBIVIT INVIDIS DUM SAULE PAULUS REDDERIS ANNO M D C XXXIX REQUIESCAT IN PACE. Deutsch: «Georg Jenatsch, im Kriegsmantel, der Toga und mit der Feder berühmt, im Glauben wiedergeboren, Führer des rätischen Heeres, ging er, nachdem er die Bündnisse mit dem erhabenen Insubrer betrieben, durch neidische Geschicke unter. Während Du, Saulus, wieder zu einem Paulus wurdest. Im Jahre 1639. Er ruhe in Frieden.» Unter dem «Insubrer», dem «Mailänder», ist der dortige spanische Statthalter zu verstehen.

Die Glocken

Von den älteren Glocken ist wenig überliefert: «1526 sind die zwo kleinere glockhen gossen worden» (Catalogus Curiensis); am 26. Februar 1724 erhielt CHRISTIAN SCHMID von Bregenz vom Domkapitel den Auftrag, die große Glocke umzugießen (Arch. des Domkap., Prot. Buch J.). Der Umguß einer anderen gesprungenen Glocke wurde am 14. März 1763 den Gebrüdern GABRIEL und CHRISTIAN FELIX in Chur übertragen. Ofen und Hütte sollten auf dem Hof errichtet werden (Urk. Arch. des Domkap.). Noch bevor der beim Brand 1811 eingestürzte Turm wieder aufgerichtet war, beschloß das Domkapitel 1821, auf ein Angebot des Landrichters Georg von Toggenburg hin, die erste und dritte Glocke bei GRASMAIER in Feldkirch gießen zu lassen und in einem über den Gewölben der Kapitelsbibliothek (bei der Kustorei) zu errichtenden provisorischen Holzturm aufzuhängen. Ankunft und Weihe der Glocken 31. Juli 1821, Aufzug in den Holzturm 13. August.

Im Herbst erfolgte der Guß der drei anderen Glocken, Aufzug am 14. Dezember 1821. Bereits im Frühjahr 1822 mußte die – infolge eines Materialfehlers gesprungene – große Glocke umgegossen werden.

Das Geläute besteht aus fünf Glocken: 1. Dm. 186,5 cm. Die Inschrift besagt, daß der erste Umguß der 1811 zerschmolzenen Glocke «aus den frommen Stiftungen des sel. Herren Dekan Joh. Bapt. Joerg, Pfarrer zu Razins (Räzüns), durch Verfügung seines Testamentsvollziehers Herrn Landrichter Georg Ritter von Toggenburg, 1821 bestritten» wurde. (Neu-)Guß von JOS. ANTON GRASMAIER in Feldkirch 1822. Der Text nennt außerdem die Namen des Bischofs Carl Rudolph Buol von Schauenstein und der residierenden Domherren Rudolf von Blumenthal, Joh. Georg Bossi, Caspar von Carl und Johann Battaglia. – 2. Dm. 145 cm. Gießer: JACOB GRASMAIER in Feldkirch, 1821. – 3. Dm. 119 cm (Angelusglocke). Stifter wie bei Nr. 1, Gießer wie bei Nr. 2. – 4. und 5. Dm. 94,5 und 74 cm, Gießer wie bei Nr. 2.

Sakristeimobiliar

Paramentenschreine. Drei *Paramentenschreine* in Truhenform auf Stollenfüßen. Zwei davon H. 111,5 cm, Br. 159 cm, der dritte H. 118,5 cm, Br. 187 cm. Die Sockel, Füße und Schlagleisten sind reich geziert mit dichter Flachschnitzerei, die eine sehr eigenartige Vermischung von gotischen Elementen mit Motiven der Frührenaissance darstellt. Erste Hälfte des 16. Jahrhunderts; übermalt (Abb. 149).

An der Nordwand ein *zweistöckiger Paramentenschrank* mit guten Beschlägen und Schlüsselschildern aus Blattrosetten mit Eicheln und Disteln. Um 1550.

Ein an der Westseite *eingebauter Paramentenschrank* mit Triglyphenfries und Applikationsornamenten; das Datum 1652 ergibt, da das Möbel dem Gewölbe angepaßt ist, einen «terminus ante quem» für die Erbauung der oberen Sakristei. – An der Nordwand ein *Paramentenschrank* mit Hermenpilastern und Fratzen in Reliefschnitzerei. An der Innenseite des linken Türflügels: RUDOLPHUS TRAVERS AB ORTENSTEIN CAN[S] CUSTOS CURIENSIS 1684. CHRISTIANUS A PLANTA SACRISTA CURIENSIS A⁰ 1673.

Kultusgeräte

Vorbemerkung. Die Aufzählung richtet sich nach der liturgischen Gattung der Geräte, ohne Rücksicht darauf, ob sie sich im Dommuseum oder in der Sakristei befinden. Abkürzungen: DM. = Dommuseum, S. = Sakristei.

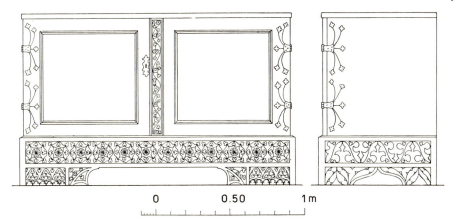

Abb. 149. Chur, Kathedrale. Sakristeitruhe, Vorder- und Seitenansicht. Maßstab 1:25. Text S. 146. Nach Zeichnung von W. Sulser.

Geschichte. Über den früheren Besitz der Kathedrale an Kultgegenständen geben uns nur drei Inventare Auskunft. Das älteste stammt aus der Wende vom 9. zum 10. Jahrhundert und ist daher als ein verhältnismäßig frühes Verzeichnis von historischer Bedeutung. Aus den Aufzählungen hervorgehoben zu werden verdient die Notierung: «Corona aurea i, Corone argente 12.» An Kronleuchter ist dabei wohl nicht zu denken, da man einen großen Lüster aus Gold kaum in Chur vermuten wird und solche Leuchter überdies meist «rotae» genannt werden[1]. Vielmehr dürfte es sich hier um Weihekronen handeln, wie sie uns in dem berühmten westgotischen Schatz von Guarrazar bei Toledo erhalten und aus der früh- und hochmittelalterlichen Malerei bekannt sind[2]. Während dieses Inventar ein Verzeichnis wenigstens der wichtigsten Stücke des Kathedralbesitzes darstellen dürfte, nennt ein anderes von 1240 wohl nur die zum bischöflichen Amt gehörigen Gegenstände. Hier finden wir auch die erste urkundliche Erwähnung des bischöflichen Brustkreuzes: «item crux parva aurea in catena.»

Am umfangreichsten ist ein drittes, den 11. April 1589 aufgenommenes Verzeichnis, das «alles inventiert, waß in der thuom kirchen gefunden worden, hailtum, silber gesmaidt und meßgewender». Auf einzelne Positionen dieses Registers wird bei der Beschreibung der Kultgegenstände zurückzukommen sein. Über die Geschichte der Churer Reliquiare siehe S. 164.

Literatur: A. von Castelmur, Die älteren Verzeichnisse des Churer Domschatzes, Zeitschrift für Schweiz. Kirchengeschichte 1927, S. 153–155. – Ders., Ein Inventar der Kathedrale zu Chur vom Jahre 1589, a. a. O., 1929, S. 143–148.

Eucharistische Behältnisse. 1. *Eucharistiekästchen in Hausform mit Satteldach* (DM.), H. 16,5 cm, Br. 18,2 cm, Tiefe 6,5 cm. Vergoldetes Kupferblech auf Holzkern, getrieben. Zu öffnen ist das Kästchen mittels eines Schiebers am Boden. Der Reliefschmuck zieht sich von den Längswänden her als einheitliche Fläche über das Dach hinauf, ohne daß eine «Trauflinie» markiert wäre. Es ist also hier das Dekorationsprinzip eines Taschenreliquiars der Hausform gleichsam übergestreift. Die eine Seite zeigt in viereckigem Mittelfeld einen Ring mit halbkreisförmig durchgeschlungenen, quer geriefelten, in Drachenköpfen endigenden Bändern, umsponnen von einstriemigem

---

[1] So stiftete Bischof Volkardt von Chur († 1251) eine «rota» mit den Statuetten der Diözesanpatrone (Necrol. Cur., S. 103).
[2] Siehe darüber E. Poeschel, Die romanischen Deckengemälde von Zillis, Zürich 1941, S. 61.

Abb. 150. Chur, Dommuseum. Eucharistiekästchen (Nr. 4), gegen 1500. Text S. 149.

Flechtwerk. Bandgeflecht gleicher Art füllt den – dies Mittelstück umschließenden – breiten Rand, dessen unterer Streifen durch ein nicht dazugehöriges Flickstück mit Palmettenborte aus dem 12. Jahrhundert ersetzt ist[1]. Die andere Seite entbehrt der Teilung in Rand und Füllung, ist vielmehr völlig überzogen mit Flechtwerk, in das neun Schmucksteine eingesetzt waren, von denen sich jedoch nur vier (Kristall, Glas und Halbedelsteine) erhalten haben. Die Schmalseiten sind in Wand- und Giebelfeld aufgeteilt, in der unteren Zone sieht man dünnes Riemengeschlinge in zwei Drachenköpfen endigen, die an der einen Wand ihre Rachen gegen ein zwischen ihnen schwebendes Kreuz aufsperren. In den Giebeln erscheint jeweils ein Vogelpaar, das an den Trauben eines Weinstockes pickt. Auf dem Schieber des Bodens ein Grätenmuster. Die beschriebene Dekoration der Schmalseiten versinnbildlicht die Bedrohung des Kreuzes durch dämonische Mächte und die Erlösung durch das Blut Christi (Trauben, vgl. Bd. I, S. 30). Diese eucharistische Symbolik sowie die Aufhängevorrichtung – zwei Ringe an den Schmalwänden – deuten darauf hin, daß es sich hier nicht um ein Reliquiar, sondern um ein Tabernakel handelt, das über dem Altar aufgehängt war[2] oder bei Versehgängen benützt wurde.

Das unübersichtlich verlaufende, in spitzen Knickungen umbiegende und in Drachenköpfen endende Flechtwerk unterscheidet sich wesentlich von der Dekoration der «langobardischen» Marmorfragmente von Chur, es steht dagegen dem Geist des Drachenfrieses von Münster (Bd. I, S. 29, Abb. 16) nahe. Der Duktus des Flechtwerkes und die Querriefelung der Drachenleiber deuten auf irischen Einfluß. Zweite Hälfte des 8. Jahrhunderts. Abb. 151 sowie Bd. I, S. 28.

Literatur: BURCKHARDT, S. 162, mit Taf. VIII. – MOLINIER, S. 21–34, Taf. V, VI. Eingehende Beschreibung mit Vergleichsbeispielen. – S. GUYER, Die christl. Denkmäler des 1. Jahrtausends in der Schweiz, Leipzig 1907, S. 110 f. – SIMEON, S. 40. – ESCHER, S. 20, 85. – GANTNER I, S. 63. – G. L. MICHELI in Revue archéol., Paris 1916, S. 67 f. – J. BAUM, ZAK. 1946, S. 205, alle mit Abbildungen. Übriges zitiert. – F. W. VOLBACH nennt im Katalog des Römisch-Germanischen Zentralmuseums Nr. 9 (1921), S. 31, ein verwandtes Stück im Berliner Kunstgewerbemuseum, um 800.

2. *Eine zylindrische Pyxis aus Elfenbein* wurde 1943 dem Sepulcrum des Hochaltars entnommen (siehe S. 104), wo sie zur Deponierung von Reliquien gedient hatte. Die Form kennzeichnet sie jedoch als eucharistisches Behältnis. H. 10 cm, lichte

---

1) Vermutlich von einem Buchdeckel stammend; motivisch verwandt mit dem Ornament auf einem der allerdings noch jüngern Backsteine von St. Urban im Schweizerischen Landesmuseum.

2) Über diesen schon für den Ausgang des ersten Jahrtausends sicher bezeugten, aber wohl weiter zurückreichenden Brauch s. J. Braun, Der christliche Altar, München 1924, Bd. II, S. 599. Auf Tafel 356 Abbildung eines hausförmigen Tabernakels zum Aufhängen. Der Brauch ist bis ins spätere Mittelalter nachgewiesen. Braun a. a. O., S. 604.

Weite 9 cm. Der Boden aus Holz, der Deckel aus einer (geflickten) Knochenplatte. Gerillte Bronzescharniere. Das Schloß ist nicht mehr vorhanden. Der Dekor besteht in Rillen, die den Rand des Deckels begleiten und, dreilinig geführt, auf ihm ein eingebuchtetes Viereck bilden. In der Mitte eine Rosette aus konzentrischen Kreisen. 8. Jahrhundert.

Literatur: ZAK. 1945, S. 32, mit Abbildungen auf Taf. 10.

3. *Zylindrische Elfenbeinpyxis* (DM.). H. 9 cm, Dm. des Deckels 11,5 cm. Ohne Dekor. Beschläge aus vergoldetem Kupfer, in Blattform endend. Frühes 13. Jahrhundert.

Abb. 151. Chur, Dommuseum. Eucharistiekästchen, Rückseite. Vorder- und Schmalseite siehe Bd. I, S. 28. Zweite Hälfte des 8. Jahrhunderts. Text S. 147 f.

4. *Eucharistiekästchen in Kapellenform* zum Aufhängen über dem Altar oder zu Versehgängen wie Nr. 1 (DM.). H. 15 cm, L. 14,5 cm, T. 5,5 cm. Vergoldetes Kupferblech auf Holzkern. Auf den Wänden sind Fenster mit Maßwerken eingraviert[1]. Den Ansatz des leicht geschweiften aufklappbaren Walmdaches umzieht ein niederer Zinnenkranz, und an den Dachflächen imitiert ein gestricheltes Rautenmuster einen Ziegel- oder Schindelbelag. Auf dem First liegt ein runder Wulst, an dem der Tragring befestigt ist. Dieser bei der Kapellenform unorganische Wulst ist ein vom Taschenreliquiar übernommenes Motiv. Gegen 1500 (Abb. 150).

Literatur: SIMEON, S. 40.

Monstranzen. *Turmmonstranz* aus Silber mit vergoldeten Figürchen (S.). Höhe 102 cm. Aus sechspaßförmigem Fuß steigt der mit gravierten Maßwerken und Blattranken ornamentierte Schaft in den von einem Baldachinkranz verhüllten Knauf empor. Unter der Basisplatte des Oberbaues sieht man zierlich gekräuseltes Laub und zwei schwebende Engel mit Leidenssymbolen, die den Turm zu tragen scheinen. Im Hauptgeschoß dieses Aufbaues wird der von rundbogigen Giebeln bekrönte rechteckige Hostienbehälter inmitten eines lichten Peristyls aus schlanken Säulen, Pfeilern und Baldachinen sichtbar. An seinem Sockel in goldenen Majuskeln auf dem Grund blauen Emails: ECCE PANIS ANG(E)LORUM. In den beiden Giebelfeldern ist übereinstimmend das von Engeln gehaltene Schweißtuch eingraviert. Zu seiten dieses Schaugefäßes stehen die Statuetten von Maria und St. Florinus (?)[2]. Unter den Baldachinen der Eckpfeiler erscheinen abermals zwei Engel mit Passionssymbolen.

1) Der Grund ist mit dem Grabstichel leicht zurückgearbeitet.
2) Als solcher wird die Figur stets bezeichnet, und für diese Definition sprechen auch die priesterlichen Gewänder wie der Kelch in der Hand des Heiligen; doch zeigt das Haupt deutlich den traditionellen Typus des hl. Petrus mit der Stirnlocke. Auch fällt auf, daß bei dieser Deutung nur der zweite und nicht der erste Diözesanpatron der Maria zugesellt wäre.

Abb. 152. Chur, Kathedrale. Silberne Monstranz, vermutlich um 1510. Text S. 149 f.

Die Architektur des Turmes erinnert in der Gliederung des Aufbaues, insbesondere dem Verhältnis der Mittelspitze zu den Seitenfialen, deutlich an die Komposition des Sakramentshäuschens. Er birgt im Baldachin über dem Hostienbehälter eine Kreuzigungsgruppe, während in den Tabernakeln der Nebenfialen vier Prophetenfigürchen stehen und in der Spitze der Schmerzensmann das ikonographische Programm beschließt.

Die Monstranz ist weder datiert noch trägt sie Marken oder ein Stifterwappen, das ihre Entstehungszeit bestimmter eingrenzte. Man würde wohl keine Bedenken hegen, das Werk in die letzten Regierungsjahre des Bischofs Ortlieb – also um 1490 – einzuordnen[1], wenn nicht der viereckige Hostienbehälter mit seinem rundbogigen Abschluß und der Charakter der Schrift in eine etwas spätere Zeit wiesen. Dieses Gehäuse ist aber nicht etwa eine nachträgliche Zutat, denn die Platte, auf der es ruht, steht deutlich zu ihm in ursprünglicher Beziehung. Man wird also eine Datierung des Werkes auf 1510–1515 in Erwägung ziehen dürfen. Auch der Stil der Figürchen läßt sich damit vereinbaren, insbesondere das über den Hüften geschürzte Gewand der Engel. Reich in der Durchbildung des architektonischen Details, aber dabei im Gesamtaufbau von durchsichtiger Klarheit und wohlabgewogen in den edlen Proportionen, tut das Werk den besten Vorbildern seiner Zeit genug (Abb. 152 und 153).

Literatur: BURCKHARDT, S. 162. – MOLINIER, S. 81 f., mit Taf. XVIII. – SIMEON, S. 48. – SCHMUCKI, S. 37. – Kdm. Grb. I, S. 142.

Sonnenmonstranz (S.), Silber vergoldet, H. 49,5 cm. Der geschweifte Fuß mit Muscheldekor, das Fenster umgeben von gerolltem, auf einem Strahlenkranz liegendem Akanthuslaub. Unter dem Behälter das gravierte Wappen des Bischofs Ulrich VII. von Federspiel (reg. 1692 bis 1728). Marken Tab. I, 9.

Kelche. 1. *Gotischer Kelch* (S.), H. 20,5 cm, Silber vergoldet, Sechspaßfuß mit Blattborte gesäumt. Tomatenförmiger Nodus mit getriebenen Rosetten; Ende 15. Jahrhundert. – 2. *Gotischer Kelch* (DM.), H. 19,5 cm, Silber, mit vergoldetem Lippenrand, sechspaßförmiger Fuß; flachgedrückter Knauf mit Rosetten. Ende

---

1) Dies geschah auch in Bd. I, S. 142.

Abb. 153. Chur, Kathedrale. Detail der Monstranz Abb. 152.
Text S. 150.

Abb. 154. Chur, Kathedrale. Kelch Nr. 3, 16. Jahrhundert, nachdatiert 1612. Text unten.

Abb. 155. Chur, Kathedrale. Kelch Nr. 6. Erstes Drittel des 17. Jahrhunderts. Text S. 153.

15. Jahrhundert. – 3. *Gotischer Kelch* (S.), H. 18,5 cm, Silber vergoldet. Der Schaft steigt aus einem in den runden Fuß getriebenen Sechspaß empor. Aus dem tomatenförmigen Knauf treten sechs Rauten hervor, auf denen die Zeichen Christi und der Maria zu lesen sind: I H S M R A. Glatte Kuppa. Auf dem Schaft eingravierter Banddekor, auf einer der sechs Flächen zudem St. Rochus mit dem Datum 1612. Beschauzeichen Feldkirch wie Bd. IV, S. 451. Meistermarke Tab. I, 6. Monogramm «H M», also vielleicht HANS MÜLLER[1]. Seiner Form nach gehört der Kelch noch in die erste Hälfte des 16. Jahrhunderts; die Gravierung offenbar eine Zutat von 1612 (Abb. 154). – 4. *Gotischer Kelch* (DM.), Silber vergoldet, H. 19,5 cm. In der Form identisch mit Nr. 1 und gleichfalls mit Banddekor nachträglich graviert. Marken wie dort. An der Unterseite des Fußes ein graviertes Allianzwappen: a) zwei Jagdhörner, b) halber Steinbock. Datum 1656. – 5. *Gotischer Kelch* (S.), H. 23 cm. Silber vergoldet. Auf dem mit einer Rautenborte gesäumten Sechspaßfuß sind durchbrochene Rollwerkornamente, das Relief einer Kreuzigungsgruppe sowie ein Medaillon mit dem Wappen Flugi und der Inschrift: JOHANNES DEI G. EPISCOPUS CURIEÑ aufgelegt. Der Knauf hat gedrückte Kugelform und ist mit rautenförmigen Rosetten geziert. Die Kuppa sitzt in einem durchbrochenen Korb mit Engelsköpfen. Ohne Marken. Das ganze Unterteil stammt noch aus dem 15. Jahrhundert, mit Ausnahme des nachträglich dem Fuß applizierten Dekors,

---

[1]) Nach Hans Rott, Quellen Bd. I, S. 219, ist HANS MÜLLER von 1529–1539 nachgewiesen. Rosenberg führt das fragliche Meisterzeichen in Bd. III, Nr. 4690, an, verweist es aber unter irrtümlicher Deutung der Beschaumarke nach Tübingen.

Abb. 156. Chur, Kathedrale. Kelch Nr. 10, um 1761/63. Text S. 154.

Abb. 157. Chur, Kathedrale. Kelch Nr. 8, um 1720. Text unten.

der – wie die Kuppa samt Korb – unter Bischof Johann V. (reg. 1601–1627) entstanden ist. – 6. *Frühbarockkelch* (S.), H. 24,2 cm, Silber vergoldet. Aus dem mit getriebenen Voluten gezierten Fuß wächst der Schaft steil heraus, der mit à-jour-gearbeiteten, aufgeschraubten Rollwerkornamenten belegt ist. Den kugeligen Knauf schmükken Engelsköpfe und Blattmotive (Abb. 155). Beschauzeichen Feldkirch sowie Meistermarke wie Bd. IV, S. 451, Nr. 7, u. S. 453, Nr. 26[1]. Erstes Drittel des 17. Jahrhunderts. – 7. *Barockkelch* (S.), H. 22,5 cm, Silber getrieben. Geschweifter Fuß mit Blattwerk, Blumen und Granatäpfeln, dazwischen Wappen (ein aufrechter Löwe mit Schwert) mit Umschrift: AÑA MARIA FRANTZISCA ZE RHIN. Am Nodus das Schweißtuch der Veronika und Passionssymbole. Durchbrochener Korb von Laubwerk. An der Unterseite des Fußes eingraviert: UDALRICUS L B DE VINCENZ IN FRIDBERG CAN. ET DECANUS CUR.SIS 1729. Der Kelch selbst ist wohl schon um 1700 entstanden. Augsburger Arbeit, Marke wie bei Rosenberg Nr. 757. – 8. *Régencekelch* (DM.), H. 28,5 cm, Silber vergoldet. Reich getrieben mit Band- und Gitterwerk, auch Blumen- und Blattmotiven und mit Schmucksteinen aus Glasflüssen und unterlegten Kristallen besetzt. Dazwischen ovale Medaillons in bunter Emailmalerei: am Fuß a) Marter der hl. Emerita, b) Martyrium des hl. Florinus, c) Wappen des Bischofs Ulrich VII. von Federspiel (reg. 1692–1728); an der Kuppa a) Immakulata, b) St. Ulrich, c) Marter des hl. Luzius. Beschauzeichen Augsburg. Meistermarke des JOH. DAVID SALER († 1724), bei

---

1) Das dort angegebene Datum ist in diesem Sinn zu berichten. Bei Rosenberg III, Nr. 4696, aber irrtümlich nach Tübingen verwiesen.

Abb. 158. Chur, Kathedrale. Chorampel, um 1600. Text S. 155.

Rosenberg Nr. 760, Schröder Nr. 9 a und b. Um 1720 (Abb. 157). – 9. *Rokokokelch* (DM.), H. 31,7 cm, Silber vergoldet; aus geschweiftem und stark nach oben gewölbtem Fuß steigt der schlanke Schaft zum birnenförmigen Knauf empor. Rocailledekor in Treibarbeit schmückt den Fuß und den Korb, der, wie dies dem häufigsten Typus des Rokokokelches entspricht, nicht durchbrochen gearbeitet ist. Zwischen die Ornamentik sind bunte Emailmedaillons mit Heiligenbildern eingesetzt, am Fuß: a) St. Benedikt, b) Johannes v. Nepomuk und c) Joseph. An der Kuppa: a) Madonna, b) Verkündigung, c) Immakulata. Beschauzeichen Augsburg mit Lit. F für 1743–1745 bei Rosenberg Nr. 247, Meistermarke des Franz Christoph Mäderl, bei Rosenberg Nr. 928, Schröder Nr. 216. – 10. *Rokokokelch* (S.), H. 27,3 cm, Silber vergoldet. Fuß und Korb getrieben mit Rocaille, Trauben und Ähren. Beschauzeichen Augsburg mit Lit. P. für die Jahre 1761–1763, bei Rosenberg Nr. 263, Meistermarke des Georg Ignaz Baur († 1790) bei Rosenberg Nr. 975, Schröder Nr. 23a (Abb. 156). – 11. *Rokokokelch* (S.), H. 23,5 cm, Silber vergoldet. Rocailledekor, der Korb durchbrochen. Beschauzeichen Augsburg mit Lit. X für die Jahre 1775–1777 bei Rosenberg Nr. 275, Meistermarke des Joh. Ign. Caspar Bertold, bei Rosenberg Nr. 971 und 900, Schröder Nr. 24a. – 12. *Rokokokelch* (S.), H. 25,5 cm, Silber vergoldet, getrieben mit Rocaille, Ähren, Trauben und Blumen. Beschauzeichen Augsburg mit Lit. X für die Jahre 1775–1777, bei Rosenberg Nr. 275. Meistermarke des Jos. Ant. Seethaler, bei Rosenberg Nr. 1018, Schröder Nr. 26.

Meßkännchen mit Platte: 1. Zwei *Kännchen* (S.), H. 14,5 cm, Silber vergoldet, getrieben mit reichem Rokokodekor. *Platte*, Dm. 34 cm, Beschauzeichen Augsburg mit Lit. F für die Jahre 1743–1745 und Meistermarke des Franz Christoph Mäderl, wie bei Kelch Nr. 9. – Zwei *Kännchen* (S.), H. 14 cm, Silber vergoldet, mit klassizistischem Dekor, Beschauzeichen Augsburg mit Lit. B für das Jahr 1816, bei Rosenberg Nr. 307, Meistermarke des Casp. Xaver Stippeldey, bei Rosenberg Nr. 1016, Schröder Nr. 25. Die vorübergehend dazu verwendete *Platte*, Dm. 32,5 cm, Silber vergoldet, stammt von einer anderen Garnitur; am Rand Blumen in hoher Treibarbeit, Beschauzeichen Feldkirch wie Bd. IV, S. 451, Nr. 7. Meistermarke «IC», Tab. I, 10.

Schüssel, durch nachträgliche Anbringung eines Henkels als Weihwasserbecken adaptiert. Ehemals vielleicht zu liturgischen Waschungen dienend. Dm. 28 cm. Sogenannte «Nürnberger Schüssel» aus Messing, am Boden in geschlagener Arbeit eine Darstellung der Verkündigung an Maria. Um 1500.

Leuchter und Ampel. Fragmente von romanischen Schaftleuchtern (DM.): Fünf *Tropfschalen*, Dm. 10,2 cm bis 11 cm. Kupfer. Der ziselierte und feuervergoldete Dekor besteht aus einer Rosette von Bändern, die in Blattspiralen enden und sich verschlingen (Abb. 159). Die Ornamentik entspricht der Buchmalerei des 12. Jahrhunderts.

Der geschmiedete Arm an einem der Stücke ist eine spätere Zutat, dagegen haben sich in neuerer Zeit noch zwei Schäfte gefunden, nach Material und Zierat zwar von den beschriebenen Schalen verschieden, aber vielleicht doch einmal zu ihnen gehörig, da die viereckigen Löcher der Teller zu den Dornen der Schäfte stimmen. Schmiedeeisen, achtkantig, oben in einem längeren und unten in einem kürzeren Dorn endend. Höhe ohne Dorne 47,2 cm. Der Schmuck der Schäfte besteht aus Wellenbändern («laufender Hund») in Silbertauschierung; an der untern Verdickung Zacken und Ranken; eine 4,5 cm leere Stelle in der Mitte zeigt, daß hier ehemals ein über den Schaft gezogener Knauf saß. Einen Hinweis verdient auch die Ausstattung der Altäre mit *Kerzenstöcken aus Messingguß* in Typen verschiedener Entwicklungsstufen: Leuchter verschiedener Höhe mit Wulstringen aus der ersten Hälfte des 16. Jahrhunderts, andere mit kräftigen, balusterartigen Schäften aus der ersten und Dreikantleuchter mit Klauenfüßen aus der zweiten Hälfte des 17. Jahrhunderts (Höhen, ohne Dorn, 27–126 cm).

Zwei silberne Rokokoleuchter (DM.), H. 50,5 cm, einer davon mit Wappen des Lucius Antonius Scarpatetti von Unterwegen, residierender Domherr seit 1777. – Im Chor *sechs große silberne Empireleuchter*, H. 97,5 cm.

Im Chor eine *Ampel* aus Messingguß in Vasenform, die drei Aufhänger als weibliche Halbfiguren ausgebildet, Höhe (ohne Ring) 44 cm, um 1600; durch einen Einsatz zur Ewig-Licht-Lampe umgearbeitet[1] (Abb. 158).

Kreuzfuß. Die früher stets als zwei selbständige Stücke betrachteten romanischen Bronzen sind nach Swarzenskis Feststellung Teile eines und desselben Kreuzfußes (Abb. 160 und 161). Unterteil H. 10 cm, Br. 17 cm, Oberteil H. 12 cm, Br. 9,5 cm. Bronzeguß. Der kuppelförmige untere Teil wird von reichen, durchbrochen gearbeiteten Spiralranken gebildet. Aus vier Urnen an seinem oberen Rand quellen Wasserstrahlen, die vier Paradiesströme, die sich durch Löwenrachen auf die als Klauentatzen geformten Füße ergießen. Die Tierhäupter dienen den rittlings auf den Kanten des Untersatzes vor ihren Pulten sitzenden Evangelisten als Stützen. Auf dem oberen Rahmen stehen die Namen: MATHEUS-TIGRIS, JOHANNES-EUFRATES, LUCAS-GEON, MARCUS-VISON. Auf dem unteren Rand die Stifter- und Meisterinschrift: NORTPERTUS DEI GRA(TIA) PRAEPOSITUS HOC IMPETRAVIT OPUS AZZO ARTIFEX. Den Oberteil bilden zwei Engel,

---

1) Ganz ähnliches Stück im Domschatz von S. Marco zu Venedig. Abbildung bei Jos. Weingartner, Das kirchliche Kunstgewerbe der Neuzeit, Innsbruck 1927, S. 283.

Abb. 159. Chur, Dommuseum. Zwei Tropfschalen von romanischen Leuchtern. 12. Jahrhundert. Text S. 154.

Abb. 160. Chur, Dommuseum. Romanischer Kreuzfuß, Oberteil. Text nebenan. Gesamtansicht Bd. I, S. 57.

die den eigentlichen – säulenförmigen – Kreuzhalter tragen. Sie stehen auf dem Sarg, aus dem Adam, das Bahrtuch abstreifend, auftaucht. An der Wand des Sarkophages die Inschrift: + ECCE RESURGIT ADAM CUI DAT DE(US) IN CRUCE VITAM.

Daß die beiden Stücke zusammengehören, zeigt schon das in ihnen verwirklichte, einheitliche ikonographische Programm. Es stellt eine Versinnbildlichung der Legende dar, daß aus einem der Fruchtkörner vom Baume des Lebens, die Seth auf göttliches Geheiß dem toten Adam unter die Zunge gelegt, das Holz zum Kreuze Christi gewachsen sei. Der Garten Eden, dem der Lebensbaum entsprossen, ist hier symbolisiert durch die vier Paradiesströme Vison (Pison), Geon (Gihon), Tigris (in der Genesis: Hiddekel) und Euphrat. In sinnreicher Weise wurden hier den Urnen nicht, wie etwa am Hildesheimer Taufbecken, nur anonyme Wasserträger beigeordnet, sie sind vielmehr mit den Evangelisten in Verbindung gebracht. Die vier Ströme erscheinen damit zugleich als Symbole der Leben spendenden Quellen der Evangelien.

Die im Oberteil dargestellte Grundidee ist formuliert in der Inschrift am Sarge Adams, die einen schon von Augustinus ausgesprochenen Gedanken wiedergibt, daß Christus in die Welt gekommen sei, um als neuer Adam die Sünden des alten auszulöschen. Ihre eigentliche Vollendung fand daher die ikonographische Gesamtidee in dem – heute nicht mehr vorhandenen – Kreuz.

Das in formaler wie in symbolischer Hinsicht gleicherweise kunstvoll gestaltete Werk hat eine ihm ziemlich genau entsprechende Parallele in einem Kreuzständer aus Lüneburg im Provinzialmuseum zu Hannover. Beide gehen, wie man annimmt, auf ein gemeinsames (nach Swarzenski westdeutsches, nach Falke byzantinisches) verschollenes Vorbild zurück. Unser Stück selbst aber ist jedenfalls deutscher Herkunft. Vom Meister Azzo wissen wir sonst nichts, und was den Stifter anlangt, so ist weder unter den Churer Dompröpsten noch in der Reihe der Pröpste des Klosters St. Luzi in der einschlägigen Zeit ein Norbert bekannt. Man wird daher, trotzdem diese zeitliche Einordnung aus stilistischen Gründen als zu früh erscheinen könnte, doch in Erwägung ziehen müssen, ob nicht der Augsburger Dompropst und nachmalige Churer Gegenbischof Norbert von Hohenwart (reg. 1079–1087), Graf von Andechs, als Stifter in Betracht kommt, der das Werk kurz vor 1079, als er auf den Stuhl von Chur prätendierte, gestiftet haben könnte. Dabei mag man sich daran erinnern, daß im Kloster Tegernsee schon für das frühe 11. Jahrhundert eine Gießerwerkstatt nachgewiesen und die bekannten Bronzetüren des Augsburger Domes im gleichen Säculum entstanden sind.

Abb. 161. Chur, Dommuseum. Romanischer Kreuzfuß, Unterteil. Text S. 155 f. Gesamtansicht Bd. I, S. 57.

Literatur: BURCKHARDT, S. 162. – RAHN, Geschichte, S. 278 f. – MOLINIER, S. 43–47, mit Taf. IX. – ESCHER, S. 50 f. – G. SWARZENSKI, Aus dem Kunstkreis Heinrichs des Löwen, Städel-Jahrbuch VII/VIII, Frankfurt a. M. 1932, S. 295 ff. – O. v. FALKE und ERICH MEYER, Romanische Leuchter und Gießgefäße, Berlin 1935, S. 24 f. und 103, Nr. 184.

Standkreuze. 1. Das *Wettersegenkreuz* (S.), H. 42 cm, Silber vergoldet. Der Ständer mit sechsblättrigem Fuß und gravierter Lorbeerborte stammt vermutlich von einem Kelch des 16. Jahrhunderts. Oberhalb des tomatenförmigen Knaufes am Schaft die Inschrift: o maria bi(tt für uns). Auf dem großen Kreuz mit Kleeblattenden liegt ein zweites kleineres, an dem der Körper hängt. Es schließt in Rundmedaillons mit gravierten Bildchen: Agnus Dei, Adler, Löwe und Pelikan. Die kleeblattförmigen Enden des großen Kreuzes sind besetzt mit emaillierten Reliefs der Evangelisten, deren Körper nach einer schon im frühen Mittelalter aufgekommenen, Symbol und Gestalt in seltsamer Weise verquickenden Auffassung als Köpfe die Tierhäupter ihrer traditionellen Attribute tragen[1]. Auf Schriftbändern stehen ihre Namen in gotischen Minuskeln. Die Rückseite zeigt graziles, durchbrochen gearbeitetes Maßwerk auf roter (1913 erneuerter) Seide. In der Vierung sitzt eine kreisrunde Kapsel, hinter deren Fenster Engel zu seiten eines Kreuzes mit der Partikel sichtbar werden. Der Schaft birgt im Innern ein Attest des Bischofs Heinrich VI. von Höwen vom 7. September 1498 des Inhalts, daß die damals im Kreuz vorgefundenen Reliquien, die keine Titel trugen, erneuert und mit ihren Namen versehen wurden[2]. Liturgisch gesehen ist das Kreuz also ein Reliquiar. Zweites Viertel des 15. Jahrhunderts (Abb. 162).

1) Ein schweizerisches Beispiel dieser Formulierung: Fresken in der alten Kirche von Castel S. Pietro bei Mendrisio (1343).
2) Wortlaut: «Anno domini 1498 in vigilia nativitatis Marie reliquie in hac cruce recondite ob diuturnitatem temporum a devotis patribus collecte nullis fuerunt titulis inscripte aut reperte, tamen per Reveren-

Abb. 162. Chur, Dommuseum. Wettersegenkreuz. Zweites Viertel des 15. Jahrhunderts. Text S. 157.

2. *Segenskreuz* (DM.), H. 50 cm, Kupfer vergoldet. Aus dem runden, mit Blättern und Fruchtmotiven graviertem Fuß ist ein Sechspaß getrieben, geziert mit Engelsköpfen und einer Allegorie der Ecclesia; flachgedrückter Kugelknauf. Das Kreuz selbst besteht aus quadratischen geschliffenen Plättchen von Bergkristall; Reliefs der an Pulten sitzenden Evangelisten zieren die mit Kugeln besetzten Kleeblattenden, auf denen jeweils ein geflügelter Putto steht. Am Fuß datiert 1588 (Abb. 163).

3. *Kreuzigungsgruppe aus Alabaster*. In das Kreuz Christi ist in der Mitte in höchst seltsamer Weise eine freiplastische Darstellung des Sündenfalles eingeschaltet, wodurch auf den – bei dem romanischen Kreuzfuß (S. 156) schon ausgeführten – Gedanken angespielt wird, daß Christus als der «neue Adam» durch seinen Opfertod die Erbsünde auslöschte. Zu Füßen der drei Kreuze, die mit leeren (ehemals vielleicht bemalten) Schildchen belegt sind und in Blattspitzen endigen, stehen Maria, Johannes und Magdalena. Von den «tituli» über den Schächern lautet der eine – nach der Legende richtig – Dimas (Dismas), der andere ist falsch als «Barnabas» (statt Gesmas) nachträglich ergänzt. Ungelenk derbe (alpenländische?) Arbeit aus der zweiten Hälfte des 16. Jahrhunderts, die im Typus die Verkleinerung einer Friedhofsgruppe in der Art des bretonischen «Calvaire» darstellt (Abb. 170).

Vortragekreuze. 1. *Vortragekreuz* (DM.), Höhe (ohne Dorn) 40,5 cm. Kupfer vergoldet. Kleeblattenden; der Fond mit linearen gravierten Ranken geziert. Die Gestalt des Gekreuzigten in gerader Haltung mit bogenförmig nach oben gerichteten Armen; hinter dem Haupt ein aus dem Grund getriebener Engelskopf, vom Nimbus umgeben. Die Vierpässe der Enden umschließen Reliefs der geflügelt dargestellten Evangelisten in Halbfigur,

dissimum episcopum Henricum baronem de Höwen venerabiliter renovate et suis, quorum adhuc noticia haberi nominibus, insignite.» Ein zweites Attest vom 12. Nov. 1913 besagt, daß damals nach Renovierung des Kreuzes die Partikel wieder eingeschlossen wurde.

ihre Namen stehen in gotischen Unziallettern auf Schriftrollen. In den Enden der Rückseite die Symbole der Evangelisten, gleichfalls mit Titeln. Oberitalienisch? Mitte des 14. Jahrhunderts (Abb. 164).

2. *Vortragekreuz* (DM.), H. 29 cm, Kupfer vergoldet. Das große Kreuz schließt in Kleeblattenden und zeigt eine quadratisch vortretende Vierung. Das kleine darauf liegende Kreuz mit dem Korpus läuft in Spitzen aus. In den Enden des großen Kreuzes geprägte Rundmedaillons mit den Symbolen der Evangelisten. Rückseite glatt. Erste Hälfte des 15. Jahrhunderts (Abb. 165).

3. *Vortragekreuz* (DM.), H. 27 cm, Kupfer vergoldet. Der Fond auf der Vorderseite glatt, auf der Rückseite mit Blattranken und einem um einen Stab sich schlingenden Band in Gravierung dekoriert. Auf der Vierung der Rückseite ein Agnus Dei. Das Kreuz selbst aus der Mitte oder der zweiten Hälfte des 15. Jahrhunderts, der Korpus gegen 1700. – 4. *Vortragekreuz* (DM.), Kupfer vergoldet. Höhe (ohne den nicht dazugehörigen Holzständer) 55,6 cm. Das Kreuz gehört dem im Misox und Calanca (Bd. VI, S. 127, 208, 236, 250, 281) wiederholt vorkommenden italienischen Quattrocento-Typus an: der bewegt geschweifte Umriß ist mit Kugeln besetzt, die Vierung oval ausgebuchtet, die Enden medaillonförmig gebildet. Der Korpus hängt auf einem eigenen Kreuz, die stark plastischen Reliefs in den Medaillons der Vorderseite zeigen in Halbfigur Maria, Johannes, Magdalena und einen betenden Engel, auf der

Abb. 163. Chur, Dommuseum. Segenskreuz, 1588.
Text S. 158, Nr. 2.

Rückseite die Majestas Domini mit den Evangelistenzeichen. Der kugelförmige Knauf trägt die Inschrift: VIR SAPIENS DOMINABITUR ASTRIS LUDOVICUS DUX BARI. Daraus ergibt sich das früheste Datum der Arbeit, da Lodovico Sforza, genannt il Moro, seit 1479 den Titel eines Herzogs von Bari führte. – 5. *Vortragekreuz* (DM.), H. 31 cm, Kupfer vergoldet. Der Fond mit Rauten gemustert. In den kleeblattförmigen Enden auf der Vorderseite Medaillons mit den Evangelistensymbolen, rückwärts das Agnus Dei, zweite Hälfte des 15. Jahrhunderts (Abb. 166). – 6. *Vortragekreuz* (DM.), H. 48,5 cm. Silber vergoldet, die Enden als Vierpaßmedaillons ausgebildet. Die Vierung qua-

Abb. 164. Vortragekreuz Nr. 1. Mitte des 14. Jahrhunderts. Text S. 158.   Abb. 165. Vortragekreuz Nr. 2. Erste Hälfte des 15. Jahrhunderts. Text S. 159.
Chur, Dommuseum.

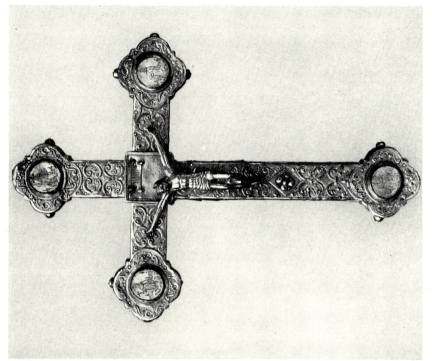

Abb. 166. Vortragekreuz Nr. 5, zweite Hälfte des 15. Jahrhunderts. Text S. 159.   Abb. 167. Vortragekreuz Nr. 6, gegen 1600. Text S. 159.
Chur, Dommuseum.

Abb. 168. Chur, Dommuseum. Kußtafel, Mitte des 15. Jahrhunderts. Text S. 163.

dratisch herausgehoben, die Flächen mit getriebenen Volutenornamenten reich dekoriert. In den Medaillons der Vorderseite, graviert, die vier lateinischen Kirchenväter mit Architekturhintergrund, auf jenen der Rückseite in gleicher Arbeit die Evangelisten, geflügelt und von ihren Attributen begleitet, an Pulten sitzend (ein Stück verloren und durch ein älteres in Relief ersetzt). Auf der Vierung hier das Haupt Christi. Gegen 1600 (Abb. 167 und 171).

Alle vorstehend beschriebenen Kreuze entstammen dem deutschen Kunstkreis, wenn nichts anderes bemerkt ist.

Literatur: SIMEON, S. 42–45. – SCHMUCKI, S. 36; für das Standkreuz Nr. 1 auch MOLINIER, S. 69 ff., mit Taf. XV, und BURCKHARDT, S. 161; hier S. 159 f. auch über das Vortragekreuz Nr. 4.

Vortragezeichen aus Holz (DM.). Zwei mit den Rücken gegeneinandergestellte geschnitzte Halbfiguren der Maria (H. 42 cm). Frühes 16. Jahrhundert; Glorie und Fassung neu.

Silbernes Triumphkreuz. Das Inventar von 1589 notiert: «daß groß si(l)ber creutz, so auf dem tromen vor dem fron altar stat.» Damit ist zweifellos das hernach beschriebene Kreuz gemeint, das also ehemals auf einem – heute nicht mehr vorhandenen – Triumphbalken im großen Chorbogen stand. Burckhardt sah es 1856 auf dem Kreuzaltar, später kam es in die Sakristei und 1941 in das Dommuseum. Höhe 120 cm; Holzkern, auf der Vorderseite und an den Kanten mit Silberblech, auf der Rückseite mit Kupferplatten verkleidet. Haar, Bart und Lendentuch vergoldet. Die Flächen der Vorderseite sind durch kleine Diamantbuckel gemustert. Die als flaches Relief gebildete Figur Christi ist nicht aus dem Blech des Fonds herausgetrieben, sondern getrennt gearbeitet und mittels kleiner, dichtstehender Nägel aufgesetzt; im Nimbus drei rundgeschliffene Kristalle («cabochons»). Die Seitenränder sind mit geprägten Rosen auf Rautengrund, die Rückseite mit Lilien dekoriert. In der Vierung der Rückseite ein graviertes Agnus Dei. – Durch die gerade, feierliche Haltung, das hoch aufgerichtete Haupt, die vollkommen waagrecht ausgestreckten Arme und die offenen Augen empfängt die Gestalt des Heilands ein höchst altertümliches Gepräge. Doch erweisen sich diese Züge dadurch als Einflüsse älterer Vorbilder, daß die Darstellung auch Merkmale eines jüngeren Typus aufweist: die gekreuzten Füße, das Fehlen der Fußstütze und das kurze, eng anliegende Lendentuch. Da in der italienischen Kunst – und um ein Werk dieser Herkunft handelt es sich offenbar, wie die

Abb. 169. Chur, Dommuseum. Silbernes Triumphkreuz, um 1300. Text S. 162 f.

Körperbildung und die Physiognomie des Hauptes zeigen – die Füße des Gekreuzigten während des ganzen 13. Jahrhunderts, ja sogar bis Giotto, noch nebeneinander und nicht übereinander genagelt sind wie hier, wird man die Arbeit kaum wesentlich vor, eher sogar nach 1300 datieren dürfen (Abb. oben).

Literatur: BURCKHARDT, S. 159. – MOLINIER, S. 53–58, mit Taf. 11. – SIMEON, S. 42. – SCHMUCKI, S. 37.

Kußtafel (Pax), H. 15,5 cm (DM.). Das Täfelchen selbst besteht aus einer Perlmutterplatte, aus der eine Kreuzigungsgruppe in flachem Relief herausgeschnitten ist. Eingefaßt wird sie von einem silbervergoldetem mit Granaten, Glas- und Kristallsteinen[1] besetzten Rahmen, an dessen Unterkante ein Zinnenkranz läuft, beidseits flankiert von kleinen Figürchen zweier Kriegsknechte, bei denen jedoch der untere Teil der Beine fehlt. Im Feld des mit Krabben besetzten Maßwerkgiebels erscheint die Halbfigur des Leidenschristi. Die Stütze aus durchbrochenem Maßwerk und einem sitzenden Löwen. Mitte des 15. Jahrhunderts (Abb. 168).

Literatur: BURCKHARDT, S. 162. – SIMEON, S. 46. – SCHMUCKI, S. 38.

[1] Das Inventar von 1589 sagt etwas zu optimistisch: «Pax aurea gemmis praetiosis ornata.» A. a. O., S. 147.

Abb. 170. Chur, Dommuseum. Kreuzigungsgruppe aus Alabaster. Zweite Hälfte 16. Jahrhundert. Text S. 158.

Reliquiare. VORBEMERKUNG. Die Bedeutung des Churer Domschatzes für die Geschichte des liturgischen Gerätes liegt nicht zum mindesten darin, daß er eine vielgestaltige Überschau über die wichtigsten Typen von Reliquienbehältnissen bietet. Vertreten sind Schreine verschiedener Art, von der romanischen Hausform bis zum barocken Glasgehäuse, Büsten, ursprünglich profane Behälter von mancherlei Form und Material sowohl aus der Antike wie dem abend- und morgenländischen Mittelalter, ferner das Kapselostensorium, das schon beschriebene Reliquienkreuz (S. 157) oder die später (S. 187 f.) zu erwähnenden Beutel. Von den üblichen Typen fehlen nur die Arm- und Fuß-Reliquiare.

Die beiden ältesten Inventare des Churer Domschatzes (um 900 und 1240) erwähnen keine Reliquiare. Urkundlich ist 1351 erstmals von Reliquienschreinen die Rede, die im Chor der Kathedrale standen und deren einer Gebeine des hl. Florinus enthielt[1]. Vielleicht ist er mit dem frühgotischen Schrein (Nr. 2, S. 169) identisch? Über den Inhalt des – oder der – anderen Schreine erfahren wir nichts, die Stelle trägt daher auch nichts zur Entscheidung der Frage bei, ob der Luziusschrein von 1252 aus dem Kloster St. Luzi stammt oder immer dem Dom gehörte.

Das Inventar von 1589 nennt dann gleich am Anfang: «Erstlich den großen silbernen sarch», und in der Folge «S. Lucy silberiß bildt», «ain anders brustbild mit einer ketten» und «drey vergülte köpf». Während diese fünf Büsten (von St. Luzius, Placidus, Florinus, Ursula und Emerita) sich erhalten haben, fehlt uns jede Kunde darüber, wohin «der große silberne sarch» geraten und wessen Gebeine er umschloß. Nach ihrer Umgestaltung im 17. Jahrhundert (vgl. S. 168) standen die beiden Schreine Nr. 1 und 2 auf den Altären an den Ostenden der Seitenschiffe. Am 30. Mai 1765 wurde der – in einem Verzeichnis aufgeführte – Inhalt von sieben kleineren und größeren Reliquiaren in diese Schreine übertragen[2]. Da nach dem Inventar von

---

1) Urb. Domkap., S. 36: 1351: «Item quod ante sarcofagos in choro ante altare principale duo lumina... ardeant...» Aus der Fassung scheint hervorzugehen, daß die Schreine im Chor (auf einem besonderen Unterbau?) vor dem Hochaltar standen. Die Stelle ist nicht etwa so auszulegen, daß vor den Sarkophagen und vor dem Altar zwei Lichter brennen sollten, denn zuvor ist von den drei Lichtern vor dem Hochaltar besonders die Rede. – A. a. O., S. 112: Ende des 14. Jahrhunderts: «ad lumen ante sarcofagum sancti Florini.»

2) Mitgeteilt im Mskr. von Mont (BA.). Das Verzeichnis ist inhaltlich identisch mit dem von Castelmur in der Zeitschr. für Schweizerische Kirchengeschichte 1929, S. 148, mitgeteilten Register.

DIE KATHEDRALE

1589 alle drei noch vorhandenen Elfenbeinkästchen Reliquien bargen, so werden sie trotz ihrer ursprünglich profanen Bestimmung hier unter den Reliquiaren aufgeführt. Dagegen sollen die Bursen (Beutel) bei den Textilien ihren Platz finden.

RELIQUIENBEHÄLTNISSE AUS DEM SEPULCRUM DES HOCHALTARS, enthoben 1943 (siehe S. 104). 1. *Miniatursarkophag* aus weißem Marmor, H. 16 cm, Br. 18 cm, Tiefe 14 cm. An den Ecken des Satteldaches verkümmerte Akroterien in Form von abgerundeten Verdickungen. Der Deckel mit Falz. Es dürfte sich um eine ehemalige römische Aschenkiste handeln, die bei Grabarbeiten aufgefunden wurde, wie Pickelspuren vermuten lassen.

2. *Römisches Arzneikästchen* aus Elfenbein, H. 8,7 cm, Br. 6 cm, Dicke 2 cm. Die Unterseite zeigt die natürliche Rundung des Elefantenzahnes, aus dem das Behältnis mit den

Abb. 171. Chur, Dommuseum. Detail des Vortragekreuzes Nr. 6. Text S. 162. Vgl. Abb. 167.

sechs Fächern für Pillen oder Salben geschnitten ist. Auf dem Schiebedeckel das Relief eines Äskulaps vor einer Arkade. Während bei dem üblichen Äskulaptypus die Linke des Gottes in die Seite gestemmt und vom Mantel verdeckt ist, hält sie hier ein Buch, also keine Schriftrolle, die sonst als Attribut von Rhetoren, Ärzten usw. gilt[1]. Um 400 n. Chr. Stilistisch gleicht die Arbeit bis in Einzelheiten, wie etwa die schräg schraffierte Hintergrundsarkade und den zackigen Bart, einem in Sitten aufbewahrten, ehemals gleichfalls als Reliquiar verwendeten Kästchen, auf dem jedoch neben Äskulap noch Hygieia erscheint[2] (Abb. 172).

3. *Anhängerreliquiar* («Enkolpion») in Taschenform; aus vergoldetem Kupferblech über Holzkern. H. 5,5 cm, Br. 4,7 cm, T. 2,3 cm. Den Rändern der Vorderseite entlang ziehen sich Zierstreifen von geprägten Perlreihen. Das Behältnis weist an dem abgeplatteten Walmdach eine Öse auf und konnte an der Brust getragen werden. 8. Jahrhundert.

4. Ein kleines *Holznäpfchen* mit Griffen, H. 1 cm, Länge (mit Griffen) 3,4 cm, gilt als Blutreliquiar. Die Gegenstände 2–4 lagen in

1) Siehe dazu die Beispiele bei Reinach, Répertoire de Reliefs grecs et romains, Paris 1909–1912, aufzufinden nach dem Register Bd. III, S. 540; Äskulap mit Buchrolle bei Rich. Delbrück, Die Consulardiptychen, Berlin 1929, Taf. 55.
2) Siehe F. Stähelin, Die Schweiz in römischer Zeit, II. Aufl. Basel 1931, S. 457, mit Abbildung und Angabe weiterer Literatur.

Abb. 172. Chur, Kathedrale. Römisches Arzneikästchen. Text oben.

dem beschriebenen Miniatursarkophag, der außerdem noch einen *Gipsabguß* mit der Huldigung der Drei Weisen enthielt. Dm. 4 cm. Maria thront am linken Bildrand, die drei Magier, ohne erkennbare Gaben, in einer Reihe vor ihr stehend, tragen phrygische Mützen; über dem Christuskind ein kreuzförmiges Gebilde (herabschwebende Taube?), daneben Spuren des Sternes[1]. Es handelt sich vermutlich um den Abguß eines Amuletts oder eines besonders wertgehaltenen Enkolpions mit Reliquien, das hier durch sein Abbild vertreten sein sollte. Original 7. Jahrhundert?

Über die gleichfalls im Sepulcrum gefundene *zylindrische Pyxis* siehe S. 148.

Literatur: Eingehende Beschreibung der aufgeführten Gegenstände von CHR. CAMINADA in ZAK. 1945, S. 30–34, mit Abbildungen auf Taf. 10, 11.

SCHREINE. 1. Der *St.-Luzius-Schrein* von 1252 (Abb. 173). H. (ohne Füßchen) 64 cm, Br. 94,5 cm, T. 19 cm. Kupfer vergoldet auf Wandungen aus Tannenholz, in der Form einer halben Haustruhe; quadratisches Türchen an der Rückseite. Die Frontwand ist durch eine sechsteilige Arkadenfolge von Rundbogen gegliedert, deren Stützen aus viereckigen Pfeilern mit sehr primitiven, aus Trapezformen und flachgedrückten Kugeln gebildeten Basen und Kapitellen bestehen. Sie sind mit graviertem Schmuck aus Bandwerk, Palmetten und Ranken durchaus romanischen – ja im Bandwerk sogar frühmittelalterlichen – Gepräges überzogen und offenbar aus Handschriften kopiert. Auf drei Kapitellen sieht man einen aufrechten Steinbock, das Wappentier des Bistums, einen Hirschkopf und einen springenden Hasen; an einer Basis einen Löwen. Die sechs unter den Arkaden stehenden, in hohem Relief aus dem Blech des undekorierten Fonds getriebenen Heiligenfigürchen werden durch Titel benannt, die in Unzialen auf den Bogen stehen: a) S. NICOLAUS, b) S. FLORINUS, c) S. LUCIUS, d) S. STEPHANUS, e) S. ANDREAS, f) S. GREGORIUS. Auf der Sockelleiste liest man in gleicher Schrift: ANNO M⁰ C C⁰ L⁰ II⁰. VII. IDUS · OCT · (9. Oktober 1252) INDIC · X · TRA(N)SLATE · S. RELIQUIE · SCI · LUCII · A · VENERABILI · HAIRICO · CUR · EPO · SVB(P)PO · IO(HANNE)... (der Rest fehlt).

Die Dachfläche weist nur fünf Arkaden auf, da das Relief des Gekreuzigten in der Mitte eine größere Fläche beansprucht. Zu seinen Seiten Maria und Johannes, außen Petrus und Jakobus. Die Titel lauten, von links nach rechts gelesen: a) S. PETRUS, b) MARIA VIRGO (s weggeschnitten), c) (I)HS (I weggeschnitten) NAZARENUS REX JUDEOR (in R ein Schrägstrich als Kürzung), d) S. JOHS EWANGLA, e) S. JACOBUS. Mit Ausnahme des St. Luzius tragen alle Heiligen Bücher in der Linken. Durch spezielle Attribute ausgezeichnet sind allein St. Gregorius (Taube) und Luzius (Zepter). Von der Einrahmung der Dachfläche gehören nur die Traufleiste und der innere Streifen an der rechten Seite, die mit Ranken und Palmetten geziert sind, zum originalen Bestand. Die beiden Leisten links mit einem Wickelbandmuster und einer Borte von einzelnen Ahornblättern stammen aus dem 14. Jahrhundert. Der den First begleitende, aus kleinen Stücken zusammengesetzte Streifen, der in einer an Textilien erinnernden Stilisierung stehende und paarweise mit den Rücken gegeneinander sitzende, geprägte Löwen zeigt, ist gleichfalls als Zutat zu betrachten. Wenn er auch noch aus spätromanischer Zeit stammen dürfte, so trägt er doch völlig anderen Charakter als der sonstige Dekor des Schreines und ist offenbar von einem anderen Gerät übernommen. Fremdkörper stellen endlich die beiden an den Schmalseiten des Reliquiars ohne jede Umrahmung auf das rohe Holz aufgenagelten Reliefs eines jugendlichen und eines bärtigen Apostels dar, die ursprünglich zu dem hernach zu beschreibenden gotischen Schrein gehörten.

---

1) Vgl. die Beispiele bei J. Baum, Frühmittelalterliche Denkmäler der Schweiz, Bern 1943, S. 11–17 und Taf. I–III, «Die Magierfibel von Attalens».

Abb. 173. Chur, Dommuseum. Der St.-Luzius-Schrein von 1252. Text S. 166f.

Die Aufzählung der Flickstücke deutete schon an, daß der Schrein nicht mehr völlig intakt ist. Dies zeigt sich aber auch sonst noch an zahlreichen Stellen: so passen da und dort die Füllungsbleche, aus denen die Figuren getrieben sind, nicht genau in die sie umschließenden Arkaden; die Bögen setzen einmal nebeneinander an, ein anderes Mal ist eine Archivolte schräg zugestutzt, um sie zwischen den benachbarten unterzubringen, oder sie sitzt auch nicht genau auf dem Kapitell auf. Der auffälligste Ausfall aber liegt ohne Zweifel im völligen Fehlen der alten Verkleidung an den Schmalseiten und der Unvollständigkeit der Widmungsinschrift. Die Frage ist daher berechtigt, ob der Schrein in seiner heutigen Form vollständig ist. Schon Molinier stellte sie, war aber, wenn auch zögernd, geneigt, sie zu bejahen. Zweifel an der Richtigkeit dieser Annahme sind jedoch nicht von der Hand zu weisen. Zunächst ist nicht zu übersehen, daß Halbsarkophage, wie dieser und der nachfolgende Schrein, im übrigen zeitgenössischen Bestand nicht nachgewiesen sind[1]. Wesentlich ins Gewicht dürfte aber fallen, daß – wie hernach auszuführen ist – auch dieser zweite, der frühgotische Schrein, erst durch eine nachträgliche Umarbeitung die heutige Form mit Pultdach erhielt, ehemals jedoch ein Gehäuse mit Satteldach darstellte. Als auffällig muß ferner betrachtet werden, daß St. Luzius, dessen Gebeine das Behältnis barg, nicht durch eine Placierung in der Mitte der Front ausgezeichnet ist, was bei einer Säulenstellung von sechs Gliedern nicht möglich war.

1) Die von J. Braun, Die Reliquiare, S. 168, aufgezählten wenigen Beispiele mit Pultdächern sind aus der Taschenform und nicht aus der Hausform entwickelt und überdies jünger.

Einen Rückschluß auf die ursprüngliche Gestaltung des spätromanischen Luziusschreines endlich gestattet das Sarkophagreliquiar aus Holz (S. 171, Nr. 3). Es zeigt die volle Hausform und eine sehr merkwürdige Gliederung, die dem Stil seiner Entstehungszeit (um 1430) nicht entspricht: sie besteht in je fünf rundbogigen Arkaden, während man für die fragliche Epoche Spitzbogen zu erwarten berechtigt ist. Doch mehr noch: die Basen und Kapitelle sind mit flachgedrückten Kugeln kombiniert, wie beim Reliquiar von 1252, und da sie auch hier eine der Architektur dieser Zeit nicht gemäße, ungewöhnliche und primitive Form zeigen, so ist die Vermutung erlaubt, daß der gotische Schrein eine Nachahmung jenes romanischen darstellt. Bekräftigt wird diese Annahme noch dadurch, daß auch hier das Mittelglied am Dach breiter ist als die übrigen Arkaden, was beim alten Luziusschrein durch den hier eingesetzten Kruzifixus begründet war, hier jedoch der Bedeutung entbehrte. Bei einer Gliederung der Front durch fünf Bogen war es auch möglich, St. Luzius eine zentrale Stellung zu geben.

Nach all dem ist der Verdacht daher wohl begründet, daß wir heute nur noch die Hälfte des ehemaligen Schreines besitzen, der ursprünglich volle Hausform aufwies, dessen Front jedoch nur mit fünf Arkaden gegliedert war. Vermutlich war das Werk stark beschädigt, weshalb man nur die noch gut erhaltenen Teile in einer Halbkapelle zusammenstellte. In technischer Hinsicht boten sich dafür keine Schwierigkeiten, weil alle Strukturelemente, die Füllungen mit den Figuren, die Pfeiler, Bogen und Leisten aus einzelnen Stücken bestehen. Um die untere Reihe von fünf auf sechs Glieder zu bringen, brauchte man nur die Felder etwas zu beschneiden und die Bogen zu stutzen. Daß solche Manipulationen vorgenommen wurden, sieht man deutlich bei der Figur rechts außen (St. Gregorius), die ihren Abstand zum Pfeiler eingebüßt hat. Wie schlecht trotzdem die längere untere Reihe mit der kürzeren oberen zusammenstimmt, verbirgt sich nicht. Die Umarbeitung kann nicht vor der Zeit um 1430 erfolgt sein, da, wie ausgeführt, der alte Schrein damals noch als Vorbild benützt wurde. Möglicherweise geschah sie um 1650 gelegentlich der Erneuerung der beiden Altäre an den Ostenden der Seitenschiffe, auf denen sie aufgestellt wurden, oder gar erst 1756 (vgl. S. 164). Wenn wir annehmen, daß damals erst obsolet gewordene Fragmente wieder hervorgeholt und verarbeitet wurden, ist auch erklärt, warum das Inventar von 1589 von beiden Schreinen nichts weiß.

Die künstlerische Gestaltung des Werkes wirkt sehr primitiv, beinahe archaisch: die birnenförmigen Köpfe sind maskenhaft ausdruckslos, die Figuren unproportioniert und ohne körperliche Akzentuierung; allein die Maria neben dem Kreuz erhebt sich durch stärkere Empfindung über dumpfe Stoffgebundenheit. Bezeichnend ist auch die völlige Gleichgültigkeit in bezug auf die «Standfestigkeit» der Gestalten: weder stehen sie auf der Sockelleiste wie zumeist, noch auf besonderen Schollen wie etwa bei der Basler Goldtafel, sie schweben vielmehr beziehungslos frei im Raum. Die befangene Formgebung hat denn auch schon dazu verführt, die Figuren früher als den übrigen Schrein, sogar bis ins 11. Jahrhundert zurückzudatieren[1]. Sicherlich zu Unrecht. Die Gestalt des Gekreuzigten mit dem zur Seite geneigten Haupt und den – unter Eindrehung der linken Ferse – gekreuzten Füßen entspricht durchaus einem Typus des 13. Jahrhunderts, auf welches Säkulum deutlich auch der hl. Luzius mit Lilienzepter und «Pagenfrisur» hinweist. Vor allem jedoch stehen die Figuren der unteren Reihe stilistisch den Langhauskapitellen des zweiten Meisters sehr nahe.

Die Reliefs der Dachfläche unterscheiden sich von den unteren im Faltenstil, übertreffen sie auch in der Qualität und gehören offenbar einer anderen, jedoch gleichzeitig arbeitenden Hand an. Angesichts des provinziellen Charakters des Werkes

---

1) H. Jenny, Kunstführer der Schweiz, Küsnacht 1934, S. 27.

darf man die Entstehung in einer einheimischen Werkstatt vermuten. In Frage kommt für die einschlägige Zeit ein in Chur nachgewiesener «Goldschmied aus Zürich» («aurifex Turicensis», Necrol. Cur., S. 4 und 5). Wegen der Nennung des Propstes von St. Luzi Johannes I. (nachgewiesen von 1249-1276) in der Inschrift sowie dem Vorkommen des hl. Andreas, des Mitpatrons des Klosters, im Figurenprogramm darf angenommen werden, daß der Schrein ursprünglich den Prämonstratensern gehörte[1].

Literatur: BURCKHARDT, S. 160. – MOLINIER, S. 49-52, mit Taf. X. – SIMEON, S. 33 f. – SCHMUCKI, S. 37. – GANTNER I., S. 287.

2. Der *frühgotische Schrein* (DM.), H. (ohne Füßchen) 64 cm, Br. 94 cm, T. 21 cm. Kupfer vergoldet, auf Holzwandungen in Form einer Halbkapelle; zu öffnen mittels eines quadratischen Türchens in der Rückwand. Im Grundgedanken der Gliederung ist dieser Schrein mit dem zuvor beschriebenen nahe verwandt, doch unterscheidet er sich von ihm durch eine nachdrückliche architektonische Betonung der Mitte. Rekonstruiert man in der Vorstellung die Halbkapelle zum vollständigen Gebäude, so stellt dieses Mittelstück mit dem steilen, von Drei- und Sechspässen durchbrochenen Giebel die Front des Querschiffes einer kreuzförmigen Anlage dar. Die Wände und Dachflächen des «Schiffes» sind aufgelöst in Arkadenstellungen aus sehr schlanken Säulchen und spitzen, mit Maßwerken ausgesetzten Bogen. Die Zwickel über den Archivolten schmücken Cabochons aus Bergkristallen, in der unteren Reihe zudem noch gravierte Blattmotive. In der großen Arkade der Mitte thront Christus in der Haltung der Majestas Domini, das Haupt umkreist vom Kreuznimbus, auf dessen Armen das Wort P A X geschrieben steht. Die Gestalt ist als Relief aus dem Grund

1) Vgl. Johann Gg. Mayer, St. Luzi bei Chur, 2. Auflage, Einsiedeln 1907, S. 3.

Abb. 174 und 175. Chur, Dommuseum. Details des gotischen Reliquienschreines, 1300-1320. Text S. 169 f. Gesamtansicht Bd. I, S. 87.

Abb. 176. St. Emerita.   Abb. 177. St. Luzius.

Chur, Dommuseum. Seitliche Ansichten des Reliquienschreines Abb. 178. Text S. 168, 171.

getrieben wie die übrigen Figuren der Wandfläche und des Daches. Es sind deren zwölf. Unten: zu seiten Christi die Apostel Petrus und Andreas, links außen zwei weibliche Heilige; die eine davon hält in der Linken die Märtyrerpalme, während die Rechte nach höfischer Sitte den Mantelriemen faßt, rechts außen der Evangelist Johannes (?) und ein jugendlicher Diakon mit Palme, vermutlich St. Stephanus. Oben beidseits des Giebels Engel mit Rauchfässern, außen je ein Paar weiblicher Heiliger ohne spezielle Attribute; auf den Schmalseiten ein jugendlicher und ein älterer Apostel und daneben – ziemlich unvermittelt – ein Stück jener Borte, die wir am oberen Dachrand des Schreines Nr. 1 angetroffen haben[1].

Zum Originalbestand dieses Reliquiars gehören, wie schon erwähnt, die nun auf den Schmalseiten des Schreines Nr. 1 aufgenagelten Reliefs eines jugendlichen und eines bärtigen Apostels. Sie stehen beide in frontaler Haltung wie die Figuren an den Schmalseiten des hier beschriebenen Reliquiars und sind wie diese 28,5 cm hoch, gegen 32 cm der Gestalten an der Frontwand und 24 cm jener am Dach. Sie sind an dem gotischen Kasten in seiner heutigen Form überzählig, und daraus geht, wie bereits S. 167 angedeutet, hervor, daß auch dieser Schrein ehemals größer gewesen sein, also die Form einer Vollkapelle gehabt haben muß.

Andere Anzeichen der Umarbeitung finden sich auch in der Anordnung der Figuren in der unteren Reihe: einmal verlangt der ganz frontal gestellte jugendliche Diakon als Entsprechung auf der anderen Seite eine ebenso gerichtete Figur, wie dies am Dach noch zu sehen ist, und weiterhin wäre es nach den Gesetzen der gotischen Fi-

---

[1] Von den fünf Firstkugeln wurden in neuerer Zeit drei entfernt, desgleichen ein auf der Mitte des Daches aufgestelltes ehemaliges Vortragekreuz.

Abb. 178. Chur, Dommuseum. Reliquienschrein aus Holz, um 1430. Text S. 171f.

gurenreihen ganz ungewöhnlich, wenn drei männliche Figuren zwei weiblichen und einer männlichen gegenüberstehen würden. Vielmehr ist man eine Pendantstellung zu erwarten berechtigt. – Über die mutmaßliche Zeit der Umarbeitung siehe S. 168.

Wessen Reliquien der Schrein barg, ist aus dem Figurenprogramm nicht zu entnehmen. Vielleicht handelt es sich um das urkundlich belegte St.-Florinus-Reliquiar (siehe S. 164). Von provinzieller Befangenheit ist bei diesem Werk – anders als beim spätromanischen Luziusschrein – nichts zu spüren. Die schlankwüchsigen, leicht geschwungenen Gestalten mit den edlen, schmalwangigen Gesichtern sind vielmehr vollgültige Repräsentanten der ritterlichen Kultur ihrer Zeit, 1300–1320. Das bedeutende Werk wurde von I. Futterer einer Konstanzer Werkstatt zugewiesen. Abb. 174, 175 und Bd. I, S. 87.

Literatur: BURCKHARDT, S. 160. – MOLINIER, S. 59–61, mit Taf. XII. – SIMEON, S. 36. – ESCHER, S. 51. – I. FUTTERER, Gotische Bildwerke der Schweiz, Augsburg 1930, S. 130, Anm. 29, 205.

3. *Holzschrein* in Form einer Sargtruhe mit Satteldach und gekerbten Stollenfüßen. H. 58 cm, Br. 86 cm, T. 30 cm. Als Verschluß ein quadratisches Türchen an der Rückseite. Über die Wand- und Dachgliederung durch fünfteilige rundbogige Arkadenstellungen siehe S. 168. Das Gehäuse ist mit einer in Goldpressung auf Kreidegrund hergestellten Damaszierung überzogen, deren Schmuckelemente aus Blatt- und Granatapfelmustern bestehen. In den First- und Giebelleisten waren Steine eingesetzt, die jedoch nicht mehr vorhanden sind. Auf den Schmalseiten die gemalten Bildnisse von St. Luzius und Emerita in Halbfigur. Ein Vergleich dieser letzteren mit der «Maria in den Erdbeeren» (Städtisches Museum Solothurn)[1] legt nahe, die

[1] Abbildung bei E. Heidrich, Die altdeutsche Malerei, Jena 1909, Nr. 3.

172   CHUR

Abb. 179. Chur, Dommuseum. Spange des arabischen Kästchens Abb. 180.

Malereien dem oberrheinischen Kunstkreis um 1430 zuzuordnen. Dies Datum muß auch für den Schrein selbst gelten, der nicht etwa als romanisch betrachtet werden darf. Das Auftreten der Rundbogen ist, wie S. 168 bemerkt, auf eine Nachahmung des Luziusschreins von 1252 zurückzuführen, auf eine recht äußerliche und in der Struktur «unromanische» Imitation jedoch. Auch die aus dem First vorstehenden krabbenartigen Knollen sind dem romanischen Typus fremd (Abb. 176–178).

Literatur: BURCKHARDT, S. 163. – SIMEON, S. 36. – GANTNER I, S. 287; alle mit Datierung des Schreines in die romanische Epoche.

KÄSTCHEN AUS BEIN ODER ELFENBEIN. 1. *Kästchen mit abgeflachtem Walmdach*, H. 7,5 cm, Br. 10,2 cm, T. 8 cm (DM.). Knochenplatten auf Holzkern; der Deckel mit Zarge. Die rahmenden Teile zeigen in nur gravierten Linien Wellenbänder, Kreisreihen und Zickzackborten, während die Füllungen freieren und reicheren Schmuck in durchbrochener Reliefarbeit aufweisen: Blattranken, Drachen und ein Vogelpaar. Einzelne Platten tragen eine rote Färbung, die unverzierten Teile sind spätere Ergänzungen. Ein nachträglich in den Deckel gebohrtes Loch diente offenbar zur Befestigung eines Griffes. Abendländisch. Vermutlich 11. Jahrhundert (Abb. 181).

Literatur: BURCKHARDT, S. 163, mit Abb. Taf. VII. – MOLINIER, S. 35–41, mit Taf. VII. – SIMEON, S. 41. – A. GOLDSCHMIDT, Die Elfenbeinskulpturen, Bd. II, Berlin 1918, S. 55, Nr. 184, mit Taf. 58. – ESCHER, S. 85, mit Abb. Taf. 8. – J. BRAUN, Die Reliquiare, Freiburg i. Br. 1940, S. 122 f., 160 mit Abb. Taf. 39, Nr. 118.

Abb. 180. Chur, Dommuseum. Arabisches Kästchen, 14. Jahrhundert. Text S. 173.

Abb. 181. Chur, Dommuseum. Beinkästchen, 11. Jahrhundert. Text S. 172.

2. *Arabisches Kästchen in Schatullenform*, H. 11,5 cm, Br. 32,5 cm, T. 19 cm (DM.). Elfenbeinplatten auf Holzkern; Deckel mit Zarge. Die glatten, geschmiegten Füßchen und das reich in Treibarbeit dekorierte Beschläg aus vergoldetem Silber. Die bis in die Mitte des Deckels reichenden, in herzförmigen Enden auslaufenden Spangen sowie das Schloß sind geschmückt mit Spiralranken, die – aus Drachen und Vögeln phantastisch gemischte – Fabelwesen umkreisen. An der unteren Kante läuft eine Zackenborte. Das Innere ist in drei mit beschlagenen Elfenbeindeckeln verschlossene Fächer eingeteilt, der durch Ketten feststellbare Deckel mit blauer, von gestickten Schlingbändern geschmückter Seide gefüttert (Abb. 179, 180).

Das wohl erhaltene und kostbare Stück gleicht im Bau wie in der Form der Beschläge einem noch etwas reicher verzierten Kästchen in der Kathedrale zu Bayeux, weicht jedoch in den Schmuckelementen von ihm ab, da bei diesem die Spiralranke nicht vorkommt. Spanisch-arabische Arbeit des 14. Jahrhunderts. Das Behältnis war ursprünglich als Schmuckkasten bestimmt, barg in Chur jedoch Reliquien (siehe oben S. 164f.).

Literatur: MOLINIER, S. 63–67, Taf. XIII, XIV. – SIMEON, S. 41f., mit Abb. S. 43. – J. BRAUN, Die Reliquiare, S. 127, 157, 160 und Taf. 14, Abb. 48.

3. *Arabisches Kästchen in Form einer Truhe mit Walmdach*, H. 12 cm, Br. 18,4 cm, T. 10 cm (DM.). Elfenbeinplatten auf Holzkern, Beschläge Kupfer vergoldet, Deckel mit Zarge. Die Eckagraffen enden in fünfblättrigen Rosetten, die Spangen der Scharniere und des Schlosses in Blattspitzen. Vermutlich arabische Arbeit aus Sizilien (siculo-arabisch); spätes 14. oder Anfang 15. Jahrhundert. Ursprünglich wohl zu weltlichem Gebrauch bestimmt, in Chur als Reliquiar verwendet (siehe S. 164f.).

Literatur: SIMEON, S. 42. – J. BRAUN, Reliquiare, S. 120f.

4. *Ein Holzkästchen mit Walmdach* (DM.) sei hier seiner Form wegen eingeordnet,

Abb. 182. Chur, Dommuseum. Reliquienbüste des hl. Florinus. Anfang 14. Jahrhundert. Text unten.

wenn auch nicht nachgewiesen ist, daß es einmal Reliquien barg. Im 16. Jahrhundert wurde es offenbar als Geldschatulle verwendet[1]. H. 7,5 cm, Br. 12,5 cm, T. 5 cm. Bemalt mit roten, über Gold lasierten Blättern auf schwarzem Grund. Die Messingbeschläge, Drahtagraffen und an Ösen hängenden gestanzten Eichenblätter scheinen spätere Zutat, denn sie nehmen auf die Bemalung keine Rücksicht. Am Dach ein Henkel mit drei Kugeln. Vermutlich 14. Jahrhundert, um 1500 umgearbeitet.

BAROCKE GLASSCHREINE. 1.–2. *Zwei identische Glasschreine in Sarkophagform* (S.), Höhe ohne Figuren 42 cm, Br. 62 cm, T. 32 cm. Die Einfassungen aus Silberblech, mit geprägtem Banddekor. Auf dem Dach zwei Putten, die ein Herz halten, auf dem Inschriften und Wappen stehen: a) Auf dem Schrein mit dem Schädel des hl. Luzius das Stammwappen Salis nebst Widmungsinschrift des Kanonikus Graf Johann Luzius von Salis († 1721). b) Schrein mit einem Schädelfragment der hl. Emerita; gräfliches Wappen von Salis-Zizers; Widmungsinschrift des Dompropstes Rudolph von Salis, Kommendatarabt zum Hl. Kreuz († 1739), Bruder des vorher Genannten[2].

3.–4. *Zwei identische Glasschreine* mit den Reliquien des hl. Fidelis von Sigmaringen, aufgestellt im Block des Kryptenaltars. Höhe (ohne Figuren) 53 cm, Br. 46 cm, T. 34 cm. Würfelförmig mit rückspringendem «Mezzanin» und Walmdach. Als Bekrönung Reliefs von zwei Engeln mit Lanze und Morgenstern (ehemals außerdem die Figur des Heiligen). Die Einfassungen aus Silberblech mit geprägtem Régencedekor. Inschrift: RELIQUIAE B. F. FIDELIS CAPUCINI MARTYRIS[3]. Auf dem Gesims des einen der Schreine die Meisterinschrift: JOS. MARTIN KEYSER FECIT TUGII 1730. Beschaumarke Zug. Meistermarke Tab. I, 4.

Literatur: SIMEON, S. 36f., mit Abb. – MAYER, Bistum II, S. 403f., 452, 484.

BÜSTENRELIQUIARE. 1. *Büste des hl. Florinus*, H. 36 cm (DM.), Silber vergoldet. Wie alle folgenden Büsten so ist auch diese vollkommen hohl, also nicht etwa über einen Holzkern geschlagen[4]. Nur im Sockel liegt eine Holzplatte. Auf dem Schädel befindet sich eine kreisrunde Öffnung (Dm. 3 cm) mit Klappdeckel. Das darunter-

---

1) Im Inventar von 1589 erscheint ein «scriniolum cum nonullis pecuniis». «scriniolum» = «Schreinchen» paßt besser auf dieses Behältnis als «scatula» = «Schachtel», welche Bezeichnung im gleichen Inventar für zwei andere Kästchen angewendet wird, die Steine und Fragmente von Edelmetallen enthielten.
2) Über eine anthropologische Untersuchung der Reliquien s. Bündner Tagblatt vom 13. Oktober 1938 und BMBl. 1939, S. 212f.
3) Der Kapuziner Marcus Roy, mit seinem Ordensnamen P. Fidelis, wurde im Prätigauer Aufstand am 24. April 1622 getötet; Beerdigung in Seewis. Translation anfangs Oktober 1622. Das Haupt und ein Arm kamen nach Feldkirch, die übrigen Gebeine wurden in der Krypta der Kathedrale bestattet, wo sie (nach einer dort im Boden eingelassenen Inschriftenplatte) von 1622–1686 ruhten; hernach Enthebung.
4) Dies ist z. B. der Fall bei zwei Kopfreliquiaren im Welfenschatz.

Abb. 183. Reliquienbüste der hl. Ursula, 1407.
Text unten.

Abb. 184. Reliquienbüste der hl. Emerita. Erstes Drittel des 15. Jahrhunderts. Text unten.

Chur, Dommuseum.

liegende Schädelfragment wird heute durch einen Ballen von Werg gegen das Loch gepreßt und ist zwar nicht durch eine stabile Vorrichtung festgehalten, kann aber seiner Größe wegen auch nicht durch die Halsöffnung herausgenommen werden. Es muß also bei der Anfertigung der Büste eingebracht worden sein. Der Sockel ruht auf Löwenfüßen, ist mit geschliffenen Steinen von Amethyst und Rosenquarz, Karneol und Kristallen besetzt und mit einem Zinnenkranz abgeschlossen. Die Augen mit schwarzen Pupillen, goldener Iris und ehemals weiß gefärbten Augäpfeln. Wäre das Haupt nicht tonsuriert, so würde man in dem Dargestellten eher den Idealtypus eines Ritters, also etwa eines St. Placidus, wie eines Priesters vermuten. Die kräftig klare Arbeit wurde schon von Burckhardt an den Anfang des 14. Jahrhunderts gesetzt[1] (Abb. 182).

2. *Büste der hl. Ursula*, H. 30 cm (DM.). Silber vergoldet. Auf der Brust und am Kronreif mit Glasflüssen besetzt; die Zacken der Laubkrone, deren obere Blätter zum Teil fehlen, graviert. Die Büste ruht auf drei als Halbreliefs gearbeiteten Engelfigürchen mit leeren Schriftbändern. Auf dem Sockelband steht in Minuskeln auf zurückgetriebenem Grund : + caput · factum · in · honore · sanctarum · ursule · et · sodalium · anno · domini · millesimo · quadringentesimo · vii^{mo} (1407). Den weiten Halsausschnitt des Kleides zieren geschliffene, mit Folien unterlegte Kristalle (Abb. 183).

3. *Büste der hl. Emerita*, H. 39 cm (DM.), Silber vergoldet. Am Sockel und dem Kronreif sowie auf der Brust farbig unterlegte Kristalle und Glassteine, Amethyste

---

1) Die Kathedrale besaß also gleichzeitig zwei Florinusreliquiare, den S. 164 genannten Schrein und diese Büste.

Abb. 185. Chur, Dommuseum. Reliquienbüste des hl. Placidus, um 1450. Text nebenan. Frontalansicht Bd. I, S. 145.

und Granaten. Das die nackten Schultern umrahmende Kleid zeigt ein Muster von geprägten Rosetten. Auf dem sechseckigen Sockel zwei Schilde mit den Wappen des Reiches und des Bistums. Kugelförmige Füße. Erstes Drittel des 15. Jahrhunderts (Abb. 184).

Beide Büsten sind von kräftig gesunder Bildung und wohl süddeutsche, vielleicht auch einheimische Arbeiten. In Chur ist für 1375 ein Goldschmied HANS ROBER nachgewiesen (CD. III, S. 287), der zeitlich noch in Frage kommen könnte.

4. *Büste des hl. Placidus.* H. 61 cm (DM.). Silber vergoldet. Das Haupt abnehmbar und durch eine Schraube mit dem unteren Teil verbunden. Die Büste steht auf einem reich durchgebildeten, sechseckigen, architektonischen Sockel, dessen Stützen aus abgetreppten Streben bestehen. Auf ihren schrägen Gesimsplatten lagern gutmodellierte Drachen, deren Vorbilder in Wasserspeiern zu suchen sind. Zwischen diesen Pfeilern laufen durchbrochene Balustraden mit Maßwerken. Der Heilige ist prunkvoll gekleidet: über dem silbernen, durch gravierte Muster als Brokat charakterisierten Gewand trägt er einen mantelartigen goldenen, an den Seiten geschlitzten Überwurf, wie man ihn auf Epiphaniabildern um 1450 oft begegnet. Während er sonst meist mit Pelz verbrämt ist, säumen ihn hier Borten mit bunten Glassteinen. Um das edel und klar geformte Gesicht rundet sich das Haar in geringelten Locken. Als Symbol des Martyriums krönt das Haupt ein Kranz aus silbernem Laub. Eine kreisrunde, durch ein Fenster verschlossene Vertiefung auf der Brust birgt die Reliquie (Abb. 185).

Bedeutende, vermutlich süddeutsche Arbeit aus dem zweiten Drittel des 15. Jahrhunderts. Die über die Brust herabhängende goldene Kette ist wohl eine besondere Stiftung des 17. Jahrhunderts.

5. *Büste des hl. Luzius*, H. 66 cm (DM.). Silber mit Teilvergoldungen. Haupt und Hals bilden ein Stück, das durch drei Schrauben an der Schulterpartie festgehalten wird. Der achteckige, rundum mit einem durchbrochenen Maßwerkfries gezierte Sockel ruht auf vier Streben, vor denen unter kleinen Baldachinen Figürchen ungeflügelter Engel stehen. Der Mantel und seine breiten Aufschläge sind mit einem gravierten Brokatmuster geschmückt; im dreieckigen Ausschnitt wird auf dem Untergewand ein Blattmuster mit eingesetzten Kristallen und Glassteinen sichtbar. Das

Abb. 186. Chur, Dommuseum. Reliquienbüste des hl. Luzius, 1499. Text S. 176f.

langgestreckte Haupt mit dem dichten Vollbart umwallt das tief herabhängende Haar, auf dem eine kunstvolle, phantastisch bewegte Laubkrone ruht. Wie sich auf der Stirn die Adern in Form eines «U» abzeichnen, ist so auffallend, daß man anzunehmen geneigt ist, hier werde eine individuelle Eigentümlichkeit eines Mannes wiedergegeben, der dem Künstler als Modell diente (der Stifter?). Auf dem Sockel in spätgotischen Majuskeln die Inschrift: DIVI · CAPUT · LUCI · VENARNDUS (!) ADORNAVIT · EFFIGIE · HAC · JOHANNES · WALSER · ABAS · MON(A)STERI · SIC · EGREGIE · 1499. Wie bei der Florinusbüste befindet sich auf dem Schädel eine kreisrunde Öffnung (Dm. 4 cm) mit Klappdeckel. Wenn die Büste ehemals den nun im Glasschrein Nr. 1 (S. 174) aufbewahrten Schädel barg, so mußte er in der Brustpartie untergebracht gewesen sein, da es unmöglich war, ihn in das Haupt einzuführen[1]. Die Inschrift scheint

---

[1] Die Öffnung hätte dann nur dazu gedient, den Schädel zu sehen oder sich ihm durch Handauflegen zu nähern.

darauf hinzudeuten, daß die Büste für das Kloster St. Luzi angefertigt wurde. Johannes II. Walser war von 1497–1515 Abt des Stiftes. Das Reliquiar könnte 1542 in das Eigentum der Kathedrale gelangt sein[1] (Abb. 186).

Literatur für die Büstenreliquiare: BURCKHARDT, S. 163. – MOLINIER, S. 73 bis 79, Taf. XVI, XVII. – SIMEON, S. 36 f. – SCHMUCKI, S. 38. – ESCHER, S. 96, Taf. 45.

6. *Halbfigur der Muttergottes.* H. ohne Holzplatte 58,5 cm (DM.). Die aus Silber getriebene Halbfigur der Maria steht auf einem sechseckigen Untersatz gleichen Materials, der von musizierenden Engeln getragen wird. Die Wände dieses Sockels sind mit getriebenen Szenen aus dem Marienleben in ovalen, von Ranken und Rollwerk umschlossenen Kartuschen geschmückt: a) Verkündigung, b) Heimsuchung, c) Weihnacht, d) Anbetung der Könige, e) Beschneidung, f) Mariä Himmelfahrt. Auf der Kehle des Gesimses stehen über den Bildchen a) – e) die entsprechenden Stellen aus der Vulgata

---

1) Joh. Gg. Mayer, St. Luzi, S. 64 f.

Abb. 187. Chur, Dommuseum. Silberne Halbfigur der Muttergottes, 1600. Text nebenan.

Abb. 188. Chur, Dommuseum. Untersatz der silbernen Marienbüste Abb. 187. Text oben.

(Luc. 1, 28 und 43, Luc. 2, 12, Math. 2, 11, Luc. 2, 29); über f): EXALTATA EST SANCTA DEI GENITRIX SUPRA CHOROS ANGELORUM[1]. Bei c) das Datum 1600. Gewand und Mantelfutter der Maria sind vergoldet und mit punktierten Ranken reich verziert. Am Sockel des Untersatzes, am Halsausschnitt der Figur und am Kronreif bunte Glassteine (Abb. 187, 188). Beschauzeichen Feldkirch wie Bd. IV, S. 451, Nr. 7, und Meisterzeichen Tab. I, 7.

Noch mehr als die Figur selbst verraten die trefflich gearbeiteten Szenen am Untersatz die Hand eines tüchtigen Goldschmiedes. Ob die Büste nur als Schaustück für Prozessionen und hohe Feste bestimmt war oder ob sie Reliquien enthielt, ist nicht zu sagen[2]. In formaler Hinsicht gehört das Werk in die Reihe der Reliquienbüsten.

Kapselostensorium, H. 47,5 cm (DM.), Kupfer vergoldet. Zwischen den Bogen des sechspaßförmigen, mit einem Maßwerksaum gezierten Fußes treiben Blattspitzen hervor. An seiner Oberfläche sind ovale Blättchen aufgenietet, auf denen in dunkelbraunem Email in einzelnen Unzialbuchstaben geschrieben steht: IESUS R · Am Knauf sechs Rotuli mit Glasflüssen. Dem Kapseldeckel des runden Reliquienbehälters ist ein kleines Tabernakel vorgesetzt, in dem ein Figürchen der hl. Helene geborgen ist. Zu ihrer rechten Seite liegt in der Kapsel die Kreuzpartikel mit der Beischrift: De Perticula[3] s(anct)ae Crucis. Auf der Rückseite graviert: St. Franziskus mit dem Kreuz in der Linken zwischen zwei stilisierten Bäumen. Den Knopf umhüllen vier gezackte Blätter. Zweite Hälfte des 14. Jahrhunderts (Abb. 189).

Literatur: BURCKHARDT, S. 159. – SIMEON, S. 44 f.

Zwei römische Glasfläschchen, später als Reliquiare verwendet; a) runde Form, H. 7 cm, b) flachgedrückt, H. 8,5 cm. Sogenannte «Tränenfläschchen», ehemals Balsamarien[4].

---

1) Stelle aus dem Officium von Mariä Himmelfahrt.
2) Das S. 164 erwähnte Reliquienverzeichnis von 1765 nennt verschiedene (sogenannte «secundäre») Marienreliquien.
3) Rechts von einer späteren Neuattestierung das Siegel Bischofs Benedikt (oder Dionysius?) von Rost.
4) Vgl. A. Kisa, Das Glas im Altertum, II, Leipzig 1908, S. 316, 318, Formentafel A 31 und 34.

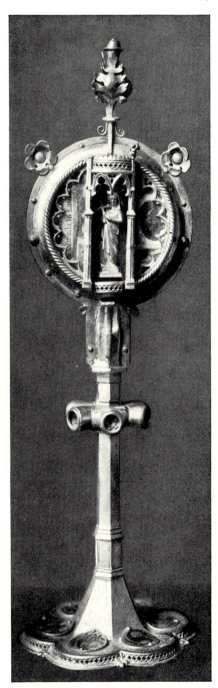

Abb. 189. Chur, Dommuseum. Kapselostensorium, zweite Hälfte des 14. Jahrhunderts. Text nebenan.

Die romanische Turnustafel (DM.). Sie diente der Aufzeichnung des Turnus, in dem die Kanoniker wochenweise die verschiedenen Funktionen des Chordienstes zu versehen hatten. Entwicklungsgeschichtlich geht das Gerät auf das antike Diptychon zurück, da man ursprünglich die Namen auf eine Wachsschicht schrieb, bei der Churer Tafel wurde der Ordo jedoch schon auf angeklebten Papierblättern verzeichnet, und zwar auf beiden Seiten. Sie ist aus einem Stück Kastanienholz gefertigt und mit Eisenband beschlagen, an dem ein Ring zum Aufhängen befestigt ist[1]. Halbrunder Abschluß. H. 42 cm, Br. 31 cm, Dicke 3 cm. Beidseits zieht sich um die von einem Giebelfeld bekrönten hochoblongen Schriftfelder ein 7 cm breiter, reliefmäßig geschnitzter Rahmen, der vorne aus einer links unten ansetzenden Rebenranke gebildet ist. Ihre Spiralen umkreisen allerlei Getier: Löwen, Drachen und Vögel, die an den Trauben picken. Im Giebelfeld, von einem geflochtenen Reif umschlossen, das Lamm Gottes, mit Inschrift AGNU(S) D(E)I, flankiert von zwei Tauben als Sinnbildern der Gläubigen. Rückwärts sind die Borten der Längsseiten nicht nur in der Einzeldurchbildung differenziert wie vorne, sondern schon in der Struktur unter sich verschiedenartig, da sie links aus dreieckigen, rechts dagegen aus wellenförmig angeordneten Palmetten bestehen. Unterbrochen werden die Borten durch runde und viereckige Zierstücke mit Rosetten, Vögeln und drachenartigen Fabelwesen. Im Giebelfeld zwei unter einem stilisierten Baum lagernde Löwen. Burckhardt sah noch Spuren einer Bemalung: Grund ultramarinblau, die Reliefs grün und rot. 12. Jahrhundert[2] (Abb. 192 und 193).

Literatur: BURCKHARDT, S. 156f., mit Taf. XIII. – RAHN, Geschichte, S. 277. – W. EFFMANN in der Zeitschr. für christliche Kunst, Jhrg. VIII (1895), Sp. 250–258. Eingehende Beschreibung mit Abb. auf S. 252 und Nachweisen älterer Literatur. –

1) Dafür, daß, wie Burckhardt annimmt, die Tafel an Angeln hing, sind keine Anzeichen zu sehen.
2) Das älteste der aufgeklebten Verzeichnisse dat. 1248; vgl. Simeon S. 33 und Burckhardt, S. 157. Dies gibt jedoch nur einen «terminus ante quem».

Abb. 190 und 191. Chur, Dommuseum. Lapislazulibild, Gesamtansicht und Detail.
Erste Hälfte des 17. Jahrhunderts. Text S. 181.

DIE KATHEDRALE 181

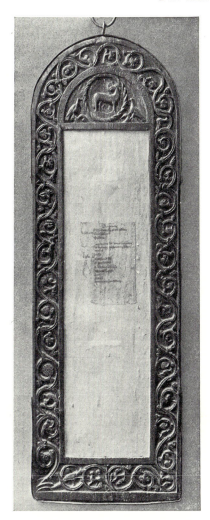 

Abb. 192 und 193. Chur, Dommuseum. Romanische Turnustafel. Vorder- und Rückansicht.
Text S. 180.

MOLINIER, S. 14 ff., mit Abb. im Text. – SIMEON, S. 35. – Photogr. Abbildungen auch bei A. GAUDY, Die kirchlichen Denkmäler der Schweiz I, S. 121.

Lapislazulibild (DM.). Rahmenmaße H. 31,2 cm, Br. 26,5 cm. Das eigentliche Bild besteht in einer ovalen Lapislazuliplatte, auf die Christi Begegnung mit Petrus auf dem Meer gemalt ist, wobei die Farbe von Wasser und Luft durch die natürliche Tönung des Steines gegeben wird. Über die Kopien dieser Darstellung in der Kathedrale siehe S. 71 und 122. Der Rahmen besteht aus Intarsien verschiedenfarbiger Achate und Lapislazuli auf einer Schieferunterlage und ist belegt und eingefaßt von durchbrochenen Rollwerkornamenten aus vergoldetem Silber mit bunt unterlegten Kristallsteinen. Der Stil des Zierates deutet auf deutsche Herkunft. Erste Hälfte des 17. Jahrhunderts (Abb. 190, 191).

Paramente

Meßgewänder. 1. *Casula aus islamisch-ägyptischem Stoff* (DM.). Die Vorderseite[1] der Casula selbst (ohne den Besatz) besteht aus zusammengenähten, 7 cm breiten Gewebestreifen, die wie Goldbrokat wirken, jedoch von gehämmertem, mit gelber Seide umsponnenem Silberdraht durchzogen sind. Sie sind so aneinandergesetzt, daß jeweils eine figürlich-ornamental behandelte Bahn mit einem Schriftband («Tirâz») wechselt. Die Muster wie die Worte der Schrift wiederholen sich in unveränderter Folge. Der Ornamentstreifen zeigt Laubranken, deren Verschlingungen vierblättrige Rosetten bilden, begleitet von drachenartigen, geflügelten Fabelwesen. Die Buchstaben wie die Ornamente stehen auf purpurnem Grund, sind von weißen Blattranken durchflochten und lauten: «as – Sultan al Malik an Nasir» (der Sultan al Malik an Nasir)[2]. Es gehörte zu den Ehrenrechten islamischer Herrscher, daß man ihren Namen in die Stoffe wob, die sie trugen oder als besondere Gnadenbeweise verschenkten. Nach R. Tschudi weist der Tenor der Schrift auf einen mamlukischen Herrscher, vielleicht auf Nasir Mohammet (1293–1340) oder Nasir Hasan (1347–1361)[3]. Der Stoff diente ehemals wohl zur Umhüllung eines Reliquiensarges, denn die Umarbeitung zu einer Casula erfolgte erst um 1500, wie die Stickerei der Besätze erkennen läßt; in hoher, durch Unterlegen von Wolle hergestellter Reliefstickerei sieht man auf dem Stab der Vorderseite (Br. 18 cm) in der Mitte die von Engeln gekrönte, auf umgekehrter Mondsichel stehende Maria, über ihr Gottvater und die Taube des Hl. Geistes, unter ihr das Höllenreich. Auf dem schmaleren Rückenbesatz (Br. 10 cm) St. Florinus, Otmar, Gallus und St. Bernhard von Menthon (oder Magnus?)[4] (Abb. 195, 196).

Literatur: Ausführliche Beschreibung mit farbiger Detailabbildung von F. KELLER in MAGZ., Bd. XI (1856/57), S. 26–30. – OTTO VON FALKE, Kunstgeschichte der Seidenweberei, Bd. II, Berlin 1913, S. 70f. – SIMEON, S. 50. – Über «Tirâz» siehe den betreffenden Artikel in der Enzyklopädie des Islams, Bd. IV, S. 850ff., nebst Nachtrag im Ergänzungsband, S. 265.

2. *Fragmente eines Ornates* (DM.). a) *Rückenkreuz* einer Casula: der Grund aus rautenförmig gemusterter violetter Seide, darauf Christus am Kreuz mit zwei Engeln, die das Blut in Kelchen auffangen; unten eine vielfigurige Gruppe – Maria, Johannes und Magdalena, Kriegsknechte – oben Gottvater. Die Arbeit ist in Reliefapplikation hergestellt. Die Figuren wurden im Groben mit Werg modelliert, die Binnenformen mit Stickerei herausgebildet, manche Teile, wie etwa die Fleischpartien, auch durch aufgeklebten Stoff differenziert. Um 1500[5] (Abb. 199, 200).

b) Von gleicher Arbeit ein *Pluvialschild* mit dem Erzengel Michael; die Haare nicht mehr vorhanden (Abb. 202).

Literatur: BURCKHARDT, S. 164. – SIMEON, S. 52.

---

1) Die Rückseite ist aus einfachem, unverziertem gelblichem Leinenstoff und einigen Flickstücken aus Damast gefertigt.

2) «Al malik an Nasir» = «der König, der Siegreiche», hier aber als Name aufzufassen. Keller gibt, gestützt auf Hitzig, die Lesart: «Gott wolle uns seine Vertrauten fristen.» Schon der Genfer Fred. Soret teilte in einem Brief an Keller (Auszug in dem Exemplar der MAGZ. XI in der Zentralbibliothek eingeheftet) mit, daß dies nicht stimme. Nach freundlicher Auskunft von Prof. Dr. R. Tschudi, Basel, war die Kritik Sorets berechtigt; die Worte sind zu lesen, wie oben angegeben. Im übrigen stehe der von Hitzig zitierte Spruch gar nicht im Koran. Neben Herrn Prof. Dr. Tschudi bin ich auch Herrn Dr. Forrer, Zürich, für Auskünfte in dieser Sache zu Dank verpflichtet.

3) Falke schreibt den Stoff einer unter chinesischem Einfluß stehenden italienischen Werkstatt zu. Er spricht aber dabei von pseudoarabischen Schriftzeichen, was unzutreffend ist. Es scheint also kein Grund zu bestehen, die ägyptische Provenienz in Zweifel zu ziehen.

4) Auf diese Casula bezieht sich wohl der Eintrag im Inventar von 1589: «Mer ain guldiß stuck mit unser frowen krönung.»

5) Das Inventar von 1589 nennt ein «violen braunes» (violettes) Meßgewand «mit ain crucifix».

 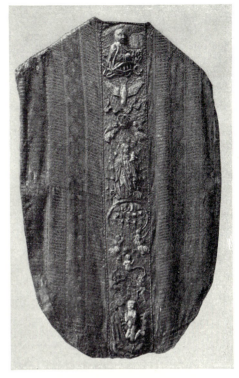

Abb. 194. Casula Nr. 6 («Pfauenkasel»), um 1710/12. Text S. 184.

Abb. 195. Casula Nr. 1 aus islamisch-ägyptischem Stoff. 1. Hälfte 14. Jh., Stab um 1500. Text S. 182.

Chur, Dommuseum.

Abb. 196. Chur, Dommuseum. Detail des Schriftbandes (Tirâz) von der Casula Abb. 195. Text S. 182. Das Bild ist nach der Schrift ausgerichtet, weshalb die Vögel «gestürzt» erscheinen.

3. *Casula aus schwarzem Samt* (DM.). Stab und Rückenkreuz nur in den Konturen durch Silberborten abgegrenzt. Vorne zweimal in bestickter Applikation die Wappen Frankreich und Navarra, überhöht von der Lilienkrone; darunter ein bekröntes «H» als Initiale Heinrichs IV.; das Ganze umrahmt von der Kette des Ordens vom hl. Michael und dem Orden vom Hl. Geist (Abb. 198). Das Wappen am unteren Ende der Casula weist auf Mery de Vic[1], der als Gesandter Frankreichs 1602 die Erneuerung des französisch-bündnerischen Vertrages bewirkte (Abb. 197). Das Meßgewand war vermutlich ein Geschenk des Königs zur Erinnerung an den Abschluß dieses Bündnisses. – 4. *Rote Casula* (DM.). Die Casula selbst aus rotem Seidenbrokat mit Silber- und Goldbroschierung. Stab und Rückenkreuz aus Goldbrokat. Auf der Rückseite zweimal das gestickte Wappen Casaulta (?)[2], ausgeschnitten und aufgenäht, vielleicht von einem andern Stück hierher übertragen. Zweite Hälfte des 17. Jahrhunderts. – 5. *Casula aus Silberbrokat* (DM.) mit bunten Blumen in Seidenstickerei und Goldranken, unten das Wappen des Bischofs Johannes VII. von Federspiel in Hochstickerei mit Perlenverzierung. Um 1720. Dazu Manipel und Stola. – 6. *Casula aus weißer Seide*, die sogenannte «Pfauenkasel» (DM.) mit zarten Ranken, Nelken, Tulpen und Pfauen in bunter Seidenstickerei. Auf der Vorderseite unten das gevierte gräfliche Wappen Salis-Zizers als Schild des gekrönten Doppeladlers. Stiftung des Dompropstes Rudolph von Salis-Zizers († 1739)[3]. Stickerei auf neuen Grund übertragen (Abb. 194). – 7. *Casula aus weißer Seide* (S.) mit Blumen in bunter Seidenstickerei sowie Goldranken und Füllhörnern. Erste Hälfte des 18. Jahrhunderts. Erneuerter Grund. – 8. *Casula aus weißem Seidendamast* (S.) mit Blumen und Granatäpfeln in rei-

[1] Die Familie de Vic d'Ermenonville führt in Rot eine Treuhand von Silber, wie sie hier in Feld 2 und 3 erscheint. Vgl. J. B. Rietstap, Armorial Général II, S. 998, Abb. Taf. Bd. II, 275.

[2] In Blau drei (2, 1) goldene Türme, einen steigenden silbernen Mond einschließend. Bei G. Casura, Bündner Wappenbuch des Vorderrheintales, Genf 1937, Taf. II mit Text S. 23, sind zwar die Türme silbern und der Mond golden, doch könnte es sich um Varianten des gleichen Wappens handeln.

[3] Abgebildet im Schweizerischen Archiv für Heraldik 1927, Taf. VII.

Abb. 197. Gesticktes Wappen de Vic an der Casula Nr. 3, um 1602. Text oben.

Abb. 198. Gesticktes Wappen Heinrichs IV. an der Casula Nr. 3, um 1602. Text oben.

Chur, Dommuseum.

Abb. 199 und 200. Chur, Dommuseum. Rückenkreuz einer Casula, Gesamtansicht und Detail, um 1500. Text S. 182.

cher, bunter Seidenstickerei. Erste Hälfte des 18. Jahrhunderts. Dazu Stola und Manipel. – 9. *Casula aus roter Seide* (DM.) mit Ranken, Trauben, Blumen und Gitterwerk in reicher Silberstickerei. Um 1730–1740. Dazu ein Kelchvelum gleicher Arbeit. – *Kelchvelum aus Silberbrokat* (DM.), 56 × 57 cm, mit Tulpen, Türkenbund und Nelken in bunter Seidenstickerei. Im Mittelstück – gleichfalls gestickt – Maria mit dem Jesusknaben. Um 1750[1]. – *Altardecke* (S.) aus karmesinrotem Seidenstoff mit Fransen. 219 × 100 cm. In dem aus Blumen, Blättern, Vasen und Vögeln mit Kopffedern komponierten Muster sind einige Motive – Vogel und Blumen – mit Gold broschiert. Italienisch, 16. Jahrhundert.

Antependien. 1. *Antependium aus Leder*, H. 90,5 cm, Br. 230,5 cm (DM.). In geprägter Arbeit auf rotem Grund fülliges Blattwerk, Blumen, Trauben und Feigen. Dazwischen Putten auf Ziegenböcken und Adlern reitend; im bogenförmig abgeschlossenen Mittelfeld St. Christophorus und Jakobus, übermalt. Um 1700. Aus Rodels. – 2. *Antependium aus Leder*, H. 83,5 cm, Br. 217,5 cm (S.). Blumen- und Vasenmotive in Relief auf silbernem Grund. Übermalt. In ovalem Mittelfeld die gleichen Heiligen wie oben. Um 1700. Aus Rodels. – 3. *Antependium aus blauem Silber-*

---

[1] Nicht aus altem Kathedralbesitz, sondern aus Stiftungen von Dompropst E. Lanfranchi (1943) stammen: ein Chorhemd mit reicher venezianischer Klöppelspitze und ein zweites mit Brüsseler Spitze.

Abb. 201. Chur, Dommuseum. Reliquienbeutel, 14. Jahrhundert. Text S. 187.

brokat (DM.), H. 81 cm, Br. 244 cm, mit kleinem gesticktem Wappen des Bischofs Ulrich VII. Flugi (reg. 1692 bis 1728). – 4. *Antependium aus weißer Seide*, H. 108,5 cm, Br. 252 cm (DM.), mit Ranken und Blumen in reicher bunter Seidenstickerei in gleicher Arbeit wie die «Pfauenkasel». Im ovalen Mittelfeld das Salissche Stammwappen als Schild auf dem gekrönten Doppeladler (Abb. 203). Stiftung des Dompropstes Rudolf von Salis († 1739) oder seines Bruders, des Kanonikus Johann Luzius († 1721). Vgl. die Schreine auf S. 174, Nr. 1 und 2.

Leinentücher. Zwei *Sakristeihandtücher*, «manutergia» (DM.), zum Abtrocknen bei den Waschungen vor und nach der Messe. Aus naturfarbenem Leinen mit eingewebten blauen Ornamentstreifen; sogenannte «Perugiatücher». a) Maße 282 × 46,5 cm, durchzogen von fünf blauen Borten verschiedener Breite mit Palmetten, gegenständigen Vögeln – Pfauen und Adlern – sowie Panthern zwischen Blattwerk. Auf dem untersten Streifen in gotischen Minuskeln das Wort «amore» sechsmal wiederholt, dreimal davon in Spiegelschrift. – b) Maße 188 × 49 cm. Gleiche Arbeit, die fünf Ornamentstreifen aber mit anderen Mustern: Rosen und Rautenborten, flugbereite Adler, Hirsche zwischen Bäumchen und Hunde zwischen Blattwerk. Beide Tücher ursprünglich wohl für profanen Gebrauch bestimmt; italienische Arbeiten der ersten Hälfte des 15. Jahrhunderts[1] (Abb. 204).

Literatur: BURCKHARDT, S. 164. – MOLINIER, S. 95f., mit Taf. XXIV, XXV. – SIMEON, S. 51f.

Zwei Leinentücher, ehemals zum Gebrauch bei der Fußwaschungszere-

---

[1] Zwei sehr nahe verwandte Stücke aus der Sammlung Figdor s. bei Moritz Dreger, Künstlerische Entwicklung der Weberei und Stickerei, Wien 1914, Taf. 160.

Abb. 202. Chur, Dommuseum. Pluvialschild mit Reliefapplikation, um 1500. Text S. 182.

Abb. 203. Chur, Dommuseum. Gesticktes Antependium mit Salis-Wappen. Text S. 186.

monie am Gründonnerstag benützt (DM.). Maße 121×68 cm und 127×68 cm. Weiß in Weiß gemustert. Streifen von Rauten und heraldischen Adlern; drei schmale durchgezogene Goldstreifen. Italienisch, frühes 15. Jahrhundert.

Reliquienbeutel. a) H. (ohne Quasten) 34 cm, Br. 24 cm. Gewoben aus Seide mit Wolle. Als Verschluß dient ein Zug mit Schnur, am unteren Rand hängen zwölf Quasten. Das Muster besteht aus fünf Streifen mit Wappenschilden, die durch Blattstengel getrennt sind. Die Wappenfiguren – steigende Löwen, Stiegen, Sparren, Rosetten – dürften nur dekorativ gemeint sein, also keine spezielle heraldische Bedeutung haben. Hauptfarben Rot und Blau. Deutsche (Regensburger?) Arbeit des 14. Jahrhunderts (Abb. 201). – b) Höhe (ohne Quasten) 18 cm, Br. 11,5 cm. Seidenbrokat aus Rot und Blau mit Goldfaden. Das Muster zeigt in zwei Reihen Vögel, die an Trauben picken. Unten vier Quasten. Italienisch, 14. Jahrhundert (Abb. 206).

Eine dritte noch von Molinier und Simeon genannte Bursa ist nicht mehr vorhanden und kam vermutlich in italienischen Privatbesitz. Sie zeigte auf einem Grund von Blattwerk in kleinen Quadraten einen Hirsch und einen Löwen, und am Rand eine Rankenborte. Italienisch (sizilianisch?), um 1300 (Abb. 205).

Literatur: MOLINIER, S. 96f., mit Taf. XXVI. – SIMEON, S. 52. – J. BRAUN, Die Reliquiare, Freiburg 1940, S. 139, mit Abb. Nr. 587, 588 auf Taf. 153.

Abb. 204. Chur, Dommuseum. Detail eines der «Perugiatücher». Text S. 186.

Mudjur-Gebetsteppich (Zentralkleinasien), 154×126 cm. Goldgelber Fond. Der Giebel der mit dem Lebensbaummotiv gefüllten «Gebetsnische» in doppelter Linie getreppt und von einem Hakenornament bekrönt; die Bordüre in fliesenartiger Sternmusterung[1]. Aus der Umrahmung des Mihrab wachsen nach innen schräg aufwärts gerichtete stilisierte Nelken; 17. Jahrhundert.

Fragmente. *Der Simsonstoff.* H. 43 cm, Br. 56 cm (Abb. 207). Wohl Rest einer Reliquienhülle. Köper aus stark gezwirnter Seide. Dunkelroter Grund, in Streifen eingeteilt durch bogenförmige Borten mit Herzblüten, Blättern, Vierecken und Kreisen in Blau und Grün auf Weiß; dazwischen – gegenständig angeordnet – ein jugendlicher barhäuptiger Kämpfer, der, mit dem einen Knie auf den Rücken eines Löwen aufgestemmt, diesem das Maul aufreißt. Die Figur weiß mit grünem Mantel, der Löwe gelb mit wenigen blauen Effekten. Gemeint ist zweifellos Simson und nicht etwa Herakles, da die Handlung dem Bericht der Bibel entspricht (Richter 14, 6: «und er zerriß ihn, wie man ein Böcklein zerreißt»), während Herakles auf den antiken Darstellungen den Löwen durch Würgen überwältigt. Typologisch ist die Figur jedoch deutlich dem Schema des stiertötenden Mithra nachgebildet, der seinerseits wieder auf die opfernde Siegesgöttin an der Balustrade der Athena Nike auf der Akropolis zurückgeht. Die Ähnlichkeit mit dem Mithratypus reicht bis in Einzelheiten hinein, so etwa den charakteristischen rückwärts flatternden Mantel und das gelockte Haupt mit den weiblichen Zügen. Volbach bezeichnet den Stoff als ostchristlich, vielleicht syrisch mit deutlichen sassanidischen Einflüssen (wodurch übrigens auch das Mithramotiv erklärt wäre), während Falke eine ägyptische Provenienz für möglich hält. 6.–7. Jahrhundert. Als Burckhardt (1856) den Stoff sah, war er noch etwa 40 cm länger; das fehlende Stück ist wahrscheinlich identisch mit dem Fragment im Cluny-Museum zu Paris[2]. Außerdem befinden sich noch in elf europäischen Sammlungen Gewebe dieses Musters (Verzeichnis bei Volbach), das größte im Kloster Ottobeuren: der sogenannte «Alexandermantel». Welche dieser Fragmente zu einem und demselben Stück gehören, könnte nur eine detaillierte Untersuchung ihrer Textur aufklären.

Literatur: Erstmals beschrieben und farbig abgebildet bei BURCKHARDT, S. 163, mit Taf. XIV. – Näher untersucht auch von FR. BOCK in seiner Geschichte der liturgischen Gewänder I, Bonn 1859, S. 187, und in den «Mitteilungen der k. k. Zentralkommission zur Erforschung und Erhaltung der Baudenkmale», Bd. V (1860), S. 87 f. – Ferner: MOLINIER, S. 93 f., mit Taf. XXII (mit Literatur). – O.v. FALKE, Kunstgeschichte der Seidenweberei, Bd. I, Berlin 1913, S. 54 f., mit Abb. 71. – SIMEON, S. 48. – Die eingehendste technische Beschreibung bei MORITZ DREGER, Künstlerische Entwicklung der Weberei und Stickerei, Wien 1914, S. 27 f. – W. F. VOLBACH, Spätantike und frühmittelalterliche Stoffe, Kataloge des Römisch-Germani-

1) Ein ganz ähnliches Stück abgebildet bei R. Neugebauer und S. Troll, Handbuch der oriental. Teppichkunde, 14. Aufl., Leipzig 1930, Taf. 39; Text S. 36.
2) Freundliche Mitteilung von S. Gn. Bischof Dr. Caminada.

Abb. 205 und 206. Chur, Dommuseum. Reliquienbeutel, 14. Jahrhundert. Text S. 187.

Abb. 207. Chur, Dommuseum. Detail des «Simsonstoffes», 6. bis 7. Jahrhundert. Text S. 188 f.

schen Zentralmuseums, Nr. 10, Mainz 1932, S. 27, 37, 42, mit weiteren Literaturnachweisen. – Über den «Alexandermantel» A. HESSENBACH, Kirche und Kloster Ottobeuren, S. 61. – Zahlreiche Beispiele für den stiertötenden Mithra bei FR. CUMONT, Textes et monuments figurés relatifs aux Mystères de Mithra, 2ᵉ vol., Bruxelles 1896–1899; deutsche Ausgabe von GG. GEHRICH III. Aufl., Leipzig 1923. Über die Zurückführung des Mithratypus auf die Nike siehe dort S. 100.

Stück eines *Leinengewebes*, vermutlich ehemals als Reliquienhülle verwendet (DM.), H. 31 cm, Br. 39,5 cm. Den weißen, in Rautenmuster gewebten Grund durchziehen farbige Streifen: a) braune Rauten in Gelb, b) weiße Adler auf Rot, c) dünne braune Linie auf gelbem Band. Süddeutsch, um 1300?

Bischöfliche Insignien

Mitren von kunsthistorischer Bedeutung haben sich nicht erhalten. Der älteste vorhandene *Bischofsstab* (DM.) besteht aus sieben nach oben sich verdickenden, durch kupferne, ehemals vergoldete Flauschen zusammengehaltenen Stücken von Elfenbein, die ein Knauf gleichen Materials abschließt. Darüber sitzt ein in der Form gewundener Rundstäbe gebildetes Zwischenglied und auf ihm die Krümme, beide aus Holz geschnitzt und weiß bemalt (Höhe der Holzteile zusammen 24 cm, Gesamthöhe 184 cm). Diese – einen zur Spirale gewundenen Fisch darstellende – Krümme unterscheidet sich wesentlich von der in romanischer Zeit üblichen und auch auf den älteren Bischofssiegeln erscheinenden Form dadurch, daß sie nicht gerade aus dem Schaft emporsteigt, um sich dann erst zur Spirale zu ringeln, sondern vielmehr wie ein Ring auf dem Knauf sitzt. Dies wie die Ausbildung des gewundenen Zwischenstückes legen eine Datierung wenigstens der oberen Teile ins frühe 14. Jahrhundert nahe (Abb. 209).

Abb. 208. Chur, Kathedrale. Krümme eines Bischofsstabes, nach 1601. Text unten.

Abb. 209. Chur, Dommuseum. Krümme eines
Bischofsstabes, Anfang 14. Jh. Text S. 189.

Der Stab selbst ist mangels formierter Teile zeitlich nicht enger bestimmbar, dürfte jedoch aus der Zeit um 1200 stammen.

Barocke Krümme eines Bischofsstabes. H. 40,5 cm. Silber vergoldet. Der sechseckige Schaft geziert mit vergoldeten Rollwerkornamenten auf silbernem Grund. Die Spirale der Krümme stellt einen gedrehten, von Laub umschlungenen Ast dar und umschließt ein Relief der auf der Mondsichel stehenden Muttergottes in der Strahlenglorie. Am Schaft das Wappen des Bischofs Johann V. Flugi (1601–1627). Das Ganze besetzt mit unterlegten Kristallen. Keine Marken. Das bald nach 1601 entstandene Werk zeigt noch gotische Elemente in der Bildung des Laubwerkes und der Gravierung mit Maßwerkmotiven. Der dazugehörige Stab aus Silber (Abb. 208).

Zeremonialschwert, als Signum der weltlichen Macht des Bistums (DM.). Gesamtlänge 142,5 cm, Klinge 96 cm. Zweihänder, der Knauf birnenförmig mit Rillen, die Parierstange an den Enden nach oben eingerollt, das Gestänge der Parierbügel in Lilienform ausgebildet. Die zweischneidige, im Querschnitt leicht gewölbte Klinge weist oben Hohlschliffe auf. Marken des Klingenschmiedes «K» und «L». Erste Hälfte des 16. Jahrhunderts.

Buchmalerei

Die zerstreuten mittelalterlichen Skriptorien des Bistums Chur wurden von A. Bruckner im Zusammenhang dargestellt und im einzelnen registriert. Hier seien allein die wenigen noch an Ort und Stelle vorhandenen und im Dommuseum aufbewahrten illuminierten Handschriften erwähnt[1]:

---

1) Das Ausmaß des Verlustes läßt sich daran erkennen, daß ein Bücherverzeichnis von 1457 noch 300

Abb. 210 bis 212. Chur, Dommuseum. Initialen in einem Evangeliar aus der Mitte des 12. Jahrhunderts. Text unten.

1. *Evangeliar*, Pergament, Blattgröße 23,6 × 17 cm, Ledereinband des 15. Jahrhunderts, mit Ranken und Agnus-Dei-Stempeln gepreßt. Kunstvolle Initialen, zum Teil mit üppigem, buntem Rankengeflecht und Vergoldung, zum anderen in einfacherer Gestaltung roten Geflechts und drachenartiger Wesen auf blauem Grund. Am Beginn des Johannestextes die Gestalt des Evangelisten in rotem Gewand und blauem Mantel, die Hl. Schrift in der Linken; am Anfang des Verses Luk. 11, 38: Martha von Bethanien in blauem Gewand mit goldenen, durch rote Kreise ornamentierten Borten. Der feierliche Gestus der die Fläche nach außen richtenden beiden Hände[1] – hier das Ergriffensein vom Eintritt Christi ausdrückend – ist dem 12. Jahrhundert vertraut, doch zeigt er hier noch die Besonderheit, daß die Hände nicht gerade erhoben, sondern schräggestellt sind. Die Figuren bilden die Initialen des Textes, sind aber nicht etwa in einen Buchstaben einkomponiert, sondern ohne jede Zutat selbst als Balken des « J » aufgefaßt; sie stellen die einzigen in Chur noch vorhandenen Beispiele rein figürlicher mittelalterlicher Buchmalerei dar. Mitte 12. Jahrhundert, vermutlich churisch (Abb. 210–212).

in der Kapitelsbibliothek aufbewahrte Handschriftenbände aufzählt, von denen nur ein einziger noch vorhanden ist (Stiftsbibliothek St. Gallen Ms 878). Dabei sind die im gottesdienstlichen Gebrauch stehenden liturgischen Bücher in diesem Katalog nicht enthalten. – Edition des Verzeichnisses durch P. Lehmann, Sitzungsberichte der Bayr. Akad. der Wissensch. Phil. Histor. Klasse 1920, Abhandlung 4.

1) Mit nur einer erhobenen Hand auf der Zilliser Decke an zahlreichen Stellen, mit beiden gerade aufgestellten Händen in S. Vigilio zu Rovio (Abb. s. P. Bianconi, La Pittura Medievale nel Cantone Ticino II, S. 11), mit Schrägstellung wie in Chur auf einem Fresko der hl. Martha in El Cristo de la Luz in Toledo, Ende des 12. Jahrhunderts. Abbildung bei Aug. L. Mayer, Geschichte der spanischen Malerei I, Leipzig 1913, S. 27.

2. *Pontifikale* ohne Einband. Pergament, Blattgröße 29 × 20,9 cm. Am Rand durch Feuchtigkeit und Mäusefraß stark zerstört. Ausgestattet mit Randleisten sowie roten und blauen, zum Teil vergoldeten Initialen in phantasiereicher Gestaltung. Am Rand an verschiedenen Stellen später hinzugesetzte schematische Darstellungen liturgischer Gegenstände als «Bildzeichen» zum Hinweis auf die betreffende Ritualhandlung. Schriftheimat nicht gesichert. Gegen 1400.

Literatur: A. BRUCKNER, Scriptoria medii aevi Helvetica I, Genf 1935, S. 37, 70 f.

3. *Pontefikale*, Pergament, Blattgröße 39 × 28,5 cm. Einband aus braunem Leder mit Goldpressung: Palmettenrand, in der Mitte Blumenranken. Das Kanonbild auf fol. 20 zeigt in Deckfarben eine Darstellung der Kreuzigung, umschlossen von einem subtil durchgebildeten Rahmen mit kleinen Bildchen: in den Ecken die vier Evangelisten, an den Längsseiten in sechs Rollwerkkartuschen Ereignisse aus der Passion Christi, in ikonographisch befremdlicher Weise eingeleitet (links unten) durch die Beschneidung. Zwischen diesen Medaillons die vier abendländischen Kirchenväter, oben Gottvater, unten der Pelikan mit seinen Jungen zwischen zwei Putten als Schildhaltern zweier mit dem Protonotarenhut (?) überhöhter Wappen, deren Figuren ausgekratzt sind. Text in Antiqua, abschnittweise die Farbe wechselnd. Initialen in Gold auf verschiedenartig gemustertem Fond. Süddeutsch? Um 1550[1] (Abb. 214).

Fragmente früherer Altäre im Dommuseum

A) **Holzskulpturen.** 1. *Muttergottes*, H. 85 cm, hinten abgeplattet und ausgehöhlt; die Fußpartien zum Teil zerstört. Spuren alter Fassung. Schwäbisch, um 1490. – 2. *Hl. Katharina*, Höhe (ohne Krone) 76 cm. Die Figur ist durch weiße Übermalung entstellt, da sie in dem 1654 errichteten Aufsatz des Katharinenaltars (siehe S. 116) Verwendung gefunden hatte. Die Attribute (Schwert und Palme) waren noch

---

[1]) In der Sakristei drei Agnus-Dei-Medaillons aus dem Wachs der gebrauchten Osterkerze hergestellt und vom Papst geweiht; eingerahmt mit Posamenteriekränzchen. Zwei davon in Silberkapseln mit Gravierung (Lamm Gottes und Monogramm Christi), 17. und 18. Jahrhundert.

Abb. 213. Chur, Dommuseum. Grablegung Christi, um 1460. Text S. 194.

Abb. 214. Chur, Dommuseum. Kanonbild aus einem Pontifikale, um 1550. Text S. 192.

in neuerer Zeit vorhanden, fehlen aber nun; um 1490. Nächste Stilverwandtschaft mit der hl. Emerita am Sakramentshäuschen. – 3. *Kopf eines Leidenschristus*, Höhe 15 cm, alte Fassung, aber neu gefirnißt. Gute Arbeit, um 1490, vermutlich von JAKOB RUSS. – 4. *Hl. Bischof*, Höhe (mit Konsole) 68,5 cm, alte, aber beschädigte Fassung. Die Casula vergoldet. Die Statuette steht auf einer stark einwärts geschweiften Konsole, gehörte also zum Gespreng eines Altars. Beide Hände fehlen, in der Linken trug der Heilige ein schrägstehendes Buch (also nicht St. Nikolaus). Um 1510. Stilverwandt mit der Plastik des Altars in Tinzen (siehe Bd. III, S. 307f.). – 5. und 6. *Zwei Flachreliefs von Altarflügeln:* St. Antonius Abt und Bernhard von Menthon. H. 91 cm. Die Gewänder in alter Vergoldung, die Futter- und Fleischteile übermalt. Um 1520, stilistisch in unmittelbarer Nähe des Seewiser Altars von JÖRG KÄNDEL (Bd. IV, S. 117f.).

Abb. 215. Chur, Dommuseum. Altarflügel, St. Katharina, um 1500. Text nebenan.

Die *drei Statuen des* Yvo Strigel *aus dem ehemaligen Hochaltar von S. Vittore* (Misox) von 1505 – St. Johann Bapt., Barbara und Katharina – wurden in Bd. VI, S. 210ff., behandelt.

B) **Tafeln:** 1. *Grablegung Christi*, H. 72,5 cm, Br. 129 cm. Ursprünglich wohl als Antependium verwendet. Der Heiland, in blaugrauer Leichenfarbe, wird von Joseph von Arimathia und Nikodemus in den steinernen Sarg gelegt. Hinter dem Grab drei Frauen und Johannes, vorne Maria. Goldene Nimben. Als Hintergrund grüne, nur kulissenhaft angedeutete Hügel, darüber blauer Himmel. Um 1450–1460 (Abb. 213).

2. und 3. *Zwei Tafeln von bemalten Altarflügeln*, H. 88,5 cm, Br. 27,5 cm. Halbrunder Abschluß; auf blauem Hintergrund je eine weibliche Heilige: a) St. Barbara in rotem Kleid und grünem Mantel, die untere Partie samt Titel zerstört. b) St. Katharina in rosafarbenem Gewand; der Titel in gotischen Minuskeln. Die Rückseiten der Tafeln leer. Um 1500; süddeutsch (bayrisch?) (Abb. 215).

Hausaltärchen in Form eines bemalten Flügelretabels. Das *Mittelstück* (H. 69 cm, Br. 68,5 cm) zeigt die Beweinung Christi. Im Hintergrund links sieht man den Hügel von Golgatha, rechts – im Sinne einer Simultandarstellung – die Grablegung. Der farbige Aufbau und die Pinselschrift lassen das Streben nach schmuckhafter Wirkung deutlich erkennen. Die Berglandschaft des Hintergrundes blaugrün. Am unteren Bildrand die Wappen Brandis und des Bistums Chur. Auf der Innenseite der Flügel links St. Andreas und der kniende Stifter in weißem Umhang mit rotem Aufschlag, rechts ein hl. König in hermelingefüttertem Mantel, durch Schwert, Reichsapfel und Reichskrone ausgezeichnet. Auf den Außenseiten die Verkündigung an Maria. Diese beiden Gestalten stehen in halbrund abgeschlossenen Apsidiolen von rotbrauner Tönung. Der Engel Gabriel in roter Dalmatika und Alba, Maria in grünem Kleid und weißem, mit Lila schattiertem Mantel. Die Haare rötlich; auf dem kraus geringelten Schriftband die Worte Mariä aus Luc. 1, 38.

Der niederländische Charakter der Malerei ist unverkennbar; am deutlichsten sind die Anlehnungen an Hugo van der Goes, aus dessen Grablegung in Wien die Figur der Maria offenkundig übernommen ist; auch gleicht die Maria der Verkündigung einem von ihm bevorzugten Frauentypus. Die Hintergrundsgliederung dagegen erinnert an die Beweinung des Quinten Massys in Antwerpen (1511). Kostümliche Details, so etwa die breite Mütze des Joseph von Arimathia wie die farbige Gestaltung des Hintergrunds deuten jedoch eher auf noch etwas spätere Zeit. Das Altärchen kam erst in neuerer Zeit (1931) aus dem Kunsthandel nach Chur. Daß es ursprünglich hier stand, ist nicht völlig gesichert, da die Authentizität der Wappen fragwürdig erscheint[1].

Abgewanderte Kunstgegenstände

Vorbemerkung. Hier werden kirchliche Ausstattungsgegenstände, als deren Provenienz Chur überliefert ist, auch dann angeführt, wenn die Herkunft aus der Kathedrale nicht erwiesen ist. Denn im Hinblick auf die Ereignisse bei der Reformation kommen für sakrale Kunstwerke anderer Kirchen weniger in Frage, wenn überhaupt die Ortsangabe zutrifft.

Holzskulpturen. Im Schweizerischen Landesmuseum zu Zürich: *Thronende Muttergottes*, LM. 622. H. 87 cm. In der streng blockhaften Modellierung steht die Figur auf der Stilstufe des thronenden Christus am Portal von St. Emmeran zu Regensburg. Eine typologische Eigentümlichkeit stellen die untergeschlagenen Beine des Christusknaben dar. Darüber – wie zur künstlerischen Würdigung – siehe Bd. I, S. 46. Um 1050. Die rechte Hand der Maria fehlt. Die Fassung vermutlich aus dem 16. Jahrhundert. Älteste Holzstatue der Maria in der Schweiz (Abb. 216). – *Hl. Katharina*, LM. 7346, H. 116,5 cm. Stehend, in anmutig geschwungener Haltung. Goldener, blau gefütterter Mantel in alter Fassung, Schwert neu. Frühes 15. Jahrhundert. Oberbayrische Werkstatt (nach

Abb. 216. Thronende Muttergottes aus Chur, um 1050. Nun im Schweizerischen Landesmuseum in Zürich. Text nebenan.

---

1) Die Wappen scheinen nachträglich aufgemalt worden zu sein und erregen auch in genealogisch-heraldischer Beziehung Verdacht. Johannes von Brandis, der letzte seines Geschlechts, Dompropst von Chur und Domherr zu Straßburg, starb an letztgenanntem Ort 1512 im Alter von 56 Jahren. Das Stifterbild zeigt einen noch jugendlichen Mann im Alter von 30–35 Jahren, wonach also das Altärchen um 1490 entstanden sein müßte, was aus stilistischen Gründen nicht möglich erscheint. Zudem trägt der Stifter nicht geistliche Tracht, und endlich führen die Domherren neben dem eigenen Wappen nicht den bischöflichen Steinbock, sondern die thronende Muttergottes des Domkapitels. Für Ludwig und Sigmund von Brandis († 1507) wäre das Wappen des Bistums Chur gleichfalls kaum erklärlich. Da der heilige König nicht durch einen Titel bestimmt ist, kann er, wenn nicht andere Merkmale nach Chur weisen, auch als Kaiser Heinrich gedeutet werden.

I. Futterer). – *Schmerzensmann*, LM. 6992, H. 221 cm. Die erhobene Rechte zeigt die Wunde, die Linke weist auf das Brustmal. Ohne stärkeren Ausdruck; um 1500. Fassung barock.

Literatur: Plastik-Katalog des Landesmuseums, S. 2, 13, 50. – J. Baum, Romanische Marienbilder, ASA. 1925, S. 219. – J. Gantner I, S. 250 f., mit Abb. auf S. 248. – I. Futterer, Gotische Bildwerke, S. 98, 184, Taf. 54.

Im Historischen Museum Basel: *Fragmente eines Schnitzaltars: Zwei Flügel*. Auf den Innenseiten Reliefs, links hl. Apostel mit Buch und Schwert, rechts St. Stephanus. Goldgrund mit Granatapfelmuster damasziert. Abschluß aus Laubwerk. H. 170 cm, Br. 237 cm. Die Außenseiten bemalt mit einer Verkündigungsszene, links der kniende Erzengel mit Zepter, auf einem Spruchband der Englische Gruß; rechts die kniende Maria, der Logos in Gestalt einer herzufliegenden Taube. In den Fensterausschnitten Landschaften mit Kirche und Häusern. Übermalungen. – *Zwei bemalte Blindflügel*, auf den Vorderseiten links St. Georg mit Drachen, rechts St. Michael mit Schwert und Seelenwaage. Auf den Rückseiten links St. Sebastian, rechts St. Christophorus. Die Namen stehen in gotischen Lettern auf Schriftrollen jeweils am unteren Rand. – *Predella*, bemalt; Christus inmitten der Apostel in Halbfigur auf Goldgrund (Abb. 218). Die Arbeiten stammen ohne Zweifel aus der Werkstatt des Yvo Strigel in Memmingen und stehen in naher Stilverwandtschaft zum Disentiser (1489) und Obersaxer Altar, Bd. IV, S. 291 f.; V, S. 84 f. Zur Predella siehe auch Kdm. Gib. IV, S. 270.

Fünf Reliefs, H. 76 cm, Br. 105 cm. 1. Gethsemane, im Hintergrund rechts in einer Falte des schollenförmigen Geländes die Häscher mit Judas. 2. Gefangennahme und Petrus mit Malchus (Abb. 217). 3. Handwaschung des Pilatus und Wegführung

Abb. 217. Gefangennahme Christi, Holzrelief aus Chur, um 1520–1525.
Nun im Hist. Museum Basel. Text oben.

Abb. 218. Teile eines Schnitzaltars aus Chur, um 1490. Nun im Hist. Museum Basel. Text S. 196.

Christi. 4. Dornenkrönung. 5. Abendmahl. Stilverwandt mit dem MEISTER VON OTTOBEUREN; um 1520–1525. Alte Fassung. Charakteristische und qualitativ vortreffliche Beispiele des Parallelfaltenstils. Vermutlich von den Flügeln eines Schreinaltars mit ursprünglich insgesamt sechs Bildern.

Literatur: F. X. WEIZINGER, Die Malerfamilie der Strigel, Festschrift des Münchner Altertumsvereins 1914, S. 115. – A. BURCKHARDT, Kirchliche Holzschnitzwerke, Basel 1886, S. 4, Taf. VIII. – Zum Meister von Ottobeuren vgl. K. GRÖBER, Schwäb. Skulptur der Spätgotik, München 1922, Abb. 71–77.

Kultusgeräte. Im Schweizerischen Landesmuseum zu Zürich: *Ziborium* (Nr. LM. 19849), H. 36 cm. Das Gefäß besteht aus einem Straußenei in silbervergoldeter Fassung; auf der Oberseite des Fußes durchbrochenes, hohl getriebenes Laubwerk. Im Innern des von einem Kruzifix (Astkreuz) bekrönten Deckels ein später eingesetztes rundes Medaillon mit den gravierten Allianzwappen des Kaspar von Hohenems († 1646) und seiner Ehegattin Anna Maria, geb. Gräfin von Sulz. Meistermarke Tab. I, 5. Zweite Hälfte des 15. Jahrhunderts. – *Kapselostensorium* (Nr. LM. 5055), Kupfer vergoldet, H. 29 cm. Runder, mit gravierten Maßwerken gezierter Fuß und flachgedrückter Knauf. An der Vorderseite der Kapsel ein rundes Reliquien-

Abb. 219. Vortragekreuz aus Chur, nun im Deutschen Museum zu Berlin; 11. Jahrhundert. Text unten.

fenster, auf der Rückseite graviert die Wappen des Bistums Chur und des Bischofs Heinrich V. von Höwen (reg. 1491–1503). Als Bekrönung die Halbfigur der Muttergottes im Strahlenkranz. – *Fahnenkreuz* aus Messingguß (LM. 19895), H. 18,8 cm. Doppel- oder «Patriarchenkreuz». Auf der Vorderseite die Inschrift «SSS CRUX CHURIENSIS»[1]. Zweite Hälfte des 16. Jahrhunderts. – *Kreuzigungsgruppe* (LM. Nr. 19834), Bronzefiguren auf mit Schildpatt eingelegtem Holzpostament, H. 57,5 cm. An der Sockelfront auf Silbermedaillon das gravierte Wappen des Bischofs Johann VI. Flugi, bezeichnet 1655.

Literatur: JB. des Schweizerischen Landesmuseums 1934, S. 18, mit Abb. auf Taf. I und S. 22, 26.

Im Deutschen Museum in Berlin: Ein *Vortragekreuz* (Inv.-Nr. M 168), Höhe 17 cm. Vergoldetes Kupferblech über Holzkern. Das Stück unterscheidet sich von allen andern hier früher (S. 158 ff.) beschriebenen Vortragekreuzen dadurch, daß die Gestalt des Heilands nicht vollrund gebildet und aufgesetzt, sondern in flachem Relief aus dem Grund getrieben ist. Die Gestalt hoch aufgerichtet, das Gesicht bartlos,

---

[1] Die Bedeutung der Inschrift «Das heiligste Kreuz von Chur» ist unklar. Das Stück soll von Fischern im Bodensee gefunden worden sein.

Abb. 220. Bildteppich mit Kreuzigungsgruppe aus der Kathedrale zu Chur, um 1470/80. Nun in Privatbesitz. Text unten.

die überschlanken Arme waagrecht; das schmale Lendentuch geriefelt und s-förmig vorne verschlungen. Von den Wundmalen der Hände und der auswärtsgestreckten Füße fließen Blutströme. Oben Monogramme Christi in lateinischen und griechischen Buchstaben; Einrandung mit Perlsaum. 11. Jahrhundert (?)[1] (Abb. 219).

Literatur: MOLINIER, S. 17.

Textilien. In italienischen Privatbesitz gelangte: Ein *Bildteppich*, H. 228 cm, Br. 162 cm. Wollwirkerei. Der Gekreuzigte zwischen Maria und Johannes auf blauem,

---

[1] Im Museumsinventar «9. Jahrhundert». Trotz des bartlosen Kopfes darf diese Datierung im Hinblick auf das schmale Lendentuch angezweifelt werden, doch ist die Formulierung gerade dieses Details sehr eigenartig und zeitlich schwer bestimmbar. Zur Provenienzangabe des Inventars mit «St. Gallen» ist zu bemerken, daß die ehemalige Zugehörigkeit des Stückes zum Churer Domschatz durch eine vor der Veräußerung in Chur von Photograph Lang hergestellte photographische Aufnahme gesichert ist.

CHUR

Abb. 221. Chur. Die Kapelle
St. Hieronymus im Domdekanat.
Grundriß. Maßstab 1:100.
Text S. 201 f.

mit bunten Blumenstauden gemustertem Grund. Süddeutsch oder schweizerisch[1], um 1470–1480 (Abb. 220). Ehemals vielleicht zum Verhängen eines Altarretabels in der Fastenzeit benützt, später (bis um 1925) als Altarbild am St.-Placidus-Altar verwendet.

Eine *gestickte Decke* gelangte ins Schweizerische Landesmuseum in Zürich. 160 × 148 cm. Florettseide auf Kanevas, mit gelbseidenen Fransen eingefaßt. Auf schwarzem Grund ein Hochzeitsmahl in rundem Medaillon, umgeben von farbigen Ranken in Frührenaissance-Ornamentik, musizierenden Waldteufeln und Spielleuten, einem Bogenschützen und Vögeln; Wappen Hinwil und Rotenstein, datiert 1528[2] (Abb. s. Anhang).

Literatur: BURCKHARDT, S. 164. – PLATTNER, S. 22. – MOLINIER, S. 14. – SIMEON, S. 18f., 52.

Über abgewanderte Abschnitte des Simsonstoffes sowie einen Reliquienbeutel siehe S. 187, 188.

In der Sammlung im Heylshof zu Worms befindet sich eine Serie von *vier zusammengehörigen Rundscheiben* (Dm. 16,6–17 cm), die aus der Sakristei der Kathedrale (oder dem bischöflichen Schloß?) stammen dürften, wie aus den Stiftern zu schließen ist. Alle zeigen das Wappen des Schenkers (bei Nr. 4 Allianzwappen). Die Umschriften lauten: 1. RUDOLPHUS V. SALIS, THUMSCHOLASTICUS, VICARIUS GENERALIS ANNO 1687. – 2. STEPHANUS BASSUS JURIS UTRIUSQUE DOCTOR THUMSEXTARIUS 1687. – 3. RUDOLPH(US) TRAVERS V̊ ORTENSTAIN L. B. DE RAZUNS · DOMIN(US) IN RAMEZ THUMCUSTOS 1687. – 4. RUDOLPHUS DE SALIS REGIS CHR. LOCUMTENENS GENERALIS ET EMILIA DE SAUWENSTEIN EIUS UXOR. 1688.

Literatur: GEORG SWARZENSKI, Die Kunstsammlungen im Heylshof zu Worms, Frankfurt a. M. 1927.

Kreuzgang und Friedhof

Der **Kreuzgang** ist völlig verschwunden, jedoch archivalisch, besonders durch zahlreiche Einträge im Necrologium, vielfach belegt, da in ihm häufig Bestattungen vorgenommen wurden. Er lag als geschlossenes Viereck an der Nordseite der Kathedrale, mit der er durch zwei Pforten – an den Enden des nördlichen Seitenschiffes – verbunden war. Über die Domherrenhäuser, die an ihn angrenzten, siehe S. 227 f. Zum Domplatz führte eine – anscheinend noch aus der Erbauungszeit der Kathedrale stammende – Türe mit Kragsturz (siehe Abb. 24, S. 38). Sicherlich handelte es sich um eine sehr bescheidene Anlage, entweder in Form von Korridoren mit Bogenöffnungen wie in Münster (Bd. V, S. 350) oder auch nur von vorgebauten Laubengängen mit Pultdächern. Im Ostflügel war ein 1371 erwähntes Kruzifix aufgestellt (Necrol. Cur., S. 84).

Der **Friedhof.** Bestattungen im Innern der Kathedrale wie in ihrer nächsten Umgebung, vor allem im Kreuzgang, waren einem privilegierten Personenkreis vorbe-

---

1) Vielleicht churisch? Schon im 14. Jahrhundert erscheint in Chur eine «domina Agnese textrix» (Necrol. Cur., S. 74). – Göbel, Wandteppiche, Berlin 1933, III (I, S. 50f.), zieht in Erwägung, daß ein Antependium mit Steinbockwappen (nun in Speyer) in Chur entstanden sein könnte. – Das Blumenmuster erinnert an einen vermutlich schweizerischen Bildteppich in Villingen. Vgl. Betty Kurth, Die deutschen Bildteppiche Wien 1926, Abb. Nr. 102. – Zum Vergleich diene auch ein Wandteppich mit Kreuzigung um 1480. Vgl. H. Tietze, Die kirchlichen Denkmale der Stadt Salzburg, Wien 1912, Abb. 96, Text S. 72.

2) 1528 vermählte sich Jörg von Hinwil mit Magdalena von Rotenstein. HBLS. IV, S. 228.

Abb. 222. Chur. Gewölbe der Kapelle St. Hieronymus im Domdekanat. Text S. 202.

halten (siehe vorn S. 139 ff.); ein allgemeines «cimiterium» aber bestand im Mittelalter außerdem vor der Domfront, wie uns Belege aus dem 14. und 15. Jahrhundert sagen[1]. Spätestens vom Ende des 16. Jahrhunderts an existierte jedoch schon «extra muros», also auf der Stelle des heutigen Friedhofes, ein Gottesacker (Näheres dazu siehe JB HAGGr. 1945, S. 18 f.).

DIE KAPELLEN AUF DEM HOF

Die **Kapelle St. Hieronymus im Dekanatshaus.** Geschichte. Gestiftet mit Urkunde vom 18. Februar 1519 durch Domdekan Donat Iter, Johann Wyß, Pfarrer in Salux, und Domkaplan Luzius Kind (Urk. im BA.). Als Nebentitel tritt später St. Ursula auf. Aus den Worten des Stiftungsbriefes ist zu schließen, daß die Kapelle ursprünglich ein selbständiges (zweistöckiges?) Bauwerk bildete[2]. Bei der Feuersbrunst vom 13. Mai 1811 ausgebrannt. Gelegentlich der Wiederherstellung wurde der frühere direkte Zugang von außen verbaut, die Kapelle in das Haus einbezogen und zunächst zu profanen Zwecken benützt. 1860 durch Domdekan Christian von Mont restauriert und am 21. Januar 1861 benediziert; seither Privatkapelle des Domdekans. Letzte Restaurierung 1904/05. Aus dieser Zeit die Ausstattung und Bemalung[3].

1) Zum Beispiel Necrol. Cur., S. 5, 30, 104.
2) «mehr gedachts Donat Ytters Thumb Dechans Claustral Huß uff dem Hoff», «das ich eigens bestens erbauwen... stost oben gen Sant Florins Capel an min obgemelte neuwe capel (St. Hieronymus) und gemeine Straß».
3) Notizen in dem 1901 angelegten Urbarium des Domkapitels (Archiv des Domkapitels).

Beschreibung. Die im ersten Obergeschoß des Dekanatshauses liegende Kapelle bildet einen nach Süden gerichteten einheitlichen Raum, dessen Breite nur etwa ein Drittel der Länge beträgt und sich nach Süden hin etwa um 1 m verringert. Er ist überdeckt mit einem dreijochigen Netzgewölbe, dessen Rippen aus profilierten, bisweilen auch mit Schildchen oder mit à-jour-gehauenem Laubgeschlinge gezierten Konsolen aufsteigen. Schildbogen. Die doppelt gekehlten Rippen zeigen an den Kreuzungsstellen merkwürdige profilierte Plättchen, die sich als rein dekorativ verwendete, nicht konstruktiv gegebene Enden durchgedrungener Rippen darstellen. Wohl um eine Unterscheidung von Chor und Schiff anzudeuten, ist die südliche Partie des Gewölbes anders behandelt als die nördliche: dort sprossen um die beiden ersten Schlußsteine her krabbenartige Dreiblätter aus den Rippen, während hier nur Zacken aus ihnen hervortreten. Auf den drei südlichen Schlußsteinen in Relief: 1. ein Totenkopf als Attribut des hl. Hieronymus, 2. das Haupt Christi, 3. Schild (mit Steinbock neu bemalt), darüber leeres Schriftband. Die Belichtung erfolgt durch ein stichbogiges Fenster in der Südseite (Abb. 221, 222). – An der Wand ein Ölgemälde: der hl. Hieronymus in Halbfigur, unten Wappen Gaudenzi. Auf der Rückseite als Geschenk des Bernardino Gaudenzi bezeichnet (Domdekan 1655); durchschnittliche Qualität.

Zwei *Flügel eines Altarschreines* aus dieser Kapelle sind nun in der Luziuskapelle der Kathedrale aufbewahrt. H. 146 cm, Br. 41 cm. Beidseits bemalt. Auf den Außenseiten in grunem Camaïeu je ein Heiliger in einer Nische stehend, links St. Florinus, rechts St. Luzius. Die Farben sehr verblaßt. Auf den Innenseiten links St. Donatus in gelbem Gewand und blaugrauem Mantel, rechts St. Hieronymus in der roten Kardinalstracht; Hintergrund grau, oberer Abschluß aus goldenen Renaissanceornamenten. Unten jeweils zwei Putten, die eine gerollte Kartusche mit dem Namen des Dargestellten halten. Diese Seiten teilweise übermalt. Um 1560–1570. Das Figurenprogramm umfaßt außer den Diözesanpatronen den Titelheiligen der Kapelle und den Namenspatron ihres Hauptstifters Donat Iter, weshalb man annehmen darf, daß der fragliche Altar ihr zugehörte (Abb. 223).

Über **die Kapelle im Schloß** siehe S. 219.

Verschwundene Kapellen des Hofes
(In alphabetischer Ordnung)

St. Afra. Nachgewiesen allein durch einen Eintrag aus der zweiten Hälfte des 12. Jahrhunderts im Necrol. Cur., S. 79: «Dedicatio capelle S. Afre.» Die Kapelle muß wohl in Chur gesucht werden, da sonst eine Nennung des Ortes nicht gefehlt hätte. Für die Lokalisierung kommt am ehesten der Hof in Frage, wenn dies auch nicht als sicher betrachtet werden darf.

St. Florinus. Die erste urkundlich eindeutig gesicherte Erwähnung einer Kapelle dieses Titels erfolgt am 14. Mai 1246[1], doch sprechen beachtenswerte Gründe dafür, daß der in der «Vita S. Otmari» (bald nach 830) genannte «titulus sancti Florini confessoris», an dem der hl. Otmar amtete, nicht, wie man früher annahm, mit der Kirche in Remüs, sondern mit der Kapelle in Chur zu identifizieren ist[2]. Im Stiftungsbrief für die zuvor genannte Hieronymuskapelle (1519) heißt es, daß diese letztere zwischen der Florinuskapelle und dem von Donat Iter neu erbauten «Dechans Claustral Huß» gelegen sei[3]. Die Florinuskapelle muß also damals noch existiert und nahe vor der Kathedrale auf der Stelle der heutigen Hofschule gestanden haben.

---

1) Urb. des Domkap., S. 24: «Actum Curie iuxta capellam Sancti Florini.»
2) Siehe darüber O. Scheiwiller in BMBl. 1941, S. 311–319.
3) Archiv des Domkapitels, Mappe VII. Siehe auch oben S. 201, Anm. 2.

St. Johannes Baptista. Erstmals urkundlich erwähnt um 800 mit Grundbesitz in der Churer Flur[1]. Im Necrol. Cur. heißt es in Einträgen aus der zweiten Hälfte des 12. Jahrhunderts einmal am 17. November: «Dedicatio ecclesie S. Johannis et S. Udalrici», und dann am 21. Dezember: «Dedicatio eccl. S. Joannis baptiste.» Vielleicht sind beide Kirchen identisch; die Vermehrung des Titels und die Verlegung der Kirchweihe könnten im Zusammenhang stehen mit dem Wiederaufbau nach einer Brandzerstörung Mitte des 12. Jahrhunderts[2]. Später nicht mehr erwähnt. Der Standort ist nicht bekannt, doch bis auf weiteres wohl auf dem Hof zu suchen, da der Dompropst eine Stiftung für den Wiederaufbau machte[3].

St. Laurentius. Die Kapelle tritt urkundlich erstmals als Bestandteil der großen ottonischen Schenkung an das Bistum vom 16. Januar 958 (CD. I, S. 75 f.) hervor. Während des Neubaues der Kathedrale wurde sie an deren Stelle bei Beurkundungen (CD. I, S. 272) und wohl auch für gewisse Offizien der Chorherrn benützt. Im 14. Jahrhundert lag sie längere Zeit im Verfall, bis Bischof Johann II. von Ehingen sie wiederherstellte und neu weihte. Mit Urkunde vom 15. Juni 1388 stiftete der Bischof dort gleichzeitig eine

Abb. 223. Chur. Flügel eines Altars aus der Kapelle des Domdekanats, um 1560–1570. Text S. 202.

Kaplanei, insbesondere für Messen zu seinem Seelenheil (Urk. im BA.). Aus der Prozessionsordnung für den Palmsonntag im «Directorium» des Bischofs Ortlieb von 1490 geht hervor, daß die Kapelle in der Gegend des heutigen Hofbrunnens stand[4]. Sie wurde noch benützt, bis Bischof Lucius Iter 1546 die Heiltümer in die neu eingerichtete Seitenkapelle der Kathedrale verbringen ließ. Der Holzschnitt in der Cosmographie des Seb. Münster 1550 zeigt die Kapelle noch unter Dach, als niederes Bauwerk mit einem an der nördlichen Langseite aufgesetzten Glockenjoch; auf dem Knillenburger Prospekt (um 1635) existiert sie aber bereits nicht mehr. Vor 1888 ließ die Historisch-Antiquarische Gesellschaft von Graubünden zwei Seiten der Fundamente des Bauwerkes freilegen, auf die man in 80 cm Tiefe gestoßen war. Man fand einen in Ost-West-Richtung liegenden rechteckigen Bau von 4,40 m Breite und 6 m Länge, dessen Nordwand 8,15–10,80 m entfernt von der Dompropstei verlief. Merkwürdigerweise war der ganze Raum innerhalb der Fundamente ausgemauert und auf dieser Steinfüllung ein

---

1) UB., S. 27: «confinat... da subtus medium in Sancti Johannis.»
2) Der Dompropst Cuno machte eine Stiftung «ad servitium fr. et ecclesiam B. Johannis Baptiste... tactam incendio...» Necrol. Cur., S. 33.
3) Die Vermutung Farners (JB HAGGr. 1924, S. 177), daß Identität mit der St.-Regula-Kirche vorliegen könnte, ist nicht zu halten, da letztere gleichzeitig mit der Johanniskapelle urkundlich belegt ist (Urb. des Domkap., S. 5).
4) BA. Sign. XI G, Nr. 1127, fol. 23.

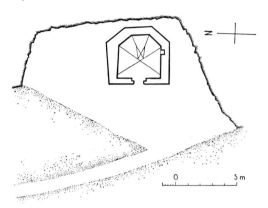

Abb. 224. Chur. Die Kapelle St. Luzius am Mittenberg. Grundriß. Maßstab 1:300. Text unten.

10–12 cm dicker Mörtelboden angelegt. Östlich und westlich davon kamen menschliche Knochen sowie Scherben von Terra sigillata und Ziegelstücke zum Vorschein[1]. Die ungewöhnliche Mauerkonstruktion könnte im Zusammenhang mit den Scherbenfunden in der Tat vermuten lassen, daß wir – wie man bei der Ausgrabung meinte – es hier mit einem ursprünglich römischen Bauwerk (Turm?) zu tun haben.

St. Maria Magdalena. Archivalisch erstmals belegt 1326 (Necrol. Cur., S. 12). Nach einer Notiz in einem Pfäverser Rodel des 15. Jahrhunderts stand die Kapelle «ganz nahe vor dem Eingang der Kathedrale», und zwar inmitten des Friedhofes[2]. Sie war mit einer Kaplanei ausgestattet, deren Kollatur dem Abt von Pfävers gehörte. Wenn ein 1387 noch erscheinender Gaudenz von Plantair wirklich, wie die Urkunde angibt, Stifter der Kapelle und nicht nur der Kaplanei war, so müßte jene erst kurz vor 1326 (siehe oben) gebaut worden sein[3]. Sie barg die Gräber der Familie Plantair[4]. Am 21. September 1641 ordnete der päpstliche Nuntius an, daß in der Kapelle eine Stube für die Lateinschule der Predigermönche eingebaut werde[5]. Wann sie abgebrochen wurde, ist nicht bekannt.

Kapelle in der Kustorei. Nach der Mitteilung des Domherrn Chr. L. von Mont (1856, Mskr. im BA.) hatte die alte Kustorei vor dem Brand von 1811 eine eigene Kapelle, deren Titel jedoch nicht bekannt ist. Es muß sich hier um jenen Raum handeln, der auf dem Aquarell von 1829 in den Ruinen des Kustoreigebäudes sichtbar wird. Er lief von Süd nach Nord durch das ganze Erdgeschoß des Bauwerkes und wies eine Wandgliederung durch Blendarkaden auf. Gedeckt war er mit einer flachen Balkendiele. (Wir haben es hier nicht etwa mit der Kapitelsbibliothek zu tun, die ein Gewölbe hatte und vermutlich rückwärts, gegen Osten, lag.) Der Raum reichte offenbar noch in die romanische Zeit zurück (Abb. 24, S. 38).

Über eine vermutliche **Kapelle in der Dompropstei** siehe S. 231.

DIE KAPELLE ST. LUZIUS AM MITTENBERG

Geschichte und Baugeschichte. Im «Luziuslöchli», einer Höhle im Gestein des Mittenberges, etwa 225 m über der Talsohle, soll sich nach der Legende der hl. Luzius vor den Verfolgungen seiner Widersacher verborgen haben (CD. IV, S. 119). Spätere Ausschmückungen dieser Überlieferung berichten dann, der Heilige habe von hier

---

1) ASA. VI (1888), S. 107f.
2) «In castro Curiensi proxime ante fores ecclesie Curiensis.» M. Gmür, Urbare und Rödel des Klosters Pfävers, Bern 1910, S. 35. – 1511 Dez. 5: «in cimiterio prefate ecclesie Curien.» Mohr, Reg. Pfävers, Nr. 867.
3) Mohr, Reg. Pfävers, Nr. 295.
4) Vgl. Necrol. Cur., S. 12, 32, 79, 124.
5) BA. Lade A. Mappe 37. Ob es dazu kam, ist nicht bekannt. 1664 befand sich diese Schule bereits im Gebäude der heutigen Hofschule.

aus so gewaltig gepredigt, daß er sogar in Reichenau gehört worden sei. Am 25. März 1386 erging ein Ablaßbrief zugunsten aller, die in jener Höhle Messe hielten oder hörten (CD. IV, S. 119f.). Eine Kapelle war damals noch nicht vorhanden, wie aus dem Indulgenzbrief deutlich hervorgeht. Zelebriert wurde an einem Tragaltar («in ara mobili seu viatico»), und überdies ermahnt die Urkunde den Priester, darauf zu achten, daß bei der Messe Wind und Regen keinen Schaden verursachten. Der Bauform nach dürfte die Kapelle erst in der zweiten Hälfte des 17. Jahrhunderts entstanden sein. Am 16. Juli 1672 wurde sie erbrochen und ausgeraubt, doch fanden sich die entwendeten Gegenstände (Kelch, Patena, Reliquiare, Meßgewänder u. a.) wieder in der Nähe des Heiligtums, wo sie der Täter unter einem Stein versteckt hatte. Darnach soll eine Restaurierung stattgefunden haben. Letzte Renovation 1902. – Chr. Kind konstatierte wenige Schritte unterhalb der Kapelle einen *Schalenstein* (ASA. 1878, S. 868).

Literatur: NÜSCHELER, S. 53. – A. V. CASTELMUR, Zur Geschichte der Luziuskapelle, Bündner Tagblatt vom 1. Dezember 1928. – MAYER, Bistum I, S. 15. – Ders., St. Luzi bei Chur, II. Aufl., Einsiedeln 1907, S. 35f. – Vgl. auch die Kontroverse im BMBl. 1938, S. 292, 314, 1939, S. 210f.

Beschreibung. Die Kapelle steht – gegen Osten gerichtet – unter überhängender Felswand (Abb. 224). Sie ist einräumig mit dreiseitigem Abschluß, also im Grundriß sechseckig. Das dem Polygon angepaßte Kreuzgewölbe weist stark vorgezogene Grate auf, die sich im Abschlußzwickel rippenartig überschneiden und als Reminiszenzen an ein gotisches Netzsystem zu betrachten sind. Eine Datierung in die zweite Hälfte des 16. Jahrhunderts dürfte sich daher empfehlen. Die einzige Lichtquelle bildet ein Kreisfenster über dem rundbogigen Eingang in der Front, beide in neuen Umrahmungen. Ebenfalls neu (von 1902) Verputz, Dach und Dachreiter (ohne Glocke). Auf dem Altar drei Figuren: St. Luzius, Florinus und Emerita; 17. Jahrhundert, neu gefaßt. Sonstige Ausstattung neu.

DAS BISCHÖFLICHE SCHLOSS

Baugeschichte. In einer Urkunde von 1200 wird die Bezeichnung «antiquum palatium episcopi» gebraucht, was man hier, da es sich nicht um einen chronikalischen Bericht, sondern um eine Grenzangabe handelt, als eine ortsübliche Benennung auffassen darf; sie setzt also eine «neue Pfalz» voraus, die kurz zuvor entstanden sein wird (Urb. Domk., S. 17). Bis ins späte Mittelalter fehlen baugeschichtliche Mitteilungen; dann wird uns berichtet, daß Bischof Ortlieb (reg. 1458–1491) «den kleinen Thurm bey der Schloßporten» erbauen ließ[1]. Es dürfte sich hier um jenen Turm mit Satteldach handeln, der auf der Ansicht des Hofes in Münsters Cosmographie an der Eingangsseite, also «an der Schloßporten» zu sehen ist[2].

Auf Bauarbeiten im Schloß zu Ortliebs Zeiten weisen auch Einträge in dessen Rechnungsbüchern; so wird am 4. Mai 1479 vermerkt, daß «Meister Steffan» (STEFFAN KLAIN) «angefangen, die Sul (Säule) setzen» und «6 Tag gewelbt» habe. Am 22. und 25. Mai sowie am 21. November 1484 bekommt der Steinmetz MEISTER CLAUS (von Feldkirch, Meister des Sakramentshäuschens) Zahlungen an das «Verdingwerk am Schnegken»[3]. Dies wird sich auf die Wendeltreppe beziehen, die heute

---

1) BA. Chur-Tirol Arch. Bd. B, Fol. 222.
2) Der Torturm kann nicht gemeint sein, da er in seinem Unterteil romanisch ist und der Ausbau der oberen Geschosse erst dem 16. Jahrhundert angehört. Der «kleine Turm» so genannt im Gegensatz zum Marsöl.
3) In einem Ausgabenbuch von 1492 (BA.) ist abermals von Ausgaben am «Schnegken» die Rede.

Abb. 225. Chur. Das Bischöfliche Schloß vor und nach dem Umbau. Stich von Joh. Rud. Sturn, nach 1660. Text S. 18 und 206.

noch in der Abwartswohnung rechts vom Eingang vorhanden ist; dort sieht man auch noch eine nun eingemauerte Rundsäule, die mit der obenerwähnten identisch sein kann. 1490 wird in der Kapelle gebaut[1], und unter Ortliebs Nachfolger Bischof Heinrich V. entstand – ausweislich des Wappens – das in einem turmartigen Ausbau an der Südseite des inneren Schloßhofes liegende «Silbergewölbe», das zeitweise offenbar als Kapelle benützt wurde (vgl. Plan Abb. 228). Ob die 1495 genannte «Neue Stube»[2] unter ihm oder seinem Vorgänger Ortlieb eingerichtet wurde, muß dahingestellt bleiben. Bischof Paul Ziegler baute 1522 die gleichfalls nicht mehr nachzuweisende «Große Stube» (Cat. Cur., BA.). Luzius Iter (reg. 1541–1549) ließ, wie die Humanisten Simon Lemnius und Franciscus Niger im Liede preisen, die Residenz restaurieren und ausgestalten[3]. In dieser Etappe erfolgte der Einbau kleinerer Zimmer und eines Korridors im ersten Obergeschoß des Südtraktes sowie die Bemalung der Korridorwand mit den Todesbildern.

Von dem Aussehen des Schlosses, unmittelbar nach dieser Restaurierung, vermittelt uns der Holzschnitt in der Cosmographie Münsters (Abb. 10, S. 18) ein Bild, das durch spätere Belege, wie den Stich des Joh. Rud. Sturn (Abb. 225) und den Plan vor 1730 (Abb. 228), einige Ergänzungen erfährt. Die Anlage bildete, wie heute, ein unregelmäßiges Dreieck mit Binnenhof. Zwischen dem nordöstlichen Eckpfeiler, dem *Marsöl*, und dem nächsten Mauerturm stand ein Gebäude, das – wie alle Häuser des Hofes – die Außenwand (hier die Nordseite) von der Ringmauer geborgt hatte, deren Zinnen auf eine kurze Strecke, unmittelbar neben dem Marsöl, sich noch er-

---

1) Mitt. O. Vassella aus dem Bischöfl. Archiv.
2) Chr. Kind, Currätische Urkunden, Chur 1882, S. 22, Nr. XVIII.
3) Die einschlägigen Stellen siehe bei Vögelin MAGZ. 1878, S. 67f., vgl. dazu auch Mayer, Bistum II, S. 96, nach Ladurner II, S. 154.

Abb. 226. Chur. Der «Hof» von Osten, um 1829/30. Text unten.

halten hatten. Dort war das Haus zweistöckig, im übrigen aber umschloß es drei Obergeschosse, und diese Aufstockung dürfte, nach der systematischen Anlage der Fenster zu schließen, auf die Bautätigkeit Iters zurückzuführen sein. Im ersten Stock sah man noch dreigliedrige gotische Reihenfenster.

An den erwähnten Mauerturm schloß sich westwärts ein Gebäude an, das nur die halbe Höhe des zuvor Beschriebenen erreichte. Der Frontbau zwischen dem oben genannten, von Bischof Ortlieb errichteten «Kleinen Turm» und dem Nordtrakt kehrte die Traufseite zum Domplatz. Vermutlich hatte er nur die halbe Tiefe der heutigen Ausdehnung.

Der Grundriß des Südflügels, wie er auf dem Plan vor 1730 (Abb. 228) erscheint, geht in seinen Hauptlinien noch auf das Mittelalter zurück. Die Türe am Fuße der unter dem Silbergewölbe hinabführenden Kellertreppe weist einen abgetreppten, offensichtlich romanischen Rundbogen aus Tuffstein auf. Im Plan Abb. 228 wird denn dieser Trakt auch als «Altes Gebäu» bezeichnet. Ferner läßt sich aus diesem Plan wie aus dem heutigen Grundriß noch leicht erkennen (auf der Abb. 230 unten), daß der Korridor, dessen Wände die Todesbilder von 1543 trugen, und die anschließenden Räume das Ergebnis einer späteren Unterteilung darstellen. Die merkwürdige, keilartig gegen den Domplatz vorspringende Grundrißform der «Canzley» ist sicherlich auf den Umriß des wiederholt erwähnten «Kleinen Turmes» zurückzuführen.

Was nun den Osttrakt anlangt, so dürfte das Gemälde von 1829/30 (Abb. 226), mit dem der Stich von Girard nahe übereinstimmt (Abb. 16, S. 27), noch den mittelalterlichen Zustand wiedergeben. Danach bildete die Verbindung zwischen dem Nordtrakt und dem mit einem Walmdach überdeckten Südflügel ein abgestufter Bauteil mit Schießscharten, der offenbar keine Wohnräume barg, sondern nur Gänge, die ursprünglich zur Verteidigung gegen die Bergseite hin gedacht waren. Am Zusammenstoß dieses Verbindungstraktes mit dem Südflügel stand ein Rundturm, zwischen

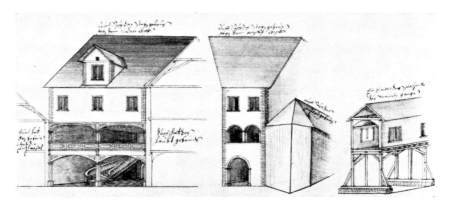

ihm und dem schon (S. 26) erwähnten Pförtchen ein nachträglich vorgesetztes zweistöckiges Gebäude mit Pultdach.

Am 15. November 1565 wütete eine Feuersbrunst im Schloß und zerstörte auch wertvolle alte Handschriften (Mayer, Bistum II, S. 139). Bei der Wiederherstellung scheint der niedere zweite Bau des Nordtraktes auf die Höhe des Mauerturmes gebracht und mit ihm unter ein Dach gezogen worden zu sein (Stich von Sturn).

In der päpstlichen Bestätigungsbulle für Johann VI. Flugi vom 14. September 1636 wurde dem Bischof auferlegt, das Schloß, das sich in schlechtem baulichem Zustand befand, zu restaurieren (Mayer II, S. 371). Er nahm die Arbeit 1637 in Angriff, und um 1640 war der ganze Nordflügel, der an Stelle der alten «addierten» Einzelhäuser einen neudisponierten, einheitlich durchgehenden Trakt setzte, im Rohbau

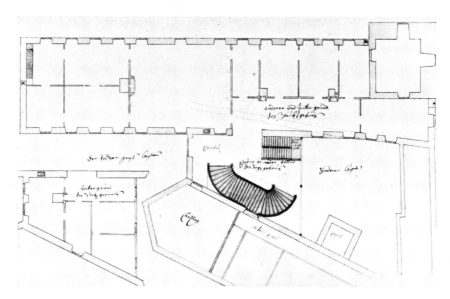

Abb. 227 und 228. Chur. Das Bischöfliche Schloß. Pläne vor dem Umbau. Oben nebeneinander: 1. Schnitt Nord-Süd durch den Hof. 2. Ansicht vom Domplatz her. 3. Verbindungsgang zur Kathedrale. Unten: Gesamtgrundriß und (links) Teilgrundriß des zweiten Stockes. Text S. 207f.

Abb. 229. Chur. Ansicht des «Hofes», 1653. Ausschnitt aus dem Altarbild von Joh. Rud. Sturn, Abb. Bd. I, S. 220. Im Hintergrund links das Kloster St. Luzi. Text unten.

vollendet (Abb. 225, 229)[1]. Am 7. Januar 1661 fand der Bischof, durch Einsturz einer Mauer mitsamt den anstoßenden Gewölben, den Tod. Auf diesen Einsturz bezieht sich eine Notiz vom 10. Mai 1662 in einem Ausgabenheft (BA.): «Das eingefallne gebäuw außzuräumen 4 mann. Meister Dominicus hat den 15. Mai den baw (also den Wiederaufbau) angetreten.» In einem andern Schriftstück («Verzeichnuß aller außgeben etc.» 1662 und 1663, BA.) wird der Genannte dann näher als «Domenico Barbe», «Paumaister» bezeichnet[2]. Nach Lage der Dinge kann es sich hier nur um den Westbau, gegen den Domplatz hin, handeln, und in der Tat ist auch in einer Offerte der Meister PIETRO ANDREOLA und GIOV. NEGRETTO («Nota della materia necessaria etc.», zwischen 1661 und 1664, BA.) von der Eingangsfassade («la facciata nel entrar») die Rede. In dieser unter Bischof Ulrich VI. von Mont durchgeführten Bauetappe wurde auch die Innenausstattung des großen Saales (des «Rittersaales») im Nordflügel vollendet (1663). Ob ein im bischöflichen Archiv liegender Plan (Abb. 228) den Zustand vor dem Umbau des Treppenhauses durch Joseph Benedikt von Rost (vollendet 1733) oder ein Projekt für diesen Umbau darstellt, ist nicht zu ersehen[3]. Stilistisch wäre eine Einordnung um 1663 möglich. Desgleichen ist nicht mehr festzustellen, ob der abgebildete Verbindungsgang zwischen Schloß und Kirche ausgeführt wurde. Als Meister der neuen, 1662/63 hergestellten Täfer wird in dem erwähnten «Verzeichnuß» WOLFF RENISCH genannt. Zimmermann ist GEORG EGGENDACHER.

Nach dem Reisetagebuch des H. Annoni von 1731 sah das Schloß damals noch «liederlich» aus, jedoch war mit der Renovation eben begonnen worden (BMBl. 1927, S. 7). Dieser unter Bischof Joseph Benedikt von Rost (reg. 1728–1754) durchgeführten Etappe gehören an: Die Neugestaltung des Treppenhauses und der Westfront, die damals unter Beseitigung des erwähnten «Keils» gerade ausgerichtet wurde, sowie sämtliche Stukkaturen. Im September 1733 war der Umbau vollendet. Die Stukka-

1) Auf dem Knillenburger Prospekt ist er bereits zu sehen. Dieser muß aber um 1640 entstanden sein, da er die Kirche von St. Luzi noch als Ruine, das Schloß aber ausgebaut zeigt. Vgl. dazu S. 258.
2) DOMENICO BARBIERI aus Roveredo, s. A. M. Zendralli, Graubündner Baumeister, S. 66. Vgl. auch Kdm. Graub. III, S. 70, IV, S. 108.
3) Der Plan lag in Mappe VI des nach Rom abgegebenen Nuntiaturarchivs und trägt den neuzeitlichen Vermerk «4. März 1732». Dies bedeutet vermutlich, daß er einem Schriftstück dieses Datums beilag. Da er aber in bezug auf die Fassadenlinie einen durch den Umbau aufgehobenen Zustand darstellt, dürfte er zumindest einige Jahre zuvor entstanden sein.

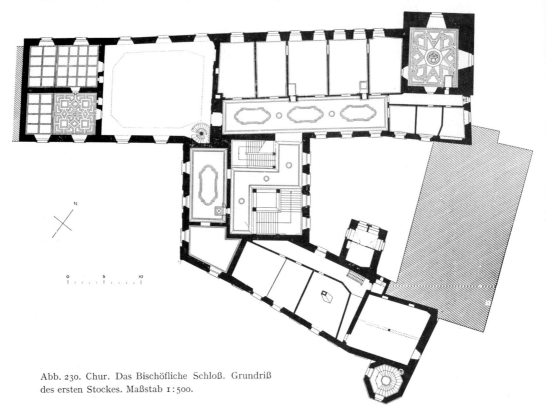

Abb. 230. Chur. Das Bischöfliche Schloß. Grundriß des ersten Stockes. Maßstab 1:500.

turen stammen von einem «Meister Joseph», dessen Name und Herkunft jedoch nicht überliefert ist[1]. 1845 Errichtung des Osttraktes, nach Beseitigung der alten Bauten. Letzte Innenrenovationen 1912 und 1919. Restaurierung der Nordfassade 1933, damals wurden die ornamentalen Fensterumrahmungen nach den alten Resten wiederhergestellt (BMBl. 1933, S. 35; 1934, S. 58).

Baubeschreibung. Gesamtanlage. Der ganze, um einen Binnenhof gruppierte Komplex setzt sich also aus folgenden Elementen zusammen: 1. Der einbündige *Nordtrakt*, der in seinem über die Westfront bis an die Dompropstei vorstoßenden Flügel den großen zweistöckigen Saal («Rittersaal») birgt. Seine gegen die Stadt gerichtete Front besteht in wesentlichen Teilen aus der Ringmauer. Die Erdgeschoßräume gehen auf mittelalterlichen Bestand zurück, so auch das spätgotische Gewände der Türe zur heutigen Küche, das mit einem Reliefmaßwerk von kleinen Rundbogen bekrönt ist. Der Standort dieser Türe bezeichnet die Linie der alten Südseite dieses Traktes. Beim Ausbau von 1635–1663 wurde sie etwas in die Durchfahrt hinein vorverlegt, und als Substruktionen für die oberen Geschosse konstruierte man die sich überkreuzenden starken Schwibbogen, die in der Küche sichtbar sind. – 2. Der *Westtrakt* mit der großen gewölbten Durchfahrt und dem an ihrer Südflanke angeordneten Treppenhaus, ein Ergebnis der Umbauten von 1661–1663 und 1733. – 3. Der gegen die Kathedrale blickende einbündige *Südtrakt*, heute gleichfalls mit einem an der Hofseite liegenden Korridor, ehemals jedoch entweder einen Saal umschließend

---

1) Domkapitelsarchiv Protokollbuch J, Einträge vom 17. und 22. Sept.

Abb. 231. Chur. Das Bischöfliche Schloß. Fassade. Text unten.

oder durch leichte durchlaufende Querwände in Einzelräume unterteilt. – 4. Der *Osttrakt*, nach dem früher zwischen dem Schloß und dem Abhang gelegenen Teich auch «Weiherhaus» genannt, ist ein moderner, teilweise der Hofschule dienender Bau, der drei Obergeschosse umfaßt, während die andern Trakte nur zweistöckig sind. Um der schmalen, nur drei Fensterachsen zählenden *Westfassade* des ganz in die Ecke gerückten Gebäudes im Rahmen des Platzbildes stärkeres Gewicht zu verleihen, gab ihr der Baumeister eine für Bündner Verhältnisse differenziert durchgebildete Gliederung (1732/33). Die Gestaltung entspricht in ihrer Gesamtidee durchaus den Gedanken des gleichzeitigen österreichischen Barocks: Eine horizontale Teilung erfolgt nur über dem Erdgeschoß durch ein schmales Gesims. Im Bereich der beiden Obergeschosse jedoch steigen die von Kompositkapitellen bekrönten Pilaster ohne Unterbrechung im Sinne der «Großen Ordnung» empor. Die Fläche wird dergestalt in einen schmalen mittleren und zwei breitere äußere Abschnitte gegliedert, welch letztere in dreieckigen Giebeln ihren Abschluß finden. Den Mittelteil bekrönt, zugleich die beiden Giebel verklammernd, ein geschweifter lukarnenartiger Aufsatz mit balkonähnlich vorgeblähter Brüstung. Aus rein formalen Gründen wurde dem wirklichen, aus Gründen der inneren Disposition links außen liegenden Portal ein zweites gleicher Form gegenübergestellt, das funktionell ohne Bedeutung ist. Auf den Türflügeln bronzene Löwenmasken als Ringhalter (Abb. 244); in den Oberlichtern sitzen gute geschmiedete Gitter aus Bandwerk mit Baldachinen. Die Portale und Fenster bekrönen Kartuschen aus Stuck, von denen Ranken und Girlanden ausgehen; nur im ersten Obergeschoß aber weisen die Fenster auch Verdachungen auf, so daß also das plasti-

Abb. 232. Chur. Bischöfliches Schloß. Schnitt durch das Treppenhaus in Ostwestrichtung.
Maßstab 1:100. Text S. 216.

sche Gewicht der Dekoration nach oben hin abklingt. Wir haben es hier mit der einzigen durch Stuck geschmückten Profanfassade in Graubünden zu tun (Abb. 231). Die übrigen Außenwände des Schlosses entbehren jeder Gliederung, so auch der

Abb. 233. Chur. Bischöfliches Schloß. Vorplatz im zweiten Stock; Stukkatur von 1733. Text S. 216.

Abb. 234. Chur. Bischöfliches Schloß. Teil der Decke im Empfangszimmer des zweiten Stockes. Text S. 217f.

Abb. 235. Stukkatur an einem Kaminschacht des zweiten Stockes. Text S. 216. Abb. 236. Stuckdetail aus dem Vorzimmer zur Kapelle. Text S. 218.

Chur. Bischöfliches Schloß.

Trakt mit dem großen Saal, den nur eine *Wappentafel* ziert: Doppelwappen der Bischöfe Johann VI. und Ulrich VI., bezeichnet M D C XXX VII – M D C LXIII: Anfangs- und Enddatum des Umbaues.

Bemerkenswerte Räume und Bauteile. Mittelalter: Über den Eckturm Marsöl siehe S. 25 f., eine romanische Kellertüre siehe S. 207, spätgotische Türbekrönung S. 210. Die Wendeltreppe des Südtraktes ist heute nur noch in ihrem unteren Teil, vom Keller zum Erdgeschoß, erhalten, wo sie – in der heutigen Abwartswohnung – in einer mit Streben besetzten Ummantelung liegt.

Das *Silbergewölbe* (siehe S. 206) ist ein quadratischer Raum mit einem wohl erst nachträglich eingezogenen Tonnengewölbe, in das Stichkappen einschneiden. Die West- und Nordwand war ursprünglich aufgelöst durch paarweise Fensternischen mit gefasten schlanken Pfeilern als Mittelstützen. Am Kämpfer der nördlichen Stütze ein gemeißeltes (falsch übermaltes) Wappen des Bischofs Heinrich V. von Höwen (reg. 1491–1505). Die westlichen Fenster nun vermauert.

16. Jahrhundert. In dem vom zweiten Podest des Treppenhauses abzweigenden Korridor der im Südtrakt untergebrachten Schwesternwohnung befanden sich die jetzt im Rätischen Museum deponierten *Todesbilder* nach Holbein von 1543 (siehe S. 220 ff.). An Ort und Stelle ist von der Dekoration dieser Zeit nur noch ein um 1930 abgedecktes *Freskenfragment* erhalten, und zwar an der Fensterwand gegen den Hof

Abb. 237. Chur. Bischöfliches Schloß. Stuckgirlanden im Treppenhaus. 1733. Text S. 216.

hin, also gegenüber dem ehemaligen Standort der Todesbilder. Es ist nicht, wie diese, in Grisaille, sondern in bunten Tönen gemalt und zeigt einen im Gras liegenden Hirsch, bekrönt mit einem aus lappigen Blättern steigenden kelchförmigen Gefäß, dem eine Frauenfigur entwächst. Einen Krug, den sie in beiden Händen hält, entleert sie seines Inhaltes. Im Hintergrund links erkennt man hinter einem unbelaubten Baum einen von Hunden gehetzten Hirsch, rechts Schilfkolben am Ufer eines von Bergen begrenzten Sees. Das Ganze wird umrahmt von mastigen Blattstengeln, hinter denen jedoch der Wiesengrund durchgeht, was darauf schließen lassen könnte, daß das geschilderte Bild nur Teil einer zusammenhängenden Darstellung ist. Links neben dem Haupt der Frauengestalt die Zahl 1543 und darüber ..A N A, sicherlich zu ergänzen in D I A N A; sie wird hier als Göttin der Jagd mit dem ihr heiligen Tier, dem Hirsch, und zugleich als Quellgöttin (daher der Krug) dargestellt, die sie als Naturgottheit und Genossin der Nymphen ist. Die Übereinstimmung des Datums mit jenem der Todesbilder setzt wohl außer Zweifel, daß beide Werke vom gleichen Meister stammen (Abb. 245, S. 221).

17. Jahrhundert. Im ersten Obergeschoß des Marsöl, heute Bibliothek, eine sternförmig eingeteilte, mit Intarsien gezierte Kassettendecke, deren Mittelfeld das Wappen des Bischofs Johann VI. ziert. Um 1640. – Im westlichen Teil des Nordtraktes der große Saal (sog. «Rittersaal»), der durch die zwei Obergeschosse gehend, die ganze Breite des Flügels einnimmt. Reich gegliederte Felderdecke mit sphärischen und eckigen Formen; im Mittelmedaillon das Wappen des Bischofs Ulrich VI., bezeichnet 1663; restauriert 1919. Aus letzterem Jahr auch die Brustbilder der Bischöfe

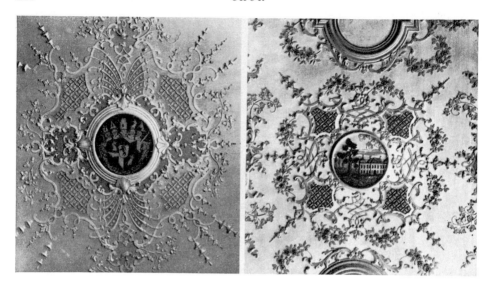

Abb. 238. Stuckdetail im Vorzimmer zur Kapelle.
Text S. 218.

Abb. 239. Stuckdetail im Korridor des ersten
Stockes. Text S. 217.

Chur. Bischöfliches Schloß.

in vier Deckenfeldern. Eine vom Erdgeschoß aufsteigende Wendeltreppe aus Holz führt auf die ringsumlaufende, den Zugang zu den westlichen Zimmern vermittelnde Galerie.

18. Jahrhundert. Der Gesamteindruck des Inneren wird durchaus von der 1732/33 unter Bischof Joseph Benedikt durchgeführten Umgestaltung des Treppenhauses (Abb. 232, 233) und durch die reiche *Stuckdekoration* des Meisters JOSEPH (vgl. S. 210) im ganzen Schloß bestimmt. Aus der gewölbten Durchfahrt steigt die an ihrer Flanke angeordnete Treppe aus Eichenholz (mit Blockstufen) über ein Podest zum ersten Stock empor[1], läuft von dort jedoch nicht in gleichem Sinne weiter, vielmehr ist der Aufstieg zum zweiten Obergeschoß nach rückwärts verschoben, so daß er beim Heraufkommen seitlich gesehen wird. Dies gibt eine Tiefenwirkung von großem malerischem Reiz. Des Stuckes bedient sich die Dekoration in verschwenderischer Fülle. Besonders kühn und eigenartig wirken die – zwischen Pfeilern aus Stucco lustro frei hängenden – Girlanden aus Rosengewinden (Abb. 237). Die Vorsprünge der Kaminschächte in den Korridoren beider Obergeschosse sind als akzentuierende Schmuckelemente behandelt, im ersten Stock mit rein ornamentalen Motiven, Band- und Blattwerk, im zweiten dazu mit allegorischen Figuren der Weisheit, Gerechtigkeit und Stärke an dem einen Pfeiler (Abb. 235), des Glaubens, der Liebe und Hoffnung am andern. Hier erscheinen auch Scagliolaplatten[2] mit zartem Bandwerk und Blumen auf schwarzem Grund. Das Feld seitlich der Treppe zum zweiten Stock zeigt einen Fries mit Putten und Vögeln zwischen Band-, Gitter- und Blattwerk. An den Wänden des Vorplatzes und des Korridors im oberen Stock hängen aus Gips gegossene Reliefmedaillons in rotmarmorierten Rahmen mit Köpfen römischer Imperatoren von Julius Cäsar bis Trajan.

Von den Decken sind jene des Treppenhauses, der Vorplätze und Korridore am reichsten geschmückt. Hier überzieht das Gespinst der Stukkaturen meist die ganzen Flächen mitsamt den Kehlen, und auch dort, wo die Dekoration von einem Mittel-

---

1) Die heutigen unteren Türen sind spätere Zutaten.
2) Über die Scagliolatechnik s. Bd. VI, S. 161, Anm. 1.

Abb. 240. Chur. Bischöfliches Schloß. Stuckdetail im Korridor des zweiten Stockes. Text unten.

stück ausgeht, wie im zweiten Stock des Treppenhauses, greift dieses so weit aus, daß es sich mit dem Zierat der Ecken und Ränder begegnet. Stark profilierte Rahmen als festigende Elemente sind allenthalben zu finden, wie denn auch das Streben nach systematischer Anordnung die Kompositionen noch durchaus beherrscht. Doch kommt das den Hochbarock beherrschende Hauptmotiv, der Akanthus, nur noch in Form von Ausläufern und Seitentrieben des Bandwerks vor. Das typische Régence-Gitterwerk ist überall anzutreffen und wird umspielt von naturalistischen Zweigen aus Buchen- und Weinlaub. Charakteristisch für die Schmuckweise des Meisters sind besonders Gehänge und Büschel mit Rosen. In die reine Ornamentik mischen sich gegenständliche Motive, wie Blumenkörbe, Vögel, kleines Getier des Waldes, feuerspeiende Drachen, Nixen und Büsten. Bisweilen treten sie in allegorischer Bedeutung auf wie die Putten an der Decke des oberen Vorplatzes, die als Symbole der Jahreszeiten gelten wollen (Abb. 243). In den Kehlen der Korridordecke des Obergeschosses sieht man kleine Jagdszenen in Flachrelief aus Stuck gebildet (Abb. 240).

Auch in den Kreismedaillons des Korridors im ersten Stock und der Vorplätze begegnen wir dieser Übersetzung von Malerei in plastische Gestaltung als Schäferszene wie als Ansichten von Schlössern, von denen die eine die Churer Bischofsresidenz darstellt, während die anderen noch nicht identifiziert werden konnten (Abb. 239). An der Decke des Korridors im Obergeschoß zeigen jedoch drei große, leere, von profilierten Rahmen umschlossene Felder, daß hier Malereien vorgesehen waren. Die erwähnten Medaillonreliefs sind heute koloriert, was auch dem ursprünglichen Zustand entsprechen kann; doch werden sich die übrigen Stukkaturen ehemals wohl rein weiß – und nicht getönt wie heute – präsentiert haben.

Die Zimmer im Westbau sowie im Nordflügel zwischen Marsöl und Rittersaal weisen beinahe alle Stuckdecken auf. Die einfacheren Dekorationen bestehen aus großen Bandwerkrosetten in der Mitte und Eckstücken gleicher Art, bisweilen kombiniert mit Gitterwerk und Vögeln. Reicher gestaltete Decken weisen folgende Räume auf:

Im ersten Obergeschoß die Kanzlei. Dichtes Band- und Laubwerk mit Vasen und Vögeln. Das leere Mittelfeld war für ein Gemälde bestimmt. – Im zweiten Obergeschoß das bischöfliche Empfangszimmer (über der Kanzlei) (Abb. 234). Im Medaillon eine Schäferszene in Stuckrelief, umgeben von Gitter- und Bandwerk mit Rosengehängen und Büsten; im Rahmen und dem Schmuck der Kehle sind mit diesen Hauptornamenten Putten, Blumenkörbe, allerlei Vögel, Sphinxen, Musikinstrumente und Allegorien der vier Elemente zu einem reichen Ensemble vereinigt. – Im Vorzimmer der Kapelle schmückt die Mitte der Decke eine runde Scagliolaplatte mit dem Wappen des Bischofs Joseph Benedikt von Rost (Abb. 238); in den Rahmen- und Eckstücken erscheinen Einhörner (Abb. 236), Vasen, militärische Embleme und Symbole der Jahreszeiten. In die Nordostecke ist ein im Grundriß einen Kreissektor beschreibender Kamin aus rotem und schwarzem Stucco lustro eingebaut, auf dessen Kuppel sich zwischen Emblemen des Krieges und Putten mit Zepter und Schwert ein freiplastischer Adler über einem gestürzten Halbmond erhebt. Die Gruppe ist wohl als Erinnerung an die erfolgreichen Kämpfe Österreichs gegen die Türken – und im weiteren Sinn als Verherrlichung des Sieges des Christentums über die Heiden – zu verstehen (Abb. 242). – Im Zimmer Nr. 10 eine originelle Papiertapete mit Architekturen und Landschaften in Grisaille, auch einer Ansicht von Chur vor dem Hofbrand von 1811.

Abb. 241. Chur. Bischöfliches Schloß. Ofen im zweiten Stock von Joh. Caspar Ruostaller. 1753. Text nebenan.

Öfen. 1. Im Sprechzimmer des ersten Obergeschosses (Nr. 3) ein blau bemalter *Turmofen*, mit einer von Kranzkacheln umschlossenen Kuppel bekrönt. Der Aufbau ist glatt, weist also keine hervortretenden Lisenen auf. Als Dekor im runden Mittelmedaillon allegorisch-didaktische Szenen in Landschaften, umgeben von Laubwerk. Am Kranz Brustbilder sowie das Wappen des Bischofs Joseph Benedikt von Rost; auf der Kuppel ein Phönix aus Stuck. Am Obergeschoß die Signatur: Johan Caspar und Johanes Ruostaller Haffner in Lachen 1750. – 2. Im Eßzimmer (Nr. 4) *würfelförmiger Ofen* aus türkisfarbenen, glatten Kacheln und blau bemalten Eckkacheln (Christus und allegorische Figuren). Um 1750. Werkstatt RUOSTALLER, Lachen. – 3. In Zimmer Nr. 12 des zweiten Obergeschosses ein blau bemalter *Kuppelofen*, in Aufbau und Dekor übereinstimmend mit dem Ofen Nr. 1. Am Kranz das Wappen des Bischofs Joseph Benedikt. Die Kuppel bekrönt ein Adler auf einer Kugel (Stuck). Am Untergeschoß die Signatur: Johan Caspar Ruostaller, Haffner in Lachen 1753 (Abb. 241). – 4. In Zimmer Nr. 11 ein *Turmofen*, der im Gegensatz zu den vorher beschriebenen Öfen nicht aus kleinen Kacheln, sondern aus großen Platten gebaut ist, ungelenk ländlich in Blau bemalt, mit Landschaften und Architekturen. Zweimal das Wappen des Bischofs Joseph Benedikt. Um 1750. Nicht signiert.

Einzelne Kunstgegenstände. *Holzskulp-*

Abb. 242. Kaminhaube im Vorzimmer zur Kapelle. Text S. 218.

Abb. 243. Stuckdetail im Vorplatz des zweiten Stockes. Text S. 217.

Chur. Bischöfliches Schloß.

turen. Im Rittersaal eine Gruppe der Maria mit zwei Frauen und Johannes, H. 139 cm. Die Figuren sind als Trauernde unter dem Kreuz stehend gedacht. Trefflich in der Komposition, besonders der Anordnung der Hände. Die Leblosigkeit der Gesichter geht wohl auf Rechnung der neuen Fassung. Schwäbisch, um 1510. – Auf der Galerie ein *Kruzifix,* zweite Hälfte des 16. Jahrhunderts. Höhe des Korpus 92 cm. Neu gefaßt.

Die hier hängenden *Bischofsporträts* ohne höheren Kunstwert, teils auch postum. Eine ikonographisch bemerkenswerte Serie von 16 *Ölgemälden* ziert die Wände des oberen Korridors (durchschnittlich 126,5 × 89,5 cm). Lateinische Distichen und Titel rühmen die Fürsteneigenschaften des Bischofs, die durch allegorische Bilder symbolisiert werden, wobei die eine Hälfte der Gemälde Szenen mit Hunden, die andere Schilderungen aus dem Leben des Steinbockes darstellt. Dies will als Anspielung auf die Wappentiere der Rost (Rüde) und des Bistums (Steinbock) verstanden sein. Eine Widmung auf dem ersten der fortlaufend numerierten Bilder besagt, daß diese «Emblemata» von Gallus Plazer, Pfarrer in Tschars, dargebracht wurden, als der Bischof im Tirol (Vintschgau) visitierte. Signatur auf Nr. XVI: «Pinxit Jos. Ant. Prenner»[1].

Die Kapelle im zweiten Obergeschoß des Marsöl ist quadratisch und überdeckt mit einem grätigen Kreuzgewölbe. An den Wänden der tiefen, bis auf den Boden herabreichenden stichbogigen Fensternischen medaillonartige Platten aus Kunstmarmor, umrahmt von Bandwerk. Das ganze Gewölbe ist mit Stuck dicht geziert: im Mittelfeld das Wappen des Bischofs Joseph Benedikt, auf den Feldern Gitter- und Bandwerk, Rosengehänge mit Vasen, Putten und kirchlichen Emblemen. Neu bemalt und vergoldet 1912. Der *Altar* ist eine zweisäulige Ädikula aus rotem und blaugrünem Stucco lustro; um 1730. Das Frontispizbild der Maria gleichzeitig, das Altarblatt mo-

---

[1] Geboren 1683 in Wallerstein, gestorben 1761 in Wien, Maler und Radierer, Kammermaler der Kaiserin; Thieme-Becker, Bd. XXVII, S. 378.

Abb. 244. Chur. Bischöfliches Schloß. Ringträger.
Text S. 211.

dern. An den Wänden Kopien nach italienischen Originalen, ferner ein *Votivbild:* Kreuzigungsgruppe, auf Leinwand (77 × 51 cm). Im Vordergrund kniend der Stifter Bischof Petrus Raschèr mit seinem Wappen, bezeichnet 1593. Restauriert 1912. – Die Fronten der *Bestuhlung* aus Nußbaum, geziert mit Intarsien von Filets, Bandwerk und Muscheln; um 1730. Sonstige Ausstattung von 1911/12.

Die Todesbilder
Nun im Rätischen Museum

Vorbemerkung. Die Wandbilder befanden sich, wie schon erwähnt, ehemals im Bischöflichen Schloß, und zwar in dem schmalen Korridor im ersten Obergeschoß des Südtraktes[1], dessen Niveau etwa 1,80 m unter der Bodenhöhe des ersten Stockwerkes der 1637–1664 aufgeführten Bauten des Nord- und Westtraktes liegt. Die Gemälde zierten hier die Füllungen einer dünnen, wahrscheinlich erst kurz vor Entstehung der Bilder (1543) zur Einrichtung von kleineren Zimmern eingezogenen Riegelwand. Nach dem Bericht und der Aufnahme S. Vögelins (1878) verlief diese Wand nicht ganz so wie heute, vielmehr zeigte sie gegenüber der Türe zum Treppenhaus einen Knick und reichte überdies gegen Osten hin – dort, wo nun ein kleiner Quergang liegt – bis zur Wand des großen Eckzimmers. Die von den Gemälden eingenommene Fläche hatte eine Gesamtlänge von 15,25 m und eine Höhe von 3,42 m. Sie war durchbrochen von zwei Türen, von denen die eine – am Beginn des Bilderzyklus – offenbar von Anfang an vorhanden, die andere sicherlich erst nachträglich angelegt worden war (vgl. S. 222).

Als 1882 in diesem Teil des Schlosses Umbauten geplant wurden, entschloß man sich zur Überführung der Gemälde ins Rätische Museum, wo sie sich heute als Depositum der bischöflichen Kurie befinden. Die Zerlegung und Wiederaufstellung besorgte der Kunstschreiner BENEDIKT HARTMANN in Chur. 1943 wurden die Gemälde, die zwar stark beschädigt und verblaßt waren, jedoch niemals eine Übermalung erfahren hatten[2], von HEINRICH MÜLLER, Basel, diskret restauriert.

Beschreibung. Als Malflächen für die Todesbilder dienten die beiden oberen Reihen der gemauerten Ausfachungen der Riegelwand, die von Rahmen aus profilierten, auf das Gebälk genagelten Leisten umschlossen werden. Die Bilder haben eine Höhe von 88–91 cm und eine zwischen 113,5 und 128,5 cm schwankende Breite und sind in Freskotechnik mit Secco-Lasuren ausgeführt. Im Gegensatz zu dem

---

1) Es handelt sich um den Gang, in dem auf dem Plan Abb. 228 unten die Worte «Altes Gebäu» eingeschrieben sind.

2) Daß die These Vögelins, S. 11, von einer entstellenden Überarbeitung einiger Bilder nicht mit dem Tatbestand übereinstimmt, wies P. Zinsli (S. 49f.) nach. Die Untersuchung der Bilder ergab nur, daß bei dem Doppelbild von Papst und Kaiser die Linien einmal nachgezogen und eine Auffrischung durch Firnissen versucht worden war.

Dianafragment an der Fensterseite (siehe S. 214f.) handelt es sich hier um Camaïeu-Malereien in grauen und bräunlichen Tönen, gehöht von gelblichweißen Lichtern und sparsam belebt durch wenige bunte Töne, so vor allem durch ein helles Blau für den Himmel und ferner durch wenige gelbe und rote Akzente für gewisse Details (Metalle, Feuer). Auf den Querleisten stehen in lateinischen Majuskeln die Texte zu den darunter befindlichen Bildern. Auf dem mit schwarzen, freihändig gemalten Renaissanceornamenten gezierten Pilaster zwischen Nr. 12 und 13 erkennt man – wie Benedikt Hartmann erstmals 1882 feststellte – die Jahreszahl 1543.

Die Bilder sind Übertragungen des von HANS LÜTZELBURGER nach den Zeichnungen von HANS HOLBEIN geschnittenen sogenannten «Totentanzes» für das Wandgemälde, und zwar hat der Maler die von Frellon in Lyon verlegte lateinische Ausgabe benützt[1].

Die übliche Bezeichnung des Holbeinschen Zyklus als «Totentanz» ist ungenau, da ihm die Reigenform fehlt, die den älteren Darstellungen dieses Themas zugrunde lag. Die erste Ausgabe (1538) dieser Holzschnitte hieß dann auch richtig «Les simulachres et historices faces da la

Abb. 245. Chur. Bischöfliches Schloß. Diana; Wandgemälde von 1543. Text S. 214f.

mort», und bereits S. Vögelin hielt sich für die Churer Wandgemälde an die zutreffende Bezeichnung «Todesbilder». Die Einleitung bildet die Darstellung der Erschaffung der Stammeltern und ihres Sündenfalles, da nach 1. Mos. 3 und Röm. 5, 12 der Tod durch diesen Abfall von Gottes Gebot in die Welt kam und «zu allen Menschen durchgedrungen ist». Wie also die Menschen jeden Standes, Alters und Geschlechts dem Tod mitten in Leben und Beruf ständig anheimgegeben sind, wird dann in einer Reihe von Einzelszenen geschildert. Der Zyklus Holbeins umfaßt in den Lyoner Ausgaben von 1538 und 1542 einschließlich der Einleitungs- und Schlußstücke insgesamt 41 Bilder. Da dem Maler in Chur bedeutend weniger Felder zur Verfügung standen und diese überdies queroblong und nicht hochrechteckig waren wie die Holzschnitte, so vereinigte er in der Regel zwei Szenen in einem Kompartiment, ja er schob in drei Fällen (Nr. 2, 13, 15) sogar noch eine dritte als Eckquartier ein. Als Trennung der Doppelbilder dient bei den alttestament-

---

[1] Das geht daraus hervor, daß diese Edition, nicht aber die 1538 bei Trachsel in Lyon erschienene französische Ausgabe die in Chur verwendeten Titel «creatio, peccatum, maledicto» enthält. Vgl. Zinsli, S. 52.

Abb. 246. Chur. Teilstück der Todesbilder von 1543 aus dem Bischöflichen Schloß, nun im Rätischen Museum. Feld Nr. 4: Der König. Text unten.

lichen Szenen Nr. 1–4 ein Baum, bei den andern Bildern der obersten Reihe erfüllen diese Funktion schlanke Säulchen variierender Form, in der zweiten Zeile schmale Lisenen mit schwarzen Blattornamenten.

Die folgende Liste zeigt den heutigen Bestand der einzelnen – mit Ausnahme von Nr. 14 rechts – alle auf Holbein zurückgehenden Todesbilder, wobei jeweils die in einem Feld vereinigten Sujets unter einer Ziffer zusammengefaßt sind: 1. Schöpfung, Sündenfall, 2. Vertreibung aus dem Paradies, Arbeit der Stammeltern, Eckstück: das Beinhaus, 3. Papst, Kaiser, 4. König, 5. Kaiserin, Königin, 6. Bischof, Herzog, 7. Abt; das zweite Bild, die Äbtissin, ist ausgebrochen, 8. Edelmann, Domherr, 9. Richter, Fürsprecher, 10. Ratsherr, Prädikant, 11. Pfarrherr, Mönch, 12. Jungfrau (bei Holbein Nonne), das alte Weib, 13. Der reiche Mann, Kaufmann, rechts oben als Eckstück der Schiffsmann, 14. Ritter, daneben – nach Dürer – Tod und Teufel, 15. Gräfin, Edelfrau (nach Vögelin «Braut und Ehepaar»), in der linken oberen Ecke (weil bei Holbein vor der Gräfin eingestellt) der alte Mann, 16. Herzogin, Krämer, 17. Ackersmann, Kind (Abb. 246–249).

In den 17 bemalten Füllungen kommen also – das zerstörte Bild der «Äbtissin» mit eingerechnet – 36 Szenen zur Darstellung. Da eine davon auf Dürer zurückgeht (Nr. 14 rechts), so fehlen von den 41 Holzschnitten des Lyoner «Totentanzes» sechs Bilder, nämlich Kardinal, Arzt, Sternenseher, Graf, Jüngstes Gericht und Wappen des Todes. Über den mutmaßlichen Grund zur Ausschaltung des Kardinals und des Grafen (für den das Dürer-Sujets eintrat) wird noch zu sprechen sein. Arzt und Sternenseher fehlen genau an der Stelle, die von einer Türe mit neuerem Rahmen eingenommen wurde. Es darf also vermutet werden, daß mindestens eine dieser Szenen dem Durch-

Abb. 247. Chur. Teilstück der Todesbilder von 1543 aus dem Bischöflichen Schloß, nun im Rätischen Museum. Feld Nr. 6: Bischof und Herzog. Text S. 222.

bruch der Pforte zum Opfer fiel. Ob dies für beide zutrifft, muß deshalb offen bleiben, weil dieses Feld, wie man an dem darüberstehenden ablesen kann, infolge engeren Balkenabstandes um etwa 20 cm schmäler war als die andern Füllungen. Daher hatte der Maler in diesem oberen Kompartiment auch nur eine Darstellung (den König) untergebracht und den Raumverlust durch Ausschaltung des bei Holbein folgenden Kardinals eingeholt. Die Annahme liegt also nahe, daß er in der zweiten Reihe ebenso verfuhr und nur eine der hier im Holzschnittzyklus erscheinenden Szenen wiedergab. Welche es war, ist nicht zu entscheiden. Das Jüngste Gericht und das Wappen des Todes bilden bei Holbein den Schluß der Reihe. Da in dem Feld über der älteren Türe nach dem Bericht Vögelins (S. 12) unter neuerem Verputz noch der alte Bildgrund zu erkennen war, könnte man daran denken, daß hier das Wappen des Todes stand. Doch liegt es – wie schon Vögelin annahm – näher, hier das Wappen des bischöflichen Auftraggebers zu suchen. Ob die beiden Schlußbilder Holbeins im westlichen Teil des Korridors, wo noch Raum dafür vorhanden war, erschienen oder ob sie niemals ausgeführt wurden, muß dahingestellt bleiben, da schon Vögelin keinerlei Spuren mehr entdecken konnte.

Der Maler der Churer Todesbilder übernahm die Holzschnitte Holbeins nicht wörtlich als Vorlage. Wer sich für die Unterschiede im einzelnen interessiert, findet sie sorgfältig bei Vögelin verzeichnet. Hier seien nur die allgemeinen Gesichtspunkte angegeben, unter die sich die Abweichungen einordnen lassen:

In thematischer Hinsicht ist das Bestreben, schärfere zeitkritische Formulierungen – seien sie nun gegen die Kirche oder gegen die ständische Ordnung gerichtet – auszumerzen oder doch wenigstens zu mildern. Hierher gehören offenbar die schon erwähnte

Abb. 248. Chur. Teilstück der Todesbilder von 1543 aus dem Bischöflichen Schloß, nun im Rätischen Museum. Feld Nr. 8: Edelmann und Domherr. Text S. 222, 225.

Ausschaltung des «Kardinals» und die Ersetzung des «Grafen» durch «Ritter, Tod und Teufel» nach Dürer. Bei dem ersteren wirkte sicherlich der im Titel und den Worten «vae qui iustificatis impium pro muneribus...» ausgesprochene Vorwurf der Käuflichkeit des Prälaten anstößig, während beim «Grafen», der vom Tod im Gewand eines rebellischen Bauern erschlagen wird, der Angriff auf die feudale Ordnung, auf der ja auch die weltliche Herrschaft des Bischofs beruhte, Mißbilligung erfuhr.

Doch auch der Stich Dürers wurde – was einschaltend hier bemerkt sei – nicht genau kopiert: denn während hier der Ritter furchtlos vor sich hinblickt, hält er auf dem Wandbild, wie es dem Thema entspricht, das Haupt sterbend gegen die linke Schulter geneigt.

In das Gebiet der Abschleifung satirischer Spitzen gehören auch die Umwandlung der «Nonne» mit ihrem Buhlen in ein Edelfräulein weltlichen Standes, die Weglassung der Opferbüchse beim «Mönch», die Ausschaltung des Teufels mit der Bulle beim «Papst» sowie die Unterdrückung der Persiflierung des Kardinals durch ein Totengerippe im gleichen Bild; endlich auch die Ersetzung des zerbrochenen kaiserlichen Schwertes durch ein heiles. Zahlreich sind die Veränderungen kostümlicher, physiognomischer attributiver Details. So bemerken wir etwa, daß der offene große Taillenausschnitt der Damen durchgängig mit feinem, am Hals angekräuseltem Tüllgewebe

Abb. 249. Chur. Teilstück der Todesbilder von 1543 aus dem Bischöflichen Schloß, nun im Rätischen Museum. Feld Nr. 9: Richter und Fürsprecher. Text S. 222.

verhüllt wird, und daß bärtige Gesichter an Stelle glatter Physiognomien treten (beim Kaiser vielleicht als Anpassung an den Typus Karls V.). Der prunkvolle Krummstab beim «Bischof» verdrängt den einfachen Hirtenstab und die Kaiserkrone mit der mitraförmigen Haube, wie sie auch auf dem Epiphaniabild des Laurentiusaltars erscheint, eine niedere Form der Laubkrone beim «Kaiser».

Ohne Bedeutung wird es kaum sein, daß auf dem Wandbild der Kopf des «Domherrn», der bei Holbein nur von hinten sichtbar wird, ins Profil gerückt ist, so daß die Züge des Prälaten zu erkennen sind (Abb. 248). Einen einleuchtenden Grund dafür könnte man darin erblicken, daß hier Porträtähnlichkeit beabsichtigt war, sei es nun mit einem der Kanoniker, etwa dem damaligen Dompropst, oder auch dem Bischof selbst. Denn während der Kopf des Stifterbildes von Luzius Iter auf dem Laurentiusaltar mit jenem des Bischofs in Feld 6 keinerlei Verwandtschaft zeigt, läßt sich eine Ähnlichkeit mit den Zügen des «Domherrn» besonders in der Mundpartie nicht leugnen; auch mit der Medaille (Abb. 250) könnte dies Domherrnbildnis – unter Berücksichtigung des Altersabstandes – in Einklang gebracht werden[1].

[1] Vielleicht sollte die Abkonterfeiung dadurch versteckt werden, daß innerhalb des Zyklus nicht der Bischof, sondern der Domherr die Züge des Stifters trug. – Zu der Medaille Abb. 250 siehe Georg Habich, Die Deutschen Schaumünzen, München 1931, Bd. I, Nr. 1277.

Abb. 250. Medaille des Luzius I ter als Domkustos, um 1520. Text S. 225.

In bezug auf die Szenerie ist das deutlichste Merkmal einer persönlichen Umgestaltung die Stilisierung ins Romantische, Pittoreske, ja Stimmungshafte. In einem Fall – bei dem vollkommen unabhängig von Holbeins Vorbild entworfenen Hintergrund zum «Ackersmann» – scheint der Maler ein lokales Motiv, den Blick von Chur aufwärts ins Vorderrheintal hinein, verwendet zu haben[1].

Bemerkenswert ist in formaler Hinsicht, daß die Todesszene des Bischofs seitenverkehrt verwendet wurde, wofür allein das kompositorische Verhältnis zum nebenstehenden Bild (Herzog) Anlaß gewesen sein kann. Dies zeigt, daß der Maler, wenn er auch beide Teile eines Doppelbildes als getrennte Darstellungen behandelte und den Hintergrund nicht einheitlich durchzog, doch auf ihren Zusammenklang seine Aufmerksamkeit richtete (Abb. 247).

In den acht Sockelfeldern, von denen Vögelin notierte, daß auf ihnen nur mit einiger Anstrengung «Spuren von Farbe und Zeichnung zu finden seien», hat die Restaurierung von 1943 die Erkennung des Bildgegenstandes wieder ermöglicht: es handelt sich um Tiere hinter Gittern, von denen zwei Löwen und ein Drache deutlich hervortreten. Ob sie – etwa als Symbolisierung der Leidenschaften und Sünden – mit dem Themenkreis der Todesbilder im Zusammenhang stehen oder – weil nicht als Grisaillen, sondern farbig ausgeführt – irgendwie mit den Fresken an der Fensterseite in Beziehung standen, ist nicht sicher zu entscheiden.

Würdigung. Vom Erhaltungszustand kann im allgemeinen gesagt werden, daß er nach unten hin, also in der Zone, wo die Bilder unabsichtlichen oder mutwilligen Schädigungen leichter erreichbar waren, schlechter sind. Auch die Anfangsbilder hatten stärker gelitten, da sie zu seiten der hier eingezogenen Treppe lagen. Am besten erhalten sind die Felder Nr. 5, 6 und 8. Über die Beeinträchtigung von Nr. 3 durch frühere ungeschickte Restaurierung siehe oben S. 220, Anm. 1. In der unteren Reihe erwiesen sich größere Partien als abgerieben, einzelne Stücke ausgebrochen und bei manchen Figuren die Augen ausgestochen. Die Restaurierung von 1943 hat nirgends den originalen Strich angetastet, ihn höchstens ergänzt und fehlende Partien durch Tönung geschlossen, um ihnen das Störende zu nehmen.

Die Kontroverse darüber, ob diese Wandbilder – wie S. Vögelin annahm – von H. Holbein selbst mit einigen Schülern zwischen 1517 und 1519 ausgeführt wurden, so daß die Lyoner Holzschnitte nur Reproduktionen nach den Churer Todesbildern wären, oder ob – wie Woltmann, Rahn und andere Forscher annahmen – diesen letzteren die «Totentanz»-Holzschnitte als Vorbilder gedient, wurde durch die bereits erwähnte Auffindung der Jahreszahl 1543 im Sinne der zweiten These entschieden, da Holbein in diesem Jahre in London an der Pest starb. Urkundliche Hinweise auf den Meister des Zyklus fehlen indes vollständig[2]. Die Sympathie für romantische «unübersichtliche» Landschaftshintergründe, die malerische, ganz ungraphische Vortragsweise bei der Darstellung von Bäumen, wie sie besonders deutlich beim «Bischof» (Nr. 6 links) in Erscheinung tritt, weisen auf Beeinflussung durch die Donauschule im weitesten Sinn (vgl. S. 124) hin; jede Nennung eines Meisternamens müßte

1) Darauf machte Zinsli (S. 59) erstmals aufmerksam.
2) Erstmals nannte Zinsli (S. 63) die Namen der Brüder GALLUS und LUKAS BOCKSTORFER in diesem Zusammenhang, angeregt durch die Zuweisung des Laurentiusaltares an diese Maler seitens H. Rott. Neben den Bockstorfer denkt er (S. 64) auch an den MEISTER VON MESSKIRCH.

jedoch zunächst hypothetisch bleiben. Autoridentität mit dem Meister der Wandgemälde in der Laurentiuskapelle der Kathedrale und des dort stehenden Altars ist möglich, aber nicht sicher erweisbar (siehe S. 126).

Bei der Einschätzung des Meisters darf nicht zu sehr betont werden, daß es sich ja nur um Kopien nach Vorlagen Holbeins handle, da die Übersetzung von kleinen Holzschnitten in Wandbilder von über 300mal größerer Fläche immerhin ein beträchtliches Können in der Durchbildung der im kleinen Format fehlenden Details und eine selbständige Bewältigung des Raum- und Körperhaften verlangt[1]. Wie gut dem Maler das gelang, dafür zeugen die lobenden Worte Burckhardts, die Arbeiten seien «so vortrefflich, daß man den originalen Strich des Meisters (d. h. Holbeins) beim ersten Anblick kaum vermißt». Eine nähere Betrachtung läßt allerdings nicht unerhebliche Qualitätsschwankungen erkennen. So unterscheiden sich beispielsweise die Paradiesszenen in Feld Nr. 2 von den andern Bildern nicht nur durch einen breiteren, mehr malerischen Vortrag, sondern auch durch einen weniger sicheren, flatternden Strich. Sie dürften daher als Arbeiten einer Gesellenhand zu gelten haben[2].

Literatur: Die älteren Chronisten notieren die Todesbilder nicht. Lange in Vergessenheit geraten, wurden sie um 1845 von einem Reisenden, namens Kahl, hinter aufgeschichteten Laden wieder entdeckt. Früheste literarische Erwähnung von JACOB BURCKHARDT in MAGZ. XI (1857), S. 161. – Dann aufgeführt bei A. WOLTMANN, Holbein, 2. Aufl., II., Leipzig 1876, S. 178. – Erste ausführliche Beschreibung von S. VÖGELIN, Wandgemälde im bischöflichen Palast zu Chur mit Darstellungen der Holbeinschen Todesbilder, MAGZ. XX (1878). Trotz der irrtümlichen Zuschreibung an Holbein als genaue Bestandesaufnahme heute noch grundlegend. Kritik von Vögelins These durch A. WOLTMANN in Zeitschr. für bildende Kunst 1878, Beiblatt Nr. 18, und J. R. RAHN in «Der Bund» 1878, Sonntagsblatt Nr. 12–15. Neuere eingehende Untersuchung der Gemälde von P. ZINSLI, Die Churer Todesbilder, ASA. 1937, S. 47–66, mit Abbildungen und Angabe weiterer Literatur. – Über die Restaurierung von 1943: JB HAGGr. 1943, S. XI–XIV, und R. RIGGENBACH im Jahresbericht der Öffentlichen Basler Denkmalpflege 1943, S. 13f. – Vgl. auch R. Riggenbach, Basler und Schweizerische Totentänze im Sonntagsblatt der Basler Nachrichten vom 4. Oktober 1940. – Photographien des Zustandes vor und nach der Restaurierung befinden sich im Archiv für Historische Kunstdenkmäler im Schweizerischen Landesmuseum in Zürich.

Ins Rätische Museum gelangte gleichfalls eine *Kabinettscheibe*, die sich ursprünglich im mittleren der von dem Korridor mit den Todesbildern aus zugänglichen Zimmer befand und nach 1878 vorübergehend in der Sakristei aufbewahrt wurde: Wappen der Von Zun mit Geharnischtem als Schildhalter, im Oberstück Erstürmung einer Burg. Inschrift: 𝔍𝔬𝔥𝔞𝔫𝔫𝔢𝔰 𝔙𝔬𝔪 𝔘𝔲𝔫 𝔉ü𝔯𝔰𝔱𝔩𝔦𝔠𝔥𝔢𝔯 𝔊𝔫𝔞𝔡𝔢𝔫 𝔥𝔞𝔲𝔭𝔱𝔪𝔞𝔫 𝔘𝔲 𝔑𝔞𝔪ü𝔰. 𝔘𝔫𝔡 𝔞𝔩𝔱𝔢𝔯 𝔓𝔬𝔱𝔢𝔰𝔱𝔞𝔱 𝔘𝔲 𝔐𝔲𝔯𝔟𝔢𝔫 1589. H. 38 cm, Br. 30 cm.

Die Scheiben in der Sammlung Heylshof zu Worms siehe S. 200.

DIE DOMHERRENHÄUSER
UND ANDERE WOHNGEBÄUDE AUF DEM HOF

Gesamtanlage. Die Bebauung des Domhügels bot im Mittelalter ein wesentlich anderes Bild als heute, da die am Rande des Plateaus sich erhebenden Häuser ehemals nicht einen völlig freien Raum umschlossen. Auf dem jetzigen Domplatz standen vielmehr, wie erwähnt, die Kapellen St. Laurentius und St. Maria Magdalena, vielleicht auch noch andere kleinere Bauwerke, und zudem lag vor der Kathedrale der Fried-

---

[1] Dies betont auch Zinsli, S. 49.

[2] Zinsli möchte Feld 9 (Richter und Fürsprech) wegen der gedrungenen Staturen einer dritten Hand zuweisen, doch scheinen die Unterschiede zu den anderen Bildern des Hauptmeisters nicht ausgeprägt genug.

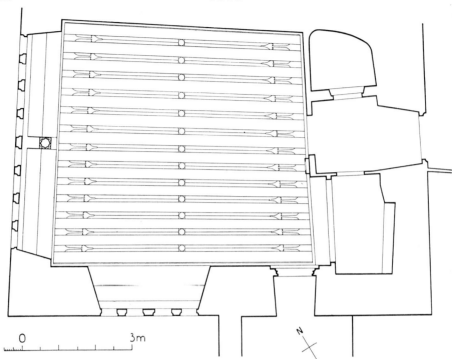

Abb. 251. Chur. Die Hofkellerei. Grundriß der Stube im ersten Stock. Maßstab 1:100. Text S. 230.

hof. Schon auf dem Knillenburger Prospekt (um 1640) sehen wir aber den Platz frei und auch den Friedhof auf einen kleinen ummauerten Gottesacker vor der Kathedrale zurückgedrängt. Die ganze Anlage wirkt nun wie ein Vorhof zu den beiden den Platz beherrschenden Bauten der Kathedrale und dem Schloß. Mit Ausnahme der unteren Partien der Dompropstei und des Schwesternhauses sowie der Dekanatskapelle geht der heutige Zustand der Domherrenhäuser auf das 19. Jahrhundert zurück.

An die Südwestecke der Kathedrale stößt das *Haus der Schulschwestern*. Es diente ehemals dem Benefiziaten des von Domdekan Johann Damian von Hummelberg mit Testament vom 4. Oktober 1691 gestifteten Benefiziums am St.-Placidus-Altar. Die Kollatur gehörte der Stadt Feldkirch. Beim Hofbrand von 1811 teilweise zerstört und nach seiner Wiederherstellung zunächst den Kapuzinern eingeräumt, deren älteres Hospiz (siehe hernach S. 230) gleichfalls dem Feuer zum Opfer gefallen war. Nach dem Übergang der Dompfarrei von den Kapuzinern auf das Domkapitel (1880) den Schulschwestern überlassen. In der Fassade ein Wappenstein: oben das Wappen des Bistums, überhöht von der thronenden Muttergottes, unten die Wappen der Hummelberg und der Stadt Feldkirch[1]. Datum 1703.

Die Hofschule. Auf diesem Areal stand ursprünglich die St.-Florinus-Kapelle (siehe S. 202); zwischen 1641 und 1664 wurde an ihrer Stelle ein Gebäude für die von St. Nicolai auf den Hof verlegte und anscheinend provisorisch in der Magdalenenkapelle untergebrachte Lateinschule errichtet[2]. 1811 niedergebrannt und hernach wieder aufgebaut.

1) Abbildung im Schweizerischen Archiv für Heraldik 1937, S. 105.
2) Vgl. S. 204, Anm. 5. Ferner Mayer, Bistum II, S. 621, und Protokoll von 1664.

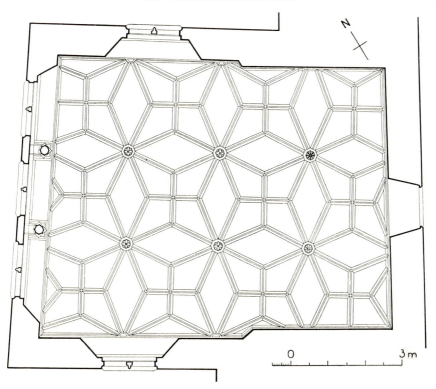

Abb. 252. Chur. Die Hofkellerei. Grundriß der Stube im zweiten Stock.
Maßstab 1:100. Text S. 230.

Das *Domdekanat* stand ursprünglich zwischen Schloß und Kathedrale (siehe hernach S. 230). Zwischen 1509 und 1519 baute Dekan Donat Iter, wie aus dem Stiftungsbrief für die Hieronymuskapelle hervorgeht, am jetzigen Standort ein neues «Dechans Claustral Huß» (siehe S. 201, Anm. 2); 1811 durch das Feuer größtenteils zerstört und 1825 nach den Plänen des Baumeisters Joh. Georg Landthaler wieder aufgebaut. Westwärts schlossen sich an das von Donat Iter gebaute Dekanat «Sant Andreas, Sant Mauricis und Sant Conrats pfrunden Hüser» an[1]. Sie lagen, wie aus dem Protokoll von 1664 hervorgeht, hintereinander, das Pfrundhaus von St. Konrad gegen den Platz zu und das von St. Andreas am Rand des Plateaus. Die jetzigen *Kapitelshäuser* an dieser Stelle sind Neubauten von 1907. An der Fassade zwei übertragene Wappensteine: 1. Doppelwappen des Bistums und des Bischofs Johann VI. Flugi, 1644. 2. Wappen Castelberg 1644, des Domherrn Johannes von Castelberg[2]. An der Stelle des *Domsextariats* stand ursprünglich – wohl bis 1546 – die Dompropstei[3]. Der jetzige, an die «Kapitelshäuser» angrenzende südlich des «Höfli» liegende Bau stammt von 1861. Zwischen ihm und dem Torturm, wo jetzt die Mesmerei steht, scheint sich 1664 und vielleicht noch bis zum Hofbrand kein Haus befunden zu haben.

1) Stiftungsbrief für die Hieronymuskapelle vom 18. Februar 1519 (BA.). Auch 1664 noch genannt.
2) Abbildung des bischöflichen Wappensteins im Schweizerischen Archiv für Heraldik 1937, S. 106. Über Joh. v. Castelberg vgl. JB HAGGr. 1945, S. 41.
3) 1664, «Sextae denique praebendae domus prima ad dexteram Episcopatum intrando sonsten die alte Thumpropstei genannt.»

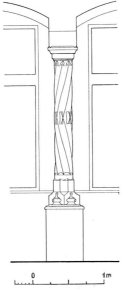

Abb. 253. Chur. Hofkellerei. Fenstersäule im zweiten Stock. Maßstab 1:50. Text unten.

Über den Torturm selbst vgl. S. 26 und die «Hofkellerei» s. unten. Nördlich an den Torturm schließt sich ein Gebäude ohne stiftungsmäßig gebundene Zweckbestimmung an.

Den Nordrand des Plateaus begrenzen (von West nach Ost aufgezählt): Die *Scholasterei* und die *Cantorei*, beide neu erbaut 1857/58, daneben längs des Gartens der 1855/56 von Grund aus neu aufgeführte Anbau der Dompropstei und im rechten Winkel zu ihr die *Dompropstei* selbst (Beschreibung siehe unten).

Zwischen Schloß und Dom lagen, wie aus Einträgen im Necrologium hervorgeht, im Mittelalter, an den Kreuzgang angrenzend und mit ihm durch Türen verbunden, drei Domherrenhäuser: das alte Dekanat, die Scholasterei und die Cantorei[1], und zwar stand die letztere am Ostflügel des Kreuzganges, also vermutlich auf dem Areal des Gartens hinter der heutigen Kustorei. Das alte Dekanat (vor 1509, siehe oben) war vielleicht identisch mit der späteren Kustorei, die möglicherweise mit der Scholasterei zusammenhing. Auch die Kapitelsbibliothek hatte hier einen eigenen gewölbten Raum. Die alte Kantorei scheint später, und zwar bis zum Hofbrand von 1811 von den Kapuzinern bewohnt worden zu sein; denn ihr Hospiz stand nach dem Protokoll von 1664 zwischen dem Turm der Kathedrale und dem Schloß[2]. – Vor dem Brand trat die *Kustorei*, wie auf dem Aquarell von 1829 zu sehen ist, um die Breite der früher (S. 204) erwähnten Hauskapelle über die Flucht der Kathedrale hinaus. Das nach 1829 neu aufgeführte Haus, ein sachlicher, gut proportionierter Bau mit Dreieckgiebel, wurde mit der Flucht nach der Domfassade ausgerichtet[3]. Zwischen Kustorei und Schloß lag die bischöfliche *Münze* (auf dem erwähnten Aquarell ist noch ein kleines Stück von ihr zu sehen). Später Schmiede und hernach Wirtschaft.

Quellen: Übereinkommen zwischen dem Domkapitel und dem Dompropst Chr. Mohr vom 4. April 1664 (Akten des Domkapitels, Mappe I, Nr. 68). – Mskr. von Domdekan Tuor über den Hofbrand von 1811. – Urbarium des Domkapitels; letztere beide im Domkapitelsarchiv. – Stadtplan von P. Hemmi von 1823. Übriges zitiert.

Die **Hofkellerei** (Chorherren-Trinkstube) im Torturm (S. 26). In beiden Oberstöcken Türen mit reichprofilierten spätgotischen Gewänden. Im ersten Obergeschoß geschraubte Fenstersäule mit Datum 1522 und Meisterzeichen Tab. II A, 5, sowie eine im Stichbogen gewölbte spätgotische Decke mit gerundeten Balken, deren Enden mit geschnitzten Herzblättern verziert sind. 1909 fand man an den Wänden unbestimmbare Wappenmalereien in zwei Schichten und darüber noch ein Rautenmuster. Jetziges Täfer neu von 1909. Im zweiten Obergeschoß abermals zwei geschraubte Fenstersäulen und flache spätgotische Netzdecke aus Holz mit schlußsteinartigen Rosetten. Gleichfalls um (nach?) 1522[4] (Abb. 251–253).

1) Necrol. Cur., S. 52, 70, 71, 75 u. a.
2) Von diesem durch das Haus eines Weinbergaufsehers getrennt.
3) Baubeschluß vom 18. August 1829 im Prot. Buch T des Domkapitels.
4) Nach den Rechenbüchern der Stadt (Stadtarchiv) führen 1530 die beiden Tischmacher Vit (Veit), Frell und Gili von Schams «uff der Trinkstuben» länger dauernde Arbeiten aus. Ob es sich um diese Trinkstube und vielleicht um diese Decke handelt? Die auffallende Tatsache, daß die Stadt für diese Arbeiten aufkam, könnte vielleicht damit erklärt werden, daß die Gotteshausbundstagungen im 16. Jahrhundert in der Trinkstube stattfanden. Vgl. J. Jecklin, Geschichtliches über die Hofkellerei in Chur, 1909, S. 10.

Abb. 254. Chur. Die Dompropstei. Ansicht von Südwesten. Text unten.

Die **Dompropstei.** Geschichte. Die 1546 vollendete neue Propstei wurde von Bischof Luzius Iter, wohl unter Verwendung älterer Teile eines anderen Hauses, erbaut für dessen Neffen, den damals erst zwölfjährigen Dompropst Andreas von Salis, Sohn des bei Siena gefallenen Obersten Anton von Salis-Soglio. Campell hob den Bau rühmend hervor, und Caspar Bruschius widmete ihm ein kunstvolles Distichon, in dem die Jahreszahl der Errichtung versteckt ist[1]. Auf der Ansicht des Hofes in Münsters «Cosmographie» (Abb. 10, S. 18) ist der Bau durch die Inschrift «Probstei» bezeichnet. Er trägt hier ein schwach geneigtes Satteldach in Richtung Nord–Süd und weist gegen die Stadt hin einen vorkragenden, auf Holzstützen ruhenden Gang aus Fachwerk auf, der das Haus mit dem angrenzenden Wehrturm verbindet. Vom Hofbrand (1811) nicht ergriffen, jedoch 1855/56 wegen Baufälligkeit umgestaltet und durch einen nach Westen gerichteten Anbau vergrößert.

Beschreibung. Da der Gang des Erdgeschosses an der Westseite des mit der Front zum Domplatz blickenden zweistöckigen Baues angeordnet ist, so sitzt die Türe asymmetrisch links außen in der Fassade. In den auf Kragkonsolen ruhenden Sturz sind die Wappen Iter und Salis und das Datum 1546 sowie das Steinmetzzeichen Tab. II A, 8, eingemeißelt. Gleichfalls aus der Mittellinie zwischen die erste und zweite Fensterachse gerückt, präsentiert sich der zweistöckige, im Grundriß dreieckige Erker mit reich profiliertem Fuß. Die Brüstung seines Untergeschosses besteht aus Hausteinplatten. Der Erdgeschoßkorridor öffnete sich in einer dreigliedrigen Arkade mit flachen Rundbogen über stämmigen Viereckpfeilern gegen Westen. (Der dritte Bogen ist nun durch den Anbau verstellt.) Als Kämpfer dienen einfache geschmiegte Platten. Gestreckte grätige Kreuzgewölbe überspannen den Raum. Rechts vom Eingang sieht man ein hierher versetztes, eingemauertes romanisches Kämpferfragment mit dem Brustbild eines Engels mit erhobenen, eine Last stützenden Armen; vermutlich vom Meister der Apostelsäulen und vielleicht vom Domportikus

---

[1] Ulrici Campelli Historia Raetica II. Quellen zur Schweizer Geschichte Bd. 9, S. 289.

stammend. Im zweiten Joch des Ganges eine spätgotisch mit Kehle und Rundstab profilierte Spitzbogentüre und beidseits je ein Kreisfenster mit Dreipaß. Die Türe führt zu einem rechteckigen, mit zweijochigem, grätigem Kreuzgewölbe überdeckten Raum, der als Hauskapelle gedient haben könnte. In der Südwand vermauerte Rundbogentüre. Eine rundbogige, gefaste (spätgotische) Türe führt in ein parallel laufendes, kellerartiges Gelaß, in dessen Ostwand ein vermauertes, anscheinend romanisches rundbogiges Fenster mit geschrägter Leibung zu sehen ist. In diesen Raum tritt die Mauerschale einer hölzernen Wendeltreppe hinein, die aufwärts in den Wohnstock und abwärts in den Keller führt. Sie wird vom Gang aus betreten und von dorther auch durch ein spitzbogiges Schartenfenster belichtet. An der Abschlußwand des Ganges heraldische Wandmalereien in zwei Reihen. Oben: 1. Wappen des Domkapitels und des Dompropstes Christoph von Mohr mit Inschrift und Datum 1637. 2. Wappen des Bischofs Joseph von Mohr mit Inschrift und Datum 1627. 3. Wappen der Katharina von Mohr, Äbtissin von Münster mit Inschrift und Datum 1625; alle in gespaltenem Schild das Amts- und Familienwappen vereinigend. Die untere Reihe zum Teil abgerieben und durch eine neuere Türe zerstört: 4. Quadriertes ungedeutetes Wappen. 5. Zerstört. 6. Stammwappen von Mohr. Keine Unterschriften[1].

In dem Raum hinter dieser, wie ersichtlich, nachträglich eingezogenen Abschlußwand erkennt man auf dem Rest eines Gewölbes Spuren einer wohl spätgotischen Bemalung mit grünen Blättern an schwarzen Ranken.

1) Abbildung im Schweizerischen Archiv für Heraldik 1937, S. 104.

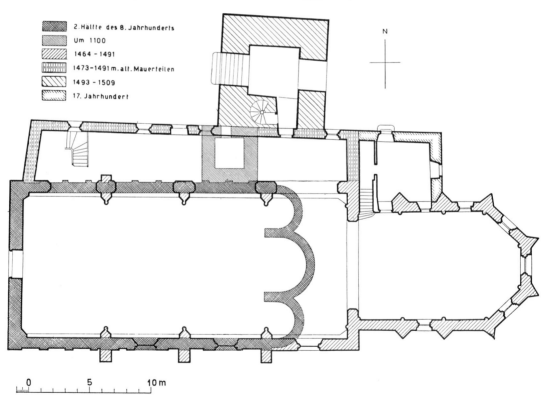

Abb. 255. Chur. Die Evangelische Kirche St. Martin. Baugeschichtlicher Grundriß. Maßstab 1:300.

DIE KIRCHEN IN UND BEI DER STADT

Die Evangelische Pfarrkirche St. Martin

Geschichte und Baugeschichte. Urkundliche Nachrichten. Erstmals wird die Kirche zwischen 769 anläßlich einer Vergabung und 800 als Eigentümerin eines Grundstückes genannt[1]. In der großen Schenkung Ottos I. vom 16. Januar 958 an das Bistum Chur war auch die St.-Martins-Kirche mit einem anstoßenden Weinberg und Zubehörden enthalten. Das Gotteshaus war also zuvor königliche Eigenkirche gewesen und wurde nun eine solche des Bistums. Über den Rang als Pfarrkirche siehe vorne S. 10. In der Vorhalle fanden Beurkundungen statt.

Beim Stadtbrand vom 27. April 1464 brannte die Kirche aus, doch blieben die Umfassungsmauern und auch der alte Turm offenbar zum größten Teil stehen. Am 6. April 1471 sowie im Jahre 1480 wurden Ablässe zugunsten des Wiederaufbaues erteilt[2]. 1471 schickte die Stadt Basel dem Churer Rat durch den «bescheiden Bartholome conterfeyer» 60 fl. als Entlöhnung für Werkleute, die offenbar aus Basel dorthin gesandt worden waren[3]. Man nimmt an, daß sie am Wiederaufbau von St. Martin tätig waren, doch ist dies in dem fraglichen Schreiben nicht ausdrücklich bemerkt (StA., Ratsakten). Der Bauleiter des Wiederaufbaues war der aus Freistadt in Oberösterreich stammende städtische Werkmeister STEFFAN KLAIN[4].

1473 war, wie das Datum an einer Gewölberippe bezeugt (siehe hernach S. 240), der Chor bereits eingewölbt. Im gleichen Jahr wird mit dem Kirchenpfleger über den Bau des Chores abgerechnet[5]. Die weiteren Rechnungslegungen von 1475 und 1476 lauten allgemein über den «buw». Mit Schreiben vom 19. Juni 1490 empfiehlt der Rat von Zürich dem Churer Stadtrat, seinen Mitbürger «Ludwig Funk den glaser» zur «arbeit des fennsterwerks und gemäls (also für gemalte Scheiben) anzunemmen».

Nach den Jahreszahlen der Bauinschrift über dem Chorbogen und an einem Schlußstein war 1491 auch die Wiederherstellung des Langhauses, und zwar einschließlich des Seitenschiffes (siehe darüber S. 242) vollendet. Im gleichen Jahre starb Steffan Klain[6]. In einem Brief vom 4. November 1492 erbietet sich Hans Frei von Memmingen, da er von der Absicht gehört, «ain hübschen tafell zue Sant Martin machen zu lassen», «ain Maister» zu schicken «als guet wir einen in unsser Ort haben. Noch ist er

---

1) UB., S. 27: «da una parte in sancti Martini. da alia in sancti Johannis.»

2) C. Wirz, Regesten zur Schweizer Geschichte aus den päpstlichen Archiven III, S. 149, und Urk. im StA.

3) Ein Maler dieses Namens kommt in Basler Archivalien 1487 und 1495 vor, doch sind Werke seiner Hand nicht nachweisbar. Schweizerisches Künstlerlexikon I, S. 84.

4) Alte Schreibweise «Freyenstadt», früher mit dem gleichnamigen Ort in der bayrischen Ober-Pfalz identifiziert. Daß es sich um die österreichische Stadt handelt, wird dadurch gesichert, daß der in dem Brief des Rates von «Freyenstadt» genannte Bruder des Meisters, Namens MATHES KLAIN (in der lokalen Schreibweise «Klaindl») dort archivalisch nachweisbar ist. Näheres: BMBl. 1941, S. 27 f. Über das Œuvre Klains s. Kdm. Grb. Bd. I, S. 92 f. Über Mathes Klaindl siehe neuerdings J. Nößlböck in den Mitt. des österr. Instituts für Geschichtsforschung, Bd. 54, Innsbruck 1942, S. 324 f.

5) StA. Bd. V 1, fol. 86v. Wilh. Bernegger, Kirchenpfleger von St. Martin, legt 1473 Rechnung ab: «ouch vom lxx, vom lxxi und vom lxxii jaren und als man sin innemen und uβgeben, so über den buw des kors und alle vergangen sachen gegangen sind.» Abrechnungen von 1475 und 1476, fol. 87v. Ebenso 1482 im Rechenbuch 1489–1537, fol. 21.

6) In diesem Jahr bewirbt sich bereits HANS VON AMBERG um die Nachfolge (Brief im StA., ediert in ZAK. 1946, S. 52), und am 13. Dezember 1492 empfiehlt der Rat von Feldkirch den BALTHASAR BILGERI, Bürger von Feldkirch und Chur, für die gleiche Stelle (Schreiben im StA.): «da mayster Steffan uwer stainmetz und werchmann mit tod abganngen.» Seine Bewerbung hatte offenbar Erfolg, denn er leitete den Neubau von St. Regula. 1508 wird er bereits als verstorben bezeichnet: «Heinrichs Bilgerins, Balthassars Bilgerins säligen suns huß.» (Urbar von Churwalden 1508, BA.)

Abb. 256. Chur. Die Evangelische Kirche St. Martin.
Querschnitt. Maßstab 1:300.

pi (e)uch unbekannt»[1]. – Als Nebenaltäre werden uns überliefert ein Altar St. Rosa (?, nicht eher ss. Rosarii?) 1492[2], einer zu Ehren der St. Anna (1518) und ein anderer für St. Sebastian, an welch letzterem eine Bruderschaft bestand (1519)[3].

Nach der Vollendung des Langhauses und dem Tod Steffan Klains (1491) scheint nur ein kurzer Stillstand der Arbeiten eingetreten zu sein. Denn 1505 hören wir schon von Ausgaben für die neuen Glocken, und in der Abrechnung für die Jahre 1505–1509 ist auch von dem Abbrechen des (alten) Turmes die Rede[4]. Da auch Posten für das Glockenseil und für Zimmermannsarbeiten vorkommen, so darf man annehmen, daß der neue Turm, der sich nördlich des alten erhob, damals schon vollendet war (vgl. S. 242 f.), mit Ausnahme des hernach zu erwähnenden Aufsatzes. 1521 und 1524 erscheinen noch Ausgaben für die Anschaffung einer Monstranz sowie für die Konsekration von Meßgewändern und Kelchen (Rechenbuch, S. 320, 364). 1527 aber wurden schon die Nebenaltäre entfernt; die «ungeheure Masse Holz, die auf dem Hochaltar ruhte», wie Comander an Vadian schrieb, blieb zunächst in der Kirche und folgte erst 1529 nach[5]. 1528 hatte auch die Veräußerung der Kirchenzierden begonnen mit dem Verkauf eines Kreuzes und einer Fahne, und 1529 erhält der Churer Goldschmied MICHEL MAYER das «Silber so sant Martins und Sant Regula gewesen ist»[6]. Nach einer Abrechnung von 1532 wurden in den vorhergehenden vier Jahren Meßgewänder, Levitenröcke, Alben und «anderer plunder» für über 47 Pfund verkauft (Rechenbuch, S. 494).

Was nun die Vollendung des Turmes anlangt, so erfahren wir aus einem Schreiben

1) Deshalb und da es in dem Brief weiter heißt: «dan wir nit zwyflet, wan sin arbayt gesehen werd in uweren landen solle ime dan selbs woll erschiessen» (ASA. 1890, S. 381 f.) kann es sich nicht um YVO STRIGEL handeln, der damals in Graubünden bereits wohlbekannt war; Rott vermutet BERNHARD STRIGEL vgl. Kdm. Grb. Bd. I, S. 121 mit Anm. 6.

2) Wirz a. a. O. V, S. 216.

3) StA. Rechnungsbuch 1489–1537, S. 263, und Schachtel 40, Rechnungslegung der Bruderschaft.

4) StA. Rechenbuch 1489–1537 (St.-Martins-Pflege), S. 120 ▸ 1505 «uißgeben was der glogken zug kostet mit kouffen zoll fürlon und allen sachen und umb das glogn Holtz so zum gießen ist s^a lxxxv ℔ vii d 1 bz».
– 1505–1509: «summa annder gemain außgaben von den glogken auch den Thurm abzuebrechen und anndres lxxxvii ℔ y d 1 hlr. mer annder gemain ußgeben umb Holtz, Zimmern, Ziegel, gloggen sail crutzifix xviii ℔ xviii ß 1 h.»

5) Vadian, Briefsammlung IV in Mitt. zur Vaterländischen Geschichte, St. Gallen, Bd. 28 (1902), S. 53, 178.

6) Rechenbuch, S. 438: «Uff Sant Lucientag Anno etc. xxix hat michel mayr goldschmid rechnung geben von dem silber so Sant Martins und Sant Regla gewesen ist unnd ime mine herren zue kouffen gegeben hand.» Diese Stelle ist Jecklin entgangen; er publiziert nur die spätere, nochmalige Verrechnung von 1533 (ASA. 1911, S. 199, 202).

Abb. 257. Chur. Die Evangelische Kirche St. Martin. Innenansicht gegen den Chor.

des Bürgermeisters und Rates von Chur an die Stadt Zürich vom 21. April 1534[1], daß die Churer «vor ettlichen verschinen jaren ain schweren buw an ainen thurn, daruff wir ain wachthus halten werdent, angefangen und etwa hoch gebuwen und gefürt» und deswegen ein Gutachten des Zürcher Werkmeisters STEFFAN eingeholt[2]. Aus verschiedenen Gründen ist der Bau ins Stocken gekommen; sie wollten aber in diesem Jahr fortfahren und erbaten von Zürich zu diesem Zweck eine Zange, um «die großen quadrantten (Quadern) in die höchi hinuffzuziechen». Da, wie erwähnt, die Glockenstube schon 1509 vollendet gewesen sein muß, so kann es sich bei diesem Bauvorhaben nur um den Aufsatz mit der Wächterstube gehandelt haben. 1535 verrechnet der Kirchenpfleger Ausgaben, «so er dem Lorentz Schill ze lon geben hat als er ouch am Thurm Buwmaister gesin ist» (Rechenbuch, S. 565). Der Bau war damals offenbar vollendet; 1537 erläßt der Stadtrat bereits die Instruktion für den Stadttrompeter auf dem Turm. Nach der erneuerten Verordnung von 1542 mußte der Wächter dort mit seiner Frau wohnen (Jecklin, S. 8).

Die späteren Nachrichten betreffen nur kleinere und (mit Ausnahme der Umgestaltung des Turmabschlusses) nicht in das bauliche Bild eingreifende Arbeiten. 1589 wird erstmals die Turmuhr erwähnt und 1590 hört man von der Errichtung einer Stiege aus Scalärastein durch «Poli Steinmetz» (PAUL GERING)[3], was sich vielleicht auf die Treppe zum Sakristeianbau bezieht. 1613 (oder 1614) wurde von Meister

---

1) Staatsarchiv Zürich, Akten Graubünden, Signatur A 248[1]. Bei Jecklin, Geschichte der St. Martinskirche, S. 7, ist die wichtigste Stelle des Briefes wiedergegeben, jedoch ist die Jahreszahl zu korrigieren (1534, nicht 1533).
2) Der fragliche Werkmeister STEFFAN von Zürich wurde 1506 auch für den Münsterbau in Bern als Experte beigezogen. Vgl. Schweizerisches Künstlerlexikon III, S. 229.
3) Stadtarchiv Ausgabenbücher F 4, Einträge vom 24. August 1589 und 23. August 1590.

ANTONI MENTING von Augsburg eine große Orgel mit 565 Pfeifen, von denen die größte 16 Fuß maß, für 1000 fl. aufgerichtet[1]. Zum mindesten eine Westempore muß daher damals schon vorhanden gewesen sein; wenn also 1660 beschlossen wird, eine neue «Boorkirchen» (Empore) zu machen, so bezieht sich das auf eine der anderen Emporen im Haupt- oder Seitenschiff; denn aus der Erwähnung der «Boorkirchen der mittleren Boorkirchen über» (1696) ist zu ersehen, daß im Hauptschiff einmal eine Längsempore vorhanden war (StA., Rats-Prot. VIII, S. 85, XVI, S. 96). 1697 hört man von Malereien, die der Organist VINCENZ SCHMIDT am Turm ausführte; da unter den Materialien auch Gold vorkommt, so werden sich die fraglichen Arbeiten auch auf Zifferblatt und Zeiger erstreckt haben (Rats-Prot. XVI, S. 122, 124). Diese Malereien wurden 1766 von WOLFGANG PFANNER aus Wangen und 1846 nach Entwurf von L. KÜHLENTHAL von P. RAIMONDI, einem Italiener, erneuert. Vermutlich den Zustand nach 1846 zeigt die Lithographie mit der Tambourengruppe (Bener, Churer Bilderbuch, Taf. 36). Bei einem Neuverputz wurde die Dekoration 1895 entfernt (Jecklin, Festschrift, S. 10, 14–16). Über die Glocken siehe S. 248.

Die Orgel erfuhr 1816 und 1827 Reparaturen durch SILV. WALPEN und S. THOMAS und wurde 1867 dann durch ein neues Instrument von KUHN und SPAICH ersetzt. 1820 projektierte Baumeister JOH. CHRIST eine Empore im Chor und zwei neue im Seitenschiff. 1889 machte die Wächterstube von 1534 einem neugotischen Turmaufsatz Platz, der wegen seiner unglücklichen Gestaltung von Anfang an heftiger Kritik ausgesetzt war. Bei der letzten umfassenden Gesamtrenovation in den Jahren 1917 und 1918 durch die Architekten SCHÄFER und RISCH, Chur (Näheres siehe hernach S. 242), wurde er durch den bestehenden hohen Spitzhelm ersetzt.

Die aus dem Befund zu erschließenden Einzelheiten der Baugeschichte werden nach der Beschreibung unter «Baugeschichtliche Schlußfolgerungen» (S. 242) dargestellt.

Literatur: RAHN, Geschichte, S. 538. – Ders. in ASA. 1872, S. 396; 1882, S. 282. – FR. JECKLIN, Urkundliche Beiträge zur Baugeschichte von St. Martin in ASA. 1903, S. 52. – Ders., Zur Geschichte unserer Glocken, o. D. (Chur 1899). – Ders., Geschichte der St.-Martins-Kirche, Festschrift, Chur 1918, mit Photos des Zustandes vor und nach der Renovation. – A. GAUDY, Die Kirchlichen Baudenkmäler der Schweiz I Graubünden, Berlin-Zürich 1921, S. 34 f., mit Abb. Taf. 124 f. – Über Wettbewerb und Renovation: Schweizerische Bauzeitung LXIX, S. 28 ff.; LXXV, S. 6 ff., mit Tafelbeilagen. Die abgebildeten Pläne gehen auf Aufnahmen von Schäfer & Risch zurück.

Der karolingische Bau. Nachgrabungen im Jahre 1917 erbrachten wichtige Aufschlüsse über den Grundriss der alten Kirche (Abb. 255). Die Fundamente der heutigen spätgotischen Anlage sind bis zu den Streben vor dem Ostjoch mit dem früheren Bau identisch. Genau an der Stelle dieser Streben setzten die drei gegen Osten gerichteten Apsiden an. Sie schlossen im Halbrund, wiesen aber verlängerte Schenkel auf, waren also «gestelzt». Die mittlere Konche trat etwas über die Nebennischen hervor und hatte eine Spannweite von 4,30 m, während die beiden andern nur etwa 2,80 m an der Sehne maßen. Ein hufeisenförmiger Einzug scheint nicht beobachtet worden zu sein, doch erweist sich der Grundriß sonst, vor allem im proportionalen Verhältnis der Apsiden untereinander, aber auch in den Hauptmaßen der ganzen Anlage als mit jenem von St. Johann zu Münster (Bd. V, Planbeilage II nach S. 296) ziemlich genau übereinstimmend. Er fügt sich also in den uns wohlbekannten Typus der rätischen, einschiffigen Saalkirche mit Dreiapsidenabschluß ein.

Die Wandgestaltung dieses Baues ist an der Südseite der bestehenden Kirche noch deutlich zu erkennen, da diese Mauer beim Brand von 1464 stehenblieb und in den Neubau einbezogen wurde. Sie weist die gleichen hohen, schlanken, rundbogig ge-

---

[1] 1613 nach der Chronik von Hans Ardüser (ediert durch J. Bott), S. 252, 1614 nach der «Chronik der Statt Mayenfeld» von Barthol. Anhorn, Mskr. Stadtarchiv Maienfeld.

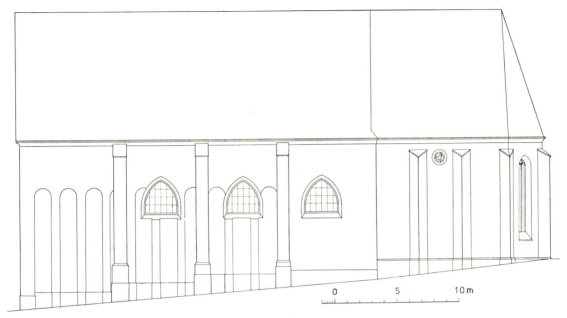

Abb. 258. Chur. Die Evangelische Kirche St. Martin. Aufriß der Südseite von Chor und Schiff. Maßstab 1:300.

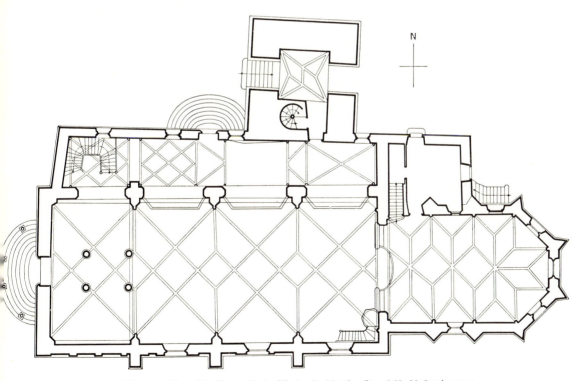

Abb. 259. Chur. Die Evangelische Kirche St. Martin. Grundriß. Maßstab 1:300.

Abb. 260. Rest der Blenden an der Nordseite des karolingischen Baues. Nach Zeichnung von Arch. Schäfer und Risch. Text unten.

Abb. 261. Maßwerk aus dem Chor. Maßstab 1:50. Text S. 240.

Abb. 262. Meisterinschrift über dem Chorbogen. Text S. 240.

Chur. St. Martin.

schlossenen Blendnischen auf, wie wir sie an den Apsiden in Münster (Bd. V, S. 295) finden. Teilweise sind diese Blendarkaden durch die gotischen Streben verdeckt oder überschnitten, doch läßt sich noch deutlich abzählen, daß sich hier deren zehn aneinanderreihten (Abb. 258). Eine gleiche Gliederung wies offenbar die nördliche Langseite auf, doch ist sie nur noch in einem Rudiment vorhanden. Im Dachraum über dem Seitenschiff sieht man dort, wo ehemals der hernach zu erwähnende alte Turm stand – also im zweiten Joch vom Chor her, – an der äußeren Hochwand des Hauptschiffes noch die oberen Teile von zwei Blendarkaden, die in der Form und den Maßen genau mit jenen an der Südseite übereinstimmen (Abb. 260).

Auch die unteren Partien der Westfront müssen noch vom karolingischen Bau stammen, wie sich aus der Gliederung der Südseite ergibt. Daß sie keine Blendarkaden aufweist, spricht nicht dagegen, da sie auch in Münster nur am oberen Teil erscheinen, der in Chur dem Brand zum Opfer gefallen sein kann. Unten, unmittelbar über dem Bodenniveau, konstatierte man 1917 einen mit Mauerwerk ausgefüllten großen Stichbogen von etwa 5,60 m Spannweite, dessen Scheitel in Schwellenhöhe des heutigen Haupteinganges lag. Seine Bedeutung konnte nicht sicher aufgeklärt werden, doch dürfte es sich um eine Substruktion handeln. Die Analogien mit St. Johann zu Münster verweisen zusammen mit dem urkundlichen Nachweis (siehe S. 233) und den hernach zu behandelnden Marmorfragmenten den Bau in die zweite Hälfte des 8. Jahrhunderts.

Marmorskulpturen aus dem karolingischen Bau. Bei der Renovation von 1917 fand man beim Ausbrechen der neuen Südfenster einige Reste von karolingischen Marmorskulpturen, die beim Wiederaufbau von 1491 als Flickstücke verwendet worden waren[1]. Bei einem dieser Fragmente ist die ursprüngliche Zugehörigkeit zu einer Chorschranke außer Zweifel gestellt, da es beidseitig dekoriert ist. Von den andern Stücken kann das eine oder das andere auch von einer Altarfront stammen. Es handelt sich meist um Füllungsstücke, doch kommt auch ein Friesfragment vor, desgleichen die Basis einer Halbsäule.

Als Schmuckelemente erscheinen vor allem dreistriemige Flechtwerkmuster, bisweilen kombiniert mit einem Seilmotiv oder einer Rosette; ferner die Spiralranke und ein Blattkymation mit Krabben. Zweite Hälfte des 8. Jahrhunderts (Abb. 263, 264).

---

1) Ein Stück wurde auch im «Bärenloch» unmittelbar südlich der Kirche gefunden. Jecklin, Festschr. S. 5.

Abb. 263 und 264. Chur. Fragmente der karolingischen Marmorskulpturen aus St. Martin.
Nun im Rätischen Museum. Text S. 238.

Der **romanischen Epoche** gehört der erste Turm an, dessen Fundamente 1917 gleichfalls ausgegraben wurden. Er stand dort, wo nun das – vom Chor her gerechnet – zweite Joch des Seitenschiffes liegt. Daß er jünger ist als die karolingische Kirche, beweist die obenerwähnte Blendarkadengliederung, an die er herangebaut war. Zudem entbehrte nach unserer bisherigen Denkmälerkenntnis der beschriebene Kirchentypus eines Campanile. Er ist also in die romanische Epoche zu verweisen, ohne daß jedoch eine genauere zeitliche Eingrenzung möglich wäre. Seine Seitenlänge betrug nur um weniges mehr als die Hälfte jener des heutigen Turmes (Abb. 255).

Zu beachten ist noch, daß die westliche Schmalseite des Seitenschiffes mit der Hauptfassade nicht in einer Flucht verläuft, auch nicht im rechten Winkel ansetzt und überdies dieser Raum sich gegen Osten hin leicht verjüngt. Bei der Präzision, mit der Klain und seine Schüler an Neubauten zu Werke gingen, muß dies auffallen und die Frage nahelegen, ob nicht auch hier alte Mauern benützt wurden. Dieser Verdacht wird beinahe zur Gewißheit, wenn man sieht, daß im Westjoch bei der Figuration des Netzgewölbes ein Zwickel eingeschaltet wurde, um die Abschrägung der Frontwand auszugleichen und für das Netzsystem ein ebenmäßiges Rechteck zu schaffen. Wären die Mauern damals erst entstanden, so hätte man sie sicherlich gleich winkelrichtig gebaut. Dies führt zur Annahme eines älteren nördlichen Anbaues. Jedoch ist an eine mit dem Nordannex in Münster übereinstimmende Anlage nicht zu denken. Dem steht das besprochene Rudiment einer Blendengliederung an der Nordseite des Schiffes entgegen. Der Annex müßte also nicht bis zum Ostabschluß der Kirche gereicht haben oder war überhaupt später angebaut worden, was wahrscheinlicher ist. Sollte die mit Ziegeln abgedeckte Wandabschrägung oberhalb der Blenden (Abb. 260) auf ihn bezogen werden dürfen, wäre er noch vor dem Campanile entstanden. Seine Zweckbestimmung ist ungeklärt[1].

Beschreibung des bestehenden Baues. Inneres. Die nach Osten gerichtete Anlage besteht aus einem vierjochigen Langhaus mit nördlichem Seitenschiff und einem dreiseitig geschlossenen *Chor* von drei Jochen. Er ist überdeckt mit einem Sterngewölbe, dessen einfach gekehlte Rippen ohne die Vermittlung durch Kapitelle aus den dreiviertelrunden Wanddiensten wachsen. Ihre Basen sind rund und oben profiliert. Schlußsteine sowie Schildbogen fehlen. An einer Rippe des Abschlusses

---

[1] 1905 fand man im Boden des Seitenschiffes zahlreiche Gräber, auch einen – nicht mehr vorhandenen – Grabstein mit Andreaskreuz, angeblich aus dem 14. Jahrhundert. ASA. 1905, S. 255f.

Abb. 265. Chur. Der Turm von St. Martin vor 1889.
Text S. 242.

steht das Datum 1473[1]. Die Belichtung des Chores erfolgt durch vier hohe spitzbogige Fenster, von denen die drei im Chorhaupt mit Fischblasenmaßwerken ausgesetzt sind, deren Teilstützen fehlen (Abb. 261). Das mittlere war ursprünglich dreigliedrig, die beiden anderen zweiteilig. Das vierte – gegen Süden – (ohne Maßwerk) wurde 1917 neu angelegt. In diesem Joch öffnete sich vordem allein das Kreisfenster mit Fischblasenrosette. Die *Sakristeitüre* in der Nordwand ist mit Kehle und Rundstab profiliert und mit Kragsturz abgedeckt. In einer der Konsolen zwei nur 2 cm hohe Steinmetzzeichen, die eine siehe Tab. II A, 1. Das andere ist die Marke Klains (Variante wie Bd. II, S. 408, Nr. 3), die also beweist, daß er sich auch als Werkmeister und Bauleiter noch persönlich an einfacherer Steinmetzarbeit beteiligte. Der *Chorbogen* spitz und beidseits gefast.

Über dem *Hauptschiff* ruht ein Netzgewölbe von vier Jochen. Die einfach gekehlten Rippen wachsen ohne Kapitelle aus Runddiensten, die vor zugeschrägten Pfeilern stehen. In den Ecken sind die Dienste zu profilierten Stumpfen verkümmert. Seitlich entsteigen den Wandpfeilern die Schildbogen. Das ganze Gewölbe ist vermittels dieser Pfeiler in die Umfassungsmauern des Altbaues hineingestellt. Alle Rippenkreuzungen der Mittelachse weisen hier Schlußsteine auf; sie sind meist scheibenförmig glatt oder durchlocht, bei zweien sieht man ein einfaches Kreuz; auf der ersten Kreuzung von Osten her ist mit Eisenklammern eine Platte befestigt, die in einem Vierpaß das Wappen der Familie von Watt zeigt, umschlungen von einem Schriftband: 𝔓eter von 𝔚at x · c · l · (1491) (Abb. 268). Offenbar hatte sich der in Nürnberg niedergelassene, aus der Familie von Watt stammende Kaufherr durch größere Zuwendungen beim Wiederaufbau ein besonderes Verdienst erworben. Seine Beziehungen zu Chur ergaben sich aus dem Handel mit Mailand, wo er eine ständige Vertretung hatte[2]. Über dem Chorbogen die Bauinschrift: 1 · 4 · 9 · 1 · ſtäffa · klain · werchmaiſter (siehe Abb. 262), daneben das Meisterzeichen[3]. Die Form der drei Südfenster mit den Glasgemälden von Augusto Giacometti von 1918 (Verkündigung an die Hirten, Christi Geburt, Anbetung der Drei Weisen) wurde 1917 frei gestaltet. Zuvor bestanden hier drei hochsitzende breite Öffnungen in der Art von Lünetten, jedoch

---

1) Die letzte Zahl ist undeutlich, doch eher eine langgezogene «3», wie sie bisweilen vorkommt, als eine «1».

2) Über Peter (II.) von Watt, Teilhaber der Handelsgesellschaft Diesbach-Watt s. F. Jecklin im «Freien Rätier», Beilage vom 30. Juni 1923, ferner H. Ammann in den Mitt. zur Vaterländischen Geschichte St. Gallen XXXVII, Heft 1, sowie W. Naef an gleicher Stelle, Heft 2. Dort S. 27 auch Wappenbeschreibung.

3) Im Spiegelbild und liegend, im Gegensatz zu der sonst üblichen Form, wie Bd. III, Tab. II 1.

spitzbogig, vermutlich erst aus nachreformatorischer Zeit[1]. In der Westwand ein dreiteiliges Spitzbogenfenster mit reichem Maßwerk. Darunter der Haupteingang. Das *Seitenschiff* öffnet sich in drei spitzbogigen, auf gefasten Pfeilern ruhenden Arkaden ins Hauptschiff[2]. Es ist um 4 m niederer als dieses; da jedoch beide Schiffe unter einheitlichem Dache liegen und demgemäß Lichtquellen in der Hochwand fehlen, so nähert sich die Anlage dem System einer Hallenkirche. Über dem östlichen Kompartiment des Seitenschiffes ruht ein längsoblonges Rippenkreuzgewölbe, über dem zweiten (vom Chor her) ein rippenloses Stichbogengewölbe, beidseits begleitet von zwei Hälften von Rippenkreuzgewölben, und über dem dritten ein Netzgewölbe. Über die Bedeutung der Unterbrechung der Rippenkonstruktion hernach siehe S. 242. Die einfach gekehlten Rippen wachsen aus prismatischen Konsolen; Schlußsteine und Schildbogen fehlen hier. In der Nordwand öffnen sich drei Spitzbogenfenster mit Mittelstützen und Fischblasenmaßwerken über runden oder mit Nasen versehenen Teilbögen. Von den rund-

Abb. 266. Chur. Die Evangelische Kirche St. Martin. Ansicht von Osten.

bogigen gefasten Türen führt die eine zum Turm, die andere unmittelbar ins Freie. Die heutigen Emporenbrüstungen stammen von 1917. – Die Kirche ist – mit über 40 m Gesamtlänge (im Innern gemessen) – die größte spätgotische Anlage Graubündens.

Das Äußere. Der Chor ist besetzt mit dreieckigen, nicht abgetreppten Streben. Am Langhaus weist nur die Südseite Streben auf, die viereckig und gleichfalls nicht gestuft sind. Sie überschneiden teilweise die zuvor (S. 236 f.) genannte karolingische Blendengliederung. Das Hauptportal in der Westwand schließt in einem gekehlten Rundbogen. Einheitliches, über dem Chor abgewalmtes Satteldach. Die halbkreisförmige Vorhalle stammt von 1917/18.

Der **Turm** steht an der Nordseite des Langhauses, und zwar in der Zone des ersten und zweiten Joches (von Osten her) und weist einen guten Eckverband aus sorgfältig

---

[1] Vielleicht von 1590? Am 18. Januar dieses Jahres steht im «Auß gab-Büchlein» 1590–1591 (StA. F 4): «usgen VIII bz dem petter thrommeter umb das er in Sant Martins killchen die Fenster verblüht hat.»

[2] Die zweite Arkade (vom Chor her) wurde 1917 der Symmetrie halber erweitert.

behauenen großen Bindern auf. Die Geschosse sind nach außen hin durch gekehlte Gurtgesimse kenntlich gemacht. Das Erdgeschoß öffnet sich gegen Osten und Westen in kräftigen Rundbogen, die den Zugang zu einem der Seiteneingänge des Nebenschiffes vermitteln. Es ist überdeckt mit einem Gewölbe, dessen sich überkreuzende Rippen einen verschobenen Stern beschreiben. Oberhalb der Durchgänge Schlüssellochscharten, in den nächsten Geschossen Lichtschlitze. In der Südwand ist eine Wendeltreppe ausgespart, an deren Spindel zahlreiche Steinmetzzeichen zu finden sind. Tab. II B, 2. Als Schallöcher dienen große dreiteilige Spitzbogenfenster mit reichen Maßwerken, die 1917 neu hergestellt wurden; dabei benützte man für jene gegen Osten und Westen als Vorlagen die alten, nur in Lärchenholz ausgeführten Maßwerke, für die beiden andern jedoch neue, freie Entwürfe. Das oberste Geschoß mit der Uhr und dem schlanken Helm ist eine Neuschöpfung von 1917. Der Turm hatte nach seiner Vollendung zwischen 1505 und 1509 zunächst wohl nur ein Notdach erhalten; 1534 entstand die in einem viereckigen Aufsatz mit Umgang untergebrachte Wächterstube, bekrönt von einer niedrigen, kuppelartigen Haube mit nadeldünner Spitze und vergoldetem Knauf (Abb. 265). Der 1889 an Stelle dieses recht originellen Abschlusses gesetzte, formal äußerst unglückliche Aufbau wies hohe gotische Spitzbogenfenster und einen Helm mit dreieckigen Wimpergen auf.

An der Front gegen den Platz hin ist oberhalb des Erdgeschosses ein *Steinrelief* eingelassen, das St. Martins Mantelspende darstellt (Abb. Bd. I, S. 105). Lebendig modellierte Arbeit. Vortrefflich ist auch, wie durch den Richtungsgegensatz des ins Profil gerückten Bettlers zu dem in Frontalansicht gegebenen Heiligen bei vollkommen reliefmäßiger Gestaltung doch Raumwirkung entsteht. Werkstatt JAKOB RUSS.

In der Ecke zwischen Turm und Chor ein offenbar nachmittelalterlicher Anbau, Sakristei und Archiv bergend.

Baugeschichtliche Schlußfolgerungen. Bei den Nachgrabungen von 1917 wurde nicht erwiesen, daß dem karolingischen Bau noch eine frühere Anlage voranging. Die Etappen der Baugeschichte von St. Martin stellen sich also folgendermaßen dar:

I. Karolingische Saalkirche mit drei Apsiden aus der zweiten Hälfte des 8. Jahrhunderts, vielleicht annähernd gleichzeitig oder wenig jünger als die Tello-Kathedrale.

II. Anbau eines Nordannexes, möglicherweise vor Etappe III, jedenfalls aber vor 1464.

III. Errichtung eines Turmes an der Nordseite des Schiffes, vermutlich im 11. oder 12. Jahrhundert.

IV. Nach dem Stadtbrand von 1464 Um- und Neubau. Niederlegung der Apsiden, Verlängerung des Schiffes gegen Osten um 6,50 m (Ostjoche) und Neubau des Chores, vollendet 1473.

V. In den Plan des weiteren Um- und Ausbaues des Langhauses war offenbar von Anfang an die Erweiterung durch ein Seitenschiff einbezogen. Östlich und westlich des romanischen Turmes, der zunächst stehen blieb, durchbrach man entweder die Nordwand durch Arkaden oder man legte sie, was wahrscheinlicher ist, zum größten Teil nieder. Die Hochwand des Schiffes oberhalb der Arkaden besteht jedenfalls aus Mauerwerk dieser Etappe, da im Dachraum des Seitenschiffes hier nicht wie im zweiten – vom alten Turm besetzten – Joch noch die karolingischen Gliederungen zu sehen sind. Die Außenwände des Seitenschiffes wurden, zum mindesten westlich des romanischen Campanile, zum Teil von einem älteren Anbau übernommen (siehe oben S. 239). Darauf folgte die Einwölbung beider Schiffe. Diese Etappe war 1491 abgeschlossen. Damals stand also noch der romanische Turm, den einheitlichen Zug des Seitenschiffes unterbrechend, im Innern der Kirche und durchstieß das Dach der Abseite. Dies ist daran zu erkennen, daß die Rippen der Seitenschiffgewölbe genau an der Stelle aussetzen, wo sich dieser Campanile erhob (siehe oben). Im übrigen geht

Abb. 267. Chur. St. Martin. Die Kanzel von 1558.
Text S. 244.

auch aus den (S. 234) zitierten Einträgen im Rechnungsbuch hervor, daß der alte Turm erst zwischen 1505 und 1509 abgerissen wurde, als der neue schon bis zum Glockengeschoß fertig war. Man entschloß sich zu diesem Vorgehen offenbar, weil man zwar einen stattlichen Turm plante, der eine längere Bauzeit erforderte, andererseits aber nicht so lange des Geläutes entraten wollte.

Ungeklärt ist die Fensterdisposition in der Südwand. Da man nicht annehmen kann, daß die bis 1917 vorhandenen unschönen lünettenartigen Öffnungen bei dem geschilderten Umbau entstanden, andererseits jedoch Spuren älterer hoher Fenster nicht zutage kamen, scheint es, daß zunächst noch die alten, hochsitzenden Fenster des karolingischen Baues beibehalten wurden.

VI. Der – wie erwähnt – zwischen 1505 und 1509 vollendete Glockenturm erhielt 1534 einen die Wächterstube beherbergenden Aufsatz.

VII. Vor und nach 1600 wohl Erneuerung des Sakristeiannexes (mit Treppe) und Einbau der Westempore, der im Laufe des 17. Jahrhunderts solche im Haupt- und Nebenschiff folgten (erstere später wieder entfernt).

VIII. 1889 neuer Turmaufsatz.

IX. 1917/18 umfassende Renovation: Innen- und Außenverputz, Fußboden, neue Fenster an der Südwand, Beleuchtung und Heizung, Versetzung der Kanzel an den Choreingang und der (neugebauten) Orgel in den Chor, Abänderung der Emporenbrüstungen, neue Vorhalle und Neugestaltung des Turmabschlusses.

Ausstattung. Der *Taufstein* aus schwarzem, weiß geädertem Ragazer Marmor besteht aus einer mit zungenförmigen Wulsten belegten Rundschale auf profiliertem Fuß, datiert 1685 (die Verschlußplatte von 1917). Der ältere Tauf-

Abb. 268. Chur. St. Martin. Schlußstein von 1491 (nach Abguß). Text S. 240.

Abb. 269. Chur. St. Martin. Das Chorgestühl; erste Reihe 1490–1500. Aufnahme vor der Neuaufstellung im Jahre 1918. Text S. 244 f.

stein aus der Mitte des 16. Jahrhunderts befindet sich im Rätischen Museum. Es ist eine (stark beschädigte) Rundschale aus gefleckem rotem Marmor. Vom Fuß ist nur noch der mit linearen Renaissanceornamenten gezierte Sockel vorhanden[1]. – Die *Kanzel* war bis 1917 am mittleren Strebepfeiler der Südwand angebracht und ist nun rechts vom Chorbogen placiert. Polygonaler Korpus aus harten Hölzern, durch Bogenfüllungen gegliedert. Am Sockel geschnitzte Ranke, als Abschluß ein Konsolengesims. Bezeichnet: 15 H K 58. Zwischen den Initialen ein Meisterzeichen (ein Winkel, überschnitten von einem Fisch). Kassettierter Schalldeckel mit Triglyphenfries und Intarsien an der Unterseite (Abb. 267). – Die *Bestuhlung* im Schiff aus der ersten Hälfte des 19. Jahrhunderts; Wangen mit Blattmuster.

Chorgestühl. Vorbemerkung. Von Rahn wurde die Meinung, die Fragmente des spätgotischen Gestühls stammten aus dem Kloster St. Nicolai, in die Literatur eingeführt[2]. Belege dafür sind nicht vorhanden. Im Figurenprogramm weist gleichfalls nichts auf das Predigerkloster hin, während es zu St. Luzi gut passen würde, da außer den Diözesanpatronen auch St. Andreas erscheint, der dort als Mitpatron ver-

---

1) Laut Eintrag im Ratsprotokoll vom 8. August 1684 (Bd. XII, S. 428) wurde der Taufstein einem ungenannten Ragazer Steinmetzen für fl. 80 und fl. 10 Extragratifikation in Auftrag gegeben, weil der vorhandene «gar baufällig und alt». Der (nicht mehr vorhandene) Deckel entstand 1688 (Rats-Prot. Bd. XIII, S. 209).

2) Übernommen z. B. von Scheuber (S. 123). O. Vasella, Geschichte des Predigerklosters St. Nicolai, S. 63, Anm. 3, läßt die Frage offen.

Abb. 270 bis 272. Chur. St. Martin. Reliefs von St. Luzius, Emerita und Florinus am Chorgestühl.
Text S. 246.

ehrt wurde. Im übrigen ist die Möglichkeit nicht völlig auszuschließen, daß es von Anfang an in der St.-Martins-Kirche gestanden hat, da im Spätmittelalter derartige Sedilien nicht nur in Kloster- oder Kollegiatkirchen, sondern auch in andern Gotteshäusern vorkamen[1], wo sie dann der eigenen Geistlichkeit und jener der Filialkirchen dienten. Außerdem darf daran erinnert werden, daß die Kollatur von St. Martin bis 1519 zur Dompropstei gehörte, weshalb sich wohl an gewissen Festtagen auch einige der Domherren dort einfanden. Bis zur Kirchenrenovation von 1917 stand das Gestühl im dritten Joch des Hauptschiffes (vom Chor her gerechnet), und zwar südlich des Ganges. Nach der damaligen Placierung der Kanzel waren dies die besten Plätze, weshalb sie den Mitgliedern des Stadtrates vorbehalten blieben und daher «Ratsherrenstühle» genannt wurden. 1917 versetzte man sie ins Ostjoch des Seitenschiffes.

Beschreibung. Das aus Eichenholz gearbeitete Gestühl umfaßt vier Reihen zu je sechs und eine (die zweite) zu fünf Plätzen. Die einzelnen Sitze werden durch Zwischenwangen getrennt, die unten mit kantigen Halbsäulen besetzt sind, während am oberen, zurückgeschweiften Teil die Säulchen frei in der bisweilen mit durchbrochenen Dreipässen ausgesetzten Biegung stehen. Die Sitzplatten sind erneuert und entbehren daher der Miserikordien. Die Armlehnen zeigen eine kräftige Profilierung. Auf der Gangseite schließen hochrechteckige Hauptwangen die Reihen der Stallen ab.

[1] In der Schweiz z. B. in St. Oswald in Zug sowie in St. Wolfgang bei Cham. Birchler, Kdm. Zug I, S. 359 f.; II, S. 235 f.

Nur vier dieser Wände tragen Reliefschmuck, während die hinterste neueren Datums und glatt ist. In Rahmen, die mit überkreuzten Rundstäben profiliert sind, erscheinen die Reliefs von vier Heiligen: St. Andreas[1], Luzius (das Zepter ist abgebrochen), Emerita und Florinus. Die in der Literatur eingebürgerte Ansicht, daß es sich bei diesen Wangen um Teile von abgebrochenen Hochfronten handle, kann nicht zutreffen, da sie auf den Innenseiten originale spätgotische Kehlen aufweisen, die auf die Sitzhöhe Bezug nehmen (Abb. 270–272).

Bei der ersten und dritten Reihe werden die Rückwände der Sitze durch reichprofilierte Lisenen aus Rundstäben mit geschraubten Sockeln gegliedert, die von Kehlen begleitet sind. Tief gekehlt ist hier auch die Sockelleiste. Bei den anderen Rückwänden treten hier nur einfach profilierte Lisenen und geschrägte Sockelleisten, wohl jüngeren Datums, auf. Auch die Pulte scheinen spätere Zutaten zu sein.

Die Sitzknäufe sind als Köpfe ausgebildet. In der ersten Reihe: 1. Alte Frau mit Kopftuch. 2. Bartloser Mann mit enganliegender, die Ohren bedeckender Kappe. 3. Lachender Alter mit runder Mütze. 4. Alter Mann mit enger Kappe. 5. Bauer mit Hut. 6. Mann mit hoher Mütze. In der zweiten Reihe fehlen Sitzknäufe, doch scheinen auch diese Stallen zum gotischen Bestand zu gehören. In der dritten Reihe: 1. Älterer Mann mit Mütze. 2. Kahlkopf mit Spitzbart. 3. Mann mit Kapuze. 4. Narr. 5. Bischof. 6. Hund. In der vierten Reihe: 1. Löwenkopf. 2. Zerstört. 3. Alter mit geteiltem Bart und vorn aufgeklapptem Hut. 4. Mann mit gleicher Barttracht, aber mit hoher Mütze. 5. Bartloser Mann mit aufgekrempter Kappe. 6. Frau mit Kopftuch. 7. Esel. In der fünften Reihe: 1. Esel. 2. Kahlkopf. 3. Ältere Frau. 4. Alter Mann mit Mütze. 5. Bischof mit falsch aufgesetzter Mitra (die Einsenkung zwischen den Hörnern läuft von vorn nach hinten). 6. Mann mit aufgeklapptem Hut (Abb. 273–276).

Würdigung. Ein ikonographischer Leitgedanke ist in der Reihe dieser Ziergriffe nicht zu erkennen; auch das burleske Element tritt nicht stärker hervor, es klingt nur in dem Eselskopf an, der eine Verspottung mißtönenden Chorgesanges sein soll, und wohl auch in der verkehrt aufgesetzten Mitra[2].

Das Gestühl wird zwischen 1490 und 1500 entstanden sein. Die Reliefs an den Wangen sind handwerklich tüchtige Arbeiten, jedoch ohne stärkeren persönlichen Ausdruck, was eine Nebeneinanderstellung der beiden Heiligen Andreas und Luzius besonders deutlich macht. Unmittelbarer und frischer wirken die Köpfe der Sitzgriffe. Die Arbeiten dürften der Werkstatt des JAKOB RUSS angehören, wie ein Vergleich des Faltenwerkes beim St. Florinus des Gestühls mit jenem der Figur des gleichen Heiligen am Hochaltar sowie eine Konfrontierung des St. Luzius mit dem Herzog von Sachsen im Überlinger Rathaussaal belegt.

Literatur: RAHN, Geschichte, S. 753. – J. SCHEUBER, Die mittelalterlichen Chorstühle in der Schweiz, Straßburg 1910, S. 122f. – A. GAUDY, Die kirchlichen Baudenkmäler der Schweiz, Bd. I, Graubünden, Berlin 1921, S. 34, mit Abb. S. 124 und Titelblatt. – W. LOOSE, Die Chorgestühle des Mittelalters, Heidelberg 1931, S. 85. – P. L. GANZ und TH. SEEGER, Das Chorgestühl in der Schweiz, Frauenfeld 1946, S. 98.

Abendmahlsgeräte. Sechs schmucklose *Kelche* aus Silber mit großer, innen vergoldeter Kuppa. H. 28,50 cm. Meistername eingeschlagen: «Timler». Beschauzeichen Augsburg mit Lit. X wie Rosenberg Nr. 703 für das Jahr 1812. – *Abendmahlskannen* aus Zinn: 1. *Prismatische Ringkanne* mit sechseckigen Buckeln. Graviertes Stadt-

---

[1] Zweifellos ist St. Andreas gemeint. Der Gegenstand zu seiner Rechten ist ein – wegen der reliefmäßigen Darstellung halbiertes – Schrägkreuz; man erkennt deutlich den stumpfen Winkel. Für die Walkerstange des hl. Jakob d. J. ist das Holz zu massig, auch dürfte es dann nicht viereckig sein.

[2] Dies geht aus den Versen an einem Chorgestühl in Freising von 1423 hervor: «cantent in choro sicut asellus in foro hic locus est horum qui cantant in choro.» Vgl. R. Busch, Deutsches Chorgestühl, Hildesheim und Leipzig 1928, S. 14.

Abb. 273. Sitzknauf am Chorgestühl, vierte Reihe, Nr. 3.

Abb. 274. Sitzknauf am Chorgestühl, fünfte Reihe, Nr. 3.

Abb. 275. Sitzknauf am Chorgestühl, fünfte Reihe, Nr. 5.

Abb. 276. Eselskopf am Chorgestühl, fünfte Reihe, Nr. 1.

Chur. St. Martin. Text S. 246.

wappen, darunter: «Camil Heim, Kirch-Pfleger 1685.» Rückengriff. Meistermarke des Churer Zinngießers OTTO HARNISS (Harnisch) wie bei Bossard Nr. 342. – 2. *Prismatische Ringkanne*, bezeichnet «J. U. B. 1789»; Marke des MATTHEUS BAUER in Chur wie Bossard Nr. 354 sowie Bodenrosette. – 3. *Prismatische Ringkanne* mit Stadtwappen, datiert 1822. Marke teilweise zerstört[1].

Im Rätischen Museum eine mit Nr. 1 identische *Ringkanne* aus St. Martin, datiert 1685. – Dort findet sich auch die *Sanduhr* mit geschmiedetem Arm von Blattwerk, um 1700, sowie der *Opferstock*, Holz mit Eisen beschlagen, bezeichnet «I H (verbunden) V R PFL»[2].

Die Glocken. Die Nachrichten über die Glocken von St. Martin setzen erst 1708 ein. Damals (5. November) wurde ein Neuguß der Mittagglocke beschlossen, da die frühere Glocke «sehr alt und schon zum öfteren gekehrth» war. Vertrag vom 9. Juli 1709 mit MATTHEUS ALBERT (Ratsakten). Das Metall stellte die Stadt, und zwar Schwarzwälder Zinn, bezogen aus Nürnberg, und Kupfer aus Hall in Tirol. Am 6. Juli 1730 Akkord mit CHRISTIAN SCHMID in Bregenz über den Guß einer Betglocke, die aber 1735 zu Reklamationen Anlaß gab (Ratsakten). 1734 zersprang die Mittag- und die Totenglocke (sogenannte «Scalettaglocke»). Neuguß im gleichen Jahr (Chronik Terz, BMBl. 1903, S. 272). 1841 Umguß der großen Glocke durch FRANZ THEUS in Felsberg. 1846 ließ man die drei kleinen Glocken von JAKOB KELLER, Unterstraß in Zürich, neu gießen. Da sie mit der großen Glocke nicht zusammenstimmten, entschloß man sich zu einem neuen Geläute, das 1898 von GEBR. THEUS, Felsberg, gegossen wurde. Die Glocken von 1846 kamen nach St. Regula.

Über den ehemaligen Friedhof siehe S. 286 f.

Literatur: FR. JECKLIN, Zur Geschichte unserer Glocken, o. D. (Chur 1898). – A. NÜSCHELER, Verzeichnis der Glockeninschriften im Kt. Graubünden, Mskr. Zentralbibliothek Zürich, R 480.

Die Evangelische Pfarrkirche St. Regula

Geschichte und Baugeschichte. Die erste urkundliche Nachricht über St. Regula erhalten wir durch einen Eintrag in den Churer Totenbüchern zum Gedächtnis «unserer Schwester Berthrada, welche die Kapelle St. Regula auf dem Hof den fratres (d. i. den Chorherren) gegeben hat»[3]. Die Notiz stammt aus der ersten Hälfte des 12. Jahrhunderts; da jedoch das Todesjahr der Spenderin nicht angegeben ist, dürfte es sich um einen aus dem älteren Buch übertragenen Anniversarvermerk handeln. Unter «Schwester» («soror») ist sicherlich keine Konventualin, sondern eine mit den Stiftsherren in Gebetsgemeinschaft verbundene vornehme Frau weltlichen Standes zu verstehen, vermutlich die letzte ihres Geschlechtes. Der Name weist auf fränkische Herkunft. Die Kirche gehörte zu einem Hof, war also (ehemals königliche) Eigenkirche. Auf frühe Gründung deutet das Patrozinium St. Regula, da es in den älteren Quellen[4] niemals in Verbindung mit St. Felix auftritt, also hier einer Zeit angehören dürfte, wo die in Zürich im 9. Jahrhundert vollzogene Verbindung beider Heiligen noch nicht erfolgt war (vgl. BMBl. 1945, S. 311). Die Kirchweihe fiel auf den 29. Mai (Necrol. Cur., S. 54). Schon in der zweiten Hälfte des 12. Jahrhunderts ist von einem plebanus bei St. Regula die Rede, das Gotteshaus war also damals bereits eine Pfarr-

---

1) Stadtwappen mit Initiale «D» für den Vornamen.

2) Vermutlich «Joh. Ulrich Rechsteiner, Pfleger». Der Genannte übte dies Amt von 1742–1744 aus.

3) Necrol. Cur., S. 92: «commemoratio sororis nostre Berthrade que capellam S. Regule cum curte fratibus dedit.»

4) Im Necrol. Cur. an den zitierten Stellen, ebenso im Urb. des Domk., S. 54, 82; ferner CD. III, S. 192 u. a.

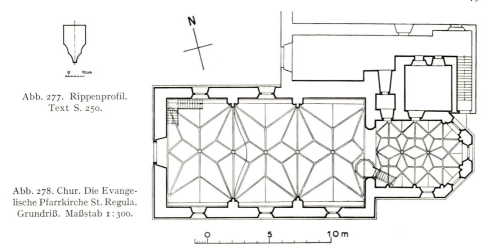

Abb. 277. Rippenprofil. Text S. 250.

Abb. 278. Chur. Die Evangelische Pfarrkirche St. Regula. Grundriß. Maßstab 1:300.

kirche. Dem Brand von 1464 scheint sie nicht zum Opfer gefallen zu sein, denn 1494 sagt der Rat von Chur, daß es «bißher nit in zierlichem guetten buw gestannden, sonndern mercklich abgangen und buwfällig worden ist». Wäre sie 1464 verbrannt, so hätte man dessen bei dieser Gelegenheit – es handelt sich um ein Reliquiengesuch an die Stadt Zürich[1] – sicherlich Erwähnung getan. Der Neubau war damals schon zum Teil ausgeführt, wie aus der Petition hervorgeht[2]. Es wurden keine Reliquien der Titelheiligen gefunden, «als sie die Altäre hatten beschauen» lassen, weshalb man sie von Zürich erbat. Vollendung des Neubaues laut Inschrift 1500. Meister: BALTHASAR BILGERI, Bürger von Chur und Feldkirch[3]. – Näheres über den Bauvorgang siehe S. 252.

In dem eben zitierten Schriftstück erscheint die Kirche nun unter dem Titel St. Felix, Regula und Exuperantius, doch liegt hier offenbar eine zweckbedingte Anpassung an die Zürcher Stadtheiligen vor, denn auch späterhin heißt das Churer Gotteshaus immer nur St. Regula. Der Lage des Stadtteiles entsprechend nannte man sie häufig auch nur die «Untere Kirche».

Die ältere Bilddokumentierung ist hinsichtlich dieses Baues nicht ganz eindeutig; während man bei Münster an der Nordseite des Schiffes drei schematische schmale und hohe rundbogige Fenster sieht, zeigt Stumpf dicht neben dem Turm ein hohes gotisches Fenster, dessen Umrisse heute noch im Inneren zu erkennen sind und nahe der Nordwestecke ein kleines, schmales, rundbogiges Fenster mit auswendiger Leibung. Das oberste Geschoß des Turmes kragt bei Münster wohl fälschlicherweise auf Kleinbogen vor. Beiden Ansichten sind der Okulus an der Front und das – nach alter Weise – schwächer geneigte Dach gemeinsam, auf dem man bei Stumpf noch die zur Beschwerung der Bretterschindeln aufgelegten Feldsteine erkennt. Bei Merian ist jedoch schon ein steileres Dach zu sehen, was mit dem annähernd gleichzeitigen Knillenburger Prospekt übereinstimmt. Die letztere Ansicht zeigt die Kirche noch ganz in einem burgartigen Zusammenhang mit dem Herrenhaus «Planaterra» (Näheres darüber siehe BMBl. 1945, S. 22).

---

1) StA. Zürich, Akten Graubünden, Edition von F. Jecklin in ASA. 1898, S. 125 f. – Vgl. auch A. Eichhorn, Episcopatus Curiensis, St. Blasien 1797, S. 136.
2) «Das angesehen hond wir nach unnserm vermuegen dasselb gotzhus ains tails widerumb uffgericht zu bestanntlichen erlichen bůwen gebraucht und hinfür ob gott will noch mer und wytter thůn wöllen.» A. a. O.
3) Über BALTHASAR BILGERI s. S. 233, Anm. 7, sowie Bd. I, S. 99.

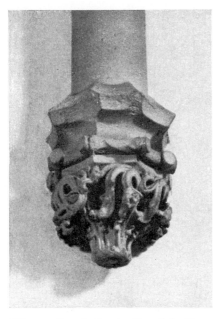

Abb. 279. Chur. St. Regula. Konsole im Chor.
Text unten.

Im wesentlichen ist die heutige architektonische Gestalt der Anlage ein Ergebnis des 1500 vollendeten Neubaues. 1588 erfolgt die Einfügung einer Holzempore[1], 1652 hören wir von einer Erhöhung des Turmes, die durch die Schenkung einer Glocke nötig geworden war (Rats-Prot. Bd. VI, S. 147, 175). 1663 will man die Glocken verbessern (a. a. O. VIII, S. 332). 1685 werden vier Abendmahlskannen angeschafft und die Kirche geweißelt (a. a. O. XII, S. 486). 1695 trifft eine Orgel ein, die offenbar in Zürich gekauft worden war. Schon 1745 mußte sie jedoch durch ein neues Instrument ersetzt werden (BMBl. 1903, S. 277). 1836 bestand die Absicht, die Kirche durch einen Umbau zu vergrößern, wobei man auch an einen Abbruch des Chores und eine Verlängerung des Schiffes in gleicher Breite gegen Osten dachte. Auf ein Gutachten des städtischen Bauinspektors K. Herold ging man aber von dem Plan ab und suchte die Behebung des Raummangels durch bessere Platzausnützung zu erreichen. 1838 kam es dann zu einer umfassenden Renovierung: Neue Fensterdisposition, Erneuerung des gesamten Verputzes und der Bodenbeläge, Anstrich des «Steingerippes des Gewölbes» und des Chorbogens mit grauer Ölfarbe, Vergrößerung der Empore im Chor, beide mit geschweiften Brüstungen. Die Empore im Schiff gegenüber der Kanzel wurde dagegen entfernt; neue Bestuhlung, Täfer und Türflügel (Ratsakten Fasz. Q 4). Die damals entstandene (1896 entfernte) Kanzel trug eine Stuckverkleidung mit spätklassizistischem Dekor (kirchliche Embleme); als Schalldeckel diente eine muschelartig gebogene Wand. Die Renovation von 1896 brachte die jetzige neugotische Kanzel und Orgel, auch wurde damals die Chorempore entfernt. Über die Daten der Turmrenovationen siehe die Inschriften (S. 252). Die einzelnen Bauetappen sind in den «Baugeschichtlichen Schlußfolgerungen» kurz zusammengefaßt (S. 252).

Literatur: RAHN, Geschichte, S. 536, 539. - Ders. in ASA. 1882, S. 282, sowie im Schweiz. Künstlerlexikon I, S. 131, Artikel «Bilgeri». Übriges zitiert.

Baubeschreibung. Inneres. Die nach Osten gerichtete Kirche besteht aus einem dreijochigen Langhaus mit dem gegen Osten gerichteten dreiseitig abgeschlossenen Chor von zwei Jochen. Über dem *Chor* erhebt sich ein reiches Sterngewölbe, dessen doppelt gekehlte Rippen und Schildbogen meist aus Halbsäulen mit zylindrischen Basen wachsen und nur an der Nordseite, wo die Türen zum Turm und der Sakristei – beide in Rundbogen schließend und gotisch gefast – hindernd im Wege standen, zu Stümpfen verkümmert sind[2]. Ihre Konsolen aus subtil gearbeitetem, à-jour-gehauenem Laubwerk gleichen verschiedenen Bekrönungen von Säulchen am Sakramentshäuschen im Dom (Abb. 123), kommen aber sonst in Graubünden nicht vor (in der

---

1) StA. Außgab Büchlein 1588–1589, Signatur F. 4.
2) Rahn teilt im Schweizerischen Künstlerlexikon I, S. 131, mit, es habe sich 1896 gezeigt, daß Rippen und Dienste aus Stuck seien. Dagegen spricht das erwähnte Gutachten Herold von 1838, wo ausdrücklich vom «Steingerippe des Gewölbes» die Rede ist. Auch sieht man an Haarrissen deutlich, wie weit der Stein

Dekanatskapelle sind sie viel primitiver). Vielleicht war hier Hans von Amberg, der Palier des Meisters Claus von Feldkirch, am Werk (Abb. 279). Die Schlußsteine, teils rund, teils prismatisch, weisen eine Umrahmung von Astwerk auf. Sie umschließt bei einem drei von Laubwerk umrankte Schilde, bei den anderen Blattmotive. Die Form der vier rundbogigen nüchternen Fenster stammt von 1838, jedoch erkennt man am Verputz darüber noch die Spitzen der ehemaligen gotischen Öffnungen. Die kleine Loge in der Nordwand war die Türnische der Chorempore von 1838. Der *Chorbogen* ist gedrückt spitzbogig und beidseits gefast; über seinem Scheitel steht in neueren Lettern, aber offenbar nach alter Vorlage: balthasar bilgerÿ Anno 1500.

Über dem *Schiff* liegt ein Sterngewölbe in drei Jochen, die durch Gurten in der Breite der Rippen getrennt werden. Es ist offenbar

Abb. 280. Chur. Die Evangelische Kirche St. Regula.
Innenansicht gegen den Chor.

nachträglich eingezogen und daher auf starke, an den Stirnseiten abgeschrägte Innenpfeiler abgestützt, vor denen Dreiviertelsäulen stehen. Aus ihnen steigen die einfach gekehlten Rippen empor. In den Ecken sind die Dienste zu Konsolstümpfen verkümmert. Die Schildbogen sitzen in den Winkeln zwischen den Pfeilern und der Wand. Auch daran erkennt man, daß das Gewölbe nachträglich entstand, da der Schildbogen hier zwar unmittelbar aus der Strebe wächst, an der Gegenseite (der Ostwand) jedoch aus einer auskragenden Vormauerung. Glatte Schlußsteine, einer davon durchlocht. Haupteingang in der Westseite. Die fünf Fenster mit Rundbogen stammen in der jetzigen Form von 1838. An der Nordseite im ersten Joch vom Chor her zeichnen sich aber im Verputz die Grenzen des auf dem Holzschnitt bei Joh. Stumpf (siehe S. 16, Abb. 8) abgebildeten Fensters deutlich ab. Im Westjoch ist eine *Holzempore* eingebaut, deren Brüstung spätklassizistische Stukkaturen mit Blattspiralen und Musikemblemen zieren (1838).

Im Dachraum sieht man, daß alle Gewölbe aus Backstein gemauert sind, auch ist an den längsseitigen Fugen zu erkennen, daß die Schiffgewölbe mit dem Mauerwerk keinen Verband haben. Die Übermauerung des Chorbogens ist verputzt, was darauf schließen läßt, daß die Einwölbung eine zweite Etappe darstellt.

Äußeres ohne Streben und sonstige Wandgliederung. Die Einfassung des im

---

des verkürzten Dienstes an der Nordseite des Chores in die Mauer einbindet. Die Rippen des Schiffes erkennt man von der Empore aus als Steinarbeit. Bei den fraglichen Feststellungen handelt es sich wohl um Flickstücke, wie sie sich z. B. an den unteren Partien von Diensten der Südseite konstatieren lassen. Vielleicht wurden im Chor auch die Rippen vor dem Anstrich durch einen Gipsüberzug geglättet.

Halbrund geschlossenen Hauptportals stammt – wie die aus Nußbaumholz gefertigte Türe mit Strahlenmotiven – von 1838.

Der **Turm** steht in der Ecke zwischen Chor und Schiff und ist mit diesem nicht in Verband. Wie man im Dachraum sieht, ist seine Südfront über der Traufhöhe der Kirche (gegen den Chor hin) für Ansicht verputzt, auch öffnet sich hier ein vergittertes Fenster, woraus geschlossen werden muß, daß er älter ist als der bestehende Chor und das alte Altarhaus wesentlich niederer war. Die Ecklisenen gehen nur bis zu den Obergeschossen; vielleicht waren sie ursprünglich durch einen bei Münster (vgl. S. 249) mißverstandenen Arkadenfries verbunden. Eine Rundbogentüre im Erdgeschoß gegen Westen liegt mit der Schwelle unter dem heutigen Bodenniveau und überragt dieses nur noch um 1,20 m. Die erwähnten, bis zum Uhrengeschoß hinaufreichenden Lisenen sind mit profilierten Gesimsen bekrönt. In der Ostwand des zweiten Geschosses sitzt eine vermauerte Lichtscharte. Über der Glockenstube mit rundbogigen Schallfenstern erhebt sich ein Spitzhelm mit Wimpergen. Wasserspeier. An der Ostwand stehen die Renovationsdaten: 1652, 1700, 1883, 1916.

An die Nordseite des Chores schließt sich die – beinahe quadratische – *Sakristei* und im Anschluß daran ein Annex neuerer Zeit.

Baugeschichtliche Zusammenfassung. I. Über die Gestalt des ersten, vermutlich frühmittelalterlichen Baues ist nichts bekannt.

II. Von der romanischen Kirche stammen noch die Hauptpartien des Turmes (bis zum Glockengeschoß). Das dazugehörige Altarhaus war wesentlich niederer als der heutige Chor.

III. Die Winkelgenauigkeit der ganzen Anlage läßt vermuten, daß sie im Ganzen auf den vor 1494 begonnenen und 1500 vollendeten Neubau zurückgeht, wenn auch aus den beschriebenen Beobachtungen zu erkennen ist, daß die Einwölbung des Schiffes einer zweiten Etappe innerhalb der gleichen Epoche angehören dürfte. Immerhin könnten Partien der alten Umfassungsmauer in dem Umbau aufgegangen sein, wofür das bei Stumpf eingezeichnete kleine Fenster (siehe S. 16, Abb. 8) zu sprechen scheint.

IV. Erhöhung des Turmes 1652.

V. Empore 1838.

Malereispuren. Links vom Chorbogen sieht man Reste der Umrahmung eines Bildfeldes, das vermutlich auf einen Seitenaltar Bezug nahm[1].

Ausstattung von 1896.

Abendmahlskelche. Zwei glatte *Kelche* aus Silber, die Kuppa innen vergoldet; H. 27 cm, Beschau Augsburg mit Lit. X nach Rosenberg Nr. 328 für das Jahr 1837. Meistermarke «C F T» nach Rosenberg Nr. 1030 Zeichen des KARL FERDINAND TAUTENHAHN, gest. nach 1810. – Eine prismatische Ringkanne mit Buckeln von 1685 wie in St. Martin.

Glocken. Dreiteiliges Geläute, gegossen 1846 von JAKOB KELLER in Unterstraß bei Zürich, 1898 von St. Martin hierher übertragen[2].

Im Rätischen Museum steht der ältere schmucklose *Opferstock* aus Holz, ein gegen unten sich verjüngender Pfeiler mit trichterförmigem Einwurf. Mitte des 16. Jahrhunderts. Über den Friedhof siehe S. 287.

---

1) Hier auch ein in Rötel aufgezeichneter Wappenschild mit Hauszeichen und der Zahl 15.5(?).

2) Die vorherige große Glocke war nach A. Nüscheler, Glockeninschriften von Graubünden, Mskr. Zentralbibliothek Zürich, R 480, von Christian Schmid von Bregenz 1730 gegossen worden. Die Inschrift der kleinen Glocke lautete: * ave * maria * gracia * plena * dominus * tqm (tecum) * o * rex * glorie * xpe * anno * dmn * ccccc * vii⁰ (1507). F. Jecklin, Zur Geschichte unserer Glocken, o. D. (1898), S. 1, liest an letzter Stelle «uno». Die obige Lesart (vii⁰ = septimo) dürfte richtiger sein, da es sonst «primo», nicht «uno» heißen müßte. Nüscheler a. a. O. hat VIII (1508).

Die Evangelische Filialkirche in Masans

Geschichte und Baugeschichte. Das Kirchlein, etwa 2 km nördlich von Chur auf Stadtgebiet gelegen, gehörte ursprünglich zum Churer Leprosenhaus in Masans. Da der Name nicht, wie Campell annahm, sicher mit «ad malesanos», also mit dem Siechenhaus in Verbindung gebracht werden kann[1], so fällt der erste zuverlässige Nachweis der Krankenanstalt in die Zeit um 1370[2]. Sie war, wie der Name «domus leprosorum» sagt, zur Aufnahme von Leprakranken, also Aussätzigen bestimmt, und wird wohl schon in der Frühzeit des 13. Jahrhunderts, als die Seuche besonders heftig grassierte, entstanden sein. Ende des 16. Jahrhunderts beherbergte sie nachweislich Leprosen, später – nach Erlöschen der Krankheit in Europa – wird sie dann der Verpfründung alter und kränklicher Personen gedient haben (BMBl. 1945, S. 55f.).

Die Kapelle war dem Pestheiligen St. Sebastian geweiht[3]. Nach der Reformation stand sie als Filiale unter St. Regula (Sererhard, S. 53).

Baugeschichtliche Nachrichten fehlen. Die Umfassungsmauern des Schiffes sowie der Chor samt Gewölbe und den Vorlagen des Chorbogens werden noch auf den ursprünglichen Bestand aus der ersten Hälfte des 13. Jahrhunderts zurückgehen. Das Schiff war damals wohl flach gedeckt, das Dach nur schwach geneigt und über dem Chor abgewalmt. Vermutlich um 1500 Erhöhung des Daches und Errichtung des Türmchens. Einwölbung des Schiffes wahrscheinlich erst im 18. Jahrhundert. Letzte Renovationen 1910 und 1936.

Literatur: Über die Aufdeckung der Fresken siehe J. R. RAHN im Bündner Tagblatt vom 30. September 1910, abgedruckt in ASA. XII, S. 352f., 1937, S. 76, und im Jahresbericht der Gesellschaft für Erhaltung historischer Kunstdenkmäler 1911, S. 31. – Pausen der übertünchten Bilder im Archiv für hist. Kunstdenkmäler, Schweiz. Landesmuseum, Zürich. – Die Pläne auf S. 254 nach Aufnahmen von Arch. O. Schäfer, Chur.

Baubeschreibung. Inneres. Die nach Süden gerichtete Anlage besteht aus einem rechteckigen Langhaus mit Vorraum und dem annähernd quadratischen Chor. Der *Chor* ist mit einem rippenlosen überhöhten Kreuzgewölbe überdeckt, dessen Grate nach dem Scheitel hin verschwimmen. In seiner Westseite öffnet sich ein leeres Spitzbogenfenster, gegen Süden ein Rundbogenfenster neueren Datums, das mit einem Glasgemälde geschmückt ist («Gethsemane» von LEONHARD MEISSER, Chur 1936). Der *Chorbogen* ist halbrund und ohne Fasen. Er scheint nachträglich erweitert worden zu sein, denn die Bogenansätze sind hinter die Fronten der Vorlagen zurückversetzt. Die Kämpfersteine zeigen an der Unterkante eine Profilierung mit Rundstab nach spätromanischer Art (Abb. 283). Das *Schiff* wird von einer glatten Tonne überwölbt; über dem Vorraum, der nur etwa halb so hoch ist wie das eigentliche Schiff und von diesem durch einen ungefasten Rundbogen getrennt wird, ruht eine Quertonne mit Kappen. Vermutlich war dieser Vorraum für auswärtige Besucher bestimmt, während das Schiff selbst den leprakranken Insassen der Anstalt vorbehalten blieb, wobei wohl ein den Bogen ausfüllendes Gitter aus Holz die beiden Räume trennte. Der Zugang von der Straße her führt über einige Stufen in den Vorraum hinab. Ein zweiter Eingang öffnet sich in der westlichen Langseite. In der östlichen Langseite sitzt nahe der Ecke eine stichbogige Nische, die wohl auf eine ältere Türe zurückgeht. Die Fensterdisposition des Schiffes ist neueren Datums. Im Vorraum sieht man noch ein älteres, ungelenk spitzbogiges Fenster, das jedoch auch nicht zum ersten Bestand ge-

---

1) A. Schorta in «Das Landschaftsbild von Chur» in der Beilage zur Festschrift J. Jud, Genf-Zürich 1942, S. 2 und 57f.

2) CD. III, S. 214, und Urb. des Domk., S. 94.

3) Rechnungsbuch des Baumeisters von 1530, unpaginiert. StA. F 36: «uß des Valentin Wagners hoff in Sant Sebastians capell tragen.»

hört. An der Nordseite eine *Empore* aus Holz mit geschweifter Brüstung.

Im Dachraum ist zu erkennen, daß die Mauern des Chores ursprünglich rundum horizontal abschlossen und der Südgiebel später aufgemauert wurde. Der Chor hatte also ehemals ein niederes Walmdach.

Äußeres ohne Wandgliederung. Nußbaumtüre um 1830. Am nördlichen Ende des einheitlichen, sehr steilen Satteldaches sitzt ein dachreiterartiges Türmchen, bekrönt von einem achteckigen Spitzhelm mit Bruch. An der Nordseite der Kapelle, wo sich ehemals das Siechenhaus anschloß, steht ein Wohnhaus ohne bemerkenswerte Innenräume.

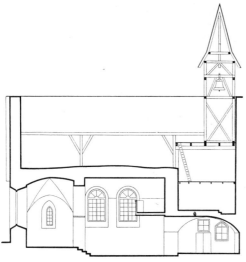

Abb. 281. Chur. Die Evangelische Filialkirche in Masans. Längsschnitt. Maßstab 1:300.

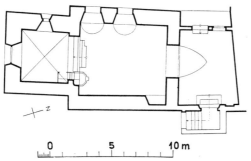

Abb. 282. Chur. Die Evangelische Filialkirche in Masans. Grundriß. Maßstab 1:300.

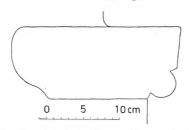

Abb. 283. Chur. Kirche in Masans. Kämpfer des Chorbogens. Maßstab 1:5. Text S. 253.

Wandmalereien. Bei der letzten Renovation (1910) kamen Wandmalereien zum Vorschein, von denen die allzu fragmentarischen Partien – nach der Abnahme von Pausen – übertüncht, die andern jedoch durch CHRISTIAN SCHMIDT restauriert wurden. Solcherweise erhalten, wenn auch in stark beschädigtem und überarbeitetem Zustand, sind folgende Bilder: An der Westwand rechts des Fensters unter Baldachinen zwei Apostel, durch Unterschriften, ſanctus iuda, ſanctus ſimon, bezeichnet. In der Linken das Evangelienbuch, die Rechte mit weisender (lehrender) Gebärde. Die Figuren bilden den Rest eines Apostelzyklus, der sich über die drei Chorwände hinzog; daneben ein Konsekrationskreuz. In der Leibung des Fensters erblickt man auf bestirntem Grund unter Baldachinen St. Barbara und St. Katharina, oben im Schild, nur schwach noch erkennbar, die Geburt Christi und die Anbetung der Hirten. Im Scheitel die himmlische Glorie. Am Gewölbe sind in Rundmedaillons die vier abendländischen Kirchenväter, an Pulten sitzend, dargestellt. Auf dem Rand stehen ihre Namen in gotischen Minuskeln. Die verbleibenden Eckzwickel füllen je zwei – also insgesamt acht – Engel mit Spruchbändern, deren Inschriften jedoch zum größten Teil zerstört sind; aus dem in der Südwestecke noch erhaltenen Rest: ... **filium eius unicum dominum nostrum**

ist zu entnehmen, daß es sich um Artikel des Glaubensbekenntnisses handelte. Der durchgehende Fond ist rot, der Grund der Medaillons blau. Die Innenseite des Chorbogens schmücken rote Ranken und das Brustbildnis Christi. Hier steht die Inschrift: «Renoviert 1910.» In der Leibung des Chorbogens sieht man noch in Kreismedaillons je drei der klugen Jungfrauen in Halbfigur, während die entsprechenden Gegenbilder der törichten Jungfrauen nicht mehr erhalten sind.

Wieder überstrichen wurden: Im Schild der Ostwand Reste eines Abendmahls. Man fand noch zwei Halbfiguren und zwei Kopffragmente sowie einen Nimbus. An der Stirnseite des Chores erschienen Reste einer Darstellung des Jüngsten Gerichts. In wesentlichen Teilen erhalten war der Weltenrichter und die mit einem Seil umschlungenen und von Teufeln dem Höllenofen überantworteten Verdammten. Die weiter unten – im Zwickel – noch zutage gekommenen Fragmente dürften zu einer Verkündigungsszene gehört haben. Die Malereien entstanden wohl in der Zeit um 1500 und zeigen zwar italienische Züge, stehen jedoch in keiner Beziehung zur Malweise

Abb. 284. Chur. Die Evangelische Filialkirche in Masans. Ansicht von Südwesten.

der Seregnesen (Bd. I, S. 112). Man ist eher geneigt, an einen vom Süden zwar beeinflußten, jedoch aus dem deutschen Kunstkreis hervorgegangenen Maler zu denken.

Die *Kanzel* ist ein Polygonkorpus, von Bogenfeldern gegliedert und mit Säulchen besetzt. Mitte des 17. Jahrhunderts.

Abendmahlskannen aus Zinn. 1. und 2. Zwei prismatische Ringkannen, bezeichnet «Rudolf Bavier Pfläger, Simon Hemi Kirchenvogt 1697». Marke des Otto Harniss (Harnisch), wie Bossard Nr. 342. – 3. Bezeichnet «J C – J. H. 1816». Marke des I. U. Bauer.

Glocken. 1. Dm. 79 cm. Inschrift: LOBET DES HEREN NAMEN EBIGLICH (!). – CHRISTIAN FELIX VON VELDTKIRCH GOSS MICH IN CHUR 1772. – JOH. JACOB FISCHER DER ZEIT PFLEGER. Churer Stadtwappen. – 2. Dm. 58 cm. Die Inschrift ist hier nicht gegossen, sondern eingraviert: JACOB LORETZ DER ZEIT PFLEGER 1784.

Grabtafeln. An der Südflucht der Friedhofsmauer eine ehemalige Stele mit Hausmarkenwappen der Familie Paal. Inschrift für Johann Paal, gest. 1613, seine Ehefrau Anna Paal geb. «Lytscher» (Lütscher), gest. 1629, und deren Kinder Christina Katharina und Peter, letzterer gest. 1663. – An der Nordmauer Grabtafel mit Wappen von Castelberg, Inschrift größtenteils zerstört, vermutlich für Christoffel von Castelberg[1].

---

[1] Sein Todesdatum ist im Kirchenbuch nicht zu finden. Dagegen wird laut Kirchenregister von St. Regula seine Schwester (Name nicht genannt) am 1. Januar 1650 in Masans bestattet, am 2. März 1665 seine Frau Magdalena und im Februar 1725 beider Sohn «Junkher Benedicht Castelberg» (getauft 25. Sept. 1631). Christoffel lebte 1665 offenbar noch.

Die abgegangene Kirche St. Salvator

Abb. 285. Chur. Der Turm von St. Salvator. Ansicht von Nordosten. Text nebenan.

Geschichte. Aus dem karolingischen Reichsguturbar (um 831) erfahren wir, daß zu dem Pfäverser Klosterhof in Chur auch eine Kirche gehörte (CD. I, S. 291). Darunter kann, wie aus den späteren Klosterrödeln hervorgeht, nur St. Salvator verstanden sein. Im frühesten dieser Stiftsurbare (nach 1300) wird denn auch das Patronatsrecht der Abtei an der «ecclesia Sti Salvatoris extra muros prope civitatem Cur · sita» ausdrücklich erwähnt. Aus der Nennung eines «plebanus S. Salvatoris» im Jahre 1258 ist zu schließen, daß damals das Gotteshaus schon den Rang einer Pfarrkirche hatte (CD. I, S. 351). Eine spätere Quelle (1527) nennt sie überdies eine «rechte alte pfarrkirchen». Die Kapelle St. Maria Magdalena zu Ems stand als Filiale unter ihr. St. Salvator verfügte also nicht über einen räumlich geschlossenen Pfarrsprengel, sondern diente vielmehr offenbar nur den geistlichen Bedürfnissen der Klosterleute zu Chur und Ems. Im September 1527 wurden die Kultgegenstände entfernt, der «altar zerstört, die altarblatten abbrochen», «die glasfenster al zu kleynen stücken zerschlagen». In der nachreformatorischen Zeit scheint die Kirche nicht mehr benützt worden zu sein. 1559 verkaufte sie das Stift Pfävers an die Stadt (Nüscheler, S. 50). Sererhard (1742) sah noch «etwelche Reliquien der Mauren» (S. 51). 1813 wurde hier eine Schrotgießerei eingerichtet und der Turm, da er sich für den Betrieb als zu nieder erwies, 1819 um 30 Schuh (etwa 10 m) erhöht.

Quellen und Literatur: M. Gmür, Urbare und Rödel des Klosters Pfävers, Bern 1910, S. 17, 32, 35. – Brief vom 30. Sept. 1527 über die Bilderzerstörung, ediert von O. Vasella in der Zeitschrift für Schweiz. Kirchengeschichte 1941, S. 266. – Schriftstück von K. Herold vom 29. August 1819 aus dem Turmknopf; Original in der Kantonsbibliothek. Sign. B 342. Abdruck im «Freien Rätier» vom 31. August 1892 (Nr. 204). – Rahn in ASA. 1872, S. 396. – Übriges zitiert.

Beschreibung. Von der ganzen Anlage ist heute nur noch der Turm vorhanden. An der Stelle der Kirche selbst steht ein Haus neueren Datums.

Der **Turm** ist ein ungegliederter schlanker, achtgeschossiger Viereckbau, den ein Zeltdach krönt. In den unteren Partien der Ostwand, wo der Verputz abgefallen ist, erkennt man in dem sonst sehr nachlässig gearbeiteten Mauerwerk einige Lagen von Ährenverband. Die alten Schallfenster öffneten sich im fünften Geschoß; die darüber sich erhebenden Geschosse stellen den 1819 erfolgten Aufbau dar (siehe oben). An drei Seiten sind die Schallöcher vermauert; den Verputzgrenzen nach zu schließen waren es rundbogige Öffnungen, die jedoch ursprünglich unterteilt gewesen sein könnten. Gegen Süden ist das Fenster noch offen, hat jedoch eine nachträglich erweiterte Form. Das oberste Geschoß zeigt an allen Seiten Viereckoffnungen neuerer Art, die zum Teil Reduktionen größerer Luken darstellen. Sie dienten wohl der hier eine Zeitlang stationierten Feuerwache. Im übrigen weist der Turm nur Lichtscharten auf, von denen eine – gegen Süden – in Rundbogen schließt. An der Nordwand fehlen sie jedoch ganz. 11. Jahrhundert?

DAS EHEMALIGE KLOSTER ST. LUZI

Geschichte

Da die später (S. 270) zu besprechenden Grabtafeln aus dem 6.–8. Jahrhundert für die Geschichte von St. Luzi nicht zuverlässig verwertbar sind[1], ist der früheste Beleg für die Existenz des Gotteshauses die noch vorhandene – ins 8. Jahrhundert zu verweisende – Krypta. Über dem kirchenrechtlichen Charakter von St. Luzi im Frühmittelalter liegt Dunkel. In der Einleitung zu der um 800 verfaßten «Vita beatissimi Lucii confessoris» (Stiftsbibliothek St. Gallen, Cod. 567) ist die Rede von den «fratres reverendissimi», die den «Tag des allerseligsten Luzius» feiern, und dies scheint darauf hinzudeuten, daß damals bei St. Luzi bereits eine nach Ordensregeln lebende geistliche Gemeinschaft bestand[2]. Nach der herrschenden Meinung wirkte hier die erste Bildungsanstalt für junge Kleriker, bis deren Aufgaben dann von der Domschule übernommen wurden[3], wie denn auch eine einflußreiche Schreibschule der Karolingerzeit dort gesucht wird.

Als unecht gilt die päpstliche Bulle von 998, in der erwähnt wird, daß auch das nach der Regel St. Benedikts lebende «Kloster des Hl. Valentianus nahe dem Schloß Marsöl» («prope castra Martiola») unter der Oberhoheit des Stiftes Pfävers stehe (CD. I, S. 104). Ob, wie Durrer annimmt, die Stelle in sachlicher Hinsicht Vertrauen verdient, mag dahingestellt bleiben. Die erste eindeutige urkundliche Nachricht über das Kloster erhalten wir durch den Schirmbrief vom 6. November 1149, in dem der Papst das Gotteshaus St. Luzius unter dem Prior Aimo seines Schutzes versichert. Zugleich wird bestimmt, daß die im Kloster eingeführte Regel des hl. Augustin dort für alle Zeiten eingehalten werden solle (CD. I, S. 169). Daß die Mönche dem Orden der Prämonstratenser angehörten, wird ausdrücklich in einer päpstlichen Bulle vom 21. April 1215 erwähnt (CD. I, S. 254). Die Ankunft der Mönche dürfte einige Jahre vor 1149, und zwar noch unter Bischof Konrad I. von Biberegg (gest. vermutlich 1145) erfolgt sein, der zu den Gönnern des Klosters Roggenburg zählte. Wie aus einer königlichen Bestätigung von 1207 hervorgeht, waren die Prämonstratenser zu St. Luzi frei von jeder Kastvogtei (CD. I, S. 240). 1252 fand eine Übertragung der Reliquien des hl. Luzius statt (vgl. die Inschrift auf dem Schrein, S. 166). Eine Neuweihe der Kirche zu Ehren der hl. Andreas, Luzius, Emerita und Aller Heiligen erfolgte am 15. Oktober 1295; gleichzeitig wurde «infra ecclesiam»[4] ein Altar zu Ehren der Maria und der Heiligen Philipp, Sebastian, Nikolaus und Florinus konsekriert[5].

Am 18. Oktober 1330 erlitt die Kirche eine Brandzerstörung[6]. Mit Beschluß vom 11. Oktober 1453 genehmigte das Generalkapitel des Ordens dem Propst Johannes und seinen Nachfolgern den Abtstitel. 1459 erteilte der Papst die Erlaubnis zum Gebrauch der Pontifikalien (Eichhorn, S. 322).

In der darauffolgenden Zeit fanden – auch im heutigen Bestand der Kirche noch nachweisbare (S. 267 f.) – Umbauten statt, denn am 17. Juli 1489 notierte Bischof Ortlieb in seinem Rechnungsbuch (fol. 29v) eine Getreidespende mit dem Vermerk:

---

1) Deshalb scheidet auch die Mitteilung des Proprium ep. Cur. (1646) aus, die Bischof Valentian († 548) als Gründer des Klosters nennt, da sie offenbar nur auf einer Kombination mit der Valentiantafel beruht.

2) Immerhin ist die Möglichkeit nicht völlig auszuschließen, daß unter diesen «fratres» die Chorherren der Kathedrale zu verstehen sind. Dann wäre dies der älteste Beleg für die Existenz des Domkapitels.

3) Vgl. O. Vasella in JB HAGGr. 1932, S. 24, mit Nachweis weiterer Literatur.

4) «infra ecclesiam» bedeutet kaum «in der Krypta», wie Mayer a. a. O., S. 31, interpretiert, sondern «im unteren Teil der Kirche», also im Laienschiff.

5) Kopie der Urkunde im BA., vgl. auch Mayer, St. Luzi, S. 31.

6) Mayer a. a. O., S. 32, Anm. 1, und Goldast, Rer. Aleman. Frankfurt 1661, III, S. 113, nach einem Codex aus St. Luzi. Übereinstimmend auch F. v. Sprecher, Rhet. Cronica, S. 179.

Abb. 286. Das älteste Siegel des Klosters St. Luzi (1282). Text S. 259.

«hab ich sant Lucj an dem buw geschenkt.» Abt Johannes II. Walser ließ die ruinös gewordenen Klostergebäude wieder herstellen und veranstaltete dafür 1511 eine Kollekte in der Churer Diözese (Eichhorn, S. 322). Am 25. Juni 1538 beschlossen die nach der Reformation vom Gotteshausbund für die Verwaltung der Klöster St. Luzi und St. Nicolai eingesetzten Kommissäre, die Güter von St. Luzi sowie das Klostergebäude mit Ausnahme der Kirche einzuziehen, um sie (1539) an Churer Bürger als Erblehen zu übertragen[1]. Die Konventualen übersiedelten nun nach Bendern (Liechtenstein). Die noch verbliebenen Kirchenzierden übernahm 1542 das Domkapitel. In Bendern fristete der Konvent – bisweilen auf ein bis zwei Patres zusammengeschrumpft – ein kümmerliches Dasein, führte aber von 1553 an trotzdem die Äbtereihe mit nur unwesentlichen Intervallen fort. Die Klostergebäude in Chur hielt die Stadt notdürftig im Stande[2].

Am 7. Februar 1624 wurde – als Folge des politischen Umschwungs in Graubünden – die Rückgabe des Klosters vom Gotteshausbund formell verfügt, doch verzögerte sich die Ausführung noch eine geraume Weile. Am 26. November 1633 erhielt der Abt die Erlaubnis, die Kirche zu decken unter der Bedingung, daß sonst nichts gebaut werde (Rats-Prot. IV, S. 316), was ihm am 19. Juli 1636 nochmals eingeschärft wurde, da der Verdacht bestand, er beabsichtige «Jesuwitter dahin zu schaffen». In der Folge führte der 1636 von Bendern nach St. Luzi übergesiedelte Administrator Johannes IV. Kopp (Abt seit 1639) die Restaurierung «der Klostergebäude, des Turmes, des Chores und der Sakristei» durch (Eichhorn, S. 330). Mit Beschluß des Provinzialkapitels vom 3. Mai 1688 wurde St. Luzi dem Stift Roggenburg inkorporiert, das 1697 dann mehrere tausend Gulden für Reparaturen und Umbauten im Kloster aufwandte. 1716 hob der Hl. Stuhl die Inkorporation wieder auf. Unter Abt Milo Rieger (1717–1725), den Eichhorn (S. 331) als «alter S. Lucii fundator et restaurator» rühmt, wurde die Kirche restauriert, Altäre und Kanzel erneuert, sowie alle Paramente und Kultusgeräte neu angeschafft. 1732 Orgel von Hans Georg und Johannes Algöwer von Gisingen[3]. Die Kirchengefäße fielen am 17. Mai 1799 den Franzosen zur Beute. Durch die Säkularisation der Klostergüter in Liechtenstein und Vorarlberg wurde das Stift an seiner wirtschaftlichen Grundlage getroffen. 1806 Auflösung des Konvents; 1807

Abb. 287. Abtsiegel des Klosters St. Luzi, erstmals 1475. Text S. 259.

1) Näheres dazu bei O. Vasella, Geschichte des Predigerklosters St. Nicolai in Chur, Paris 1931, S. 79 ff.

2) Im Rechenbuch von 1588 (StA.) findet sich am 22. September der Eintrag «... alle tächer zuo Sant Luzi gemacht bis an den Kreuzgang an das trommeters garten und anderer flickhwerch zuo allen Orten... 17 fl. 12 kr.»

3) BA. Rechnungsbuch St. Luzi 1726–1740, S. 323. Renovation der Orgel durch Joseph Lochner von Feldkirch i. J. 1737 (a. a. O., S. 349).

vorübergehende Bewohnung des Klosters durch Redemptoristen aus Babenhausen in Bayern und 1807 Übergabe an das 1800 in Meran gegründete und von dort vertriebene Priesterseminar.

Am 13. Mai 1811 zerstörte der auf dem «Hof» ausgebrochene Brand auch das Seminar und seine Kirche. Nach dem Plane Gottfried Purtschers, des Gründers und damaligen Regens des Seminars, sollte nun die Anstalt durch den Bau zweier Flügel erweitert werden, so daß die Anlage ein geschlossenes Viereck gebildet hätte. Da nach den damals geltenden Bestimmungen jedoch Katholiken auf Stadtgebiet (mit Ausnahme des Hofes) keine neuen Gebäude errichten durften, wurde das Projekt vom Stadtrat abgelehnt. Der erfinderische Regens löste die Raumschwierigkeiten daher dadurch, daß er auf die Kirche zwei Stockwerke mit Anstaltsräumen setzte und auch das alte Klostergebäude aufstockte. 1885–1889 umfassende Renovation der Kirche. 1945 Restaurierung der hinteren Krypta und der östlichen Gruftkammer (Dipl.-Arch. W. Sulser).

Siegel und Wappen. Ein Siegel des Klosters ist 1282 erstmals nachgewiesen und zeigt den thronenden und gekrönten St. Luzius mit Zepter (rechts) und Reichsapfel (links) auf bestirntem Grund. Umschrift in Unzialen: S. CONVENTUS SCI LUCII (Abb. 286). Gleichzeitig erscheint ein Siegel des Propstes, das ebenfalls den thronenden St. Luzius mit Krone, Zepter und Reichsapfel führt, jedoch beseitet von den Initialen S. L. Umschrift in Unzialen: S. PREPOSITI SCI LUCII. Bei der Vidimierung einer Urkunde von 1386 begegnen wir dann 1475 einem spitzovalen Abtsiegel, das in dreiteiligem tabernakelartigen Ziergehäuse in der Mitte den gekrönten stehenden St. Luzius, an seiner Rechten die hl. Emerita mit Krone und Palmzweig, zur Linken kniend den Abt mit dem Krummstab darstellt. In der Bekrönung die Halbfigur des hl. Andreas zwischen Engeln. Unten die Phantasiewappen des hl. Luzius, a) ein aufrechter Löwe, b) drei Leoparden, c) ein springendes Pferd[1]. Umschrift: S. abbatis · mori (monasterii) sancti – luci · regis · et · confessoris (Abb. 287). Die erwähnten Phantasiewappen treten im Nachmittelalter dann als alleinige Siegelbilder im gespaltenen und geteilten Schild auf, und im 18. Jahrhundert wird endlich das erste dieser Bilder, der aufrechte Löwe, meist allein geführt (vgl. auch S. 270).

Abb. 288. Chur. St. Luzi. Ausschnitt aus der Ansicht der Cosmographie von Seb. Münster 1550. Abb. 10, S. 18.

Literatur: Geschichtliche Monographie: JOH. GEORG MAYER, St. Luzi bei Chur, II. Auflage, Einsiedeln 1907. – Katalog der Pröpste und Äbte mit Regesten der wichtigsten Urkunden bei A. EICHHORN, Episcopatus Curiensis, St. Blasien 1797, S. 317 bis 332. – Die Vita S. Lucii: A. LÜTOLF, Die Glaubensboten der Schweiz vor St. Gallus, Luzern 1871, S. 95–124. – Die Schreibschule: R. DURRER, Festgabe für Ger. Meyer von Knonau, 1913, S. 30 und 67. – A. BRUCKNER, Scriptoria medii aevi Helvetica, Genf 1934, S. 39 f. – J. MÜLLER im BMBl. 1942, S. 249 f. – Der Bau: RAHN, Geschichte, S. 195 f., 539. – Ders. ASA. 1872, S. 396; 1890, S. 334. – W. EFFMANN in Zeitschr. für Christliche Kunst 1895, Sp. 346–350 und 363–383. – E. POESCHEL in ASA. 1930, S. 219–234. – W. SULSER in ZAK. 1943, S. 169 bis 178; 1945, S. 145. – P. FRANKL, Frühmittelalterliche und romanische Baukunst, Wildpark-Potsdam 1926, S. 7 f. – J. GANTNER I, S. 48 f.

Die abgebildeten Zeichnungen beruhen auf Aufnahmen von Dipl.-Arch. WALTHER SULSER, Chur.

1) Zu den Phantasiewappen des St. Luzius als eines britischen Königs vgl. Bd. II, S. 356, 358 und Bd. III, S. 163. Dort auf England, Schottland und (vielleicht) Irland bezogen. Ein

Die ehemalige Klosterkirche St. Luzius
Baubeschreibung

Vorbemerkung. Die aus dem Befund und den oben mitgeteilten urkundlichen Nachrichten zu erschließende Baugeschichte wird bei der Beschreibung dargestellt, da sich hier die übliche topographische Reihenfolge weitgehend mit der Chronologie deckt. Eine Übersicht der Ergebnisse bringt die «Baugeschichtliche Zusammenfassung» auf S. 268 f.

Gesamtanlage. Die nach Osten gerichtete Kirche besteht aus dem heute (seit 1811) dreischiffigen Langhaus, der vorderen dreischiffigen Hallenkrypta nebst einem südlichen Annex (St.-Anna-Kapelle), der Ringkrypta mit einer östlich angefügten querrechteckigen Gruftkammer und dem über diesem Kryptenkomplex sich erhebenden Hochchor. Dieser gliedert sich wiederum in den einschiffigen Vorchor, seit 1811 als Altarhaus dienend und durch eine Zwischenwand abgetrennt von den anderen Chorteilen: dem dreischiffigen inneren Chor, dem eingezogenen quadratischen Altarhaus und einem queroblongen, niederen, ostwärts angefügten Annex.

Die Ringkrypta. In einem mächtigen querrechteckigen Mauerblock läuft ein «im Prinzip» halbrunder, mit dem Scheitel nach Osten gerichteter, tonnengewölbter Gang von 1,30 m Breite und 2,20 m Höhe. Das Gewölbe ist leicht hufeisenförmig ge-

---

Ablaßbrief vom 25. März 1386 (CD. IV, S. 119) bezeichnet St. Luzius als «rex anglie, Equitanie et brittanie». Vielleicht dachte man also bei dem dritten Wappen auch an Aquitanien. Von Münster (Cosmographie, Aufl. 1598, S. 147) wird jedoch diesem Land auch der aufrechte Löwe zugeteilt.

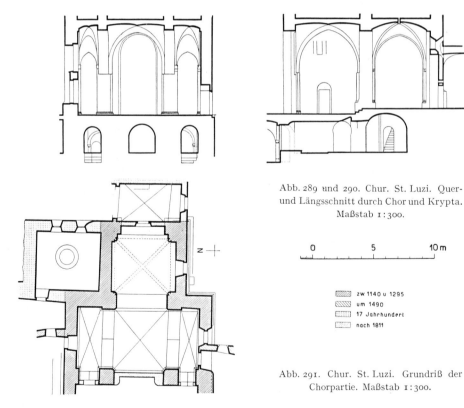

Abb. 289 und 290. Chur. St. Luzi. Quer- und Längsschnitt durch Chor und Krypta. Maßstab 1:300.

zw 1140 u 1295
um 1490
17 Jahrhundert
nach 1811

Abb. 291. Chur. St. Luzi. Grundriß der Chorpartie. Maßstab 1:300.

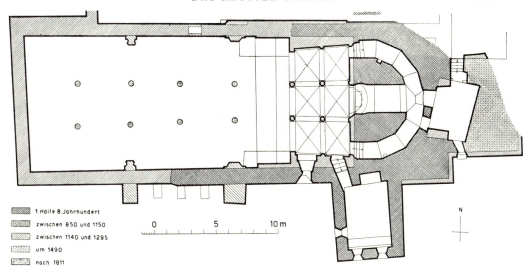

Abb. 292. Chur. Die ehem. Klosterkirche St. Luzi. Baugeschichtlicher Grundriß mit Krypta. Maßstab 1:300.

bildet. Wie angedeutet, folgt dieser Korridor nur grundsätzlich dem bekannten Typus der halbkreisförmigen Ringkrypta, ist jedoch in Wirklichkeit aus neun Teilstücken mit geraden Wänden zusammengesetzt, mithin im Grundriß polygonal. Doch sind die Brechungen so schwach, daß sie optisch kaum empfunden werden, und dürften daher eher auf technische Unbeholfenheit in der Konstruktion einer ringförmigen Wölbung als auf architektonische Absicht zurückgehen. Zwei kleine Nischen in den Wänden des Ganges dienten wohl zur Aufstellung von Lampen[1]. Der jetzige Bodenbelag (Platten) stammt von 1945; früher Kalkestrich.

Vom Scheitel dieses Ringkorridors geht, den Mauerkern durchbrechend, gegen Westen hin ein gerader, gleichfalls tonnengewölbter *Stollen* aus, der durchschnittlich 2,15 m breit, jedoch etwa 50 cm niederer ist als der Umgang. Gegen Westen hin war dieser Mittelgang bis in die neueste Zeit durch eine nach der Vorkrypta sich öffnende, also die Rückseite gegen den Stollen kehrende Apsidiole abgeschlossen (vgl. ASA. 1930, Taf. XV), die offenbar nach 1811 eingebaut worden war[2] und bei der letzten Renovation (1945) wieder entfernt wurde. Erst bei dieser Gelegenheit konnte die ursprüngliche Form des Westabschlusses dieses Mittelganges besser geklärt werden. Die 1930 (ASA. 1930, S. 226f.) beobachtete Wölbung erwies sich als Zutat der romanischen Epoche, wie auch die westlichen Ansätze an die Ringkrypta samt ihren Zugangsstufen, von denen noch die Rede sein wird. Am Gewölbe zeichnete sich die Verlängerung deutlich ab und an den Wandungen war zu konstatieren, daß der Mittelgang im ersten Zustand gerade abschloß, oben – in der Schildmauer – aber sich gegen Westen öffnete[3].

Die Frage, wie das *Heiligengrab* angeordnet war, ist zwar auch jetzt noch nicht mit Sicherheit zu beantworten, doch darf nach den erwähnten Feststellungen folgende Vermutung ausgesprochen werden: Die Tumba stand im Mittelstollen, mit dem Kopfende an die westliche Abschlußwand gerückt. Die beobachtete Öffnung im Schild dieser Mauer diente als Fenestella für die Verehrung vom Schiff her, dessen Boden

1) Vgl. J. Braun, Der christliche Altar, München 1924, Bd. I, S. 569.
2) 1872 war sie schon vorhanden (vgl. ASA. 1872, S. 396), kann also nicht etwa erst 1889 angelegt worden sein.
3) Diese Feststellungen verdanke ich Herrn W. Sulser.

vor Anlage der romanischen Vorkrypta auf durchlaufend gleichem Niveau bis hierher reichte und daher nur wenig unter der Bank der Fenestella lag. Am Fußende des Sarkophags stand ein Altar wie in St. Emeram zu Regensburg[1]. Ein Altar in der Krypta ist für 1361 belegt, allerdings ohne daß zu erkennen wäre, ob es sich hier um die Ringkrypta oder die romanische Vorkrypta handelt[2]. Der Hauptaltar im Chor wäre dann über dem Sarg anzunehmen, also in symbolischer Verbindung mit dem Heiligengrab. Anzeichen einer wirklichen Kommunikation (mittels eines Schachtes) sind nicht zu sehen. Das Gewölbe des Mittelstollens umsäumt ein mit dem Zirkel in den Verputz geritztes Muster aus Kreissektoren, wie es – von der Antike weitervererbt – in frühchristlicher Zeit und im Frühmittelalter häufig an Sarkophagen, Fensterplatten, aber auch als Wanddekoration vorkommt (Abb. 294). Im südlichen Sektor des Umgangs ist an der Innenwand mit rotbrauner Farbe ein karriertes Viereck aufgemalt, das wie die Imitation eines Fenstergitters aussieht.

Da die Vorkrypta eine romanische Zutat darstellt, so darf – wie bereits erwähnt – angenommen werden, daß der Schiffboden der karolingischen Kirche in einem Zug bis zur Ringkrypta lief. In den Umgang führten also zwei seitliche Treppen hinab. Ist die Annahme einer Fenestella zum Mittelstollen richtig, dann müssen für den Aufgang zu dem erhöhten Chor der ersten Kirche zwei Stiegen beidseits dieses Fensters vorausgesetzt werden. Zwischen der Fenestella und den Zugängen zur Krypta bleibt für jede Stiege noch ein Raum von annähernd zwei Metern[3].

Für die Datierung der Ringkrypta geben die urkundlichen Quellen einen spätesten Termin: kurz vor 821 nahmen die Beamten des Königs die Gebeine des hl. Luzius, für die allein die Ringkrypta bestimmt gewesen sein kann, dem Bistum weg[4]. Sie blieben offenbar verschwunden, bis sie am 30. März 1108 wieder aufgefunden wurden, unter welchem Tag in den Churer Totenbüchern eine «inventio corporis S. Lucii confessoris» eingetragen ist (Necrol. Cur., S. 31). Angesichts der unbeholfenen Konstruktion des Ringganges und des sehr altertümlichen Ornamentes am Mittelstollen darf man die Anlage wohl in die Frühzeit der Entwicklung der Ringkrypta, also in die erste Hälfte des 8. Jahrhunderts setzen[5].

Gruftkammer. Östlich der Ringkrypta und nur zur Hälfte vom gleichen Block wie diese, zur andern jedoch von dem eingezogenen Unterbau des Altarhauses umschlossen, liegt ein rechteckiger tonnengewölbter Raum, der mit der Ringkrypta durch zwei nahe beieinander stehende, rundbogig geschlossene Durchlässe verbunden ist, die keinerlei Anzeichen eines ehemaligen Verschlusses zeigen. Diese Pforten, von denen die eine (nördliche) ziemlich genau nach der Achse des Mittelstollens ausgerichtet ist, lassen kaum eine andere Erklärung zu, als daß sie eine Erweiterung des Prozessionsweges der Ringkrypta darstellen, daß wir also auch in diesem Gelaß einen Kultraum zu erblicken haben. Die am nächsten liegende Annahme dürfte sein, daß hier – in einer nicht mehr erkennbaren Aufstellungsart – die Reliquien der hl. Emerita der Verehrung dargeboten wurden, um so mehr, als durch eine, allerdings späte,

---

1) Über die dortige Anordnung siehe J. A. Endres in der Römischen Quartalschrift für christliche Altertumskunde, Jhrg. 9, Rom 1895, S. 1–55, besonders S. 43.

2) CD. III, S. 148: 1361 Mai 22: «ain liecht das brinen sol vor sant Lutzen alter in der Gruft in sant Lutzen münster.»

3) Die Chorstiegen in der Kathedrale haben im oberen Teil nur eine Breite von 1,30 m.

4) CD. I, S. 27, UB.: «Nec etiam illud sacratissimum corpus beati lucii confessoris nobis reliquerunt.»

5) Eine instruktive Zusammenstellung von Ringkrypten südlich und nördlich der Alpen mit Literaturnachweisen und Grundrissen gibt J. Braun, Der christliche Altar, München 1924, Bd. I, S. 568–584. – Zur Kritik der Frühdatierung W. Effmanns (6. Jahrhundert) siehe die Ausführungen des Verfassers in ASA. 1930, S. 221–226. Anderseits kann aus der Abfassung der «Vita» zwischen 800 und 820 nur ein «terminus ante quem», aber keine feste Datierung gewonnen werden, wie im BMBl. 1938, S. 291, versucht wird.

Abb. 293. Chur. St. Luzi. Krypta. Blick aus der Gruftkammer in den Umgang und den Mittelstollen.
Text S. 260 ff.

Quelle bezeugt ist, daß St. Luzius mit seiner Schwester im Kloster «körperlich ruhen» und ihre Reliquien hier verehrt werden[1]. In diesem Zusammenhang verdient Beachtung, daß die Anordnung und Schachtneigung des – 1943 auch außen wieder freigelegten – querrechteckigen Fensters in der Südostwand des Gelasses die Strahlen der aufgehenden Wintersonne – also auch am Tag der hl. Emerita, dem 4. Dezember – in die Mitte des Raumes fallen läßt[2]. Der Bodenbelag (Platten) und der Verputz stammen von 1945. Damals entstand auch der Zugang von Norden her in seiner heutigen Form[3].

Diese «Emeritakammer» ist offenbar jünger als die Ringkrypta. Spricht schon die unregelmäßige Grundrißbeziehung zwischen beiden Bauteilen dagegen, daß sie auf einen einheitlichen Plan zurückgehen, so weiterhin noch ein Detail: über dem linken der beiden Zugänge sieht man im Gewölbe des Umganges eine schachtähnliche Eintiefung, die den Eindruck erweckt, als habe sie ursprünglich zu einem Fenster geführt (vgl. Abb. 289). Ein solches wäre aber heute durch das Gewölbe der Emeritakammer verstellt.

Andererseits aber wird jedoch das Gemach auch älter sein als das über ihm sich erhebende romanische Altarhaus. Denn die Substruktionspfeiler der Vorlagen des Chorbogens treten in den Westecken des Raumes heraus und sind offenbar nachträglich hineingestellt. Bei späterer oder auch nur gleichzeitiger Anlage der Kammer hätte man sicherlich auf die Fundamente der Vorlagen Rücksicht genommen.

---

1) 1458 Sept. 11: «cum beatus lucius... cum eius sorore virgine et martire sancta Emerita in dicto monasterio corporaliter requiescant, eorumque reliquie inibi devotis laudibus honorifice venerentur.» Eichhorn, Anhang S. 150, Nr. 121.
2) Sulser in ZAK. 1943, S. 172; vgl. dazu auch die Krypta von Disentis Bd. V, S. 13.
3) Zuvor eine grob eingebrochene Bresche.

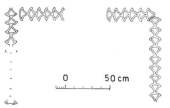

Abb. 294. Chur. St. Luzi. Ritzornament in der Krypta. Text S. 262. Maßstab 1 : 40.

Der **Südannex** (heute St.-Anna-Kapelle). Gegen Süden tritt am Zusammenstoß von Ring- und Vorkrypta aus dem Baublock ein viereckiger Annex heraus, dessen tonnengewölbtes Untergeschoß heute die St.-Anna-Kapelle birgt und im Volksmund – sicherlich ohne glaubwürdigen Grund – als Zelle des hl. Luzius bezeichnet wird[1]. Sein Bodenniveau stimmt mit jenem der Ringkrypta überein, und da der romanische Hausteinsockel an der Ostseite dieses Anbaues aufhört[2], so dürfte dieser Annex vor den Neubauten des 12./13. Jahrhunderts entstanden sein. Ob er aber zugleich mit der Ringkrypta gebaut oder erst später angefügt wurde, muß offen bleiben. Die ursprüngliche Zweckbestimmung ist unaufgeklärt. Vielleicht handelte es sich um eine Sakristei[3].

Die **Vorkrypta.** Westlich der frühmittelalterlichen Ringkrypta liegt die romanische Hallenkrypta, zu der man auf einer modernen, in der Mittelachse geführten Treppe aus dem etwa 1,60 m höher gelegenen Schiff hinabsteigt. Sie besteht aus drei Schiffen von je zwei Jochen mit grätigen Kreuzgewölben, die zwischen halbrunden Gurtbogen auf vier Rundpfeilern und den entsprechenden Wanddiensten ruhen. Die Stützen und Dienste wurden 1889 umgestaltet[4]. Nach der Beschreibung Rahns erhoben sich die stämmigen Säulen ehemals auf runden Sockeln und waren mit «ungeschlachten», aus Tuffstein gearbeiteten Würfelkapitellen ohne Deckplatten bekrönt. Als Wanddienste fungierten schwache Halbsäulen. Über die Apsis in der Ostwand siehe oben, S. 261. Nach dem Schiff hin öffnet sich diese Krypta in halbrunden Arkaden. In der Südwand sitzt ein rundbogiges, nachträglich etwas verändertes Fenster, das zum romanischen Bestand gehört[5], während der Mauerzug, den es durchdringt, sich oben durch einen Absatz und gegen Westen hin durch eine Fuge (siehe Abb. 292) deutlich als eine ältere Partie zu erkennen gibt. Diese Mauerteile werden daher noch zur frühmittelalterlichen Anlage gehören. Nach der Ausschachtung der Vorkrypta wurden für die Aufmauerung der Gewölbe die beiden Längswände sowie die Stirnseite der Ringkrypta verstärkt (siehe Abb. 292)[6]. Während man früher, wie erwähnt, zur Ringkrypta hinabstieg, mußten nun einige aufwärtsführende Stufen angelegt werden[7]; die Bogen der in der Mauerverstärkung liegenden Eingänge stützte man an den Außenseiten mit halben, von Würfelkapitellen bekrönten Wandsäulchen.

Der **Vorchor** (jetzt Altarraum), liegt auf der romanischen Vorkrypta als ungeteilte Bühne vor den Arkaden des hernach zu beschreibenden dreischiffigen Chores, erstreckte sich also in den Raumbereich des Langhauses hinein, wie dies bisweilen auch bei italienischen Anlagen der Fall ist[8]. Den Aufstieg aus dem Langhaus vermitteln zwei schmale – im jetzigen Zustand moderne –, seitliche Treppen.

Der innere Chor wie auch das Altarhaus der romanischen Kirche sind in der

---

1) J. Gg. Mayer, St. Luzi, S. 3.
2) Sulser a. a. O., S. 178.
3) Auch bei der romanischen Kathedrale befand sich die erste Sakristei auf dem Niveau der Krypta (vgl. S. 63 f.).
4) Die halbrunden Wanddienste wurden 1889 zu Pilastern umgestaltet, Säulen und Kapitelle mit Gips verkleidet und letztere mit Deckplatten versehen; die Rundsockel in profilierte Basen umgeändert. Mayer, St. Luzi, S. 33.
5) Ins Frühmittelalter kann es nicht zurückreichen, weil es knapp über dem Niveau des Schiffsbodens sitzt, der, wie erwähnt, damals bis an die Krypta reichte. Abbildung des Fensters ZAK. 1943, Taf. 47e.
6) Siehe dazu auch Effmann a. a. O., Sp. 374. Anm. 14 mit Literaturnachweis.
7) Die jetzigen Stufen von 1945, vorher gemauerte Tritte, mit Platten belegt.
8) So etwa im Dom von Fiesole, in S. Zeno zu Verona oder in S. Miniato al monte bei Florenz.

bestehenden Anlage noch deutlich erkennbar. Sie liegen hinter der geraden östlichen Abschlußwand des jetzigen Altarraumes, die erst nach 1811 zwischen die Arkaden des inneren Chores eingezogen wurde. Gleichzeitig unterteilte man diese östlichen Partien durch einen Zwischenboden, um Raum für die Sakristei und ein Seminar-Oratorium (heute Bibliothek) zu gewinnen. Dieser Chor bestand aus einem quadratischen Vierungsraum und zwei ihn begleitenden längsoblongen, sehr schmalen Seitenräumen, war also dreischiffig und öffnete sich nach dem Vorchor und dem Schiff hin in einer dreigliedrigen, spitzbogigen Arkade, die auf zwei kräftigen viereckigen Pfeilern und den entsprechenden Wanddiensten ruht. Die Basen sind mit Wülsten und Kehle im Sinne der attischen Ordnung profiliert.

Über dem Chorquadrat liegt zwischen vierkantigen, spitzbogig-gestelzten Gurten ein rippenloses Kreuzgewölbe[1]; gleicher Art sind auch die Gewölbe über den Seitenjochen, doch steigen sie hier gegen das Mitteljoch hin, ähnlich wie in der Kathedrale, etwas an. Als Folge der Stelzung entstanden an den Schmalseiten parabolische Bogenformen. Die Gewölbe ruhten – im Chorquadrat nur in Resten noch erkennbar – auf Schrägdiensten, in den Seitenschiffen auf schwachen Pilastern. Kapitelle bzw. Kämpfer sind hier nicht mehr vorhanden (Abb. 289–291).

1) Daß diese Gewölbe über den heutigen Gipsdeckengewölben noch vorhanden sind, wurde – in Korrektur der Ansicht Effmanns – von W. Sulser 1943 erstmals festgestellt. Die Gipsdecken dürften indes schon nach 1811 und nicht erst 1888/89 entstanden sein (wie ZAK. 1943, S. 169, angenommen), da sonst 1895 bei den Untersuchungen Effmanns der richtige Tatbestand sicher noch bekannt gewesen wäre. Zeichnung einer Pfeilerbasis s. dort S. 175, Abb. 7b.

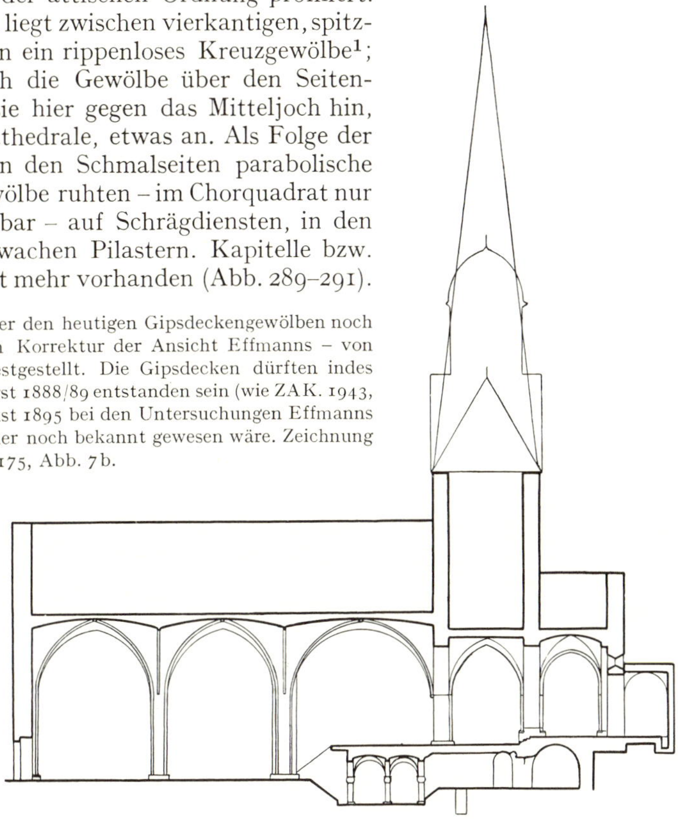

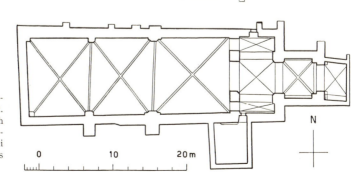

Abb. 295. Chur. Die ehemalige Klosterkirche St. Luzi. Rekonstruktion nach W. Sulser. Längsschnitt. Maßstab 1:500.

Abb. 296. Chur. Die ehemalige Klosterkirche St. Luzi. Rekonstruktion nach W. Sulser. Grundriß. Maßstab 1:500. Über die drei Etappen des Turmdaches siehe S. 268.

Der Eingang aus dem Kloster in den Chor kam 1943 zutage und ist nun wieder freigelegt. Die aus Scalärastein gearbeitete Türumrahmung wies einen geraden Sturz auf[1], an dessen Unterseite, gleichsam Rudimente von Konsolfiguren darstellend, zwei nur 5,5 und 7,5 cm große Masken herausgemeißelt sind. Form und Fugenführung des Sturzes lassen deutlich erkennen, daß es sich hier um das originale Werkstück und nicht etwa um einen versetzten Stein handelt. Der eine Kopf zeigt weder Bart noch Haupthaare, der untere ist von einem kurzen, unter dem Kinn hängenden Vollbart ohne Schnurrbart («Schifferbart») umrahmt, das Haupthaar wie bei einem tonsurierten Kopf rundum gerade abgeschnitten und über den Ohren ausrasiert. Die Augen quellen glotzend heraus. Zweite Hälfte des 12. Jahrhunderts (Abb. 297).

Das Altarhaus. Östlich schließt sich an den Chor das eingezogene alte Altarhaus (nun Sakristeinebenraum, sogenannte «alte Sakristei») an, dessen jetzt rippenloses, überhöhtes Kreuzgewölbe auf starken Eckpfeilern mit Runddiensten ruht. Die mit Blattspitzen als Eckzierden besetzten Basen dieser Halbsäulen sind weniger steil und tiefer gekehlt als bei den Pfeilern des Chorquadrates. An dem Kapitell der Nordwestecke ist noch ein Blatt mit Rippe zu sehen, doch erlaubt der Rest keine Entscheidung darüber, ob es sich um ein Blatt mit überfallender Spitze oder um die Form des entwickelten Knospenkapitells handelt[2]. Die Schildbogen sind abgehackt und verputzt, lassen jedoch die rundbogige Führung noch erkennen. Die Runddienste deuten darauf hin, daß – zumindest am Gewölbe des Altarhauses – ehemals Rippen, vermutlich einfach rechteckiger Form wie in der Kathedrale, vorhanden waren[3].

In der Ostwand sitzt ein rundbogiges, nur im oberen Teil noch sichtbares Fenster, dessen geschrägte Hausteinleibung ein Rundstabprofil aufweist[4].

Anbauten am Altarhaus. Gegen Osten hin schließt sich an das Altarhaus ein querrechteckiger, mit einem grätigen Kreuzgewölbe bedeckter Raum (heute Obstkeller) an. Er wird vom Altarhaus durch eine dünne, mit dem übrigen Mauerwerk nicht in Verband stehende Wand geschieden, war also ehemals gegen die Kirche hin offen. Jedoch gehörte er nicht zum romanischen Chor, denn sein Gewölbe verdeckt das zuvor beschriebene Fenster in der Ostwand des Altarhauses (vgl. Abb. 289). Die Zweckbestimmung des wohl erst im 17. Jahrhundert entstandenen Annexes ist ungeklärt.

Der nordwärts an das Altarhaus grenzende Raum stand mit diesem ursprünglich in keiner direkten Verbindung und dient heute als Keller[5]. Er birgt eine Zisterne von 5 m Tiefe[6], die ursprünglich im Freien gestanden haben dürfte.

Als Sturz des Eingangs (von Westen her) wurde ein mit **Reliefschmuck** gezierter älterer Stein zugerichtet. Er zeigt das Lamm Gottes mit der Kreuzfahne, von der jedoch der obere Teil mit dem Tuch nicht mehr vorhanden ist; durch eine dem heraldischen Motiv des «Dreiberges» gleichende Andeutung zu Füßen des Tieres ist der Berg Sion symbolisiert. Links sieht man den Fisch als Sinnbild Christi. Das Ganze ist als Flachrelief mit vertieftem Grund gearbeitet. Die eucharistischen Motive Fisch und Agnus Dei gestatten die Vermutung, daß wir es hier mit einem Fragment einer Altarfront zu tun haben. Trotz der «archaischen» Gestaltung wird man – auch im

---

1) Die Überhöhung wurde 1943 hergestellt, auch der Falz am Gewände stammt aus dieser Zeit; die ursprüngliche Form s. ZAK. 1943, S. 175, Abb. 8.

2) Abb. ZAK. 1943, Taf. 47 b, c und S. 175, 7 a.

3) Wenn sie nicht erst den Erneuerungen nach 1811 zum Opfer fielen, so bestände auch die Möglichkeit, daß schon bei dem Brand von 1330 die Gewölbe einstürzten und dann die Gewölbe ohne Rippen erneuert wurden.

4) Abb. ZAK. 1943, Taf. 47 d und S. 175, Abb. 6.

5) In der früheren Literatur irrtümlich als Erdgeschoß des Turmes betrachtet. Siehe darüber hernach S. 268 mit Anm. 1.

6) Heute durch einen Zwischenboden unterteilt.

Abb. 297. Chur. St. Luzi. Maske an einem Türsturz. Text S. 266.

Abb. 298. Chur. St. Luzi. Türsturz mit Fisch und Agnus Dei. Text S. 266 f.

Hinblick auf die ähnlich primitiven Masken (siehe oben) das Stück in die romanische Bauepoche, also ins 12. Jahrhundert, einordnen (Abb. 298).

Chronologie der Chorteile. Über die relative Chronologie der einzelnen Elemente der romanischen Ostpartie läßt sich aus dem Befund entnehmen, daß die zeitliche Priorität offenbar der Vorkrypta und demgemäß dem Vorchor zukommt, wie aus den Würfelkapitellen der Krypta zu schließen ist. Eine möglichst rasche Erweiterung des Chores für die Abhaltung des Stundengebetes scheint demnach das bauliche Hauptanliegen der vor 1145 angekommenen Prämonstratenser gewesen zu sein. Darauf folgte wahrscheinlich der Neubau des inneren Chores und darnach erst jener des Altarhauses, wie aus der altertümlichen Form der Basen im Chorquadrat hervorgeht[1]. Die östliche Erweiterung des Altarhauses entstand offenbar erst im 17. oder 18. Jahrhundert.

Das Schiff der ehemaligen Kloster- und heutigen Seminarkirche erstreckt sich in gleicher Flucht wie der innere Chor gegen Westen, welch letzterer also weder eingezogen ist noch als Querschiff hervortritt. Der jetzige Eindruck zeigt sich durchaus von der inneren Umgestaltung nach 1811 bestimmt. Um die Zwischenwände der auf die Kirche neu aufgebauten Seminargeschosse zu stützen, wurden in den Raum zwei Reihen von je fünf Hohlsäulen gestellt. Als Decken konstruierte man Flachkuppeln aus Holz mit Gipsverkleidung. Dadurch wandelte sich die ehemals nur einschiffige Anlage[2] zur dreischiffigen Hallenkirche. Im Westen fügte man eine große vorgeschweifte Empore für die Seminaristen ein. Die Fensterformen sowie die Innenbemalung stammen von 1885–1889.

Ob die Umfassungsmauern des Langhauses, soweit sie nicht, wie vorher (S. 264) bereits bemerkt, noch dem frühmittelalterlichen Bestand angehören, in ihrem ganzen Umfang schon das romanische Schiff umschlossen, ist nicht bestimmt zu sagen. Doch ist dies zu vermuten, da die für das spätgotische Gewölbe angelegten äußeren Streben und inneren Vorlagen mit der Mauer nicht im Verband stehen. Die zwei Paare innerer Vorlagen sind verschieden gestaltet. Das westliche Paar weist eine Profilierung mit tiefen Kehlen auf, während das östliche einmal abgetreppt und gegen die Stirnseite zugeschrägt ist. Außerdem ist dieses letztere Paar – und demgemäß auch die dazu-

---

1) Über die auch qualitativ primitive Bauausführung im Chor siehe Sulser, ZAK. 1943, S. 170.
2) Wäre das Langhaus in romanischer Zeit dreischiffig gewesen, hätte man den Vorchor sicher auch unterteilt. Für das gotische Schiff aber weist die Richtung des Rudimentes eines Schrägpilasters in der Nordwestecke auf ein Kreuzgewölbe in voller Breite.

gehörige äußere Strebe – annähernd doppelt so breit wie das andere (Abb. 292). Das läßt vermuten, daß hier bei dem spätgotischen Umbau der Lettner angeordnet und also das östlich davon liegende, größte Kompartiment zur Mönchskirche gezogen wurde. Daß die Vorlagen und Streben auf ein gotisches Gewölbe und nicht etwa nur auf Schwibbogen zu beziehen sind, darauf deutet noch eine in der Nordwestecke eingesetzte, schräge Vorlage. Es dürfte sich aber, da die Runddienste vor den Wandpfeilern fehlen, nur um ein einfaches Kreuzrippengewölbe und keine kompliziertere Figuration gehandelt haben.

Die Entstehung dieses Gewölbes ordnet sich gut in die 1489 archivalisch bezeugten Bauvornahmen ein (siehe vorn S. 257). In Abgang gekommen dürfte es schon während der Verwaisung des Klosters zwischen 1538 und 1624 sein. Für die romanische und frühmittelalterliche Anlage ist eine Flachdecke oder ein offener Dachstuhl anzunehmen.

Dem spätgotischen Umbau anzugehören scheint auch das Geschoß über der südwärts herausgebauten St.-Anna-Kapelle, das abwechselnd als Sakristei, Archiv und Seminarkapelle Verwendung fand; wenigstens weist es in der Ost- und Westwand spitzbogige Fenster mit Fischblasenmaßwerken und runden Teilbögen über Mittelstützen auf.

Das Äußere. Nur an der Süd- und Ostseite sind Bankette, Sockel und Mauerkanten in Haustein ausgeführt (ZAK. 1943, S. 170), da nördlich der Kreuzgang und das Kloster anschlossen. Vor der Westfassade lag – wie die Ansicht bei Münster zeigt – eine über die ganze Frontbreite gehende Vorhalle mit Pultdach (Abb. 288). Der Gesamteindruck des ungegliederten langgestreckten Baues wird heute bestimmt durch die nach 1811 ausgeführte Aufstockung und den 1937 (durch Arch. A. Furger, Luzern) errichteten, in der Flucht der Westfront stehenden Turm mit Satteldach. Bis 1811 erhob sich der **Turm** über dem Chorquadrat nach Art eines Vierungsturmes, (vgl. die Abb. 295, S. 265)[1]. Vermutlich deckte ihn ursprünglich ein niederes Zeltdach. Gelegentlich des Umbaues von 1490 erhielt er, wie auf den Stadtansichten des 16. und 17. Jahrhunderts zu sehen, einen Spitzhelm mit Wimpergen. Der Stich von Le Barbier Lainé bei Zurlauben (1785) zeigt dann eine merkwürdige Kombination dieser Dachform mit einem laternenartigen, von einer Kuppel bekrönten Aufsatz. Er dürfte nach 1639 errichtet worden sein[2].

Bei der Aufstockung nach 1811 mußte der Turm fallen. Die Glocken nahm nun ein dachreiterartiges Türmchen mit Spitzhelm über dem Westgiebel auf. Es wurde nach dem Neubau des bereits erwähnten Turmes 1937 entfernt. Auch das große Frontfenster wie die Vorhalle stammen aus diesem Jahr.

Baugeschichtliche Zusammenfassung. I. In der ersten Hälfte des 8. Jahrhunderts Gründung der Kirche. Aus dieser Zeit noch vorhanden die Ringkrypta und Teile der Südmauer des Langhauses. Ob der Südannex (heute St.-Anna-Kapelle) damals oder erst später entstand, ist nicht mehr zu entscheiden.

II. Ob um 1150 (siehe Ziffer III) oder schon zuvor (aber jedenfalls n a c h Ziffer I), die viereckige Gruftkammer angefügt wurde, muß offen bleiben.

---

1) Nicht nördlich neben dem Altarhaus, wie im Anschluß an gewisse ungenaue Stadtprospekte (so auch Merian und den Knillenburger Prospekt) von Mayer, Effmann und dem Verfasser früher angenommen wurde. Vgl. Sulser, S. 172 ff. Der in ASA. 1930, S. 228, beschriebene moderne Schacht diente also, wie dort bereits vermutet, für das Uhrgewicht.

2) Nach F. v. Sprecher, Historia motuum, riß ein Sturm am 3. Januar 1639, eben als Georg Jenatsch von Chiavenna her nach Chur kam, die Turmspitze herunter. In der deutschen Ausgabe von Mohr (Bd. II, S. 280) ist ungenau «vom hölzernen Glockenturm zu St. Luzius» die Rede. Die Stelle heißt im Original: «campanile Scti Lucii... nempe partem superiorem, quae ex ligno confecta erat.» («Continuatio Hist. Rhaet.», S. 91, Mskr. im Sprecher-Archiv zu Maienfeld.)

III. Nach der Ankunft der Prämonstratenser (nach 1140) etappenweiser Neubau und Erweiterung der Anlage: zuerst, um 1150, Errichtung der Vorkrypta und des Vorchores, vielleicht unter gleichzeitiger Verlängerung des Schiffes gegen Westen, dann – etwa um 1200 – Umbau des inneren Chores über der Ringkrypta und Errichtung des Vierungsturmes; und zuletzt – gegen 1250 – Neubau des Altarhauses. Bei der Translation der Luziusreliquien, 1252, dürften diese Bauten im wesentlichen vollendet gewesen sein. Die Gesamtweihe von 1295 bezeichnet wohl nur noch die Fertigstellung der inneren Ausstattung. Auch muß stets damit gerechnet werden, daß eine Schlußweihe erheblich später liegt als die tatsächliche Vollendung.

IV. 1330 Brand. Damals vielleicht Einsturz der Rippengewölbe im Chor und Altarhaus sowie Erneuerung in Form von Gratgewölben.

V. Um 1490 dreijochiges Kreuzgewölbe im Schiff an Stelle einer Flachdecke, Lettner, Spitzhelm auf dem Turm statt eines niederen Zeltdaches.

VI. 1538–1624 teilweiser Zerfall. Darnach, um 1640, Wiederherstellung unter Verzicht auf Gewölbe im Schiff; Veränderung des Turmes. Damals oder in der Etappe Ziffer V Erweiterung des Altarhauses gegen Osten.

VII. Unter Abt Milo Rieger (1717–1725) umfassende Renovation.

VIII. Nach dem Brand vom 13. Mai 1811 Herstellung des heutigen Bauzustandes (mit Ausnahme des Turmes).

IX. 1937 Beseitigung des Dachreiters von 1811 und Errichtung des bestehenden Turmes.

Ausstattung. Als *Aufsatz des Hochaltars* dient nun der im Band III, S. 242f., beschriebene und abgebildete *spätgotische Schnitzaltar* aus Conters (um 1520). Nachzutragen ist noch ein als Antependium dienendes spätgotisches, aber neu gefaßtes, geschnitztes *Relief* der Anbetung der Drei Könige[1].

Kultusgeräte. Über das Schicksal des Stiftsschatzes siehe vorn S. 258. Nur wenige bemerkenswerte Stücke sind noch vorhanden: Ein *Ziborium*, Kupfer vergoldet, H. 34 cm. Über sechspaßförmigem Fuß ein tomatenförmiger gedrückter Knauf. Auf die Wandungen des sechseckigen Gefäßes sind runde geprägte Medaillons mit folgenden Darstellungen aufgesetzt: 1. Mariä Verkündigung, 2. Christi Geburt, 3. Geißelung, 4. Auferstehung, 5. Mariä Krönung, 6. Kreuzigung. An den Ecken kleine abgetreppte Strebepfeiler, als Deckel ein Turmhelm mit Zinnenkranz. Spätes 14. Jahrhundert; das die Medaillons umrahmende Laubwerk 17. Jahrhundert, die Girlanden am Fuß um 1800. Auch die Glassteine spätere Zutat (Abb. 300).

Kelche. 1. Ein *Barockkelch*, Silber vergoldet. H. 26,7 cm. Der runde Fuß mit Laubzier getrieben, das Blattwerk des Korbes durchbrochen gearbeitet. An Fuß und Korb je drei Emailmedaillons mit karmoisinroter Camaïeumalerei; unten: Abendmahl, Gethsemane, Judaskuß, oben: Christus vor Pilatus, Geißelung, Dornenkrönung; um

---

[1] Nachweise zum Bestand der älteren Altäre: *Hochaltar* St. Andreas, Luzius, Emerita und Allerheiligen, sowie *Altar im Schiff* St. Maria, Philipp, Sebastian, Nikolaus, Florinus; beide geweiht (bzw. neu konsekriert) am 15. Oktober 1295. Vgl. S. 257. – *Altar St. Katharina*, nachgewiesen 1296 (CD. II, S. 94). Lage unbekannt. – *Altar St. Luzius in der Krypta*, erwähnt 1361 (CD. III, S. 148). – 1706 bekommt der *Altar St. Anna und Antonius*, vermutlich in der St.-Anna-Kapelle, ein neues Bild von MICHAEL SPINETTA, Maler aus Como. Im gleichen Jahr erhält der *Altar St. Joseph und Nicolai* ein neues Altarblatt (anscheinend von M. Spinetta), «so in der Statt Chur gemahlt ist worden bei Hr. Fritzen». Das Oberbild dieses Altars stellt St. Placidus und Jucundus dar. Für den Choraltar wird gleichfalls 1706 ein neues Bild gemalt, das St. Augustin, Norbert, Maria und die armen Seelen im Fegfeuer darstellt. «Obwohlen... keine Kunststück, sind sie doch das Geldt wohl werth, muß also S. Lucius mit disen sich vergnügen lassen, donec venerit ad pinguiorem fortunam.» – 1710 Meister MATTHISS STEUTE von Thisis verfertigt den neuen Choraltar; Steute war empfohlen durch BARTHOLOME OERTHLE, Maler von Schussenried. – 1710 Renovation des *Kreuzaltars*. Für die Angaben von 1706 und 1710 vgl. «Rapulare des Klosters St. Luzi 1703–1725» (BA.), S. 12, 13, 115, 123. – 29. Sept. 1769 Weihe des *Herz-Jesu-Altars* (BA.). – Über die bestehenden Altäre siehe Mayer a. a. O., S. 35.

1680–1690. Beschau Augsburg, mutmaßliches Meisterzeichen des JOH. BAPT. ERNST († 1697), bei Rosenberg Nr. 655, Schröder Nr. 35. – 2. Ein *Régencekelch*, Silber vergoldet, H. 27,9 cm. Am geschweiften Fuß getriebenes Bandwerk, Festons und Engelsköpfe auf Muscheln. Um 1720; ohne Marken. – 3. *Régencekelch*, H. 26 cm, Silber vergoldet, sehr ähnlich dem vorher genannten Stück. Beschau Augsburg, Meisterzeichen des JOH. DAVID SALER, bei Rosenberg Nr. 760, Schröder Nr. 9a und b.

Paramente. Eine *Casula* aus gepreßtem Leder und aufgetragenem Wollfasermuster. Goldene Blatt- und Blumenranken auf rotem Grund, Stab Gold auf silbernem Grund. Zweite Hälfte des 17. Jahrhunderts (Abb. 299). – Eine *Casula* aus neuer weißer Seide mit übertragener Stickerei (Früchte und Blumen); erste Hälfte des 18. Jahrhunderts.

Grabtafeln. Nach der Überlieferung durch die Chronisten des 16. Jahrhunderts waren in St. Luzi drei frühmittelalterliche Grabtafeln mit Inschriften aufbewahrt. 1. für Bischof Valentian, gest. 7. Januar 548. – 2. für den mit Namen nicht genannten Urgroßvater des Bischofs Victor und des «Herrn» Jactadus, gest. Anfang des 8. Jahrhunderts. – 3. für einen unbekannten «Herrn», anfangs des 8. Jahrhunderts. Nr. 2 und 3 waren laut Inschrift gesetzt von Präses Victor, der Marmor für Nr. 2 kam aus Trient, für Nr. 3 aus dem Vintschgau. Nr. 1 stand im 16. Jahrhundert an der Wand in der Krypta, Nr. 2 lehnte an der Treppe dortselbst, Nr. 3 anscheinend im Chor beim Hochaltar. Bei allen Steinen handelte es sich offenbar um dislozierte Stücke, weshalb sie also für die Baugeschichte von St. Luzi nicht verwertet werden können (siehe dazu ASA. 1930, S. 224f.). Die Tafeln 2 und 3 wurden schon um 1579 von mutwilliger Hand zerstört, von der Valentiantafel (Nr. 1) kam 1865 in Mols am Walensee ein vom Hof Gonz dorthin gekommenes Fragment mit dem Anfang der drei Schlußzeilen zum Vorschein. Es befindet sich nun im Museum St. Gallen, ein Abguß im Schweizerischen Landesmuseum.

Abb. 299. Chur. St. Luzi. Ledercasula, zweite Hälfte des 17. Jahrhunderts. Text oben.

Literatur: Neuester Abdruck der durch die Chronisten überlieferten Inschriften UB., S. 5f., 8, 9. – Dort und vor allem bei E. EGLI, Die christlichen Inschriften der Schweiz MAGZ. XXIV (1895), S. 35–41, mit Nachtrag in ASA. 1899, S. 189, Nachweise der Literatur und Darstellung der Überlieferung. Photogr. Abb. des Fragmentes bei E. EGLI, Kirchengeschichte der Schweiz, 1893, S. 45. Über die Auffindung des Fragmentes J. A. NATSCH in ASA. 1866, S. 4–8.

In der Vorkrypta aufgestellte **heraldische Grabtafeln:** 1. für Abt Marianus Heiß, gest. (18. Dezember) 1731. – 2. für Abt Norbert Kaufmann, gest. 1754. Auf beiden das Klosterwappen: ein steigender Löwe (vgl. S. 259).

Das gleiche Wappen zeigt auch ein nun an der Mauer rechts neben der Kirchenfront eingemauerter **Wappenstein,** bezeichnet: MA – SL (Milo abbas Sancti Lucii) 1724[1].

---

1) Es handelt sich hier nicht um eine Grabtafel, denn Milo starb erst 1725.

Glocken. Dreiteiliges Geläute von CAUSARD, KOLMAR, 1901[1].

Die Klostergebäude schlossen sich nordwärts an die Kirche an. Von der Anlage, wie sie am Ende des Mittelalters bestand, vermittelt die Ansicht des «Hofes» in der Cosmographie von Münster ein offenbar zuverlässiges Bild (Abb. 288). Danach handelte es sich um ein Gebäudeviereck von offenbar recht bescheidenen Dimensionen. Der Binnenhof mit dem im frühen 15. Jahrhundert wiederholt genannten und 1588 noch erwähnten Kreuzgang[2] war westwärts begrenzt durch ein teils ein-, teils zweistöckiges an die Kirche angefügtes Bauwerk; ein höheres Haus, vielleicht die Abtswohnung, erhob sich an der Nordostecke, während zwischen ihm und der Kirche wieder ein niederer Trakt lag. Den Nordabschluß scheint nur eine Mauer (vielleicht zugleich Rückwand des nördlichen Kreuzgangflügels) gebildet zu haben. Im heutigen wiederholt umgebauten Bestand sind keine bemerkenswerten alten Räume mehr vorhanden. Dem 12. Jahrhundert angehören dürfte noch das *Rundbogentor* zu einem kellerartigen Raum links der Durchfahrt, umrahmt von Bossenquadern mit Randschlag. Aus der Zeit um 1520 stammen zwei den Treppenaufgang flankierende *Säulen* mit tief eingeschnittenen, sich überkreuzenden und – bei der einen von beiden – schraubenförmigen Kehlen. Nach 1640 entstand offenbar der große Osttrakt, der bis zur Südflucht des Altarhauses reicht. Der heutige Zustand geht vorwiegend auf den Wiederaufbau nach 1811 und die

Abb. 300. Chur. St. Luzi. Ziborium. Gegen 1400. Text S. 269.

Erweiterungen von 1898/99 (Nordtrakt) zurück; der Westflügel kam 1937 hinzu.

Die verschwundene Kapelle St. Stephan

Geschichte und Beschreibung. Wenn die Kapelle auch nicht zum engeren Klosterbezirk gehörte, so soll sie wegen ihres nahen räumlichen und geschichtlichen Zusammenhanges mit St. Luzi doch an dieser Stelle eingereiht werden.

Nach einem aus der zweiten Hälfte des 12. Jahrhunderts stammenden Eintrag im Churer Totenbuch – der frühesten Erwähnung des Gotteshauses – war die Kirchweihe

---

[1] Zuvor drei Glocken von JAKOB GRASSMAIER, Feldkirch 1813 (Mskr. Nüscheler, Zentralbibliothek Zürich, R 480).
[2] Necrol. Cur., S. 50 und 110; vgl. auch oben, S. 258, Anm. 2.

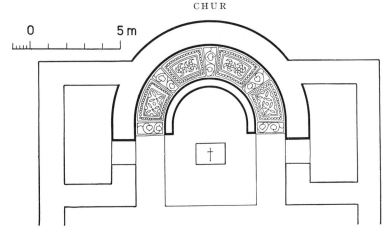

Abb. 301. Chur. St. Stephan. Grundriß der Apsis. Maßstab 1:200.
Die an die Apsis anschließenden, in dünnen Linien gezeichneten Partien sind nur angenommen.

auf den 27. Juni festgesetzt (Necrol. Cur., S. 63). Aus einem Schiedsspruch vom 18. Juni 1371 über die Zehntenpflicht von St. Stephans Weingarten kann geschlossen werden, daß dieser und damit die Kapelle dem Kloster gehörte (CD. III, S. 234, 238). Wie Fortunat von Sprecher mitteilt[1], trugen die österreichischen Truppen am 10. Juni 1622 die zuvor schon ruinöse Kirche bis zur Hälfte («usque ad medium») ab, um hier eine Schanze zu ziehen. Auf dem Knillenburger Prospekt (um 1640) ist eine übriggebliebene Längswand der Kapelle mit einer Türe noch deutlich zu sehen. Sie steht unmittelbar nördlich von St. Luzi, innerhalb eines an das Kloster anschließenden, mit einer Mauer umgebenen Wingerts, in dem wir offenbar den genannten St. Stephans Weingarten zu erblicken haben.

An dieser Stelle nun – «hart hinter der jetzigen Kantonsschule, aber auf einem höhern Terrain» – wurden am 2. September 1851 durch Ferdinand von Quast[2], der damals zufällig in Chur anwesend war, folgende Feststellungen getroffen: Bei Grabarbeiten für Planierung des Terrains waren die Fundamente einer halbrunden, gegen Osten gerichteten, gestelzten Apsis von etwa 8 m Durchmesser zutage gekommen. Konzentrisch ihr eingeschrieben fand sich ein zweiter Mauerhalbkreis von annähernd 4 m Spannweite. Während der von letzterem umschlossene Boden keinerlei Schmuck aufwies, zeigte sich der etwas tieferliegende Umgang mit Mosaiken bedeckt, die nur an der Außenseite in einer Breite von etwa 80 cm fehlten. Drei Stücke dieses Paviments kamen in die Kathedrale (nun im Dommuseum aufbewahrt) und zwei ins Rätische Museum. Das Mosaik besteht aus weißen, schwarzen, grünlichen und braunroten, vielleicht im Geschiebe des Rheins oder der Plessur gesammelten, unregelmäßigen Steinchen in einer Bettung von Kalkmörtel, der stark mit Ziegelmehl durchzogen ist und auf einem unteren Aufstrich ohne Ziegelzusatz ruhte. Das Muster setzte sich in der ursprünglichen Anordnung aus vier Hauptfeldern zusammen, die zwischen schmalen radialen Streifen lagen und paarweise übereinstimmten. Von Kreisschlingborten umrahmt, sieht man in zwei Sektoren Motive von vier sternförmig angeordneten Lanzettblättern, in den andern Wirbelrosetten aus vier Blättern, und zwar auf der einen Seite rechtsläufig und auf der andern im Gegensinn gerichtet. Die schmalen Zwischenstreifen schmücken Spiralranken mit Herzblättern (Abb. 301, 302).

1) Historia motuum, Genf 1629, S. 302, Deutsche Ausgabe von C. v. Mohr I, S. 371.
2) Bekannter Archäologe, damals königl. Baurat und Generalkonservator der preußischen Kunstdenkmäler, geb. 1807, gest. 1877. Lebensbeschreibung siehe Allgemeine Deutsche Biographie XXII (1888), S. 26.

Abb. 302. Chur. Fragmente des Mosaikbodens von St. Stephan. Nun im Rätischen Museum. Text S. 272.

Würdigung. Während Ferd. Keller und J. R. Rahn geneigt waren, die Baureste als Bestandteile einer römischen Villa zu deuten, war Quast der Ansicht, daß es sich um eine Ringkrypta handle. Heute kann kein Zweifel darüber bestehen, daß wir es mit einer frühchristlichen Kirche zu tun haben, in deren Apsis eine halbrunde Priesterbank stand. Ein Vergleich mit den im alten südlichen Norikum (Südkärnten) ausgegrabenen Anlagen, insbesondere mit der Kapelle auf dem Hoischhügel bei Thörl-Maglern[1] gibt darüber völlige Sicherheit.

Wie der Grundriß der Kirche sonst zu ergänzen ist, dafür fehlen uns zureichende Angaben[2]. Die in Abb. 301 angedeutete Form bildet nur eine – der Kapelle auf dem Hoischhügel angeglichene – Möglichkeit, die sich hinsichtlich der beiden Sakristeien – Diakonikum und Prothesis – dazu an die Angabe Kellers hält, daß die Apsis innerhalb anderer Mauern gestanden sei. Man könnte jedoch auch daran denken, daß, wie bei der Kirche auf dem Säbner Berg, das Schiff in gleicher Breite von der Apsis ausging[3], wenn man nicht gar eine dreischiffige Anlage annehmen will, wie sie auf dem Hügel bei Duel (Oberkärnten) bestand[4].

Beachtung verdient, daß, wie Quast auf Grund von ihm zugekommenen Auskünften mitteilt, «ein ausgezeichneteres gemauertes Grab mit zierlichem Fußboden und Gewölbe von Ziegeln ziemlich vor der Mitte der Apside gelegen» bei der Fundamentierung der Kantonsschule zutage gekommen war. Daß es sich hier um ein Kultgrab handeln muß, dürfte nach der Lage und Ausführung dieser Totenkammer kaum mehr zweifelhaft sein, da der archäologischen Forschung ja Dispositionen dieser Art bekannt geworden sind[5]. In schärferer Beleuchtung erscheint der Charakter dieses Gotteshauses nun noch, seit jüngst (Sommer 1946) bei der Fundamentierung eines

---

1) Rud. Egger, Frühchristliche Kirchenbauten im südlichen Norikum, Wien 1916, S. 103f., 123–132.
2) In einem Nachtrag (s. Literatur) teilte Quast noch mit, daß man ungefähr 20 Schuh (ca. 6,20 m) unter dem Niveau des Mosaikbodens in einer Entfernung von annähernd 25 Schuh auf eine 6,5 Schuh dicke Fundamentmauer gestoßen sei, und 12 Schuh seitwärts wieder, aber auf eine schwächere. Man habe auf eine dreischiffige Kirche geschlossen. Die Mauerstärke von 6,5 Schuh (2,20 m) läßt eher an eine Stützmauer denken (das Terrain fällt stark ab).
3) H. Hammer, Die ältesten Kirchenbauten Tirols in Zeitschrift des Deutschen und Österreichischen Alpenvereins, 1935, S. 221f., nach Adrian Egger, Sabiona, Zeitschr. «Schlern», Bozen, 11. Jahrg. 1930, S. 225ff. mit Grundriß.
4) Grundriß bei Rud. Egger, Ausgrabungen in Feistritz an der Drau. Jahreshefte des Österr. Arch. Instituts in Wien XXIV (1929), Beiblatt, Sp. 198, Abb. 89.
5) Siehe darüber E. Dyggve, Die altchristlichen Kultbauten an der Westküste der Balkanhalbinsel in «Atti del IV. Congresso intern. di Archeologia Christiana». Roma 1940, S. 391–414, besonders S. 411ff. – Ein klares Beispiel eines Kultgrabes im Boden vor der Apsis gibt die genannte Kirche von Duel.

Küchenanbaues am Priesterseminar St. Luzi konstatiert werden konnte, daß das ganze Terrain in der Umgebung der fraglichen Stelle mit Gräbern belegt ist[1]. Wir dürfen daher in dem beschriebenen Bauwerk die Friedhofskirche der frühchristlichen Bischofsstadt erblicken.

Daß solche Zömeterialkirchen bisweilen nicht unbedeutende Ausmaße hatten, zeigt der Grundriß der Friedhofskirche des alten Teurnia (Oberkärnten)[2]. Nach den in der Memorialkirche des Gottesackers von Marusinac (Salona) gemachten Beobachtungen könnten in der Kirche selbst – also in nächster Nähe des heiligen Grabes – die Mitglieder der herrschenden Familie bestattet gewesen sein, während sich das Volk mit dem Friedhof begnügen mußte[3]. In dem Kultgrab aber wird man die Ruhestätte des hl. Luzius vermuten dürfen, aus der er hernach zur Verehrung in der Ringkrypta enthoben wurde. Erwähnt sei endlich noch die merkwürdige, bisher noch nicht in diesen Zusammenhang gebrachte Nachricht, daß man am 1. Juli 1456 in der Stephanskirche, und zwar im unteren Teil der Kirche, also im Schiff («in ecclesia sancti stephani in inferiori ecclesia»), in einem silbernen Gefäß Reliquien fand[4]. Es kann sich hier offenbar nur um ein dem Boden enthobenes Behältnis handeln, und es ist daher die Vermutung erlaubt, daß es, gleichsam «pro memoria», in jenem Kultgrab niedergelegt war. Ein analoger Fall der Deposition eines Reliquiars in einem altchristlichen Kammergrab ist auf der Insel Lopud in Süddalmatien bekannt geworden[5].

Die ganze Sachlage erlaubt daher den Schluß, daß wir in der Kapelle – liturgisch betrachtet – das Vorstadium von St. Luzi zu erblicken haben. Den Stephanstitel erhielt sie vielleicht erst bei einem Umbau[6]. Die Kirche dürfte nach den norischen Parallelen sowie dem Stil der zwar im Wesen noch antiken, aber schon barbarisierten Mosaiken zu schließen, gegen 500 anzusetzen sein. Sie stellt das einzige bisher in der Schweiz bekanntgewordene Beispiel einer Kirche mit freistehender halbrunder Priesterbank dar. Ein Bindeglied zwischen dieser und den norischen Anlagen kennen wir in der Kirche auf dem Säbner Berg (siehe oben). Den gleichen Weg ist offenbar, wie die Ortsnamenforschung erkannte, die Einwanderung des von «ad sanctum Martyrium» abgeleiteten Namens (Samartaila, San Martairi, Samataira) nach Graubünden gegangen, dessen Wurzel ebenfalls in der Verbindung einer Kapelle mit dem Märtyrergrab zu finden ist[7]. Der lebendige Zusammenhang zwischen Südtirol und Currätien in frühchristlicher Zeit wird auch durch den Import des S. 270 erwähnten Grabsteines Nr. 2 aus Trient illustriert.

Literatur: Über die Auffindung des Mosaikbodens berichtete v. QUAST in der «Allgemeinen Zeitung» (Augsburg) vom 8. September 1851, Nr. 251, Beilage (nicht 261, wie bei Keller vermerkt). Dazu Nachtrag in Nr. 262 vom 19. September 1851. – Hauptbericht gleichlautend im Bündner Monatsblatt 1851, S. 213–217. Der wesentliche Inhalt wiederholt von F. KELLER in MAGZ. XII (1860), S. 321. Dort auf Tafel VI, Fig. 5, eine Zeichnung des Musters in Rekonstruktion. – Zur oben wiedergegebenen Deutung des Bauwerks vgl. E. POESCHEL in der «Neuen Zürcher Zeitung», Jhrg. 1935, Nr. 618, und ZAK. 1939, S. 30 mit Abb. auf Taf. 16, sowie im BMBl. 1940, S. 56. Dieser Auffassung tritt bei: H. HAMMER in Zeitschr. des Deutschen und Österr. Alpenvereins 1935, S. 223.

1) Bei diesem Anlaß wurde auch ein kleines karolingisches Marmorfragment mit zweisträhnigem Flechtwerk, besetzt mit krabbenartigen Schlingen, gefunden; vermutlich aus der Kathedrale verschleppt.
2) R. Egger, Frühchristliche Kirchenbauten, S. 12 ff.
3) Vgl. Forschungen aus Salona, Bd. III (E. Dyggve und R. Egger, Der altchristliche Friedhof Marusinac), Wien 1939.
4) Text des Attestes bei E. A. Stückelberg, Geschichte der Reliquien in der Schweiz, Zürich 1902, 1908, S. 66, Nr. 320.
5) E. Dyggve a. a. O. (Atti del IV. Congresso, S. 395).
6) Bei dieser Gelegenheit dürfte auch das Mosaikpaviment durch einen neuen Boden überdeckt worden sein.
7) Siehe darüber A. Schorta in Schweiz. Sprachforschung, Bern 1943, S. 23. – Über «Marturetum» als Bezeichnung für «Friedhof in der Nähe eines Märtyrergrabes» vgl. H. Glättli, Probleme der kirchlichen Toponomastik, Paris-Zürich, Leipzig 1937, S. 13–79, mit weiterer Literatur.

DAS EHEMALIGE KLOSTER ST. NICOLAI

Geschichte

Im Jahre 1277 stellte Bischof Konrad III. von Belmont an das in Regensburg tagende Provinzialkapitel der Dominikaner das Gesuch um Errichtung eines Klosters in Chur. Den Platz, ein Grundstück vor der Stadt, stiftete ein bischöflicher Ministeriale, Ritter Ulrich von Flums. Hier wurde, wohl schon vor 1280, der erste bescheidene Klosterbau errichtet. Das Churer Predigerkloster war, abgesehen von jenem in Zofingen, das nur 18 Jahre existierte, das letzte im Gebiet der deutschen Schweiz gegründete Dominikanerstift. 1280 erfolgte die Aufnahme in den Ordensverband, Provinz Teutonia[1].

1288 wurde ein Weingarten innerhalb der Mauern Churs zur Verlegung des Klosters in die Stadt erworben. Mit dem Bau auf dem neuen Platz scheint ungesäumt begonnen worden zu sein, denn bereits am 6. Dezember des gleichen Jahres konnte der Hochaltar zu Ehren des hl. Nikolaus und ein vorderer Altar zu Ehren der Maria und des Evangelisten Johannes geweiht werden (CD. II, S. 59f.). Im Konsekrationsbrief werden all denen, die durch Almosen, Handarbeit oder die Lieferung von Holz, Steinen und Mörtel die Brüder unterstützen, Ablässe zugesagt. Der Neubau war also in vollem Zug. Ein Indulgenzbrief vom Jahr 1289 teilt mit, daß Kirche und Kloster von zwei Bränden heimgesucht worden seien (CD. II, S. 66), es ist jedoch nicht mit Bestimmtheit zu unterscheiden, ob beide Feuersbrünste Bauten auf dem alten oder dem neuen Platz betrafen. Am 26. April 1299 erfolgte die Weihe des Chores mit fünf Altären; es waren dies 1. Der Hochaltar zu Ehren von St. Nikolaus. 2. Der Marienaltar auf der Epistelseite. 3. Der Altar «in der Ecke neben dem Friedhof» zu Ehren der Maria Magdalena und anderer heiliger Jungfrauen. 4. Der Altar an der Evangelienseite zu Ehren von Peter und Paul, der beiden Johannes und aller Apostel. 5. Der Altar «in der Ecke neben dem (eben genannten) Apostelaltar» zu Ehren von St. Petrus Martyr, Stephan und Laurentius, Vincentius und allen Märtyrern (CD. II, S. 151). In der Nacht auf den 29. August 1350 verbrannten die Kirche, das Dach des Chores, die Glocke, der Glockenturm und die Wohngebäude der Brüder. Ob die Feuersbrünste von 1361 und 1383 auch St. Nicolai berührten, wissen wir nicht. Unversehrt blieb das ganze Kloster jedoch beim Stadtbrand des Jahres 1464[2].

Im 15. Jahrhundert setzte im Stift, das im vorausgegangenen Säculum seine Blüte erlebt hatte, wirtschaftlicher Verfall und auch Niedergang des religiösen Lebens ein, dem jedoch 1470 durch die Einführung der Observanz Einhalt geboten wurde. In der Folge (um 1492) kam es dann auch zu baulichen Verbesserungen, die aber nicht mehr näher zu erfassen sind[3]. Schon seit dem 14. Jahrhundert bestand eine Bruderschaft St. Nicolai, neben die 1483 noch eine weitere für die fremden Kaufleute trat. Der nahe Zusammenhang mit der Bürgerschaft zeigte sich daran, daß die Rebleute – die im Rang erste Zunft der Stadt – hier ihre Jahrzeiten begingen.

Nach dem Sieg der Reformation in Chur verfügten die Kommissäre des Gotteshausbundes 1538 die Einziehung sämtlicher Klosterbesitzungen mit Ausnahme der Konventsgebäude, der Kirche und Kirchenzierden, und 1539 wurden die Güter an Churer Bürger als Erblehen vergeben. Die Mönche verließen nun das Kloster; über ihren Verbleib ist nichts bekannt. Im Herbst 1539 eröffnete der Gotteshausbund im

---

1) Karte über die Ausdehnung dieser Provinz bei L. Krautheimer, Die Kirchen der Bettelorden in Deutschland, Köln 1925, nach S. 58.
2) U. Campell, Historia Raetica, Quellen zur Schweizer Geschichte VIII (1887), S. 545.
3) Vgl. O. Vasella, S. 48, 63.

Abb. 303. Das älteste Siegel des Klosters St. Nicolai (1293). Text unten.

Konventsgebäude eine Landesschule, 1574 wurde das Kloster vom Stadtbrand teilweise zerstört, wobei auch die Bibliothek ein Raub der Flammen wurde. 1577 erfolgte die Wiedereröffnung der Schule; 1624 mußten Gotteshausbund und Stadt unter dem Druck der veränderten politischen Lage die Restitution des Klosters zugestehen, doch war der Konvent nur klein und zählte bisweilen nicht mehr als zwei Patres. Trotzdem bemühte sich der Prior nach Kräften um die Wiederherstellung der ruinösen Gebäude, insbesondere der Kirche. Unter den Gönnern wird auch Georg Jenatsch genannt, der 1635 die ersten (gemalten?) Fenster stiftete und dafür das Recht erhielt, neben dem Altar sein Wappen anzubringen. 1653 zwangen die Katholiken in einem Überfall den Prior, der sich Verfehlungen hatte zu schulden kommen lassen, zur Flucht, worauf sich die Stadt ihrerseits gewaltsam des Klosters bemächtigte. Nach längeren Verhandlungen mit dem päpstlichen Nuntius erfolgte am 26. Oktober 1658 der Verkauf des Klosters an die Stadt unter der Bedingung, daß die Klosterkirche nicht für den evangelischen Gottesdienst Verwendung finde. Die Kultgegenstände wurden dem Delegierten des Domkapitels übergeben.

Die spätere Verwendung des Klosters und der Kirche wird im Zusammenhang mit der baulichen Entwicklung erörtert.

Das älteste **Siegel** erscheint 1293. Es ist spitzoval und zeigt St. Nikolaus, wie er den drei armen Jungfrauen die Beutel mit der Brautausstattung durchs Fenster eines turmartigen Gebäudes reicht. Umschrift in Unzialen: S. CONVENTUS PDICATOR IN CURIA (Abb. 303).

Literatur: Grundlegende umfassende Monographie über die Klostergeschichte bis 1538: O. VASELLA, Geschichte des Predigerklosters St. Nicolai in Chur, Paris 1931. Im Urkundenanhang sind die oben nicht mit Hinweis auf CD. bezeichneten Dokumente zu finden. Vgl. ferner FR. JECKLIN, Zinsbuch des Predigerklosters St. Nicolai vom Jahre 1515. JB HAGGr. 1913, und zur Baugeschichte J. OBERST, Die mittelalterliche Architektur der Dominikaner und Franziskaner in der Schweiz, Zürich 1927, S. 58–61. – Über die Nicolaischule bis 1600 s. T. SCHIESS in Mitt. der Ges. für deutsche Erziehungs- und Schulgeschichte, XIII (1903), S. 107–145, sowie F. JECKLIN, «Geschichte des Churer Schulwesens» in der Denkschrift über das Schulwesen der Stadt Chur, 1914, S. 1–69. – Für die spätere Zeit: P. GILLARDON, Nikolaischule und Nikolaikloster in Chur im 17. Jahrhundert, Schiers 1907. – Über das Collegium philosophicum F. JECKLIN in BMBl. 1914, S. 165–186, und P. GILLARDON in JB HAGGr. 1942, S. 1–44.

Über die Kantonsschule: J. H. SCHÄLLIBAUM, Geschichte der bündnerisch-evangelischen Kantonsschule bis 1850, Chur 1858 und 1861.

Die bauliche Entwicklung von Kirche und Kloster

Die Gesamtanlage

Da die Holzschnitte bei Münster und Stumpf nur ungefähre Andeutungen geben und sich zudem nicht ganz auf einen Nenner bringen lassen, gewinnen wir ein genaueres Bild der Gesamtanlage erst durch den Knillenburger Prospekt (um 1640), das durch die Stadtpläne von P. Hemmi von 1823 und 1835 kontrolliert und ergänzt werden kann[1]. Wir sehen hier (Abb. 304, 305) ein gegen Westen offenes Gebäude-

---

[1] Der im Bürgerhaus XIV, Taf. 1, publizierte Plan geht auf die Hemmische Aufnahme von 1823 zurück. Der Plan von 1835 ist wiedergegeben bei G. Bener, Altes Churer Bilderbuch, Taf. 18.

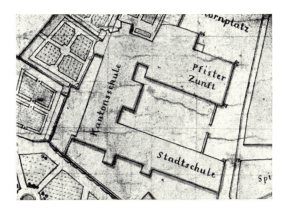

Abb. 304. Chur. Grundriß des ehemaligen Klosters St. Nicolai. Ausschnitt aus dem Stadtplan von P. Hemmi. 1823.

Abb. 305. Chur. St. Nicolai um 1640. Ausschnitt aus dem Knillenburger Prospekt. Vgl. Abb. 14, S. 23.

viereck, dessen Südtrakt, wie an dem großen, die Front beherrschenden Portal abzulesen ist, die ehemalige, hier schon mit einem Zinnengiebel bekrönte Kirche bildet. Die Konventsgebäude, von denen später noch zu sprechen ist (S. 280 f.), begrenzen den Kreuzgarten an dessen Nord- und Ostseite. Das ganze Klosterareal war umfriedet, nördlich von der städtischen Ringmauer, an den andern Seiten von der hohen Klostermauer.

Die Klosterkirche

Der Bau vor 1658. Beim Ankauf des Klosters durch die Stadt (1658) war die mittelalterliche Kirche im wesentlichen noch unverändert erhalten. Da die nun folgenden Umbauten nur das Innere betrafen, den Umfang des Baukörpers jedoch zunächst unberührt ließen, können auf dem Stadtplan Peter Hemmis von 1823 die Umrisse der Anlage noch abgelesen werden. Er läßt auch das Chorpolygon erkennen, und überdies haben sich im Dachgeschoß die oberen Teile der Chorbogenwand noch bis heute erhalten[1]. Nach dem erwähnten Stadtplan betrug die Länge des *Chores* 14 m, seine Breite 8 m; die Länge des Schiffes 27,5 m und die Breite 14 m. Der Chor verhielt sich also zum Schiff in der Ausdehnung ungefähr wie 1:2. Er war dreiteilig abgeschlossen und mit Streben besetzt, mithin gewölbt. Wenn auch die seitlichen Streben auf dem Plan nicht mehr vorhanden sind, so darf man doch aus den Dimensionen schließen, daß der Chor drei Joche umfaßte. Mag es auch nicht schlechthin ausgeschlossen sein, daß der Chor in dieser Form schon zum Neubau von 1288–1299 gehörte, so erscheint es im Hinblick auf die Entwicklung des Langchores in den Bettelordenskirchen doch wahrscheinlicher, daß er erst nach dem Brand von 1350 die beschriebene Gestalt erhielt[2]. Damals stand das Kloster in seiner Blüte, weshalb das Bedürfnis nach einer Ausdehnung des Chores für den Gottesdienst der Mönche gegeben war. Aus dem Fehlen von Streben am ehemaligen *Langhaus* auf dem Hemmischen Plan von 1823 darf zwar nicht ohne weiteres geschlossen werden, daß dieses flach gedeckt war – es gab gewölbte Mendikantenkirchen, die der Streben entbehr-

---

1) Zur alten Chorbogenwand gehören allein die verputzten unteren Teile der fraglichen Trennmauer (bei der Dachbodenstiege), während der darüberstehende, aus Backstein gemauerte, unverputzte Bogen nur den Träger des Daches darstellt. Er wurde nachträglich ausgefüllt.

2) Über die Entwicklung des Langchores vgl. R. K. Donin, Die Bettelordenskirchen in Österreich, Baden bei Wien 1935, S. 38 f.

ten[1] –, jedoch wird man bei den vergleichsweise bescheidenen Verhältnissen der Churer Dominikanerkirche doch in erster Linie mit einer flachen Abdeckung des Langhauses rechnen dürfen. Daß es einschiffig war, dürfte außer Frage stehen, weil auf dem Knillenburger Prospekt an der Dachform nichts auf Dreischiffigkeit deutet, und überdies an der Westfassade Seitenfenster nicht vorhanden sind. Schon im ersten Zustand existierte offenbar ein *Lettner* (vielleicht weil der Chor damals noch kurz war und also für die Mönche nicht ausgereicht hätte). Denn nach dem Weihebrief von 1299 (vorn S. 275) standen sicher an der Evangelienseite, offenbar jedoch auch an der Epistelseite, je zwei Altäre nebeneinander und je einer davon in der Ecke. Das kann nur so verstanden werden, daß sie an der Ostwand des Schiffes, also beidseits vom Eingang ins Altarhaus, disponiert waren. Da sich aber sämtliche Altäre «im Chor» befanden («chorum cum quinque altaribus»), so ist diese Bezeichnung nicht architektonisch, sondern liturgisch im Sinne von Mönchschor aufzufassen und anzunehmen, daß ein Teil des Schiffes für die Konventualen abgetrennt war. In der Tat sieht man im Dachboden, daß die mit Zinnen bekrönte Brandmauer nördlich an einen verputzten, 1,22 m tiefen, Pfeiler angesetzt ist, den man als Rest einer solchen Schiffsunterteilung interpretieren könnte. Die schon auf dem Knillenburger Prospekt vorhandenen Zinnen auf dem Westgiebel der Kirche kamen offenbar nach dem Brand von 1574 hinzu.

Als einzige Dominikanerkirche der deutschen Schweiz besaß St. Nicolai auch einen *Glockenturm*. Er existierte bereits vor dem Brand von 1350[2], gehörte also vermutlich zum ursprünglichen Bestand und war 1827 noch zum Teil erhalten[3]. Er befand sich in Verbindung mit dem Chor und als Standort kommen daher auf dem Hemmiplan von 1823 zwei Vorsprünge am Chor in Frage: einer am Schluß und ein anderer an der Südseite. Der Knillenburger Prospekt zeigt ihn also jedenfalls unrichtig an der Ostseite des Klosters, und zwar mit Spitzhelm, Münster aber am Chor und mit einem Satteldach bekrönt. Völlige Klarheit ist über diesen Punkt nicht zu gewinnen. Daß überhaupt ein Turm vorhanden war, ist im Hinblick auf die Ordensvorschriften auffallend, läßt sich aber damit erklären, daß sich zur Zeit der Churer Gründung die ursprünglichen rigiden Bauvorschriften schon gelockert hatten[4].

Der *Dachreiter*, den der Knillenburger Prospekt auf dem östlichen Klostertrakt zeigt, dürfte erst nach der Einrichtung der Nicolaischule dazugekommen sein und der Schulglocke gedient haben.

Die Ausstattung. Von der *Altardisposition* der mittelalterlichen Kirche war schon die Rede (s. oben). Nach der Restitution wurde ein Rosenkranzaltar errichtet, der in einer eigenen, neu gebauten Seitenkapelle stand (1635–1644). Außerdem erfährt man von drei weiteren Altären, von denen der eine dem SS. Sakrament geweiht war. Ein Altaraufsatz kam aus Feldkirch (1637), woher auch ein Kruzifix für den Friedhof bezogen wurde (1635). Ein Retabel erhielt 1638 ein Bild des hl. Dominikus.

An *Glasgemälden* finden Erwähnung ein «Schild von Pfeffers» und eine Scheibe des Bischofs Luzius Iter von 1543. Für den Hochaltar wird 1646 ein Fastentuch gemalt. Im Chor lagen Grabsteine (1646)[5].

1) Vgl. Donin a. a. O., S. 348.
2) Unter den damals zerstörten Teilen werden genannt: «tectus chori, campana, campanile etc.» (Vasella, S. 115).
3) Bei dem «Einverständnis zwischen der Stadt und Zunftmeister Christoph Schmid wegen der St. Nicolaikirche» im Jahre 1827 erhält Schmid mit dem Chor der Predigerkirche auch deren «ehemaligen Glockenthurm, so weit er noch steht» (StA. Ratsakten G 2).
4) Einen Campanile besitzt auch die Dominikanerkirche von Ascona (Oberst, S. 67 mit Abb. Taf. XV, Fig. 26), doch stammt er zum Teil offenbar aus der Zeit vor der Übergabe der Kirche an die Predigermönche.
5) Belege für die obigen Mitteilungen aus der Zeit von 1635–1646 in einer Donatorenliste, angelegt 1635,

Abb. 306. Chur. Südtrakt des ehemaligen Klosters St. Nicolai («Kornhaus»).

Nach dem Brief Eglis über den Stadtbrand von 1574 soll die Kirche, die damals nur der Aufbewahrung städtischer Baumaterialien gedient hatte, «jämmerlich zusammengestürzt» sein[1], doch ist dies, wie häufig bei derartigen Berichten, offenbar nur so aufzufassen, daß die Dächer einbrachen. Aus den späteren Mitteilungen sowie dem Knillenburger Prospekt geht jedenfalls hervor, daß die Umfassungsmauern stehenblieben.

Der Bau nach 1658. Nach dem Übergang der Kirche an die Stadt wurde die ehemalige Klosterkirche profanen Zwecken zugeführt, da die Vertragsbestimmungen eine Verwendung für den evangelischen Gottesdienst ausschlossen. Um 1675 baute man im Schiff – zum mindesten in seinem westlichen Teil – ein zum «Kornhaus» bestimmtes eingeschossiges Gewölbe ein[2], und über ihm, im ersten Stock, erhielt die Pfisterzunft zwei Stuben. Hier fanden auch die Tagungen der rätischen Synode statt (Sererhard, S. 51). Der östliche Teil des Schiffes (wohl jenseits der erwähnten Brandmauer) wurde als «Reishaus» benützt, das bis an den alten Chorbogen reichte. Der Chor diente offenbar von 1673–1803 als Zeughaus[3]. Diesen Chor erwarb, zusammen mit dem halb abgetragenen Glockenturm, 1827 Zunftmeister Christoph Schmid, der an seiner Stelle einen gegen Osten gerade abschließenden, nördlich in gleicher Flucht mit dem Schiff verlaufenden, privaten Zwecken dienenden Anbau errichtete (siehe S. 278, Anm. 3). Gegen Süden hatte das «Reishaus», also der östliche Teil des alten

ferner in einem Inventarium und den Kassabüchern 1631–1644 und 1644–1653, beides im BA. Ich durfte die angeführten Stellen Auszügen entnehmen, die mir Herr Professor Dr. O. Vasella freundlichst zur Verfügung stellte.

1) «Templum adiunctum quod materiae solum aedilitis serviebat misere concidit.» Staatsarchiv Zürich E II 365, S. 355. Deutsch BMBl. 1899, S. 167.

2) Wo sich das Kornhaus zuvor befand, ist nicht bekannt. 1688 wurde dies «alte Kornhaus» verschiedenen Handelsherren zum Einlagern von Reis überlassen (Rats-Prot. XIII, S. 258).

3) Eine Ausschreibung von 1672 spricht auch vom «Zeug- oder Kornhaus» (vgl. Jecklin, Denkschrift, S. 25); ferner sagt Sererhard (S. 51): «an das Zeughaus gränzet das Kornhaus.» Als – um 1803 – an der Gabelung Loe- und Lürlibad ein neues Zeughaus errichtet worden war, nahm den fraglichen Raum von 1804–1808 eine Liebhaberbühne ein.

Schiffes, schon früher einen Vorbau erhalten. Er wurde nun in seiner Ostrichtung auf die gleiche Länge wie der an die Stelle des Chores getretene Neubau weitergeführt, erhielt jedoch sein eigenes Dach. Im Erdgeschoß dieses von K. DAVID LINDENMAYER 1827/28 gebauten, gegen den Kornplatz sehenden Traktes wurden die Wachtstuben untergebracht (Ratsakten G 2) (Abb. 306).

Im wesentlichen gibt der Baukörper heute noch den damals erreichten Zustand wieder, nur äußerlich modernisiert und im Inneren wiederholt umgebaut. 1832 und 1858 Einrichtung von Schulzimmern. Heute im Erdgeschoß Läden und eine Garage, oben verschiedene Amtsräume. Über die Stuben der Pfisterzunft siehe S. 315.

Die Konventsgebäude

Der Gesamtgrundriß der Klostergebäude wurde bereits skizziert (S. 276). Sie lagen – entgegen der sonst aus klimatischen Gründen bevorzugten Anordnung – nicht südlich, sondern nördlich der Kirche. Der Grund dafür ist wohl darin zu finden, daß die Dominikaner, denen als Predigermönchen an einer engen Verbindung ihres Gotteshauses mit dem Volke lag, die Kirche möglichst nahe an die Straße rücken wollten. Ganz ähnlich hatte der Orden auch in Bern disponiert. Den Binnenhof (Kreuzgarten) des Gebäudevierecks umzog der Kreuzgang, der auf dem Knillenburger Prospekt im Ostflügel noch zu erkennen ist. Er war hier als Korridor in den Gebäudetrakt selbst einbezogen, ihm also nicht vorgelegt, und öffnete sich offenbar in einfachen, über einer Brüstungswand stehenden, fensterartigen Bogen wie im Kloster Münster. So wird es sich auch an der Nordseite verhalten haben. Westlich jedoch, wo

Abb. 307. Chur. St. Nicolai. Portal zur Stadtschule, 1812. Text S. 282.

das Gebäudekarree offen stand, war ein der Umfriedung angeschlossener, mit Pultdach abgedeckter Gang angeordnet[1], wie man sich ihn wohl auch im Süden, der Kirche entlang, wird denken dürfen (hier später ein Nebengebäude, vgl. S. 282). In diesem Kreuzgang – und zwar an der Ecke zwischen Nord- und Ostflügel (vgl. S. 281, Anm. 5) – lag das gemeinsame Grab von neun montfortischen Edelleuten, die am 12. Mai 1352 in der Belmonter Fehde am Piz Mundaun gefallen waren[2]. Ihre Wappen waren nach F.v. Sprecher (Rhet. Chron., S. 97) an die Wand gemalt.

Den Zustand der beiden Konventsflügel am Ausgang des Mittelalters zeigt der Knillenburger Prospekt wohl noch ziemlich unverändert. Die Umänderungen am Osttrakt zur Aufnahme der (S. 275) erwähnten Lateinschule des

---

[1] Auf diesen Teil bezieht sich daher offenbar die Stelle vom «Abwerfen» des Daches am Kreuzgang in Lienhard Glarners Bericht von 1653 (Edit. von Mohr, Arch. für die Geschichte der Republik Graub. I, Chur 1853, S. 24.

[2] Ihre Namen nennt Campell, Top. lat., S. 17.

Gotteshausbundes («Nicolaischule») dürften sich vorwiegend auf innere Anpassungen beschränkt haben. Die Lehranstalt war von 1539–1574 und 1577–1624 hier untergebracht. Bald nach dem Verkauf des Klosters an die Stadt (1658) sehen wir diese mit Bauvornahmen für die Nicolaischule beschäftigt, die jedoch 1663 vorübergehend wieder eingestellt werden[1]. 1680 ging dann die Schule ein.

Von 1697 (bzw. 1699) bis 1803 nahm das von Dr. Joh. Abyß gestiftete «Collegium philosophicum», eine höhere Lehranstalt für alte Sprachen und philosophische Fächer, einen Teil der Räume ein. Ein Gewölbegelaß benützten von 1688 an offenbar französische Glaubensflüchtlinge[2]. Außer dem Collegium beherbergte das Kloster seit 1687 die Mädchenschule (Gillardon, S. 133) und seit 1710 daneben noch einen Musiksaal (Collegium musicum). Mit Vertrag vom 1. April 1809 wurde der ganze, schon baufällig gewordene Osttrakt dem Kanton zur Verwendung für eine Kantonsschule überlassen[3]; der alsbald unter dem Stadtbaumeister Paulus Christ[4] durchgeführte Neubau konnte 1811 bezogen werden. Nach Eröffnung der neuen Kantonsschule oberhalb des Hofes (1850) nahm er das Lehrerseminar auf; jetzt dient er verschiedenen Schulzwecken der Stadt.

Vom älteren Bestand sind im Erdgeschoß noch Räume mit grätigen Kreuzgewölben erhalten; desgleichen an der Ostseite ein als Oberlicht für einen gewölbten, schmalen Korridor dienendes (versetztes?) Kreisfenster, das ehemals ein vierpaßförmiges, nun ausgebrochenes, Maßwerk umschloß. Im wesentlichen aber geht der gegenwärtige architektonische Zustand dieses Flügels auf den Umbau von 1809–1811 zurück. Er stellt einen klassizistischen, dreigeschossigen Trakt dar, dessen oberstes Stockwerk wegen der Anpassung an die beiden anderen, niederen Flügel durch ein kräftiges, bedachtes Gesims abgesetzt ist. Die dreiachsige Mittelpartie der zwei Untergeschosse, vor der eine zweiläufige Freitreppe liegt, tritt als ganz schwacher Risalit ein weniges hervor, bekrönt von einem dreieckigen Giebel mit der Aufschrift: DEO ET MUSIS RHETIA M D CCC IX. Die Türe und zwei beidseits angeordnete Fenster sind durch lünettenförmige Abschlüsse zu einem Mittelakzent zusammengestimmt. Auf dem First sitzt ein kleiner Dachreiter mit geschweifter Haube.

Am Ostende des Nordflügels war bis in die jüngste Zeit ein – seit 1941 nun auch verbauter – größerer Saal ziemlich unverändert erhalten geblieben. In ihm wird das ehemalige «Neue Refektorium» zu erblicken sein, das in der Ecke unmittelbar bei dem erwähnten Grab der montfortischen Edlen lag[5]. Man erkennt noch die Struktur der rippenlosen Kreuzgewölbe sowie die Freisäulen ohne Kapitelle und Deckplatten und auch ohne Basen. Die tragenden Glieder bestanden ehemals in diesen zwei Freisäulen, einem dreiviertelrunden Wanddienst und gotischen Spitzkonsolen. Auf der Wandstütze las man die Zahl 1488 (Oberst, S. 61)[6]. Unter diesem Saal liegt ein stattlicher – nun zum Luftschutzraum umgebauter – Keller aus der Gründungszeit des Klosters, dessen Tonnengewölbe auf quadratischen, massigen Freipfeilern mit einfach geschmiegten Deckplatten ruht.

---

1) 1663 April 31. «Daß Schuolgebauw in dem Closterli fortzusetzen ist umb gewisser Ursach für einmahl und für diß Jahr eingestellt.» (Rats-Prot. Bd. VIII, S. 278.)

2) 25. Mai 1688 besichtigt der Rat «das Gewölb in dem Closter, so die Franzosen begehren» (Rats-Prot. Bd. XIII, S. 269, StA.).

3) Den Vertrag siehe bei Schällibaum, S. 17.

4) PAULUS CHRIST, geb. 1788, gest. 1870, Stadtbaumeister. Bruder des S. 20 genannten JOHANNES CHRIST (Mitt. von Prof. Dr. B. Hartmann, aus den Kirchenbüchern).

5) «Die ligen begraben zu Chuer im Prediger Closter im Creützgang in einem grab in dem Winkhel da das neüe reventhal (Refektorium) ist.» Disentiser Klosterchronik des Abtes Jakob Bundi, ed. von C. Decurtins, Luzern 1888, S. 28.

6) Anfangs des 19. Jahrhunderts war der östliche Teil dieses Flügels als Wohnung für einen Waldhüter eingerichtet. Prot. der Öc. Commission, Bd. I, S. 61 (1809) im StA.

Im westlichen Teil dieses Flügels wurde nach 1658 die sogenannte «Scalettakirche» eingerichtet[1], in der die Leichenpredigten für die nur wenige Schritte von hier vor dem «Totentörli» auf dem «Scalettafriedhof» (siehe S. 287 ff.) Bestatteten gehalten wurden[2]. 1662 erfuhr dieser Raum mittels eines Durchbruches «gegen dem kleinen Gewelb» eine Vergrößerung (Rats-Prot. Bd. VIII, S. 211). Er muß eine beträchtliche Höhe gehabt haben, denn er verfügte auch über eine Empore[3]. In der Breite nahm er den ganzen Nordflügel ein, in der Länge etwas mehr als die Hälfte. Mit 10 × 27 m Fläche (äußere Maße) erreichte er in der Länge beinahe die Dimension des Hauptschiffes von St. Martin, war jedoch über 3 m schmäler[4]. 1810 diente er schon als Salzdepot.

Der heutige Zustand des ganzen Nordflügels stellt das Ergebnis eines tiefgreifenden Umbaues dar, der nach Plänen von Baumeister P. Christ 1811 begonnen, 1812 durchgeführt wurde[5] und die Stadtschule aufnahm. Den einzigen architektonischen Akzent des schmucklosen Gebäudes bildet die mit zwei schlanken Fenstern kombinierte klassizistische Türe an der westlichen Schmalseite. Das Stadtwappen bekrönt eine Platte mit der Inschrift: JUVENTUTI INSTITUENDA CIVITAS CURIENSIS ANNO 1812 (Abb. 307).

Unklar bleiben Bestimmung und Baugeschichte des auf dem Knillenburger Prospekt parallel zur Nordseite der Kirche liegenden Bauwerkes. Es gibt sich als spätere Zutat deutlich zu erkennen, da es ostwärts den Kreuzgang verstellt. Weil es – wie die Kirche – einen Zinnengiebel trägt, wird man die Entstehung in die Zeit nach dem Brand von 1574 setzen dürfen. Vielleicht haben wir es hier mit der älteren «Mädchenschule» zu tun[6]. – Das auf dem genannten Prospekt neben dem Nordtrakt stehende längliche Gebäude war zuletzt (bis 1810) ein «Werkhof»[7]; vor dem Stadtbrand stand hier ein Torkel.

DAS EHEMALIGE KLOSTER ST. HILARIEN

Der heutige Hof St. Hilarien liegt südlich der Plessur am Rand einer Terrasse des Hanges unterhalb der Malixer Straße. Urkundlich erscheint die Kirche St. Hilarius in der Gemarkung von Chur («sancti Helarii in fundo Curia») erstmals in Schenkungsurkunden aus der Zeit von 769–800 (UB., S. 26 f., 28 f.). Die Örtlichkeit hieß damals Furtunes. Ob die Gründung mit einem Aufenthalt des hl. Fridolin, der sich um die Verbreitung des Hilariuskultes bemühte, in Chur zusammenhängt, ist umstritten. Bei der karolingischen «Divisio» (um 831) fiel das Gotteshaus offenbar an den König, denn am 16. Januar 958 bildete es samt dem dazugehörigen Hof und allen Pertinenzen einen Bestandteil der großen Schenkung Ottos I. an das Bistum (CD. I, S. 75 f.). Den Zehnten des Gutes übergab Bischof Egino (1167–1170) dem Domkapitel (Necrol. Cur., S. 38). 1209 erfahren wir dann, daß die Kirche ins Eigentum des Klosters

---

1) Zuvor hielt man die Leichenpredigten wohl in den Pfarrkirchen.
2) Zur Ortsbestimmung vgl. auch Sererhard, S. 51: «Recta jenseit der Scaletten Kirch (ist nur eine Gassen darzwischen) stehet auch der Stadt Hospital.» Letzteres erhob sich auf der Stelle des jetzigen Grabenschulhauses.
3) Rats-Prot. Bd. XVIII, S. 37, am 18. Sept. 1705: «Die Boohrkirchen in der Sgaletten solle ein wenig gegen dem Fenster erhöhet werden.» Zur Anlage dieses Predigtraumes hatte man den fraglichen Bauteil «ausgehöhlt». Vgl. Jecklin, Denkschrift, S. 25.
4) «Die ehemalige Scalettakirche ist 81 Schuh lang und bis 29 ½ Schuh breit.» Entwurf einer Erklärung vor dem Stadtrat vom 28. August 1810. Ratsakten L 2.
5) StA. Prot. der Öconomie-Commission, Bd. I, S. 223, 226.
6) Mit dem «Klösterli» wird 1809 an den Kanton auch verkauft «die gegen das Reismagazin angebaute sogenannte Mädchenschule nebst dem darunter befindlichen Gewölbe, welches dermalen seinen Eingang aus dem Reismagazin hat» (Prot. der Öc.-Commission, Bd. I, S. 61). Das Reismagazin befand sich in der alten Klosterkirche; siehe oben S. 279.
7) Ratsakten L 2 von 1810.

St. Luzi übergegangen ist und daß bei ihr Nonnen in Klausur leben (CD. I, S. 246). Die geistliche Leitung, so insbesondere auch die Aufnahme neuer Konventualinnen, unterstand St. Luzi (CD. I, S. 271 f., und CD. II, S. 1). Es ist daher kaum zweifelhaft, daß die Gründung des Frauenklosters bei St. Hilarien mit der Besiedlung von St. Luzi durch die Prämonstratenser in Zusammenhang steht und daß die Klosterfrauen dem gleichen Orden angehörten. Nach einem wohl aus der zweiten Hälfte des 12. Jahrhunderts stammenden Eintrag im Churer Totenbuch (Necrol. Cur., S. 54) war die Kirchweihe auf den 30. Mai festgelegt. Diese Fixierung dürfte bei der Einweihung des Klosters erfolgt sein. 1347 werden die Nonnen von St. Hilarien zum letztenmal ausdrücklich genannt (CD. II, S. 385).

Wann das Kloster einging, ist nicht bekannt. Bei der Säkularisation von 1538/39 geschieht nur des Gutes Erwähnung. Wie die anderen Güter von St. Luzi kam es nun als Erblehen an Churer Bürger, später wurde es Privatbesitz und 1899 Eigentum des Seminars St. Luzi.

Im bestehenden Hof zu St. Hilarien, einem langgestreckten landwirtschaftlichen Gebäude, sind ältere bemerkenswerte Räume nicht mehr enthalten. Vielleicht erhebt sich das Bauwerk aber auf den Fundamenten des südlichen Klostertraktes, denn nördlich davon ist das Gelände deutlich im Viereck terrassiert[1].

Literatur: J. G. MAYER, St. Luzi bei Chur, II. Auflage 1907, S. 37–39. – R. DURRER, Ein Fund von rätischen Privaturkunden in Festgabe für Ger. Meyer von Knonau, Zürich 1913, S. 36 f. – A. SCHORTA, Das Landschaftsbild von Chur im 14. Jahrhundert, Beilage zur Festschrift Jak. Jud 1942, S. 87 f.

DIE EHEMALIGE KAPELLE ST. MARGARETHEN

In einem undatierten, aus der zweiten Hälfte des 12. Jahrhunderts herrührenden Eintrag in den Churer Totenbüchern ist die «dedicatio S. Margarethe ultra pontem» am 1. Mai vermerkt (Necrol. Cur., S. 44). Etwa gleichzeitig erscheint die Kapelle als Besitz der Mönche von Churwalden auch in einem Urbar des Domkapitels aus dem Ende des 12. Jahrhunderts (Urb. Domk., S. 16). Sie gehörte zu einem Gut, das bis zur Reformation im Besitz des Klosters stand[2]. Bei der Säkularisation der Klostergüter auf Stadtgebiet (1538) ging es in Privateigentum; nach der Zerstörung beim Stadtbrand von 1574 – das Gut gehörte damals dem Bürgermeister Ambrosius Marti[3] – wurde die Kirche nicht wiederhergestellt. Auf dem Knillenburger Prospekt (um 1640) ist sie nicht mehr zu sehen. (Siehe auch S. 328 f.)

DIE EHEMALIGEN SPITÄLER

Das Spital bei St. Martin

Dieses Spital wird uns durch ein Vermächtnis des 1070 verstorbenen Bischofs Tietmar erstmals genannt (Necrol. Cur., S. 10). Es war, soviel uns bekannt, das älteste Hospital der Stadt. Dem rechtlichen Charakter nach dürfte es sich um kein domstiftisches Institut, sondern um eine nach Art der alten Xenodochien von einem Geistlichen geleitete, unmittelbar unter dem Bischof stehende selbständige Anstalt

---

1) Auf einem Sepia-Aquarell des JOH. CHRIST von 1806, das den Türligarten darstellt, sieht man im Hintergrund an dieser Stelle noch Ruinen. Aufbewahrt im «Hinteren Türligarten».
2) Im Urbar von 1508, pag. 23 (BA.), noch beschrieben: «Sant Margaretha capell und daby huß, hof, stadel, torggel und hofrayte etc.» (JB HAGGr. 1908, S. 27).
3) BMBl. 1899, S. 167, und Quellen zur Schweizer Geschichte XXV (1906), S. 491.

gehandelt haben, da sie ursprünglich ja nicht der Kathedrale, sondern St. Martin zugeordnet war[1]. Über ihren Standort wissen wir nur, daß sie in nächster Nähe der Martinskirche lag, denn ein an deren Friedhof grenzender Häuserkomplex wurde im 14. Jahrhundert «im Spital» genannt[2]. 1154 übergab Bischof Adalgott das St.-Martins-Spital der «Fürsorge der Brüder von St. Luzi zur Unterstützung der Armen» (CD. I, S. 174). Über die Lebensdauer des Spitals ist nichts bekannt, doch darf vermutet werden, daß es bis zur Gründung des Heiliggeistspitals bestand.

Das Spital zum Hl. Geist

Geschichte. Am 25. Juli 1386 wird vom Bischof bestätigt, daß die Stadt Chur das Rathaus «der Heyligen Dryvaltikait geopphert», damit es «ein offen Spytal sin sol armer Lüt». Falls eine eigene Kapelle und ein besonderer Friedhof entstünde, würden sie zur Pfarrei St. Martin gehören. Zunächst aber mag die Messe «uf einem Petstain» (Tragaltar) gehalten werden. Auch wenn die Stadt mit dem Kirchenbann belegt sein sollte, darf im Spital bei verschlossenen Türen Gottesdienst stattfinden (CD. IV, S. 157f.). Der mittelalterlichen Auffassung entsprechend stand das Spital zwar in der kirchlichen Sphäre – es sollte «fürbas sin ein Hus des Heyligen Geistes» –, aber in administrativer Hinsicht war die Anstalt städtisch, weshalb der Rat 1386 auch sagt: «unser Spytal ze kur»[3]. Die bei der Gründung der Anstalt schon vorgesehene Kapelle wurde kurze Zeit darauf gebaut und am 19. Mai 1398 zu Ehren des Hl. Geistes sowie von St. Antonius und Lucia geweiht (CD. IV, S. 316f.). 1464 fand eine Kollekte zugunsten der Ausstattung der Heiliggeistkapelle statt[4]. Aus einem Schreiben vom 18. Juli 1465 (Ratsakten) erfahren wir, daß Hermann von Wylburg (Weilburg) vom Orden des Hl. Geistes, Präzeptor des Churer Spitals ist, und am 20. Februar 1475 wird dann «um merung und forderung willen lobeliches Gottesdienstes» die Eingliederung des Spitals in die Kongregation des Hl. Geistes in Rom (St. Spiritus in Sassonia) vollzogen. Die Inkorporation bezog sich jedoch nur auf die «Spiritualia», während die administrative Leitung der Stadt zustand, die übrigens auch das Recht der Bestätigung, in gewissen Fällen sogar der Wahl des Präzeptors hatte. Hermann von Weilburg war zugleich Präzeptor in Glurns[5]. Vermutlich blieben die Ordensbrüder bis zur Reformation in Chur.

Um 1554 wurde das alte Heiliggeistspital offenbar aufgegeben und eine neue Anstalt westlich von St. Nicolai, hart an der Stadtmauer, an der Stelle des heutigen Grabenschulhauses, errichtet. Bei der Feuersbrunst von 1574 ausgebrannt und hernach wieder hergestellt. 1867/68 Verlegung des Stadtspitals ins Welschdörfli.

Standort. Das Spital befand sich nicht etwa im heutigen Rathaus, wie in der früheren Literatur meist angenommen wird; vielmehr wurde bei der Stiftung, was die Urkunde von 1386 deutlich sagt, ein älteres Rathaus vollständig dem Spital «geopfert». Aus Güterbeschreibungen im Zinsbuch St. Nicolai (1515) geht hervor, daß es zwischen dem Rat- und Kaufhaus und zwei aneinanderstoßenden, schmalen, das «Mühleplätzli» südlich begrenzenden Wohnstätten oberhalb der Schauensteinschen Mühle zu suchen ist[6], also auf dem Areal des nördlichen Traktes des heutigen Rathauses sowie dem

---

1) Domstiftischen Charakter vermutet S. Reicke, Das deutsche Spital, Stuttgart 1932, I, S. 35.
2) CD. II, S. 319 und 320 ist von einer Hofstatt die Rede, «die da lit ze Cur im Spital» und «oberthalb an den kilchhoff ze sant Martin» stößt.
3) Über den Vorgang der Verbürgerlichung des Spitalwesens s. S. Reicke a. a. O., S. 197ff. und S. 233f.
4) Orig. Perg. vom 19. Januar 1464 im StA., Sch. 37.
5) Wiedergabe der einzelnen Bestimmungen des Vertrages von 1475 (StA., Sch. 37) bei B. Mathieu, Zur Geschichte der Armenpflege in Graub., JB HAGGr. 1927, S. 169f.
6) Die fraglichen Stellen siehe JB HAGGr. 1911, S. 153 und 180, mit Erläuterung in BMBl. 1945, S. 53.

Abb. 308. Chur. Schlußstein mit St. Emerita. Aus der Heiliggeistkapelle. Um 1490. Text unten.

Abb. 309. Chur. Schlußstein mit Gottvater und der Taube. Aus der Heiliggeistkapelle. Nun im Rätischen Museum. Um 1490. Text unten.

Hauptteil des Hauses Wunderli. Als ehemaliger Bestandteil des Spitals könnte daher der später (S. 294) zu besprechende Gewölberaum nördlich der großen Rathaushalle betrachtet werden.

Über den Standort der Heiliggeistkapelle sind wir völlig im Ungewissen. Jedenfalls kann er, wie noch zu erörtern sein wird, nicht ohne weiteres von dem großen Maßwerkfenster in der Rathaushalle abgeleitet werden. Die Kapelle war offenbar dem Spital nicht eingefügt, sondern nur angebaut («continua» — zusammenhängend), wie aus dem Kollektenbrief von 1464 hervorgeht[1]. Auch läßt die Formulierung der Ablaßversprechen im Konsekrationsbrief von 1398 deutlich erkennen, daß sie nicht nur den Anstaltsinsassen diente, sondern auch von andern Gläubigen besucht wurde[2].

1464 fiel sie, wie das Spital überhaupt, offenbar dem Stadtbrand zum Opfer; von dem hernach errichteten Neubau sind uns zwei — im Rätischen Museum aufbewahrte — *Schlußsteine* aus Scalaraschiefer erhalten, die zu einem Gewölbe mit einfach gekehlten Rippen von 11 cm Breite gehörten. Sie haben die Form von Vierpässen (Dm. 38,5 cm) und sind mit je einer Halbfigur in derber Reliefplastik geschmückt: a) Gottvater über einem Wolkenband, in der Linken den Reichsapfel haltend, bei seiner segnend erhobenen Rechten die Taube des Hl. Geistes, deren Kopf auf dem Kreuz liegt. b) Die gekrönte hl. Emerita mit brennendem Spahn und Palme. Hinter ihr durchgeschlungen eine (nun leere) Schriftrolle. Ganz schwache Spuren von Bemalung. Auf der Rückseite das Quadratnetz des Steinmetzen. Die Form mit den überkreuzten Rundstäben gleicht dem Schlußstein Abb. 268 in der Martinskirche. Das dortige Datum 1491 paßt auch zu dem Stil dieser Reliefs[3] (Abb. 308, 309).

---

1) «Cum igitur hospitale et capella seu altare eiusdem continua.» StA., Sch. 37.

2) Es ist daher doch im Auge zu behalten, ob die Ansicht bei Stumpf, die in der fraglichen Gegend eine Kapelle mit rundem Turm zeigt, nicht auf einen wirklichen Tatbestand zurückgeht; um so mehr, als man im nördlichen Dachboden des Rathauses noch das Fragment einer allerdings ziemlich dünnen, runden Mauerschale sieht (vgl. S. 298).

3) Im städtischen Ausgabenbuch von 1554 (StA.) finden sich seitenlang Posten für allerlei Bauarbeiten (Maurer, Zimmerleute, Tischler, Schlosser usw.) für das «Seelhaus» = Armen- und Krankenhaus (vgl. Schweiz. Idiotikon II, Sp. 1726). Die Bände für 1553 und für 1555 fehlen.

St. Antönien

Unter den Churer Besitzungen des Klosters St. Luzi erscheint in einer päpstlichen Bulle vom 6. Mai 1209 auch die Kapelle St. Antonius. Die beigefügten Worte «secus stratam» bezeichnen ihre Lage an der Straße nach Malix und über den Lenzerheidepaß (CD. I, S. 246). Den Namen hält die Häusergruppe «St. Antönien» an der ersten Linkskehre der Straße noch heute fest. Daß mit der Kapelle ein Siechenhaus verbunden war, geht aus dem Fragment einer Churer Stadtordnung um 1370 (CD. III, S. 214) klar hervor. Der Titel aber weist darauf hin, daß die Anstalt ursprünglich wohl vor allem der Pflege und Isolierung von Kranken diente, die «vom Antoniusfeuer» (Mutterkornbrand) befallen waren. Dagegen sind keinerlei Anzeichen dafür vorhanden, daß das Spital mit dem Orden der Antonier (Antoniter) in Zusammenhang stand. Um 1370 war die Anstalt in erster Linie den Siechen und der Churer Bürgerschaft vorbehalten; die wirtschaftliche Leitung hatte ein «Spitaler», also wohl ein weltlicher Verwalter. Zum Unterhalt trugen drei Churer Meierhöfe bei, zwei des Bischofs und einer der Chorherren, vor allem jedoch St. Luzi mit einem Brot-, Schmalz- und Käsezehent sowie dem Brauch, daß die Gewänder der in St. Luzi verstorbenen Konventualen «dar geben werden, daz sich die siechen damit dekent» (CD. III, S. 214). Nach dem Abflauen des epidemischen Charakters der Seuche im 14. Jahrhundert werden wohl auch andere Infektionskrankheiten hier behandelt worden sein.

Anfangs des 15. Jahrhunderts ging das Spital offenbar ein, denn in einem Lehensbrief des Klosters St. Luzi über das Gut vom 30. November 1420 ist nur die «capell und das gehüß mit allen Gemächern was der Hoff begriffen haut» genannt, ohne daß vom Siechenhaus die Rede wäre[1]. Im Zinsbuch von St. Nicolai von 1515 (JB HAGGr. 1911, S. 137) erscheint «Sant Antonis kilchen» zum letztenmal. F. v. Sprecher[2] erwähnt nur die 1622 (durch die Österreicher) zerstörten Häuser von St. Antönien; die Kapelle wird bald nach der Reformation verfallen oder abgebrochen worden sein. Heute sieht man nur noch beidseits der Straße Terrassierungen, die von der Anstaltsanlage herrühren könnten, aber keine alten Bauwerke mehr.

Das Leprosenhaus zu Masans wurde bereits S. 253 behandelt. Es war offenbar von Anfang an eine von der Stadt geleitete Anstalt, die aus der Konzentrierung zerstreuter Leprosensiedlungen entstanden sein könnte[3]. Viel früher scheint außerhalb der ersten Stadtumwallung im Gebiet des Karlihofes schon ein Siechenhaus bestanden zu haben, denn noch in einem Urbar von 1540 begegnet man in dieser Gegend einem Hausnamen «Siechhus» (vgl. BMBl. 1945, S. 55).

DIE EHEMALIGEN FRIEDHÖFE

Überblick

Da im Mittelalter das Begräbnisrecht einen Bestandteil der pfarrlichen Privilegien bildete, so waren die Friedhöfe bei den zwei städtischen Pfarrkirchen St. Martin und St. Regula die eigentlichen öffentlichen Sepulturen. Nach einer Begräbnisordnung

---

1) Mohr, Dokumente zur vaterländischen Geschichte, Mskr. Staatsarchiv, XV Saec., Bd. II, S. 207, Nr. 885.
2) Historia motuum, Genf 1629, S. 302. Deutsche Ausgabe I, 371.
3) Vgl. Reicke a. a. O., S. 315f.

von 1468[1] bestand zwar kein absoluter Zwang zur Beerdigung auf einem dieser Friedhöfe, doch mußte das Recht der Pfarrei durch Zahlung einer Gebühr anerkannt werden, wenn die Bestattung anderwärts stattfand. Der größte städtische Gottesacker war der Friedhof bei St. Martin[2]; er erstreckte sich bis an die Mauern des Hofes – denn auch das Buolsche Haus (heute Rätisches Museum) liegt auf dem alten Friedhofsareal –; ja sogar an der Südseite der Kirche zogen sich, wie Skelettfunde bezeugen (ASA. VI, 1888, S. 107), Gräber hin. In der oberen Ecke stand – wie auf Münsters Ansicht des «Hofes» zu sehen ist – ein kleines eingeschossiges, achteckiges, mit einem spitzen Dach bekröntes Bauwerk mit Rundbogentüre und Okulus (siehe Abb. 10, S. 18), in dem man einen «Karner», eine Beinhauskapelle, erblicken darf, für welchen Architekturtypus ja die runde oder polygonale Form bevorzugt wurde. Es wird – mit Ausnahme des Daches – noch in romanischer Zeit entstanden sein.

Der – wesentlich kleinere – Friedhof von St. Regula lag innerhalb der auf dem Knillenburger Prospekt erkennbaren, an die Planaterra anschließenden Umfriedung. Ein dazugehöriges Beinhaus existierte noch 1809 und wurde damals zu einer Schmiede eingerichtet[3]. Die Friedhofsmauer entfernte man 1839 (Ratsakten Fasz. Q 4). Die Beerdigungen außerhalb dieser beiden Pfarreisepulturen, in Klöstern und Stiften, hatten stets besondere Gründe: sei es, daß es sich um solche Verstorbene handelte, die diesen als geistliche oder weltliche Personen angehörten, oder daß sich Gönner jener kirchlichen Anstalten durch Stiftungen das Recht gesichert hatten, dort zu ruhen. So war sicherlich auch der 1527 erwähnte Kirchhof bei St. Salvator für die zum dortigen Pfäverser Klostergut gehörigen Leute bestimmt. Die Geistlichkeit und Gönner werden vorwiegend in der Kapelle selbst bestattet worden sein[4].

Der Friedhof von St. Nicolai lag südlich der Kirche (heute Kornplatz) und war mit einer eigenen Mauer – innerhalb der großen Klosterumfriedung – umschlossen. Die Gönner des Klosters wurden vermutlich meist in der Kirche oder im Kreuzgang, wo sich auch das Grab der Montforter Ritter (S. 281) befand, zur Ruhe gelegt[5]. Zu den adeligen Guttätern gesellten sich wohl auch Zunftgenossen der Rebleute und Mitglieder der Bruderschaften St. Nicolai und der fremden Kaufleute (siehe S. 275).

Bestattet wurde ferner bei der Leprosenkapelle in Masans, bei St. Antönien und vermutlich auch zu St. Hilarien.

Von den Beerdigungen in und bei der Kathedrale (S. 200) war schon die Rede, da der Hofbezirk geschlossen behandelt wurde.

Literatur: Über die Beerdigungsstätten im alten Chur s. JB HAGGr. 1945, S. 5–19.

Der alte Friedhof in Scaletta

Radikaler und rascher als in andern Schweizer Städten wurde in Chur unmittelbar nach der Reformation mit der Verbindung von Pfarrkirche und Friedhof gebrochen. Schon im Dezember 1529 nahm der in «Scaletta»[6] westlich von der Stadtmauer

---

1) Auf dem Rückdeckel der alten Stadtordnung (StA. V 1) eingeklebt. Wiedergegeben bei Chr. Caminada, Die Bündner Friedhöfe, Zürich 1918, S. 170f.
2) Erweiterung 1220. CD. I, S. 303.
3) Prot. der Öc.-Commission, Bd. I, S. 26 (StA.).
4) Zeitschr. für Schweizer Kirchengeschichte 1941, S. 266. Ein Grab wurde hier 1890 gefunden. Vgl. «Der freie Rätier» vom 31. Aug. 1892, Nr. 204.
5) Über Grabtafeln in der Kirche siehe S. 278; Namen einiger in St. Nicolai bestatteter Gönner siehe O. Vasella, Geschichte des Predigerklosters St. Nicolai, S. 23f.
6) Über den Flurnamen «Scaletta», von Scala-Treppe, siehe A. Schorta, Das Landschaftsbild von Chur, a. a. O., S. 90. Abzuleiten wohl von einem Treppchen an der Plessurböschung und nicht etwa von Tritten am Totentörli, da dieses vermutlich erst mit dem Friedhof entstand, der Flurname aber schon 1237 er-

angelegte Gottesacker die erste Bestattung auf[1]. Das Neue an dieser Einrichtung war, daß hier die Toten beider Pfarreien vereinigt wurden und daß jeglicher Zusammenhang mit einem kirchlichen Gebäude fehlte. Nur ein kleines, gewölbtes «Totenhaus» war vorhanden. Der Friedhof scheint auch konfessionell nicht exklusiv gewesen zu sein, denn zumindest der 1558 hier beerdigte Ritter des «Allerheiligsten Herrn, des Papstes», Anton à Marca aus Mesocco, wird dem alten Bekenntnis angehört haben. In Benützung bis 1862, dann in den «Stadtgarten» umgewandelt. Seither befindet sich der städtische Friedhof weiter westlich in «Daleu». Daneben sind noch die Kirchhöfe auf dem Hof und zu Masans in Gebrauch.

Die Umfassungsmauern des heutigen Stadtgartens stammen in großen Zügen noch vom alten Scalettafriedhof. Sie sind an der West- und Nordflucht mit **heraldischen Epitaphen** besetzt, die durch schmale, gefaste Lisenen getrennt werden (Abb. 310). Die 74 Tafeln verteilen sich auf die Zeit von 1558–1861[2], doch ist durch die «Raetia sepulta»[3] ein noch älterer Grabstein – für den 1550 verstorbenen Hauptmann Alexander Gredi(n)g und dessen Ehefrau – nachgewiesen. Nur eines der erhaltenen Stücke stammt aus dem 16. Jahrhundert: es ist das stark beschädigte Epitaph für den bereits erwähnten, am 15. März 1558 verstorbenen Anton à Marca von Mesocco. Ins 17. Jahrhundert fallen, durch die Datierung gesichert, 44 Tafeln, wozu noch mindestens zwei jener Stücke zu zählen sind, bei denen die Daten nicht mehr festgestellt werden können. Dagegen sind nur 16 Tafeln aus dem 18. Jahrhundert vorhanden[4], so daß hier also im Denk-

scheint. In der Stelle Necrol. Cur., S. 95, ist vielleicht «scaletta apud Plausuram» noch Appellativ, als kleine Treppe und nicht als Flurname zu verstehen.

1) ASA. VI (1888), S. 107.
2) Der Stein für Antistes Paulus Kind, gest. 1875, wurde nachträglich hierher versetzt.
3) «Rhaetia sepulta sive collectio monumentorum... à Rodolfo Salicaeo ab Haldenstein» 1773, Mskr. Staatsarchiv Chur, Sign. A. VII 11.
4) Von den nur durch die «Rätia sepulta» nachgewiesenen und seither verschwundenen Steinen stammen sechs aus dem 17. und sieben aus dem 18. Jahrhundert, wodurch also das Verhältnis nicht wesentlich verändert wird.

Abb. 310. Chur. Der alte Friedhof in Scaletta. Nordmauer mit Grabtafeln. Text oben.

mälerbestand eine ältere Epoche der jüngeren in erdrückender Majorität gegenübersteht. Zum Teil mag dies damit zu erklären sein, daß vielleicht im 18. Jahrhundert nicht mehr so viele Plätze an der Wand verfügbar waren, und man sich daher mit, stärker gefährdeten, Bodenplatten oder Stelen begnügen mußte; doch ist das große Kontingent des 17. Jahrhunderts sicherlich mehr noch ein Ausdruck des in dieser Zeit auch bei den bürgerlichen Geschlechtern heftig wachsenden Ehrgeizes nach Repräsentation durch heraldische Embleme.

Das Material der meisten Grabmäler ist Scalärastein, nur in Ausnahmefällen Marmor oder auch Sandstein. Bei weitaus der Mehrzahl haben wir es mit Platten zu tun, die von Anfang an zur Aufstellung an der Mauer bestimmt waren. Bei einigen wenigen Stücken läßt der obere, giebelförmige Abschluß daran denken, daß es sich um ehemals freistehende Stelen handeln könnte.

Zum Verhältnis von Schrift und Wappen ist zu bemerken, daß nur eine kleine Gruppe von sieben Platten, die alle zwischen 1601 und 1616 liegen, als Relikt mittelalterlicher Anordnungsweise noch Randumschriften (allerdings in Kombination mit dem Text in der Mitte) aufweist. Im übrigen ist auch hier, wie wir bereits in der Kathedrale sahen, zu beobachten, daß der Text sich auf Kosten des Wappens im Gang der Entwicklung immer mehr ausbreitet. Der herrschende Typus bleibt jedoch die einfache Tafel mit Wappen und Schrift und nur bei drei Denkmälern, die alle der Familie von Salis angehören, tritt eine architektonische Durchbildung auf, die bei zweien sich der Form einer Ädikula bedient, bei einem aber ein sarkophagähnliches Gebilde unter der – als Schriftfläche verwendeten – Draperie motivisch verwertet. Das Wappen ist in allen drei Fällen in den Giebel verwiesen. Für die Genealogie und Heraldik bündnerischer Familien ist die Denkmälerreihe von großem dokumentarischem Wert. Da sie bereits eine sorgfältige monographische Bearbeitung erfahren hat (siehe Literatur), wurde hier auf eine detaillierte statistische Behandlung verzichtet.

Literatur: «Die Grabdenkmäler auf dem alten Friedhof in Chur», Chur 1943. Vorwort von G. R. MOHR, Einleitung von G. BENER, Textausgabe von P. WIESMANN, Abbildungen nach Zeichnungen von CHR. CONRADIN. Nachtrag dazu JBHAGGr. 1945, S. 81–112.

DIE ÖFFENTLICHEN PROFANBAUTEN

Das Rathaus

Geschichte

Schon 1282 erscheinen urkundlich Räte der Stadt Chur (CD. II, S. 12), doch kann dies nicht als Beweis dafür gelten, daß damals bereits ein Rathaus existierte, da diese «consules civitatis Curie» noch vom Bischof eingesetzt waren und sich vermutlich bei ihm auf dem «Hof» versammelten. Zum erstenmal hören wir von einer Ratsstube in dem Fragment einer Stadtordnung um 1370 (CD. III, S. 209). Das Rathaus, in dem sie sich ohne Zweifel befand, wurde, wie S. 284 schon erwähnt, 1386 zum Heiliggeistspital umgewandelt. Da nicht anzunehmen ist, daß Chur hernach jahrzehntelang eines Rathauses völlig entbehrte, so steht zu vermuten, daß zu dieser Zeit schon ein neues Stadthaus entstanden war, und zwar nördlich des alten, auf dem Areal des heutigen Rathauses.

Die späteren Vorgänge sprechen nicht gegen diese Annahme, denn sowohl das Privileg des Kaisers Sigismund vom 21. September 1413 wie die Einsprache des Bischofs vom 9. September 1422 beziehen sich nur auf die Errichtung eines Kaufhauses. Die Bürger hatten offenbar auf Grund der kaiserlichen Erlaubnis von 1413 dem Rathaus nachträglich ein Kaufhaus an- oder eingegliedert, und dagegen allein richteten sich aus handels- und zollpolitischen Gründen die Einwendungen des Bischofs[1]. Die Vereinigung von Rat- und Kaufhaus entsprach übrigens einem ziemlich allgemeinen Gebrauch im deutschen Kulturkreis[2]. Das Privileg von 1413 wurde vom Kaiser 1464 nach dem Stadtbrand, dem auch das Rat- und Kaufhaus zum Opfer gefallen war, erneuert (StA.); in beiden Urkunden ist auf das Vorbild von Konstanz hingewiesen. Nach der Stadtordnung von 1465 war das Kaufhaus «gefreit», genoß also einen besonderen Rechtsfrieden. Die Belehnung an den Verwalter erfolgte jährlich am St.-Crispins-Tag, dem Hauptfest der Zünfte. Auf dem «Estrich», dem großen Vorplatz, fand – wie aus einer Urkunde vom 5. Februar 1492 hervorgeht – die Leistung des Treueides der Bürgerschaft vor dem Bischof statt.

Die Wiederherstellung des Gebäudes nach dem Brand von 1464 wurde offenbar bald in Angriff genommen, denn 1467 geschieht eine Abmachung mit einem «Meister cristan» wegen «der Stuben», 1479 ist von Arbeiten an den Fenstern der Ratsstube die Rede (StA., V I) und 1482 wird «im Koufhus in der Ratsstuben» geurkundet. 1489 vernimmt man von Standgeldern für Krämer (RB.) und 1494 war laut Inschrift die neue große Stube vollendet. Die Türe an der Reichsgasse trägt das Datum 1525 und die «Zyttgloggen», die «uff dem kauffhus stat», ist 1529 fertig. 1543 wird dann ausdrücklich gesprochen vom «nüwen kouffhus so mine herren gebuwen» (Rats-Prot. I, S. 92).

Was nun die Ausführung des großen Dachstuhles anlangt, so berichtet uns Campell, daß «Meister Leonhard», Bürger von Chur, «nicht lange» bevor er 1565 bei einer Arbeit in der Taminaschlucht abgestürzt sei, den «nicht gerade gewöhnlichen, vielmehr über die Maßen kunstvollen» Dachstuhl aufgeführt habe. Mit dieser Angabe stimmt überein, daß «LIENHARDT ZIMMERMANN» 1566 bereits als verstorben erwähnt wird[3], und ferner, daß auf der 1767 erneuerten Fahne des Dachreiters die Jahreszahlen 1560 und 1688 standen[4]. Man darf daher annehmen, daß das große, bis zum Haus Wunderli reichende Dach 1560 entstanden ist. Der volle Name des Meisters war, wie eine Scheibe von 1586 mitteilt: «LINHARD (Lienhartt) ZIMMERMANN genannt GLARNER», seine ursprüngliche Heimat das Allgäu. Das Churer Bürgerrecht wurde ihm als Anerkennung für sein Werk geschenkt[5].

Abb. 311. Chur. Rathaus und St. Nicolai; um 1640. Ausschnitt aus dem Knillenburger Prospekt, Abb. 14, S. 23.

1) Das Privileg von 1413 siehe Regesta Imperii XI (W. Altmann), Bd. I, Innsbruck 1896/97, S. 44, Nr. 750; die Einsprache des Bischofs vom 9. Sept. 1422 bei Eichhorn, Episcopatus Cur., Anhang S. 142. Zur Widerlegung der Angabe von A. Schulte, daß bereits unter Bischof Johann I. der Bau eines Kaufhauses in Aussicht genommen war, siehe BMBl. 1945, S. 57, Anm. 36.

2) Vgl. Gg. Dehio, Geschichte der deutschen Kunst, II. Aufl., Textband II, S. 333 f.

3) Rechnungsbuch 1566 (StA.) «Ußgen 1 ℔ x v ß des Lienhardt Zimmermann selig kinder gliehen».

4) Tscharner-Archiv in der Kantonsbibliothek; Sammlung von Stadtsachen, Tom. II, Sign. 239, S. 742.

5) Wortlaut der Scheibeninschrift siehe S. 305. Auffallend ist dabei, daß hier Meister LIENHARD noch 1586 ohne einen auf sein bereits eingetretenes Ableben hindeutenden Beisatz erscheint, ferner die Stelle: «Das hab ich volendt zu diser stundt.» (Letzteres allerdings könnte eine Reimkonzession sein.) Die Angaben Campells sind aber klar und werden überdies durch die anderen erwähnten Indizien gestützt, so daß man sich danach zu richten hat. Vielleicht ist die Scheibe nur eine Wiederholung

1586 wird das «hintere Kaufhaus» zu einem Weinhaus gemacht. Gleichzeitig hört man von Verkaufsständen der Memminger Tuchleute auf dem Kaufhaus (Rats-Prot. III, fol. 42 und 43). Um 1590 begegnen wir im Rechnungsbuch Arbeiten in der «Nüwen Ratsstuben»[1]. Unter der ersteren ist nicht etwa der heutige «Ratssaal» (von 1494) zu verstehen, der damals ja nicht mehr «neu» war, sondern die jetzige Bürgerratsstube. Die «kleine Ratsstube», bisweilen auch «kleines Stübli» genannt, könnte mit der nunmehrigen Polizeistube identisch sein. Für damalige Begriffe war die Bürgerratsstube mit 5,5×7,5 m nicht «klein». Der gotische Saal von 1494 diente offenbar nicht den regelmäßigen Sitzungen des Kleinen Stadtrates, sondern nur größeren Anlässen, so den Tagungen des Gotteshausbundes und Gemeiner III Bünde, oder auch Empfängen von Gesandtschaften, desgleichen den Sitzungen des Kriminalgerichtes (Stadtvogteigerichtes), daher in den Inventaren auch «Malefizstube» genannt. 1693 heißt er auch «die große Stube auf dem Rathaus» (Rats-Prot. XV, S. 53)[2].

1676 beschließt die Stadt, das an das Rathaus angrenzende Haus, das sie 1663 von Jöri Loreider (Lareida) erworben, «in die Kontinuität zum Rathaus» zu bringen (Rats-Prot. VIII, S. 247; XI, S. 23, 32). Bald darauf scheinen bauliche Veränderungen begonnen worden zu sein, denn 1681 zeigt sich der Rat bereit, «auf künfftig früeling mit dem Gebauw des Rathauses fortzufahren», weshalb im Januar 1682 ein Augenschein stattfindet (Rats-Prot. XII, S. 179, 186). Leider erhalten wir jedoch über die Art der beabsichtigten Arbeiten keinen Aufschluß. 1692 besichtigt der Rat unter Zuzug von Fachleuten das «canzleygebeüw», um zu entscheiden, «wie solches am kombllisten (am bequemsten) einzurichten und zu bauen» (Rats-Prot. XIV, S. 330).

1760/61 wird von den III Bünden in dem an das Rathaus anstoßenden, ehemals Burgauer- oder Loretzschen Haus ein Archiv für die Landesschriften eingerichtet, die vorher in einem Gewölbe (vermutlich dem heutigen, vorderen Stadtarchiv) gelegen hatten (BMBl. 1945, S. 182, 184ff.). Das neue – gegen Osten an das Fischersche und gegen Norden an ein Anwesen des Hauptmanns Peter von Salis anstoßende – Archivgebäude wurde nach den Plänen eines nicht mit Namen genannten «italienischen Baumeisters» aufgeführt[3]. Es umfaßte über einem gewölbten Keller drei gleichfalls gewölbte Obergeschosse: 1. Das Erdgeschoß, das auch einen seit alters gebräuchlichen Durchgang zur Reichsgasse hin aufwies; 2. das Mittelgeschoß und 3. den eigentlichen Archivraum, der einen direkten Zugang aus der «Höllstube» des Rathauses erhielt[4]. Nachdem der Kanton das «Neue Gebäu» (siehe S. 344) als Re-

einer früheren, die zugrunde ging. Auch ist bei dem heutigen Zustand die Möglichkeit nicht auszuschließen, daß sie aus verschiedenen Glasbildern zusammengesetzt wurde.

1) 11. Oktober 1590 werden die Öfen in diesen beiden Stuben geflickt. 15. November erhält Meister Bascha (Märtz, wie aus andern Einträgen hervorgeht) Bezahlung für nußbaumene und tannene Bretter nebst Firnis «zuo den Rathstuben», und am gleichen Tag Poli Steinmetz eine Restvergütung «an dem Werk der Rathstuben» (siehe später S. 296). Dieser häufig genannte Meister ist Paulus Gering aus Hindelang, eingebürgert 1584. Im Rechnungsbuch am 3. Mai 1590 mit vollem Namen genannt. Glaserarbeiten führen die Glasmaler Ulrich Haldenstein (1588) und Josef Laurer (1593) aus. 1588 wird ein Leuchter aus Ulm bezogen, und im gleichen Jahr fertigt Ulrich Rechsteiner zwei Lehnstühle aus Nußbaum und vier andere Stühle an; 1591 wird ein neuer Tisch genannt, und in diesem Jahr liefert auch der Kantengießer Jacob Firabet (Feierabend) ein Gießfaß. Belege in den «Außgab Büchlein 1588–1589 und 1590–1591. StA., Sign. F. 4.

2) Zur Raumbestimmung aufschlußreich ist die Bemerkung in einer Zürcher Reisebeschreibung von 1745 (Mskr. Joh. Leu, Zentralbibliothek Zürich, L 444, S. 685): «Die Rathstuben ist nicht groß.» «Man zeigt uns eine große Stuben nebent diser Rathstuben, die wird die Maleficanten-Stuben genannt, weil alda Malefiz gehalten wird auch pflegen die Bürger alle Jahr hier an Martinitag zu huldigen.»

3) Das Programm dieser Arbeiten umschrieben in einem Sbozzo vom 1./12. März 1760 (Landesakten im Staatsarchiv).

4) Nach einem Beleg von 1531 (Schweiz. Idiotikon II, Sp. 1138) wird Hell (= Höll) im Kloster St. Gallen ein Gebäude genannt, in dem sich auch ein Weinkeller und Speiseraum befand. In der «Höllstube» zu Chur wurden nach einem Inventar von 1751 (StA., F 43) u. a. «12 große Hochzeit- oder Schenkkanten» aufbewahrt.

Abb. 312. Chur. Das Rathaus.
Fassade gegen die Poststraße (Westen).

gierungssitz erworben hatte, kaufte die Stadt am 10. Dezember 1819 die Hälfte dieses Archivbaues[1].

1831 Erneuerung der Vordächlein und der Türen für die großen Tore (RA. G 1). 1842/43 wird der große Vorplatz – bisweilen auch «Unserer Herren Trinklaube» genannt (RA. vom 27. Juli 1820) – durch Einziehen einer flachen Gipslattendecke zu einem «Bürgersaal» für die Versammlungen der Bürgergemeinde eingerichtet. Zugleich entstanden auch die heutigen hohen Fenster dieses Raumes, desgleichen der schmale – vom damaligen Stadtrichterzimmer ausgesparte – Gang gegen das ehemalige Archivgebäude hin und der Giebel mit dem Aufzug an der jetzigen Poststraße. Die Arbeiten leitete KARL DAVID LINDENMAYER[2].

1844 wurden in der Großen Stube, die nun die Bezeichnung «Ratsstube» führte, die Wände und Fensternischen neu vertäfert und unterhalb der Balkendecke eine Felderdecke eingezogen. Ausführung: MORITZ SPRECHER (RA. G 1). Neuere Veränderungen siehe unten S. 302, Ziffer VIII.

Die zusammenfassende Darstellung der Bauentwicklung erfolgt nach der Beschreibung in den «Baugeschichtlichen Schlußfolgerungen», S. 300 ff.

Literatur: Eine genauere baugeschichtliche Bearbeitung des Rathauses existierte bis jetzt nicht; einige Hinweise im BMBl. 1945, S. 56-59. Quellen zitiert: RB. = Rechnungsbücher, «Außgabbüchlein», RA. = Ratsakten, Rats-Prot. = Ratsprotokolle; bei Urkunden bedeutet «Sch.» Schachtel.

Baubeschreibung

Der **Grundriß** der Anlage beschreibt ein mit der Schmalseite gegen Süden (Rathausgasse) gerichtetes Trapez. Während die Front an der Reichsgasse (Osten) in einem Zug verläuft, ist an der gegen die Poststraße blickenden Westseite der Mitteltrakt beidseits durch schwache, etwa 20 cm tiefe Rücksprünge abgesetzt, die als Baunähte zu gelten haben.

Erdgeschoß. Im südlichen Abschnitt liegen zu ebener Erde gewölbte Gelasse verschiedener Größe, von denen die westlichen ehemals als «Weinhaus» (Weinkeller) dienten, das südöstliche als Archiv. Heute ist in den beiden Gewölberäumen an der Rathausgasse das Stadtarchiv untergebracht, während der länglich rechteckige Raum neben der großen Halle (gegen die Poststraße hin) die neue – 1936 eingebaute – Treppe aufgenommen hat. (Die Grundrisse Abb. 314 und 315 zeigen den Zustand vor

---

1) Verkäufer war Oberzunftmeister Anton v. Salis, der seinerseits das Haus vom Kanton erworben hatte. StA. Urk., Sch. 62. Siehe auch Ratsakten. Fasz. G 1, d. d. 27. Juli 1820.
2) StA. Urk., Sch. 62 und Ratsakten G 1.

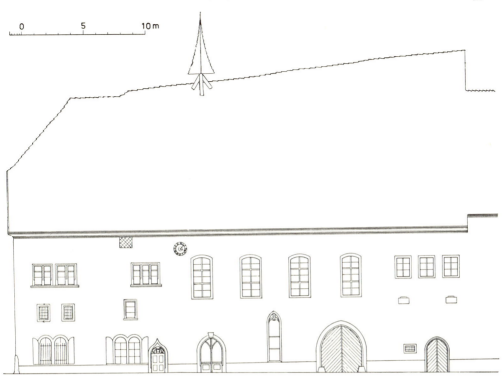

Abb. 313. Chur. Das Rathaus. Fassade gegen die Reichsgasse (Osten). Maßstab 1:300.

diesem Umbau.) Den mittleren Teil beansprucht die *große Halle*, das ehemalige «Kaufhaus», das ursprünglich vor allem den ortsfremden Großhändlern zur Verfügung stand, die hier ihre Waren einlagerten und feilboten, später aber auch dem Kleinhandel für die Dauer der Märkte überlassen wurde[1]. Vom 18. Jahrhundert an diente es vorwiegend als Sust und Zollhaus für alle in die Stadt eingeführten Waren[2]. Die alte Sust stand jedoch beim Unteren Tor (Näheres siehe BMBl. 1945, S. 60).

Die Kaufhaushalle ist ein stattlicher, in drei Schiffe von je drei Jochen gegliederter Raum, dessen mächtige Kreuzgratgewölbe auf vier stämmigen runden Freisäulen und den entsprechenden – zugespitzten – Wandkonsolen ruhen. Die Säulen bestehen nicht aus Monolithen, sondern sind aus einzelnen Scalärasteinblöcken aufgeschichtet, wachsen aus achteckigen Sockeln und schließen mit einfachen Schmiegen ab. In der Ostwand des mittleren der drei Schiffe öffnet sich ein hohes, zweiteiliges, spitzbogiges Fenster mit Fischblasenmaßwerk über runden Teilbogen. Das Fenster als Anzeichen dafür zu nehmen, daß sich an dieser Stelle die Heiliggeistkapelle befand, erlauben die Umstände nicht. Denn es sitzt haargenau in der Mitte zwischen den Wandpfeilern des bestehenden Gewölbes und sein Spitzbogen fügt sich präzis den Konturen des Wandschildes ein. Es muß also gleichzeitig mit der Entstehung des Gewölbes und damit der Kaufhaushalle hier seinen Platz gefunden haben, da man ja nicht annehmen kann, die Konstruktion der Halle habe sich nach diesem Fenster

1) Die Ansicht in der Topographie Merians bezeichnet irrtümlich Rathaus und Kaufhaus als zwei getrennte Gebäude.
2) Darüber gibt ein Aktenbündel im Stadtarchiv (R A, Sign. T 3) nähere Aufschlüsse.

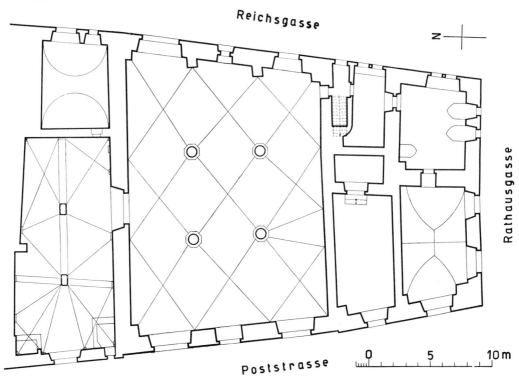

Abb. 314. Chur. Das Rathaus. Grundriß des Erdgeschosses ohne die neue Treppe.
Maßstab 1:300.

gerichtet. Daher steht zu vermuten, daß es aus dem Abbruchmaterial der Kapelle hierher versetzt wurde.

Nördlich dieser heute zu kriegswirtschaftlichen Zwecken verwendeten Halle liegt ein – gegenwärtig als Magazin benützter – *zweischiffiger Gewölberaum*, der indes nicht durch die ganze Hausbreite geht, sondern gegen Osten (Reichsgasse) hin an ein schmaleres und auch wesentlich niederes, mit einer Tonne bedecktes Gelaß stößt. Das Gewölbe des erwähnten zweischiffigen Raumes ruht auf zwei im Grundriß längsoblongen, an den Ecken abgeschrägten Freipfeilern, die mit einfachen, geschmiegten Platten abschließen. Die Wandkonsolen sind schwach gekehlt. Das Gewölbe stellt sich im Prinzip als Kombination von Kreuzgewölben dar, ist im westlichen Abschnitt jedoch fächerartig unterteilt, die Grate teilweise stark vorgezogen. Die Figuration ist äußerst unregelmäßig und steht in keiner organischen Beziehung zu den Pfeilern. Man gewinnt den bestimmten Eindruck, daß die letzteren älter sind, und das vorhandene Gewölbe an der Stelle eines früheren erst entstand, nachdem die Türe zur großen Halle hergestellt war, auf die von der Figuration deutlich Rücksicht genommen wird. Daher kann mit der Möglichkeit gerechnet werden, daß wir es hier mit einem Rest des ehemaligen Heiliggeistspitals zu tun haben. – Keller sind nur unter dem östlichen Archivraum sowie unter dem kleineren Gelaß des Nordtraktes vorhanden.

Obergeschoß. Die von der Reichsgasse heraufsteigende, 1525 angelegte Treppe führte ursprünglich nicht unmittelbar auf den großen Vorplatz, sondern kehrte auf halber Höhe, um dann in den schmalen zur Bürgerratsstube führenden Gang einzu-

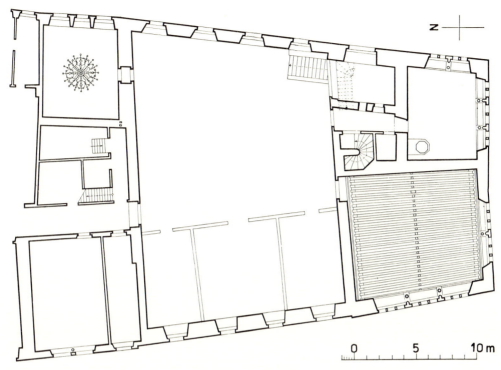

Abb. 315. Chur. Das Rathaus. Grundriß des ersten Stockes.
Maßstab 1:300.

münden[1]; jenseits dieses Korridors fand sie ihre Fortsetzung in der zur heutigen Abwartswohnung führenden Wendelstiege. Schon um 1540 muß jedoch die Ausmündung auf den großen Vorplatz hergestellt worden sein, denn die ältere Disposition kollidiert mit der – eine postumgotische Decke tragenden – Polizeistube. 1936/37 entstand dann die neue, von der Poststraße heraufkommende und auf dem ersten Podest mit dem alten Aufgang zusammentreffende Treppe. (Im Grundriß Abb. 314 nicht eingezeichnet.)

In der Südwestecke des Obergeschosses liegt die große 1943 (durch die Arch. SCHÄFER und RISCH, Chur) wiederhergestellte *Ratsstube*, heute «Ratssaal» genannt (Abb. 317, 318). Die Westwand ist durch drei und die Südwand durch zwei Fensternischen gegliedert, deren Teilstützen von geschraubten Freisäulen variierender Formierung gebildet werden. Die Stirnseite des Kämpfers ziert jeweils ein nun leerer, ursprünglich wohl bemalter Schild[2]. Die alte Wandvertäfelung wurde 1943 nicht mehr vorgefunden. Die Decke jedoch erwies sich, von einigen Schädigungen an den Rosetten abgesehen, als im ganzen noch erhalten. Sie ist aus 26 in Nordsüdrichtung ziemlich eng nebeneinander liegenden Tragbalken und schmalen Füllungsbrettern konstruiert. Die mit Rundstäben profilierten Balken tragen in der Mitte Schmuckmotive, meist in Form von scheibenförmigen Rosetten, doch erscheinen auch zwei Wappen, das eine mit dem

---

[1] 1936 beim Treppenumbau fand man einige Tritte sowie die Umrisse der Ausmündung in den Gang.
[2] Die Säule am Südfenster wurde bei der Renovation nach dem vorhandenen – beschädigten – Stück kopiert.

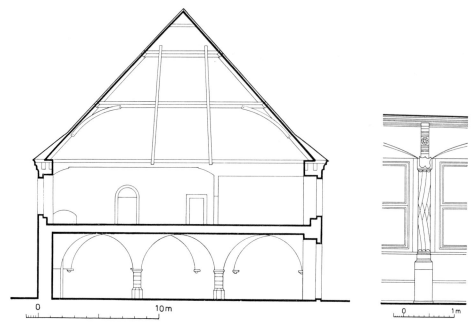

Abb. 316. Chur. Das Rathaus. Querschnitt. Maßstab 1:300.

Abb. 317. Fenstersäule im Ratssaal. 1:75.

Reichsadler, das andere mit dem Wappen der von Mont und dem Datum 1494[1]. In einem Rundmedaillon sieht man ferner drei Hasen so zusammengeordnet, daß ihre Ohren ein gleichseitiges Dreieck – das Symbol der Trinität – bilden[2]; in einem Oval endlich eine stehende Heilige, vom Strahlenkranz umgeben mit betend aneinandergelegten Händen, vielleicht St. Emerita[3] (Abb. 319).

Die äußere *Türe* zu diesem Saal wurde 1943 aus dem kleinen nördlichen Gang, wo indessen sicherlich auch nicht ihr ursprünglicher Platz war, hierher versetzt. Das Gewände aus Scalärastein, dekoriert mit Blattranken. Steinmetzzeichen Tab. II A, 7, und Datum 1546. Eisentüre mit Bändern und Rosetten (Abb. 320).

Die Südostecke nimmt die heutige «*Bürgerratsstube*» (ehemals «Neue Ratsstube», vgl. S. 291) ein. In der Südwand öffnet sich ein dreigliedriges und in der Ostwand ein zweigliedriges Nischenfenster, deren Stichbogen abermals auf Freisäulen ruhen, die jedoch nicht mehr in spätgotischen Formen, sondern im Stil der Renaissance als geschwellte, übereck gestellte Kandelabersäulen mit Akanthusdekor gebildet sind. Auf dem Sockel der östlichen Fenstersäule das Meisterzeichen Tab. II A, 10, mit Initialen P G = PAULUS GERING (vgl. S. 291, Anm. 1); auf dem Kämpfer einer der südlichen Säulen das Datum 1590, am andern das Meisterzeichen Tab. II A, 11, mit H – T S = HANS TSCHARNER, damals städtischer Baumeister. Zweimal erscheint auch das Stadtwappen. Das 1890 hier als Depositum der Historisch-Antiquarischen Ge-

1) Michel von Mont wird 1498 als Bürgermeister genannt (Sprecher-Chronik, S. 283). Warum sein Wappen hier erscheint, ist nicht bekannt. Das Wappen Mohr wurde 1943 angebracht und bezieht sich auf den gegenwärtig amtierenden Bürgermeister Dr. G. R. Mohr, den Initianten der Renovation.
2) Andere Beispiele siehe K. Künstle, Ikonographie der christlichen Kunst I, Freiburg i. Br. 1928, S. 226 und Kdm. Schwyz II, S. 265.
3) Sie scheint auf Scheitern zu stehen.

Abb. 318. Chur. Rathaus. Westwand des Ratssaales. Text S. 295.

sellschaft Graubünden eingebaute Täfer stammt aus dem Haus Menhardt und wird dort (S. 324) behandelt. Über den Ofen siehe S. 302.

Die nördlich anstoßende kleine Polizeistube bedeckt eine nach gotischer Art *gewölbte Holzdecke* mit schmucklosen viereckigen Tragbalken; entstanden um 1540 (vgl. S. 295). Der heutige Vorplatz stellt eine Reduktion des ursprünglichen Raumes dar, der von der westlichen bis zur östlichen Außenwand reichte und gegen den Dachstuhl hin offen war. Die jetzige flache Gipsdecke mit Hohlkehle (von 1842/43) ist an den Spannbalken befestigt. Vier hohe stichbogige Fenster (gegen Osten) wie auch in den nun längs der Westfront eingebauten Bureaux. Das Zimmer in der Nordostecke (heute Zivilstandesamt) ist überdeckt mit einem hängekuppelartigen Gewölbe, dessen *Stukkaturen* – Band- und Gitterwerk mit kleinen Büsten und Rosenzweigen – stilistisch den Dekorationen im bischöflichen Schloß nahe stehen; um 1730 (Abb. 322). Der Bauteil, dem dieser Raum angehört – es ist das Obergeschoß des Nordtraktes – dürfte mit dem 1692 (S. 291) genannten «Kanzleigebäu» identisch sein. Im Mittelgeschoß Gefängniszellen. Im Zimmer an der Westseite dieses Traktes (Bureau Nr. 8, Fürsorgeamt) öffnet sich eine Fenstergruppe mit zwei Stichbogennischen und einer Renaissancesäule. Um 1575.

Das nördlich anstoßende Gebäude steht nicht im Grundeigentum der Stadt, gehört also nicht zum alten Rathaus (und ist daher auf den Grundrissen Abb. 314, 315 nicht eingezeichnet). Der westliche, gegen die Poststraße hin blickende Teil dieses Traktes ist mit dem (S. 291 behandelten) früheren Landesarchiv identisch. Während sein Erdgeschoß und sein Mittelgeschoß zum Haus Wunderli gezogen sind, bildet das

Abb. 319. Chur. Rathaus. Details von der Decke des Ratssaales. 1494. Text S. 296.

Abb. 320. Chur. Rathaus. Türe zum Ratssaal. 1546. Text S. 296.

Obergeschoß jetzt einen Bestandteil des Rathauses. Hier befindet sich der ehemalige Landesarchivraum (jetzt Stadtkasse Bureau Nr. 9) mit Tonnengewölbe und den Wandschränken mit geschweiftem Abschluß und hohen Profilen von 1761.

Daß der **Dachraum** über dem Vorplatz ehemals offen war, erkennt man daran, daß die Trennwand zwischen Ratssaal und Vorplatz bis oben hinauf verputzt und getüncht ist. Auch die Mauer zwischen Mittel- und Nordtrakt reicht bis ins Dach hinauf; an ihrer Nordseite sieht man zwei parallele, etwa 1,15 m voneinander entfernt verlaufende Dachgrenzen, deren untere noch Reste der Plattenabdeckung des Anschlusses aufweisen. Der Raum zwischen beiden Dachgrenzen ist verputzt. Es scheint, daß die obere Giebellinie die alte Dachform des Rathauses, die untere aber die Umrisse des anschließenden Nordtraktes und also vielleicht eines Teiles des ehemaligen Spitalgebäudes angibt. Darunter, vom Boden überschnitten, eine Tür- (oder Fenster-?)öffnung. In der Mauer, die den Nordtrakt von dem S. 294 erwähnten, schon auf dem Grundstück Wunderli stehenden schmalen Bau, dem ehemaligen Landesarchiv, trennt, sieht man den Rest einer innen verputzten runden Turmschale (etwa ein Achtelssegment) von 50 cm Mauerdicke. Er steigt zwei Meter über den Dachboden empor und ist von jüngerem Mauerwerk umschlossen. Es darf, wie erwähnt (S. 285), mit aller gebotenen Reserve an die Möglichkeit gedacht werden, daß wir es hier mit einem Überbleibsel des Turmes der verschwundenen Heiliggeistkapelle zu tun haben. Über das Dach selbst siehe S. 300.

Äußeres. Die Quaderimitation der Wände stammt erst aus dem 19. Jahrhundert; ehemals war der ganze Bau einfach weiß getüncht, die Kanten durch aufgemalte, imitierte Ecksteine markiert, und zwar auch an den Trennungslinien der einzelnen Trakte, so

Abb. 321. Chur. Rathaus. Geschnitztes Bogenfeld der Türe an der Reichsgasse. 1525.
Text unten.

daß diese sich noch deutlicher als drei Baukörper gegeneinander absetzten wie heute[1]. Zwei Stadtwappen schmückten die Front. An der Westseite (Poststraße) führen zwei Tore in die große Kaufhalle, das eine spitzbogig und gefast, das andere in der heutigen (veränderten) Form rundbogig aus der Zeit um 1830. Die bestehende Einfassung der Türe in den Nordtrakt (rundbogig mit flachem Schlußstein) dürfte um 1760 entstanden sein[2]. Diese Disposition – zwei Tore zur Kaufhalle und eines zum Nordtrakt – entspricht auch der Darstellung auf dem Knillenburger Prospekt. Die schräggedoppelten und unten mit Eisen beschlagenen Türflügel stammen von 1831. Über die beiden Tore am «Kaufhaus» zog sich ehemals ein Vordächlein hin.

Die Türe an der Südseite in das ehemalige «Weinhaus» zeigt in der kielbogigen Bekrönung das Stadtwappen (Abb. im Bürgerhaus XIV, Taf. 13). Einen profilierten kielbogigen Abschluß, der einen nun leeren Schild umschließt, weist auch der Eingang an der Reichsgasse auf. Die Türe selbst trägt im halbrunden Bogenfeld in vortrefflicher *Reliefschnitzerei* das Stadtwappen, von zwei Basilisken gehalten, datiert 1525. Bemalung neu (Abb. 321). Neben der Türe Normalmaß des «Churer Schuhes» aus Schmiedeeisen.

In die Kaufhalle führen an dieser Seite zwei Zugänge, eine kleinere spitzbogige Türe mit Schlußstein – in der jetzigen Fassung wohl neueren Datums – und ein großes Spitzbogentor mit breiten Fasen und Prellsteinen. Im Nordtrakt eine gefaste Stichbogentüre des 16. Jahrhunderts. Während an der Reichsgasse die Dachfläche in einem Zug durchläuft, erhebt sich an der Westseite des Südtraktes ein Dreieckgiebel klassizistischer Formulierung und über dem Nordtrakt eine Lukarne mit Aufzug (1843). Der Annex des ehemaligen Landesarchivs steigt um 1,20 m über die Trauflinie des Hauptbaues empor. An seiner Front sind unmittelbar unterhalb des Daches die *Wappen der III Bünde* mit St. Georg und dem Wilden Mann als Schildhalter aufgemalt (um 1760). Die in Hexametern gefaßte Inschrift weist auf die Bestimmung des Bauwerkes als Landesarchiv hin («Hier bewahrt die rätische Freiheit

---

[1] Vgl. dazu die Abbildung der Scheibe von 1589 (S. 307). – 1765 wurde das Rathaus «auswendig ringsherum geweißelt». Tscharner-Archiv Kantonsbibliothek, Sign. 239 II, S. 743.
[2] Das Portal für den neuen Aufgang wurde 1936/37 an der Stelle eines Fensters neu angelegt.

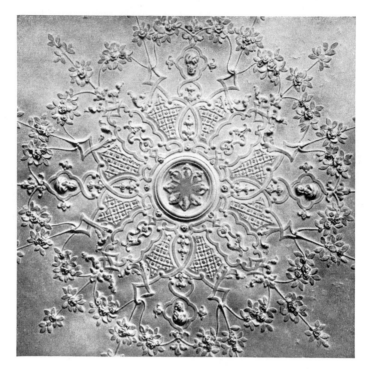

Abb. 322. Chur. Rathaus. Gewölbestukkatur im Zimmer des Zivilstandesamtes, um 1730. Text S. 297.

die Bollwerke des Friedens: Ratschläge und Beschlüsse der Väter, Gesetze und Bündnisse...»)[1].

Das **Dach** des Rathauses ist eine handwerklich bemerkenswerte, schon von Campell bewunderte und auch von den späteren Chronisten gerühmte Konstruktion, deren mächtige Masse ein Wahrzeichen im Bild der Stadt bedeutet. Der Dachstuhl hat eine durch Hängesäulen bewältigte Spannweite bis zu 25,5 m und ist gegen Süden hin durch einen Krüppelwalm abgeschrägt. Seine Eigenart besteht in dem Ansteigen des Firstes von Süden nach Norden, das konstruktiv von der Trapezform des Grundrisses bedingt ist. Denn die allmähliche Verbreiterung mußte auch eine entsprechende wachsende Erhöhung des Querschnittes zur Folge haben, wenn der Meister nicht in Kauf nehmen wollte, die Dachfläche «windschief» werden zu lassen. Den First bekrönt ein mit achteckigem Spitzhelm bedeckter Dachreiter.

Baugeschichtliche Schlußfolgerungen. I. Wie das Rathaus vor dem Brand von 1464 aussah, wissen wir nicht. Doch da es schon damals zugleich Kaufhaus war, so wird es – dem üblichen Typus entsprechend – bereits im Untergeschoß eine Halle und im oberen die Ratsstube beherbergt haben. Vielleicht bedeckte es dazumal schon das Areal des südlichen und des mittleren Traktes.

1) Der ganze Text lautet: «Rhaetica libertas hic propugnacula pacis / Consilia, acta patrum, leges et foedera servat / Haec sacra, quae tibi nunc confidit Raetia iura / Redde, domus, seris illaesa nepotibus olim.» Abgedruckt in ASA. 1882, S. 386, und Zeitschr. «Raetia» 1943, S. 71. Eine Kopie dieser Inschrift, jedoch mit Stadtwappen und Jahreszahl 1778, fand man 1885 bei einer Reparatur im damaligen Büro der Stadtkassenverwaltung. ASA. 1885, S. 135.

Abb. 323. Chur. Rathaus. Ofen des Daniel Meyer, von 1734, im Ratssaal.
Text S. 302.

II. Bestimmt war dies beim Wiederaufbau nach 1464 der Fall, denn für 1492 ist ein Huldigungsakt auf dem «Estrich» nachgewiesen, unter dem nur der große Vorplatz verstanden werden kann. Im übrigen jedoch bleiben unsere Kenntnisse bezüglich des Ablaufes der Arbeiten im Ungefähren. Die 1479 noch in Wiederherstellung (Fenster) begriffene, aber vor 1482 bereits ausgeführte Ratsstube ist nicht mit dem 1494 vollendeten Repräsentationsraum identisch, sondern befand sich wohl damals schon, wie später (siehe vorher S. 291) in der Südostecke. Die Erwähnung des «Estrichs» setzt die darunterliegende Kaufhalle bereits voraus. In welcher Form sie nach 1464 zunächst errichtet oder wiederhergestellt wurde, wissen wir nicht; vielleicht hatte sie eine Balkendecke auf Holzstützen. In der heute bestehenden dreischiffigen Halle haben wir ohne Zweifel das 1543 erstmals genannte «Neue Kaufhaus» zu erblicken. Die Formierung der Säulen, Wandkonsolen und Gewölbe läßt sich auch mit einer Datierung um 1540 gut in Einklang bringen[1]. Die Heiliggeistkapelle war um 1540 offenbar schon abgetragen, da ein anscheinend von ihr stammendes Fenster im «Kaufhaus» eingebaut wurde (vgl. S. 293).

III. Um 1560 – nach Verlegung des Spitals (1554) – dürfte dann der Nordtrakt zum Rat- und Kaufhaus hinzugekommen sein. Denn zu dieser Zeit entstand der Dachstuhl. Übrigens zeigt das Glasgemälde von 1586 deutlich, daß damals schon das Rathaus aus drei Bauteilen bestand.

IV. 1590 «Neue Ratsstube» (heute Bürgerratsstube).

---

[1] Das Datum 1525 an der Türe zum Aufgang von der Reichsgasse her trägt nichts zur Datierung der Bauvorgänge an der Halle bei, da die Stiege in der ersten Anlage ganz innerhalb des Südtraktes verlief.

V. Nicht genauer bestimmbar ist, was es mit der Beiziehung des Hauses Lareida (1663) für eine Bewandtnis hat, und welcherlei Art die um 1682 und 1692 vorgenommenen Umbauten waren («Kanzleigebäude»). Die letzteren dürften die Räume nördlich des Vorplatzes betroffen haben. Um 1730 Stuckierung des dort liegenden Gewölbezimmers (nun Zivilstandsamt).

VI. 1760/61 Ausbau des Landesarchivs in dem an das Rathaus angrenzenden, ehemals Burgauerschen Haus (heute unten Bureau Wunderli, oben Bureaux des Rathauses).

VII. 1819 Verbindungsgang zum ehemaligen Bundesarchiv; 1842/43 «Bürgersaal» mit Flachdecke auf dem großen Vorplatz. Zweites Viertel des 19. Jahrhunderts Einbau der Bureaux an der Westseite sowie Unterteilung der großen Stube in Amtsräume.

VIII. 1936/37 Einbau einer neuen Treppenanlage von der Poststraße her. 1943 Wiederherstellung der großen Ratsstube.

Ausstattung

Öfen. 1. In der «Bürgerratsstube» steht ein bunt bemalter *Turmofen* mit achteckigem Obergeschoß; die Voluten der Füße sind mit plastischen Köpfen bekrönt. Auf den Lisenen Verkörperungen der Stände mit Titeln und erläuternden Sprüchen, auf den Füllungen des Untergeschosses didaktische Verse mit szenischen Illustrationen, am Obergeschoß Bilder nach äsopischen Fabeln. Im durchbrochenen Kranz das Stadtwappen mit Datum 1632 und, auf zwei von Phantasiewesen gehaltenen Schilden, die Inschriften: Hans Heinrich Pfauw in Windtterthur und Anthoni Cazin, Baumeister; darunter Meister- oder Hausmarke mit Buchstaben A – C. Dazu am Sockelgesims des Unterbaues «W/1632/ D P» (= David Pfau). Auf den Füllungskacheln der Wandverkleidung Personifikationen der Tugenden. Ältester signierter Ofen aus der Werkstatt Pfau auf Bündner Gebiet und frühestes signiertes Werk des HANS HEINRICH PFAU[1]. Er wurde im August 1632 geliefert und ging, in Fässern verpackt, von Zürich bis Wallenstadt auf dem Wasserweg (Abb. 324).

2. Im Ratssaal ein bunt bemalter *Turmofen* auf Löwenfüßen mit sechseckigem Obergeschoß. Auf den Lisenen allegorische Gestalten der Tugenden und Laster, auf den medaillonförmig eingetieften Füllungskacheln Darstellungen aus dem Alten Testament sowie nach Luk. 16, 19–31; an Friesen und Sockeln Landschaften mit Staffagen, an der Attika das Stadtwappen mit Überschrift: 17 Die Statt Chur 34, im Anschluß daran sowie an den Kranzkacheln Wappen und Namen von städtischen Würdenträgern, Zunftmeistern usw. An der Bekrönung außerdem die Inschrift des Meisters und des Malers: Daniel Meyer Haffner in Steckboren / Rudolff Kuhn M[lr] v. Rieden Züricherbiet. Genaue Liste der Sujets und Wappen mit Inschriften siehe Frei, S. 64f. (Abb. 323).

Über den aus der Pfisterzunft stammenden Ofen im Bureau des Fürsorgeamtes siehe S. 316.

Literatur: CHR. BÜHLER, Die Kachelöfen in Graubünden, Zürich 1881, S. 13ff., 32f., mit farbigen Tafeln II und IV. – K. FREI in MAGZ. XXXI, S. 54f., mit Abb. auf Tafeln III, IX, XI. – F. JECKLIN im ASA. 1907, S. 167f. – BÜRGERHAUS XIV, Abb. auf Taf. 16.

Uhr. Im Dachraum steht in der Mitte der zwischen Südtrakt und Haupthalle hochgehenden Mauer eine Uhr, die vom Vorplatz aus sichtbar war bis 1842 die

---

[1] Zur Biographie dieses Meisters siehe die Ausführungen von K. Frei im Jahresbericht des Schweizerischen Landesmuseums 1937, S. 96–112, wodurch die Angaben im Schweizerischen Künstlerlexikon erstmals richtig gestellt wurden.

Abb. 324. Chur. Rathaus. Ofen des Hans Heinrich Pfau von 1632, in der Bürgerratsstube. Text S. 302.

Flachdecke eingezogen wurde. Ihr Werk bedient zugleich die Uhren an den Fassaden. Gehäuse aus Holz, Ziffern in gotischen Charakteren, oben Inschrift: FUGIT IRREPARABILE TEMPUS; in einer giebelartigen Bekrönung zwei Steinböcke aus Eisenblech, die an einer Glockenschale die Stunde schlugen. Entstanden 1593[1].

[1] Am 9. Dezember 1593 wird dem Steinmetz PAUL GERING der «steinin senkhel zu der newen Uhr auf das rhathuß» bezahlt. Rechnungsbuch StA.

Abb. 325. Chur. Gotischer Schranktisch aus dem Rathaus. Nun im Rätischen Museum. Text unten.

Glocke im Dachreiter. Dm. 52,5 cm. Inschrift: + ave maris (statt maria) gra(t)i · p(l)ena m cccc ſ yyy iiii (1484). Am Klöppel zweimal die Meistermarke des Schlossers (Reichsapfel, beseitet von zwei Sternen).

Bilder. Im Nordkorridor ein *Ölgemälde* mit dem Bildnis des Johann Casimir, Herzogs von Sachsen, im 33. Lebensjahr, datiert 1597 (2,07 × 1,14 m), Vollfigur. An einigen Stellen übermalt[1]. – Im Vorplatz *Porträts* von acht Bürgermeistern aus der Zeit von 1742–1787, Halbfiguren, stark übermalt[2]. Auf dem Vorplatz hängen außerdem ovale Holzplaketten mit gemalten Wappen von Churer Geschlechtern, ohne Daten. Zum Teil erst aus neuerer Zeit.

Ehemalige Ausstattungsstücke ausserhalb des Rathauses

Im Rätischen Museum zu Chur. MÖBEL. *Gotischer Schranktisch*. Die zu einem Schränkchen ausgebildete Stütze erhebt sich auf breitem Podest. Darüber liegt der Zargenkasten und die aufklappbare Tischplatte. Nußbaumholz. Die Stütze dekoriert mit Fischblasenmaßwerk, Laub, Rosetten und einem, zwei leere Wappenschilde haltenden Engel, alles in Flachschnitt. Um 1500 (Abb. 325). – *Renaissancetisch.* Sehr stark restauriert und ergänzt, aber typologisch interessant, da er in den Formen der Renaissance das gleiche Aufbauprinzip variiert, das dem beschriebenen gotischen Tisch zugrunde liegt. Das Schränkchen mit Quaderimitation in Einlegearbeit dekoriert, an

---

1) Das Bild befand sich nach dem S. 291, Anm. 2, zitierten Reisebericht von 1745 in der «Großen Stube» (jetzt Ratssaal).

2) Sieben dieser Bildnisse waren ursprünglich Vollfiguren und wurden 1846 durch den Maler und Zeichenlehrer L. KÜHLENTHAL im Auftrag der Stadt verkürzt. Vgl. F. Jecklin, Geschichte der St.-Martins-Kirche, Chur 1917, S. 14.

Abb. 326. Chur. Renaissancetisch aus dem Rathaus, vermutlich von 1591.
Nun im Rätischen Museum. Text S. 304 f.

den Ecken kannelierte Säulen, Platte aus Schiefer. Vermutlich 1591 entstanden (vgl. S. 291, Anm. 1) (Abb. 326).

Vierbeiniger *Stuhl* (Stabelle), mit barock geschweiftem Rückenbrett, das in kräftiger Reliefschnitzerei das Stadtwappen unter einem geflügelten Engelskopf zeigt. Das Griffloch ist als Mund einer Maske ausgebildet. Nußbaumholz, datiert 1713 (Abb. 331).

GLASGEMÄLDE. Die Scheiben Nr. 1, 3–5 sind Deposita der Bürgergemeinde Chur. Sie befanden sich ehedem in der Bürgerratsstube und es ist anzunehmen, daß sie Stiftungen der Zünfte an das Rathaus darstellten und nicht etwa erst nach Auflösung des Zunftgutes aus den Zunfthäusern dorthin gelangt sind. Für einen einheitlichen Stiftungsakt spricht die gleichzeitige Entstehung von Nr. 3–5. Die Scheibe Nr. 2 wurde hier ebenfalls aufgeführt, weil Inschrift und Bildgegenstand eine Zuwendung an die Stadt vermuten lassen. Ob auch andere Stücke im Rätischen Museum aus dem Rathaus stammen, ist nicht mehr zu ermitteln.

1. *Runde Zunftscheibe* (Kat. S. 7, Nr. 20). Trinkgelage von 16 Mitgliedern einer Zunft[1]. Am Rand ihre Hausnamen und Namen. In der unteren Schrifttafel Sinnspruch, um 1580–1590. Dm. 47 cm (Abb. 327). – 2. *Figurenscheibe* (Kat. S. 6, Nr. 16). Das Churer Rathaus mit halb gedecktem Dachstuhl, flankiert von zwei Männern in bürgerlicher Tracht, der eine mit Zollstock. Die Oberstücke (ankommendes Saumpferd und Seiler bei der Arbeit)[2] unvollständig. In der stark verblichenen oberen Schrifttafel: Linhard Zimerman genampt Glarner bin ich genampt. Algew ist mein Vatterlandt; Von

---

[1] Es dürfte sich um die Schmiedezunft handeln und nicht um die Pfister, wie im Katalog angegeben, da ein Wappen einen Zirkel zeigt und außerdem mehrere Wappen vorkommen, die Zimmermannsmarken gleichen. Baumeister und Zimmerleute gehörten in Chur zur Schmiedezunft.

[2] Der Seiler bezieht sich auf den Beruf des Jakob Zimermann, der 1582 als Seiler nachgewiesen ist. Rats-Prot. Bd. III, S. 19ᵛ.

Abb. 327. Chur. Zunftscheibe aus dem Rathaus; um 1580. Nun im Rätischen Museum.
Text S. 305, Nr. 1.

Minen Heren was mir daß Werk vergundt. Das hab ich volendt zu diser stundt. Darum handt sy mir das burgerrecht und zunfft geschenkt von waigen der Kunst das man gewendt[1]. In den unteren Schriftkartuschen: a) Lienhartt Zimerman genampt Glarner burger zu Chur 1586, b) Jacob Zimerman genamptt Glarner Sin sunn Burger zu Chur 1586. Außen je ein Wappen mit Zimmermannswerkzeugen. In der Mitte das Wappen Christi mit Sinnspruch auf gerolltem Band. Am Rand beschnitten. Notbleie und Flickstücke. 36 × 18 cm (Abb. 328). – 3. *Figurenscheibe der Schmiedzunft* (Kat. S. 9, Nr. 36). Hauptbild: Der sterbende König Skiluros mahnt seine 80 Söhne durch das Gleichnis von den einzelnen und gebündelten Pfeilen zur Einigkeit[2]. Oben und unten Wappen von sechs Zunftbrüdern mit ihren Namen nebst Sinnsprüchen. Signiert: «Wolfgā Spengler vō Costanz». In der Anordnung identisch

---

1) Dieser Text ist heute zum Teil zerstört. Die obenstehende Wiedergabe nach Jecklin, Museums-Kat. S. 6. Vgl. dazu auch vorn S. 290.
2) Vgl. Plutarch, Moral-Schriften I 174 F und I 511 C.

Abb. 328. Chur. Figurenscheibe von Lienhard und Jakob Zimmermann, genannt Glarner. 1586.
Aus dem Rathaus; nun im Rätischen Museum. Text S. 305 f., Nr. 2.

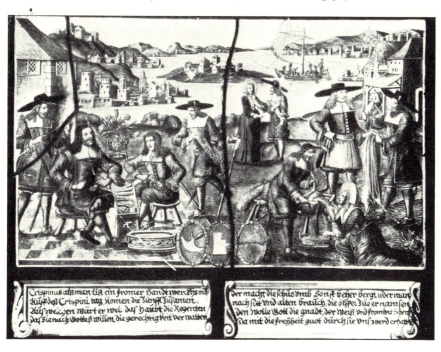

Abb. 329. Chur. Figurenscheibe der Schuhmacherzunft von Wolfgang Spengler. 1677.
Aus dem Rathaus. Nun im Rätischen Museum. Text S. 308, Nr. 5.

Abb. 330. Chur. Holzfigur der Justitia aus dem Rathaus. 1593. Nun im Kreisgerichtszimmer. Text S. 309.

mit Nr. 4 und 5 und daher wohl auch von 1677. – 4. *Figurenscheibe der Schneiderzunft* (Kat. S. 10, Nr. 37). Hauptbild: Missetaten eines Tyrannen (Hinrichtungen durch Köpfen und Sieden) als Gleichnis schlechten Regimentes. Am Richtblock bezeichnet: «W. Sp. v̊... 1677» (Wolfgang Spengler von Konstanz). Darunter Sinnspruch. An den Seiten Wappen von sieben Zunftgenossen mit Namen sowie deutschen und lateinischen Sprüchen. 42×39 cm (Abb. 334). – 5. *Figurenscheibe der Schuhmacherzunft* (Kat. S. 11, Nr. 40). Hauptbild: Schuhmacher, Metzger und Gerber bei der Arbeit vor dem Hintergrund einer Seelandschaft. Darunter in zwei Spruchtafeln eine Versinschrift mit der Stelle: «Auff deß Crispinitag, komen die Zünfft zusamen nach sitt und alten brauch, die älffer (Elfer) zu ernamsen Aus welchen würt erwelt das Haubt (und) die Regenten...» An drei Seiten die Wappen von 14 Zunftbrüdern mit ihren Namen und Titeln nebst Sinnsprüchen, signiert: «· SP · Coſtātz» 1677 (Wolfgang Spengler, Konstanz). 67×44,5 cm (Abb. 329).

Literatur: Fr. Jecklin, Katalog der Altertumssammlung im Rätischen Museum zu Chur. 1891.

Burgerbecher (Kat. S. 108, Nr. 51) in Form eines springenden Steinbockes. Höhe 23,3 cm. Silber vergoldet, getrieben und ziseliert; die Standfläche geschweift und mit Pflanzen, einer Eidechse, Schlange und Schnecke belebt. Der abnehmbare Kopf bildet den Deckel; um 1670/80. Am Fuß Prüferzahlen, aber keine Meistermarken. Depositum der Bürgergemeinde (Abb. 332).

Im Sitzungszimmer des Kreisgerichtes im ehemaligen Kloster St. Nicolai: Zwei *Ölbilder*. 1. Allegorie der III Bünde, 100×116 cm, in Gestalt eines Kriegers mit drei Gesichtern (ikonographisch entwickelt aus einem Typus des Dreifaltigkeitsbildes) und drei Armpaaren; in den drei rechten Händen Schwert, Zepter und Keule, in den linken ein Schild mit den kombinierten Wappen der III Bünde. Inschrift: CONCORDIA INSUPERABILIS. Auf

Abb. 331. Chur. Rückenbrett einer Stabelle mit Stadtwappen, aus dem Rathaus; von 1713. Nun im Rätischen Museum. Text S. 305.

zwei Schrifttafeln lateinische und deutsche Sinnsprüche. Auf dem Rahmen aufgemalt das Stadtwappen mit Datum 1641 sowie 21 Wappen von Richtern und Ratsherren mit ihren Namen[1] (Abb. 333). — 2. Das Urteil Salomonis, 90 × 118 cm. Auf dem Rahmen das Stadtwappen mit Datum 1664 sowie 22 Wappen von Richtern und Ratsherren mit ihren Namen.

Holzskulptur einer schwebenden Justitia, nun in dem genannten Raum über dem Richtertisch aufgehängt. Länge 77 cm. In der Linken eine Waage, in der Rechten das Schwert. Goldenes Gewand mit rotem Futter. Die alte Fassung übermalt; das Schwert wohl ergänzt; an der Linken fehlen einige Fingerglieder. Die Aufhängevorrichtung besteht aus einem gedrehten, in der Mitte mit einer rosettenartigen Verzierung besetzten Eisenstab. Die Figur entstand 1593 und stammt offenbar von dem Maler FRANZ APPENZELLER[2], der sich also auch als Bildschnitzer betätigte (Abb. 330).

Abb. 332. Chur. Burgerbecher aus dem Rathaus; um 1670/80. Nun im Rätischen Museum. Text S. 308.

Sie diente einem interessanten Rechtsbrauch, denn 1669 erfahren wir von Strafbaren, denen verziehen wurde mit der Bedingung, daß sie «vor die Justitia niederknyen und Gott u. ein Ehrs. Oberkeit umb Verzeihung bitten»[3]. Nach einem Inventar befand sich die Figur 1751 noch in der Ratsstube («ein Engel die Justitia», StA., Sign. F 43)[4].

Die Zunfthäuser

Überblick. Die Zunfthäuser entstanden nach Bewilligung der neuen Stadtverfassung durch das kaiserliche Diplom vom 28. Juli 1464. Von den fünf Zunfthäusern lagen drei (Rebleuten, Schmieden, Pfistern) im Quartier des «Paradieses»

---

1) Beide Bilder befanden sich nach dem S. 291, Anm. 2, zitierten Zürcher Reisebericht von 1745 in der damaligen «Ratsstube» (heute Bürgerratsstube).

2) 1593 März 25: «Ußgeben 33 fl. dem maister Franzischg Appenzeller maler über das so imme meine herren geben habend an seine arbeit so er an der Ratsstuben Justitien und Steinbock verdient hat» (der Steinbock mit Hörnern ist heute noch auf dem Dachboden des Rathauses vorhanden). Die Höhe der Zahlung, die nur eine Rate war, spricht dafür, daß es sich nicht etwa nur um die Fassung handelte; überdies erfolgte letztere erst später, denn am 22. Juli werden 6 Batzen 3 Kreuzer ausgegeben für «Stuchen» (dünne Leinwand), «die Justitia inzufassen» (Rechenbuch StA.).

3) So z. B. 1669 Juli 2. Rats-Prot. IX, S. 339.

4) Der Esel, der sich «über den Treppen, welche zu denen Rahts- und Gerichtszimmern führet», «in

310 CHUR

Abb. 333. Chur. Die Eintracht. Allegorisches Bild aus dem Rathaus. 1641.
Nun im Kreisgerichtszimmer. Text S. 308 f.

südlich von St. Nicolai, eines (Schumachern) im «Süßen Winkel» und das fünfte (Schneidern) südlich von St. Martin, welch letzteres allein beim Stadtbrand von 1574 verschont blieb. 1841 beschloß die Mehrheit der Zünfte, das Zunftgut für die Schulen zu verwenden[1]. Darnach wurde auch ein Teil der Zunftstuben für Unterrichtszwecke eingerichtet. – Die nachstehende Aufzählung richtet sich nach der Rangordnung der Zünfte.

Literatur: FR. JECKLIN, Geschichtliches über das Zunfthaus der Rebleute in Chur, 1916 (unpaginiert). – Ders.: Über das Pfistergewerbe im alten Chur. Chur 1917.

Zunfthaus der Rebleute, Kupfergasse 1 (Ecke Herrengasse). Am 30. Januar und 5. Mai 1483 kauften die Rebleute zwei Privathäuser zur Errichtung ihres Zunftgebäudes. 1574 durch Feuer zerstört und neu aufgebaut. 1674 abermals von einem Brand heimgesucht (vgl. S. 9) und beschädigt. Nach der Zunftaufhebung (1839) Übergang in Privatbesitz und seit 1916 Hotel.

Das Haus als Ganzes hat durch Umbauten seinen ursprünglichen Charakter verloren. Vom älteren Bestand im Erdgeschoß noch ein gewölbter Raum, im ersten Obergeschoß dann die ehemalige *Zunftstube*, die durch die ganze Breite des zum Pfisterbrunnen gerichteten Hauses geht, also von drei Seiten Licht empfängt. Alle drei Außenwände aufgelöst in Paare von stichbogigen Fensternischen mit zierlichen, gut gearbeiteten, mit Akanthuskelchen gezierten Kandelabersäulen auf würfelförmigen Sockeln. Auf den Kämpfern variierender Dekor von Traubenranken oder Akanthus, auf dem westlichen in einem Schild das Rebmesser als Zunftwappen; um 1580. Die

Stein gehauen» noch 1731 befand, ist nicht mehr vorhanden. Wortlaut des beigesetzten Reimspruches siehe BMBl. 1927, S. 9. Er spielte auf die Rechtsstrafe des Eselsrittes an.

1) M. Valèr in der «Denkschrift über das Schulwesen der Stadt Chur», 1914, S. 105.

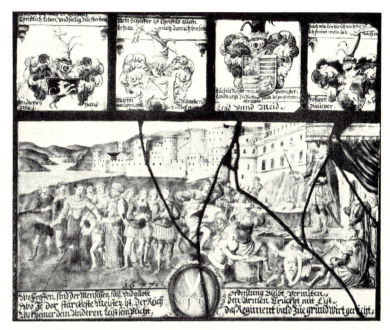

Abb. 334. Chur. Ausschnitt einer Figurenscheibe der Schneiderzunft, von Wolfgang Spengler. 1677. Aus dem Rathaus. Nun im Rätischen Museum. Text S. 308, Nr. 4.

getäferten Wände mit Bogengliederung, die Decke in flache Kassetten mit eingelegtem Stern aufgeteilt. Das *Büfett* mit reicher Reliefschnitzerei von Blattwedeln und aufrechten Löwen stammt aus dem Prätigau, bezeichnet «H M W – H W». – Der langgestreckte große Raum an der Westseite war bis in neuere Zeit eine offene Laube. Er ist bedeckt mit einer charaktervollen *Decke*, bestehend aus neun starken Tragbalken, zwischen denen quadratische, in der Mitte mit Zapfenrosetten geschmückte Kassetten liegen. Balken und Friese dekoriert mit Applikationsornamenten. Bezeichnet «1682 P P / S» (Abb. Bürgerhaus XIV, Taf. 21).

Zunfthaus der Schumacher (Süßwinkelgasse Nr. 8). Erbaut um 1510. Nach Eglis Bericht beim Stadtbrand von 1574 zerstört oder beschädigt und darnach neu ausgebaut[1]. Das Gebäude als Ganzes architektonisch nicht mehr bemerkenswert. Vom vorderen Zunfthaus ist noch die spätgotische *Türe* vorhanden, deren Sturz von einem doppelten Kielbogen aus Rund- und Dreikantstäben mit dem Zunftwappen bekrönt wird. Im Sturz selbst ein Steinmetzzeichen (Tab. II A, 3). Aus der gleichen Etappe (um 1510) stammt auch eine spätgotisch profilierte Türe im Parterrekorridor, während die Treppenanlage und ihre Gewölbe mit den rippenartig vorgezogenen Graten dem Neubau von 1596 angehören. Den Turm indes, in dem diese Stiege liegt, wird man als ehemaligen Wohnturm betrachten dürfen, der beim Neubau des Hauses einbezogen wurde. Gegen Osten weist er ein gefastes Rundbogenfenster auf[2].

Im Rätischen Museum zu Chur eine runde *Zinnkanne* (Glockenkanne) mit den Emblemen der Zunft und dem Datum 1731. Meistermarke des H. L. CADENATI.

Zunfthaus der Schneider (Kirchgasse 14). Das anfangs des 16. Jahrhunderts errichtete Gebäude ist das einzige Zunfthaus von Chur, dessen Gesamtzustand noch in

---

1) 1596 ist von einem «Neuwen Bauw» die Rede. StA. Zunftrodel Z 26 b.
2) Das Quartier heißt in einer Urkunde vom 9. Oktober 1523 (StA.) «zum nuwen turm».

Abb. 335. Chur. Das Zunfthaus der Schneider (rechts) und der Obere Spaniöl (links).
Text unten und S. 330.

die Lebenszeit der Zünfte zurückreicht (Abb. 335). Das Haus kehrt nicht – wie die meisten älteren Churer Bürgerbauten – den Giebel, sondern die Traufseite zur Straße und besteht aus einem niederen, gewölbten Erdgeschoß, einem Zwischenstock und dem Hauptgeschoß, das man vom Hof her über eine zu der vorgebauten Laube führende Treppe erreicht. Vom ersten Zustand stammen noch die einfach gekehlten Fenstergewände des Zwischenstockes und die breit gefaste Umrahmung der rundbogigen Türe, während das Reihenfenster des Hauptgeschosses mit den Voluten am Anlauf der Kehlen sowie der Erker einem Ausbau um 1600 angehören. Vielleicht war ursprünglich der Oberstock nur in Fachwerk konstruiert und wurde erst unter dem Eindruck der Stadtbrände von 1574 und 1576, bei denen das Haus indessen verschont geblieben war, massiv ausgebaut. Der dreiseitige, nur schwach hervortretende *Erker* weist am Fuß reiche Profilierung auf und an den Brüstungen aus Haustein große gemeißelte Rosetten sowie das Zunftemblem, die Schere, datiert «M D C II» (1602). Das Türgericht zur *Zunftstube* ist postumgotisch formiert, mit wulstigen, aus Akanthusblättern steigenden und in Kielbogen schließenden Stäben, datiert 1634. Die Decke der Stube in Kassetten aufgeteilt, von denen die mittleren mit kräftigen geschnitzten Rosetten aus Blättern und Früchten geziert sind; um 1680[1].

Im ehemals Schauensteinischen Schloß zu Fürstenau (Bd. III, S. 101) steht ein – aus der Stube der Schneiderzunft stammender, bunt bemalter *Turmofen* mit achteckigem Obergeschoß. Auf den Lisenen Personifikationen der Tugenden

---

[1] Die Täfelungen im Zwischengeschoß stammen von 1852. StA. Ratsakten Fasz. Q 3.

Abb. 336. Chur. Ofen des Daniel Meyer aus dem Schneiderzunfthaus. 1729.
Nun in Fürstenau. Text S. 312 f.

sowie der Laster Geiz und Wollust mit Titelüberschriften und erläuternden Sinnsprüchen. Auf den Füllungskacheln Szenen und Gleichnisse aus dem Neuen Testament mit erklärenden Versen. Am Kranz das Wappen der Schneider mit Inschrift: Ein Löbliche Zunft von Schneideren, sowie 15 Wappen von Würdenträgern der Zunft nebst deren Namen, Titeln und Devisen (den Wortlaut siehe FREI, S. 70). Signatur in ovalem Medaillon: Daniel Meyer Haffner in Steckboren 1729 (Abb. 336).

Abb. 337. Chur. Zunftschild der Pfister. 1779.
Nun im Rätischen Museum. Text S. 316.

Im Besitz der Familie Bener (Gäuggeli) ein silberner *Tischbecher* (H. 6,8 cm) aus der Schneiderzunft vom Typus des Silberbechers in Bd. V, S. 76. Am vergoldeten Lippenrand gravierte Ranken und zwei Kreismedaillons; das eine mit dem Zunftemblem, datiert 1626, das andere mit dem Wappen Frei und der Umschrift: H. TOMA FREI. Beschau Chur, Meisterzeichen des PETER STARCK, Tab. I, 2.

Im Rätischen Museum zu Chur eine *Zunftfahne* mit dem Zunftwappen; 17. Jahrhundert[1].

Zunfthaus der Schmiede. Im Zinsbuch des Klosters St. Nicolai von 1515 erscheint ein Haus, «genannt das Paradys[2], das ietz der schmid zünft koft hat» (JB HAGGr. 1911, S. 141). Der Eigentumsübergang dürfte also kurz zuvor erfolgt sein. Es handelt sich um den Südtrakt des jetzigen Hauses Koch Erben (Kornplatz Nr. 3). 1574 vom Stadtbrand zerstört und bis 1596 wieder hergestellt (Datum auf dem Schild, siehe unten S. 315). 1674 abermals vom Brand geschädigt. Das Haus wurde 1902 tiefgreifend aus- und umgebaut. Bis dahin soll noch eine gewölbte spätgotische Decke vorhanden gewesen sein. Der Eingang in der Südfront wies einen, über profilierten Kämpfergesimsen aufsteigenden Spitzbogen mit überkreuzten Stäben auf. Der erste Oberstock öffnete sich in vier symmetrisch angelegten dreigliedrigen, postumgotischen Gruppenfenstern[3]. Aus der Zeit nach dem Brand von 1674 stammen die gewölbte Podesttreppenanlage und die ehemalige, gegen Süden gelegene *Zunftstube* mit einfach gegliedertem Täfer (heute Buchbindersaal).

Gegenstände im Rätischen Museum zu Chur. 1. Eine *Wappenscheibe*, die sich ursprünglich in der erwähnten Zunftstube befand[4]. Stammwappen Schauenstein-Ehrenfels (in Rot drei silberne Forellen), flankiert von den Personifikationen der Gerechtigkeit und des Glaubens. In den Oberstücken Simsons Kampf mit dem Löwen und den Philistern. Inschrift für Thomas von Schauenstein zu Tagstein, 35 × 32 cm, Wortlaut des Textes siehe Museumskat. S. 7, Nr. 21. Um 1590. – 2. *Zunftpokal*, Silber vergoldet, H. 55 cm. Aus dem steil hinaufgeschweiften Fuß wie dem

---

1) Nähere Beschreibung A. und B. Bruckner, Schweizer Fahnenbuch, St. Gallen 1942. Kat. S. 42, Nr. 228.
2) Die Benennung «Paradies» für dieses Haus erscheint schon 1367 (CD. III, S. 205 f.).
3) Abbildung der Fassade vor dem Umbau in der «Denkschrift über das Schulwesen» nach S. 48.
4) Haldensteiner Chronik Mskr. im Staatsarchiv A L 1–3, S. 240. Die dort mitgeteilte Inschrift stimmt mit dem Text dieser Scheibe überein.

Knauf und der Kuppa samt dem Deckel sind Buckel hoch herausgetrieben; dazu gesellen sich noch ziselierte Blätter und frei aufgesetzte gerollte Laubspiralen. Den Deckel krönt ein Blumenstrauß. Schöne Augsburger Arbeit von elegantem Umriß; um 1625. Beschau Augsburg, Meistermarke wie Rosenberg Nr. 554 (Abb. 338). – 3. *Zinnpokal*, H. 49,5 cm. Runder, profilierter Fuß, Knauf in Vasenform. Der Deckel bekrönt mit einer nackten Frauengestalt, die einen Schild mit dem Wappen Pestalozzi hält. Auf der Wandung der Kuppa zwei gravierte Wappen mit den Emblemen der Zimmerleute und Initialen von Zunftgenossen; ferner Datum 1804. An zwei Reihen plastischer Hundeköpfe hängen acht silberne Schildchen mit Initialen und Namen von Zunftbrüdern und Daten zwischen 1770 und 1829. Der Pokal gehörte den in der Schmiedenzunft vereinigten Zimmerleuten. – 4. *Prismatische Ringkanne* aus Zinn; im ovalen Schild die Embleme der Zunft. Bodenrosette des JOH. JACOB ULRICH BAUER, 1820. – 5. Auf Blech gemaltes *Zunfthausschild* mit der Darstellung von Adam und Eva im Paradies; Inschrift: «1596 Die löbl. Zunft steht in Gotteshand und ist von alters zum Paradies genant. 1719, 1827.» H. 175,5 cm, Br. 234 cm. – 6. *Zunftfahne* mit den Zunftemblemen[1]. – 7. Einfache *Zunftlade* der Schreiner.

Das Zunfthaus der Pfister stand anfänglich beim «Pfisterbrunnen», in der Nähe des «Paradieses». Nach dem Brand von 1674 verzichteten die Pfister auf die Wiederherstellung ihres Zunfthauses und richteten sich in der ehemaligen Klosterkirche St. Nicolai, über den Kornhausgewölben, zwei Stuben ein (heute Notariat und Kreisgericht)[2]. Die *Zimmer* liegen nebeneinander am Westende des Südflügels und weisen übereinstimmende Täfer auf; die Wände gegliedert mit geschuppten, hermenartig sich verbreiternden Pilastern, über denen ein Triglyphenfries läuft. Türen mit Portalarchitektur, Decke mit seichten Kassetten. Um 1675. Nun alles mit Ölfarbe überstrichen.

1) Beschreibung siehe Bruckner, Schweizer Fahnenbuch, Kat. S. 42, Nr. 229.
2) Vgl. Fr. Jecklin, Geschichtliches über das Zunfthaus der Rebleute, Chur 1916 (unpaginiert).

Abb. 338. Chur. Zunftpokal der Schmiede; um 1625. Nun im Rätischen Museum. Text nebenan.

Im Rathaus (Bureau des Fürsorgeamtes) steht ein aus der Pfisterzunft stammender, bunt bemalter *Turmofen* mit Löwenfüßen und achteckigem Obergeschoß. Auf den Lisenen Personifikationen der Tugenden mit Sinnsprüchen, auf den Füllungskacheln Szenen aus dem Alten Testament. An der Bekrönung das Wappen der Pfisterzunft, von Löwen gehalten; ferner Wappen und Namen von Amtsträgern aus der Zunft sowie die Meistersignatur: (Die)ſer Ofen iſt gemacht von den Meyeren Hafnere in Steckboren 1753. Liste der Sujets und Wappen mit Inschriften siehe FREI, S. 64f.
Literatur: BÜHLER, S. 33, FREI, S. 65; in ASA. 1907, S. 167f.

Im Rätischen Museum zu Chur ovales *Zunftschild* in durchbrochener Messingarbeit mit den Emblemen der Pfister (ehemals Verzierung eines Schrankes?). Am Rand Initialen von Zunftgenossen und Datum 1779. H. 42 cm, Br. 29 cm (Abb. 337). – Ferner eine einfache *Zunftlade*. – In der Sammlung E. Schwarz-Raas, Zürich, ein *Zinngefäß in Form einer Bretzel*, mit Füßen zum Aufstellen. Auf der Verschlußschraube ein Männchen. Eingraviert: GOTT SEGNE DAS EHRBARE HANDWERK DER BÄCKER ZU CHUR. Feinzinnmarke. H. 32 cm, Br. 39 cm. Um 1800.

PRIVATE WOHNBAUTEN

Vorbemerkung. Die Häuser werden hier in chronologischer Folge aufgezählt, wobei der älteste Bestandteil für die Einreihung entscheidend ist.

Wohnturm bei St. Salvator (Salvatorenstraße Nr. 15). Etwa 70 m westlich des Campanile von St. Salvator erhebt sich ein ehemaliger Wohnturm. Zwar berichtet Campell (Top. lat., S. 61), er sei nach seiner eigenen Erinnerung «von einem Münzmeister» errichtet worden, doch dürfte es sich um einen ehemaligen Meierturm des Klosters Pfävers handeln, der damals nur ausgebaut und erhöht wurde. Hernach bewohnte ihn Peter Finer und dann die Familie von Salis. – Viergeschossiger viereckiger Wohnturm, dessen Abschluß ein auf (jetzt vermauerten) Zinnen ruhendes Satteldach bildete. Mauerstärke im Erdgeschoß 115 cm. Im obersten Geschoß, an der Nordseite, ein nun zu einem Fenster reduzierter ehemaliger rundbogiger Austritt zu einer Laube. In jüngster Zeit wurde der Turm gegen Westen durch ein Treppenhaus verbreitert, im Innern umgebaut und außen mit Besenwurf verputzt. Im Erdgeschoß an der Nordseite eine Spitzbogentüre, deren Steingewände mit überkreuzten Rundstäben profiliert sind; datiert 1528. Über der Türe des angebauten Wohnhauses eine *Tafel* mit Allianzwappen und Inschrift: JOH. SIMEON WILLI – A° 1728 – MARIA MATHISI (Mathis). Ein anderer älterer *Wappenstein* wurde an den Karlihof (Haus Nr. 3) versetzt. Allianzwappen Salis und Stampa, bezeichnet «S. V. S. – W. V. S. 1596» (Simon v. Salis, Wiolanda v. Stampa)[1].

Das Antistitium (Kirchgasse Nr. 12). 1470 kaufte der Abt von Disentis Johannes Schnagg (reg. 1464–1497) von dem Churer Bürger Johannes Iter das Haus, das an ein anderes bereits im Besitz des Klosters stehendes anstieß[2], und es ist anzunehmen, daß der Abt beide (wohl vom Stadtbrand von 1464 noch stark mitgenommenen) Gebäude zu einem einheitlichen Neubau zusammenzog. 1529 Verkauf an Hans v. Capol und 1557 an die Stadt als Pfarrhaus für St. Martin[3].

Da das Antistitium bei der Feuersbrunst von 1574 verschont blieb, darf es uns als Beispiel eines Churer Profanbaues um 1480–1490 gelten. Der nicht allzu schmale Bau umfaßt ein gewölbtes Erdgeschoß und drei Oberstöcke und ist bedeckt von

---

1) Abbildung siehe Schweizer Archiv für Heraldik 1928, S. 18, Fig. 31. Text dazu 1927, S. 19.
2) Vgl. die Stelle aus der Disentiser «Synopsis» in ZAK. 1940, S. 193, Anm. 48: «Aedes» ist singularisch als «Haus» zu übersetzen.
3) Jecklin im Anzeiger für Schweizer Geschichte 1916, S. 101.

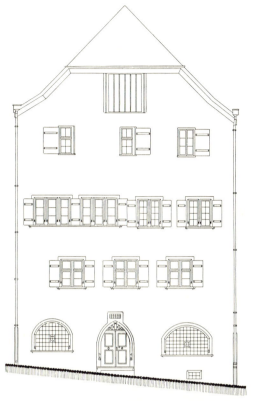 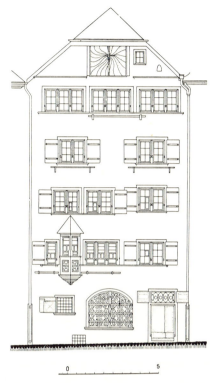

Abb. 339. Chur. Das Antistitium. Nordfassade. Maßstab 1:200. Aufnahmen aus dem «Bürgerhaus». Text S. 316 f.

Abb. 340. Chur. Haus Ragatzer. Westfassade. Maßstab 1:200. Aufnahme aus dem «Bürgerhaus». Text S. 320.

einem Krüppelwalmdach mit Bruch. Beidseits der spitzbogigen, mit Kehle und Pyramidenanlauf profilierten Türe je ein stichbogiges Breitfenster mit gleicher Profilierung. Dieselbe Kehlung weisen auch die Reihenfenster auf, die im zweiten Oberstock, dem Hauptgeschoß, am dichtesten stehen. Diese übereinstimmende Fensterformierung läßt auf einen einheitlichen Neubau um 1480–1490 schließen (Abb. 339). Die Dachform jedoch dürfte auf eine spätere Umgestaltung zurückgehen. Im ersten Obergeschoß, dessen Decke von einem gefasten Pfeiler gestützt wird, befand sich ehedem vielleicht ein durchgehender Saal. Im zweiten Geschoß nehmen die ganze Frontbreite (Norden) zwei spätgotische Täferzimmer ein. Der *Prunkraum* beherrscht den nordöstlichen Teil. Als Stütze der stichbogigen, bis zum Boden herabgehenden Fensternischen dient ein – an den Ecken mit Rundstab profilierter – Pfeiler. Die Wände gegliedert in schlanke Paneele, die von reichem und graziösem Maßwerk aus Fischblasen- und Blattmotiven bekrönt sind. Darüber zieht sich ein Flachschnittfries von Rosetten und anderen Zirkelornamenten hin. Reiche profilierte Türumrahmung, mit Fischblasen und Kielbogen bekrönt (Abb. 344). Die Balken der leicht gewölbten Decke zeigen an den Enden Lilienmotive, an den Mitten geschnitzte Rosetten variierenden Dekors. Auf einer dieser Zierscheiben das Hausmarkenwappen des Abtes Johannes, auf einer anderen das Meisterzeichen (vgl. Bürgerhaus XIV, Taf. 6, Abb. 4); das Ganze leider durch Anstrich beeinträchtigt. Die *Nebenstube* ist offenbar in bewußter Kontrastwirkung zum Hauptraum durchgebildet: einmal laufen ohne ersichtlichen technischen Grund die Deckenbalken hier quer zu der Richtung im Prunkzimmer und außerdem sind die Maßwerkmotive (in Flachschnitzerei) an die Decke verlegt, während die Wandleisten unmittelbar an den gleichfalls mit Flachschnitzerei gezierten Fries anlaufen. – Grundrisse, Schnitt, Ansichten und Details siehe Bürgerhaus XIV, Taf. 5, 6, mit Text auf S. XVI, XLIV.

Ehemaliges **Haus Brandis** (später Scandolera), Reichsgasse Nr. 65. Erbaut um 1480, umgebaut (verlängert) 1657–1671 durch die Familie Scandolera. Das Haus umfaßt drei Obergeschosse mit je zwei Frontzimmern wie das Antistitium, ist jedoch schmaler; Krüppelwalmdach. Beispiel einer durch Überbauung von Hofpartien allmählich nach der Tiefe hin entwickelten Anlage. Die gekehlten Umrahmungen des stichbogigen Breitfensters im Erdgeschoß und der Gruppenfenster in den oberen Stockwerken stammen noch aus der Zeit um 1480, die Türfassung jedoch von 1671. Die Erdgeschoßräume gewölbt. Im Hauptzimmer des ersten Obergeschosses ist die Wand gegen die Straße zu in zwei Gruppenfenster mit Stichbogennischen aufgelöst. Die Stützsäule mit Akanthus und Flechtring um 1580 erneuert. An den Balkenenden der Decke geschnitzte Lilienmotive; in der schmaleren Nebenstube ist die Decke gewölbt und die Balkenköpfe zieren Herzblätter. Die *gotische Hauptstube* liegt in der Nordwestecke des zweiten Stocks. Hier sind auch die Wände reicher gegliedert durch Paneele, die in Maßwerken schließen, und die Türe wird von einem Fischblasenmaßwerk in tauförmig gedrehten Bogen bekrönt. Im Maßwerk der Südwand die Wappen Brandis und Werdenberg[1] sowie des Oberen Bundes (?) und des Gotteshausbundes. Die Balken der gewölbten Decke profiliert und an den Enden mit Lilienmotiven geziert. Durch Anstrich beeinträchtigt.

Abb. 341. Chur. Ofen der Werkstatt Pfau aus dem Haus Brandis (Scandolera), 1659. Nun im Schloß Ortenstein. Text S. 319.

Aus der zweiten Bauetappe eine gewölbte Saletta im ersten Obergeschoß, auch Kassettendecke und Türgerichte mit Daten 1657 und 1668. Den Abschluß dieser Etappe, die wohl die Erweiterung des Hauses in den Hof hinein brachte, markiert offenbar die Jahreszahl 1671 auf dem *Wappenstein* über der Haustüre mit dem Wappen Scandolera und einer Inschrift für Dr. phil. et med. Joh. de Scandolera[2]. – Grundrisse, Schnitt, Ansichten und Details siehe Bürgerhaus XIV, Taf. 5, 6, 10, mit Text auf S. XVf., XLIV.

1) Die Mutter des Bischofs Ortlieb von Brandis war Verena von Werdenberg-Bludenz. Vgl. den Stammbaum bei P. Bütler, Die Freiherren von Brandis, Jahrb. für Schweiz. Geschichte, Bd. 36.

2) Über die Lebensdaten und Würden des Joh. Scandolera († 1695) siehe die Grabinschrift, abgedruckt bei Bener-Wiesmann, Die Grabdenkmäler auf dem alten Friedhof in Chur, S. 21f., und HBLS. VI, 111.

Abb. 342. Chur. Haus Pestalozza (Danuser), Eisenladen. Frühes 17. Jahrhundert. Text unten.

Ins Schloß Ortenstein (Bd. III, S. 170ff.) gelangte nach 1860 ein *Turmofen* mit sechseckigem Obergeschoß, bei dem nur die Füllungs-, Attika- und Kranzkacheln bunt bemalt sind, während die Lisenen, Gesimse und Füße aus grün glasierten Kacheln bestehen. Auf den Füßen Reliefs einer «Venus marina», auf den Lisenen antikisierende Blatt- und Vasenornamente. Die gemalten Darstellungen in den Füllungen stellen Illustrationen zu Sinnsprüchen dar, die in Latein und Deutsch daruntergesetzt sind[1]. In der Attika Jagdbilder, am Kranz in mehrfacher Wiederholung Judith mit dem Haupt des Holofernes; ferner die Allianzwappen Scandolera-Curtabatti[2]. Darüber «Pax» und «1659». Der Ofen ist nicht signiert, stammt jedoch sicher aus der Werkstatt Pfau (vielleicht DAVID PFAU) (Abb. 341).

Ehemaliges **Haus Pestalozza** (nun Danuser AG.), Rabengasse 6. Erbauer unbekannt, im Besitz der Familie Pestalozza (Pestalozzi) von nicht näher bestimmbarer Zeit an bis 1838[3]. Im wesentlichen geht das Haus auf das Ende des 16. Jahrhunderts zurück. Ein innerer Umbau erfolgte offenbar etwa ein Jahrhundert später. Mit drei an der Front angeordneten Zimmern ist das Haus breiter als die vorher genannten spätgotischen Bauten, gliedert sich ihnen aber doch im Typus – dem gewölbten Erdgeschoß mit den stichbogigen Breitfenstern, drei Obergeschossen und Krüppelwalmdach – völlig an. Der Eingang rundbogig gefast mit queroblongem Oberlicht wie bei der Schneiderzunft; die Fenstergerichte gekehlt. Die *eisernen Läden* des ehemaligen Parterrefensters (nun Ladentüre) mit aufgelegten, in Vogelköpfen endigenden Spiralen von vorzüglicher Schmiedearbeit. Frühes 17. Jahrhundert (Abb. 342). Im ersten Stock spätgotische Stube mit dreigliederigen Gruppenfenstern; die Teilstütze gefast mit blättchenförmigem Anlauf; am Kämpfer zwei leere – ehemals wohl bemalte – Wappenschilde. Die Wandtäfer sind in Paneele mit Maßwerken gegliedert, die gewölbte Decke ruht auf unprofilierten Balken. Im Nebenzimmer Renaissancesäule mit Datum 1609.

1) Die Texte siehe bei Bühler, S. 17 und 40.
2) Dr. Joh. Scandolera (1651–1725) war vermählt mit Barbara von Curtabatti von Soglio.
3) Über die Churer Pestalozza siehe BMBl. 1928, S. 129–146, 185–197 mit Stammbaum.

Abb. 343. Chur. Haus Ragatzer, Erker und Fenstersäule. Aufnahme aus dem «Bürgerhaus». Text unten.

In einem saalartigen, größeren Raum des dritten Stockes mit ehemals bemalter, aber nun überstrichener Felderdecke ein Fries von 44 auf Leinwand gemalten *Porträts* von vorwiegend orientalischen Königen, Fürsten und Kriegshelden sowie von Philosophen aller Welt in bunter Mischung, zwar nicht in kunstgeschichtlicher, jedoch in kulturhistorischer Beziehung bemerkenswert; teilweise übermalt; wohl zweite Hälfte des 17. Jahrhunderts, nach Vorlagen. Auf den Türen dieses Raumes Genrebilder in grünlicher Camaïeumalerei. Am Büfett im Nebenzimmer treffliches Schloß mit gravierten Delphinen, datiert 1576. – Ansicht, Grundriß und Detail siehe Bürgerhaus XIV, Taf. 8, 9, mit Text auf S. XVI und XLIV.

Sprecherhaus, Süßwinkelgasse Nr. 6. Ursprünglich Schauensteinbesitz. Von der Mitte des 16. Jahrhunderts bis 1802 Schule; eine darauf bezügliche Inschrift ist noch auf der Westseite vorhanden. Der Hof heißt heute noch «Schulhöfli»; seit 1862 Sprecher. Im Erdgeschoß sind vielleicht noch vorgotische Teile verbaut (gegen Osten vermauertes Rundbogenfenster). Im ersten Obergeschoß eine nun unterteilte *spätgotische Stube,* die ursprünglich eine aufgelöste Fensterwand gegen Osten hatte. An der Konsole über der (verdeckten) Fensterstütze das Wappen Schauenstein. Von der alten Wandtäferung ist nur noch die Südseite erhalten mit einer Gliederung von Paneelen mit auf- und abwärtsgerichteten Dreipaßmaßwerken. Balkenenden in Herzblattform ausgeschnitten, Mittelrosetten. Ende 15. Jahrhundert.

Ehemaliges **Haus Ragatzer** (nun Bundi-Mani, vormals Coaz Wassali), Reichsgasse 71. Das Haus besteht aus zwei ursprünglich selbständigen Teilen, von denen das eine zur Rabengasse, das andere – von dem im Nachstehenden allein die Rede ist – zur Reichsgasse blickt. Erbaut im ersten Viertel des 16. Jahrhunderts. Umbau um 1580 und abermals 1667 (durch Jakob Ragatzer). Weitere Handänderungen siehe Bürgerhaus XIV, S. XLIV. Vor einem Jahrzehnt im Inneren tiefgreifend modernisiert. Schmales Haus mit vier Stockwerken und Krüppelwalmdach (Abb. 340); ehemals einfache gotische Disposition mit zwei Vorderstuben und unmittelbar – ohne Querkorridor – anschließendem Küchentrakt mit Wendelstiege. Die Gewölbe im Erdgeschoß und der dort ausgesparte schmale Längskorridor wohl aus dem 17. Jahrhundert. Die Fenstergerichte spätgotisch. In der Erkerstube des ersten Stockwerkes eine leicht gewölbte *gotische Holzdecke* aus halbrunden Tragbalken, die an den Enden mit Herzblättern (am Mittelbalken mit Lilienmotiven) und in der Mitte mit geschnitzten Schmuckscheiben wechselnden Dekors (Fischblasen, Blätter, Stern) geziert sind. Die Stütze der Fensternischen hat die Form einer Kandelabersäule mit Akanthusdekor (Abb. 343) und wurde wohl erst um 1580 an Stelle einer älteren eingesetzt. Bemerkenswert ist auch, daß im obersten Stock ein – die ganze Hausbreite beanspruchender – nun unterteilter *Saal* mit aufgelöster Fensterwand angeordnet war. Die Stützen der Fensternischen, in denen Sitzbänke durchliefen, bestehen aus Kandelabersäulen mit Akanthusdekor; um 1580. Felderdecke und Zahnschnittfries (nun Gipsplafond). – Der dreiseitige *Erker* ist eine spätere Zutat; er ist bezeichnet: JAKOB RAGATZER /

Abb. 344. Chur. Antistitium. Türwand der Prunkstube. Maßstab 1:50.
Aufnahme aus dem «Bürgerhaus». Text S. 317.

V · ANNO 1667 H. Der eiserne Fensterladen am Parterre, dicht mit geschmiedeten Spiralen überzogen, wurde in den unteren Korridor versetzt. – Ansichten, Grundriß, Schnitt und Details siehe Bürgerhaus XIV, Taf. 9, 11, mit Text auf S. XIIIf., XLIV.

Haus zum Raben, Rabengasse Nr. 4. Das Haus wurde im ersten Viertel des 16. Jahrhunderts und um 1585 ausgebaut. Es gehörte damals der Familie von Tscharner, vielleicht dem Hans Tscharner, der 1581 und später noch städtischer Baumeister war. In der Disposition entspricht es dem zuvor mehrmals beschriebenen Typus des spätgotischen Churer Bürgerhauses, doch wurde es durch wiederholte Um- und Anbauten stark verändert. Bemerkenswerte Räume und Bauteile: Im Erdgeschoß Gewölberäume; im ersten Obergeschoß eine Stube mit merkwürdiger Teilstütze in Form zweier zusammengeflochtener Säulchen, die gewölbte Holzdecke mit gekehlten Balken, in der Mitte von geschnitzten Scheiben variierenden Dekors geschmückt; erstes Viertel des 16. Jh. Das ganze Zimmer durch Anstrich beeinträchtigt.

Die Türe zu einer tonnengewölbten Saletta des gleichen Geschosses wird bekrönt von einem Kielbogen und dem *Tscharner-Wappen* mit dem Datum 1586. Am Sturz das Steinmetzzeichen des PAULUS GERING (Tab. II A, 10). Die Fenstersäule dieses Raumes und ihr Kämpfer sind mit besonders schwungvoll gebildetem Akanthuslaub geziert; am Sockel Fratzen. In einem Zimmer des zweiten Stockwerkes eine gotische Decke, an den Enden mit Herzblättern, in der Mitte mit geschnitzten Scheiben geziert. Im dritten Stock Zimmer mit Kassettendecke des 17. Jahrhunderts; Fensterstütze um 1585 mit Akanthus- und Lilienmotiv; am Kämpfer liegender Löwe. – Detailzeichnungen und photographische Abbildungen siehe Bürgerhaus XIV, Taf. 8, 11, 12; dazu Text S. XVf., XLIV.

Der Untere Spaniöl (nun Haus Traber), Süßwinkelgasse Nr. 20. Älteste Teile anfangs des 16. Jahrhunderts. 1654 umgebaut durch Joh. Anton Pestalozza aus Chiavenna[1]. Der sehr unregelmäßige Grundriß (Bürgerhaus XIV, Taf. 14) illustriert die etappenweise Entstehung. Den gotischen Kern stellt der südöstliche Teil des Gebäudes dar. Der Neubau von 1654 brachte die Erweiterung nach rückwärts (Westen), wo auch das Treppenhaus disponiert wurde, sowie nach Norden. Ungegliederte Front. Im Architrav der Türe das Datum M D C LIIII. Mächtige Keller in zwei Etagen.

1) Er erwarb das Anwesen am 16. August 1650 vom Domkapitel (Urk. im Arch. des Domkap.).

Abb. 345. Chur. Haus Reydt. Fassade.
Text S. 323 f. Aufnahme aus dem « Bürgerhaus».

Gewölbter Korridor. Im Erdgeschoß liegt links, unmittelbar neben dem Eingang, die «*sala terrena*», deren Tonnengewölbe Akanthusborten zieren; an der westlichen Schmalwand die Allianzwappen Pestalozza und Salis aus Stuck[1]. In der Südostecke des ersten Stockes eine *spätgotische Stube* mit Gruppenfenstern und gekehltem Teilpfeiler. Die Balkenenden der gewölbten Decke sind mit geschnitzten Herzblättern geziert, die Mittelscheiben ohne Schmuck. Die Wände in Paneele gegliedert, die in auf- und abwärtsgerichteten Maßwerken abschließen. Spätes 15. Jahrhundert. Besonders bemerkenswert ist der splendid dimensionierte Vorplatz mit reicher, leider durch dikke Übertünchung beeinträchtigter *Stuckdecke*. Einteilung durch Rahmenwerk. Im großen Mittelfeld die Entführung des Hirten Kephalos durch Eos. In den Eckmedaillons mythologische Szenen; alles in Stuck. Von den quadratisch eingeteilten Felderdecken des zweiten Stockes ist jene in der Nordostecke originell bemalt mit Lorbeerzweigen und Granatäpfeln. Decke um 1650, Malerei spätes 18. Jahrhundert. – Grundrisse und photographische Abbildungen siehe Bürgerhaus XIV, Taf. 14, 18. Dazu Text S. XLV.

Ins Schloß Marschlins gelangte 1905 aus diesem Haus ein bunt bemalter *Turmofen* mit medaillonförmig eingetieften grünen Füllungskacheln; sechseckiges Obergeschoß. Auf den Lisenen Personifikationen der Tugenden; auf Friesen und der Attika kleine Landschaften, am Kranz Blumen- und Fruchtgewinde. Unsigniert; Werkstatt MEYER in Steckborn. Erste Hälfte des 18. Jahrhunderts. Vgl. FREI, S. 76.

Haus Planaterra, Planaterrastraße 2, Ecke Reichsgasse. Hier stand, wie schon der Name bekundet, ehedem der alte Sitz der im 14. Jahrhundert zu den bedeutendsten stadtchurischen Ministerialen zählenden Herrn von Plantär (de Plantair). Das bestehende, um 1533 errichtete und mit dem Capolschen Wappen gezierte Gebäude dürfte identisch sein mit jenem «prächtigen Haus»[2], das nach Campells Bericht der von Flims nach Chur übergesiedelte Luzius von Capol hier baute. Vom frühen 18. Jahrhundert an bis 1558 im Besitz der Familie von Tscharner, so auch des Bundespräsidenten Joh. Bapt. v. Tscharner († 1737). Der Bau repräsentiert einen prinzipiell anderen Typus als die bisher genannten bürgerlichen Reihenhäuser und geht in seinem Wesen auf die freistehende «Stadtburg» innerhalb eigener Mauerumfriedung zurück. Als solche ist er noch auf dem Knillenburger Prospekt und bei Merian deut-

---

1) J. A. Pestalozza war vermählt mit Claudia v. Salis.
2) Campell, Top. lat., S. 22: «magnificis aedibus excitatis.» Mohr übersetzt in der deutschen Ausgabe, S. 12: «er baute einige schöne Häuser», doch ist «aedes» im Sinne von «Wohnhaus» singularisch gemeint.

lich zu erkennen. Auf den Ansichten bei Stumpf und Seb. Münster hebt er sich durch seinen Treppenturm heraus[1]. Innerhalb des südlichen Teiles zeichnet sich im Grundriß (Bürgerhaus XIV, Taf. 12) ein eingekapseltes Mauerquadrat von 5,80 × 4,70 m Seitenlänge ab, das auf einen ehemaligen Wohnturm zurückgehen könnte. Desgleichen dürfte der quadratische, über die Südflucht vortretende Bauteil in der Südostecke einer älteren Etappe angehören. Aus der Neuredaktion von 1533 ging ein kompakter rechteckiger Baukörper mit polygonalem, von einer geschweiften Haube bekröntem Treppenturm an der Nordseite und Erker gegen die Straße hervor. Der *Erker* ist aus dem Achteck konstruiert und mit Ziegeln bedeckt. An der Spitze des reichprofilierten Fußes das Wappen Capol mit Datum 1533 und Steinmetzzeichen Tab. II A, 6. Frühester datierter Erker in Chur. Die Fenstergerichte spätgotisch gefast. Der Erker gehört zu einer nun unterteilten, großen Stube, deren zur Straße gerichtete Wand völlig in Reihenfenster aufgelöst ist, wodurch sich eine den Eintretenden überraschende Lichtfülle ergibt. Als Stützen dienen Renaissancesäulchen mit Akanthusdekor. Über dem Vorplatz des gleichen Geschosses, auf den die Wendeltreppe im Turm mündet, ruht eine *Decke*, die mit den schweren viereckigen Balken, den kassettierten Füllungen und Zapfenrosetten wie den Applikationsornamenten jener in der ehemaligen Laube

Abb. 346. Chur. Detail aus der Prunkstube Abb. 348. Text S. 325.

der Rebleutenzunft gleicht. Um 1680. Aus der gleichen Zeit verschiedene Felderdecken und Türen mit geschuppten Pilastern und reicher Gliederung der Füllungen. – Grundriß, Aufriß und photographische Abbildungen siehe Bürgerhaus XIV, Taf. 12, 13; dazu Text S. XIIIf., XLIV.

Ehemaliges **Haus Reydt** (Reit), nun Bener & Co., St.-Martins-Platz. Ein aus älterem Bestand übertragener Fenstersturz mit Muschelmotiv am Erdgeschoß trägt die Zahl 1546[2]. Damals scheint also ein Neu- oder Ausbau erfolgt zu sein. 1574 fiel das Haus dem Stadtbrand zum Opfer und darnach erhielt es (durch die Familie Reydt)[3] die heutige Gestalt, die für das Bild des Martinsplatzes und der Kirchgasse von größter architektonischer Bedeutung ist. Der schlanke Bau mit dem Krüppelwalmdach entspricht im Habitus dem beschriebenen Typus des Churer Reihenhauses der Spätgotik; die Fassade wird hier jedoch bestimmt durch den dreistöckigen, dreiseitigen Erker

---

1) Das zweite kleine, erst in halber Höhe an der Nordostecke ansetzende Türmchen bei Merian, das Stumpf und Münster nicht haben, ist wohl eine willkürliche Zutat des Zeichners.
2) Eine beinahe identische Türbekrönung, gleichfalls 1546 datiert, in der Rabengasse, Haus Nr. 11.
3) Über die früheren Besitzverhältnisse siehe M. Valèr, Geschichte des Churer Stadtrates, Chur 1922, S. 134.

(Abb. 345). An der Brüstung des ersten Stockes *Wappen* Bener[1], darüber unbekanntes Wappen[2] und oben Stern, Sonne und Mond. Steinmetzzeichen Tab. II A, 9. Im Innern keine Räume von erheblicher kunsthistorischer Bedeutung. – Aufriß der S. 322 abgebildeten Fassade gegen den Martinsplatz siehe Bürgerhaus XIV, Taf. 11, 12. Text S. XLIV.

Ehemaliges **Haus Menhardt** (nun Schällibaum), Kirchgasse 2. Nach dem Stadtbrand von 1574 durch Jakob Menhardt wohl in der alten Anlage neu ausgebautes Haus. Über die späteren Handänderungen siehe Bürgerhaus XIV, S. XLVf. – Die Fassade unterscheidet sich von den bisher beschriebenen spätgotischen Reihenhäusern dadurch, daß die Gruppenfenster oben und unten von durchlaufenden Gesimsen horizontal begrenzt sind. Der Giebel war noch in der ersten Hälfte des 19. Jahrhunderts von Zinnen bekrönt, wie auf der Zeichnung von S. Birmann (Abb. 17) zu sehen ist. Die *Türumrahmung* ist ein reizvolles Beispiel des Eindringens von Schmuckelementen der Renaissance in eine gotische Architekturform, da in die Zwickel zu seiten des gekehlten Spitzbogens Akanthusblätter gesetzt sind. Im Scheitel ein Wappenschild mit einer Hausmarke, begleitet von den Buchstaben: i m (Jakob Menhardt), beidseits das Datum 1575. Die Kehlen der Fenstergerichte steigen aus Blattvoluten.

Das Haus selbst – ohne den westwärts sich erstreckenden, in den oberen Partien nur in Fachwerk konstruierten, an das Reydtsche Haus angelehnten Anbau – hat einen kompakten, beinahe quadratischen Grundriß einfachster Art: an der Front zwei Stuben, dahinter der über eine steinerne Wendeltreppe zu erreichende Gang mit Kassettendecke. Gruppenfenster mit Renaissancesäulen. Im ersten Obergeschoß ein – leider überstrichenes – *Täfer* mit Lisenengliederung, Attika, Supraporta und Kassettendecke von etwa 1580. Das nachher beschriebene Täfer im Rathaus befand sich im Nordostzimmer des zweiten Stockwerkes. – Grundriß und Ansicht der Türe im Bürgerhaus XIV, Taf. 12, 13, 14; dazu Text auf S. XVI, XLIV.

In der Bürgerratsstube des Rathauses wurde 1890 als Depositum der Historisch-Antiquarischen Gesellschaft Graubünden das *Prunkzimmer* aus dem Menhardtschen Haus eingebaut (Abb. 346–348). Der Raum verlangte eine Erhöhung des Sockels

---

[1]) Identisch mit dem Wappen des Thomas Bener auf der Scheibe der Schuhmacherzunft von 1677 im Rätischen Museum, notiert S. 308, Nr. 5.

[2]) Geteilt von Blau (oder Schwarz?) und Weiß. Oben ein Mohrenkopf, unten zwei goldene Lilien.

Abb. 347 a und b. Chur. Details vom Kabinettschrank und dem Lavabo in der Prunkstube Abb. 348. Text S. 325.

Abb. 348. Chur. Prunkstube von 1583, ehemals im Haus Menhardt, nun im Rathaus (Bürgerratsstube).
Aufnahme am ursprünglichen Standort. Text S. 324f.

und die Einschaltung eines glatten Frieses unmittelbar unterhalb der Decke[1]. Die Wände sind mit Lisenen gegliedert, zwischen denen Blendbogen liegen. Die Lisenen und Bogenzwickel zieren vortrefflich ausgeführte Blatt- und Rankenintarsien von gefärbtem Nadelholz. Die Füllungen der übereinstimmend gestalteten Türen sind im Sinne einer Ädikula mit Dreieckgiebel konzipiert, das Gewände mit kannelierten Dreiviertelssäulen besetzt, über denen ein Architrav mit Triglyphenfries ruht. Die Leibungen der Fenster schmücken Bildintarsien: am Ostfenster kunstvoll ausgeführte Ruinenlandschaften (Abb. 346), am Südfenster gröbere und wohl nachträglich hinzugekommene Architekturen. Der sehr flache Kabinettschrank steht, dem üblichen Renaissancetypus entsprechend, auf hohen, doggenartigen Füßen, ist mit Bogenfeldern und Pilastern gegliedert und mit feingliedrigen Intarsienranken geziert. Der Aufsatz über der Reihe von Schublädchen zeigt in der Mitte ein imitiertes Rustikaportal. Im glatten, von geschnitzten geflügelten Fabelwesen flankierten Giebel das Wappen Menhardt. Das *Lavabo* neben der Türe zum Korridor ist – ähnlich wie die Türen – architektonisch durchgebildet, mit graziösen Ranken und einer perspektivischen Pergola in Einlegearbeit geziert. An dem ein Schränkchen bergenden Giebel geflügelte Seepferde. An der Zinnverkleidung der Waschnische mit dem delphinförmigen Gießfaß[2] das gravierte Wappen Menhardt mit Datum 1583 sowie die Meistermarke des Churer Zinngießers Jakob Fyrabitt (Feierabend), Tab. I, 11[3].

1) Die Arbeiten besorgte der Kunsttischler B. Hartmann.
2) Der Delphin gehört nicht zum alten Bestand und fehlt daher auf der Abb. 348.
3) Aus Ravensburg stammend. Vgl. Bd. I, S. 171.

Reichkassettierte Decke aus rechtwinkligen und sphärischen Elementen. Das Täfer stellt nach dem Haldensteiner Zimmer das reichste Renaissancewerk dieser Gattung in Graubünden dar; vollendet 1583 (s. oben). – Vgl. dazu Bd. I, S. 178. Detailzeichnungen und photographische Abbildungen siehe Bürgerhaus XIV, Taf. 13, 14, 16[1].

In das Rätische Museum zu Chur gelangten aus diesem Haus vier *Lisenen* eines bunt bemalten Ofens mit Personifikationen der Jahreszeiten und der Signatur: Daniell Heinrich Meyer Haffner in Steckbohren 1764[2].

Im Schweizerischen Landesmuseum zu Zürich (Raum XIV, «Mellingerstube») befindet sich der ehemals in der beschriebenen Prunkstube placierte *grüne Ofen* mit zylindrischem Obergeschoß; Füllungskacheln medaillonförmig eingetieft. Am Kranz Putten mit Schilden[3]; um 1580. Den Ofen der Bürgerratsstube s. S. 302.

Haus zur Linde (nun Familie Herold), Reichsgasse Nr. 55. In der Grundanlage wohl aus der Zeit nach den Stadtbränden von 1574 und 1576; ältester nachweisbarer Besitzer Laurenz Tschudi aus der Basler Familie dieses Namens (geb. 1588, gest. 1665), Dolmetsch des Herzogs Heinrich Rohan. Von ihm ging das Haus in ununterbrochenem Erbgang bis auf die heutige Inhaberin, die Familie Herold. Das Innere verändert, so besonders um 1850 und 1916[4]. In einem saalartigen Zimmer des dritten Stockwerkes eine Decke mit sehr reichem *Régencestuck*, entstanden um 1730–1735 unter Hauptmann Maximilian von Planta[5]. Das Mittelmedaillon mit dem Planta-Wappen umrahmt von Gitterwerk und Blumenzweigen mit Vögeln und Fratzen. Die Eckstücke zeigen übereinstimmend wasserspeiende Vögel und Putten, die in Füllhörnern die Strahlen auffangen. In den Kehlen Gitterwerk, Fruchtkörbe und allerlei Embleme. Sehr nahe Stilverwandtschaft mit den Stukkaturen in der bischöflichen Residenz, möglicherweise aber doch von anderer Hand[6] (Abb. 350, 351).

In zwei Zimmern des gleichen

Abb. 349. Chur. Haus zur Linde.
Blau bemalter Kuppelofen von 1763. Text S. 327.

1) Detaillierte Beschreibung auch im Kat. des Rätischen Museums, S. 101 f.
2) Museums-Kat., S. 128. – Frei, S. 65.
3) Photos des Täfers am ursprünglichen Standort in der Kantonsbibliothek Chur, Sign. K III 65.
4) Das Wappen an der Front von 1916.
5) Ehemals im hintern Zimmer des ersten Stockes, 1916 abgeformt und an die jetzige Stelle übertragen.
6) So sind z. B. die Fratzen den Dekorationen im Schloß fremd, auch fehlen in der «Linde» die charakteristischen Rosenzweige.

Abb. 350. Chur. Haus zur Linde. Eckmotiv der Stuckdecke Abb. 351. Text S. 326.

Abb. 351. Chur. Haus zur Linde. Mittelstück einer Stuckdecke um 1730-1735. Text S. 326.

Stockwerkes stehen zwei blau bemalte, mit Knäufen bekrönte *Kuppelöfen*, deren Obergeschoß mit Eckvoluten besetzt ist: 1. In Rocailleumrahmung auf den Pilastern Architekturen, Burgen und antike Ruinen, auf den Füllungen Landschaften mit Staffage. Auf einer der Füllungskacheln undeutliche Malersignatur mit den Anfangsbuchstaben «C. K.» und Datum 1763[1] (Abb. 349). - 2. Auf den Friesen Landschäftchen mit antiken Ruinen, die Füllkacheln glatt meergrün. Gleichzeitig mit dem vorigen Ofen. Beide Stücke stammen aus dem Schönenhof in Zürich (Rämistraße 14)[2].

Von den *Porträts* (Brustbilder) bemerkenswert: 1. Herzog Heinrich Rohan, um 1635 (57 × 53,8 cm). Gegenwärtig als Depositum im Rätischen Museum (Abb. 353). - 2. Major Laurenz Tschudi, bezeichnet «AETATIS SUAE 55, fecit Anno 1643» (74,5 × 62 cm) (Abb. 352). - 3. Margaretha Katharina Tschudi, bezeichnet: «Año 1645.» Tochter des Vorgenannten (73,5 × 58 cm).

Der Große «Türligarten» (jetzt v. Tscharner), Bodmerstrasse 4, erbaut 1606 von Johann Simeon de Florin, nachmals Landeshauptmann im Veltlin, und hernach lange Zeit im Besitz der Familie Raschèr. Stattliches dreistöckiges Haus mit hohem Krüppelwalmdach, in der Firstrichtung parallel zum Lauf der Plessur. An der nördlichen Langseite noch gotisierende Fenstergerichte sowie ein zweiseitiger *Erker* mit profiliertem, von einem Lilienmotiv geschmücktem Fuß. An der Brüstung Rosette und *Wappen* de Florin (Deflorin) nebst Inschrift: JOHANNES FLORINUS 1606[3]. Das ge-

---

1) Der Name scheint mit C. Kill... zu beginnen, dann folgen einige Schnörkel, und darunter laufen wieder Schnörkel, die den Ort bedeuten könnten. Unten 1763. Die Schnörkel sehen wie Schriftandeutung, also wie absichtliche Unklarheit aus. Der stilistische Vergleich ergibt, daß es sich um den gleichen Maler handeln dürfte, der an dem Ofen in Schloß Girsberg (Kt. Zürich) mit «C. K.» signierte. Vgl. Frei, S. 71 und Abb. Taf. XIV, 4.

2) Sie gehörten also zu dem (1811 durch einen Neubau ersetzten) nun ganz verschwundenen Haus, in dem Goethe bei Barbara (Bäbe) Schultheß verkehrte.

3) Die nun an der Westseite eingesetzte Wappentafel wurde auf dem Estrich aufgefunden. Sie zeigt das Wappen von Tscharner und die Inschrift: JOHANNES TSCHARNER 1629 J H B · V R · T S · (die nicht durch Punkt getrennten Buchstaben verbunden).

Abb. 352. Chur. Haus zur Linde. Porträt des Majors Laurenz Tschudi, 1643. Text S. 327.

nannte Haus bildete zusammen mit dem Garten und dem nachher erwähnten «Kleinen Türligarten» einen zusammenhängenden Raschèrschen Besitz.

Der «Kleine Türligarten» (nun Graf Franz v. Salis), Bodmerstraße Nr. 2, vermutlich in der zweiten Hälfte des 17. Jahrhunderts von der Familie Raschèr errichtet. An der Westfront in einer Rokokokartusche, über einem auf Pfeilern ruhenden Balkon, das *Wappen* Raschèr. An der Westfront architektonische Fensterumrahmungen in Sgraffito. Im Innern stark umgebaut und modernisiert. Der Wert liegt in den guten Maßverhältnissen und der reizvollen Situation, insbesondere der Beziehung zum Garten mit einer ehemals weiter westlich reichenden Pappelreihe sowie zum «Großen Türligarten».

St. Margarethen. Ehemals Klosterhof von Churwalden und hernach Privatbesitz (vgl. S. 283). Den Zustand um 1640, der aus einem durch den bedeutenden Bündner Staatsmann Johannes Guler von Wynegg (1562–1637) durchgeführten und 1617 vollendeten umfassenden Um- oder Neubau hervorgegangen war, gibt der Knillenburger Prospekt (in der rechten unteren Ecke) wieder. Ein Vergleich mit den von ANTON HERK. V. SPRECHER um 1840 aufgenommenen Aquarellen zeigt[1], daß die Anlage

---

[1] Vier Aquarelle im Sprecherarchiv zu Maienfeld; alle 8,3 × 12,5 cm. Ansichten aus allen vier Seiten.

Abb. 353. Chur. Haus zur Linde. Porträt des Herzogs Heinrich Rohan,
um 1635. Text S. 327.

noch bis zum Umbau des Westflügels (nach 1840) im wesentlichen in ihrem ursprünglichen Zustand erhalten war[1]. Auf den sicher zuverlässigen Abbildungen Sprechers sehen wir ein ausgedehntes, im Grundriß winkelförmiges Gutshaus mit einem polygonalen Treppenturm an der Hofseite des Westtraktes. Er umschloß – wie aus dem Grundriß und der Fensterstellung hervorgeht – eine Wendelstiege. Im ersten Stock führte diese Treppe auf eine vorgebaute zweigliedrige Loggia. Östlich begrenzten den Wirtschaftshof Ökonomiegebäude (Abb. 354, 355).

Noch heute (wie auch auf einem der erwähnten Aquarelle) erkennt man genau in der Mitte der Nordfront einen Einsprung von 1,5 m. Bei der Errichtung des östlich davon sich erstreckenden Teiles, der einbündig angelegt ist, dürfte sich Guler einen älteren Bau zunutze gemacht haben. Über der Türe Wappen Guler mit Datum 1617. Die Kassettendecken, auch die Türgerichte mit kannelierten Pilastern und Triglyphenarchitrav gehören noch dem ersten Viertel des 17. Jahrhunderts an, desgleichen auch wohl die Kreuzgewölbe der Korridore, die im zweiten Stock nachträglich mit *Stuck* (vom Meister der Stukkaturen im Regierungsgebäude, 1752) überzogen wurden. Der alte Westflügel wurde nach 1840 durchgreifend umgebaut, zum Teil wohl nieder-

[1] Es fehlen nur der kurze, vom Längstrakt abzweigende Osttrakt und die Hofmauer mit dem Tor.

gelegt, und zu dem heute bestehenden, spätklassizistischen Haupthaus umgestaltet. Es zählt sieben Achsen; die Fenster im Erdgeschoß sind rundbogig, als Mittelakzent dient über der Türe ein Balkon mit gußeisernem Geländer. Der Reiz des Baues liegt in seinem intimen Verhältnis zum Garten. – Grundriß, Aufriß und photographische Ansichten siehe Bürgerhaus XIV, Taf. 32, 54–56. Text S. XXVIII, XLVII.

In das Schloß Ortenstein (Bd. III, S. 170 ff.) gelangten sieben *Wappenscheiben*. 1. Viereckscheibe, aber aus dem Kompositionsprinzip einer runden Monolithscheibe entwickelt. In Kreismedaillon das Wappen Tscharner mit Umschrift: Johaneß batist (!) Tscharner der Zit Statschreiber. 1578. Seitlich Pilaster, oben, das Medaillon bogenförmig umfassend, ein Laub- und Fruchtgewinde. 10,4 × 12,5 cm. – 2. Rundscheibe; im Wappenschild in Gold eine schwarze Hausmarke, kombiniert mit den Initialen «D T». Umschrift: Daniel Tscharner 1578. Dm. 7,8 cm. – 3. Rundscheibe, Wappen Tscharner. Umschrift: Johanes Tscharner. 1578. Als Einfassung ein Blätterkranz. Dm. 11,3 cm. – 4. Rundscheibe. Wappen Tscharner, Umschrift: F. Anna Tscharnerin selig. Um 1580–1590. Der einfassende Kranz hier wohl spätere Zutat. Dm. 15,3 cm, ohne Kranz 9,5 cm. – 5. Rundscheibe, Wappen Tscharner. Umschrift: Johanes Batist Tscharner der Zit Pottistat zu Diron. 1587. Dm. 16,1 cm. – 6. Rundscheibe, Wappen Planta. Umschrift: Conrathdein (= Conradin) plantt · diser · Zit · klauster · Vogt · zu · Chur · 1 · 5 · 8 · 7. Als Einfassung ein Kranz. Dm. 13,5 cm. – 7. Rundscheibe, Wappen Reydt. In lateinischen Buchstaben oben eine Devise, unten: «IOH : Reydt PHIL. et medic, Doctor.» Dm. 20,2 cm.

Der Obere Spaniöl (nun Haus Abys), Kirchgasse 16. Auf dem Knillenburger Prospekt (um 1640) ist das fragliche Areal noch nicht überbaut. 1648 wird dann das Haus des Hauptmanns Carl von Salis, das mit dem «Oberen Spaniöl» identisch ist, urkundlich erstmals genannt[1]. Es muß also zwischen 1640 und 1648 entstanden sein. Über spätere Handänderungen siehe Bürgerhaus XIV, S. XLV.

Der architektonisch wohl ausgewogene herrschaftliche Bau ist – von der Planaterra abgesehen, die, wie erwähnt, ihre besonderen Entwicklungsbedingungen hatte – der erste Bürgersitz im Gebiet der Stadt, der sich vom Typus der Reihenhäuser löste und, wie nach ihm bald andere, in der freien Lage eine repräsentative Wirkung suchte. Der Haupttrakt des Hauses stellt eine von Norden nach Süden gerichtete, einbündige Anlage dar, deren mit Kreuzgewölben überdeckten Korridore an der Hofseite verlaufen. Das Treppenhaus ist in dem – gegen Westen im rechten Winkel angesetzten – Flügel disponiert. An den andern Seiten wird der Hof von der Schneiderzunft (S. 311) und einer eingeschossigen Remise begrenzt. Über der Nordfassade erhebt sich ein geschweifter Giebel. Die Türe ist von Halbsäulen flankiert und durch eine aufgelöste Verdachung bekrönt, in deren Lücke eine Kartusche mit den Allianzwappen Salis und Gugelberg von Moos erscheint[2]. An der Türe guter schmiedeeiserner Klopfer. Am ersten Oberstock in der Mitte ein zweiseitiger Erker mit profiliertem Fuß, medaillonförmig eingetieften Brüstungen und geschweiftem Dach. Der ebenerdige Korridor öffnet sich zum Hof hin in einer viergliedrigen Arkade auf glatten Säulen. Alle Erdgeschoßräume gewölbt (mit Kreuzgewölben und Tonnen); das Gemach in der Nordostecke eine «Saletta».

Die Hauptwohnräume liegen an der gegen Süden gerichteten Gartenseite. Hier im ersten Oberstock *Täferzimmer*, jenes in der Südostecke mit reichkassettierter und

---

1) 21. August 1648 kauft Carl v. Salis vom Domkapitel einen Weingarten, der oberhalb an «bemeltes Herrn Hauptmanns Carls sein eigenes Haus und Hof» und gegen Norden an den «alten Freithof» anstößt (Urk. im Arch. des Domkap.). Ebenso hört man 1650 von des Genannten «nuwen Huß uf dem Friedhof» (Rats-Prot. VI, S. 24).

2) Der Erbauer Carl v. Salis war vermählt mit Hortensia Gugelberg v. Moos, Witwe des Hartmann Dietegen v. Salis.

Abb. 354 und 355. Chur. St. Margarethen von Osten und von Norden, um 1840.
Aquarell von Anton Herk. von Sprecher. Text S. 328 f.

von Intarsien geschmückter Decke; um 1645. Im zweiten Obergeschoß *Stuckdecke* mit Bandwerk und kleinen Büsten, wie in der bischöflichen Residenz; um 1730 («MEISTER JOSEPH»). Im ersten Stockwerk (Südostecke) ein bunt bemalter *Turmofen* mit türkisfarbigen Füllungen. Kubischer Oberbau. Auf den Lisenen Frauengestalten als Allegorien von Tugenden sowie des Neides. Unsigniert und undatiert. Werkstatt MEYER in Steckborn. Um 1750. An der Südseite terrassierter, reizvoller Garten. – Grundrisse, Schnitte und Ansichten siehe Bürgerhaus XIV, Taf. 14, 15, 17, 18, 22. Ofen auf Taf. 18. Text S. XIII, XVIII, XLV, und bei FREI, S. 64.

Das Salis-Häuschen am Kälberweidweg, Haus Nr. 38. Ursprünglich vielleicht Gulerscher Besitz, nach etwa 1780 der Familie Salis-Seewis zugehörig und um 1816 an den Sonderbundsgeneral J. U. v. Salis-Soglio übereignet. Anfänglich wohl ein in der ersten Hälfte des 17. Jahrhunderts entstandenes zweigeschossiges Gebäude mit gewölbten Räumen im Erdgeschoß und Wendeltreppe. Aus dieser Zeit die Täfer mit Kassettendecken im ersten Obergeschoß; um 1680 erhöht durch den Aufbau eines das ganze oberste Stockwerk einnehmenden, ehemals reizvollen, aber nun vernachlässigten, mit einer Tonne überwölbten Sälchens, einer Art «Belvedere» mit Fenstern nach allen vier Seiten. Stuck mit Eierstab und Akanthuskymation. – Grundriß, Schnitt und photographische Abbildungen siehe Bürgerhaus XIV, Taf. 21, 22. Text S. XLV.

Das «Rote Haus», Süßwinkelgasse Nr. 8. An dieser Stelle stand ein Haus Beeli; 1637 gekauft und völlig umgebaut von Commissari Rudolph v. Salis, vermählt (1632) mit Margaretha Menhardt (BMBl. 1923, S. 129, Anm. 1). Als Ganzes nicht mehr bemerkenswert. Vom alten Bestand noch das gewölbte Treppenhaus. Portal mit geschweiften Kragkonsolen und sparsamem Dekor. In der Lücke der aufgelösten Verdachung das Salis-Wappen; um 1650.

Salis-Hüsli, nun Eigentum von Bund und Kanton, Masanserstraße 35, 37, 39. Der Name weist noch auf die Zeit, als das Anwesen (im 17. Jahrhundert) nur aus einem kleinen, im Umfang dem jetzigen Südtrakt entsprechenden Haus innerhalb der Weingärten vor dem Untertor bestand. 1770 wurde es durch Andreas von Salis-Rietberg bedeutend erweitert. Seither bildet es eine zweigeschossige, hufeisenförmige, mit einem Mansardendach bedeckte Anlage, an deren Nordflügel sich ehemals noch die Pächterwohnung und Ökonomiegebäude anschlossen. Auf dem Nordtrakt ein Dachreiter. Das Haus ist bemerkenswert als Beispiel eines landsitzartigen Anwesens vor den Mauern Churs, bildet aber im Innern seit dem Umbau um 1900 nichts Belangreiches mehr.

Über dem Portal der Einfahrt das *Wappen* Salis, bezeichnet «A. v. S. 1770». Am Gewölbe der Durchfahrt Stuck aus dieser Zeit. In der Südostecke befand sich ehemals ein gewölbter, mit einem Marmorkamin ausgestatteter Gartensaal, der durch beide Geschosse reichte.

Stuppis-Haus (nun Hemmi-Rosetti), Masanserstraße Nr. 45. Das Haus entstand offenbar in drei Etappen. Den alten Kern bildet der nördliche Teil mit Erdgeschoßarkade, wohl um 1660 errichtet von dem Obersten und späteren Generalleutnant Joh. Peter Stuppa[1], der hier ein Werbebureau installierte; in der ersten Hälfte des 18. Jahrhunderts Erweiterung gegen Süden mit getäferten Zimmern von sehr großen Dimensionen. 1817 Aufstockung und neue Türe. Der Sturz geziert mit Girlanden, datiert 1817. Dieser letzte Ausbau vermutlich von PAULUS CHRIST ausgeführt.

Haus Buol «auf dem Friedhof», jetzt Rätisches Museum, Hofstraße Nr. 1. Auf dem Areal dieses Hauses erhob sich ehemals das offenbar nach 1550 errichtete Zeughaus, in dem auch die «Teutsche Schul» untergebracht war[2]. Nach dem Knillenburger Prospekt und dem Merian-Stich war es ein Haus mit Treppenturm. 1672 hört man von Verkaufsunterhandlungen, und am 9. Dezember 1673 verspricht der Rat dem Obersten und Landammann Paul Buol, das von ihm erworbene Haus zu räumen[3]. Er läßt den Bau niederlegen und errichtet an seiner Stelle den stattlichen Herrensitz[4], der hernach Buolsches Fideikommiß wurde[5]. 1876 Ankauf durch den Kanton für die Unterbringung der Altertümersammlung der Historisch-Antiquarischen Gesellschaft Graubünden, jetzt Rätisches Museum.

Das aus einem Guß gestaltete Bauwerk ist der stadtchurische Repräsentant einer um 1680 an mehreren Herrensitzen Graubündens[6] sich manifestierenden Baugesinnung, die sich in einem massigen Architekturkörper, kompaktem, klarem Grundriß und wuchtigen Gewölben mit prallen Stukkaturen ausspricht. Kubischer Bau mit Kreuzfirst, die Giebel an der Grundlinie durch abgedachte Gesimse abgesetzt, die sich in halber Höhe wiederholen. Der in der Mittelachse parallel zum First liegende, gewölbte Gang des Erdgeschosses stellte eine – zwischen den zwei mit Rustikaquadern umrahmten Toren verlaufende – Durchfahrt dar. Die östliche Ausfahrt nun zum Fenster reduziert. An der Mitte dieses Korridors ist das Treppenhaus angeordnet, zu dem auch an der südlichen Langseite eine Türe führt[7]. Sämtliche Erdgeschoßräume sowie die Gänge gewölbt, teilweise mit Stuckdekor, dem Akanthus- und Eierstabborten sowie kreisförmige Mittelmedaillons mit Delphinen, Wasserweibchen, Früchten und Rosetten als Schmuckelemente dienen. Die Räume sind sowohl der Fläche wie der Höhe nach für Bündner Verhältnisse auffallend reichlich dimensioniert. In den Oberlichtern der Treppenhaus- und Eingangstüre gute geschmiedete Gitter. – Grundrisse, Ansichten und Details siehe Bürgerhaus XIV, Taf. 19–22, Text dazu S. XIX f., XLV. Über das Museum siehe S. 354 f.

1) Biographische Angaben siehe bei G. Bener, Bündner Schwerter und Degen, Chur 1939, S. 21–23, 55 f.
2) In einer Urkunde vom 16. August 1650 wird die Südgrenze des Grundstückes, auf dem der Untere Spaniöl steht, bezeichnet: «Straße und Freythof zu St. Martin daran der Stadt Zeughaus und Teutsche Schuol gelegen.» Näheres über das Zeughaus siehe BMBl. 1945, S. 60 f. Über die Schule siehe F. Jecklin in der Denkschrift über das Schulwesen der Stadt Chur, 1914, S. 26 f.
3) Jecklin, Denkschrift S. 26.
4) Erbauer war also nicht, wie im Bürgerhaus XIV, S. XLV (mit durch Druckfehler entstellten Jahreszahlen) angegeben, Stephan Buol. Am 11. Januar 1694 ist denn auch von «des Herrn Oberst Paul Buol Hauß auf dem Friedhof» die Rede (Rats-Prot. XV, S. 114). Erst nach seinem Tod (18. Februar 1697) erscheint Stephan Buol als Besitzer (Rats-Prot. XV, S. 204).
5) 1804–1811 war hier die Kantonsschule in Miete.
6) Marschallhaus in Maienfeld, Casa Gronda in Ilanz, mehrere Häuser in Malans, Hof in Truns und andere.
7) In der Giebellücke dieses Portals nun die Wappen der III Bünde; ehemals befand sich hier ein im Museum aufbewahrtes Buol-Wappen.

Salis-Haus am Casinoplatz (jetzt Hunger & Co.). Auf dieser Stelle stand ein Haus des Hauptmanns Caspar Paravicini, das am 5. Mai 1674 ausbrannte[1] und hernach wieder hergestellt wurde. 1723 von Joh. Bapt. Paravicini an Bundespräsident Andreas von Salis verkauft (Wappentafel). Daß im heutigen Bestand noch ältere Teile vorhanden sind, zeigen die unregelmäßig gebogene Frontlinie gegen den Casinoplatz und die gotische Profilierung einiger Fenstergerichte. Im wesentlichen aber stammt der Bau aus der Zeit um 1675, so auch die Fassadengestaltung mit ihren Hauptakzenten: der mit Traubenranken und Engelsköpfen skulpierten Rundbogentüre, der Wappentafel und dem schmiedeeisernen Fenstergitter, die in einer beinahe ländlich intimen Weise dem Platz einen reizvollen Akzent geben (Abb. 356). Die *Tafel* mit dem Salis-Wappen – bezeichnet mit «A. v. S. 1723» und Devise – wurde nachträglich, vielleicht an Stelle eines Paravicini-Wappens, eingesetzt[2]. Um 1675 entstand auch die nun als Laden verwendete «Sala terrena» mit stark plastischer Stuckdekoration von Rosetten, Perlstäben und Rosenbän-

Abb. 356. Chur. Türe des Salis-Hauses am Casinoplatz. Text nebenan.

dern. In den oberen Stockwerken Täfer mit Kassettendecken aus der gleichen Zeit. – Vgl. Bürgerhaus XIV, Taf. 22, und Text S. XX, XLV.

Haus Schwartz (Suarz) «Zum Kaufhaus» (nun Familie Largadèr-Hemmi), Rathausgasse Nr. 1. 1641 wird dem Hans Jakob Schwartz gestattet, sein Dach etwas zu erhöhen, doch darf er die Mauer gegen das Rathaus nicht höher führen (Rats-Prot. V, S. 368)[3]. 1680 erhält Stadtschreiber Otto Schwartz von der Stadt die Erlaubnis, «zu seinem gebauw Holtz zu nemen»; 1687 ist der Dachstuhl vollendet (Rats-Prot. XII, S. 13; XIII, S. 78). Auf den damals durchgeführten Neubau geht die Gestalt des bestehenden Hauses zurück. Es nähert sich mit seiner breiten Nordfassade und dem an die Ecke gesetzten Erker dem «Schlößli-Typus», wie er in Graubünden zu dieser Zeit variiert wurde. Klarer Grundriß mit gewölbtem Mittelkorridor. Die Um-

---

1) Beschreibung dieses Brandes im Taufbuch II, Sign. S 13, Zivilstandesamt Chur.

2) Ursprünglich könnte sich hier der nun am Haus Nr. 64 im Gäuggeli eingesetzte Wappenstein Paravicini, bezeichnet «C P (Caspar Paravicini) A^c 1644», befunden haben; denn das Anwesen im Gäuggeli wurde erst 1660 von H. J. Schwarz an Nicolo Paravicini verkauft. Vgl. G. Bener, Zur Erinnerung an P. J. Bener, Privatdruck, Chur 1944, S. 3f.

3) Mit einem damaligen Umbau hängt offenbar die Bezeichnung «1645 H W» neben zwei mit dem Rücken gegeneinander gestellten Halbmonden (Wappen Walser) zusammen, die man noch in neuerer Zeit auf dem Sturz einer Kellertür sah (nun entfernt). Die Initialen dürften sich auf den Baumeister beziehen, da das Haus damals schon in Schwartzschem Besitz war.

rahmung der im Halbrund schließenden Türe zieren Blattranken mit tulpenartigen Blüten in Reliefskulptur. Darüber eine Tafel mit Allianzwappen Schwartz und Davaz[1].

Die Bedeutung des Hauses liegt in der reichen Ausstattung mit hochbarockem *Täferwerk*, das nur leider teilweise überstrichen ist. Vortrefflich gegliedert das Erkerzimmer im ersten Stock, in dem über den zwischen Pilastern liegenden, in Sockel und Hauptfüllung geteilten Paneelen mit den muschelförmigen Abschlüssen noch eine Attika läuft. Die Kassettendecken der verschiedenen Räume zeigen erfindungsreiche Aufteilungen verschiedener Art, bei einer (Nordostzimmer des ersten Stockes) füllt das ovale Mittelfeld üppige Reliefschnitzerei mit Muschel- und Blumenmotiven. Am Fries Fratzen. Reicher als sonst sind auch die Türen ausgebildet, mit komplizierten Figurationen der Füllungen und architektonischen Rahmen. Wandschränkchen und ein Büfett zieren phantasievolle Reliefschnitzereien mit prallen Fruchtgewinden, und im Erkerzimmer des ersten Stockes sind in die Wandfüllungen kleine, ovale, auf Leinwand gemalte Familienporträts eingesetzt; an der Decke des Erkers ein Engel mit Spruchband, datiert 1702. (Das Täfer selbst aber dürfte wohl schon um 1685 bis 1690 entstanden sein.)

In der Nordoststube des zweiten Stockes steht ein bunt bemalter *Turmofen* mit sechseckigem Obergeschoß und Volutenfüßen. Auf den Lisenen Gestalten von alttestamentlichen Königen und Propheten sowie Brustbilder von Standes- und Völkertypen; auf den Füllungen szenische Illustrationen zu lateinischen und deutschen Sinnsprüchen. Am Kranz Reliefkacheln (Judith mit dem Haupt des Holofernes), ferner die Allianzwappen Schwartz und Davaz und die Signatur: 1700 / David / Pfauw / Haffner in / W.[2] – Grundriß, Aufriß und photographische Abbildungen siehe Bürgerhaus XIV, Taf. 23–27, Text dazu S. XXf., XLVI.

Haus Schwartz auf dem Sand (nun Dr. Pozzy, Lugano), Jochstraße Nr. 16. Erbaut von dem zuvor (S. 333) genannten Otto von Schwartz (Suarz), um 1700. Das Haus diente, da der Erbauer wie sein Sohn Bürgermeister und letzterer auch Bundespräsident war, nach Sererhard (S. 51) «ordinari den fremden Ambassadoren zu ihrem Wohnhauß». Es ist kulturgeschichtlich bemerkenswert, daß sich Schwartz wenige Jahre nach Errichtung seines Stadthauses auch noch eine Villa vor den Mauern Churs am Ufer der Plessur baute[3]. Das Haus präsentiert sich als herrschaftlicher, gehalten vornehmer Sitz, dessen Bauart die Zeitgenossen als «italienisch» empfanden (Sererhard). Straffer zweigeschossiger Kubus mit Mittelkorridor und Walmdach. Ruhige, wohl ausgewogene Einteilung der zur Stadt gerichteten Hauptfassade: in der Mittelachse die Türe mit dem *Wappen* Schwartz am Schlußstein und Reliefskulptur ganz ähnlicher Art wie am Haus in der Stadt, darüber ein schmiedeeiserner Balkon mit Spiralranken. Im Gegensatz zum Stadtsitz, dessen Ausstattung mit Holzwerk prunkt, wirkt dieser Bau durch *reiche Stuckdekoration*: im Südostraum des Erdgeschosses, dem ehemaligen Gartensaal, eine Decke mit dichtem Spiralakanthuswerk und den Allianzwappen Schwartz-Davaz im achteckigen Hauptfeld. Den Podest des Treppenhauses flankieren Apsidiolen mit den Personifikationen des Krieges und des Friedens (?), und an den Gewölben des Aufgangs wechseln Blattspiralen mit belaubten Zweigen, wie auch am Plafond des oberen Korridors, wo dieser Zierat jedoch ovale Medaillons mit stark plastisch modellierten Putten umschließt. Im Südostzimmer des Obergeschosses (über dem Gartensaal) sieht man – gleichfalls in Stuck – in dem beherrschenden Mittelfeld die Entführung des Hirten Kephalos durch Eos, nach derselben Komposition, doch von bedeutend stärkerer Plastik wie im «Unteren

---

1) Otto von Schwartz (1652–1725), geadelt 1685, in dritter Ehe vermählt mit Fida Davaz. Vgl. Sammlung rätischer Geschlechter (A. v. Sprecher), Chur 1847, S. 190.
2) Ausführliche Beschreibung des Ofens bei Bühler, S. 27f., Abb. in Bürgerhaus XIV, Taf. 25.
3) Über die Handänderungen siehe Bürgerhaus XIV, S. XLVI.

Abb. 357. Chur. Haus Schwartz auf dem Sand. Oberer Korridor. Text unten.
Aufnahme aus dem «Bürgerhaus».

Spaniöl», S. 322; in den Ecken des mit Akanthus gefüllten Rahmens gemalte Personifikationen der Jahreszeiten. An der Decke des Nordostzimmers in lockerer Rankenumrahmung König David, die Harfe schlagend. Am Wandschrank des Nordwestzimmers eine Lavabonische mit Zinnverkleidung; Gießermarke des JOHANNES WALSER, Chur, wie Bossard Nr. 343. Den reichen Eindruck des Hauses vervollständigen vortreffliche, aus Nußbaumholz gearbeitete Korridortüren und – im oberen Gang sowie in einem Zimmer – Leder- und Velourtapeten[1] (Abb. 357).

Im Südwestzimmer des Oberstockes steht ein *Turmofen* mit sechseckigem Obergeschoß; Lisenen und Gesimse glatt grün, auf den Füllungskacheln bunt gemalte Landschaften und Architekturen mit Staffage, an den Sockeln Fruchtbündel; signiert: David Pfauw H. (Hafner). Erstes Drittel des 18. Jahrhunderts, nach Frei (S. 66) durch einige Kacheln aus der Werkstatt MEYER in Steckborn ergänzt[2] (Abb. siehe Bürgerhaus XIV, Taf. 31). Der Garten reichte ehemals (vor Anlage der Straße) bis an den Fluß, «an dessen Gestaad eine lustige allée stant samt etlichen Ruhbänken,

---

[1] Es handelt sich zum Teil um die bekannten Ledertapeten («Cordobatapeten») mit geprägten Mustern (z. B. in einem Zimmer des Obergeschosses), zum andern aber um Tapeten, bei denen der brokatartige Dekor aus Scherwolle hergestellt ist, die mittels eines Klebstoffes auf den Ledergrund aufgebracht wurde (vgl. auch Bd. IV, S. 145). In gleicher Technik sind die roten Tapeten mit Flammenmuster im Korridor verfertigt, jedoch wurde hier Leinengrund verwendet. Über die ältere Technik solcher Velourtapeten siehe H. Clouzot et Ch. Follot, Histoire du papier peint en France, Paris 1935, S. 23 ff.

[2] Nach Bühler (S. 30) hatte der Ofen 1881 kein Untergeschoß.

Wasser- oder Springwerken»[1]. – Grundriß, Schnitte, Ansichten und photographische Abbildungen siehe Bürgerhaus XIV, Taf. 28–31, Text S. XXIf., XLVI.

Die Maßner-Häuser (nun Wunderli-Müller), Mühleplatz Nr. 2. Es handelt sich um einen nördlich an das S. 297f. beschriebene ehemalige Landesarchiv und das frühere Haus Henni-Held anstoßenden, mit den andern Seiten an die Poststraße, den Mühleplatz und die Reichsgasse grenzenden Komplex, der aus dem älteren Maßner-Haus gegen die Reichsgasse, und dem späteren Haus Frizzoni am Mühleplatz besteht. – Über dem Maßner-Haus an der Reichsgasse soll noch um 1870 die Bezeichnung «T M (Thomas Maßner), 1582» zu lesen gewesen sein[2]. Seine jetzige Gestalt erhielt es indes durch einen tiefgreifenden Umbau um 1700 unter dem aus dem sogenannten «Maßner-Handel» bekannten, reichen Thomas Maßner (1663–1712), Inhaber eines Bank- und Speditionsgeschäftes und seit 1705 Pächter der Landeszölle.

Die Front ist ein treffliches Beispiel für eine gute Fassadengestaltung auch bei den beschränkten Raumverhältnissen von nur drei Fensterachsen. Den Mittelakzent der streng symmetrischen Gliederung bildet der über dem kräftig modellierten Rustikaportal sich erhebende *Erker*, der als Türmchen über die Trauflinie des zweistöckigen Hauses hinaufsteigt und mit einer Zwiebelhaube bekrönt ist. Gesimse über den großen Viereckfenstern bilden ein Gegengewicht zu der Höhenentwicklung. Gitter in vorzüglicher Schmiedearbeit füllen die Oberlichter der Türlünetten gegen die Straße und das Binnenhöfchen. In dem Erkerzimmer des ersten Obergeschosses stark plastische *Deckenstukkaturen* italienischen Charakters mit Muschelmotiven und Putten. Im Mittelfeld Gemälde des Raubes der Persephone durch Hades. Im Erker Drachen. Im gleichen – jetzt unterteilten – Raum des zweiten Stockwerkes Stukkaturen von derselben Hand mit großen Muscheln, Masken und Zweigen. Im Erker Wasserweibchen und Datum 1705.

Im Haus am Mühleplatz gewölbte Eingangshalle mit stark vorgezogenen Graten (um 1600). Im zweiten Stock ehemals ein *Kamin* mit Maßner-Wappen sowie ein kubischer, gußeiserner *Ofen* auf hohen Balusterfüßen und bekrönt mit einer Stuckkuppel. Auf den Gußplatten Ornamente und der Habsburger Adler mit Datum 1709. – In neuerer Zeit bei Umgestaltungen zu Bureauzwecken entfernt. Grund- und Aufriß nebst photographischen Ansichten siehe Bürgerhaus XIV, Taf. 23–25, 32; Text S. XX, XXII, XLV.

Die «Kante», Masanserstraße 212, ursprünglich Paponsches Gut (heute Clavadetscher); erbaut vermutlich um 1700. Das Anwesen bildete ehemals einen besonders malerisch-reizvollen Repräsentanten eines herrschaftlichen Gutshauses, wurde aber durch einen Brand um 1850–1860 stark beeinträchtigt. Den Zustand von 1827 zeigt ein Aquarell von Joh. Christ (Abb. 358)[3]. Das winkelförmige, nur zweigeschossige Haupthaus mit dem Treppenturm, den eine Kuppelhaube bekrönt, verbindet eine Pfeilermauer mit dem Gartenhäuschen, das – wie beim (nachher genannten) Roten Turm – ein achteckiges Obergeschoß trägt, jedoch mit einem Zeltdach bedeckt ist. Während dieser Pavillon im Äußeren ziemlich unverändert erhalten ist, besteht das Haupthaus heute nur noch aus einem länglichen, turmlosen Gebäude. Vom früheren Bestand hat sich die sechsgliedrige Erdgeschoßarkade erhalten.

Der Rote Turm, nördlich der Stadt, Rotenturmstraße Nr. 31, in der Flur «Lachen». Besitz der Familie von Tscharner, erbaut im ersten Drittel des 18. Jahrhun-

---

1) Reisetagebuch des H. Annoni, siehe BMBl. 1927, S. 7 (ed. von B. Hartmann).

2) A. v. Sprecher, Geschichte der Republik der III Bünde, Chur I, 1872, S. 102. Zweifellos handelt es sich hier um das im Rätischen Museum aufbewahrte Fragment eines Türsturzes mit dem Wappen Maßner, bezeichnet «T M 1582». Es soll auf dem Estrich des Karlihofes gefunden worden sein.

3) Unterschrift: «Eine Parthie genant zur Kante zu Masans in der Gegend von Chur im Kanton Graubündten.» Signiert: «Joh. Christ del. 1827.» Aquarell, 34,5 ×53 cm. Stadtarchiv Chur.

Abb. 358. Chur. Die «Kante» in Masans 1827. Aquarell von Joh. Christ. Text S. 336.

derts. Beispiel eines Churer Weinberghauses, das an Feiertagen im Sommer und Herbst für abendliche Geselligkeiten diente. Über einem zweigeschossigen, quadratischen Unterbau erhebt sich der achteckige, mit einer kuppelförmigen Haube bekrönte Oberstock. Jedes Geschoß birgt nur einen Raum, der Zugang erfolgt durch das anschließende, 1896 umgebaute Pächterhaus. Im Parterre Flachdecke mit Stuck medaillons, das erste Stockwerk modernisiert. Im Polygon eine *Stuckdecke* mit eigenartigen Schlingornamenten aus Bandwerk. – Grundrisse und photographische Ansicht siehe Bürgerhaus XIV, Taf. 32, Text S. XXVIII, XLVI.

Das «Alte Gebäu», Poststraße Nr. 14, errichtet von dem Envoyé Peter von Salis-Soglio (Casa Antonio), «unbestritten der geistreichste bündnerische Staatsmann seiner Zeit[1]» und als Schwiegersohn des 1727 verstorbenen Herkules von Salis-Soglio (Casa di mezzo) wohl auch der vermögendste. Baubeginn 1727[2]. Spätestens im Herbst 1728 muß der Außenbau unter Dach gewesen sein, denn zu dieser Zeit findet man schon Ausgaben an Schreiner und Stukkateure verzeichnet. Im Oktober 1729 hatte G. P. LIGARI bereits die Wandgemälde geschaffen[3], man darf also annehmen, daß damals auch die Stukkaturen schon vollendet waren[4].

1) A. v. Sprecher, Geschichte der Republik der III Bünde I, Chur 1872, S. 79.
2) Am 23. August 1727 schreibt Joh. Bapt. Heim: «Der Herr Envoyé von Salis ist alsschon sehr an Erbauung des neuen Hauses bey seinem Garten beschäftigt und wird solches dem Riß nach auf der Seiten des Mühlbachs von dem staubigen Hut (die Wirtschaft, in der G. Jenatsch ermordet wurde) hinunter 90 Schuhe lang und die Breite ungefehr 50 Schuhe; das Haus der staubige Hut genannt, ist bereits halben abgebrochen und wird noch weiters bis auf die Gewölber abgebrochen werden.» Mitt. von Herrn Guido v. Salis-Seewis (†) aus dem Salis-Archiv zu Malans.
3) C. Bassi, Opere Ligariane in Coira, ZAK. 1939, S. 99.
4) Nota ... p. la fabrica (Archiv Altes Gebäu). Vielleicht trifft dies schon für Juli 1728 zu, doch steht das Datum des Briefes, worin der Bauherr schreibt: «habbiamo stuccatori», nicht ganz fest. ZAK. 1939, S. 100.

Abb. 359. Chur. Das «Alte Gebäu». Ostfassade. Maßstab 1:300.
Aufnahme aus dem «Bürgerhaus». Text unten.

Der Architekt ließ sich bisher nicht feststellen; zwar erscheint einmal (1728) ein Baumeister VILI (Willi oder Vieli?), doch ist nicht ersichtlich, ob er der Planverfasser war und nicht nur der ausführende Meister[1]. Das letztere darf man wohl sicher von einem Mr° GIOV. BATT. BOSSI «muratore» aus Sondrio annehmen. Was die Stukkaturen anlangt, so deutet ein Brief des Envoyé («habbiamo stuccatori», vgl. S. 337, Anm. 2) an, daß mehrere Hände daran beschäftigt waren, was übrigens auch aus stilistischen Unterschieden hervorgeht. In den Notizen des Bauherrn (Archiv Altes Gebäu) erscheinen FRANCESCO SOLARI, der offenbar identisch ist mit dem Meister des Mater-Dolorosa-Altars aus Stuck von 1735 in der Klosterkirche zu Disentis (Bd. V, S. 54) sowie ein «JOHANES STREIT (oder STRICH?) stuccatore». Wegen der Stilverwandtschaft darf man auch an eine Beteiligung des «MEISTERS JOSEPH», des Autors der Stukkaturen im bischöflichen Schloß, denken.

Das «Alte Gebäu» zählt zu den bedeutendsten Herrschaftshäusern Graubündens und zeichnet sich besonders durch seine einheitliche, reiche und wohlerhaltene Innendekoration aus. Das Äußere wirkt – bündnerischer Baugesinnung entsprechend – anspruchslos: ein ungegliederter Kubus von zwei Geschossen und Mezzanin mit neun Fensterachsen liegt unter einem Walmdach, aus dem an allen vier Seiten kleine Giebel heraustreten (Abb. 359). Das Erdgeschoß ist durch ein Gesims gleichsam als Sockel abgesetzt. An drei Seiten betonen schmiedeeiserne Balkone die Mitte. Die von Pilastern flankierte und mit dem Salis-Wappen bekrönte Türe ist einfach gestaltet. Steinbänke und gegiebelte, konisch sich erweiternde Kamine erinnern an italienische Motive[2]. Die Fenster waren nach holländischer Art ehemals als Schiebefenster kon-

1) Beachtung verdient in diesem Zusammenhang, daß der Envoyé 1731 mit dem bekannten Zürcher Architekten DAVID MORF in Korrespondenz stand (Briefe im Archiv des Alten Gebäus); zwar handelte es sich hier nur um Zeichnungen für Gitter und Lieferungen von Glas, doch könnte die Verbindung darauf zurückgehen, daß Morf den Bauherrn bei der Planung beraten hat.
2) Der Besenwurfverputz an der Straßenseite ist natürlich neueren Datums. Die alte Putzart sieht man noch an der Gartenseite.

Abb. 360. Chur. Das «Alte Gebäu». Das Treppenhaus. Text S. 340.

Abb. 361. Chur. Altes Gebäu. Entwurf zu dem Deckenbild. «Zug der Horen» von G. P. Ligari. 1729.
Text S. 342.

struiert (erhalten noch im Treppenhaus und in zwei Parterreräumen). Der Grundriß ist noch nicht von so konsequenter Symmetrie beherrscht wie im Palazzo zu Bondo. Zwar nimmt auch hier in beiden Hauptgeschossen ein Saal gegen den Garten hin die Mitte ein, doch ist das Treppenhaus – das bestimmende Element des Binnenraumes – aus der Hauptachse verschoben, wie denn auch die zu seiten der Hauptsäle angeordneten Gemächer sich in der Größe nicht entsprechen, sondern in freierer Raumkomposition disponiert sind. Offenbar wurde ihre Dimensionierung nicht allein von formalen Gesichtspunkten, sondern auch vom Wohnzweck entschieden, und die Vereinigung von repräsentativem Prunk und Wohnlichkeit ist es überhaupt, was diesen Bau auszeichnet. Außer der Haupttreppe verfügt das Haus auch noch über eine Dienstbotenstiege. Dagegen war in der ursprünglichen Disposition keine Küche im Hauptgebäude vorgesehen. Sie lag in dem gegen Westen anschließenden Flügel, der auch die Gärtnerwohnung barg. Von großem Reiz ist das *Treppenhaus* im Zusammenklang von warmem Braun des Nußbaumholzes an der Treppe und den zierlichen, die Vorplätze abgrenzenden Holzarkaden mit dem Weiß der vorzüglichen, wie Treibarbeit wirkenden Stukkaturen und der gehaltenen Farbigkeit der Bilder (Abb.360).

Vom Schmuck durch *Stukkaturen* ist im ganzen Haus verschwenderisch Gebrauch gemacht. Stilistisch stehen sie den kurz darauf entstandenen Arbeiten in der bischöflichen Residenz sehr nahe, und was dort von der entwicklungsgeschichtlichen Einordnung dieser Arbeiten wie von ihren Zierelementen gesagt wurde, gilt daher im allgemeinen auch hier; doch ist zu bemerken, daß im Treppenhaus – dem Haupt-

Abb. 362. Chur. Altes Gebäu. Decke im Treppenhaus. Text unten.

stück der ganzen Innendekoration des «Alten Gebäus» – das Akanthuslaub noch eine weit wichtigere Rolle spielt als im Schloß. Dagegen bemerkt man an einer andern Decke des Obergeschosses – im «Schulzimmer» – voll entwickeltes Bandwerk. Die Rosenzweige fehlen zwar nicht ganz – im «Blauen Zimmer» sind sie zu finden – doch bilden sie nicht das «Leitmotiv» wie in der Residenz. Im Erdgeschoß sind die Deckenstukkaturen im allgemeinen einfacher (aus Band- und Rahmenwerk) gestaltet als im Obergeschoß, auch durch mehrmaliges Übertünchen in ihrer Präzision etwas beeinträchtigt. Eine Hervorhebung verdient jedoch der schmale Archivraum in der Südwestecke, an dessen Kreuzgewölbe die Grate mit Blattborten belegt sind, während die Felder Bandwerk und Medaillons zieren, in denen Putten sich mit Blumen und Früchten zu schaffen machen. In dem Medaillon des Stuckaufsatzes über dem schräg in die Ecke gestellten Kamin eine nackte, ihren Knaben stillende Frau als Allegorie der Fruchtbarkeit. Kamine aus schwarzem Marmor mit Bild- und Spiegelaufsätzen auch in zwei anderen Parterreräumen.

Die reichsten Partien der ganzen Innendekoration stellen die Decke des Treppenhauses und der unmittelbar an sie angrenzende Plafond des Vorplatzes im ersten Stock dar. Im Treppenhaus füllt eine auf Leinwand gemalte Darstellung der Befreiung der Andromeda durch Perseus von GIAN PIETRO LIGARI aus Sondrio das Mittelfeld[1], im übrigen ist die Fläche dicht überzogen von phantasievollem Stuck,

[1] In einem Brief vom 25. März 1730 erwähnt als «il quadro a oglio sopra la scala» (Bassi, S. 100).

der von den Kehlen her nahe an das Mittelbild herantritt. Besonders die Eckstücke, die aus Vasen, Fruchtarrangements, Draperien, halben Einhörnern und allerlei Emblemen bestehen, wachsen aus der Randdekoration üppig heraus. Das Gitterwerk ist nicht rautenförmig gezeichnet wie in der Residenz, sondern weist eine Figuration aus ovalen Gliedern auf, ja es wird manchmal durch Schuppen ersetzt (Abb. 362). In den Bildfeldchen der Kehlen erscheinen – unmittelbar auf die Wand gemalt – in blauem Camaïeu Allegorien von Gerechtigkeit, Stärke, Mäßigkeit und Wahrhaftigkeit[1]. Am Plafond des oberen Vorplatzes sieht man, von ähnlichem Stuckwerk umrahmt, im Mittelfeld – gleichfalls von G. P. LIGARIS Hand, auf Leinwand gemalt – die Tötung zweier Niobiden durch Apoll; in den Randkartuschen Putten mit Muschel und Windrad in «chiaroscuro azurro».

Im Nordwestzimmer dieses Hauptgeschosses findet man als Tribut an den mit exotischen Liebhabereien spielenden Zeitgeschmack die Paneele mit *chinesischen Papiertapeten* belegt und in den Sockeln gemalte Landschaften, in die als Staffage aus Papier ausgeschnittene Figuren und Tiere geklebt sind. Die Decke ist hier nicht stuckiert, sondern mit Architekturmotiven illusionistisch bemalt; im Mittelfeld auf Leinwand die «Freien Künste» (Malerei, Musik und Dichtung) von G. P. LIGARI (Abb. Bassi, Taf. 37, Text S. 98f.). Auch im danebenliegenden Gemach mit Alkoven, dem «Blauen Zimmer», sind die Wände mit Täfern verkleidet, die eine Dekoration von italienischen Landschaften mit Architekturen und Staffagen in blauer Camaïeumalerei tragen. Als eine Besonderheit der aus Band- und Gitterwerk mit Vögeln und allerlei Blumen komponierten Stuckdecke darf man beachten, daß auch große Bergkristallstücke zum Schmuck verwendet sind. Im Mittelfeld (auf Leinwand) eine «Abundantia» von LIGARI, in den Ecken kriegerische Embleme in blauer Tonmalerei.

Das große Deckengemälde des Saales ist nicht mehr in ursprünglichem Zustand erhalten; schon um 1845–1850 war der Plafond von dem ausrinnenden Wasser des über ihm angebrachten und damals geborstenen Reservoirs zerstört worden und 1910 mußte er herabgeschlagen werden. Das Original des G. P. LIGARI, das den Zug der Horen darstellte, wurde ersetzt durch eine Kopie von SCHARFENBERG. Der Entwurf Ligaris (Ölmalerei auf Leinwand, 51,5 × 62 cm) ist jedoch im Hause – auf dem oberen Vorplatz – noch vorhanden (Abb. 361). Die unmittelbare Anlehnung an das berühmte Gemälde von GUIDO RENI im Palazzo Rospigliosi-Pallavicini zu Rom ist nicht zu verkennen, doch hat Ligari die Vorlage selbständig umgestaltet, nicht nur in der Anordnung der Figuren – auch dem Weglassen der Aurora –, sondern mehr noch dadurch, daß er die Komposition nicht als Wandbild behandelte, wie Reni, sondern, vor allem in der Darstellung des Helios, barock-illusionistisch mit Verkürzungen «di sotto in su»; auch ist das Sonnengespann nicht friesartig in die Bildfläche gestellt, sondern jagt in die Tiefe. Die Randmedaillons enthalten Allegorien der Jahreszeiten, die ebenfalls auf Vorbilder LIGARIS zurückgehen. An der Ostwand ein Marmorkamin mit Spiegelaufsatz, von Putten umgeben.

Am Plafond des anschließenden getäfelten Speisezimmers sind Sphinxe und Vögel ins Gespinst aus Bandwerk und Girlanden gesetzt. Das Gemälde von LIGARI im Mittelfeld schildert die Entführung des Kephalos durch Eos (Bassi, Taf. S. 98); in den Eckstücken sieht man Landschaften in gelbbraunem Camaïeu. Marmorkamin mit Spiegel.

Von den Ostzimmern weist nur das Eckkabinett noch ein gemaltes Mittelstück – einen kleinen Tondo mit Früchten – von LIGARI auf, während bei den zwei andern Gemächern dieser Seite der Schmuck allein dem Stuck aus Bandwerk, Draperien,

---

1) Auch diese – wie die noch zu erwähnenden anderen Camaïeubildchen stammen offenbar von LIGARI, denn in seinem Kontobuch spricht er von «molte Pitture fatte à oglio et a fresco nella casa nova in Coira» (Bassi, S. 99).

Abb. 363. Chur. Altes Gebäu. Porträt eines jungen Mannes, um 1815.
Text S. 344.

Vasen, Früchten, Vögeln und Büsten überlassen ist. Zu den Räumen in der Nordostecke gehört auch das bereits erwähnte «Schulzimmer», an dessen Plafond feingliedriges Bandwerk ein Oval umrankt, in dem Herakles mit dem nemeischen Löwen als Staffage in einer romantischen Landschaft erscheint (von LIGARI).

Im südöstlichen Eckzimmer steht ein *grüner Reliefkachelofen mit rundem Obergeschoß*, der aus einem älteren Haus hierher gelangt sein muß, da er stilistisch noch dem frühen 17. Jahrhundert angehört. Auf einem Teil der Kacheln sieht man in Portalarchitekturen Darstellungen der Lebensalter, auf anderen den Steinbock. Am Kranz Engelsköpfe und Rollwerk[1].

BILDER. Von den zahlreichen in den Zimmern und vor allem im Treppenhaus hängenden Familienporträts und andern Gemälden sollen hervorgehoben werden:
1. Das Porträt der Margaretha v. Salis, Tochter des Envoyé Peter, seit 1728 Gemahlin des nachmaligen Bundespräsidenten Anton v. Salis, der 1758 Eigentümer des Palais wurde[2]. Oval, 83×65 cm. Halbfigur; die Dargestellte hält ein Notenblatt,

---

[1] Ein ähnlicher, aus Maienfeld stammender Ofen steht im Schweizerischen Landesmuseum (Fraumünsterzimmer).

[2] 1753 hatte Margaretha die Hälfte bekommen, 1758 kaufte ihr Gatte noch den anderen Teil (Mitt.

darüber das Stammwappen Salis und das Diplomwappen Salis-Bondo. Vermutlich von LIGARI 1743 gemalt. – 2. «Der Wanderer», junger Mann in Halbfigur mit Rucksack; auf dem Barett eine Reiherfeder. JOH. CONR. SEEKATZ zugeschrieben. 49× 36 cm. – 3. Porträt eines jungen Mannes (Jakob Pirani? auf der Rückseite undeutlich bezeichnet). 74×50 cm. Halbfigur, gute Arbeit um 1815 (Abb. 363).

Von den Zeitgenossen aufs höchste bewundert wurde immer wieder der hinter dem Haus gegen Westen sich erstreckende *Garten*, dessen von einem Bassin ausgehende sternförmige Einteilung auf dem Hemmischen Plan von 1823 noch gut zu erkennen ist. Sererhard gibt (S. 52) eine ausführliche enthusiasmierte Schilderung der Grotten und Wasserkünste wie der ausländischen Bäume und Sträucher, vor allem aber der unterirdisch geheizten, mit schrägen Abdeckungen konstruierten Glashäuser. Die Brunnen wurden aus dem schon erwähnten Reservoir im Mezzaningeschoß des Hauses gespeist, in das man das Wasser durch Pumpen aus dem Mühlbach förderte[1]. Von den «Grotten», zu deren Projektierung – wie auch für die Einrichtung der Wasserkünste – der Envoyé «un virtuoso di Morbegno» berief (Bassi, S. 97), ist noch eine Nische mit Steinmosaik an der südlichen Gartenmauer dicht beim Haus erhalten. – Erwähnung verdient auch die Möblierung, in der sich noch sehr gute *eingelegte Arbeiten* (Sekretär, Kommode, Glasschrank) sowie ein *Lehnstuhl* mit dem Wappen Salis in Canevasstickerei und ein achtteiliger Paravant aus Leinwand, bemalt mit Szenen aus der Geschichte Jakobs in Kartuschen auf blauem Grund erhalten haben. 1730 bis 1750. – Grundrisse, Schnitt, Aufriß, Details und photographische Ansichten siehe Bürgerhaus XIV, Taf. 40–46, Text S. XXIIff., XLVI.

Das «Neue Gebäu», jetzt Regierungsgebäude, im Volksmund auch das «Graue Haus» genannt, Reichsgasse Nr. 35. Nach dem Knillenburger Prospekt stand ehemals auf dem Areal des Gebäudes selbst ein kleines Haus, auf dem Grundstück des jetzigen Gartens aber erhoben sich vier Reihenhäuser. Oberst Andreas von Salis-Soglio (Casa di mezzo), der bis dahin vermutlich im «Roten Haus» in der Süßwinkelgasse Nr. 15 gewohnt hatte, ließ diese Bauwerke völlig niederlegen und errichtete hier das im Gegensatz zu dem vorher beschriebenen Palais das «Neue Gebäu» genannte Herrschaftshaus. Mit Kontrakt vom 8./19. April 1751 übertrug er die Ausführung dem Baumeister JOHANNES GRUBENMANN von Teufen (Kt. Appenzell)[2]. Aus der Bemerkung im Vertrag, daß der Meister dem Bauherrn «in Formierung deß Rißens oder Blan an Hand zu gehen» habe, ist zu ersehen, daß sich dieser in der Konzeption des Entwurfes freie Hand vorbehielt. Er wird für seine Dispositionen sich wohl auf Vorbilder gestützt haben. Den Lohnlisten wie einer Vertragsbestimmung ist zu entnehmen, daß sich die Leitung Johann Grubenmanns nur auf den Rohbau bezog, nicht jedoch auf die Innenausstattung mit Stukkaturen. Bei der Bauausführung unterstützte ihn einer seiner beiden Brüder. Der Bau war 1752 unter Dach. Über die Stukkateure wissen wir nichts. Am 24. April 1807 kaufte der Kanton von den Erben des Bürgermeisters Rudolph v. Salis das Gebäude, in dem der Kleine Rat schon seit 1803 zur Miete gewesen war, als Regierungssitz[3]. 1902 wurde es

P. Nik. v. Salis, Soglio †). Wenn – wie Bassi S. 98/99 annimmt – das Porträt identisch ist mit dem von G. P. Ligari 1743 gemalten Bildnis, dann muß das Wappen Salis-Bondo nachträglich hinzugefügt sein (wie es auch den Anschein hat), da das Diplom erst am 22. Mai 1748 erteilt wurde. Schweizer Archiv für Heraldik 1927, S. 184, Anm. 54.

1) Mitgeteilt in einem Reisebrief des Malers Balth. Bullinger vom 1. August 1757. Mskr. Zentralbibliothek L 444, S. 830.

2) Es handelt sich um den gleichen Meister, der 1757 die Reichenauer Brücke baute, vgl. Bd. IV, S. 24, dort irrtümlich Johann Heinrich genannt. Dies in Modifizierung von Bürgerhaus XIV, S. XLVI nach Jos. Killer, Die Werke der Baumeister Grubenmann, Zürich 1941, S. 170. Werkverzeichnis siehe dort S. 190f.

3) Bauakkord von 1751 und Kaufvertrag von 1807 im Staatsarchiv, abgedruckt bei F. Jecklin, Geschichtliches über das Regierungsgebäude in Chur, BMBl. 1923, S. 129f.

Abb. 364. Chur. Das Neue Gebäu. Ansicht von Südwesten. Text unten.

durch einen Anbau nach Osten hin (für das Staatsarchiv und die Kantonsbibliothek) erweitert.

Nach dem Willen des Bauherrn sollte – wie die Familientradition zu berichten weiß – das «Neue Gebäu» das «Alte» an Pracht in den Schatten stellen. Bei allerdings etwas kleinerer Grundfläche wurde es denn auch um ein volles Geschoß höher aufgeführt. Es entstand eine für Bündner Verhältnisse großzügige Anlage, doch nicht von jener selbstverständlichen signorilen Eleganz, die das «Alte Gebäu» auszeichnet. Die etwas sprödere Wirkung kommt – wenn man von der Ausstattung absehen will – wohl vor allem daher, daß im «Neuen Gebäu» das Treppenhaus an die Flanke geschoben ist und für die gesamte Raumkomposition nicht die Rolle spielt wie im Palais des Envoyé, dem es den großen Atem gibt.

Der heutige «Regierungsplatz» war zur Zeit der Errichtung des Palais noch überbaut. Erst nachdem 1829 ein Brand die dortigen Häuser in Asche gelegt hatte, wurde hier ein freier Platz geschaffen[1]. Um den meisten Zimmern eine möglichst gute Besonnung zu geben, richtete man daher die Längsfront nicht gegen die enge Reichsgasse hin, sondern nach Süden, wo der Garten sich ausbreitet (Abb. 364).

Der ungegliederte, viereckige, mit Eckpilastern aus Haustein eingefaßte Bau umschließt über dem Parterre zwei Stockwerke und ein Mezzaningeschoß unter einem Walmdach, aus dessen Südseite ein kleiner geschweifter, lukarnenartiger Giebel heraustritt. Die Fensterumrahmungen aus Haustein schließen in drei Vollgeschossen in sehr flachen Stichbogen, im Mezzanin mit geradem Sturz. Gegen die Reichsgasse hin ist die Mitte akzentuiert durch die architektonische Zusammenfassung der von Halbsäulen flankierten Türe mit dem geschweift hervortretenden Steinbalkon des zweiten Stockwerkes[2]. Die Fensterachsen sind nicht – wie am «Alten Gebäu» – in gleichen

1) Akten darüber im Stadtarchiv Fasz. G 2.
2) Das Kantonswappen am Gesims wurde 1935 durch den Bildhauer OTTO KAPPELER, Zürich, geschaffen.

Abb. 365. Chur. Neues Gebäu. Mittelstück des Saalgewölbes
mit venezianischem Lüster. Text S. 348.

Abständen addiert, sondern rhythmisch gesetzt, in dem jeweils die beiden äußeren, zu Paaren zusammengefaßt, von den mittleren Achsen Abstand halten. An der Ostseite ein schmiedeeiserner Balkon. Beachtung verdient am Hauptportal der kunstvolle *Türklopfer* aus Messingguß mit dem als Drachen ausgebildeten Klöppel. Über der Türe der Ostseite das Datum 1752. Die in allen Hauptgeschossen gewölbten Korridore laufen parallel zum First durchs ganze Haus. Im Erdgeschoß ist der Gang mit Kleinsteinen gepflastert («Bsetzi»), die in einem Diagonalmuster gelegt sind. An der nördlichen Flanke des Korridors wurde das Treppenhaus in sehr merkwürdiger Weise angeordnet: es bildet keinen einheitlichen Raum, sondern der Oberlauf, und damit die Ausmündung auf den Korridor, rückt in Ost–West-Richtung weiter, um dann wieder zurückzukehren, so daß also die einzelnen Treppenabschnitte gegeneinander versetzt sind. Längs der Treppe zum zweiten Stock vortreffliches *schmiedeeisernes Geländer* mit zarten Spiralblattranken (Abb. 367). Alle Erdgeschoßräume und auch zwei im ersten Stock sind gewölbt. Befremdend wirkt in der Grundrißdisposition,

Abb. 366. Chur. Neues Gebäu. Der Saal. Text S. 348.

daß der zweigeschossige Festsaal nicht für eine einheitliche Raumdisposition ausgenützt, sondern in die Nordostecke des zweiten Obergeschosses geschoben wurde. Der Gedanke, den Saal in das Obergeschoß zu verlegen, ist an anderen Grubenmann-Bauten gleichfalls durchgeführt und dürfte daher auch hier diesem Meister zuzuschreiben sein[1].

Von Vertäfelungen mit geschweiften Profilen ist in vielen Räumen Gebrauch gemacht; in einigen Zimmern des ersten Stockes erstrecken sie sich auch auf die Decken, die dann mit Kreismotiven gegliedert sind, während sie in anderen nur die Wände verkleiden und dem Stuck den Plafondschmuck überlassen. Über den Türen findet man häufig gemalte Supraporten verschiedener Meister, mit Landschaften und Architekturen italienischen Charakters (die besten im Bureau Nr. 10).

[1] Vgl. J. Killer a. a. O., S. 163.

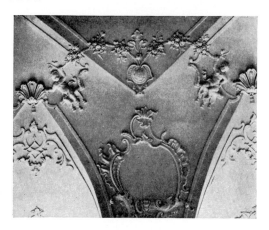

Abb. 367. Chur. Neues Gebäu. Detail des Treppengeländers. Text S. 346.

Abb. 368. Chur. Neues Gebäu. Detail der Stukkaturen im Treppenhaus. Text unten.

Die *Stukkaturen*, die sich über die Korridorgewölbe der drei Hauptgeschosse und die Decken der meisten Räume ausbreiten, weisen dem Zierat im «Alten Gebäu» gegenüber nun schon die Rocaille als beherrschendes Element auf (Abb. 368), allerdings noch in einer gemäßigten und dem echten Muschelmotiv noch nahen Form; auch zeigen verhältnismäßig kräftige Rahmenprofile sowie das Weiterleben von Gitterwerk, daß die eigentlichen Rokokoelemente hier zunächst noch zögernd aufgenommen wurden. Die reichste Dekoration bietet der erwähnte *Saal*: Zu dem Rocaillerahmen- und -gitterwerk gesellen sich hier noch Blumensträuße, Büsten und gebündelte kriegerische Embleme[1]; im Mittelfeld aber erscheint eine auf Wolken schwebende weibliche Figur, die – vom Hochrelief in die volle Plastik übertretend – den prunkvollen venezianischen *Glaslüster* an einem Seil zu tragen scheint[2]. Über der Türe und den unteren Fenstern friesartige Landschaften mit Staffage, in Blau auf hellem Grund (Abb. 365, 366, 369). Eine sehr reizvolle Innendekoration weist das südliche Mittelzimmer des zweiten Geschosses auf (Nr. 16/17)[3]; hier sind die Hauptfüllungen der Paneele des Täfers mit vignettenartigen Landschäftchen in silbernen Tönen auf grünem Grund zierlich bemalt, während die Sockel- und Friesfelder Zweige von Gewächsen verschiedener Art in gleicher Technik schmücken. In diesem Raum steht ein weißer *Ofen* (ohne Malerei) mit Rokokofassade[4].

Von den im Kaufvertrag mitübereigneten und noch erhaltenen Gegenständen verdienen die wertvollen *Spiegel* besondere Erwähnung, einer mit Konsoltischchen; ferner eine schöne Gruppe aus einem großen und zwei in der Form dazu passenden kleinen Spiegeln (im Saal), alle in ausgezeichnet geschnitzten, vergoldeten Rahmen, um 1750 (Abb. 370); endlich ein viereckiger Louis-Seize-Spiegel, bei dem die à-jour-geschnitzten Ornamente auf einem Grund von Spiegelglas liegen (Bureau Nr. 11)[5].

1) Die Wappen des Kantons und der Familie Salis in den Kartuschen an der Nord- und Südseite wurden bei der letzten Restaurierung (1941) neu aufgemalt.
2) Dieser Lüster ist im Inventar von 1807 als «der cristallene Kronleuchter» genannt.
3) Vermutlich identisch mit der «grünen Stube» des Inventars. Es gab außerdem noch eine weiße, gelbe, rote und blaue Stube.
4) Die viel gröbere Bemalung mit Architekturmotiven (Bündner Burgen) in braunen Tönen auf dem Täfer der Standeskanzlei im Erdgeschoß stammt erst aus der zweiten Hälfte des 19. Jahrhunderts.
5) Im oberen Treppenhaus hängen vier Ölbilder mit Personifikationen der Tugenden Justitia, Fortitudo, Temperamentia und Caritas in Halbfigur. Signiert: Paul Scheiber; 205 × 96,5 cm. Mittelmäßige Arbeiten um 1750. Über den aus Perfuchs bei Landeck stammenden Maler siehe Thieme-Becker XXX, S. 13.

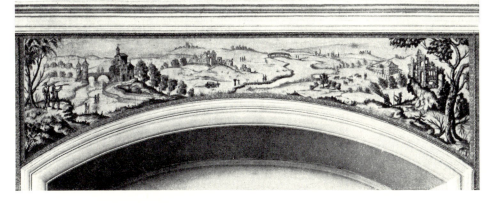

Abb. 369. Chur. Neues Gebäu. Supraporte im Saal. Text S. 348.

Die um ein Mittelbassin angeordnete Einteilung des *Gartens* ist auf dem Plan Hemmis von 1823 noch zu erkennen. Von den *Steinfiguren* stehen jetzt zwei – Bacchus und Flora – im Treppenhaus, zwei dekorative Vasen im Rätischen Museum und zwei ähnliche im ehemaligen Gärtnerhaus (nun Kriegswirtschaftsamt). – Grundriß, Aufrisse, Schnitte, Details und photographische Ansichten siehe Bürgerhaus XIV, Taf. 47–53, Text S. XXVf., XLVI.

In das Salis-Haus zu Bevers (Bd. III, S. 322) gelangte ein blau bemalter *Turmofen*; auf den Lisenen Medaillons mit kleinen Landschaften, auf den Füllungen Genreszenen mit Hirten, Soldaten, Jägern und galanten Gesellschaften. Am Obergeschoß die Signatur: Daniel Heinrich Mejer / Haffner in / Steckboren / 1763. In einer Kartusche am Kranz das Salis-Wappen. Ofensitz und gekachelte Wand. Beschreibung siehe Frei, S. 62f.

Das Riga-Haus (nun Altersheim), Masanserstraße Nr. 55, erbaut 1810 für die Familie Caviezel vermutlich von PAULUS CHRIST. Ungegliederter Viereckbau; die Dachgestaltung mit den Konsolgesimsen entstand 1859 nach einem Dachstockbrand. *Klassizistische Türe* mit flankierenden Seitenfenstern und Girlandendekor am Sturz, datiert 1810.

Das Salis-Haus auf dem Sand (jetzt Dr. J. Michel), Jochstraße 35. Von Oberst Rud. Maximilian v. Salis-Soglio, achtmal Bürgermeister von Chur, auf dem Grundstück der 1818 von ihm gekauften und dann niedergelegten «Bawierschen Weinschenke» errichtet. Das Haus veranschaulicht gut die einfachen Ausdrucksmittel des Klassizismus: Gutes Verhältnis des mit Ecklisenen eingefaßten Baukubus zum hohen Walmdach sowie wohlproportionierte, auf streng symmetrischem Prinzip beruhende Aufteilung der Fassade durch Bogenfenster im Erdgeschoß und viereckige Fenster in den oberen Stockwerken, deren Abstände so berechnet sind, daß sich die Läden berühren, wodurch jeweils ein ruhig durchlaufendes Band entsteht. Einfacher Grundriß mit vier großen Räumen und gut entwickeltem Treppenhaus. Die Gesamtdisponierung von Haus, Nebengebäuden und dem Garten mit den halbkreisförmigen Ausbuchtungen stellt eine vorzügliche Situationslösung dar. – Grundriß, Aufriß und Situation siehe Bürgerhaus XIV, Taf. 53, Text S. XXVIII, XLVIf.

Planta-Haus (nun A. Bernard), an der ehemaligen Roßstraße, jetzt Malixerstraße Nr. 9. Oberst Stephan von Planta-Zuoz in Chur erwarb 1819 das bereits im Bau befindliche Haus, um es zu vollenden. Um 1850 Umbau im Inneren.

Vortreffliche Gestaltung eines Hauses von herrschaftlicher Haltung bei bescheidenen Maßen. Die bergwärts zweigeschossige und gegen die Plessur hin dreigeschossige Anlage beschreibt ein gegen Westen offenes Karree, wobei der beinahe quadratische Südflügel den Haupttrakt bildet. Er weist einen symmetrischen Grundriß mit sehr glücklich disponierter, im unteren Teil zweiläufiger Treppe auf, die in einem anmutig geschweiften kleinen Vorplatz endet. Im Mittelteil lag ein ziemlich ansehnlicher, jetzt aber unterteilter *Saal* mit einfachem grauem Marmorkamin. Sehr einnehmend ist die intime Beziehung des Hauses zu dem wohldisponierten, terrassierten Garten mit Laube und Pergola. Der Magazinflügel am Hohenbühlweg kam 1945 hinzu. – Grundriß, Situation, Aufriß, Schnitt und photographische Ansicht siehe Bürgerhaus XIV, Taf. 53, 54, 56, Text S. XXVIII, XLVII.

Haus zum Pfisterbrunnen, Herrengasse Nr. 7. Erbaut 1819 für Const. Bawier durch Baumeister PETER HATZ[1]. Die Eigenart der im übrigen schmucklosen Fassade liegt in den vier übereinstimmenden rundbogigen Türen mit klassizistischem Akanthusdekor in den Zwickeln; früher Ladentüren (eine davon modernisiert).

Abb. 370. Chur. Neues Gebäu. Spiegel im Saal. Text S. 348.

Das ehemalige «**Aktiengebäude**» an der Grabenstraße. Als 1829 westlich des Untertores eine Partie der Ringmauer eingestürzt war, sah man von einem Wiederaufbau ab, entschloß sich jedoch zur Gestaltung eines architektonisch einheitlichen Abschlusses der winkligen und düsteren «Scharfrichtergasse» (heute Untertorgasse) gegen die, nun verschwundene, schöne Pappelallee hin, dem bevorzugten Promenadenweg der Churer. Die Aufgabe wurde von einem «Aktienverein» übernommen, die Ausführung des Gebäudes unterstand dem Baumeister K. DAVID LINDENMAYER (1833). Bei der Planung wirkten mit: Gottfried Purtscher, Regens von St. Luzi, und Bauinspektor Herold[2]. Es entstand ein 355 Fuß (etwa 11,5 m) langes, nur zweigeschossiges Gebäude, dessen östlicher Trakt heute völlig verändert ist: am Erdgeschoß des westlichen Teiles (Grabenstraße 15) sieht man aber noch die ursprüngliche klassizistische Gliederung durch eine Reihe von zehn Dreiviertelssäulen aus Holz. Über dem Mitteltrakt (Nr. 9) ein Dreieckgiebel. Vermutlich setzte sich die Säulengliederung, zumindest von der Mittelpartie an, gegen das Untertor hin fort.

1) Aufzeichnungen von Schreinermeister B. Hartmann, Mskr.
2) Ratsakten Faszikel G 1 und Q 3, Urkunden Sch. 62.

Abb. 371. Chur. Haus zum Brunnengarten. Ostfront. Text unten.

Haus zum Brunnengarten (nun Gebr. Büsch), Obere Plessurstraße Nr. 1. Erbaut 1848 für Landammann Caflisch durch Baumeister MARTIN HATZ. Das einzige klassizistische Gebäude Churs, bei dem der Anspruch auf eine architektonisch bedeutendere Durchbildung der Fassade zum Ausdruck kommt. Der Mitte des zweigeschossigen Gebäudes liegt ein gleichfalls zweigeschossiger Portikus mit je vier Rundsäulen vor, über dem ein dreieckiger Giebel ruht. Die Fensterdisposition ist durch Aneinanderrücken der Mittelachsen, durch Variationen der Bekrönungen und den Wechsel von rundbogigen und geraden Abschlüssen rhythmisch gegliedert (Abb. 371). Klarer Grundriß mit ansehnlichem Vorplatz, Gartensaal und gut angeordneter Treppe[1]. – Grundriß, Aufriß und Details siehe Bürgerhaus XIV, Taf. 54–56. Text S. XXIX, XLVII[2].

Einzelheiten

Vorbemerkung. Hier werden in chronologischer Reihenfolge architektonische und skulpturale Einzelheiten solcher Häuser vermerkt, die als Ganzes zur Aufnahme nicht mehr in Betracht kommen.

Türen. 1. Kupfergasse Nr. 8. Spitzbogig, gekehlt mit überkreuzten Rundstäben. Über dem Scheitel Schriftband mit Datum 1525 und Meisterzeichen, Tab. II A, 6. – 2. Metzgerplatz Nr. 5. Im Scheitel des gekehlten Stichbogens ein Schild mit Metzgerbeil, datiert 1585. Das Haus gehörte offenbar zur benachbarten Metzg.

---

1) Zwei gute – offenbar engadinische – Intarsientruhen stammen aus dem Antiquitätenhandel, a) zweigliedrige Front mit Bogenfüllungen und zartgliedrigen Ranken, bezeichnet «DCP». Auf dem Deckel Doppeladler, um 1660, b) dreigliedrige Front mit Bogen und breitflächigem Laubwerk; bezeichnet «16 V A M 76».

2) Als bescheidenes Beispiel der von den Romantikern emporgetragenen Neugotik sei noch der achteckige, in gepaarten Spitzbogenfenstern sich öffnende *Holzpavillon* im Rosenhügelareal an der Malixerstraße genannt. Er bildete ursprünglich den Gabentempel und die «Fahnenburg» beim Eidgenössischen Freischießen, das 1842 «auf der Quader» (nördlich der Stadt) abgehalten wurde. Auch der Schützenstand war im neugotischen Stil mit einer auf 34 Säulen ruhenden Spitzbogenarkade errichtet worden. – Abbildung auf der Tafelbeilage zu den «Bulletins des Eidgenössischen Freischießens», Chur 1842.

Erker (Abb. 373–375). 1. Am «Freieck», Reichsgasse Nr. 5. Eingeschossiger Erker mit profiliertem, von einer Lilie geschmücktem Fuß und geschweiftem Dach. An der östlichen Brüstung lateinische Inschrift des JOANNES FLORINUS (Deflorin) aus Disentis, Dolmetsch des französischen Gesandten und Bürgers von Chur 1577. Auf dem andern Feld ehemals ein (später) aufgemaltes und seit 1946 in Stein gehauenes Wappen Stuppan. – 2. Untergasse Nr. 12. Zweigeschossiger und zweiseitiger Erker mit profiliertem, von Lilienmotiven geziertem Fuß und kuppelförmigem Dach. An den Brüstungen lateinische Inschriften und das Wappen Ruinelli. Nach dem Text wurde das Haus von «Andreas Ruinelli, Arzt und Philosoph», «dem Einsturz vorbeugend, restauriert»[1]. – 3. Reichsgasse Nr. 24. Am dritten Stock ein zweiteiliger eingeschossiger Erker; profilierter, mit Lilien gezierter Fuß, an den Brüstungen Wappen: a) Bär mit Hellebarde, b) Hausmarke aus «SBH»; um 1580. – 4. Haus zur Glocke, Poststraße Nr. 24. Eingeschossiger, zweiseitiger Erker. Auf den Brüstungen eine große Rosette und eine Glocke. Sinnspruch; datiert 1609[2]. – 5. Am Haus zur Krone, Obere Gasse Nr. 1, über dem Durchgang zum Metzgerplatz («Brotlaube»). Zweiseitiger Erker, am profilierten Fuß Liliendekor.

Wappentafeln. 1. Sennhofstraße Nr. 11. Zwei Steine: a) mit Wappen Jecklin, Inschrift: CONRADUS JECLIN FT. DT. (fürstlich durchlauchtigen) ERZHERZOGEN ZU ÖSTERREICH HAUPTMANN U. PFLEGER ZU TRASP; b) Wappen Schenk, Text: CATARINA JECKLIN GEBORNE SCHENCHIN (Schenk). – 2. Sogenannter «Pfaffenstall», Sennhofstraße Nr. 20. Quadriertes Wappen des Bischofs Peter II. Raschèr, datiert 1582. – 3. Karlihof siehe S. 316. – 4. Kupfergasse Nr. 3. An der ehemaligen Hofmauer des Salisschen Anwesens (nun Magazin) die Allianzwappen Salis und Hohenbalken ohne Inschrift[3]. Um 1600. – 5. Gäuggeli Haus Nr. 64. Vgl. S. 333, Anm. 2. – 6. Über dem Hoftor des Sennhofes Wappen Wegerich von Bernau, bezeichnet «J – W V B 1603»[4]. – 7. Metzgergasse Nr. 10. Wappen Köhl, bezeichnet «16 P K – C V R 46»[5]. – 8. Maltesergasse Nr. 4. Quadriertes Allianzwappen Schmidt und Christ. Inschrift: JÖRII ELIAS SCHMIDT – CHRISTINA CHRISTI 1675.

1) Zur Biographie des Bauherrn siehe P. Gillardon im «Freien Rätier», 1944, Nr. 90–93.
2) Inwendig eine Fensterstütze in Form einer Kandelabersäule mit Akanthusdekor.
3) Der Stein bezieht sich auf Andreas v. Salis zu Neuensins (Rietberger Linie), vermählt um 1600 mit Margaretha v. Hohenbalken. Vgl. Schweizer Archiv für Heraldik 1928, S. 28, und BMBl. 1937, S. 242f. mit Abb.
4) Bischöflicher Münzmeister Hans Jakob Wegerich von Bernau, 1562–1606. Grabstein im Scaletta-Friedhof.
5) Peter Köhl, 1597–1674, Grabstein auf dem Scaletta-Friedhof.

Abb. 372. Wasserspeier von einem Churer Haus. Zweite Hälfte des 17. Jahrhunderts. Nun im Rätischen Museum.

Abb. 373 bis 375. Chur. Verschiedene Erker. 1. Am Freieck 1577. 2. An einem ehemaligen Ruinelli-Haus, um 1600. 3. Am Haus zur Glocke, 1609. Text S. 352.

Im Rätischen Museum zu Chur befinden sich folgende *Wappensteine* von Churer Häusern (zum Teil auf Fragmenten von Türbogen): 1. Wappen Maßner siehe S. 336, Anm. 2. – 2. Allianzwappen Heim und Tscharner, mit Initialen L H F M ... (?); von einem abgerissenen Haus im Scalettaquartier. – 3. Wappen und Inschrift: JOH. BAWIER 1595. – 4. Wappen Beeli von Belfort, mit Initialen V B 1599, vom Haus Grieshaber, Obere Gasse Nr. 47. – 5. Hausmarke, bezeichnet «16 H – V 01»; vom alten Zollhaus links der Plessur. – 6. Wappen Salis, aus weißem Marmor, bezeichnet IOANNES ..... M D C L (1650). – 7. Wappen Raschèr, Inschrift: JOH. SIMEON à RASCHER · 1653, nebst Devise, von einem Haus in der Rascherengasse. – 8. Quadriertes Wappen des Bischofs Ulrich VII. von Federspiel, bezeichnet: «V · E · C ·» (Ulricus episcopus Curiensis) 1716.

Öfen. Im Rätischen Museum zu Chur ein grüner *Turmofen* mit rundem Obergeschoß aus einem nicht näher bekannten Churer Haus. Die Kacheln zeigen jeweils einen springenden Steinbock, teils in ovalem Kranz, teils viereckigem Rahmen. An den Ecken Säulchen. An den Bekrönungskacheln Judith mit dem Haupt des Holofernes; vermutlich aus der Werkstatt PFAU in Winterthur, um 1600.

Im Schweizerischen Landesmuseum zu Zürich gleichfalls ein *grüner Turmofen* mit runder Kuppe, aus einem Haus in der Reichsgasse. Auf den Füllungskacheln Musikanten, Gesimse mit Akanthus; gegenwärtig magaziniert unter Nr. LM 2795.

Decke. Ins Schweizerische Landesmuseum zu Zürich kam aus dem Archivraum des Karlihofes eine mit schwarzen Ornamenten auf weißem Grund bemalte Bretterdecke; um 1600. Magaziniert, Inv.-Nr. 7519.

Das Rätische Museum

Das ehemalige «Haus Buol auf dem Friedhof» beherbergt, wie S. 332 schon erwähnt, die den Namen «Rätisches Museum» tragende Altertümersammlung, eine Schöpfung der Historisch-Antiquarischen Gesellschaft Graubünden, die seit 1928 eine öffentliche Stiftung darstellt.

Aus dem Sammlungsgut, das die üblichen Kategorien der «Historischen Museen» umfaßt, sind besonders hervorzuheben: die prähistorische Abteilung, die durch die erfolgreichen Grabungen des letzten Jahrzehnts eine besondere Wichtigkeit erlangt hat, die Münzensammlung, die umfassendste Kollektion bündnerischer und auf Kantonsgebiet gefundener Gepräge, eine wertvolle Spitzensammlung und eine Kollektion von 57 Glasgemälden, vorwiegend bündnerischer Herkunft. Die kunsthistorisch bedeutsamen Stücke wurden an ihrem ehemaligen Standort beschrieben, sofern dieser bekannt ist.

Die *Glasmalereien* sollen hier zur Orientierung der Spezialforschung kurz registriert werden, ohne daß auf eine nähere Beschreibung eingegangen werden könnte. Die Aufzählung geschieht in chronologischer Ordnung. Die in Klammern gesetzten Ziffern sind die Museumsnummern und bis Nr. 47 zugleich auch die Ziffern des gedruckten Museumskatalogs. Abkürzung: WS. = Wappenscheibe.

1 und 2. St. Florinus und St. Petrus (Nr. 1, 2), Figurenscheiben aus Bergün, s. Bd. II, S. 385, 386. – 3 und 4. Zwei runde WS. aus der Kirche von Fideris: des Bischofs Ortlieb von Brandis und der Familie Valär (Nr. 51, 52); s. Bd. II, S. 89, 90. – 5 und 6. Zwei runde Figurenscheiben aus Bivio: Pietà und Anbetung der Drei Könige (Nr. 3 und 4); s. Bd. III, S. 235. – 7. Figurenscheibe St. Urban von 1522 (Nr. 10), neue Kopie 66 × 44 cm. – 8. Vennerscheibe von Chur (Nr. 5) mit den Wappen der XIII Orte und der «Zugewandten» St. Gallen, Biel, Mühlhausen, Wallis, «Landschaft Chur» sowie der Stadt Konstanz und des Reiches; entstanden offenbar zwischen 1527 und 1531, in welchen Jahren Konstanz mit den evangelischen Ständen im «christlichen Burgrecht» stand; 121 × 50 cm. – 9 und 10. Venner mit den Bannern von Appenzell und dem Gotteshausbund; unten Verse; datiert 1542 (Nr. 6, 7). Als Vorlagen dienten die früher CHRISTOPH SCHWEIZER (SCHWYZER) von Zürich, neuerdings (von H. Koegler)[1] dem CONRAT SCHNITT in Basel zugeschriebenen, um 1540 entstandenen Holzschnitte mit Bannerträgern. Ältere Kopien? 27 × 15 cm. – 11. WS. Jörg Bely 1548 (Nr. 11). Neue Kopie, 42 × 46 cm. – 12. Kleine Rundscheibe (Monolith) mit Hausmarkenwappen des «Hans Margidantt» (Margadant); 1559 (Nr. 43), Dm. 9 cm. – 13. WS. Dietegen von Salis und Regina Roth von Schreckenstein, 1570[2] (Nr. 53); ehemals in der Ratsstube auf Davos, s. Bd. II, S. 158[3]. – 14. WS. Hans Willy 1575 (Nr. 14). 31 × 19,5 cm (Abb. 377). – 15. Runde Monolithscheibe mit Wappen des Ulrich Haldenstein von Zürich, 1576 (Nr. 44). Ehemals in Felsberg. Dm. 10 cm. – 16. Figurenscheibe des Bischofs Beatus à Porta, 1578, mit Maria zwischen St. Luzius und Florinus (Nr. 46), 42 × 33 cm. Aus der Sammlung Vincent in Konstanz, MAGZ. XXII, S. 209, Nr. 151. – 17. Bürgerscheibe von Hans und Barth. Moesli mit Wappen, 1578 (Nr. 18), 31 × 22 cm. – 18. Variante von Nr. 17, jedoch ohne Oberstück (Nr. 19), 27 × 21,5 cm. – 19. WS. des Sebastian Truchseß von Rheinfelden, 1579 (Nr. 15), 31 × 21 cm. – 20. Figurenscheibe Anbetung der Drei Könige. Allianzwappen «Dewus Saltzgeber und Margret Nürenberger» 1583 (Nr. 27), 30 × 20 cm. – 21. WS. Jakob Travers, 1585 (Nr. 24), 30 × 20 cm, Abb. Bd. I, S. 187. – 22. Figurenscheibe von Lienhart und Jacob Glarner (Nr. 16), 1586, s. vorn S. 305 – 23. Figurenscheibe: David und Bathseba. (Die Taufe im Jordan ist ein Flickstück aus einer anderen Scheibe) von Bartly und Appollonia Schgier 1586 (Nr. 28), 33 × 23 cm. Hans Weiß aus Weesen zugeschrieben (ZAK. 1946, S. 90). – 24. Runde WS. des Stadtschreibers «Gregorius Gugelberger genant von Moß», 1587 (Nr. 9) in Silbergelbmalerei, Dm. 15 cm. – 25. WS. Johannes Scheck von Zuoz 1587 (Nr. 45), Leihgabe der Familie Scheck, 30 × 25 cm, s. Bd. III, S. 436[4]. – 26. Runde WS. des Rektors Thomas von

---

1) In den Monatsheften für Kunstwissenschaft Jahrgang 4 (1911), S. 408. — Reproduktionen der Holzschnitte in: Die Standarten der Schweizer Kantone, Königstein 1923.
2) Vgl. Schweizer Archiv für Heraldik 1927, S. 9.
3) In der Inschrift ist dort statt «x» zu lesen «ec» = etc. Die Scheibe wurde 1902 im Kunsthandel erworben.
4) Das Datum soll dort 1587, nicht 1567 lauten.

Abb. 376. Chur. Rätisches Museum. Wappenscheibe des Hans von Capol, 1603. Text unten, Nr. 38.

Abb. 377. Chur. Rätisches Museum. Wappenscheibe des Hans Willi, 1575. Text S. 354, Nr. 14.

Schauenstein 1587 (Nr. 8). Aus dem Schloß Haldenstein s. S. 370. – 27. Kleine Rundscheibe (Monolith) mit Sinnspruch, ohne Wappen und Bild, 1588. Dm. 9,2 cm. – 28. Figurenscheibe des Bischofs Petrus II. Raschèr (Nr. 56) mit der Muttergottes zwischen St. Luzius und Florinus, 1589, früher im Landesmuseum zu Karlsruhe, 43 × 33 cm. – 29. WS. des Johannes von Zun, 1589 (Nr. 26) aus dem bischöflichen Schloß, s. S. 227. – 30. WS. des Rektors Dr. Thomas von Schauenstein (Nr. 21), um 1590; ehemals in der Schmiedenzunft; s. S. 314. – 31. WS. des Johannes von Planta, 1590 (Nr. 22), 39 × 28 cm, vielleicht alte Kopie der nächsten Scheibe. – 32. Übereinstimmend mit der vorigen Scheibe, jedoch fragmentarisch und ganz verblaßt; aus dem Majoratshaus à Marca in Mesocco (Bd. VI, S. 363). – 33. Runde Zunftscheibe (Nr. 20), um 1590; s. vorn S. 305. – 34. Kleine runde WS. von Johann Raschär (Raschèr), 1598 (Nr. 42), Dm. 11 cm. – 35. Figurenscheibe des Bischofs Johannes V. Flugi (reg. 1601–1627) mit der Muttergottes zwischen St. Luzius und Florinus (Nr. 47), signiert WB (verbunden), Monogramm des WOLFGANG BRENY von Rapperswil[1]. 36 × 30 cm (Abb. 378). – 36. WS. des Johannes Guler von Davos, 1602 (Nr. 55), 36 × 32 cm. – 37. Figurenscheibe mit fünf Kriegern (Musketiere und Geharnischte); Oberstück: Küfer (Nr. 12). Von den Inschriften nur eine, für Jacob Frölich, erhalten; 37 × 49 cm. – 38. WS. des «Hans von Cappal» (Capol), 1603 (Nr. 50), 31,2 × 20,2 cm[2]. – 39. WS. Caspar von Cabalzar, 1603 (Nr. 49), 31,4 × 20,5 cm. – 40. Runde WS. des «Rudolff von Schöwenstein (Schauenstein), her zu hochen Thrins», 1604 (Nr. 34); Dm. 17 cm. – 41. WS. Gregorius von Mont 1604 (Nr. 31). Neben dem Wappen die Glücksgöttin, im Oberstück Verhöhnung der Eitelkeit. 30 × 20 cm. – 42. Standesscheibe des Zehngerichtenbundes, 1605 (Nr. 48), 40,8 × 32,3 cm; über die Autorfrage s. unten S. 356. – 43. WS. der Stadt Chur, 1609 (Nr. 48), stark ergänzt. 42,6 × 32,2 cm. – 44. Runde WS. des «Hans Jacob Wägerich

1) Über die Zuschreibung vgl. Fr. Wyß in ZAK. 1946, S. 83. Die Scheibe stammt aus der Sammlung Vincent in Konstanz. Vgl. MAGZ. XXII, S. 217, Nr. 222.
2) Erbauer des Capolhauses in Andeer, Bd. V, S. 188 ff. Abbildung oben Nr. 376.

von Bernauw» in Chur, 1612 (Nr. 38), Dm. 16 cm. – 45. WS. des Thomas von Schauenstein, 1614, s. S. 366. Kopie (Nr. 29). – 46. Runde WS. des Hans Bawier, 1616 (Nr. 35), Dm. 18 cm. – 47. WS. des Andreas von Salis, 1617 (Nr. 57), 41,5 × 33,2 cm. – 48. Figurenscheibe des P. Conradus à Sacco, Klosterkustos in Disentis, 1625 (Nr. 32): Kreuzigung, St. Martin und St. Konrad, eherne Schlange. Sax-Wappen, 32 × 21 cm. – 49. Figurenscheibe des Hans Heß und seiner Frau (Nr. 30), Ehepaar, Wappen; um 1630, 34 × 25 cm. – 50. Runde Ämterscheibe von Zürich (Nr. 23) mit 35 Ämterwappen, Kopie einer dem Zürcher Glasmaler Hans Jacob Nüscheler I zugeschriebenen Scheibe von 1640 im Gemeindehaus Unterstammheim. Dm. 32,2 cm[1]. – 51. Figurenscheibe des «Casparus Im Boden Canonicus Sedunensis (von Sitten), Vicarius... et Curatus S... 1655 (Nr. 54). 30 × 19,5 cm. – 52. WS. des Michael von Mont, Bürgermeisters von Chur, erneuert durch Melchior von Mont, 1661 (Nr. 33). Als Schildhalterin eine Jungfrau in modischer Tracht. 41 × 35 cm. – 53. Runde WS. Dr. Joh. Reydt, 1677 (Nr. 39), signiert «W Sp. Coſtanz» (Wolfgang Spengler). Dm. 16 cm. – 54, 55, 56. Figurenscheiben der Schmiede-, Schneider- und Schuhmacherzunft (Nr. 36, 37, 40), 1677, von Wolfgang Spengler, Konstanz, s. S. 306f. – 57. Fragment der Einrahmung einer Zunftscheibe nach Art der vorigen, mit Wappen «Deuß» (Theus) und Maßner (Nr. 41), 23 × 9 cm. Meister und Zeit wie Ziff. 54ff.

Literatur: F. Jecklin, Katalog der Altertums-Sammlung im Rätischen Museum zu Chur, Chur 1891. – Photographien sämtlicher hier aufgeführter Scheiben befinden sich im Schweizerischen Landesmuseum zu Zürich.

Hinsichtlich der Glasmaler sei auf die Ausführungen in Bd. I, S. 184ff., verwiesen. Als Churer Meister kommen danach in Betracht:

Jörg Thomas Laurer (Laur, Lur, Lurer) aus Ulm, 1576 in Chur eingebürgert, Joseph Laurer, 1589, ins Bürgerrecht aufgenommen, dessen Sohn Anton Laurer, gestorben vor 1640, sowie David Mandort aus Yverdon, 1593 nachgewiesen. Beizufügen sind außerdem noch ein Meister Peter, der 1554 nach «Ems einen Schilt» (Wappenscheibe) lieferte[2], und ein 1588 erscheinender Glasmaler Ulrich Haldenstein[3]. Da dieser letztere offenbar identisch ist mit dem auf der Scheibe Nr. 15 genannten Ulrich Haldenstein von Zürich, so haben wir es hier zweifellos mit dem 1611 verstorbenen Zürcher Glasmaler dieses Namens zu tun[4]. Angemerkt darf auch noch werden, daß der Schaffhauser Glasmaler Daniel Lang eine Zeitlang bei Jörg Thomas Laurer als Geselle tätig war[5]. Die Zuschreibung bestimmter Stücke an Jörg Thomas Laurer bietet, wie Bd. I, S. 186, betont, mangels gesicherter Werke, die als Ausgangspunkte gelten könnten, Schwierigkeiten. Für eine Untersuchung der Tätigkeit des Ulrich Haldenstein könnte vielleicht dessen Scheibe (Nr. 15) Dienste leisten. Unter den Glasmalereien im Rätischen Museum ist jedoch keine, die ihm sicher zugeschrieben werden könnte. Die Kunst des Joseph Laurer dagegen scheint allgemach in deutlicheres Licht zu rücken. Denn in Privatbesitz (Haus Baumann-Lussi in Arosa) befindet sich eine aus dem Kunsthandel dorthin gelangte Glasmalerei, die mit der Scheibe des Zehngerichtenbundes von 1605 im Museum (oben Nr. 42) völlig übereinstimmt, jedoch das Monogramm Tab. III 3 trägt. Wenn es auch einer Ligatur von JHL ähnelt, so kann doch der waagrechte Strich, da er über das L hinwegreicht, als Verbindungsstrich gedeutet und das Zeichen daher als J L gelesen werden (vgl. JB HAGGr. 1947, S. XVf.). Das Monogramm auf Joseph Laurer zu beziehen, dürfte daher erlaubt sein. Ihm mag also auch die erwähnte Scheibe Nr. 42 zuzuschreiben sein, wenngleich sie sorgfältiger ausgeführt ist, was insbesondere bei der Behaarung des Wilden Mannes zum Ausdruck kommt. Von hier aus wird man dann auch eine Gruppe anderer Werke dem Joseph Laurer zuteilen können, nämlich Nr. 30, 37, 38, 39, 43 und 47. Neben anderen Merkmalen verbindet sie als «Leitmotiv» die Belebung des Fonds durch ein merkwürdiges Geschlinge flatternder Fäden. – Die Signatur eines Scheibenrisses im Hist. Museum St.Gallen: «PHWF (alle Buchstaben verbunden) 1606 in Chur» ist noch nicht gedeutet[6].

1) Vgl. H. Lehmann, Die Glasgemälde im Gemeindehaus zu Unterstammheim, Andelfingen 1932, Nr. 20, sowie H. Fietz, Kdm. Zürich-Landschaft I, S. 377, Nr. V. 9.

2) «1554 ußgeben 1 ℔ viii ß vii d dem Peter Glaser hatt 1 schilt gmacht dem Jan dadomatt zu Ems.» StA. Rechnungsbuch f 36.

3) 1588 Sept. 22 dem meister Ulrich Haldenstein dem Glasmaler, StA. Ausgabenbuch F 4.

4) Mit mehreren Arbeiten bezeugt: H. Meyer, Fenster- und Scheibenschenkung, Zürich 1884, S. 208.

5) 18. Juni 1585 mahnt ihn «Danniel Lang der Glasmaler», Bürger von Schaffhausen, wegen «verdienten Lidlons» von 18 Rhein. Gulden auf Grund eines schon lange fälligen Schuldbriefes. StA. Ratsakten.

6) Vgl. Nr. 108 bei W. Reuter, Beiträge zur Geschichte der Entwürfe für die Schweiz. Wappenscheibe. Dissertation Frankfurt 1933.

KREIS FÜNF DÖRFER

Abb. 378. Chur. Rätisches Museum. Figurenscheibe des Bischofs Johannes V. Flugi von Wolfgang Breny. Text S. 355, Nr. 35.

GEOGRAPHIE,
GESCHICHTE UND WIRTSCHAFT

Geographie und Verkehrsgeschichte. Der heutige Kreis «Fünf Dörfer» umfaßt den Abschnitt des Rheintales zwischen Chur und der Landquart. Seine westliche Abgrenzung verläuft auf dem Kamm des Calandamassivs, das ihn vom sanktgallischen Tal der Tamina scheidet, östlich aber greift er über den geographischen Raum des Rheintales hinaus ins Prätigau hinein, da er auch die Gemeinde Says und damit den innersten Abschnitt des Valzeiner Tales einschließt. Während links des Rheines nur kleine Buchten ebenen Bodens bei Haldenstein und Untervaz liegen, weitet sich rechts flußabwärts sanft gewelltes Gelände allmählich zu dem weiten Talgrund der Igiser Gemarkung aus.

Am Durchgangsverkehr hatte das Gebiet vor allem durch die «Deutsche Straße» teil, die Route Bregenz–Chur, die in älterer Zeit die Landquart dicht vor der Klus unterhalb der Burg Fracstein[1], seit dem Ende des 14. Jahrhunderts jedoch auf der «Oberen Zollbruck» bei Malans überschritt, wobei die ältere Trasse als Variante für Überschwemmungszeiten beibehalten wurde. Bei der «Domansmühle» (wohl identisch mit der unteren Igiser Mühle) ging die Straße über den von der Landquart abgeleiteten Mühlbach direkt nach Zizers, ohne Igis zu berühren, wie denn auch Trimmis abseits blieb (siehe Abb. 380). Die weitere Linie siehe oben S. 3.

Während im Mittelalter die Route Zürich–Chur, auf einer Fähre den Rhein übersetzend, in Maienfeld sich mit der «Deutschen Straße» vereinigte, ging sie seit 1529 unmittelbar nördlich der Landquartmündung auf der «Tardisbrücke» (Bd. II, S. 2) über den Rhein[2], um bei der genannten «Oberen Zollbruck» dies Zusammentreffen zu vollziehen. Da 1490–1492 die Eidgenossen – seit 1483 Inhaber der Grafschaft Sargans – durch den Bau der Schollbergstraße eine direkte Verbindung zwischen Wartau und Sargans hergestellt, so konnte sich nun auch der linksrheinische Verkehr Bodensee–Chur dieser Brücke bedienen. Der Ausbau der «Deutschen Straße» von der Bündner Grenze bis Chur fand 1782–1785 statt und erfuhr 1818–1821 noch einige Verbesserungen.

Neue Entwicklungsmöglichkeiten brachte die Entfaltung des Eisenbahnwesens; 1858 entstand die Station Landquart an der Linie Rorschach–Chur (siehe S. 4) und 1889 wurde dieser Platz auch zum Ausgangspunkt der Stammlinie der Rhätischen Bahn nach Davos; 1896 erhielt er dann noch Schmalspuranschluß nach Chur, so daß also das Gebiet der Fünf Dörfer am Netz der Rhätischen Bahn und der Bundesbahn gleicherweise Anteil hat.

Urgeschichte. Eine bronzezeitliche Siedelung wurde auf dem Burgfelsen von Lichtenstein nachgewiesen, die einzige bis jetzt im Gebiet des Churer Rheintales. Hier sowie auf dem Lisibühl (Gemeinde Untervaz) gelang ferner auch die Aufdeckung eisenzeitlicher Siedlungen. Von den bei den einzelnen Ortschaften aufgeführten Einzelfunden ist der Bronzehelm von Igis hervorzuheben.

Die **Römerzeit** wird nur durch Einzelfunde repräsentiert.

Geschichte. Unter der römischen Herrschaft hatte, wie früher, S. 4, schon erwähnt, das beschriebene Gebiet zum Munizipium Chur gehört. Wie aus Privaturkunden um 800 hervorgeht, in denen z. B. Trimmis als eigenes korporativ geschlos-

---

[1] Auf den in Bd. II, S. 68, notierten Ansichten von WOLF HUBER und S. BIRMANN ist diese Brücke zu sehen.

[2] Sie ist jetzt durch eine eiserne Brücke ersetzt, hatte aber auch im alten Zustand nichts bautechnisch Bemerkenswertes.

senes Territorium («fundus») erscheint, war in der karolingischen Zeit die Ausscheidung aus dem alten Stadtverband schon abgeschlossen. In der fränkischen Verwaltung zählte das Gebiet zum oberrätischen «Ministerium Curisinum». Das wirtschaftliche Schwergewicht lag in Zizers, wo sich ein Königshof befand, der 955 durch Schenkung auf den Bischof überging (CD. I, S. 74). Er wurde später zur Keimzelle der bischöflichen Herrschaft im Bereich zwischen Landquart und Chur, die sich aus grundherrlichen Rechten und den in der Reichsvogtei beruhenden gräflichen Befugnissen im Laufe des 14. Jahrhunderts zu einer wirklichen Landeshoheit entwickelte. Sie verblieb dem Bistum, allerdings nicht ohne Anfechtung, auch dann noch, als die Stadt Chur die Reichsvogtei 1489 endgültig an sich brachte.

Die bischöfliche Territorialhoheit erstreckte sich aber nur auf die «Vier Dörfer» Igis, Zizers (mit Mastrils), Trimmis (mit Says) und Untervaz, da in Haldenstein sich aus der dortigen kleinen Grundherrschaft – wohl im 14. Jahrhundert – eine eigene Souveränität entwickelt hatte, die als «Freiherrschaft» bis zur Mediationszeit fortbestand. Neben dem Bischof besaß auch das Kloster Pfävers, besonders in der Gemarkung Untervaz und Igis, erhebliches Grundeigentum. Wie alle wirtschaftlich bevorzugten Landschaften war auch dieses Gebiet von Burgen verhältnismäßig dicht besiedelt, deren zwölf auf ziemlich engem Raum hier beieinander lagen.

Im Gotteshausbund bildeten die genannten vier Gemeinden das Hochgericht der Vier Dörfer, auf das die Souveränität des Bischofs übergegangen war. Im Gefolge der Aufhebung der Herrschaft Haldenstein durch die Mediationsakte von 1803 wurde ihm diese Gemeinde hinzugefügt, und den seither geläufigen Namen «Fünf Dörfer» behielt auch der 1854 geschaffene Kreis bei, obwohl er nun sieben Gemeinden umfaßt, da auch Mastrils und Says – letzteres erst seit 1880 – selbständige Korporationen bilden.

Abb. 379. Übersichtskarte des Kreises Fünf Dörfer. Maßstab 1:400000.

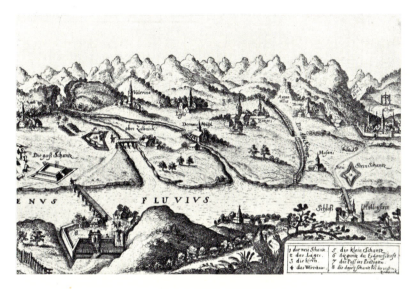

Abb. 380. «Die Fünf Dörfer.» Ausschnitt aus einem Stich von 1629.
Text S. 17. Vgl. auch Bd. II, S. 1.

Siegel. Das Siegel des Hochgerichtes Fünf Dörfer zeigte über Dreiberg einen aufrechten Steinbock.

Kirchengeschichte. Ob einem der Gotteshäuser die Würde einer Mutterkirche des ganzen Gebietes zukommt, ist nicht ersichtlich. Doch scheint die Pfarrei Zizers ursprünglich die Gemeinden unterhalb der heutigen Grenzen von Trimmis und Haldenstein umfaßt zu haben (vgl. S. 403). Bis 1523 gehörte auch noch Valzeina dazu, während Says bis 1526 kirchlich zu Felsberg und hernach zu Trimmis zählte[1]. In der alten Bistumseinteilung rechnete das umschriebene Gebiet zum Dekanat Chur.

Der Reformation trat von den Vier Dörfern vollzählig nur Igis bei (1532), während sich in den andern Gemeinden in der Folgezeit paritätische Verhältnisse herausbildeten: In Mastrils nach 1610, in Untervaz 1611, in Zizers 1613 und in Trimmis 1614. Dagegen nahm die Herrschaft Haldenstein 1616 insgesamt die neue Lehre an.

Die **Sprache** des Kreises Fünf Dörfer ist das Deutsche in der «churisch-rheintalischen» Mundart, mit Ausnahme der Gemeinde Says, deren Idiom entsprechend der geographischen Zugehörigkeit des Gebietes zum Prätigau eine Mischung zwischen rheintalischem und walserischem Dialekt, jedoch mit Übergewicht der walserischen Mundart darstellt. Die Verdrängung des Romanischen dürfte ungefähr zu gleicher Zeit erfolgt sein wie in Chur (siehe S. 10).

Wirtschaft. Neben der Viehhaltung, die den Hauptnutzungszweig des landwirtschaftlichen Betriebes bildet, wird Obstkultur und – an einigen günstigen Lagen, so besonders in Zizers und auf dem großen bischöflichen Gut Molinära bei Trimmis – Weinbau getrieben. Vom landwirtschaftlichen Boden losgelöst ist die Neusiedlung Landquart, die entsprechend ihrer Entstehungsbedingungen durchaus verkehrswirtschaftlichen und industriellen Charakter hat.

Siedelungsweise. Neben den in der Form von Haufendörfern angelegten Hauptsiedlungen bestehen kleinere «Höfe», besonders im Gebiet von Says und am Mastrilser Berg.

---

1) Urk. vom 27. Dez. 1526, GA. Says Nr. 3, vgl. dazu auch Bd. II, S. 70, III, S. 39.

Literatur: Zur Topographie: C. U. von Salis-Marschlins, Versuch einer historisch-topographischen Beschreibung des Hochgerichts der Fünf Dörfer. Karte von M. Rösch, 1810. – R. Kirchgraber, Das Gebiet des ehemaligen Hochgerichtes Vier Dörfer, Zürich 1923. – Zur Geschichte und Kirchengeschichte: R. Durrer, Ein Fund von rätischen Privaturkunden aus karolingischer Zeit. Festgabe für Ger. Meyer von Knonau 1913, S. 13–67 (im Nachfolgenden zitiert «Durrer, Priv. Urk.»). – P. C. v. Planta, Die currätischen Herrschaften der Feudalzeit, Bern 1881, S. 42–46, 457–464. – H. Casparis, Der Bischof von Chur als Grundherr im Mittelalter, Bern 1910, S. 146f. – Camenisch, S. 514–528. – HBLS. III, S. 354. – Zur «Tardisbrücke» siehe neuerdings P. Gillardon im BMBl. 1947, S. 239–288. – Zur Sprachgeschichte: H. Hotzenköcherle, Zur Sprachgeographie Deutschbündens. JB HAGGr. 1944, S. 135–159. – Übriges zitiert. Für die Geschichte der Burgen des Gebietes ist zu der im Burgenbuch verarbeiteten Literatur nun noch nachzutragen: Die Burgen und Schlösser der Schweiz, Fasz. XV, Graubünden (von A. v. Castelmur), Basel 1940, S. 41–60.

Alte Ansicht: «Verzeichnus des Passes von der Steig bis gehn Chur etc.» 1629. Panoramaartige Abrollung der Landschaft von der Luzisteig bis Chur. Vgl. ZAK. 1945, S. 48, Anm. 13. Teilstück siehe vorn S. 361 und Bd. II, S. 1.

HALDENSTEIN

Urgeschichte. Auf dem Plateau nördlich der Burg Lichtenstein wurden 1935 in systematischen Grabungen von Keller-Tarnuzzer folgende siedlungsgeschichtlichen Feststellungen gemacht: a) Steinzeitliche Artefakte deuteten auf vorübergehenden Aufenthalt neolithischer Menschen um 2000 v. Chr. – b) Gegen Ende der mittleren Bronzezeit (etwa 1200–1000 v. Chr.) entstand hier eine Dauersiedlung mit vermutlich hölzernen Wohnbauten, die am nördlichen Plateaurand durch eine mächtige Trockenmauer (an der Basis 2,70 m dick) bewehrt war. Die Keramik wies auf die mittlere und späte Bronzezeit («Hügelgräber» und «Urnenfelderkultur»). – c) Nach einer Unterbrechung von 700–200 v. Chr. eine höchstens 200 Jahre dauernde Niederlassung der späten Eisenzeit mit Merkmalen der rätisch-illyrischen Kultur. Die Fundobjekte im Rätischen Museum.

Einzelfunde: Gegenüber der Einmündung der Plessur wurde 1926 dem Rheinsand eine bronzene *Lanzenspitze* mit auffallend kurzer Tülle und schmalen Flügeln enthoben (Bronzezeit). Im Gebiet von Oldis kam 1877 eine *Bronzefibel* der La-Tène-Zeit zutage. Aufbewahrt im Rätischen Museum.

Literatur: Über die Siedlung auf Lichtenstein zusammenfassend W. Burkart im BMBl. 1944, S. 261–298, mit Abb. – Über die Einzelfunde JB SGU. 1926, S. 57, 1928, S. 54, 1944, S. 138.

Geschichte. Das Dorf erscheint bei seiner ersten urkundlichen Erwähnung gegen die Mitte des 12. Jahrhunderts unter dem Namen Lenz («in vico Lansis», Necrol. Cur., S. 104); zur Unterscheidung von dem Ort gleichen Namens im Kreis Belfort heißt er auch Unterlenz («Lentz inferior» 1370, Urb. Domk., S. 77). Die Parallelität der Namengebung mit Untervaz und Obervaz, die zudem Niederlenz und Lenz unmittelbar benachbart sind, springt in die Augen. Sie dürfte – in nicht genauer bestimmbarer Weise – mit den Herren von Vaz zusammenhängen. Allmählich wurde der alte Dorfname Lenz aber vom Burgnamen Haldenstein überdeckt, der bereits 1390 als Benennung für die Siedlung belegt ist (Mohr, Reg. Pfävers Nr. 300). Die auf dieser Burg sässigen Herren von Haldenstein erscheinen mit dem Prädikat «miles» erstmals 1260 (CD. I, S. 358) und waren wohl Ministerialen des Bischofs.

Nicht völlig durchsichtig wird das Verhältnis der Vaz zu Burg und Herrschaft. Sicher ist nur, daß Johann v. Vaz, der wohl als Inhaber der Reichsvogtei auf die Burg Anspruch erhob, vor 1299 dort baute. Die Haldenstein, denen durch Erbschaft um 1300 auch Lichtenstein zugefallen war, starben gegen Ende des 14. Jahrhunderts im Mannesstamm aus. Durch Heirat kam die Herrschaft zunächst an Christoph von Hertnegg (um 1390) und später – nach einer komplizierten Mitbesitzerschaft – an Peter von Greifensee (1424). Nach dessen Tod (zwischen 1450–1460) verschuldete die Herrschaft und wechselte mehrmals die Hand (siehe Burgenbuch, S. 180), bis sie 1542 an Joh. Jak. Castion, französischen Gesandten bei den III Bünden, gelangte (siehe hernach S. 366); 1567 an Gregor von Hohenbalken auf Aspermont, 1608 an Thomas von Schauenstein und dessen Nachkommen. Von 1695–1701 Interregnum, dann mit Joh. Luzius von Salis, dem Ehemann der Flandrina von Schauenstein, an die Salis-Maienfeld. Über die Aufhebung der Herrschaft durch die Mediationsverfassung siehe S. 360, über das Münzrecht Bd. I, S. 278. – Nach der Haldensteiner Chronik erlitt das Dorf 1678, 13. Mai 1717 und 12. Dezember 1738 verheerende Feuersbrünste. Der letzte große Dorfbrand ereignete sich 1825.

Seit wann Haldenstein eine Pfarrei bildete, ist unbekannt. Die Kollatur gehörte von 1436 an dem Kloster St. Luzi, das auch für die Besorgung des Gottesdienstes aufkam. 1616 trat Thomas von Schauenstein, ehemals Rektor der Universität Padua, mit seiner Freiherrschaft zur Reformation über. Es war dies die letzte Konfessionsänderung einer bündnerischen Gemeinde.

Quellen und Literatur: «Haldensteiner Chronik oder historische und biographische Beschreibung der Freyherrschaft Haldenstein, Lichtenstein und Grottenstein» (von Baron RUDOLPH VON SALIS, † 1781); Manuskript im Staatsarchiv A I/1-3. – J. BOTT, Die ehemalige Herrschaft Haldenstein, Chur 1864. – BÜRGERHAUS XIV, S. LI. BURGENBUCH, S. 179 f., mit weiteren Nachweisen. – JOH. GEORG MAYER, St. Luzi bei Chur, Einsiedeln 1907, S. 42 f. – Sonstige Literatur s. S. 362.

Alte Ansichten: In der Steinfels-Sammlung der Zentralbibliothek Zürich, Mappe 17, zwei lavierte *Tuschzeichnungen:* 1. «Prospekt eines Schloßes und Gebirgs in Pünten, nach der Natur gezeichnet, ist Haldenstein.» Signiert: «Düringer fecit.» H. 18,5 cm, Br. 27,3 cm. Die Ruine ohne das Dorf. – 2. «Haldenstein», H. 17,8 cm, Br. 27,7 cm; unsigniert, aber vom gleichen Zeichner. Im Mittelgrund die Dorfkirche und das Untere Schloß. Beide um 1750/60. – In der Graphischen Sammlung der Zentralbibliothek Zürich drei lavierte *Federzeichnungen:* 1. «Prospekt von dem alten Schloß Haldenstein.» Signiert «B. Bullinger fec.», H. 32,8 cm, Br. 46,8 cm. – 2. Gleicher Titel. Signiert: «J. B. Bullinger fec.», H. 32,8 cm, Br. 45,8 cm. Rechts die Ruine, im Mittelgrund der Kirchturm mit Zwiebelhaube und das Dach des Unteren Schlosses. Beide Blätter sind wohl im Juli 1757 auf der Reise Bullingers durch Graubünden entstanden (vgl. Zentr.-Bibl. Zürich, Mskr. L 444, S. 823). – Von anderer Hand: *Lavierte Federzeichnung* ohne Titel und Signatur: H. 25,8 cm, Br. 42,3 cm, Ansicht wie bei dem vorigen Blatt, vielleicht von I. C. ULINGER, wie der Vergleich mit einer signierten Ansicht von Chur in der Steinfels-Sammlung vermuten läßt. Um 1750/60. – Im Kunstmuseum St. Gallen: *Bleistiftzeichnung* mit Ansicht der Ruinen Haldenstein und Lichtenstein von J. J. RIETMANN, 1858. – *Kupferstiche:* «Ein schöner Prospekt in Pünden» von D. HERRLIBERGER, nach J. M. FÜSSLIN. H. 19 cm, Br. 29,5 cm. Abgebildet bei G. BENER, Altes Churer Bilderbuch, Taf. 11. – Stich von J. B. BULLINGER in «Hundert Schweitzer Prospekte» 1770, nach der oben notierten Federzeichnung Nr. 2. – Verschiedene Zeichnungen von J. R. RAHN in der Zentralbibliothek Zürich.

Die Evangelische Kirche

Geschichte und Baugeschichte. Von der Existenz eines Gotteshauses in Haldenstein und seinem Patrozinium erfahren wir erstmals Mitte des 12. Jahrhunderts durch den Eintrag des Kirchweihetages im Churer Totenbuch unter dem 9. Oktober: «Dedicatio capelle S. Gereonis in vico Lansis» (Necrol. Cur., S. 104)[1]. Über den Namen «Lenz» siehe S. 362. Der Titel St. Gereon kommt in der Diözese Chur sonst

---

[1] Ein Jahrzeitenbuch der St.-Gereons-Kirche, angelegt um 1400, fortgeführt bis 1603 in der Kantonsbibliothek. Sign. B 126. Beschrieben bei A. Bruckner, Scriptoria medii aevi Helvetica I, Genf 1934, S 71.

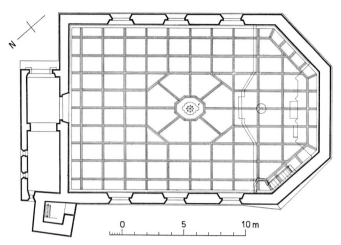

Abb. 381. Haldenstein. Die Evangelische Kirche. Grundriß. Maßstab 1:300.

nirgends vor; vielleicht hängt er mit einer Reliquienschenkung aus Köln, möglicherweise unter Bischof Hartpert († um 971), zusammen[1]. Vom Aussehen dieser alten Kirche vermittelt uns die «Haldensteiner Chronik» kurze Angaben. Danach war sie «sehr finster und klein», hatte also anscheinend noch die ursprünglichen hochsitzenden Fenster. «Der Eingang war von hinten neben dem jetzigen Turmeingang und mußte man einige Stiegentritte hinabgehen.»[2]. Vermutlich lag also die Schmalseite der Kirche bergwärts und der Chor demnach gegen Osten gerichtet. Innen sah man viele Wandgemälde, auch «war von außen der große Gereon oder Jerion in Lebensgröße abgemahlet». Zweifellos handelte es sich bei diesem – hier mit Geryones aus dem Herakles-Mythos verwechselten – «Riesen» um ein monumentales Christophorusbild. 1732 wurde die Kirche, mit Ausnahme des Turmes, völlig niedergelegt und ein Neubau errichtet. Eine Erneuerung des Dachstuhles und der Decke besorgte 1764/65 Joh. Jak. Gasser von Haldenstein[3]. Gleichzeitig auch Erhöhung des Turmes (Chronik). 1913 umfassende Renovation: Neue Ausstattung mit Ausnahme der Kanzel, Vermauerung der Fenster in den Abschlußwänden.

Baubeschreibung. Inneres. Die nach Südwesten gerichtete Kirche stellt einen dreiseitig geschlossenen, einheitlichen Predigtsaal ohne Chorausscheidung dar und ist in dieser ihrer Disposition wohl dem zwölf Jahre zuvor entstandenen Gotteshaus von Grüsch nachgebildet. Wie dort ist die Trennung von Schiff und Chor bloß durch den Niveauunterschied von einer Stufenhöhe angedeutet. Je drei stichbogige Fenster in jeder Langseite. Die im Querschnitt trapezförmige Holzdecke wird durch profilierte Leisten in Felder gegliedert; das Mittelstück achteckig mit eingelegtem Stern.

Äußeres. Sehr flache Ecklisenen. Das rundbogige Portal in der nordöstlichen Schmalseite im Scheitel bezeichnet: «M 1732.» Hohes Walmdach.

Der **Turm** steht an der Nordwestecke des Schiffes und ist im Verhältnis zur Kirche ungewöhnlich schlank und niedrig, da er, wie erwähnt, in seinen Hauptteilen noch von der alten kleineren Anlage stammt. Auf dem rechteckigen Schaft sitzt ein okto-

---

1) Hartpert schenkte seinerseits Reliquien des hl. Florinus ins Rheinland, siehe darüber O. Scheiwiller in Zeitschr. für Schweizer Kirchengeschichte 1939, S. 72 f.
2) 1913 stieß man bei Ausschachtungsarbeiten auf Fundamente dieses Baues, doch fand keine genauere Untersuchung statt.
3) GA. Urk. Nr. 40 und Plan in Privatbesitz in Haldenstein.

gonales Obergeschoß mit zwiebelförmiger Haube. – *Kanzel* aus Nußbaum, polygonal, gekröpfte vorstehende Füllungen, vermutlich von 1732.

Abendmahlsgeräte. Zwei identische *Becher*, Silber vergoldet, H. 21,2 cm. Abgebildet Bd. I, S. 171. Reich getrieben mit Buckeln und Rollwerkornamenten, der Knauf vasenförmig. Die Form läßt vermuten, daß die Pokale ursprünglich Deckel besaßen. Erstes Drittel des 17. Jahrhunderts. Auf dem Boden des Gefäßes jeweils das gravierte Allianzwappen Guler von Wynegg und Hartmannis mit den Initialen I H P G V W – M H (Johann Peter Guler von Wynegg – Margaretha Hartmannis); auf den Buckeln der Kuppa Wappenschilde, mit Initialen bezeichnet. Auf dem einen Becher erscheinen Wappen von Patrizierfamilien: Sprecher (3mal), Buol (4mal), Valär (Falär) (1mal), Biäsch à Porta (2mal), Bircher (1mal), auf dem andern Hauszeichen von bäuerlichen Geschlechtern, deren Namen mit den Buchstaben «A», «M» und «W» beginnen. Beschau Maienfeld (?), Tab. I, 1, Meisterzeichen des Peter Starck von Chur, Tab. I, 2.

Abb. 382. Haldenstein. Die Evangelische Kirche. Ansicht von Süden.

Es dürfte sich um zwei aus dem Nachlaß der 1658 in Haldenstein verstorbenen Margaretha geb. Hartmannis der Kirche geschenkte Familienbecher (vielleicht ursprünglich Hochzeitsgeschenke der darauf verzeichneten Personen) handeln[1].

Zwei prismatische Ringkannen aus Zinn, datiert 1782. Meisterzeichen des Churer Zinngießers MATHEUS BAUER (wie Bossard Nr. 354).

Glocken. 1. Dm. 98 cm. Inschrift: O TERRA TERRA TERRA AUDI VERBUM JEHOVAE – FUSA SUMPTIBUS D. D. GEORGII PHILIPPI ET JULII OTTONIS A SCHOUENSTEIN FRATRUM BARONUM AD EHRENFELS DOMINORUM IN HALDENSTEIN DIE XXVIII NOVEMBER. ANNO M D C L XXVIII[2] ECCLESIASTE IBID. GEORGIO SCHUARZIO CORUANT (von Churwalden) RHAETO. – GOS MICH GAUDENTZ HEMPEL IN CHUR. – Bild: Quadriertes Wappen mit Herzschild (Schauenstein-Ehrenfels-Haldenstein-Lichtenstein). – 2. Dm. 78,5 cm. Inschrift: GOS MICH GAUDENTZ HEMPEL IN CHUR ANNO 1678.

Grabtafeln. Nach der «Haldensteiner Chronik» hatten die Schauenstein in der alten Kirche ihre Gruft unter dem Chor neben der Kanzel gehabt. Bei dem Neubau von 1732 seien diese Gewölbe zugefüllt worden und seitdem habe man auch die Mitglieder der Herrschaft außerhalb der Kirche bestattet. Die über der jetzigen Salisschen Grabstätte an der Nordmauer des Friedhofes aufgestellten älteren Tafeln

---

1) Alle mit Wappen hier auftretenden vornehmen Familien haben zu Haldenstein keine näheren Beziehungen, sind jedoch Davoser Geschlechter, auch die Bircher, die schon für das 16. Jahrhundert dort bezeugt sind. Hans Peter Guler war bei seiner Vermählung mit Margaretha Hartmannis (1615) in Davos ansässig und zog erst nach der Zerstörung seines dortigen Hauses durch die Österreicher (1622) nach Chur (HBLS. IV, S. 14).

2) Der letzte Strich teilweise im Guß verdorben.

stammen demnach aus der Kirche. Reihenfolge von links nach rechts: 1. Ohne Wappen. Deutsche Inschrift für Frau Margaretha Catharina von Schauenstein-Ehrenfels geb. von Salis-Grüsch, gest. 19. Januar 1719 im Alter von 62 Jahren. Ehefrau von Nr. 4. – Dann folgt 2. ein Stein mit dem Wappen Castion, bezeichnet IO IA 1545, der jedoch nicht als Grabtafel, sondern als Wappenstein aus dem Schloß zu betrachten ist[1]. – 3. Geviertes Wappen Schauenstein-Ehrenfels mit Herzschild. Deutsche Inschrift für Rektor Thomas von Schauenstein, Rat des Herzogs Leopold I., gest. 20. April 1628 im Alter von 65 Jahren. – 4. Wappen wie Nr. 3. Inschrift für Thomas von Schauenstein, gest. 29. Oktober 1681 im Alter von 27 Jahren; Enkel von Nr. 3. – 5. Allianzwappen Schauenstein-Ehrenfels (wie bei Nr. 3) und Salis (Stammwappen). Deutsche Inschrift für Thomas von Schauenstein (gest. 6. Juli 1667, Sohn von Nr. 3) und seine Gattin Margaretha, geb. von Salis, gest. 10. Februar 1676. – 6. Geviertes Allianzwappen Salis und Schauenstein-Ehrenfels (abgebildet im Schweizer Archiv für Heraldik 1927, S. 179). Lateinische Inschrift für Joh. Lucius von Salis-Haldenstein, gest. 8. Juli 1722 im Alter von 50 Jahren.

An der Nordfront der Kirche: 7. Schmale Stele, als Wappen ein Hammer, beseitet von den Buchstaben F L. Inschrift für Flori Lütscher, ehemals Vogt (Kirchenvogt), gest. 6. Februar 1703 [im Alter von 73 Jahren][2] und seine Ehefrau Barbara Buele, gest. 1. Januar 1703. (nach 53jähriger Ehe). – 8. Tafel mit Wappen und Inschrift für Georg Schattauer, Münzmeister [gest. 20. Juli 1688, 38 Jahre alt] (Abb. 384). – 9. Stele, im Schild P G / M (Abb. 383), Inschrift für Peter Giger, ehemals Kirchenvogt, gest. 15. Juni 1710 im Alter von 67 Jahren [Ehefrau Anna Gasser] (Abb. 383). – 10. Am Chor außen eine Stele mit Wappen und Inschrift für Joh. Georg Müller d. J. von Lindau, geb. 13. Oktober 1691, gest. 7. Juni 1726 in Haldenstein[3].

Abgewandertes Glasgemälde. Nach der Haldensteiner Chronik war aus der alten Kirche eine Scheibe in die neue, und zwar in das Fenster rechts der Kanzel versetzt worden. Sie befindet sich nun in *Zürcher Privatbesitz* (43,8 × 33,3 cm). Das gevierte Wappen Schauenstein-Ehrenfels mit Herzschild wird umrahmt von kleinen Bildchen: Vorn Huldigung der Herrschaftsleute, seitlich Diana, Mars, Apollo und Minerva, unten Bergbauszenen. Stifterinschrift des Ritters Thomas von Schauenstein 1614. Signiert: FELIX SCHÄRER[4].

Das Schloß

Geschichte und Baugeschichte. Erbaut von Joh. Jak. Castion, einem Mailänder Edelmann, Gesandtem Frankreichs bei den III Bünden, vermählt mit Hilaria von Raitnau, die durch ihre erste Ehe mit Jakob von Marmels in den Besitz der Herrschaft Haldenstein gelangt war. Der Bau war 1545 im Rohbau vollendet. Innenausstattung bis 1548 (Prunktäfer). Die Gesamtdisposition stammt im wesentlichen

---

1) In der Haldensteiner Chronik ist die Grabtafel des Joh. Jak. Castion noch notiert. Von der Jahreszahl (1553) waren nur noch die ersten Ziffern vorhanden.

2) Die in eckige Klammern gesetzten Ergänzungen von zerstörten oder heute nicht mehr sichtbaren da auf Rückseiten stehenden Inschriften stammen aus der Haldensteiner Chronik.

3) Die Haldensteiner Chronik und die «Raetia sepulta» geben außerdem noch die Inschriften folgender nicht mehr vorhandener Tafeln wieder: 1. für Frau Margareta Guler von Wynegg, Witwe des Oberst Hans Peter Guler, Tochter des Oberst Hartmann von Hartmannis, gest. 28. März 1658 (vgl. die Abendmahlsbecher S. 365). – 2. Christian Walser, ehemaliger Seckelmeister und Gerichtsgeschworner, gest. im Juli 17(??). – 3. Lorenz Klotz, Gerichtsgeschworner, gest. 5. August 1721, im Alter von 76 Jahren, und seine Ehefrau Anna Klotz, gest. 5. Dez. 1721 im Alter von 70 Jahren.

4) Nähere Beschreibung mit Abb. siehe Zeitschr. «Volkshochschule», Mai 1942, und «Rätia», Juni 1945, S. 201–207. – Eine Kopie dieser Scheibe von F. BERBIG 1889 im Rätischen Museum, s. vorn S. 356, Nr. 45.

Abb. 383. Haldenstein. Evangelische Kirche. Grabtafel für Peter Giger, gest. 1710. Text S. 366, Nr. 9.

Abb. 384. Haldenstein. Grabtafel für den Münzmeister Georg Schattauer, gest. 1688. Text S. 366, Nr. 8.

aus dieser Zeit, doch handelte es sich zunächst um eine einbündige Anlage, mit Ausnahme des Südtraktes, der von Anfang an einen hofseitigen Korridor aufwies. 1678 teilweise Vernichtung des Südtraktes durch Brand, das Zimmer mit dem Prunktäfer blieb jedoch unbeschädigt. Wiederherstellung durch Georg Philipp von Schauenstein. 1731-1732 Erhöhung des Schlosses und weitläufiger Ausbau, «daß man nur in dem halben Schloß bei 90 Zimmer zählte», «mit Gold ausgearbeitet und mit schönsten Farben geziert, welche Jagden, Landschaften usw. vorstellten...» Kosten 60000 fl. (Chronik). Am 27. Juni 1732 zum Teil ausgebrannt. Wiederherstellung vollendet 1733. An der Nordseite ehemals die Daten «A 1678, R 1733», ebenso an der Südfront: 1733 (Chronik). Von 1763 bis 1771 war im West- und Nordflügel sowie einem Teil des Osttraktes das Seminar von Martin Planta und J. P. Nesemann untergebracht, zu welchem Zweck einige bauliche Anpassungen stattgefunden hatten[1]. Damals dürften auch die an der Hofseite im zweiten Obergeschoß vorkragenden Korridore entstanden sein. Bald nach 1775 unter Johann Luzius von Salis Dekoration des Festsaales mit Stukkatur[2]. Im Besitz der Salis-Haldenstein von Maienfeld bis 1832, dann Salis-Soglio; seit 1922 Leonhard Batänjer.

Beschreibung. Der Grundriß bildet ein unregelmäßiges, um einen großen Binnenhof gruppiertes Rechteck, von dessen Südtrakt gegen Osten und Westen kurze Seitenflügel ausgehen. Die an der Ostseite entlang führende, von der Gartenmauer begleitete Zufahrt passiert an ihrem Anfang und Ende Torwege, die von runden Trep-

---

1) Zuvor, vom Juli 1761 an, war das Seminar im Haus des 1752 verstorbenen Brigadiers B. A. v. Saluz am östlichen Dorfrand (heute Post und Gasthaus) einlogiert gewesen. Seit dem Brand von 1825 enthält das stattliche Gebäude keine bemerkenswerten Räume mehr (Mitt. v. Prof. Dr. B. Hartmann).
2) Nicht unter Baron Rudolf v. Salis, wie in Bürgerhaus XIV, S. LI, vermerkt.

pentürmen flankiert sind. Architektonisch entsprechen ihnen die beiden Rundtürme an den Ecken des mittels einer hohen Terrassenmauer angelegten Gartens. Über dem Erdgeschoß erheben sich zwei Stockwerke, deren oberes erst 1731 aufgesetzt wurde (siehe oben). Während im Südtrakt alle Geschosse einen an der Hofseite laufenden Korridor aufweisen, sind die andern drei Flügel ursprünglich einbündig angelegt und erhielten erst im 18. Jahrhundert an der Hofseite im zweiten Obergeschoß vorkragende, in Fachwerk konstruierte Korridore.

Die Räume des Erdgeschosses gewölbt (Kreuzgewölbe, Tonnen, Fächergewölbe). An den Hofseiten teilweise noch gotisierende Fenstergewände. Im ersten Stock des Südflügels über der Türe zum mittleren Zimmer ein gemeißeltes *Castion-Wappen* mit den Initialen IO · IA · CA · und der Inschrift: CHRISTIANISS(IMI) · FRANCISCI · FRANCORUM · REGIS · AD · RHETOS · ORATORI · FIDISS(IMO) IO · IA · CASTILION · HALTENSTEIN · DNO · AMICIS(QUE) · SUIS · LIBENS · PATEO · CUIA · AD HOC ME FIERI IUSSIT ANNO DOM. 1545. Steinmetzzeichen Tab. II A, 7. Türe mit Intarsien, in der oberen bogenförmigen Füllung Architekturmotiv; von derselben Hand wie das Täfer von 1548 (siehe hernach S. 370).

Gleichfalls aus der Gründungszeit stammt noch der *gewölbte Saal* über der südlichen Durchfahrt mit einem großen Kamin. Die Haube ruht auf Kandelabersäulen, an der Stirnwand sieht man in der Mitte das von Basilisken gehaltene, vom Orden des hl. Michael umschlossene Wappen Frankreichs mit den Initialen F F (Franciscus Francorum? scil. regis?), seitlich davon die Wappen Castion und Raitnau sowie die Inschriften: «IO IA CA» und «H V R» 1545 (Joh. Jak. Castion – Hilaria von Raitnau). Steinmetzzeichen wie oben[1].

Aus der Bauetappe von 1731/32 ist noch eine Decke mit guter *Régencestukkatur* im zweiten Stock des Nordflügels vorhanden (Band- und Gitterwerk), desgleichen ein *Kamin* aus Stucco lustro mit kuppelartigem, von einer Gruppe der Venus mit dem Amor bekröntem Aufsatz. – Der Westflügel birgt einen *Festsaal* mit ausgezeichneten, frei angetragenen Stukkaturen. Die Mitte der Decke ziert ein Medaillon mit den kunstvoll verschlungenen Initialen des Barons Johann Luzius von Salis; im übrigen jedoch ist der Schmuck als Randdekor disponiert und besteht aus Kartuschen von Laub- und Blumenwerk, die durch Ranken verbunden sind. Er ist noch ganz im Rokokostil gestaltet und frei von klassizistischen Elementen. In den Eckstücken – gleichfalls in Stuck modelliert – das Schloß Haldenstein und die Burgruinen Haldenstein, Lichtenstein und Grottenstein; in den Kartuschen an den Seiten: Putten, Garben, Früchte und Blumen. Auf einem Schriftband die Buchstaben: T P M M D: W (?), wohl Meisterinitialen. Um 1775[2]. In diesem Saal zwei *Kamine* aus Stucco lustro mit Aufsätzen aus Stuckrahmen, deren Spiegel und Bilder nicht mehr vorhanden sind.

Öfen. Im Erdgeschoß des Südtraktes grüner Ofen mit zylindrischem Obergeschoß. Reliefkacheln mit ornamentalem Dekor. Am Kranz Putten mit Schilden; bezeichnet C V R – M I S T (letztere Buchstaben verbunden) 1684. – Im zweiten Obergeschoß des gleichen Traktes ähnlicher Ofen, jedoch mit anderen Ornamenten. Bezeichnet «C V R 1700» und «I S T 1778»[3].

---

[1] Um 1732 bemalt; an den Schmalseiten Herr und Dame Kaffee und Schokolade trinkend. Das (nicht mehr verstandene) Raitnau-Wappen damals mit dem Wappen Haldenstein übermalt.

[2] Die Ansicht der Ruine Haldenstein zeigt den Zustand nach dem 1769 erfolgten Absturz eines Teiles der Burg; die Zeit bis 1771 fällt gleichfalls außer Betracht, da bis dahin in diesem Flügel das Seminar untergebracht war; weil Joh. Luzius v. Salis wegen einer rechtlichen Auseinandersetzung mit seinen Brüdern erst Ende 1774 in den unbestrittenen Besitz des Schlosses kam, ist eine vorherige Entstehung der Dekoration unwahrscheinlich. Aus stilistischen Gründen schaltet aber auch ein wesentlich späterer Termin aus.

[3] Die Signatur von 1684 bedeutet vermutlich «Meister Just Stecher», jene von 1778 «Just Stecher».

Abb. 385. Schloß Haldenstein. Ansicht von Osten.

Wappensteine am Äußeren: Über der nördlichen Einfahrt Wappen Castion. – Über dem Gartentor ebenfalls Castion-Wappen, datiert 1546 (darüber gemaltes Salis-Wappen). – Im Schlußstein des Hauptportals an der Südfront das Wappen Castion, bezeichnet «IO IA CA 1544». Darüber das Wappen Frankreichs, umrahmt vom Orden des hl. Michael. Die Krone wird von zwei Engeln, der Schild von Basilisken gehalten. Darunter: + AUSPICIIS + ERECTA + TUIS + 1545[1].

Einen Hinweis verdient aus ikonographischen und geschichtlichen Gründen eine Serie von *sechs Widmungsbildern*, die noch im Kaminsaal und auf dem Vorplatz des gleichen Traktes vorhanden sind. Öl auf Leinwand, alle 92×108 cm (mit geringfügigen Differenzen). Hauptgegenstand ist jeweils eine allegorische Darstellung (z. B. Friede und Gerechtigkeit, Schicksal, der Löwe als Sinnbild des Gerechten von Hunden angefallen usw.) vor dem Hintergrund einer Landschaft mit Phantasiearchitekturen. Nur ein Bild zeigt eine wirkliche Architektur: das Schloß Hohenems. Unten ist jeweils ein Sinnspruch und die Widmung des Stifters mit seinem Wappen angebracht. Es handelt sich hier um Dedikationen, mit denen die frühere Sitte der Scheibenschenkungen eine Fortsetzung erfuhr. Als Stifter sind folgende Standespersonen vertreten: 1. Bernhard Köhl, Amtsbürgermeister von Chur, 1685. – 2. Daniel Storer, Oberzunftmeister von Chur 1686. – 3. Jakob Hannibal, Reichsgraf zu Hohenems 1686. – 4. Hauptmann Martin Cleric, Amtsbürgermeister zu Chur 1690. – 5. Reichsfreiherr Wilhelm Ludwig Thumb von Neuburg, Herr zu Köngen und Ham-

---

In den Churer Zunftbüchern erscheinen in der Zeit von 1631–1796 drei Meister dieses Namens (Jecklin, Verzeichnis der zünftigen Handwerker, Mskr. im Stadtarchiv).

1) Die Haldensteiner Chronik nennt außerdem eine Tafel an der Nordwand mit dem Schauenstein-Wappen, bezeichnet: 1643. I O – F V E (Julius Otto, Freiherr von Ehrenfels), ferner eine weitere an der Südfront mit Allianzwappen Salis-Schauenstein, bezeichnet: 1720 · H L V S – F V H / M F V S – F V E (Hans Luzius von Salis, Freiherr von Haldenstein, Maria Flandrina von Salis, Freifrau von Ehrenfels). Inwieweit diese Tafeln zu Renovationen oder Umbauten in Beziehung standen, ist nicht mehr erkennbar.

370   KREIS FÜNF DÖRFER

metweil 1698. – 6. Hauptmann Conradin Beeli von Belfort 1690. Die Bilder Nr. 4 und 5 sind signiert: «S V G» (verbunden). Alle Dedikationen galten, wie aus den Daten ersichtlich, dem Freiherrn Georg Philipp von Schauenstein.

Glocke im Turm an der Nordostecke. Dm. 57 cm. Inschrift in gotischen Minuskeln: · iesus · io · ia · de · castiliono · regius · (statt regis) Francorum · ad · retos · orator · anno 1551. Wappen Frankreich und Castion.

Abgewanderte Kunstwerke. Im Rätischen Museum zu Chur befindet sich eine *Rundscheibe*, die ehemals in der hernach beschriebenen Stube angebracht war[1]. Dm. 15 cm. Stammwappen Schauenstein mit Umschrift des Rektors Thomas von Schauenstein; datiert 1587, vgl. S. 354, Nr. 26.

Ins Schloßmuseum zu Berlin gelangte das *Täfer des Prunkzimmers* im ersten Oberstock des Südtraktes. Es wurde samt dem Ofen 1884 an das Deutsche Gewerbemuseum in Berlin – später Kunstgewerbemuseum – verkauft und kam mit dessen Beständen nach dem ersten Weltkrieg in das Schloßmuseum[2]. Die Wand ist durch Halbsäulen mit Kompositkapitellen gegliedert, über denen ein reichprofiliertes und am Architrav mit Intarsienornamenten geziertes Hauptgesims rundum läuft. Darüber zieht sich ein durch Lisenen in einzelne Felder aufgeteilter Fries mit Architekturdarstellungen in farbig leicht nüancierten vorzüglichen Intarsien hin. Die beiden Türen sind als Portale ausgebildet, von geschnitzten und eingelegten Vollsäulen flankiert und mit Aufsätzen bekrönt, deren einer sich als Giebel mit ornamentaler

1) Von der Chronik mitgeteilt.
2) 1944 von dort evakuiert; Verbleib unbekannt.

Abb. 386. Schloß Haldenstein. Detail des Prunkzimmers von 1548. Nun im Schloßmuseum zu Berlin.
Text oben. Siehe dazu Bd. I, Abb. 84, S. 177.

Abb. 387. Schloß Haldenstein. Ofen und Türe des Prunkzimmers von 1548. Decke 1607.
Nun im Schloßmuseum zu Berlin. Text S. 370f., 372. Siehe dazu Bd. I, Abb. 84, S. 177.

Reliefschnitzerei darstellt, während der andere eine balkonartig vorgeschweifte Balustrade bildet. Datiert 1548. Die auf einem Unterzug ruhende Decke ist in tiefe, starkprofilierte Kassetten – ohne betonte Mitte – aufgeteilt und stammt vermutlich aus dem Jahr 1607[1] (Abb. 386, 387).

Das Täfer bildet im schweizerischen Denkmälerbestand das reichste Beispiel der durch PETER FLÖTNER dem süddeutschen Kunstkreis vermittelten Rezeption italienischen Formengeistes und ist eine Arbeit von hohem Rang. Zugeschrieben wird sie einem offenbar im Thurgau tätigen MEISTER H S. Weiteres zur Würdigung des Werkes Bd. I, S. 176ff., mit Abb. S. 177.

Von gleicher Hand stammt eine aus einem andern Raum des Haldensteiner Schlosses in das Berliner Kunstgewerbemuseum gelangte *Kredenz*. Der mit ornamentalen Intarsien reich gezierte Korpus steht auf gekuppelten kannelierten Säulen, wie sie auch zur Gliederung des Kastens dienen. Datiert 1546 (Abb. Bd. I, S. 177).

---

[1] Chronik: «Auf einer Säule und Portal von Schnitzarbeit ist die Jahrzahl 1548–1607, welches vielleicht die Zeit der Ausbesserung des Zimmers sein mag.»

Der im Schloßmuseum aufgestellte *Ofen* stand schon in Haldenstein in dem beschriebenen Prunkzimmer, wurde jedoch dort Mitte des 19. Jahrhunderts neu aufgesetzt. Turmofen aus glasierten grünen Reliefkacheln auf pilasterartigen, mit Büsten gezierten Füßen. Auf den Sockeln und Gesimsen Fruchtgehänge, auf zwei Füllungen des Untergeschosses St. Michael mit dem Drachen; an der sechseckigen Kupfe Allegorien der Erdteile Europa, Amerika, Afrika[1] sowie der Tugenden, am Kranzgesims Putten auf Seepferdchen. Die Übereinstimmung der Kacheln mit jenen eines aus der Spätzeit des 16. Jahrhunderts stammenden Ofens in Wülflingen weist auf die Herkunft aus Winterthur (Abb. 387).

Die Salisschen *Familienbilder* aus Haldenstein befinden sich teils als Depot im Rätischen Museum zu Chur (13 Bilder), teils in privatem Besitz zerstreut (Chur, Jenins, Maienfeld, Winterthur, Zollikon). Stilistisch bemerkenswert sind davon die Brustbilder des Baptista von Salis und seiner Ehefrau Hortensia geb. Pestalozzi, sowie von Cleopha von Salis und Anna Margaretha von Salis, sämtliche im Rätischen Museum zu Chur. Die genannten 1680 entstandenen Bilder stammen von einem Maler, dessen Werken man auch sonst noch in unserem Gebiet begegnet; sie sind charakterisiert durch ein blasses, aber sorgfältig nüanciertes, grünlich schattiertes, aus dunklem Grund leuchtendes Inkarnat. Maße 69,5 × 54,6 cm. – Nachtrag siehe S. 457.

Literatur: Siehe die S. 363 aufgeführten Nachweise. Außerdem Bürgerhaus XIV, S. XLI f., LI, Abbildungen und Pläne Taf. 105–112. – Über das Prunkzimmer: O. VON FALKE im Jahrbuch der kgl.-preußischen Kunstsammlungen, 37. Band, 1916, S. 137 f. – Über den Ofen im Prunkzimmer: CHR. BÜHLER, S. 7 f., mit Taf. 1.

Burgruinen

Grottenstein. Über die Geschichte der Burg ist nichts bekannt, vermutlich war sie nur ein zu Lichtenstein gehöriges Vorwerk. Die Anlage stellt eine reine Höhlenburg dar; erhalten sind noch Reste der die Grotte abschließenden Frontmauer mit dem unteren Teil des Hocheinstieges. Näheres siehe Burgenbuch, S. 58, 108, 178, mit Abbildungen auf S. 178 und Taf. 22.

Haldenstein. Über die Geschichte der Burg, die sich mit jener der Herrschaft deckt, siehe S. 362 f. Bis zu etwa zwei Dritteln der Höhe gehört die Anlage der Gründungsetappe an; die oberen Teile stammen von einem 1299 durch Johann von Vaz vorgenommenen Aus- und Umbau. Noch unter den Schauenstein, also bis Ende des 17. Jahrhunderts, war die Burg wenigstens zeitweise bewohnt. Anfangs des 18. Jahrhunderts wurde sie ausgeräumt, blieb jedoch leidlich im Stand, bis in der Nacht zum 24. Dezember 1769 Teile des Burgfelsens abbrachen und damit die östliche Partie des Baues in die Tiefe rissen. Ein weiteres Stück folgte 1771 nach.

Die Anlage bestand aus dem bergwärts angeordneten Turm mit dreieckigem Grundriß (die Südecke ist jedoch abgeflacht) und einem anstoßenden Palas, der ein unregelmäßiges Fünfeck umschrieb; beide ursprünglich mit Zinnen abschließend, die jedoch später bei der Anlage von Pultdächern entfernt oder vermauert wurden.

Da der Wohnbau wie der Berchfrit fünf Geschosse und einen Dachraum umschloß, so bildete der ganze Bau seinem Typus nach einen zweigliedrigen Wohnturm. Der Palas blieb in der Höhe nur deshalb hinter dem Turm zurück, weil sein Fußpunkt um zwei Stockwerkshöhen niederer liegt. Der Zugang führte über eine verschalte Galerie an der Nordseite. – Näheres (auch Literatur) siehe Burgenbuch S. 179, mit Abbildungen auf S. 179, 180 und Taf. 16, 21–23.

Lichtenstein. Die Burg ist für das 12. Jahrhundert bezeugt, da ein Heinrich von Lichtenstein mit dem Todesjahr 1180 im Churer Necrologium eingetragen ist (Necrol.

---

1) Die Allegorie Asiens ging vielleicht beim Umsetzen verloren.

Cur., S. 62). Nach dem wohl um 1300 erfolgten Aussterben der Familie Übergang der Feste an die vermutlich stammverwandten Haldenstein. Von Campell (1572) schon als verfallen bezeichnet.

Ruine eines Turmes mit in gleicher Flucht angebautem Palas und Bering. Der Turm umschloß drei und der Palas zwei Geschosse. Der Zugang führte ursprünglich über einen Steg, der vor der Ostwand frei über den Felsabsturz vorkragte. Im Hof eine Zisterne. – Näheres siehe Burgenbuch, S. 58, 113. Abbildungen auf S. 177 und Taf. 20, 21.

IGIS

Urgeschichte. An nicht mehr bekanntem Ort bei Igis wurde ein *Bronzeschwert* gefunden. Im Rätischen Museum. – Unterhalb der Ruine Falkenstein kam 1860 ein *Bronzehelm* zutage (Abb. Bd. I, S. 9). Im Gegensatz zu dem Helm von Obersaxen (Bd. IV, S. 283), mit dem er in der Profilierung der Krempe und der über ihr laufenden Kehle ziemlich übereinstimmt, weist er einen ausgebildeten Kamm auf, der mit einem gravierten Flechtband dekoriert ist, das auch den Wulst über dem Einzug begleitet. Gleicher Typus wie die Helme aus dem Gräberfeld von Giubiasco (1. Jahrhundert v. Chr.). Rätisches Museum[1].

Literatur: JB SGU. 1911, S. 102; 1933, S. 139. – ASA. 1876, S. 686 ff., mit Abb. – H. u. Ö., S. 24, mit Abb.

Römerzeit. *Münzfunde:* Ein Dupondius (Zweiasstück) des Nero Claudius (54 bis 68 n. Chr.) in Marschlins und eine Erzmünze des Antonin (138–161 n. Chr.) in der Nähe der Station Landquart gefunden.

Literatur: JB SGU. 1937, S. 88; 1940/41, S. 134. – H. u. Ö., S. 24, '43.

Geschichte. Das Dorf erscheint urkundlich erstmals in der Mitte des 12. Jahrhunderts unter dem Namen «Aviuns» (Urb. Domkap., S. 12 f.)[2]. Doch dürfte das schon um 831 und 841 genannte «Ovinae» gleichfalls nach Igis zu verweisen sein (siehe hernach S. 374). Igis und Zizers bildeten ehemals eine ökonomische Einheit, was daraus hervorgeht, daß beide noch im 18. Jahrhundert die Weiden gemeinsam hatten (Sererhard, S. 61). In der Gemarkung von Igis lag ein Meierhof des Bischofs, der zur Burg Friedau gehörte und früher wohl zum Königsgut von Zizers rechnete, außerdem hatten dort die Klöster Pfävers, Churwalden und St. Luzi Besitzungen. Die Rechte des Stiftes Pfävers wurden 1649, jene des Bischofs 1670 ausgelöst (GA. Igis).

Die Kollatur an der Kirche von Igis stand dem Stift Pfävers zu, und da dieses ein Königskloster gewesen war, so ist zu vermuten, daß es sich um eine ehemalige königliche Eigenkirche handelt. 1337 erscheint ein rector ecclesiae in «Ins» (= Igis) und 1440 wird die Kirche ausdrücklich als «ecclesia parrochialis» bezeichnet. Sie war also wohl spätestens in der Frühzeit des 14. Jahrhunderts in diesen Rang aufgestiegen. 1529 ging der Kirchensatz an die Gemeinde über. Der Reformation trat die Gemeinde, früher als alle andern des Gebietes der Fünf Dörfer, schon um 1532 bei.

Durch eine (auch von Sererhard erwähnte) Feuersbrunst wurde das Dorf am 27. Oktober 1717 zum größten Teil eingeäschert, doch blieb die Kirche verschont.

Literatur: Mohr, Regesten der Benediktinerabtei Pfävers, Nr. 153. – M. Gmür, Urbare und Rödel des Klosters Pfävers, S. 18, 35. – Nüscheler, S. 27. – Camenisch, S. 514 f.

---

1) Ein um 1860–1870 an der Straße nach Felsenbach angeschnittenes Plattengrab ist zeitlich nicht bestimmt.

2) Die Bulle von 998, in der auch «Yges» vorkommt (CD. I, S. 105), ist als Fälschung nachgewiesen.

Die Evangelische Kirche

Geschichte und Baugeschichte. I. Eindeutig dokumentiert ist die Kirche von Igis erst in den Urbarien von Pfävers um 1300, und dort wird um 1400 auch ihr Patrozinium St. Thomas genannt. Doch erscheint 841 eine «Damianuskirche» «in Ovine», die in Igis gesucht werden darf, da die Inschrift der kleinen Glocke vermuten läßt, daß die Kirche ursprünglich «Cosmas und Damian» geweiht war[1]. Beachtung verdient in diesem Zusammenhang der in Urbarien des 15. Jahrhunderts wiederholt belegte, aber heute nicht mehr bekannte Name eines Gutes «Basilgätschen» oder «Baselgetscha» in der Gemarkung von Igis, da er «verfallene Kirche» bedeutet[2]. Die fragliche Örtlichkeit lag offenbar in der Gegend von Marschlins[3] und dort wird man demnach also die erste Kirche von Igis, die St. Damianus geweiht war, annehmen dürfen.

II. Die Renovationsarbeiten von 1921 brachten Aufschlüsse über eine dem heutigen Bau vorangegangene, also vorgotische Kirche. Ihr Schiff hatte die Nordwand mit der gotischen Anlage gemein, war jedoch 2,30 m schmäler. Die aufgehende Südwestecke zeichnete sich in der heutigen Westfront deutlich ab, auch konnte die Südostecke im Fundament festgestellt werden. Dagegen ließen sich Anhaltspunkte für die Gestaltung des alten Chores nicht mehr gewinnen. Der Boden lag 80 cm unter dem heutigen Niveau. In der Nordwand fand man eine vermauerte Türe, die zu einem Anbau (Sakristei) geführt hatte, deren Westfundamente (4,60 m östlich der Nordwestecke des Schiffes) zum Vorschein kamen. Die Sturzplatte dieser Türe ging hinter den Turm hinein, woraus also zu entnehmen ist, daß dieser jünger war. Immerhin gehörte auch er offenbar noch der romanischen Epoche an, wie ein noch vorhandenes Teilsäulchen bekundet[4].

---

1) Vom Verfasser näher ausgeführt in BMBl. 1932, S. 247 f. Mons, mit dem man früher Ovinae identifizierte, scheidet aus, da hier ein erheblicher Weinbau, wie er nach den Urkundenstellen (CD. I, S. 39, 299) in Ovinae betrieben wurde, aus klimatischen Gründen nicht in Frage kommt.
2) Urbar Pfävers von 1495, S. 79, Stiftsarchiv St. Gallen, Urbar von 1467 im bischöflichen Archiv, S. 49 b, 56 b. Den Hinweis auf diese Stellen verdanke ich der Freundlichkeit von Herrn Dr. A. Schorta.
3) «uf Marschlinser wisen in Baselgetscha», GA. Zizers, Urbar Nr. 4 von 1628, S. 26 b.
4) Nach Aufnahmen und Aufzeichnungen von Landammann Rudolf Krättli (†).

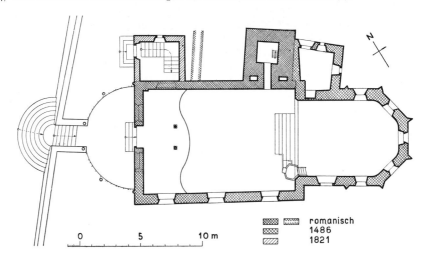

Abb. 388. Igis. Die Evangelische Kirche. Grundriß. Maßstab 1:300.

III. 1486 (Inschrift) wurde das Schiff nach Süden hin verbreitert und ein neuer dreiseitig geschlossener, verhältnismäßig tiefer Chor gebaut. Daß er gewölbt war, zeigen die noch vorhandenen Streben; ihre Dreikantform weist auf STEFFAN KLAIN, der sie mit Vorliebe anwandte (Klübis, Luzein, St. Maria in Chur).

IV. 1716 neuer Turmhelm (Datum der Wasserspeier).

V. 1821 durchgreifende Renovation: Entfernung des gotischen Rippengewölbes im Chor, gewölbte Gipsdecke in Schiff und Chor, Anbau des Aufganges zur Empore, neue Fensterdisposition im Schiff, Vorzeichen aus Holz, Bestuhlung.

VI. 1921 umfassende Renovation. Leitung: Arch. SCHÄFER und RISCH in Chur. Die auswärts gesunkene Nordwand des Schiffes wurde – unter Erhaltung der gotischen Fresken – im wesentlichen neu konstruiert, ferner die Decke im Schiff, Empore, Fußboden und Vorzeichen. Der Turm mußte, da er baufällig war und solider Fundamente entbehrte, vollkommen neu aufgeführt werden.

Abb. 389. Igis. Die Evangelische Kirche. Ansicht von Süden.

Baubeschreibung. Inneres. Nach Osten gerichtete Anlage, bestehend aus einem rechteckigen Schiff und dem eingezogenen dreiseitig geschlossenen Chor, der sich in einem Rundbogen ins Langhaus öffnet. Gewölbte Gipsdecke im Chor von 1821, Holzdecke im Schiff neu (1921). Im Chor noch die gotischen Spitzbogenfenster, jedoch ohne Maßwerke und mit neuen Einfassungen. Im Schiff Stichbogenfenster von 1821. – Äußeres: Am Chor dreikantige Streben. Auf dem Sturz des mit 1821 bezeichneten Portals in der Westfront das aufgemalte, vom alten Bestand übertragene Datum 1486. Die Türe mit einfachem Schnitzdekor von 1821. Einheitliches, über dem Chor abgewalmtes Satteldach. Der **Turm** an der Nordseite neu von 1921 (siehe oben).

Im Garten des Pfarrhauses liegen noch steinerne Wasserspeier des alten Turmes in Form von Tierköpfen, datiert 1716[1].

Abb. 390. Igis. Gotische Bodenplatte aus der Evangelischen Kirche. Text nebenan.

1) Im Haus Rudolf Krättli noch ein romanisches Teilsäulchen. Dort auch Fragmente von Bodenziegeln mit gepreßten Linden- und Eichenblattrosetten (Abb. 390), wohl noch aus der ersten

Wandmalereien. An der Nordwand wurden 1921 Fresken aufgedeckt und von CHR. SCHMIDT, Zürich, restauriert. Vorhanden sind noch folgende Reste eines Passionszyklus: oben 1. Christus vor Pilatus. 2. Geißelung. 3. Dornenkrönung. 4. Vermutlich die Kreuztragung, da man außer einem Gewandzipfel noch den Rest eines schrägen Kreuzstammes fand. Unten: 5. Schutzmantelmadonna mit Engeln (im unteren Teil zerstört). 6. Kreuzigung. 7. Grablegung. Als Einfassung dient eine Maßwerkborte. Die Raumvorstellung ist noch sehr unentwickelt, in der oberen Reihe fungieren ganz schematische pavillonartige Bauten mit Zinnenkränzen als Versatzstücke. Der Diener des Pilatus und die Folterknechte bei der Dornenkrönung stehen befremdlicherweise auf dem Thronsessel. Erste Hälfte des 15. Jahrhunderts (Abb. 392).

Literatur: CHR. SCHMIDT in ASA. 1922, S. 62f., mit Zeichnungen.

Ausstattung. Achteckiger *Taufstein* aus grauem Marmor; trotz gotisierender Profilierung wohl erst aus der zweiten Hälfte des 17. Jahrhunderts. – *Kanzel.* Polygonaler Korpus mit Dreiviertelsäulen besetzt. Bogenfüllungen, Reliefschnitzerei mit Akanthusmotiven. Am Fries die Buchstaben: J C B M – H V S – V V S (Joh. Conr. Bonorand, Minister (Pfarrer) – Herkules von Salis – Ulysses von Salis), darnach EHOVAE VERBUM · PEREN (NE) und zwei Hausmarken mit dem Datum 1681. Am Sockel zahlreiche Initialen von Gemeindegliedern. – *Orgel.* Der graziös geschweifte und mit Rokokoornamenten gezierte Prospekt stammt von einem 1770 für die Kirche von Seewis i. Pr. von JOHANN HOLTZHEY in Ottobeuren gebauten Instrument (siehe Bd. II, S. 65)[1]. – Einfache *Bestuhlung* von 1833.

Abendmahlsgeräte. Zwei identische *Abendmahlskelche* mit glatter Kuppa, Silber vergoldet, H. 15,5 cm, vierkantiger Knauf mit Girlandenmotiv. Beschauzeichen

Abb. 391. Igis. Evangelische Kirche. Abendmahlsbecher. Text nebenan.

Chur, Meisterzeichen des Churer Goldschmiedes PETER STARCK, siehe Tab. I, 2. Am Fuß graviert die Lettern G – I (Gemeinde Igis). Erste Hälfte des 17. Jahrhunderts. – Zwei identische *Abendmahlsbecher*, ursprünglich profaner Bestimmung. Silber mit Ziervergoldung. H. 17 cm. Ar Fuß und Kuppa getriebene Buckel, zwei gravierte Hausmarken. Erste Hälfte des 17. Jahrhunderts. Ohne Marken (Abb. 391). – Zwei runde *Zinnkannen* (Glockenkannen), bezeichnet V I / G I 1680. Beschau- und Meistermarke Tab. I, 12. Bodenrosette wie Bossard I, Nr. 329, Arbeit des JOACHIM SCHIRMER, St. Gallen[2]. – Eine *prismatische Ringkanne* von JOH. ULRICH BAUER, datiert 1850.

Glocken. 1. Dm. 133,5 cm, gegossen 1921 von der Gießerei RÜETSCHI, Aarau. – 2. Dm. 110 cm. Inschrift: GEHÖRETH DER GEMEIND EIIS (Igis) CHRISTIAN SCHMIDT VON BREGENCZ GOSS MICH ANNO 1731. – 3. Dm. 90,5 cm, Inschrift: + o · ſats · coſas · damiaūs · et · ſcts · thōas · orate · probis · año · dm̄ · mº · ccccº · lxxiiiº (1473)[3].

Hälfte des 14. Jahrhunderts, wie ein Vergleich des letztgenannten Musters mit Bodenplatten aus Königsfelden im Landesmuseum ergibt.

1) Die alte Igiser Orgel, deren Werk 1921 umgebaut wurde, trug die Rötelaufschrift: «Anno 1767 ist die Orgel aufgesetzt worden im September.»

2) Geb. 4. Jan. 1613, gest. 1697. Nach Bossard II, S. 147, der «bedeutendste und produktivste Meister St. Gallens».

3) Bei Landquart kam 1895 in einer Lehmschicht eine angeblich 1622 von den österreichischen Truppen verschleppte und in den Fluß gefallene Glocke zum Vorschein, die hernach in den Turm der dortigen,

Abb. 392. Igis. Evangelische Kirche. Passionsszenen an der Nordwand.
Erste Hälfte des 15. Jahrhunderts. Text S. 376.

Grabdenkmäler. Im Chorabschluß sind die Epitaphe der Familie Salis-Marschlins aufgestellt. 1. In der Mitte die Gedenktafel für Ulysses von Salis, maréchal de camp, unter dem der Umbau des Schlosses Marschlins stattfand; geb. 1594, gest. 3. Februar 1674. Auf der Schrifttafel von schwarzem Marmor sind in goldenen Lettern in einer lateinischen Inschrift von 29 Zeilen die Hauptkriegstaten des Marschalls verzeichnet[1]. Die Tafel wird bekrönt von einer aufgelösten geschweiften Verdachung aus schwarzem Marmor mit Emblemen des Krieges in flachem Relief (das Salis-Wappen neueren Datums). Nach einer Beschreibung des Monumentes in der «Rätia sepulta» erhob sich ehemals in der Mitte der Bekrönung, wo jetzt eine neuere kleine Pyramide steht, eine Statue des Marschalls mit seinem Wappen aus weißem Marmor[2]. Das Epitaph wurde von dem Sohn des Verstorbenen, Herkules von Salis, errichtet.

Zu seiten dieses Denkmals weitere graue Marmortafeln, von Hermenpilastern aus schwarzem Marmor flankiert. Links: 2. für Violanda von Salis, gest. 8. Mai 1658 im Alter von 66 Jahren, Gattin des unter Nr. 1 Genannten. – 3. Für Johann Baptista

---

1908 gebauten katholischen Kirche gekommen sein soll. Heute ist sie nicht mehr vorhanden; das Geläute besteht aus drei Glocken von GRASSMAYER, Buchs 1910, und eines von EGGER in Staad 1925. Die Aufschrift der gefundenen Glocke habe nach ASA. 1895, S. 452, «St. Matthäus» (got. Schrift), nach Mooser BMBl. 1945, S. 254, «St. Ant.» gelautet.

1) Wiedergabe im Wortlaut in «Memorie del Maresciallo di Campo Ulisse de Salis-Marschlins», ed. von C. v. Jecklin, Chur 1931, S. 495. Deutsche Ausgabe ediert von C. v. Mohr, Chur 1858, S. V.

2) «Supra eum est statua media Domini Marschalli et insignia simplicia in marmore blanco».

von Salis, gefallen am 30. Juli 1646 im Alter von 26 Jahren vor Mardik in Flandern, begraben in Charenton bei Paris; sein Herz in der Grabstätte der Eltern (Nr. 1 und 2) beigesetzt[1]. – Rechts: 4. Hercules von Salis (Name in der Bekrönung), Erstgeborener des Ulysses von Salis, Landshauptmann im Veltlin 1662/63, Landammann im Zehngerichtenbund 1665, gest. 16(86) im Alter von (69 Jahren). Statt der eingeklammerten Zahlen sind Lücken ausgespart. – 5. Für Barbara Dorothea von Salis, Gattin des Vorgenannten, gest. im Februar 1666, im Alter von 37 Jahren. – 6. und 7. Oben zwei neuere Tafeln für Ulysses Adalbert von Salis, gest. 14. Februar 1886 und dessen Gattin Ursula Margaretha, gest. 8. Januar 1895. – Außen an der Südwand: 8. Wappen und Inschrift für Franz Pestalozza, Bürger von Zürich, in der Landquart ertrunken am 8. Juli 1639 im Alter von 35 Jahren. Alle aufgeführten Inschriften in lateinischer Sprache.

Das Schloß Marschlins

Geschichte. Der Name kommt von einer Flurbenennung (1225 «Marschannines»), die nach Rob. v. Planta von «Muricia», «muriciolum» — fester gemauerter Bau, abzuleiten ist[2]. Die um die Mitte des 13. Jahrhunderts vielleicht von den Vaz – jedoch unter Lehenshoheit des Bistums – erbaute Burg wird im «Buoch der Vestinen» von 1410 als bischöfliches, an den Herzog von Österreich verliehenes Eigentum aufgeführt, und es ist – schon nach den Grundherrschaftsverhältnissen in der fraglichen Gegend – kaum daran zu zweifeln, daß sie auch vom Bistum gegründet ist. Mit der Zeit scheint sich das Lehen de facto in Eigentum verwandelt zu haben, denn 1462 wird die Burg von Herzog Sigmund dem Ulrich von Brandis zu Eigen gegeben mit der Verpflichtung, sie wieder aufzubauen (1460 war sie abgebrannt) und dem Bistum offen zu halten (BMBl. 1937, S. 27 ff.). Nach dem Aussterben der Brandis (1507) wiederholte Handänderungen. Marschall Ulysses von Salis, der das Schloß 1633 von Frau Katharina von Planta geb. von Sprecher gekauft, ließ die zwischen den vier Ecktürmen liegenden Trakte, die ziemlich ruinös waren, größtenteils niederlegen[3]. Die Neubauten umgaben den Hof nur an drei Seiten, während gegen Süden bloß eine Wehrmauer als Abschluß diente. Auch der Westtrakt wurde (nach dem Ölgemälde Abb. 394) zunächst nur zur Hälfte ausgebaut, aber offenbar noch im 17. Jahrhundert auf einheitliche Firsthöhe

---

1) Das Herz wurde in ein Gefäß aus Blei eingeschlossen mit der Bestimmung, im Grab des Erstverstorbenen der beiden Eltern beigesetzt zu werden. Vgl. Memorie, S. 487.
2) Also nicht von marcidus = sumpfiger Boden (BMBl. 1931, S. 114).
3) Memorie a. a. O., S. 307 f.

Abb. 393. Marschlins von Osten. Zeichnung von Felix Meyer, um 1675. Text S. 379.

Abb. 394. Marschlins um 1650. Ausschnitt aus einem Ölgemälde; in Privatbesitz. Text S. 379.

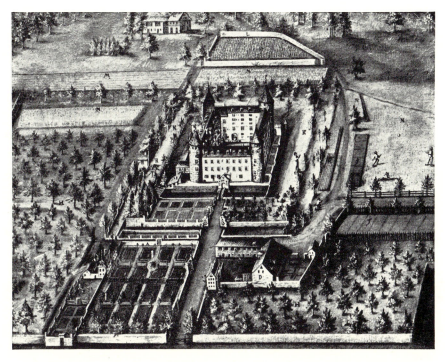

Abb. 395. Marschlins zur Zeit des Philanthropins, um 1775. Ölgemälde von Wolfgang Pfanner, nun im Rätischen Museum zu Chur. Ausschnitt. Text unten.

gebracht (Zeichnung von F. MEYER, unten Nr. 2). Die vom Marschall aufgeführten Flügel öffneten sich im Erdgeschoß in Arkaden zum Hof. Erst 1771 entstand auch zwischen den beiden Südtürmen ein Verbindungstrakt, jedoch nur in Form eines fünfstöckigen Riegelbaues, den Minister Ulysses v. Salis für die Unterbringung der 1771 von Haldenstein hierher übergesiedelten Erziehungsanstalt, später «Philanthropin» genannt (S. 367), errichten ließ. 1793 wurden die oberen Partien dieses Baues wieder abgerissen und durch solidere Konstruktionen ersetzt (BMBl. 1922, S. 226). Ein durchgreifender Umbau erfolgte 1905 unter Prof. Dr. L. R. v. Salis (Leitung Arch. E. PROBST, Zürich). Damals wurde auch dem Südostturm das vorkragende Obergeschoß aufgesetzt. 1934 Verkauf an Dr. G. Engi, Basel.

Literatur: BURGENBUCH, S. 93, 107, 166 ff., mit weiteren Literaturangaben. Abbildungen auf S. 167 f. und Tafeln 12–15. Pläne und Ansichten vor dem Umbau von 1905, aufgenommen von Architekt EUGEN PROBST, im Archiv für Historische Kunstdenkmäler im Schweizerischen Landesmuseum. Neuerdings auch «Burgen und Schlösser» (s. Literatur S. 362), XV, S. 41.

Alte Ansichten: In der Kantonsbibliothek Chur (Sign. K II 55 und 56): 1. «Marschlintz, gehört H. Obristen von Salis F. Meyer fecit.» Lavierte Federzeichnung (30 × 68,5 cm), Ansicht von Osten (Abb. 393). – 2. «Das Schloß Marschlintz in Pünten», Federzeichnung ohne Lavierung (31,5 × 38 cm), wohl auch von F. MEYER, der Titel jedoch von anderer Hand, um 1675[1]. – 3. Prospekt des Philanthropins mit Ansicht des Schlosses, signiert: «J M C. (verbunden) T. Bernigeroth Sculpt: Marschlins 1776; U. v. S ad vivum del.» (14,3 × 9,2 cm). – 4. In der Zentralbibliothek Zürich und dem Kupferstich-

---

[1] Zu erwägen wäre, ob nicht auch die beiden Zeichnungen von Maienfeld in Bd. I, S. 13 und 15, von Felix Meyer und nicht von Johannes Meyer stammen.

Abb. 396. Das Schloß Marschlins. Ansicht von Westen. Aufnahme vor dem Umbau von 1905.

kabinett Basel: Werbeprospekt für das Philanthropin mit Text in Buchdruck. «Chur, gedruckt bei Bernhard Otto 1776.»

Zwei Ölgemälde mit perspektivischer Ansicht von Westen her: 1. Zustand von 1650 nach dem Umbau unter Marschall Ulysses von Salis (Abb. 394), Privatbesitz. 2. Nach den Umgestaltungen für das Philanthropin, mit ausführlicher Legende; von Wolfgang Pfanner[1]. 60,5 × 55 cm (Abb. 395). Rätisches Museum, Chur.

Baubeschreibung. Die Anlage bildet in Graubünden das einzige Beispiel der quadratischen, um einen Hof gruppierten Wasserburg mit runden Ecktürmen. Die Anregung zur Rezeption dieses Typus dürfte aus dem Kreis um Friedrich II. gekommen sein. Von den vier Türmen ist nur jener an der Südostecke vollrund, während die andern im Grundriß einen nach innen offenen Dreiviertelskreis beschreiben. Vom Gründungsbestand stammen außer den Türmen noch die nördlichen Mauerpartien des Osttraktes. Der mit Futtermauern gestützte Burggraben lag schon zu des Marschalls Zeiten trocken. Er konnte aber vermutlich ehemals mittels einer Zuleitung von der Landquart her gefüllt werden. Näheres im Burgenbuch (siehe Literatur).

Verschwundene Fassadenmalerei. An der dem Eingang gegenüberliegenden Hoffront des Osttraktes sah man bis zum Umbau von 1905 ein Wandgemälde, das in einer illusionistisch dargestellten Halbrundnische links einen Rutengänger und rechts den sich bäumenden Pegasus zeigte. Die Sinnverbindung zwischen beiden ist darin zu erblicken, daß der Rutengänger Wasserläufe an den Tag bringt, wie Pegasus durch seinen Hufschlag die Quellen Hippokrehne und Peirene öffnete[2]. Vermutlich

---

1) Die Signatur lautet zwar «Wolfgang Wanner pinxit Wangen», doch handelt es sich hier sicherlich um eine falsche Ergänzung bei der Restaurierung des Bildes. W. Pfanner ist wiederholt in Marschlins bezeugt.

2) Minister Ulysses und hernach besonders sein Sohn Carl Ulysses interessierten sich für das Wünschelrutenproblem. 1791 machten beide mit Thouvenel und einem Medium eine Reise durch Graubünden zum Zwecke der Quellenforschung mittels der Rute (Joh. Bapt. v. Tscharner in Beiträge zur Kenntnis... des Vaterlandes, Heft II, 1792).

von WOLFGANG PFANNER aus Wangen, um 1770–1775 (Abb. 404). 1904 wurde das Bild entfernt. Unter dem Bild befand sich ehemals ein Brunnen.

Von der **Innenausstattung** bemerkenswert zwei *Täfer* aus der Zeit des Marschalls, die 1905 aus dem ersten in das zweite Obergeschoß versetzt wurden: 1. Das «*Marschallzimmer*». Die bis zu Dreiviertel der Höhe reichende Wandverkleidung ist durch nach unten sich verjüngende Pilaster mit Reliefschnitzerei aufgeteilt, zwischen denen bogenförmige Füllungen liegen; geometrische Intarsien aus Ahorn, Nußbaum und Kirsche. Reiche Kassettendecke um ein achteckiges Mittelfeld angeordnet. Datum 1638 an dem hernach beschriebenen Ofen (S. 383). – 2. Die «*Offiziersstube*». Volltäfer aus Arvenholz mit ornamentalen und geometrischen Einlagen, die Wände mit Dreiviertelsäulen und bogenförmigen Füllungen gegliedert. Das Mittelstück der Kassettendecke kreuzförmig: hier Salis-Wappen mit Datum 1638. Der Name kommt vermutlich von der später (S. 385) erwähnten Serie von Offiziersbildern, die ursprünglich hier ihren Platz hatte. – 3. Im Nordwestturm das «*Goldene Stübli*», auch «*Salis-Stübli*» genannt (Abb. 398–400). Die gliedernden geschnitzten, mit Köpfchen bekrönten Pilaster aus Nußbaum, die Füllungen aus Tannenholz. Die um ein ovales Mittelfeld angeordneten Kassetten der Decke reich profiliert. Das Täfer dürfte erst um 1670, vielleicht auch sogar erst nach dem Tod des Marschalls (1674) entstanden sein. Das ganze Zimmer ist mit Malereien geziert. In den Hauptfeldern der Wände meist auf Papiergrund gemalte Darstellungen von Waffentaten des Marschalls und seiner Familie mit erläuternden Inschriften, an der Innenseite der Türe auf Leinwand Taten des Herakles (Abb. 398); auf der Außenseite, auf das Holz gemalt: Katze, Hund, Fische und Fruchtgewinde. Am Fries antike Mythologien, griechische Götter und Darstellungen zu Ovids Metamorphosen. Alle diese Bildchen auf Leinwand. Die Götterbilder von anderer Hand wie die übrigen Szenen des Frieses. Den ikonographisch interessantesten Teil der malerischen Ausstattung des Zimmers dürften die – unmittelbar auf den Holzgrund gemalten – Darstellungen in den Deckenkassetten darstellen, in denen, um die Sonne und die vier Winde gestellt, 43 Sternbilder versinnbildlicht sind, wobei die Zeichen des Tierkreises auf blauem, golden bestirntem Grund den Rahmen bilden.

Abb. 397. Marschlins. Bündner Stollentruhe von 1581. Text S. 383.

Fragmente einer anderen *Innendekoration* sind nun in einem Seitenkorridor des zweiten Oberstockes als Plafond verwendet. Sie zeigen auf zwölf Feldern Illustrationen von didaktischen erbaulichen Versen in bräunlicher Camaïeumalerei; signiert (auf dem Spaten des Engels) JOH. MEYER FECIT A⁰ 1675[1]. Die fraglichen Platten waren zusammen mit weiteren 14 vor 1905 zu einer Decke im Verbindungsgang vom Marschallzimmer zum Südflügel verwendet; elf von den letzteren setzen, vorwiegend in Grisaille, die erwähnten Darstellungen fort, während die drei übrigen in etwas härterer Malerei französische Gärten und einen Krüppel mit Laufapparat abbilden. – Über das aus der Casa Gronda zu Ilanz stammende, 1905 hier eingebaute Täfer siehe Bd. IV, S. 63. Abbildung Bürgerhaus XVI, Taf. 15.

Das teilweise ergänzte, architektonisch reichgegliederte und mit Intarsien gezierte *Täfer* im Eßzimmer stammt aus dem «Stüssisaal» des vorderen Hauses «zur Silberschmitten» in Zürich (Stüssihofstatt Nr. 6)[2]; ebenso der Ofen (S. 384). In der Nische ein *Zinnlavabo* mit Delphin. Zürcher Arbeit[3].

Auf einem Wandschrank im Korridor vor dem Salisstübli sind in Blauschwarz auf Weiß *Kopien nach Stichen* aufgemalt. Unterschriften: 1. Ludovica Adelgunda Victoria Kulmia. 2. Marchiona du Chatelet. 3. Sigismund Jacob Baumgarten[4]. 4. Zwei kämpfende Soldaten, an Ofenmalereien erinnernd. Zwischen 1770–1775. Auf Nr. 2 die Signatur «W.P.F.» als Monogramm (Wolfgang Pfanner fecit, siehe S. 380) und

---

1) Johannes Meyer 1655–1712, Sohn des Conrad Meyer 1618–1689. Vgl. J. R. Rahn im Zürcher Taschenbuch 1882, S. 15.
2) Sal. Vögelin, Das alte Zürich, Bd. I, Zürich 1879, S. 411.
3) Die Marken wie bei Bossard I, Taf. IV, Nr. 84.
4) Bekannter Theologe in Halle (1706–1757).

Abb. 398. Marschlins. Herakles übernimmt von Atlas die Himmelskugel. Im Hintergrund der Kampf mit dem nemeischen Löwen. An der Türe im «Goldenen Stübli». Text S. 381.

Abb. 399. Marschlins. Detail der Decke mit Sternbildern im «Goldenen Stübli». Text S. 381f.

Abb. 400. Marschlins. Das «Goldene Stübli». Text S. 381 f.

«excudit Wang»[1]. – Aus der gleichen Zeit – der Aera des «Philanthropins» (1771 bis 1777) – stammen auch die mit blauen Landschaften bemalten Türen im Mansardengeschoß, über denen die Namen der Musen stehen.

Eine *Stollentruhe*, datiert 1581, die Front in zwei Feldern, links in Linienschnitt zwei Steinböcke, rechts Rosette (Abb. 397); ferner eine Truhe italienischen Charakters mit gebauchtem Korpus und Salis-Wappen an der Front. Um 1700.

Glasgemälde. In der Schloßkapelle im großem Turm[2] vier *Rundscheiben* (Dm. 19 cm) mit den Evangelisten in Halbfigur. Mitte 17. Jahrhundert. – Im Marschallzimmer eine *Kabinettscheibe* mit Allianzwappen für Heinrich Hirzel und Violanda von Salis 1674. 32,5 × 23,5 cm. Renoviert und stark ergänzt von L. Herion.

Öfen. 1. Im Marschallzimmer ein *Turmofen* mit sechseckigem Obergeschoß, die Füllungen aus grünen ornamentierten Reliefkacheln, die Lisenen und Simse bunt bemalt; unten Allegorien der fünf Sinne, oben Elemente und Jahreszeiten. An der durchbrochenen Krone Judith. Zweimal datiert 1638. Am Sitz Reliefkacheln mit Justitia und Musikantinnen. Werkstatt Pfau, Winterthur. Abbildungen Burgenbuch, Taf. 14. – 2. Der *grüne Turmofen* mit rundem Obergeschoß in einem Mansardenzimmer stammt aus dem Salzgeberhaus (ehemals v. Sprecher) in Luzein. Auf den Relief-

---

1) Dies bedeutet wohl, daß Joh. Wolfgang Pfanner aus Wangen (vgl. Bd. III, S. 7) auch die als Vorlage dienenden Blätter gestochen hat.
2) Die Kapelle wurde laut Inschrift am 21. August 1771, also für die Zwecke des Philanthropins eingerichtet. «Salvatori consecrata A⁰ M D CC L XXI die XXI Augusti.»

Abb. 401. Porträt der Barbara Dorothea Hirzel. Aus Marschlins; nun im Schloß Baldenstein. Vermutlich von Konrad Meyer. 1679. Text unten.

kacheln runde Medaillons mit weiblichen Büsten, am Kranz Reiter. Ofensitz. Bezeichnet 1689 M I ST (verbunden)[1]. – 3. Über den Ofen von H. PFAU 1710 im Ilanzer Zimmer vgl. Bd. IV, S. 63; Abbildung siehe Bürgerhaus XVI, Taf. 15. – 4. In der Offiziersstube ein Steckborner Ofen aus dem «Unteren Spaniöl» in Chur (siehe vorn S. 322). – 5. Im Eßzimmer (siehe vorn S. 382) ein *Turmofen* aus dem «Stüssisaal», Zürich. Blau bemalt: Kleine Landschaften mit Ruinen und Staffage, Wappen der Escher vom Glas und Signatur: LEONHART LOCHNER HAFF. (Hafner) 1737.

Von den **Familienbildern** ihrer historischen Bedeutung wegen erwähnenswert zwei *Porträts* des Marschalls Ulysses in Halbfigur, mit Rüstung angetan (60,5 × 50 und 113 × 88 cm), das größere abgebildet in den «Memorie» des Marschalls (Chur 1931, Titelblatt). Ferner ein Brustbild des Obersten Brügger, Erbauers des jetzigen Sprecher-Hauses in Maienfeld (Bd. II, S. 21).

Von den aus Marschlins **abgewanderten Familienbildern** sind hervorzuheben: Ein Kinderbildnis in Schloß Baldenstein (Bd. III, S. 148 f.); 88,6 × 73 cm; auf der Rückseite bezeichnet: «Barbara Dorothea Hirtzlin in Alter 1 Jahr A. 1679»[2]. Scharlachrotes Kleid, in der Linken eine Kinderschelle mit Hornzahn (zum Kauen beim «Zahnen»), wohl von KONRAD MEYER in Zürich[3] (Abb. 401). – Bemerkenswert auch das Porträt der Hortensia von Salis, geb. Gräfin Martinengo (61 × 51 cm), im Rätischen Museum zu Chur wegen der differenziert nüancierten Malweise; um 1565 (Abb. 402). – Ferner zwei Porträts von F. M. DIOGG: a) Minister Ulysses von Salis-

1) Meister JUSTUS STECHER, Chur, vgl. S. 368, Anm. 3.
2) Enkelin des Marschalls Ulysses; vgl. C. Keller-Escher, Die Familie Hirzel von Zürich, Taf. X.
3) Zum Vergleich diene das signierte Kinderbild des Joseph von Orelli (1656) im Schweizerischen Landesmuseum, Abbildung im Jahresbericht 1944, S. 25.

Abb. 402. Porträt der Hortensia von Salis, geb. Gräfin Martinengo,
um 1565. Aus Marschlins; nun im Rätischen Museum. Text S. 384.

Marschlins (1728–1800), der das Seminarium M. Planta-Nesemann in seinem Schloß aufnahm. 76×61,5 cm; nicht signiert, datiert 1794, im Rätischen Museum zu Chur (Abb. 405). – b) Baron Anton von Salis, Bruder des Ministers, Maréchal de Camp und Generalinspektor der Schweizer und Bündner in französischen Diensten. 134×102 cm, nicht signiert, datiert 1795, im Besitz von A. von Schultheß-Bodmer, Au bei Wädenswil. Hier befinden sich auch 15 Bildnisse von Offizieren des Bündner Regimentes von Salis; konventionell, aber historisch bemerkenswert als Illustration der Zusammensetzung des Offizierskorps einer Bündner Einheit[1]. Es handelt sich um Dedikationen der Bündner Offiziere an ihren Regimentsinhaber. Die Bilder hingen in Marschlins in der «Offiziersstube», die von ihnen den Namen hat (vgl. S. 381). Um 1765[2].

Literatur: W. Hugelshofer, Felix Maria Diogg, Zürich 1940, S. 78, Nr. 63, S. 79, Nr. 80. – P. de Vallière, Treue und Ehre, Taf. XXI (Bildnis Anton von Salis) und S. 599 (Offiziersbilder). – G. Bener, Bündner Schwerter und Degen, Chur 1939, S. 30.

Das Schloß beherbergt eine wertvolle *Sammlung gotischer Skulpturen*, die in neuerer Zeit aus dem Kunsthandel zusammengebracht wurde. Im Hof steht eine *Kanone* des Schweizer Regimentes von Salis mit Salis-Wappen und Datum 1676. Gußeisen mit Delphinhenkeln. Vermutlich elsässisches Fabrikat[3].

1) Anton von Salis übernahm 1761 von Carl Ulysses von Salis-Maienfeld das Regiment. 1768 wurde er Brigadier und 1770 Generalinspektor.
2) Über die beiden Zeltteppiche im Landesmuseum siehe S. 415.
3) Näheres über diese Kanone siehe Robert Forrer in der Zeitschr. für Historische Waffenkunde, Bd. III, Heft 6, S. 157. Das Stück befand sich bis 1903 im Besitz der Gemeinde Bühl (Baden), kam dann in die Sammlung R. Forrer, Straßburg, und von dort nach Marschlins.

Abb. 403. Das «Castalet». Zeichnung von Felix Meyer, um 1675. Text unten.

Im «**Schlößli**», einem westlich des Burggrabens mit Front nach Süden von Minister Ulysses von Salis um 1770 erbauten Kavallierhaus, einer einfachen langgestreckten Anlage, befinden sich *Wandschränke mit Blauweißmalerei* (wie S. 382): allerlei Tiere mit Rocailleumrahmung, ferner zwei Porträts: «Scipio Maffei»[1] und «Samuel L. B. de Coccegi»[2], letzteres signiert: Wolfg. Pfañer – excudit Wa(ngen). Das «excudit» weist darauf hin, daß es sich um Kopien nach Stichen handelt.

Andere Profanbauten

Haus Dolf, auch «Großhaus» genannt, erbaut von Rudolf Dolf im Jahre 1592; im späten 17. Jahrhundert aufgestockt und mit Krüppelwalmdach gedeckt. Stattlicher Bau mit annähernd quadratischem Grundriß, gewölbten Korridoren und Wendeltreppe. Am Schlußstein der Haustüre Wappenschild mit Hausmarke und den Initialen R D, Datum 1592[3]. In der Südostecke des ersten Obergeschosses gutes *Täfer* mit Triglyphenfries und kreuzförmigen sowie quadratischen Deckenkassetten. Mitte des 17. Jahrhunderts. Hier wie in einem andern Täferzimmer Fenstersäulen aus der Gründungszeit mit Dolf-Wappen, die eine datiert 1593. – Näheres siehe Bürgerhaus XIV, mit Abbildungen auf Taf. 90 und 92.

Abb. 404. Rutengänger und Pegasus. Verschwundenes Wandgemälde im Schloßhof von Marschlins. Um 1770–1775. Text S. 380 f.

Castalet. Eine wohl von FELIX MEYER stammende lavierte Federzeichnung mit dem Titel «Daß Landlusthauß gehört nach Marschlintz»[4] zeigt im linken Vordergrund einen viereckigen Bau mit Walmdach, auf dem ein offener, als Aussichtspavillon gedachter, mit Zwiebelhelm bekrönter Dachreiter sitzt. Im Mittelgrund sieht man, wie im Titel erläutert, «Zizers, ein Dorf in Pünten» (Abb. 403). Es handelt sich hier, wie eine Nachprüfung der landschaftlichen Situation ergibt, sicherlich um das unter dem Namen «Castalet» (Castelette = Schlößchen) heute noch bekannte Haus östlich oberhalb der Station Igis. Bis vor einigen

---

1) Italienischer Dramatiker und Historiker (1675–1755).
2) Deutscher Rechtsgelehrter, Großkanzler Friedrichs d. Gr. (1679–1755).
3) Darüber gleiche Zahl und gleiches Wappen in Allianz mit einem andern Schild, dessen Inhalt (Monogramm Christi) eine neuere Zutat darstellt.
4) In der Kantonsbibliothek Chur, Sign. II 53 (29,5 × 18 cm).

Abb. 405. Porträt des Ministers Ulysses von Salis, von F. M. Diogg, 1794. Aus Marschlins; nun im Rätischen Museum. Text S. 384 f.

Jahren war es – mit Ausnahme des Türmchens – noch annähernd in der hier abgebildeten Gestalt erhalten, wurde dann jedoch wegen Baufälligkeit bis auf die Kellergewölbe abgetragen und neu aufgerichtet.

Burgruine Falkenstein. Über die Geschichte der Burg ist wenig bekannt. Sie dürfte im 12. Jahrhundert von einem Zweig der im Gebiet von St. Gallen burgsässigen Herren dieses Namens – vielleicht Ministerialen des Bischofs von Chur – errichtet worden sein. Ruine eines wehrhaften Palas mit Bering in sehr exponierter Lage am Berghang östlich von Igis. Am Fuß des Burgfelsens Reste eines Vorwerkes. – Näheres, auch über den Namen, s. Burgenbuch, S. 168 f. mit Grundriß.

MASTRILS

Geschichte. Ältere Namensformen «Puntstrils» (1450), «Puntrilserberg» (1528). Mastrils gehörte bis zur neuen Kreisverfassung von 1854 politisch zur Gemeinde Zizers, doch hatte es bis 1553 mit Untervaz die Alpen gemeinsam, woraus ein auf ältere markgenossenschaftliche Verhältnisse zurückgehender wirtschaftlicher Zusammenhang beider Gemeinden sichtbar wird. «Dieser Berg hat kein Dörflin, sondern die Häuser liegen weitst zerstreuet» (Sererhard, S. 64).

Auch kirchlich gehörte Mastrils als «die Gemeinde am Berg» zu Zizers. Der Übertritt zur Reformation setzte hier um 1610 ein, doch erfolgte unter der Einwirkung der Religionswirren von 1623–1644 eine vorübergehende Sistierung des Gottesdienstes (siehe unten). Der katholische Gemeindeteil wurde 1727 von Zizers abgetrennt und als selbständige Pfarrei den Kapuzinern übergeben; die vollständige Separation der Reformierten von Zizers erfolgte 1840. In neuerer Zeit wird die dortige evangelische Gemeinde von Fläsch aus pastoriert.

Die Evangelische Kirche

Geschichte und Baugeschichte. Nach einer Mitteilung in der «Chronik der Statt Mayenfeld», Kap. 19, von Bartholomäus Anhorn (Stadtarchiv Maienfeld) wurde der Bau des Kirchleins 1613 unter Pfarrer Johannes à Porta begonnen. Am 23. April führte «ein gantze burgerschafft uff dem ehrtagwen stein darzu». Einweihung 26. Dezember 1614. Baumeister: DANIEL HITZ in Chur. Nach dem Übergang des Kirchleins an die Katholiken während der Religionswirren wurde es am 2. Juli 1624 zu Ehren von Maria vom Siege geweiht. Rückgabe an die Reformierten 1644. Renovationen laut Inschrift 1774, 1824, 1866 und 1900.

388 KREIS FÜNF DÖRFER

Literatur: MAYER, Bistum II, S. 300. – SIMONET, Weltgeistliche, S. 200. – NÜSCHELER, S. 27 ff. – TRUOG, Nr. 62. – CAMENISCH, S. 525. – HBLS. V, S. 48.

Baubeschreibung. Inneres. Die nach Osten gerichtete kleine Kirche besteht aus einem rechteckigen Schiff und dem dreiseitig geschlossenen Chor, der sich in einem unbestimmt zugespitzten Bogen öffnet. Den Chor bedeckt ein Gewölbe mit unregelmäßiger Sternfiguration, doch sind die Rippen nicht aus Stein gemeißelt, sondern

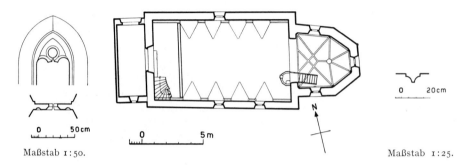

Abb. 406. Maßwerk.   Abb. 407. Grundriß. Maßstab 1:300.   Abb. 408. Rippenprofil.

Mastrils. Die Evangelische Kirche.

nur in Stuck gezogen. Sie sind gekehlt, werden gegen den Scheitel hin flacher und laufen dort an einen Schlußstein mit leerem Wappenschild. Halbrunde Dienste, in den Ecken beim Chorbogen zu Stümpfen verkümmert. Daß die flachgewölbte Gipsdecke im Schiff nachträglich (vermutlich bei der Renovation von 1824, siehe oben) eingezogen wurde, ist im Dachraum an dem höher steigenden Verputz zu erkennen. Die Fenster im Chor und im Süden des Schiffes schließen spitzbogig und sind mit dreipaßförmigen Maßwerken ausgesetzt. In der Nordseite des Langhauses ein Oculus mit Vierpaß. An der Westwand eine einfache Empore mit gemauerter Treppe. Spätes Beispiel einer postumgotischen Architektur.

Äußeres ohne Wandgliederung. Der Eingang in der Westwand schließt in einem abgestumpften Spitzbogen und ist von einem gekehlten Steingewände eingerahmt. Im Scheitel das Meisterzeichen Tab. II A, 12. Kleine Vorhalle. Das abgewalmte Chordach trägt ein übereck gestelltes viereckiges Türmchen mit achteckigem Spitzhelm.

Ausstattung. Der *Taufstein* mit halbkugelförmiger massiger Schale, schwerem, rundem Fuß und einfach geschmiegtem Sockel (von 1613 oder älter und hierher übertragen?). – Einfache polygonale *Kanzel*, wohl von 1824. – *Pfarrerstuhl*, datiert 1733. Der Aufsatz des nach der Weihe von 1624 in die Kirche gekommenen *Altars* ist noch in Landquart vorhanden. Der Rahmen steht in der Hauskapelle des Anwesens «zur Oberen Zollbrücke». Es ist eine einfache zweisäulige Ädikula, schwarz mit Ziervergoldungen. Die Inschrift auf dem Sockel bezeugt, daß den Altar Johannes Franciscus Vertemati aus Plurs im August 1624 stiftete[1]. Im Frontispiz Gottvater. Das Altarblatt selbst (108,5 × 87,5 cm) befindet sich nun im Kapuzinerhospiz von Landquart und stellt die «S. Maria de Victoria» als Schutzmantelmadonna dar. Ohne höheren Kunstwert (Abbildung Mayer, Bistum II, S. 300).

Glocken. Dm. 80 cm. Gegossen von Gebr. Theus in Felsberg, 1899. – 2. Dm. 63 cm. Inschrift: GOSS MICH CHRISTIAN SCHMID VON BREGENCZ M D CC XXVIII.

1) Wortlaut der Inschrift siehe Mayer, Bistum II, S. 302, Anm. 3. Das Datum «XVIII Idus» wohl ein Versehen statt «VIII Idus», also 6. August.

Abb. 409. Mastrils. Die Evangelische Kirche. Ansicht von Süden. Text S. 387.

Die Katholische Pfarrkirche S. Antonius von Padua

Baugeschichte. Laut Inschrift 1686–1688 erbaut[1]; Weihe am 10. Oktober 1688. 1932/33 völlig umgestaltet und gegen Westen hin um 2,90 m verlängert. Neue Fensterdisposition und Ausstattung.

Beschreibung. In das flachgedeckte Schiff öffnet sich ein nach Osten gerichteter, dreiseitig abgeschlossener und nicht eingezogener Chor. Der Turm steht an der Nordseite am Zusammenstoß von Schiff und Chor. Er wurde offenbar nachträglich erhöht, denn unterhalb der heutigen Glockenstube erkennt man noch die früheren, nun vermauerten Schallfenster.

Von der älteren Ausstattung noch der *Taufstein* aus schwarzem Marmor; auf dem Deckel eine geschnitzte Gruppe der Taufe im Jordan. Verschiedene Votivbilder, von 1695 an (früher in der Kirche, nun im Hospiz), bezeugen die schon bald nach der Gründung einsetzenden Wallfahrten.

Glocken. 1. Dm. 96 cm, Inschrift: GEGOSSEN VON JOS. ANTON GRASMAYR M D CCC XXXVI. Geistlicher Spruch. – 2. Dm. 85 cm, von Gebr. Theus in Felsberg 1895.

Verschwundene Wegkapellen. Die in Urkunden vorkommenden Flurnamen «St. Silvestersbild» (1455, GA., Nr. 2) und «Sanct Salvadersbild» (1517, GA., Nr. 5) deuten auf alte Feldkapellen.

TRIMMIS

Urgeschichte. Vor mehreren Jahrzehnten wurde in der Dorfrüfe ein schmales *Randleistenbeil* gefunden; nun in Churer Privatbesitz. 1916 kam gleichfalls in der Rüfe eine *Bronzelanzenspitze* mit Bandornamenten zutage; Rätisches Museum. Beides bronzezeitlich.

---

1) A. Bürgler, Der Franziskusorden in der Schweiz, Schwyz 1926, S. 104.

Römerzeit. *Münzfunde:* Ein Quadrans des Constanz (333–350 n. Chr.), gefunden in Valtan, und eine Erzmünze des Julianus Apostata (355–363)[1].

Literatur: JB SGU. 1918, S. 64, 1935, S. 35. – H. u. Ö., S. 45.

Geschichte. Schon im Testament des Bischofs Tello von 765 und in Privaturkunden von 800 erscheint Trimmis als Sitz eines vornehmen Ministerialengeschlechts «de Tremune» (CD. I, S. 18, UB. I, S. 22, 28, 30f.). Durch ottonische Schenkungen war das Bistum bereits zu Güterbesitz in Trimmis gelangt, und da es im 13. und 14. Jahrhundert auch die Burgen Alt-Aspermont und Trimmis mit ihren Zubehörden erwarb, so vermochte sich daraus eine bischöfliche Grundherrschaft zu entwickeln. Ein wichtiger Teil des alten bischöflichen Grundbesitzes in Trimmis, der Hof Molinära, gehört heute noch dem Hochstift. – Als Pfarrei wird Trimmis erstmals 1307 genannt (CD. II, S. 200). 1520 fungierte dort neben dem Pfarrer auch ein Frühmesser

[1] 1865 stieß man bei der Fundamentierung des Pfarr- und Schulhauses auf eine Mauer «von ächt römischer Bauweise», die eine Nische und neben ihr eine Feuerstelle aufwies. Furger, S. 20.

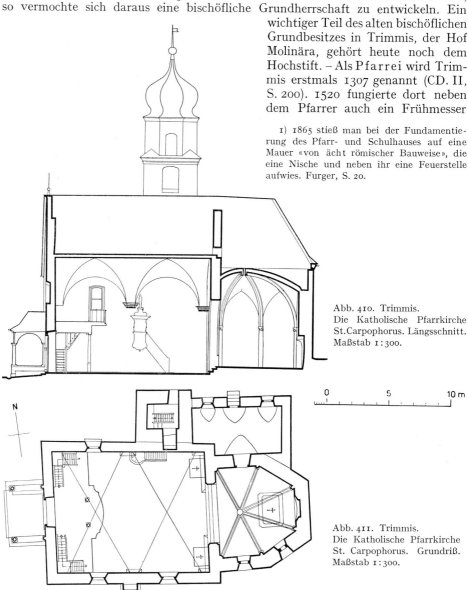

Abb. 410. Trimmis. Die Katholische Pfarrkirche St. Carpophorus. Längsschnitt. Maßstab 1:300.

Abb. 411. Trimmis. Die Katholische Pfarrkirche St. Carpophorus. Grundriß. Maßstab 1:300.

(Reg. cleric. BA.). Der Reformation trat eine Minderheit 1613 bei. Ihrem Verlangen um Überlassung eines der beiden Gotteshäuser folgten Streitigkeiten, die auch ein am 29. Oktober 1613 gefällter Schiedsspruch (BA.) nicht zu schlichten vermochte, weshalb im Mai 1614 sich die Reformierten mit Gewalt in den Besitz der oberen Kirche setzten. Erster evangelischer Pfarrer 1614.

Literatur: J. P. FURGER, Trimons, Chur 1872. – P. C. v. PLANTA, Die currätischen Herrschaften, Bern 1881, S. 44 f. – R. DURRER in der Festgabe für Ger. Meyer von Knonau, Zürich 1913, S. 12–67. – HBLS. VII, S. 57 f. – CAMENISCH, S. 254. – TRUOG, Nr. 112.

Die Katholische Pfarrkirche St. Carpophorus

Geschichte und Baugeschichte. Urkundlich erscheint die Kirche erstmals zwischen 768 und 800, und zwar mit Nennung ihres Titels: «ecclesia sancti Carpofori»[1] (UB. I, S. 28). Sie war ursprünglich eine bischöfliche Kirche, die offenbar bei der «Divisio» um 831 an

Abb. 412. Trimmis. Die Katholische Pfarrkirche St. Carpophorus. Ansicht von Nordwesten.

den König fiel, denn 958 wird sie von ihm dem Bischof wieder geschenkt (CD. I, S. 75). Zu unbekannter Zeit kam die Kollatur als Zubehör an die Burg Neuenburg und 1496 von ihr abermals an das Bistum (JB HAGGr. 1900, S. 118). Ob im heutigen Langhaus noch Teile des ältesten Bestandes enthalten sind, kann nicht beurteilt werden, desgleichen ist zeitlich nicht genauer bestimmbar, wann die noch deutlich sichtbare Verlängerung des Schiffes um 2,30 m (siehe unten) vorgenommen wurde, vielleicht erst um die Mitte des 14. Jahrhunderts, wo auch ein Neubau des Chores stattfand. Unsicher ist gleichfalls, ob das Datum 1592 am Turm auf einen Neubau des Campanile bezogen werden darf. 1687 und 1764 brannte die Kirche aus (Archiv des Domkap., Prot.-Buch B., S. 93 und BA.). Das Gewölbe und die Fensterdisposition des Schiffes stammen wohl von der Wiederherstellung im Jahre 1764.

Baubeschreibung. Inneres. Die nach Osten gerichtete Anlage besteht aus dem mit gestreckten Kreuzgewölben bedeckten Langhaus und dem eingezogenen dreiseitig geschlossenen Chor, über dem ein Rippengewölbe ruht. Das Gewölbe ist überhöht und ruht auf halbrunden Diensten, deren Basen im Boden stecken. Oben schließen diese Halbsäulen mit einem Wulst ab, auf dem ein in der Grundform würfelförmiges, unten eingekerbtes Kapitell ruht (Abb. 413). Die derben Rippen sind einfach geschrägt und laufen fächerförmig von den Ecken zu einem scheibenförmigen durchlochten Schlußstein. Im Querschnitt gleichen diese Rippen jenen in St. Georg zu Räzüns (Bd. III,

---

[1] Schon im 12. Jahrhundert wird in Trimmis St. Carpophorus als einer der «quattuor Coronati» gefeiert (wie heute noch). Vermutlich handelt es sich aber ursprünglich um den in Como gemarterten Carpophorus (7. August). Vgl. Durrer, S. 34 f. Über die verschiedenen «Quattuor Coronati» siehe ausführlich auch F. Janner, Die Bauhütten, Leipzig 1876, S. 201 ff.

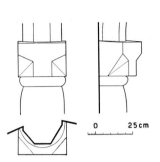 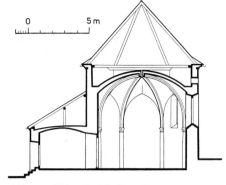

Abb. 413. Trimmis. Katholische Pfarrkirche. Kapitell im Chor. Ansichten und Schnitt. Maßstab 1:25. Text S. 391.

Abb. 414. Trimmis. Die Katholische Pfarrkirche St. Carpophorus. Querschnitt durch den Chor. Maßstab 1:300.

S. 45) und man wird daher den Chor in das 14. Jahrhundert (Mitte?) setzen dürfen, womit auch die Überhöhung des Gewölbes und die allerdings sehr eigenartigen und nach ihrer Form zeitlich nicht genauer bestimmbaren Kapitelle in Einklang gebracht werden können[1]. – In der Nordwand des Chores spitzbogige Türe zur Sakristei. Während das Altarhaus noch die alten, verhältnismäßig hoch sitzenden Spitzbogenfenster aufweist, zeigen sich im Schiff neuere Stichbogenöffnungen.

Äußeres ohne Wandgliederung. In der Nordwand des Schiffes sieht man, 2,30 m von der Nordwestecke entfernt, einen aufgehenden Ansatz, der auf eine nachträgliche Verlängerung deutet (siehe oben). Am Schlußstein des Haupteinganges an der Westfront das (Renovations-) Datum 1764. Vorzeichen aus Holz. Satteldach, über dem Chor abgewalmt.

Der **Turm** steht an der Nordseite des Langhauses und schließt mit einem achteckigen, von zwiebelförmiger Haube bekrönten Obergeschoß ab. Im Erdgeschoß eine vermauerte Türe. Die Vormauerung gegen Norden stellt vermutlich nur eine nachträgliche konstruktive Verstärkung dar. Hier auch eine quadratische Tafel: «1592 – O G B G / G. G. I. G. H. M.»[2] In der Ecke zwischen Turm und Chor die gewölbte Sakristei.

Ausstattung. *Hochaltar* von 1918. Die *Seitenaltäre* sind einfache Aufsätze aus Holz mit zwei Paaren glatter Säulen, entstanden bei der Renovation von 1764, die Bilder jedoch modern. – Der alte *Taufstein*, eine einfache halbkugelige, an einer Seite abgeflachte Schale, liegt außen an der Nordwand. – Die *Kanzel* aus Holz, marmoriert, mit gebauchtem Korpus. In den Kartuschen aufgemalte Evangelisten. Auf den freien Voluten des Schalldeckels eine Figur des hl. Michael. Um 1764.

Kelche. 1. Silber vergoldet, H. 24 cm. Am geschweiften Fuß kartuschenartige Buckel und Laubwerk. Der Korb aus durchbrochenem Akanthuswerk; keine Marken. – 2. Silber vergoldet, H. 26 cm. Am Fuß zwischen getriebenem Akanthus ovale Emailmedaillons: Verkündigung, Heimsuchung, Geburt Christi. Kuppa neu. Beschau Augsburg, keine Meistermarke. – 3. Silber vergoldet, H. 23 cm. Am geschweiften getriebenen Fuß zwischen Laub und Früchten drei Putten mit Leidenssymbolen. Be-

---

1) Entgegen Rahn, der die Chorgewölbe beider Trimmiser Kirchen an das Ende der Spätgotik zu setzen geneigt ist. ASA. 1882, S. 361, Geschichte, S. 539.

2) Die Bedeutung dieser Platte ist unklar. Da weitere Nachrichten über Bauvornahmen zu dieser Zeit fehlen, ist auch nicht gesichert, ob es sich um eine auf den Turm bezügliche Bauinschrift handelt, oder ob wir es nicht mit einer aufgefundenen, hierher versetzten Verschlußplatte einer Gruft (die in einem Epitaph ihre Ergänzung fand) zu tun haben. Die Initialen weisen auf die Familie Gadient.

schau Augsburg. Meistermarke «F», wie Rosenberg Nr. 705. Alle Kelche letztes Viertel des 17. Jahrhunderts.

Glocken. 1. Dm. 126 cm. Inschrift: A FULGURE ET TEMPESTATE LIBERE (!) NOS DOMINE JESU CHRISTE · A · 1789. Gießerwappen und Inschrift: FECIT RAGETH MATHIS BURGER IN CHUR. Bilder: Kreuzigung, Madonna, Apostel, Wappen Mathis. – 2. Dm. 94,5 cm, Inschrift: WAN IHR HERET MEINEN TON LOBET ALZEIT GOTS SOHN. CHRISTIAN FELIX BURGER VON FELDKIRCH GOSS MICH IN CHUR. 1764. – 3. Dm. 77 cm. Gegossen von Franz Theus in Felsberg 1845.

Die Evangelische Kirche

Geschichte und Baugeschichte. In den Churer Totenbüchern ist unter dem 9. November die «dedicatio» einer Leonhardskirche in «Tremune» eingetragen (Necrol. Cur., S. 110, zweite Hälfte des 12. Jahrhunderts). Um 1370 erscheint sie in den Urbarien des Domkapitels[1] und 1522 hören wir von Vögten «Sancti Leonardi in Trimmis» (BA. Reg. libr. horarum, S. 16b). Angesichts des in das Mittelalter zurückreichenden Baubestandes der jetzigen evangelischen Kirche dürfte kein Zweifel möglich sein, daß sie mit dieser Leonhardskirche identisch ist[2]. Für die Behauptung, sie sei der hl. Emerita geweiht gewesen (Nüscheler, S. 27), gibt es keine mittelalterlichen Belege. Vielleicht handelt es sich um eine Altarkaplanei dieses Namens.

Ob im Mauerwerk des Schiffes noch Teile des ersten Baues enthalten sind, muß dahingestellt bleiben; auch ist ohne Grabungen nicht zu entscheiden, welche Bedeutung den Fundamenten nördlich des Chores (siehe unten) zukommt. Um die Mitte des 14. Jahrhunderts wurde der heutige Chor errichtet. Der bestehende Turm entstand vielleicht erst nach dem Dorfbrand von 1687 oder sogar erst 1764 an Stelle eines älteren Campanile. Nach der Tradition lag der Haupteingang ehemals in der Südwand. Die Verlegung in die westliche Schmalseite erfolgte vielleicht erst nach dem Brand von 1764 unter gleichzeitiger Terrassierung des Vorplatzes und Anlage des Vorzeichens.

Baubeschreibung. Inneres. Der nach Südosten gerichtete dreiseitig geschlossene Chor setzt ohne Einzug an das Schiff in gleicher Flucht an und öffnet sich in einem gedrückten, ungefasten Spitzbogen. Über dem Schiff eine neuere Flachdecke, über dem Chor ein überhöhtes Rippengewölbe, das auf halbrunden Halbdiensten ruht. Die nun im Boden steckenden Basen sind prismatisch; auch als Kapitelle dienen fünfseitige Prismen (Abb. 416). Die von den Chorecken zu dem runden Schlußstein laufenden Rippen sind derb und nur geschrägt. Von der Form der Kapitelle abgesehen, entspricht das Gewölbe in seiner Konstruktion durchaus jenem in der katholischen Pfarrkirche (siehe oben S. 391), weshalb auch dieser Chor in die Mitte des 14. Jahrhunderts zu datieren sein dürfte. Spitzbogenfenster ohne Maßwerk.

Äußeres ohne Wandgliederung. Der Seiteneingang (Süden) schließt im Spitzbogen. Die – nach dem letzten Brand entstandene – Einfassung des rundbogigen Haupteinganges in der Westfront zeigt am Schlußstein einen Steinbock und das Datum 1764. Gemauerte Vorhalle. Einheitliches, über dem Chor abgewalmtes Satteldach.

Der **Turm** steht an der Nordseite des Schiffes und ist auf dessen Längsmauer abgestützt. Achteckiges Obergeschoß mit Zwiebelhaube (von 1764) wie bei der katholischen Kirche.

In der Ecke zwischen Turm und Chor sieht man Mauerwerk, das den dort vor-

---

[1] Urb. Domk., S. 53: «sub ecclesiam S. Leonhardi prope viam itur ad ipsam ecclesiam.»
[2] Näheres darüber siehe BMBl. 1932, S. 245ff.

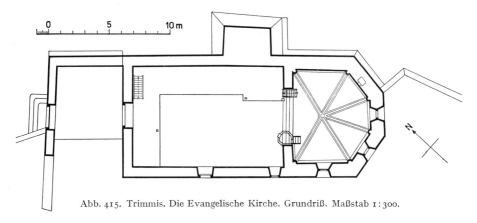

Abb. 415. Trimmis. Die Evangelische Kirche. Grundriß. Maßstab 1:300.

beigehenden Weg überschneidet. Verputzspuren. Nur Grabungen könnten die Bedeutung dieser Reste klären.

Ausstattung. In der Nordwand des Chores einfache *Sakramentsnische* mit gotischem Gitter aus diagonal übereinandergelegten Eisenbändern. – *Taufstein* mit achteckiger Schale, datiert 1764. – Aus gleicher Zeit die einfache *Kanzel*. Die Nordseite des Schiffes wird von einer *Holzempore* eingenommen, die sich chorwärts zu einer Orgeltribüne erweitert. Erbaut 1764 und vergrößert 1794. An den Wänden schmuckloses Gestühl des Kirchenrates und der Familie Gadient; datiert 1764.

Abendmahlsgeräte aus Zinn: Zwei prismatische *Ringkannen*, datiert 1764, zwei schmucklose *Zinnkelche* und eine einfache *Platte*, alles mit Marken des Churer Zinngießers JOHANN ULR. BAUER (Bossard, Nr. 352).

Glocken. Dreiteiliges Geläute von der Gießerei RÜETSCHI, Aarau, von 1935[1].

Grabtafeln. Außen an der Chorwand lehnend: 1. Wappen von Schorsch und Inschrift für Frau Ursula Bernhard, geb. Schorsch, gest. 1752. Nach der Randinschrift wurde im gleichen Grab beigesetzt ihr Sohn Pfarrer Anton Bernhard, gest. 1772. – An der östlichen Friedhofsmauer: 2. Unbekanntes Wappen und unleserliche Inschrift. Todesjahr 1789. – 3. Wappen und Inschrift für Sebastian Meng, Hauptmann im Piemont und Landammann der Vier Dörfer, gest. 1724.

Wappensteine. Am Verwalterhaus des bischöflichen Gutes Molinära, nördlich von Trimmis, zwei große Tafeln mit quadrierten bischöflichen Wappen: 1. des Thomas von Planta, datiert 1557, Steinmetzzeichen Tab. II A, 7. – 2. des Joseph von Mohr, datiert 1629. Beide ohne Inschrift.

Verschwundene Kirche. Die 831 und 849 (CD., S. 32 und 44) genannte Kirche St. Sisinnius lag möglicherweise in der Flur «Sant Schischin» bei Trimmis, die in einem Urbar von 1370 vorkommt (Urb. Domk., S. 53)[2].

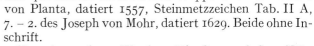
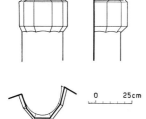

Abb. 416. Trimmis. Evangelische Kirche. Kapitell im Chor. Ansichten und Schnitt. Maßstab 1:25. Text S. 393.

1) Ehemals nur zwei Glocken: 1. Gegossen von Josef Anton Grasmayr in Feldkirch 1858. – 2. Dm. 90 cm. Inschrift: Lobet des Herren Namen ewiglich. – Johanes Schmid Burger in Chur und Christian Felix a Veldkirch gossen mich 1764.

2) A. v. Sprecher in BMBl. 1925, S. 320. Die in BMBl. 1932, S. 243 f., vom Verfasser versuchte Identifizierung mit der Kirche von Valzeina modifiziert in Kdm. Graubünden II, S. 71, Anm. 1.

Burgruinen

Alt-Aspermont, auf einer Felsnase südlich des Gutes Molinära. Ursprünglich Stammsitz der Herren von Aspermont unter Lehenshoheit des Bischofs, der ihn 1275 Walter IV. von Vaz als Leibgeding gab (CD. I, S. 412). Nach dessen Tod Heimfall an das Bistum, dem die Burg auch weiterhin verblieb; doch war sie häufig verpfändet. 1395 Belagerung durch die bischöflichen Truppen und 1452 vorübergehende gewaltsame Besetzung durch die Gotteshausleute. Nach den Ilanzer Artikeln (1526) nicht mehr bewohnt, doch noch zu Campells Zeit (um 1570) leidlich in Stand. 1622 von Baldiron besetzt. Von dem fünfgeschossigen Hauptturm waren bis in neuere Zeit noch drei Seiten aufrecht, die am 11. April 1875 dann auch einstürzten. Heute nur geringe Reste dieses Turmes und einer Zisterne.

Ober-Ruchenberg auf einem steilen Felsvorsprung südlich von Trimmis, 420 m höher als das Dorf. Sitz der 1232 erstmals genannten Herren von Ruchenberg. Im 16. Jahrhundert schon unbewohnt und in Zerfall. Ruine eines ursprünglich viergeschossigen, annähernd quadratischen Turmes mit dreigeschossigem angebauten Palas, der im Mittelgeschoß einen durchgehenden Saal enthielt. Kamine und erkerförmige Aborte.

Abb. 417. Trimmis. Die Evangelische Kirche. Ansicht von Osten. Text S. 393 f.

Trimons auf dem Felskopf oberhalb der Evangelischen Kirche. Stammsitz der Herren von Trimmis (de Tremune), der ältesten Ministerialenfamilie dieses Gebietes. Im 14. Jahrhundert befindet sich die Burg in bischöflichem Besitz. Sie scheint schon gegen Ende des 15. Jahrhunderts aufgegeben worden zu sein, denn zu Campells Zeiten (um 1570) waren bloß noch Teile vorhanden. Heute nur Spuren im Fels, aber keine Mauerreste mehr. – Näheres über die genannten Ruinen siehe Burgenbuch, S. 57 f., 170–172, mit Planzeichnungen, sowie Taf. 16.

UNTERVAZ

Urgeschichte. Bronzezeit: Auf der Untervazer Alp wurde 1881 und 1900 je eine bronzene *Lanzenspitze* gefunden, 1892 im Val Cosenz ein *Bronzedolch;* im Rätischen Museum. – Eisenzeit: Auf dem Lisibühl oberhalb des Weilers Patnal, am Weg nach St.-Margarethen-Berg, konnte eine bergwärts durch einen mächtigen Erddamm geschützte *Fluchtburg* festgestellt werden.

Römerzeit. Bei Untervaz soll an einem nicht genauer bekannten Ort eine kleine *Merkurstatuette* gefunden worden sein[1]. – In Luck, oberhalb der Neuenburg, kam eine Erzmünze des Domitian zum Vorschein; im Schweizerischen Landesmuseum.

---

1) Sie befand sich nach einem Brief von Dr. J. R. Amstein an Ferdinand Keller vom 15. März 1853 im Besitz des Bundespräsidenten Christ. v. Albertini. Archiv der Ant. Ges. Zürich.

Abb. 418 und 419. Untervaz. Katholische Pfarrkirche. St. Maria Magdalena und Barbara.
Reliefs von den Flügeln des ehemaligen Hochaltars; um 1500. Text S. 398.

Literatur: ASA. 1882, S. 218, 1893, S. 200. – JB HAGGr. 1892, S. 16, 1896, S. 19, 1900, S. 17, 1939, S. 151. – JB SGU. 1932, S. 44. – H. u. Ö., S. 43. – BURGENBUCH, S. 10f., 173.

Geschichte. Die im Reichsguturbar (um 831, CD. I, S. 291) als Eigentum des Klosters Pfävers erscheinende «curtis Vazes» ist ohne Zweifel in Untervaz zu suchen und lag vielleicht im Gebiet jenes Dorfteiles, der heute noch «Sala» (= Herrenhaus) heißt. Der Name Untervaz – zur Unterscheidung von Obervaz im Albulatal – kommt urkundlich erstmals 1222 vor («Wazzes inferius») (CD. I, 274). Über die Analogie mit Haldenstein (Lenz) siehe S. 362.

Zu dem Pfäverser Besitz gehörte auch die mit dem Zehnten ausgestattete dortige Kirche, die also ursprünglich eine königliche Eigenkirche war. Das Eigentumsverhältnis wandelte sich im Mittelalter in das «ius patronatus» des Stiftes um. Als Pfarrkirche erscheint das Gotteshaus urkundlich zwar erst im Stiftsurbar um 1440, doch kam ihm dieser Rang sicherlich schon viel früher zu. 1567 ging die Kollatur mit allen andern Rechten des Klosters an die Gemeinde über (GA., Nr. 24). Nachdem eine Minderheit der Bevölkerung 1611 zur Reformation übergetreten war, wurde am 22. Mai 1612 durch einen Schiedsspruch (erneuert 1645, BA.) das Pfrundvermögen im Verhältnis der Haushaltungen unter den Konfessionen geteilt und den Protestanten die Mitbenützung der Kirche und des Friedhofes zugestanden. 1691 fanden jedoch wieder Streitigkeiten statt[1], worauf 1696 die reformierte Gemeinde sich zum Bau

---

1) Stadtarchiv Chur, Rats-Prot. XIV, S. 9.

Abb. 420 bis 422. Untervaz. Katholische Pfarrkirche. St. Laurentius, Muttergottes und Johannes Bapt. aus dem ehemaligen Hochaltar; um 1500. Nr. 420 und 422 nun im Schweiz. Landesmuseum. Text S. 398.

einer eigenen Kirche entschloß. 1735 verkaufte sie ihren Anteil an der alten Kirche und dem Friedhof an die Katholiken (BA.). Seit 1699 versehen Kapuziner die katholische Pfarrei. Gegenwärtig (seit 1930) werden die beiden evangelischen Gemeinden Zizers und Untervaz von einem gemeinsamen Pfarrer besorgt.

Literatur: M. GMÜR, Urbare und Rödel des Klosters Pfävers, Bern 1910. – SIMONET, Weltgeistliche, S. 199. – CAMENISCH, S. 516f. – TRUOG, Nr. 116.

Die Katholische Pfarrkirche St. Laurentius

Geschichte und Baugeschichte. Die früheste urkundliche Erwähnung erfolgt um 831 (siehe oben), und Mitte des 12. Jahrhunderts wird zum erstenmal das Patrozinium genannt («Dedicatio eccl. S. Laurentii in Vaze», Necrol. Cur., S. 83). Die alte Anlage war gegen Osten gewendet, stand also im rechten Winkel zur Achse der heutigen Kirche[1], die einen am 29. Oktober 1848 geweihten Neubau darstellt. Nur der Turm stammt in seinen Hauptteilen (ohne Aufsatz) aus älterem Bestand und gehört offenbar der romanischen Epoche an. Der Aufsatz wurde 1725 errichtet[2] und 1898, beim Aufzug der neuen Glocken, erhielten die Schallöcher, die ehemals gekuppelte Rundbogen über Teilsäulchen aufwiesen (ASA. 1876, S. 718), die jetzige einfache Form.

1) Nach mündlicher Überlieferung. Bis zur letzten Renovation waren an der Westseite auch noch die Umrisse des alten Hauptportals zu sehen.
2) A. Bürgler, Die Franziskusorden in der Schweiz, Schwyz 1926, S. 101.

Literatur: Abbildung des Äußeren und Innern in HELVETIA CHRISTIANA I, Kilchberg/Zürich 1942, Taf. 20, 21.

Baubeschreibung. Inneres. Die nach Süden gerichtete Anlage besteht aus einem saalartigen weiten Schiff und dem eingezogenen, dreiseitig geschlossenen Chor. Über beiden Raumteilen liegen gewölbte Gipsdecken. Rundbogenfenster. Das Äußere ohne Wandgliederung. Portal in der Nordfront.

Der **Turm** steht an der Nordseite und springt noch um weniges (70 cm) über die östliche Langseite vor. Über dem viereckigen, noch aus dem romanischen Bestand herrührenden Schaft erhebt sich die achteckige, 1725 aufgesetzte Glockenstube, die von einer über runden Giebeln aufsteigenden geschweiften Haube bekrönt wird. Über die Schallöcher siehe oben.

Von der alten **Ausstattung** sind in der Kirche noch *Fragmente des spätgotischen Hochaltars* vorhanden: 1. *Holzfigur der Muttergottes* (Höhe ohne Krone 106 cm); neu gefaßt und überarbeitet (besonders das Kind); Zepter, Krone und Reichsapfel ergänzt. – 2. und 3.: *Zwei Reliefs weiblicher Heiliger* von den Innenseiten der Flügel, vom linken Flügel St. Maria Magdalena, vom rechten St. Barbara. Höhe ohne Konsolen 106 cm, neu gefaßt und auf neue, mit Girlanden eingerahmte Tafeln gesetzt. Um 1500. Schwäbisch (Abb. 418, 419, 421).

Über die zum gleichen Altarwerk gehörigen *Schreinfiguren* im Schweizerischen Landesmuseum siehe unten.

Kultusgeräte. *Monstranz*, Höhe (mit Kreuz) 67,5 cm; der Fuß stammt von einem Kelch, Silber vergoldet, getrieben mit derben Blättern. Von graziöser Bildung ist das silberne Laubwerk mit Trauben, das sich um das herzförmige und mit einer Krone überhöhte Fenster schließt und Reliefs der Maria, Gottvaters und zweier Engel trägt. Die Glorie des Hintergrundes neu. Keine Marken. Zweite Hälfte des 17. Jahrhunderts. – *Kelch*, Silber vergoldet, H. 23,3 cm. Getriebener, geschweifter Fuß mit drei ovalen Emailmedaillons in karmesinrotem Camaïeu: 1. Christus, 2. Maria, 3. Joseph. Durchbrochener Korb mit Engelsköpfen. Beschau Augsburg, Meistermarke «F» wie bei Rosenberg Nr. 705. Letztes Drittel des 17. Jahrhunderts.

Glocken. Dreiteiliges Geläute, gegossen 1898 von RÜETSCHI, Aarau[1].

Abgewanderte Kunstgegenstände. Im Rätischen Museum zu Chur (Nr. XII, 3 B 26): *Altardecke* aus weißem Leinen, zusammengesetzt von zwei Bahnen, H. 156,5 cm, Br. 135,5 cm. In eingewobenen blauen Borten erscheinen zwischen stilisierten Bäumen sitzende Adler, Löwen, Einhörner und Panther, ferner in dreizehnmaliger Wiederholung die Worte «ave» und «amor». Perugia, 15. Jahrhundert.

Von den Figuren im Schrein des erwähnten spätgotischen Hochaltars gelangten zwei *Holzstatuetten* in das Schweizerische Landesmuseum in Zürich: 1. *St. Laurentius*, Nr. LM. 6280, H. 106 cm. Weiße Alba und goldene Dalmatika in alter Fassung, nach Baier-Futterer dem Laurentius-Stich Schongauers (B 56) nachgebildet. – 2. *St. Johannes der Täufer*, Nr. LM. 6279, H. 107 cm, goldener Mantel in alter Fassung. Beides gute schwäbische Arbeiten aus der Zeit um 1500 (Abb. 420, 422).

Literatur: J. BAIER-FUTTERER, Katalog der Bildwerke des Landesmuseums, S. 57 f., 59 f., Abb. Taf. 47.

Die Evangelische Kirche

Geschichte und Baugeschichte. Baubeschluß 1696. Vollendung 1700, Einweihung 1721. Renovationsdaten siehe unten; dazu: 1932 Außenverputz und Kupferbedachung des Turmhelmes.

---

1) Nach Nüscheler, Verzeichnis der Glockeninschriften im Kanton Graubünden, Mskr. in der Zentralbibliothek Zürich, MS R 480, stammte die frühere Glocke Nr. 1 von CHRISTIAN SCHMID von Bregenz 1728,

Abb. 423 und 424. Untervaz. Evangelische Kirche. Abendmahlsbecher.
Ende 16. und erste Hälfte des 17. Jahrhunderts. Text S. 400.

Baubeschreibung. Inneres. Die nach Osten gerichtete anspruchslose Anlage besteht aus dem mit einer Holztonne bedeckten Schiff und einem eingezogenen quadratischen Chor mit flacher Gipsdecke. Stichbogige Fenster. Rechts vom Chorbogen neuere Tafel mit *Bauinschrift*: «Diese Kirche wurde erbaut Anno 1700. Erster Gottesdienst 1721, erneuert 1780, 1837, 1879, 1886[1].»

Äußeres. Der Haupteingang in der Westfront schließt im Korbbogen. Datiert 1700. Am Chor Streben. Einheitliches, über dem Chor abgewalmtes Satteldach. Der **Turm** steht an der Nordseite des Chores und ist bekrönt von einem über Wimpergen schlank aufsteigenden achteckigen Spitzhelm.

Der Reiz der ganzen Anlage liegt darin, wie Pfarrhaus, Vorplatz, Kirche und Friedhof zu einer stimmungsvollen Gesamtgruppe vereinigt sind.

Ausstattung. Einfacher achteckiger *Taufstein* mit Stifterinschrift: ANNA MARIA KÖHLI A⁰ 1721. — Polygonale *Kanzel*, an den Ecken mit Säulchen besetzt. In den Füllungen Pyramidenmotive in Reliefschnitzerei; bezeichnet «H P Z 1700». — Bis vor wenigen Jahren stand in der Ecke links vom Chorbogen auf einer eigenen kleinen, 1712 datierten Tribüne noch eine *Orgel* mit Flügeln, bemalt mit gelblich-braunem Akanthuslaubwerk und Gartenlandschaften in Grisaille[2] (Abb. 428). — An der Westseite schmucklose **Empore**, datiert 1833.

Nr. 2 von J. GRASSMAYER SÖHNE in Feldkirch 1826; Nr. 3 war ohne Zahl und Inschrift und soll «sehr alt» gewesen sein.

1) Über dem Chorbogen Originalinschrift: «Fähnerich Hans Rudolf Beeli v. Belfort war dieser Kirche großer Gutthäter.»
2) Disposition: Quint, Mixtur, Flauto, Suavial, Prinzipal, Octav 4', Quint 3'

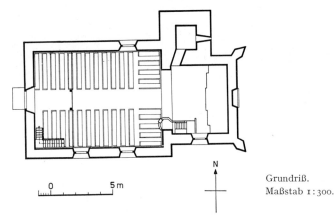

Abb. 425. Untervaz. Die Evangelische Kirche. Grundriß. Maßstab 1:300.

Abendmahlsgeräte. *Abendmahlsbecher.* 1. Silber, ziervergoldet, H. 16,5 cm; getriebene und ziselierte Rollwerk- und Granatapfelmotive. Im Fuß inwendig ein graviertes unbekanntes Wappen (halber Steinbock, bezeichnet «H J – V S», außen Wappen Untervaz (Laurentiusrost) mit den Buchstaben «G V F» (Gemeinde Unterfatz). Spätes 16. Jahrhundert. Keine Marken. – 2. Silber, H. 15,5 cm. Knospenknauf, das Gefäß in schlanker, schmuckloser Kelchform. Beschau Chur wie Bd. III, S. 549, Nr. 1. Meistermarke des PETER STARCK, Tab. I, 2; erste Hälfte des 17. Jahrhunderts (Abb. 423, 424). – Zwei prismatische Ringkannen aus Zinn, datiert 1780 und 1808. Marken des JOH. ULRICH BAUER und des MATTHEUS BAUER, Chur.

Glocken. 1. Dm. 117 cm. Inschrift: MEIN KLANG ALLEIN SICH DAHIN KEHR, DAS ER EICH RUFF ZU GOTTES LEHR. VOR DIE EVANGELISCH GEMEINDE UNTERFACZ GOSS MICH CHRISTIAN SCHMID VON BREGENCZ 1731. – 2. Dm. 90 cm. Inschrift: DAS MEIN MITRUF AUCH DIEN ZUR LEHR, GEBETT, ANDACHT UND GOTTES EHR, GOSS MICH CHRISTIAN SCHMID VON BREGENCZ ANNO 1731. – 3. Dm. 71,5 cm, Spruch und Datum wie Nr. 1.

Grabtafeln. Sämtliche in Stelenform, ursprünglich freistehend, nun aber an Wände versetzt, weshalb die bei einigen Tafeln auf der Rückseite angebrachten Inschriftenteile nicht mehr lesbar sind. An der Südseite der Kirche (von West nach Ost): 1. Unbekanntes Wappen[1], Text zerstört. – 2. Wappen Köhl (?)[2], Name und Datum wohl auf der Rückseite. – 3. Wappen und Inschrift für Hieronymus Philipp, gest. 1780 im Alter von 23 Jahren[3]. – An der südlichen Friedhofmauer (von Ost nach West): 4. Inschrift für Ursula, Tochter des Pfarrers Alexander Bernhard, gest. 1754 im Alter von fünf Jahren und sechs Monaten. – 5. Datum 1789, sonst unleserlich. – 6. Unleserlich. – 7. Hausmarke in Wappenschild, Inschrift für Elsbeth Barrina, gest. 1770 im Alter von 72 Jahren (Abb. 426). – 8. Hausmarke und «D G» im Schild. Inschrift für Dorate Päderi (Dorothea Päder), geb. Gresti, gest. 14. April 1756, sowie für «Margret Bäderi», gest. 1795[4] (Abb. 427). – 9. «H V F», verbunden im Schild, gest. 4. Januar im Alter von 72 Jahren (ohne Namen)[5]. – 10. Hausmarke, Inschrift für «W. Jacob Pöder» (Päder), gest. 25. April 1815. – 11. Hausmarke, Inschrift für Johannes Göpfert, Gerichtsschreiber, gest. 26. Juli 1763.

1) Treuhand, darunter ein Herz, darüber drei Steine.
2) Wappenfigur Agnus Dei, Helmzier wachsender Arm mit Schwert. Pfarrer Bernhard Köhl starb in Untervaz 1727.
3) Abbildung bei Christian Caminada, Die Bündner Friedhöfe, Zürich 1918, S. 92.
4) Abbildung Caminada a. a. O., S. 89.
5) Abbildung Caminada a. a. O., S. 89.

UNTERVAZ

Burgruinen

Friewis (Fröwis), am linken Rheinufer zwischen Untervaz und Mastrils. Sitz der Ende des 12. Jahrhunderts erstmals genannten und gegen 1400 ins Vorarlberg abgewanderten Herren dieses Namens. Die Burg war 1472 bereits Ruine; heute ist die Burgstelle nur noch an der Planierung und Abböschung des niederen Hügels erkennbar.

Neuenburg. Vermutlich erst anfangs des 14. Jahrhunderts durch Schwicker Thumb von Neuburg gegründet. Seit 1390 unter bischöflicher Lehenshoheit. In der Fehde 1395/96 durch die Räzünser erfolglos belagert, um 1450 an die Höwen veräußert, später an die Mötteli von Rappenstein, 1496 an das Bistum. Als die Burg mit den letzten bischöflichen Herrschaftsrechten 1577 der Gemeinde Untervaz verkauft wurde, war sie (nach Campell) bereits in Verfall.

Ruine eines viergeschossigen Palas, der durch zwei Quermauern in drei Abschnitte geteilt ist. Scharten und – in den oberen Stockwerken – größere Fenster, zum Teil mit Sitznischen. Haupteingang mit profilierten Kragkonsolen. Eine Scharte sitzt in einer runden Eintiefung. In dem von einer Ringmauer umgebenen Hof eine nach unten ballonförmig sich erweiternde Zisterne.

Aus dieser Burg dürften wohl die ins Schweizerische Landesmuseum gelangten *Fragmente eines gotischen Ofens* stammen (LM. Nr. 11376)[1]. Es handelt sich um 24 bräunlich glasierte Reliefkacheln, fünf glatte Friesstücke und vier runde Schüsselkacheln. Auf den Kacheln folgende, mehrmals wiederholte Darstellungen: a) Thronender Kaiser, betitelt 𝔎𝔞𝔶𝔰𝔢𝔯 𝔉𝔯𝔦𝔡𝔯𝔦𝔠𝔥, unten der Reichsschild zwischen den Wappen Chur und Habsburg. b) Die Jungfrau mit dem Einhorn. c) Turnierritter. d) Jäger als Hornbläser. e) Vertieftes Butzenfenster mit Sterngewölbe. f) Zwei Engel mit Spruchband: 𝔡𝔦𝔢 𝔷𝔶𝔱 𝔨𝔬𝔪𝔱. – Auf einer Frieskachel zwei Wappen: a) Kraut in Vase. b) Ausgerissener Lindenbaum (Wappen Lindau?). Zumindest die Model stammen aus der Regierungszeit Kaiser Friedrichs III. (1440–1493); doch können die Kacheln mittels der alten Formen später hergestellt sein.

Rappenstein am rechten Hang des Cosenztobels. Die vermutlich um 1200 erbaute Burg kommt in Urkunden nicht vor. Im 16. Jahrhundert war sie bereits Ruine.

Reiner Typus der Höhlenburg, bei der nur die – einen Felsspalt verschließende – Front aus Mauerwerk besteht. Verputz in «rasa pietra» mit Kellenfugen. Rundbogiger Hocheingang im zweiten Geschoß. Die hölzerne Außentreppe führte über einen Podest zu einer

1) Im dritten Geschoß der Burg sieht man noch Ansatzspuren eines Ofens. Zuletzt befanden sich die Kacheln im Haus Wolf-Schreiber in Untervaz, wo sie 1910 vom Landesmuseum erworben wurden. Dort magaziniert.

Abb. 426 und 427. Untervaz.
Evangelische Kirche. Grabtafeln Nr. 7 und 8.
Text S. 400.

in der Höhe des Einganges über die ganze Front laufenden Galerie. Außer Lichtscharten nur ein Viereckfenster.

Literatur: Näheres über die genannten Ruinen s. Burgenbuch, S. 59, 108, 129f., 173–176, mit Planzeichnungen sowie Tafeln 2, 9, 17–19. Ergänzungen hinsichtlich der Besitzverhältnisse s. Burgen und Schlösser XV (Titel S. 362), S. 50f.

ZIZERS

Urgeschichte und Römerzeit. Ein Fragment eines in oder bei Zizers zu unbekannter Zeit gefundenen *Bronzeschwertes* mit Mittelgrad befindet sich im Rätischen Museum zu Chur. An römischen Münzen kamen hier zutage: Eine Erzmünze des Augustus (27 v. Chr. bis 14 n. Chr.) und eine des Galba (68–69 n. Chr.).

Literatur: Katalog des Rätischen Museums, Chur 1891, S. 14. – H. u. Ö., S. 42.

Geschichte. Otto der Große schenkte 955 dem Bischof seinen Königshof von Zizers, zu dem ein bedeutender Grundbesitz mit Unterhöfen gehörte (CD. I, S. 32)[1]. Dadurch wurde der ganze Ort Zizers grundherrliches Eigen des Bischofs, wie es in der königlichen Bestätigung von 988 auch ausgesprochen ist (CD. I, S. 98f.). Das Zentrum dieser Herrschaft bildete im hohen Mittelalter dann die Burg Friedau, zu der auch die Meierhöfe von Igis und Trimmis gehörten (CD. I, S. 140f.).

Die als Zubehör der Domäne 955 erwähnte, mit dem Zehnten ausgestattete Kirche war ehemals königliche und hernach bischöfliche Eigenkirche und stand demgemäß später unter dem Patronatsrecht des Bischofs (JB HAGGr. 1897, S. 25). Zizers gehört ohne Zweifel zu den Altpfarreien, und es scheint, daß ihr Sprengel ursprünglich das ganze Gebiet des Kreises unterhalb Trimmis und Haldenstein umfaßte[2]. Außerdem gehörte (bis 1523) noch Valzeina dazu. Zu gleicher Zeit wie in Untervaz schloß sich auch in Zizers eine Minderheit der Reformation an, worauf ein Schiedsspruch vom 27. März 1613 die Verhältnisse zwischen beiden Konfessionen in ähnlicher Weise regelte wie dort. Die Kirche St. Peter wurde zunächst von beiden Bekenntnissen gemeinsam benützt und stand infolge Erstarkung der reformierten Gemeinde von 1616 bis 1622 sogar im Alleingebrauch der Refor-

Abb. 428. Untervaz. Evangelische Kirche. Die ehemalige Orgel. 1712. Text S. 400.

[1] Die Erwähnung der «curtis Zizuris» in den Urkunden von 831 und 849 (CD. I, S. 32 und 44) ist nach U. Stutz eine Interpolation des 10. Jahrhunderts. Vgl. U. Stutz, Karls d. Gr. divisio, S. 15, Anm. 2.

[2] 1408 wird ein Hof auf dem Berg von Untervaz «in monte ville Vatz inferioris» (Necrol. Cur., S. 52) genannt, der zur Pfarrei Zizers gehörte. Es scheint sich hier um einen Restbestand alter parochialer Gemeinschaft von Untervaz und Zizers zu handeln. Igis war mit Zizers ökonomisch verbunden, und Mastrils gehörte noch in der Neuzeit kirchlich zu Zizers.

mierten; 1644, nach den Bündner Wirren, vereinbarte man jedoch, daß die Peterskirche den Katholiken und die Andreaskapelle den Reformierten gehören solle. Turm und Glocken sowie der Friedhof von St. Peter blieben beiden Konfessionen gemeinsam, bis mit Abkommen vom 20. September 1769 auch sie den Katholiken abgetreten wurden. Die katholische Pfarrei wird seit 1686 durch die Kapuziner besorgt. Schwere Dorfbrände am 16. Oktober 1623 und am 14. November 1767.

Quellen und Literatur: Einträge im Kirchenbuch der Evangelischen Gemeinde, angelegt 1646. Urkunde vom 20. September 1769 im Archiv der Evangelischen Gemeinde. – CAMENISCH, S. 520ff. – Alte Ansicht: Kolorierte Lithographie von BOURGOIS und ENGELMANN: Der Dorfplatz 1828. Abgebildet im Bündner Haushaltungs- und Familienbuch, Chur 1935, neben S. 56.

Die Katholische Pfarrkirche St. Peter und Paul

Abb. 429. Zizers. Die Katholische Pfarrkirche St. Peter und Paul. Ansicht von Südosten.

Früheste urkundliche Erwähnung 955 (CD. I, S. 74). Das Patrozinium, von dem wir erst im 14. Jahrhundert Kunde erhalten, war ursprünglich St. Peter[1]. Der Paulstitel trat offenbar erst in nachmittelalterlicher Zeit hinzu. Über die Besitzverhältnisse nach der Reformation siehe oben. Die Baugeschichte ist mangels näherer urkundlicher Nachrichten hauptsächlich aus dem Befund zu erschließen und wird daher in den «Baugeschichtlichen Schlußfolgerungen» (S. 405) nach der Beschreibung skizziert.

Baubeschreibung. Inneres. Die nach Süden gerichtete Anlage besteht aus einem rechteckigen Langhaus zu drei Achsen, dem eingezogenen dreiseitig geschlossenen Chor und einer an der östlichen Langseite des Schiffes angeordneten Nebenkapelle (Rosenkranzkapelle). Der Chor entbehrt der Wandgliederung und ist von einer dem polygonalen Grundriß angepaßten Tonne mit Stichkappen überwölbt. Über dem Schiff, dessen Wände mit einfachen Lisenen besetzt sind, liegt eine gewölbte Gipsdecke mit Stichkappen. Nur in der Kapelle werden die Wände von flachen, zwischen Lisenen liegenden Blendbögen gegliedert, über denen das Hauptgesims läuft. Gewölbe ähnlich wie im Chor. Die Belichtung der ganzen Kirche erfolgt durch schlanke Stichbogenfenster und teils hoch-, teils querovale Okuli.

Durch segmentförmige Podeste in den Ecken vor dem Chor und Schrägstellung der dort placierten Seitenaltäre findet eine Zusammenziehung von Schiff und Chor statt.

Äußeres. Der Chor ist mit abgetreppten Streben besetzt. Nur die Rosenkranzkapelle weist Blendbögen auf, während die andern Wände der Gliederung entbehren. Das Hauptportal, das sich in der nördlichen Schmalseite öffnet, hat eine rundbogige,

---

1) Erstmals 1365 (Urb. Domk., S. 39), dann 1380 (CD. IV, S. 41).

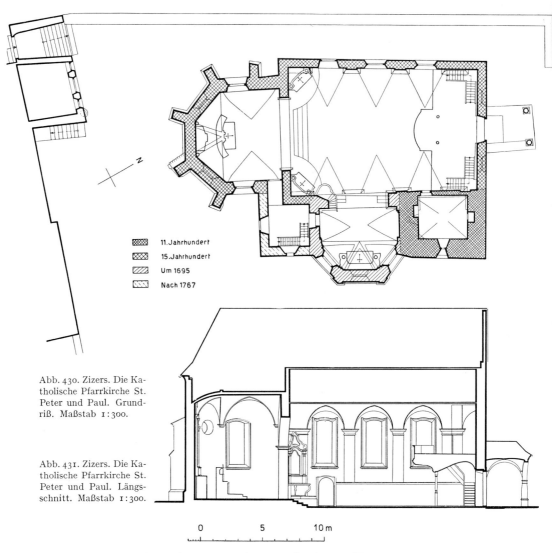

Abb. 430. Zizers. Die Katholische Pfarrkirche St. Peter und Paul. Grundriß. Maßstab 1:300.

Abb. 431. Zizers. Die Katholische Pfarrkirche St. Peter und Paul. Längsschnitt. Maßstab 1:300.

einfach gekehlte, spätgotische Umrahmung; die innere Nische schließt spitzbogig. Ebenso formiert ist der Seiteneingang in der Westwand. Eine Vorhalle auf stämmigen glatten Säulen schützt das Hauptportal.

Über dem südöstlichen querovalen Okulus zeichnen sich im Verputz die Keilsteine eines älteren Fensters mit gedrücktem Spitzbogen ab. Am Chor und der Rosenkranzkapelle unterscheidet man eine nachträgliche Erhöhung von etwa 1 m, die wohl dazu diente, alle Dächer auf gleiche Firsthöhe zu bringen. Die mit einem Pultdach bedeckte Sakristei in der Ecke zwischen Chor und Kapelle wird durch einen Haarriß als nachträglicher Umbau gekennzeichnet.

Der **Turm** steht an der Ostseite in einer Flucht mit der Nordfront der Kirche. Das Erdgeschoß springt vor. Über dem viereckigen Schaft erhebt sich ein durch rundbogige Blenden gegliedertes, eingezogenes Obergeschoß mit geschweifter barocker Haube.

Das Erdgeschoß des Turmes wird vom **Chor der romanischen Kirche** gebildet, was sich nach außen hin durch das erwähnte Vorspringen der unteren Mauerpartien zu erkennen gibt. Der Raum mißt 3,75 m im Geviert und ist bedeckt mit einem über grob behauenen Kämpferplatten aufsteigenden überhöhten Kreuzgewölbe mit verlaufenden Graten, also einer jener unbestimmten kuppelartigen Konstruktionen, wie sie in der frühromanischen Zeit vorkommen. Vermutlich 11. Jahrhundert. Die Belichtung bestand aus zwei rundbogigen Fensterchen mit schräger innerer und äußerer Leibung und abfallender Bank, eines in der Ostwand (nun zu einer kleineren Öffnung reduziert) und eines in der Südseite gegen die hier anstoßende Rosenkranzkapelle und daher vermauert. Der Chorbogen schließt im Rundbogen, ist gegen die jetzige Kirche hin durch eine 43 cm dicke Wand vermauert und zeichnet sich auch in der Schiffswand (neben der Emporenstiege) als Nische ab. In der Nordseite eine nachträglich eingetiefte, spitzgieblige, schmucklose Sakramentsnische mit gefalztem Gewände. Das Türchen selbst ist nicht mehr vorhanden. Gegenüber eine ähnliche, jedoch weniger tiefe Nische zur Aufbewahrung von Meßgeräten.

Dekoration. Sparsamer, aber guter Stuck in den Formen des Rokoko hauptsächlich als Fensterumrahmungen und Bekrönung des Chorbogens (1918 übermalt und vergoldet). Die durch Überarbeitung stark veränderten Deckenbilder signiert: «Joh. Anton Schneller invenit et pinxit 1770. Renovavit 1918 Josef Heimgartner.»

Baugeschichtliche Schlußfolgerungen. I. Vom romanischen Bau, der nach Osten gerichtet war, ist noch der – vermutlich im 11. Jh. entstandene – Chor im Erdgeschoß des Turmes vorhanden. Über den Umfang des Schiffes, dessen nördliche Langseite wohl außerhalb der heutigen Anlage verlief, ist nichts bekannt. Die Mauerstärke des Chores läßt vermuten, daß es sich um eine Turmchoranlage handelte.

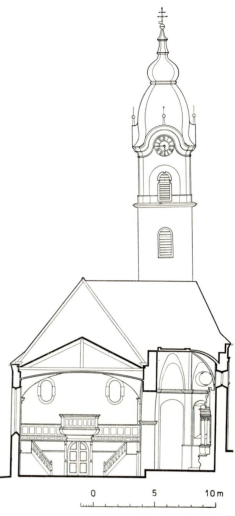

Abb. 432. Zizers. Die Katholische Pfarrkirche St. Peter und Paul. Querschnitt. Maßstab 1:300.

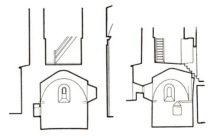

Abb. 433. Zizers. Katholische Pfarrkirche. Der romanische Chor im Turm. Längs- und Querschnitt. Maßstab 1:300. Text oben.

II. Wohl gegen Ende des 15. Jahrhunderts fand ein Neubau statt. Nach Niederlegung des alten Schiffes wurde eine nach Süden gerichtete neue Anlage mit polygonalem Chor errichtet. Daß letzterer gewölbt war, bezeugen die Streben. Von diesem Bau stammen noch die Umfassungsmauern des Chores und vermutlich im wesentlichen auch jene des Schiffes.

III. Bei den unter den Kapuzinern nach 1686 vorgenommenen Arbeiten handelt es sich um Renovationen und Sicherungen, ferner um die Erbauung der von Marschall Rudolf von Salis gestifteten Rosenkranzkapelle[1] und wohl auch um die Neueinwölbung des Chores sowie die Veränderung der Fensterdisposition.

IV. Die Wiederherstellung nach der Feuersbrunst von 1767 umfaßte offenbar folgende Bauvornahmen: Gipsgewölbe im Schiff (zuvor offenbar gemauertes Gewölbe)[2], Erhöhung der Umfassungswände, Neubau der Sakristei, neue Dächer, vollkommene Erneuerung der Innenausstattung, Neubau des Turmes. Ob der nach den Berichten 1767 zerstörte Turm noch der romanische Campanile war, ist nicht mehr zu bestimmen.

V. Gesamtrenovation 1918. Innenausstattung, Glasgemälde, Teile der Ausstattung.

Ausstattung. Die Altäre bilden zusammen ein einheitlich konzipiertes, nach dem Brand von 1767 entstandenes Ensemble aus Stucco lustro[3]. Es sind zweisäulige Aufbauten mit bewegt geschweiftem Volutengiebel, in die sich das Gebälk hinaufbiegt, so daß der ganze Aufbau, den Stiltendenzen des Rokokos gemäß, eine geschlossene Einheit bildet. Beim *Hochaltar* erhebt sich das Retabel über einem Beichtstuhl, während der Altar selbst von der Wand abgerückt ist. Figuren und Altarbild modern (1890). Die beiden *Seitenaltäre* stehen, wie erwähnt, schräg in den Ecken zu seiten des Choreinganges und sind dement-

Abb. 434. Gotischer Leuchter aus Zizers. Gegen 1500. Nun im Schweizerischen Landesmuseum zu Zürich. Text S. 408.

1) Seine Witwe Emilia, geb. von Schauenstein, wünscht in ihrem Testament vom 8. Sept. 1705 in dieser Kapelle beigesetzt zu werden «weillen mein Liebster sel. die Baukosten der Capellen mit diser Condition über sich genommen gehabt und bezalt, daß selbige ihme, mir u. allen unseren Erben oder Kindern zu Unserm Leichbegräbnis alleinig dienen soll» (Mitt. von P. Nicol. Salis †, aus dem Salis-Archiv).

2) Visit.-Prot. von 1639 (BA.): «Ecclesia fornice tota tegitur.»

3) Nach dem Visitationsprotokoll von 1639 (BA.) wiesen damals alle drei Altäre geschnitzte Figuren auf. Von Flügeln ist nicht die Rede, es handelte sich also offenbar nicht mehr um gotische Altäre. Am Hochaltar: Maria, St. Petrus und Paulus, auf der Evangelienseite St. Anna, auf der Epistelseite Maria, St. Anna, Lucius und Florinus. Die Rosenkranzkapelle existierte damals noch nicht.

sprechend leicht konkav gebaut. Von ihren Bildern entstammen nur noch die beiden Frontispizgemälde (St. Anna mit Maria und St. Johannes v. Nepomuk) sowie das stark übermalte Altarblatt an der Epistelseite (St. Fidelis) dem älteren Bestand. Am Gebälk des Rosenkranzaltars in der Ostkapelle die Allianzwappen des Stifterpaares: Baron Heinrich von Salis-Zizers († 1770) und Maria Anna Beßler von Wattingen († 1806)[1].

Der *Taufstein* in der Rosenkranzkapelle sechseckig aus rotem Marmor mit Muscheldekor, datiert 1769. – Die *Kanzel* aus Holz mit Fuß aus Stucco lustro. Gebauchter Korpus, Schalldeckel mit Rocaillebekrönung, marmoriert. – Die *Wangen der Bänke* im Schiff aus Nußbaum mit Rokokodekor in Reliefschnitzerei. Die vordere Reihe auf der Evangelienseite ist ein geschlossenes Gestühl, an der Front geziert mit großen Muscheln und den oben erwähnten Allianzwappen von Salis und Beßler. Um 1767. – Am Chorbogen ein *Kruzifix*, um 1767, jedoch neu gefaßt[2].

Kultusgeräte. *Sonnenmonstranz*, Silber vergoldet, Höhe (mit Kreuz) 64,5 cm (Abb. Bd. I, S. 239); getriebene Rocaillenornamente am Unterteil und als Umrahmung des birnförmigen Fensters, das von Relieffiguren – Maria und Antonius von Padua, kniend –

Abb. 435. Zizers. Katholische Kirche. Kelch um 1700. Text unten.

flankiert wird. In einer Kartusche am Fuß die Initialen «J A / V. S»[3]. Beschaumarke Augsburg mit Lit. S. für die Jahre 1767–1769; bei Rosenberg Nr. 268; Meistermarke des JOHANNES HÜBNER († 1776) wie bei Rosenberg Nr. 941. Neu vergoldet. – *Ziborium*, Silber vergoldet, H. 32 cm (ohne Kreuz). Getriebener Akanthus an Fuß und Deckel, am Nodus Voluten und Engelsköpfe, als Bekrönung des Deckels ein Kruzifix. Beschau Feldkirch, Meistermarke «D C», Tab. I, 8; um 1670–1680. – *Kelch*, Silber vergoldet, H. 23,5 cm. Dekor und Marken wie beim Ziborium. – *Kelch*, Silber vergoldet, H. 25,2 cm. Reich getrieben mit Akanthuslaub, Blumen und Engelsköpfen. Ein Blattkranz unterhalb des Knaufes sowie der Korb à-jour-gearbeitet. Auf den Blütenstempeln der Kuppa die Namen bzw. Monogramme der Hl. Familie. Beschaumarke Zug, Meisterzeichen abgenützt, aber anscheinend Marke des BEAT KONRAD KEISER (1659–1725), wie in Kdm. Zug II, S. 668, unten, sowie Keiser[4] S. 149, Nr. 17. Um 1700 (Abb. 435). – *Weihrauchschiffchen* in Silber, H. 13 cm. Getrieben mit Régencedekor, Beschau Augsburg, Meistermarke des JOHANN ZECKEL († 1729) wie bei Rosenberg Nr. 756. Um 1725. – *Rauchfaß*, Silber, H. 23 cm. Régencedekor in

---

1) Beide in dieser Kapelle bestattet.
2) Der obere Teil des Orgelprospektes stammt wohl noch aus dieser Zeit.
3) Wohl identisch mit dem vorher genannten Baron Heinrich, dessen voller Name Johann Heinrich Anton lautete; Maréchal de camp.
4) Joh. Keiser, Die Zuger Goldschmiedekunst, Zug 1927. – Der Kelch gleicht im Aufbau sehr dem «Schumacher-Kelch» aus St. Michael in Zug 1701, abgebildet Kdm. Zug II, S. 105, der auch denselben durchbrochenen Akanthuskranz und die Blattspitzen in den Winkeln des Fußes aufweist.

durchbrochener Arbeit. Marken wie beim Schiffchen; um 1720. – *Vortragekreuz*, Kupferblech, vergoldet, mit Silberdekor. Kleeblattenden; Korpus neu. Brustbilder der Evangelisten und Marienrelief auf der Rückseite, um 1600; die Passionssymbole und Rocaillekartuschen sind Zutaten um 1760.

Glocken. 1. Dm. 145 cm, Inschrift: UMBRA PETRI SANAT · SANANT SUDARIA PAULI HOS ERGO PLANE ZIZERIANE COLE ACT. 5 15 ACT. 19 V 12 · 1770 · + VULCANUS RAPUIT VICUM CUM LIMINE TEMPLI DIE 14 · 9 BRIS 1767 · RESTITUIT PIETAS TUMU(L)OS TURRIMQE REDEMIT DIE 13. JUNI 1769. Gießermarke mit Umschrift: FUDIT JOANNES ANT(ON)IUS PECCORINUS. Bilder: Mariä Himmelfahrt und Heilige. – 2. Dm. 117 cm. Inschrift: CUNCTOS ORE VOCO GABRIELIS AD AVE MARIA DORMITUM SATIS EST SURGITO · SOLVE PRECES · 1770. Gießer wie bei Nr. 1. Bilder: Mariä Verkündigung und Heilige. – 3. Dm. 97 cm, Inschrift: AMICUS FIDELIS PROTECTIO FORTIS. ECCLI. (Sirach) 6. 14. PERMANE ILLI FIDELIS ECCLI. 22 · 29. – 1770. Gießer wie Nr. 1. Bilder: Heilige. – 4. Dm. 75,5 cm. Inschrift VENITE ET CONGREGAMINI AD COENAM MAGNAM DEI. APOC. C 19 V 17. Gießer wie Nr. 1. Bilder: Kreuzigung und Heilige.

Grabtafeln. Außen an der Westwand des Chores Platte mit Inschrift: 1. SEPULTURAE ILLUSTRISSIMAE FAMILIAE DOMINORUM COMITUM DE SALIS[1]. – 2. An der gleichen Wand eine Kopie der Tafel für Rudolf von Salis, Ritter des St.-Jago-Ordens, gest. 1668[2]. – 3. An einer Strebe dieser Seite kleine Schriftplatte für Graf Franz Simeon von Salis, geb. 20. Februar 1777, gest. 23. Oktober 1845, und seine Ehegattin Josepha, geb. Peterelli, geb. 11. Juli 1780, gest. 4. Februar 1850. – 4. An einer Strebe des Chorschlusses: Tafel mit Allianzwappen Keiser und Täscher. Inschrift zerstört; nach der «Raetia sepulta» für Joh. Keiser, gest. 14. Juni 1656 im Alter von 63 Jahren, und dessen Ehefrau Burga Täscher, gest. 2. Dezember 1665 im Alter von 65 Jahren. – 5. An der Wand des ehemaligen Beinhauses, am Südrand des Friedhofes, beim Aufgang, gußeiserne Tafel mit Inschrift für Anton Schneider, k. und k. Appellationsrat, geb. 13. Oktober 1777 zu Weiler, gest. «zu Fidris am 16. July 1820, in dem an Unglück und an Ruhme reichen Kriegsjahre 1809 Generalcomissaer im Vorarlberg». Signiert: «Fecit k.k. Eisengußwerk bey Mª Cell (Mariazell)»[3].

Ins Schweizerische Landesmuseum zu Zürich gelangte: 1. Eine *Holzskulptur der hl. Katharina* aus der Kirche von Zizers (Nr. LM. 18246). H. 54 cm. Die sehr gedrungene Figur war – da vollrund – vielleicht als freistehende Seitenstatuette an einem Schrein verwendet. Gegen 1500. Alte Fassung. – 2. Ein *schmiedeeiserner Leuchter* (LM. 6968) zum Stellen und Aufhängen der Fettlampen, oben mit drei Kerzenhaltern; Einfassungen von Blattwerk. H. 57,5 cm, spätes 15. Jahrhundert (Abb. 434).

Literatur: J. BAIER-FUTTERER, Katalog der Bildwerke des Landesmuseums, S. 58.

Die Evangelische Kirche

Geschichte und Baugeschichte. Die Zizerser Pfarrchronik enthält unter dem Datum 1340 die Notiz: «consacrata est ecclesia S. Andreae»[4]. Ob es sich hier um die Gründung oder eine Neuweihe handelt, ist nicht zu entscheiden. 1365 geschieht an gleicher Stelle des «Glockenhauses» (Turmes) Erwähnung. Nach einem Inventar standen in der Kapelle 1640 noch drei Altäre; im Turm hingen zwei Glöcklein.

---

1) Nach der «Raetia sepulta» lag diese Platte ehemals im Chor; 1857 erneuert.
2) Die Kopie wurde 1856 vom Steinmetzmeister ANDREAS BARGÄHR hergestellt (Raetia sepulta).
3) In der «Raetia sepulta» sind außerdem noch die Inschriften von weiteren sieben Grabtafeln für 13 Mitglieder der Familie Salis aus der Zeit von 1626 bis 1850 (einschließlich der Nachträge) sowie eine Tafel für Pfarrer Fernandus Arth O. Cap., gest. 11. Oktober 1753, aufgeführt. Siehe StA. Sign. A VII 11.
4) Mitt. von P. Nicolaus von Salis †.

Sonstige Kirchenzierden waren nicht vorhanden; Kirche und Friedhof galten als profaniert (BA. Mappe 177). 1644 wurde die Kirche für den evangelischen Gottesdienst eingerichtet. 1698 erfolgte eine Erhöhung des Turmes um 10 Schuh, auf die ein Turmhelm von 13 Schuh gesetzt wurde. Maurermeister war HANS RÄPOLD von Igis. Zimmermeister CHRISTOFFEL COGLER (Kogler) von Ratenberg (Rattenberg?) in Tirol. ANDREAS À PORTA von Feldkirch goß eine Glocke von 10½ Zentner, so daß also nun drei auf dem Turm hingen. 1711 beschloß die reformierte Gemeinde, «einen neuen auß ihrem alten schlechten Tempel zu auferbauwen». «18 Schuh hat man die Kirch verlängert, zu beiden Seiten sind die Mauern aus dem Fundament (also völlig neu) aufgeführt worden.» Meister: HANS RÄPOLD von Igis und CHRISTIAN SCHULER. Orgel erbaut von Organist VINCENZ SCHMID von Chur, um 112 Taler. Einweihung der neuen Kirche am 23. Oktober 1711. Turmuhr 1769. Renovationen 1855, 1903, 1907, 1935. Zusammenfassung der baugeschichtlichen Vorgänge siehe S. 410.

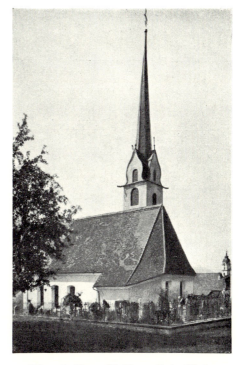

Abb. 436. Zizers. Die Evangelische Kirche. Ansicht von Südosten.

Quellen: Historische Notizen in dem 1646 angelegten Kirchenbuch der Evangelischen Gemeinde. Archiv der Evangelischen Gemeinde.

Baubeschreibung. Inneres. Die nach Osten gerichtete Anlage besteht aus dem rechteckigen Schiff (L. 12,75 m, Br. 9,20 m) und dem eingezogenen, flach geschlossenen Chor (L. 9,55 m, Br. 5,15 m), der – im Rundbogen sich öffnend – nicht in der Schiffsachse steht, sondern um 2,50 m nach Süden hin verschoben ist. Als Wandgliederung dienen schwache Blendarkaden. Über Schiff und Chor liegen übereinstimmend konstruierte Spiegelgewölbe mit Stichkappen. Die Belichtung erfolgt durch Stichbogenfenster, sowie – in der nördlichen Schiffswand – durch Okuli. An der Westseite eine auf glatten Säulen ruhende Empore.

Äußeres ohne Wandgliederung. Neues Vorzeichen. Das rundbogige Hauptportal umrahmt ein Steingewände mit sparsamer Dekoration von Blattrosetten. Die Türe schmückt Reliefschnitzerei mit pflanzlichen Ornamenten und zwei aufrechten Steinböcken, der eine davon hält ein Monogramm aus «E G Z» (Evang. Gemeinde Zizers), der andere einen Schlüssel (Wappen der Gemeinde Zizers). Um 1711 (Abb. 439). Einheitliches Satteldach.

Der **Turm** steht an der Nordseite in der Ecke zwischen Schiff und Chor. An seiner gegen den Dachboden der Kirche gekehrten Südseite sind die Kanten bis zur Traufhöhe des Chores mit gemalten Eckquadern dekoriert, woraus hervorgeht, daß die alte Kirche wesentlich niederer war. Im Innern des Turmes sieht man unmittelbar unter der Glockenstube vier vermauerte rundbogige Fenster und im Glockengeschoß gegen Westen hin eine der alten gekuppelten rundbogigen Schallöcher mit schlanken

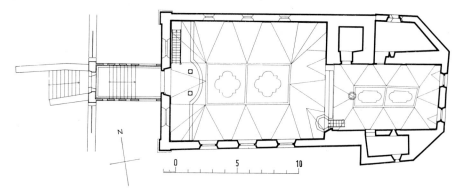

Abb. 437. Zizers. Die Evangelische Kirche. Grundriß. Maßstab 1:300.

Teilsäulchen und geschweiftem Kämpfer. Den viereckigen Schaft bekrönt ein über geschweiften Giebeln aufsteigender, sehr schlanker achteckiger Helm (von 1698).

Baugeschichtliche Zusammenfassung. I. Vom älteren Bestand ist nur noch der Hauptteil des Turmes nachweisbar. II. 1698 Erhöhung des alten Turmes um drei Meter und Aufrichtung eines neuen Helmes. III. Die bestehende Kirche ist im wesentlichen ein Ergebnis des 1711 durchgeführten Neubaues. Die chronikalisch bezeugte Verlängerung von insgesamt 6 m (siehe oben) wurde offenbar nicht nur durch eine Vergrößerung des Schiffes gegen Westen, sondern auch durch eine Verlängerung des Chores erreicht, der dadurch seine ungewöhnliche Tiefe erhielt. Grund dafür waren die Terrainverhältnisse im Westen. Eine Verbreiterung des Schiffes gegen Norden (wodurch der Chor aus der Mittelachse rückte) scheint schon zuvor stattgefunden zu haben.

Die **Ausstattung** vorwiegend von 1935. Von der älteren Einrichtung ist noch die *Kanzel* vorhanden. Den polygonalen Korpus zieren Fratzen, Blattranken und aus Laub gebildete pyramidenförmige Motive, alles in Reliefschnitzerei. Den Schalldeckel bekrönen geflügelte Engelsköpfe. Auf der Türe die Inschrift: GEORGIUS BERNHARD H(OC) T(EMPORE) PASTOR 1711 – F. W. FECIT (Abb. 438).

Abendmahlsgeräte. Zwei identische *Kelche* aus Silber, H. 22,5 cm. Am Fuß eine getriebene Blattborte, im übrigen glatt. An der Kuppa gravierte Widmungsinschrift von 1700 mit folgenden Initialen und Wappen: Unbekanntes Wappen «A L», Battaglia «P B», Sprecher «D. S.», Hausmarke und «D G», unbekanntes Wappen «P S». Beschau Chur wie Bd. IV, S. 451, Nr. 1, Marke des Meisters Tab. I, 3. – *Runde Abendmahlsplatte* aus Silber mit Randvergoldung, Dm. 36 cm, glatt. Im Fond das gravierte Wappen Walser mit Umschrift: MARIA BATTALIA, EIN GEBORNE WALSERIN GEBÜRTIG VON CHUR. – A. 1711. Auf dem Rand geistlicher Spruch. – Zwei *sechseckige Ringkannen* aus Zinn, datiert 1700 / 1858. Zeichen J. U. BAUER, wie Bossard Nr. 352.

Glocken. 1. Dm. 125 cm, Inschrift: SOLI DEO GLORIA HALT FEST AN GOTTES WORT ES IST DEIN GLÜK AUF ERDEN UND WIRD SO WAHR GOTT IST DEIN GLÜCK IM HIMMEL WERDEN. 1771 M A V G[1]. Gießermarke des JOANNES ANT(ON)IUS PECCORINUS. – 2. Dm. 100 cm, Inschrift: GOTT GEB DAS MEIN SCHAL ALE LEUT, DIE MICH HÖREN MACHE BEREIT ZU LOBEN DIE HEILIGE DREIEINIGKEIT 1771 A V G M E G Z. – 3. Dm. 82 cm, Inschrift: O JESU LASE DEINE GNADE DURCH MEIN KLINGEN VILE IN DEIN HAUSE BRINGEN 1771. Gießermarke wie Nr. 1.

---

[1] Buchstaben verstellt: vielleicht V M A G = Verbi minister Anton Graß; Pfarrer in Zizers 1761 bis 1806. Truog, Nr. 127, Z. 15.

Abb. 438. Zizers. Evangelische Kirche.
Die Kanzel; von 1711. Text S. 410.

Grabtafeln, bis 1935 im Boden des Chores, nun an der Westfront aufgestellt: 1. Ohne Wappen. Inschrift für Landammann und Podesta Christian Hartmann Marin[1], geb. 1744, gest. 1814. – 2. Allianzwappen Götz und Hosang, Inschrift (zum Teil zerstört) für Christian Götz, geb. 26. Februar 1690; Todesdatum nicht mehr vorhanden.

Profanbauten

Das «Untere Schloß», nun St.-Johannes-Stift

Geschichte. Die Gesamtdisposition ging vom sogenannten Stammhaus aus, das mit seinen um einen Hof gruppierten landwirtschaftlichen Nebengebäuden die nördliche Partie der ganzen Anlage bildet und sich im Situationsplan deutlich als ehemals selbständiger Komplex abzeichnet. Erbaut um 1620 von dem Santiago-Ritter Rudolf Andreas von Salis (1594–1668), Stammvater der Linie Salis-Zizers. An der Stelle eines älteren, völlig niedergelegten anderen Salis-Hauses errichtete sein Sohn Rudolf, französischer Oberst und seit 1688 Maréchal de camp, das «Untere Schloß». Die Durchführung des Neubaues besorgte seine Frau Emilia geb. von Schauenstein-Ehrenfels, da er selbst in Kriegsdiensten abwesend war. Schon 1670 lagen die von Baumeister CLEBER entworfenen Pläne vor, doch war der Rohbau erst 1683 (Datum über der Türe) vollendet. Innenausstattung in den folgenden Jahren. Die Täfer wurden einfach gehalten, da der Bauherr von vornherein beabsichtigte, sie mit

---

[1] Biographische Daten gibt B. Hartmann in HBLS. V, S. 27.

Abb. 439. Zizers. Evangelische Kirche.
Das Portal. Text S. 409.

Tapisserien zu behängen. So kaufte er 1686 in Paris flämische Bildteppiche um 110 Reichstaler, denen später noch weitere derartige Erwerbungen folgten[1]. Die ganze Besitzung (Stammhaus und Unteres Schloß) vererbte sich als Fideikommiß im gleichen Salisstamm bis 1819, ging dann an die Salis-Tirano und wurde 1899 vom «Seraphischen Liebeswerk» zur Gründung eines Stiftes für erholungsbedürftige und ältere Priester erworben. Damals Verkauf der meisten Täfer sowie der Kunstöfen an die Société auxiliaire du Musée de Genève.

Der Anpassung an die neue Bestimmung dienten einige Umgestaltungen im Innern, doch kamen keine tieferen Eingriffe in den baulichen Bestand vor. An Stelle des alten Torkels südlich des Hofes wurde 1912 im Anschluß an einen polygonalen Treppenturm ein Nebengebäude errichtet und durch einen offenen Gang mit dem Haupthaus verbunden. 1931 Innenumbau des Stammhauses («Schlößli») durch Architekt GAUDY.

Beschreibung. Das alte «Stammhaus» ist ein dreigeschossiger Rechteckbau mit asymmetrisch vorgebautem Treppenturm. Im Erdgeschoß eine in der Eingangsachse liegende «sala terrena», überwölbt von einer Tonne mit Rahmenwerk. Im zweiten Oberstock ein auf vier profilierten Konsolen ruhender Erker, in dem ein Altar für die Hausgottesdienste stand.

In das Rätische Museum zu Chur gelangte aus diesem Hause eine *Türe* mit Bogenfüllungen in geschnitzten Umrahmungen und hermenförmigen Pilastern; um 1640 bis 1650. Abbildung Bürgerhaus XIV, Taf. 98, Fig. 2[2].

Das neue «**Untere Schloß**». Die Disposition des stattlichen, symmetrisch organisierten Gebäudes wird bestimmt durch die nach der Talseite als Rundturm hervortretende, im Grundriß ovale Mittelpartie, die im Erdgeschoß einen Gartensaal, im oberen Teil aber einen durch zwei Geschosse reichenden *Festsaal* barg, welch

1) Für die Churer Handwerksgeschichte bemerkenswert ist, daß zwei große Spiegel durch einen «Tischmacher in Chur, der lange in Frankreich oder zu Lyon gearbeitet», gefaßt wurden.
2) Der Aufsatz mit dem Bistumswappen gehörte ursprünglich nicht dazu.

Abb. 440. Das Untere Schloß in Zizers, gezeichnet von J. R. Rahn am 19. September 1875.
Aus einem Skizzenbuch in der Zentralbibliothek Zürich.

Abb. 441. Das «Schöne Zimmer» aus dem Unteren Schloß in Zizers; um 1685.
Nun im Musée d'Art et d'Histoire zu Genf. Text S. 414.

letzterer nun als Kapelle dient. Im rechten Winkel zu diesem Saalbau laufen in der Längsrichtung merkwürdig schmale und unentwickelte Mittelkorridore. Alle Erdgeschoßräume gewölbt. In den oberen Geschossen Täfer mit Kassetten und Felderdecken. Ein *Kamin* im Erdgeschoß datiert 1692. Über dem Schloßeingang die Zahl 1683, an der Hoffront *Allianzwappen* Salis und Schauenstein-Ehrenfels mit Inschrift: Rudolf von Salis – Emilia Joh. Schauenstein 1664[1]. Über einem Tor in der östlichen Hofmauer das Wappen Salis mit dem wohl auf das Stammhaus zu beziehenden Datum 1620.

Der Bau ist durch seine energische Silhouette mit dem stark hervortretenden Mittelturm bestimmend für das ganze Ortsbild. Beachtung verdient auch die glückliche Einbeziehung des älteren Bestandes (Stammhaus) in die um einen großen Hof mit Mauer und Torhäuschen angeordnete Gartenanlage.

Von den *Privatkelchen* in der Hauskapelle bemerkenswert: 1. Kelch, Silber vergoldet, H. 25 cm. Getriebene Voluten, am Schaft Perlschnüre, am durchbrochenen Korb Engelsköpfe; um 1680. Beschau Augsburg, Meistermarke wie Rosenberg Nr. 7788, vermutlich Zeichen des MICHAEL BRÄNDLE[2]. – 2. *Kelch*, Silber vergoldet, H. 25,2 cm; am Fuß und dem durchbrochenen Korb in Treibarbeit zwischen Akanthus und Bandwerk Kartuschen mit den Leidenssymbolen; um 1720. Beschau Augsburg,

---

1) Die Tafel wurde in Zürich ausgeführt (BMBl. 1945, S. 129). Ob sie schon im Hinblick auf den geplanten Neubau bestellt oder zunächst an dem hernach abgebrochenen Haus angebracht war, bleibt unklar.
2) Vgl. Dora F. Rittmeyer, Gesch. d. Luzerner Silber- und Goldschmiedekunst, Luzern 1941, S. 291, Nr. 1, 2.

Abb. 442. Salis-Wappen an der Decke des Saales aus dem Unteren Schloß in Zizers. Um 1685. Nun im Musée d'Art et d'Histoire zu Genf. Text nebenan.

Meistermarke I Z, nach Rosenberg Nr. 756 und Schröder Nr. 8 Zeichen des JOHANN ZECKEL († 1728). – 3. *Kelch*, Silber vergoldet, H. 23 cm; getriebene Fruchtgewinde und Volutenornamente; Korb nicht durchbrochen. Beschau Augsburg, Meistermarke I C B, wie Rosenberg Nr. 971 und Schröder Nr. 24a[1].

Im Musée d'Art et d'Histoire zu Genf sind folgende Täfer aus dem Zizerser Schloß eingebaut: 1. Raum 21: Der ovale *zweistöckige Festsaal* wurde unter Verwendung aller transportablen Teile (Decke, Türen, Fenster, Galerie) im Museum genau rekonstruiert. Im Mittelfeld der Kassettendecke das Wappen Salis (Abb. 442). – 2. Raum 35: Das «*Schöne Zimmer*», aus einem der Eckzimmer des ersten Obergeschosses. Hartholztäfer. Die ovalen Kassetten umrahmt mit muschelähnlich geschnitzten Leisten (Abb. 441). – In dem kleinen Gang neben diesem Raum eine Decke gleicher Herkunft. – 3. Raum 36: Das *bemalte Zimmer*. Einfache Wandgliederung durch Lisenen. Decke mit flachen Kassetten, die Füllungen des ganzen Interieurs nachträglich (um 1725–1730) bemalt mit Bandwerk, Tieren, Vögeln, Greifen in gelben und bräunlichen Tönen. – 4. Raum 37: Das *Speisezimmer*. Wände mit Bogengliederungen und Kassettendecke. Zum gleichen Raum gehörte auch das hier aufgestellte Büfet mit Reliefschnitzerei. – 5. Raum 38: *Decke* aus dem zweiten Obergeschoß. Außerdem das Original der (am Bau kopierten) *Türflügel des Haupteinganges* und zwei weitere Türen aus dem ersten Obergeschoß.

Ins Museum gelangten auch folgende Öfen: 1. *Turmofen* aus dem «schönen Zimmer». Die Lisenen und Gesimse aus meergrünen gepreßten Ornamentkacheln, die Füllungen bunt bemalt mit militärischen Szenen und Illustrationen zum alten Testament; auf den Sockeln Blumen und Früchte. Doppelt signiert: David Pfauw Haffner zu W. 1689, und David Pfauw 1688. Ofensitz mit Stufen. – 2. *Turmofen* aus dem Speisezimmer von gleichem Aufbau wie der vorige. Auf den Füllungen ebenfalls Bilder aus dem Soldatenleben. Signiert: David Pfauw Haffner zu Winterthur 1688. – 3. Ofen aus grünen Reliefkacheln aus dem Raum neben dem bemalten Zimmer. Ornamentkacheln. Signiert H A · 1739. B St (ST. verschlungen). – 4. *Ofen aus grünen Reliefkacheln* mit weiblichen Musikantinnen, ergänzt durch Kacheln wie am vorher genannten Ofen.

Im gleichen Museum stehen auch noch verschiedene Möbelstücke aus dem Schloß: Stühle mit Bezügen in «point de Hongrie», ein Tisch, eine geschnitzte, mit Intarsien gezierte sechstürige Kredenz; alles aus der zweiten Hälfte des 17. Jahrhunderts[2].

1) Nach Rosenberg Zeichen des JOH. KARL BURGER; Meister 1750, † 1795, nach Schröder des JOH. IGN. CASPAR DERTOLD, Schaffenszeit 1755–1794. Beide Zuschreibungen werden durch das obige Stück in Frage gestellt, da es anscheinend das Beschauzeichen Rosenberg Nr. 227 (um 1722) trägt, keinesfalls aber eine der 1735 beginnenden Beschaumarken mit Buchstaben und überdies noch keinerlei Rocaillemotive aufweist.

2) Das Museum beherbergt außerdem noch eine bemerkenswerte Kollektion von Bündner Truhen aus der Zeit vom Anfang des 16. bis ins frühe 17. Jahrhundert, meist mit Kerbschnitt und Flachschnittdekor.

Im Schweizerischen Landesmuseum zu Zürich befindet sich ein Teilstück einer *Decke* mit profilierten Kassetten, eingebaut in Raum 47 (Korridor), ferner *zwei Zeltteppiche* (Nr. I N 6939), aufgehängt in der Waffenhalle (213 × 227 cm). Grüne Wolle mit bunten, leicht bestickten Applikationen. Im Fond das Salis-Wappen[1], von zwei Nereiden gehalten, darunter und in den Ecken der französische St.-Ludwigs-Orden. Um 1700[2]. Abgebildet im Schweizerischen Archiv für Heraldik 1927, Taf. III.

Im Besitz von Dr. V. von Castelberg, Zürich, ein *Bildnis des Rudolf von Salis*, Erbauers des Unteren Schlosses[3]. Öl auf Leinwand, Halbfigur. Auf der Rückseite bezeichnet: «Ruodolff von Salis Oberister.» Die Inschrift auf der Vorderseite ist späteren Datums[4] (89,5 × 70,1 cm).

Abb. 443. Zizers. Das Obere Schloß.
Ansicht von Süden. Text S. 416.

Literatur: BÜRGERHAUS XIV, S. XLf., L, Taf. 93–99. Die Planzeichnungen zeigen den Zustand von 1899, die Photos der Interieurs geben die Aufstellung im Genfer Museum wieder. – P. NIKOLAUS VON SALIS-SOGLIO, Das Untere Schloß zu Zizers. Schiers 1902, Separatdruck aus BMBl. 1902. – GUIDO VON SALIS-SEEWIS, Zur Baugeschichte des Unteren Schlosses zu Zizers, BMBl. 1945, S. 129–138. – Über die Interieurs in Genf siehe den Katalog des Musée d'Art et d'Histoire von W. DEONNA, Genf 1929, S. 50–54, 64f., 126f., 140–156, sowie C. MARTIN, Les Salles de Zizers, Pages d'Art 1922, S. 87, 88, mit 3 Tafeln. – Über die bemalten Öfen: CHR. BÜHLER, S. 19–22.

Das «Obere Schloß»

Geschichte. Erbaut wohl von Baron Simon von Salis (1646–1694) aus der Linie Tirano, einem Neffen des oben genannten Marschalls Rudolf. Von der ersten Innenausstattung ist nur noch einiges Holzwerk (Decke in der Kapelle, Sockelschränke im ersten Stock, um 1680–1690) nachweisbar. Im übrigen entstand die dekorative Gestaltung des Inneren im wesentlichen unter Graf Rudolf Franziskus von Salis

---

1) Das Wappen kann sich nicht, wie im Museumsführer angegeben, auf Marschall Ulysses von Salis-Marschlins († 1674) beziehen, da der Ludwigsorden erst 1693 gestiftet wurde. Da überdies der Orden nur an Katholiken verliehen werden konnte (vgl. F. Gottschalk, Almanach der Ritterorden, Leipzig 1818, S. 63), so liegt es – wie schon P. Nicolaus v. Salis (Das Untere Schloß, S. 29) vermutete, am nächsten, die Stücke nach Zizers zu verweisen.

2) Unklar ist die Devise: «Fructus belli virtus premium», denn es müßte «virtutis» heißen; die jetzt geltende Devise des Ordens lautet: «Bellicae virtutis praemium.»

3) Das Bild stammt aus der Familie von Blumenthal, von der ein Zweig in Zizers ansässig war; ihr Sitz war das sogenannte «Toggenburger Haus». – Andere Porträts der gleichen Person im Oberen Schloß zu Zizers (S. 416) sowie im Palais Salis zu Bondo (Bd. V, S. 408) und im Schloß Baldenstein.

4) Der ursprüngliche Standort einer 1908 aus sigmaringischem Privatbesitz in den Kunsthandel gelangten Wappenscheibe des Marschalls Rudolf von Salis und der Emilia von Schauenstein ist unbekannt. Datiert 1691. Signiert: «Adam zum Bach von Zug.» Über eine Rundscheibe der beiden Genannten in der Sammlung im Heylshof zu Worms siehe S. 200.

(1687–1738), seit 1724 vermählt mit Anna Elisabeth Buol von Schauenstein zu Rietberg. 1947 wurde das Schloß vom Bistum Chur erworben.

Beschreibung. Der kubische Bau mit Freitreppe und leichten, am Mezzaningeschoß unter dem hohen Walmdach aufgehängten Balkonen ist nicht wie das Untere Schloß auf repräsentative Wirkung bedacht, verbirgt sich vielmehr geradezu im Ortsbild und zeigt in der besonders glücklichen Gestaltung des Vorhofes mit Einfahrt und Nebengebäude die intimeren Reize eines herrschaftlichen Landhauses. In einer für unseren Bereich ungewöhnlich großzügigen Weise sind die Korridore und das *Treppenhaus* bemalt (Abb. 444 und Bd. I, Abb. 118); an der Decke im ersten Stock eine Verherrlichung Christi, im zweiten an den Wänden in Nischen Propheten, in der Kehlung der Decke Balkons mit Engeln sowie Kartuschen mit biblischen Szenen. Der gegenwärtige Zustand zeigt nicht mehr die originale Fassung, die offenbar auf einer völlig neu überputzten unteren Schicht liegt. An der Fassade illusionistische Architekturmalerei, insbesondere als Umrahmungen des Eingangs und der Fenster.

Aus der gleichen Zeit, um 1725, stammen die vorzüglichen *Régencestukkaturen* im «Saal» und der Bibliothek mit Gitter- und Bandwerk, Blattranken, Putten, Vögeln und allegorischen Emblemen in nächster Stilverwandtschaft zu den Arbeiten im «Alten Gebäu» in Chur (Abb. 446). Im Saal ferner ein stuckierter Spiegelaufsatz über einem Kamin aus schwarzem Marmor (Abb. 445); über dem Kamin der Bibliothek eine Stuckbekrönung mit Allianzwappen: a) Diplomwappen Salis, b) geviertes Wappen Buol-Schauenstein zu Rietberg. Als Schildhalter Adler und Löwe. In einem Zimmer und einem Alkovenstübchen des ersten Obergeschosses weißlackierte Täfer mit geschnitzten klassizistischen Motiven (Blumenkörben, Vasen, Girlanden); um 1790–1800.

Öfen. 1. Im zweiten Obergeschoß ein kleiner, bunt bemalter Ofen, dessen viereckiger Oberbau ganz aus Frieskacheln zusammengesetzt ist, von denen einige vielleicht dem hernach beschriebenen Ofen entnommen sind. Der Kranz fehlt. Auf den Füllungen des Unterbaues Äsopische Fabeln, auf Friesen und Lisenen in ovalen Rahmen Landschaften, oben Schlösser. Signiert: Daniel Meyer Haffner in Stedborn 1722. – 2. Ein größerer, bunt bemalter Turmofen der gleichen Werkstatt steht im Wohnzimmer des ersten Stockes. Auf den Füllungskacheln biblische Szenen, auf den Lisenen Landschaften in Medaillons. Am Obergeschoß fehlt der Fries (siehe Nr. 1). Nicht signiert; um 1730.

Unter den *Familienbildern* zwei Damenporträts von dem früher (S. 372) erwähnten unbekannten Maler, eines davon Cleopha Emilia von Salis, der Name der anderen unbekannt; um 1680. Halbfigur. – Ferner: Marschall Rudolf aus dem Unteren Schloß, 137 × 103 cm, Kniestück. In der Rechten der Marschallstab, gelbliche Beinkleider. Signiert: F H De (verbunden) Feger fecit A⁰ 1672. – Bildnis des Johannes von Salis (Sohnes des Marschalls, 80,3 × 64,8 cm); durch Übermalung beeinträchtigt; neu entoiliert, übertragene Bezeichnung auf der Rückseite: «Fait par Rigaud Lejeune 1703.» Halbfigur[1].

Literatur: Bürgerhaus XIV, S. XLI, LI, Taf. 100–105. – P. Nikolaus v. Salis-Soglio, Das Untere Schloß, S. 10. – Über die Öfen: K. Frei, S. 85f., mit Abb. Taf. I, 3 und X, 1, 2. – Chr. Bühler, S. 34.

Andere Wohnhäuser

Ehemaliges Haus **Amstein** (nun Familie Bernhard und Postbureau) im äußeren Dorfteil. Charaktervolles ländliches Bürgerhaus mit Satteldach, erbaut 1619 (datiert). Steinerne, hinter der Straßenfront angeordnete Wendelstiege. Korridore in Firstrichtung mit Kreuzgewölben. In der Südwestecke des ersten Obergeschosses eine

---

[1] Auf einer Kopie dieses Bildnisses die Inschrift: «Hauptmann Johanneß von Salis Aeˢ 33 A⁰ 1703.»

Abb. 444. Zizers. Oberes Schloß. Der Korridor im zweiten Stock. Text S. 416.
Siehe auch Bd. I, Abb. 118, S. 249.

Täferstube, deren Decke mit Kreismotiven gegliedert ist; um 1730–1740. Schmaler *Schrank* mit guter Reliefschnitzerei an Lisenen und Fries (Blattranken aus Vasen steigend, Maske, Eierstab); um 1680. Von 1777–1794 wurde das Haus von dem bekannten Arzt Dr. J. G. Amstein, dem Gründer der Gesellschaft landwirtschaftlicher Freunde, bewohnt.

Ehemaliges Haus **Marin** (nun Kinderheim «Gott hilft»), gleichfalls im nördlichen Dorfteil. Breitgelagertes Haus mit Walmdach und davorliegendem ummauertem

Garten. Den alten Kern bildet der Teil an der Straße, in dessen Südostecke sich eine *Prunkstube* erhalten hat: die Wände gegliedert mit Schuppenpilastern verschiedener Ornamentierung, Türumrahmungen und Traubenranken in Reliefschnitzerei. In den Füllungen wie in den Kassetten der Decke kräftige Blattrosetten. Ende des 17. Jahrhunderts. Um 1770 Vergrößerung des Gebäudes. Aus dieser Etappe das Treppenhaus mit den von Stuckvoluten bekrönten Wandvorlagen. In der westlichen Erdgeschoßsaletta ehemals ein Allianzwappen Marin-Planta[1], beim Umbau zum Kinderheim (1920) entfernt.

Burgruine Friedau

am Westrand des Dorfes Zizers. Ehemaliges Zentrum der bischöflichen Grundherrschaft dieses Gebietes, erbaut von Bischof Volkart († 1251) und seinem Nachfolger Heinrich III. von Montfort; von 1362–1436 im Besitz der Grafen von Toggenburg, dann wieder in den Händen des Bischofs. 1649 mit den bischöflichen Rechten an das Hochgericht der Vier Dörfer verkauft und hernach als Gefängnisturm benützt. Unter Dach noch bis zu einem Brand nach 1880.

Ruine eines quadratischen, ehemals wohl viergeschossigen Wohnturmes. Teile der West- und Südmauer sind nach dem erwähnten Brand eingestürzt; damals entstanden auch die senkrechten Risse im zweiten Geschoß; die Fenster teilweise mit Sitznischen. – Näheres siehe Burgenbuch, S. 94, 169 und Taf. 15, 16.

[1]) Es bezog sich auf Chr. H. Marin, 1767 vermählt mit Katharina Marg. von Planta-Wildenberg von Malans (Mitt. Prof. Dr. B. Hartmann).

Abb. 445. Zizers. Oberes Schloß. Kaminaufsatz, um 1725. Text S. 416.

Abb. 446. Zizers. Oberes Schloß. Stuckdetail aus der Bibliothek. Text S. 416.

ANHANG

Abb. 447. Bildteppich mit Einhornjagd. Aus Graubünden. Nun im Schweizerischen Landesmuseum. Text S. 427 f.

KUNSTGEGENSTÄNDE AUS GRAUBÜNDEN IM SCHWEIZERISCHEN LANDESMUSEUM IN ZÜRICH

Vorbemerkung. Es handelt sich hier nur um Gegenstände, die in den vorangegangenen Bänden nicht bei einer bestimmten Gemeinde eingereiht werden konnten, da ihr genauerer ehemaliger Standort nicht bekannt ist. Nach der vollständig registrierten mittelalterlichen Plastik werden nur wenige wichtigere Kunstgegenstände aufgeführt. Das Museum beherbergt außerdem Möbel, Geräte, Textilien, Trachten, Münzen und Schmuckstücke aus Graubünden in großer Zahl. Bezüglich weiterer Einzelheiten über die genannten Skulpturen sei auf den Katalog verwiesen.

Literatur: ILSE BAIER-FUTTERER, Die Bildwerke der Romanik und Gotik, Katalog des Schweizerischen Landesmuseums, Zürich 1936, zitiert: «Kat.» – Jahresberichte des Schweizerischen Landesmuseums. Zitiert: «JBLM». – I. FUTTERER, Gotische Bildwerke der deutschen Schweiz, Augsburg 1930. Zitiert «Futterer».

Bildwerke aus Holz

Romanik. *Kruzifix*, LM. 8526 (Kat. S. 1), H. 57 cm. Gestreckter, schwach modellierter Körper und waagrechte Arme. Ausgeprägt semitischer Gesichtstypus. Die (ergänzten) Füße auf der Stütze nebeneinander genagelt. Um 1200.

Thronende Muttergottes, LM. 19577 (Kat. S. 2), H. ohne Rückwand 89 cm (Abb. 448). In der Modellierung sehr archaisch, die Formen nur in einfachen Massen aus dem Block gehoben. Die Figur war vermutlich an der Wand aufgehängt. Alte Fassung; gegen 1200. Vgl. JBLM. 1932, Tafel II.

Frühgotik. *Vesperbild*, LM. 8525 (Kat. S. 16, Taf. 10), H. 112 cm. Das bedeutende Werk vereinigt ruhige Größe plastischer Gestaltung mit einer nur scheu sich aussprechenden Innigkeit des Gefühls. Erstes Viertel des 14. Jahrhunderts; nach Baier-Futterer frühestes Vesperbild des schwäbischen Kunstkreises. Barocke Übermalung (Abb. Bd. I, S. 69). Futterer, S. 74f. und 174f.[1] mit Abb. auf S. 31, 32.

Zeitstellung unbestimmt: *Kruzifix*. LM. 17726 (Kat. S. 51), H. 98 cm. Seltsamerweise ohne Lendentuch, auch ohne Dornenkrone, doch mit Brustwunde, und daher wohl kaum anders denn als Christus zu deuten. Vermutlich war die Figur ursprünglich mit einem langen Gewand aus Stoff bekleidet und gekrönt. Die Brustwunde könnte durch einen Schlitz sichtbar geblieben sein[2]. Der linke Fuß fehlt. Spätes 14. Jahrhundert? In Anlehnung an ein älteres Vorbild?

Spätgotik. *Flügelaltar*. LM. 11646, Raum 8 (Kat. S. 47). Schrein, H. 131 cm, Br. 96 cm. Im segmentförmig überhöhten Schrein stehen vor golden damasziertem Hintergrund drei Figuren: In der Mitte St. Nikolaus, an seiner Rechten St. Theodul, zur Linken St. Jakob d. Ä. Der Schrein schließt über den seitlichen Figuren mit großen Muscheln. Die Flügel sind beidseits mit je einer Heiligenfigur bemalt; auf den Innenseiten St. Petrus (links) und Barbara (rechts), außen St. Theodul und Jakob d. Ä. Die beiden letzteren erscheinen also ungewöhnlicherweise zweimal im Gesamtprogramm. Auf der – wie üblich von einem Teufelchen gehaltenen – Glocke des hl. Theodul steht: I H S · MARIA · HANS RIN. Dies wohl die Signatur des Malers und für das Gesamtwerk verantwortlichen Meisters. Auf der Predella das Schweißtuch mit dem Haupte Christi. Im dünnen Gespreng eine Muttergottesstatuette. Um 1510.

---

1) Nach J. Baum stammt der Schmerzensmann LM. 8931, Kat. S. 10, nicht aus Graubünden, wie dort angegeben, sondern aus Untersäckingen bei Markdorf. Vgl. Jahrb. des Bernischen Hist. Museums, Jhrg. XXII (1943), S. 12, Anm. 8.

2) Einen solchen Schlitz im Gewand zeigt z. B. ein Kruzifixus aus der Eifel im Diözesanmuseum Köln. Um 1180. H. Beenken, Roman. Skulptur, Leipzig 1924, S. 219.

Abb. 448. Thronende Muttergottes, gegen 1200. Aus Graubünden. Nun im Schweizerischen Landesmuseum. Text S. 421.

Als ursprünglicher Standort kommt eine der Bündner Walsergemeinden in Frage (Kapelle St. Nikolaus in Vals?). Über Hans Rin ist sonst nichts bekannt.

2. *St. Johannes der Täufer*, LM. 6934 (Kat. S. 56). H. 112 cm. Das unter dem Mantel sichtbar werdende härene Gewand reicht, vom üblichen Typus abweichend, bis auf den Boden. Um 1450–1460 (Abb. 452). – 3. *Stehende Muttergottes*, LM. 8184 (Kat. S. 62). H. 115 cm. Die Arme – und damit das Kind – fehlen, doch ist die Dargestellte durch das Mondgesicht an der Plinthe als Maria definiert. Zweite Hälfte des 15. Jahrhunderts. – 4. *St. Johannes der Täufer*, LM. 9239 (Kat. S. 57), H. 81 cm. Vollplastisch; ausdrucksvolles zelotisches Antlitz. Verschiedene Ergänzungen. Um 1490, ulmisch. – 5. *Thronender heiliger Bischof*, LM. 17900 (Kat. S. 49, Taf. 49); H. 101,5 cm, vermutlich St. Nikolaus, weil er das Buch, auf dem die drei Kugeln zu denken wären, waagrecht hält. Der Vergleich mit der St.-Ulrichs-Büste am Disentiser Altar (Bd. V, S. 89), macht die Zuschreibung an Yvo STRIGEL glaubhaft. Gut erhaltene alte Fassung, um 1490.

6. *Das Martyrium der Zehntausend*. I N 7053 (Kat. S. 56), 91 × 46,5 cm und 99 × 67 cm (Abb. 449). In Katalog und Inventar wird das sehr eigenartige Werk als «Höllensturz der Verdammten» bezeichnet, doch stimmt es nicht mit dem gebräuchlichen Typus des spätmittelalterlichen Gerichtsbildes, wie es sich auch auf den Rückseiten der schwäbischen Schnitzaltäre häufig darbietet, überein. Die Sünder werden auf diesen Darstellungen von Teufeln gepeinigt und – meist gefesselt – in den Höllenrachen geführt. Dagegen entspricht die Komposition der Reliefs durchaus dem Bildschema für die vom Berg Ararat in ein Dornengestrüpp herabgestürzten 10 000 Ritter[1]. Die in die Leiber eindringenden, dem Boden entwachsenden Äste sind deut-

---

1) Vgl. z. B. die Tafeln von Lumbrein, Bd. IV, S. 193, ferner die Darstellung des Zürcher Nelkenmeisters im Schweizerischen Landesmuseum oder die Altarflügel des NIKOLAUS MANUEL im Berner Kunstmuseum. Beispiel einer plastischen Gestaltung des Themas im Schrein eines Altars der St.-Johannes-Kirche zu Schwaigern (Württemberg), abgeb. bei J. Baum, Niederschwäbische Plastik, Tübingen 1925, Abb. 77.

lich wiedergegeben, es fehlen auch die Teufel, die zum Gerichtsbild gehören, wie überhaupt jeder Hinweis auf die Hölle. Beachtet werden darf ferner, daß alle Gestalten männlichen Geschlechtes sind, denn auch die langhaarigen Personen müssen als Jünglinge angesehen werden, wie an der Brust- und Leibbildung und der kurzen Hose, der sogenannten «Bruch», zu erkennen ist. Gerade das Vorkommen dieses Kleidungsstückes spricht übrigens gegen die Deutung des Werkes als «Höllensturz», da die Auferstandenen stets völlig nackt dargestellt werden, die Zehntausend aber meist mit Lendentuch oder «Bruch». Auffallend ist allein, daß unter den Gestürzten Gekrönte, ein Bischof und ein Mönch (mit großer Tonsur) erscheinen. Die Gekrönten können als Anführer der Ritter gelten, was aber den Bischof anlangt, so ist darauf hinzuweisen, daß Achatius, der Oberste der Zehntausend, nach einer armenischen Variante der Legende auch als Bischof dargestellt wird, so etwa auf dem Holzschnitt Dürers (B 117). Der Personenkreis der ziemlich späten und wohl erdichteten Legende war also offenbar nicht fest begrenzt[1]. Die Reliefs können – ihrer starken Plastik wegen – nicht von Altarflügeln stammen; sie füllten anscheinend zwei Felder eines Schreines; als Hintergrund hat man sich eine – wohl vergoldete – Rückwand zu denken. Das breitere Relief besteht aus drei senkrecht verleimten Teilen, das schmalere nur aus

[1] Über Darstellungen des St. Achatius als Bischof siehe J. Braun, Tracht und Attribute der Heiligen, Stuttgart 1943, S. 18. Auf dem Almenser Altar (Bd. III, S. 93) trägt einer der Märtyrer eine Art Fürstenhut.

Abb. 449. Das Martyrium der Zehntausend. Aus Graubünden. Nun im Schweiz. Landesmuseum. Text S. 422 f.

424   ANHANG

zweien; doch ist bei diesem letzteren offenbar ein Stück von etwa 20 cm verloren, denn seine linke Kante allein weist eine glatte Schnittfläche auf. Auf dem fehlenden Teil könnte die Gestalt des Kaisers Hadrian (oder, nach einer anderen Legendenfassung, des Perserkönigs Sapor) dargestellt gewesen sein wie auf der genannten Tafel in Lumbrein. Sehr gut komponierte schwäbische Arbeit um 1490.

    7. *St. Sebastian*, IN 7040 (Kat. S. 65). H. 101 cm, vollplastisch; der Heilige an einen Baum gefesselt. Gegen 1500. – 8. *Büstenreliquiar*, LM. 8930 (Kat. S. 55), H. 45 cm. Gekrönte weibliche Heilige, in Brust und Sockel viereckige Vertiefungen für Reliquien. Die Büste ist – in Nachahmung eines Edelmetallreliquiars – (original) versilbert, die Haare tragen Vergoldung. Auch die vereinfachte Formgebung erinnert an eine Metallbüste. Gegen 1500. – 9., 10. *St. Barbara und eine andere weibliche Heilige*. LM. 14615 und LM. 8514 (Kat. S. 49, 53). H. 67,5 und 65 cm, vollplastisch. Beide Statuen gehörten sicherlich zum gleichen Altar und sollen aus dem Vals stammen; restauriert und etwas ergänzt. Gegen 1500. – 11. *St. Anna selbdritt*. LM. 12378 (Kat. S. 48). H. 33 cm. Die trefflich gearbeitete kleine Gruppe gehörte wohl zu einem Hausaltärchen. Um 1500. – 12. *Maria mit dem Kind, Anna* und *Joachim*, LM. 9484 (Kat. S. 66), H. 80,5 cm (Abb. 450). Die Modellierung erhebt sich vom Flachrelief (Joachim) zum Hochrelief. Das Stück stammt offenbar nicht von einem Altarflügel, son-

Abb. 450. Heilige Sippe, Maria mit dem Kind, Anna und Joachim, um 1500. Text oben, Nr. 12.

Abb. 451. Kopf einer Figur des St. Theodul, um 1500. Text S. 425, Nr. 15.

Aus Graubünden. Nun im Schweizerischen Landesmuseum.

Abb. 452. St. Johannes der Täufer, um 1450/60. Text S. 422, Nr. 2.

Abb. 453. St. Florian, um 1515. Text S. 426, Nr. 19.

Aus Graubünden. Nun im Schweizerischen Landesmuseum.

dern zierte wohl den flachen Schrein eines kleineren Sippenaltares. Um 1500. – 13. *Weibliche Heilige*, LM. 9246 (Kat. S. 53), H. 103 cm. Das Attribut fehlt. Feinfühlig modellierte Arbeit aus dem ulmischen Kunstkreis. Fassung entfernt. Um 1500. – 14. *Weibliche Heilige*, LM. 9463 (Kat. S. 54), H. 45,5 cm, vollplastisch. Die Heilige hat ihre Hände vor der Brust zum Gebet aneinandergelegt. Um 1500. – 15. *St. Theodul*, LM. 17600 (Kat. S. 66 f.), H. 154 cm, vollplastisch. Durch das Schwert (Zweihänder, Klinge fehlt) als St. Theodul definiert. Eindrucksvoll durch die derbe, sehr persönliche Realistik des kugeligen Kopfes (Abb. 451). Erhaltene Fassung; um 1500. – 16. *St. Andreas*, LM. 3773d (Kat. S. 48), H. 65 cm. Ausdrucksvoller Kopf mit langem Bart. Anfangs 16. Jahrhundert. – 17. *Christus und vier Apostel* in Halbfigur.

Relief in der Mitte: Der Ostermorgen. Relief in der Mitte: Christi Geburt.
Abb. 454 und 455. Frühchristliches Weihrauchfaß, 6./7. Jahrhundert. Aus Graubünden. Nun im Schweizerischen Landesmuseum. Text unten.

A G 62 (Kat. S. 51), H. 32 cm. Fragment eines Predellenreliefs. Schwäbisch, alte Fassung. Anfang 16. Jahrhundert. – 18. *St. Christophorus.* I N 7044 (Kat. S. 50), H. 56 cm, vollrund. Auffälliges Mißverhältnis zwischen dem zu großen Kopf und dem Körper. Alte Vergoldung. Nach Gesichtstypus, Faltenwurf des Mantels und Sicherheit des Schrittes um 1500–1510. – 19. *St. Florian,* I N 7054 (Kat. S. 52), H. 90 cm. Relief eines Altarflügels. Merkmale des «Parallelfaltenstils»; um 1515 (Abb. 453)[1].

Andere Kunstgegenstände

Kultusgeräte. *Weihrauchfaß.* LM. 12989. Bronzeguß mit Ziselierungen (Abb. 454, 455). Dm. 8,2 cm. Das auf konischem Ringfuß stehende bauchige Gefäß umzieht eine ohne vertikale Trennungen einheitlich durchlaufende Reihe figürlicher Darstellungen in Halbrelief: a) Verkündigung an Maria. – b) Geburt Christi. Maria und Joseph mit aufgestützter Linken zu seiten des auf zwei schrägen Stützen ruhenden Korbes mit dem Kind. – c) Die Taufe Christi, mit assistierendem Engel. – d) Die Kreuzigung, unter den Kreuzarmen Maria und Johannes, darüber Sol und Luna. – e) Der Ostermorgen: Zu seiten des Grabbaues – in Form eines schlanken, runden Tempels mit niederem Zeltdach und Kreuz – der Engel und eine der Frauen. Die Figuren sind von derber Plastik und ihrer primitiven Gestaltung wegen bisweilen schwer deutbar. Oben zwischen zwei Wulsten eine gravierte Rankenborte und an der Unterseite des Fußes eine achtblättrige Rosette. Der beschädigte Rand war mit drei Ösen (zwei noch erhalten) und drei dazwischen angeordneten Knöpfen besetzt. Das in der Literatur bisher noch nicht beachtete Gefäß gehört einem Typus von syropalästinensischen

---

1) Für die beiden im Kat. S. 52 unter Graubünden eingereihten Engelchen mit dem Spruchband **gloria in excelsis** (LM. 16692) ist die bündnerische Provenienz nicht gesichert.

Weihrauchfässern aus dem 6./7. Jahrhundert an, der in mehreren Beispielen bekannt ist. Von den fünf im Kaiser-Friedrich-Museum zu Berlin aufbewahrten Exemplaren dieser Art gleicht es in der Form (Fuß und Rand) wie im Figurenprogramm am meisten dem Stück Nr. 971, das R. Forrer in Ägypten erworben hat. Ein ganz ähnliches Exemplar im Germanischen Nationalmuseum zu Nürnberg. – Als ehemaliger Standort unseres Gefäßes dürfte am ehesten die Churer Kathedrale in Frage kommen.

Literatur: O. WULFF, Altchristliche und mittelalterliche byzantinische und italienische Bildwerke, Teil I, Berlin 1909, Text S. 202f., Abb. Taf. XLVII. – O. PELKA, in Mitt. aus dem German. Nationalmuseum, Nürnberg 1906, S. 85–92, mit einer ikonographischen Tabelle der ihm bekannten 13 Stücke.

Reliquienostensorium in Turmform, LM. 16989. Kupfer vergoldet, H. 38,5 cm. Am Knauf sechs Rotuli mit Rosetten in Grubenschmelz. Anfang des 15. Jahrhunderts. – *Ziborium*, LM. 17533, Messingguß, H. 34 cm. Das Gefäß kubisch, mit Deckel in Form eines Turmdaches. Zweite Hälfte des 15. Jahrhunderts.

Bildteppich, LM. 3775, H. 80 cm, Br. 100 cm (Abb. 447, S. 420). Wolle und Leinen. Drei Jünglinge auf der Jagd nach dem Einhorn, das sich zu einer vornehm geklei-

Abb. 456. Gestickte Decke von 1528 aus der Kathedrale in Chur. Nun im Landesmuseum. Text vorne, S. 200.

deten, sitzenden Jungfrau geflüchtet hat. Die Szenerie ist eine reich mit Blumen und Gewächs bestellte Landschaft mit einem Felsgebirge, aus dem ein Bächlein rinnt und auf dessen Zacken eine Gemse springt. Hunde begleiten die Jäger. Auf Schriftbändern ein Gespräch zwischen Jäger und Jungfrau. Die Darstellung ist eine Illustration der Sage, daß man das Einhorn nur fangen könne, wenn es in der Gegenwart einer reinen Jungfrau seine Wildheit verloren. In dem vor «Üppigkeit» warnenden Spruch der Dame klingt der Gedanke mit, daß in dem Einhorn eine Symbolisierung der Keuschheit gesehen wurde[1]. Nach Göbel steht die Arbeit unter Basler Einfluß. Um 1490[2].

Literatur: B. Kurth, Die deutschen Bildteppiche des Mittelalters, Wien 1926, Bd. I, S. 115, Abb. Bd. II, Tafel 100. – H. Göbel, Wandteppiche, III. Teil, Bd. I, Berlin 1933, S. 56, mit Abb. 51.

Im Diözesanmuseum zu Schwyz befindet sich eine *Holzfigur* eines jugendlichen Heiligen. H. 76 cm. Provinzielle Arbeit um 1320. Abbildung bei Futterer Nr. 142. Aus dem Bündner Oberland.

NACHTRÄGE

Vorbemerkung. Diese Nachträge enthalten vorwiegend Ergänzungen, die sich seit dem Erscheinen der einschlägigen Bände, z. B. durch Ausgrabungen, Abdeckungen von Fresken, Renovationen, ergeben haben. Ferner registrieren sie die seither erschienene Literatur. Berichtigungen sind nur wenige verzeichnet, da die meisten bereits in den früheren Bänden erschienen, worauf hiermit nochmals aufmerksam gemacht sei.

Zu Band I

S. 7. Zusammenfassende Arbeiten zur Urzeit: W. Burkart, Zwölf Jahre Urgeschichtsforschung in Graubünden, JB HAGGr. 1939, S. 139–182 mit Abbildungen und Tabellen. – H. Conrad, Beitrag zur Frage der urgeschichtlichen Besiedlung des Engadins. JB HAGGr. 1940, S. 5–40, mit 20 Tafeln.

S. 81, Anm. 1. Nicht S. 665 ff., sondern 265 ff.

S. 144. Archivalisch ist für den Glockengießer Jakob Tschop in einem Urbar des Klosters St. Nicolai von 1514 Chur als Wohnort belegt; vgl. JB HAGGr. 1911, S. 179: «unten an Jacob Schoben des Glockengießers Weingarten.»

S. 172. Im «Schlößli» zu Parpan befindet sich ein *Zinnlavabo* mit dem Meisterzeichen des Churer Zinngießers Adam Wirth.

S. 225. Zu diesem Bild siehe Bd. VI, S. 331.

Zu Band II

S. 3. **Fläsch.** Urgeschichte: 1943 Nachweis einer bronzezeitlichen Siedlung auf dem Matluschkopf sowie einer Hallstattniederlassung unter einem überhängenden Felsen am Rand der Wiese Parsax. JB SGU. 1943, S. 40, 1946, S. 51 f., 59 f.

Gleichfalls in der Wiese Parsax, und zwar nordwestlich der Steigkirche, jedoch auf Fläscher Gebiet, wurden vier *römische Kalköfen* ausgegraben, die vom 1. bis zur Mitte des 4. Jahrhunderts n. Chr. in Betrieb gestanden hatten. Außer *römischen Münzen*, kleineren Metallgegenständen und Keramik kam auch eine 8 cm hohe *Neptun-Statue*

---

[1] 𝔚𝔢𝔯 𝔡𝔬 𝔧𝔞𝔤𝔢𝔱 𝔡𝔲𝔯𝔠𝔥 (oder nach?) 𝔘𝔭𝔭𝔦𝔤𝔨𝔢𝔦𝔱 𝔞𝔫 𝔣𝔦𝔫𝔢𝔪 𝔣𝔞𝔡 𝔳𝔦𝔫𝔱 𝔢𝔯 𝔫𝔲𝔯 𝔩𝔢𝔦𝔡. Wortlaut des ganzen Textes siehe Göbel a. a. O., S. 278, Anm. 46.

[2] Die Darstellung wurde noch 1589 kopiert, doch nun unter Verkleinerung der hinteren Figuren und Landschaftspartien im Sinne einer Raumtiefe. Gewirktes Kissen aus der Sammlung Meyer-am Rhyn, abgeb. bei B. Kurth, Bd. I, S. 119.

italienischer Provenienz aus Bronze zutage; Ende des ersten Jahrhunderts. Die Fundlage gestattete – was kulturgeschichtlich von großer Bedeutung ist – den Schluß, daß die einheimische Kultur auch in der Römerzeit unberührt weiterlebte. K. KELLER-TARNUZZER in JB HAGGr. 1937, S. 33–62.

S. 11. **Maienfeld.** *Münzfund:* Ein Follis Konstantins d. Gr. JB SGU. 1940/41, S. 137.

S. 34. DIE STEIGKIRCHE. Im Hinblick auf eine beabsichtigte Renovation erfolgten im Herbst 1944 Grabungen, die von Soldaten des Aktivdienstes unter Leitung von Leutnant W. Schäfer, Architekt

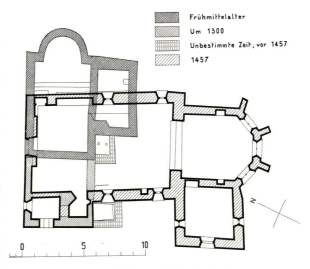

Abb. 457. Maienfeld. Die Steigkirche. Baugeschichtlicher Grundriß. Maßstab 1:300. Text unten.

in Weesen, und HD.-Korp. Holenstein von Wil durchgeführt wurden. Die Renovation 1945/46 leitete Architekt OTTO SCHÄFER, Chur. Die Restaurierung der Fresken besorgte Professor H. BOISSONNAS, Zürich. Aus Raumgründen kann hier nur eine kurze Zusammenfassung der Untersuchungsergebnisse gebracht werden (Abb. 457).

I. Erster Bau. Wie bereits in Band II, S. 34f. vermutet, stand er quer zur heutigen Achsenrichtung. Man fand östlich außerhalb der bestehenden Kirche eine gestelzte halbrunde Apsis von 3,15 m innerem Durchmesser, die zu einem Schiff gehörte, dessen nördliche Langseite unter der Eingangswand des gegenwärtigen Baues verlief. Dieses Schiff reichte gegen Osten hin etwa 3,5 m über die heutige Kirche hinaus, andererseits lag seine westliche Schmalseite, in der wohl der Eingang angeordnet war, etwa 3 m innerhalb des bestehenden Langhauses. An das Schiff schloß sich südlich ein mit ihm in Verband stehender Nebenbau an, dem – jedoch ohne Verband – ein weiterer, offenbar jüngerer und viel kleinerer Nebenraum gegen Westen hin angefügt war. (Für einen Turm scheint die Nordmauer, von etwa 45 cm, zu schwach.) Der Altar stand, wie die Fundamente auswiesen, frei in der Apsis; links vor ihr ist ein Ambo zu vermuten, wovon noch zu sprechen ist. Eine genauere Datierung dieses Baues war nicht möglich; doch machen es die folgenden Etappen wahrscheinlich, daß er in das Frühmittelalter reicht. Ob ihm, wie gewisse Partien der Nordfundamente argwöhnen ließen, ein noch älterer Bau voranging, konnte nicht mit Sicherheit entschieden werden.

II. Die zweite Bauetappe bestand in einer Verlängerung des Schiffes gegen Westen, und zwar über die heutige westliche Schiffswand hinaus bis zur Westflucht des Turmes und des Beinhauses, deren Bodenfläche also – wie schon in Bd. II, S. 35, angenommen – zum Innern des vergrößerten Schiffes gehörte. Der Eingang lag in der Westwand. Der Turm erhob sich über der Südwestecke des Langhauses und war in dessen Innerem durch einen keilförmig geschrägten Pfeiler, von dem her sich die tragenden Spitzbogen zur Süd- und Westwand spannten, abgestützt. Der späteste Termin für diese Erweiterung wird durch die im ersten Viertel des 14. Jahrhunderts entstandenen *Wandmalereien* bestimmt, die sich in die Zone der Verlängerung hineinzogen. Dies war an den ausgegrabenen Mauerpartien der Südwand zu konstatieren, ferner wird es belegt durch die Fragmente im jetzigen Turm (s. Bd. II, S. 36) und dadurch, daß die sogleich zu erwähnende erste Malschicht in der Nische der Nordwand hinter die heutige Westwand hineingeht.

Von diesem Wandschmuck wurden außer den erwähnten Spuren im Turm folgende Fragmente gefunden: 1. An den ausgegrabenen Partien der südlichen Langseite ein «Teppichmuster» in Rot und Gelb, in der gleichen Gestaltung wie im Burgturm von Maienfeld und verwandt mit ähnlichen Ornamenten in St. Georg zu Räzüns und in der Kirche von Waltensburg. 2. In der Stichbogennische der Westwand Teile eines neutestamentlichen Zyklus, dessen Szenen von gemalten Arkaden mit gotischem Maßwerk umrahmt sind; links ein geringer Rest des hier zu vermutenden Weihnachtsbildes, dann die Anbetung der Drei Könige, rechts die Hälfte der Darstellung im Tempel.

III. Vor 1457 (Neuweihe, s. Bd. II, S. 35) fand eine tiefgreifende Umgestaltung statt, und zwar unter Achsendrehung der Anlage nach Süden und Erhöhung des Bodenniveaus um 85 cm. Die nördliche Langseite der alten Kirche wurde zur Schmalseite der neuen. Die westliche Langseite rückte man nun, wie schon angedeutet, so weit herein, daß der erwähnte Turmpfeiler in die neue Wand zu liegen kam. Der Turm trat also nun nach außen vor und der anschließende Abschnitt des alten Schiffes fand als Beinhaus Verwendung. Die zur Eingangsseite gewordene Nordwand verstärkte man durch eine innere Vormauerung, in der jene stichbogige Nische mit den biblischen Bildern ausgespart wurde.

Bemerkenswerterweise blieb trotz dem Bau eines neuen Chores die ganze über die Ostwand des neuen Schiffes vortretende Partie – und also auch die alte Apsis – aufrecht. Zugänglich war sie in doppelter Weise: einmal durch einen großen Rundbogen, der wohl ehemals durch ein nur an hohen Festen geöffnetes Gitter verschlossen war, und ferner durch eine danebenliegende, ganz in die Ecke gedrückte Pforte (vgl. Bd. II, S. 36). Drei Stufen führten von dem neuen auf das alte Niveau herab. Die nördlichen Teile dieser Stufen waren offenbar älter, könnten – im früheren Schiff mit dem niederen Niveau – also eine Ambotreppe gebildet haben (s. oben).

Der größere der beiden Nebenräume wurde wohl in dieser Etappe schon niedergelegt, denn er ist mit einer (später wieder vermauerten) Seitentüre gegen Osten nicht vereinbar.

Von der *Bemalung* dieser Zeit kamen Fragmente zutage: An der Nordwand eine große Darstellung des Jüngsten Gerichts und darunter – als Sockeldekoration – zarte Blattranken (Abb. 458). An der Westwand Reste eines Zyklus aus der Legende des St. Luzius. Ein Bildfeld zeigt den Heiligen mit einem von wilden Tieren gezogenen Wagen, ein anderes eine Heilung oder Teufelsaustreibung. In den Leibungen der Fensternischen fand man Reste einer Dekoration von gelben Maßwerken auf rotem Grund. Die Gemälde dieser Etappe waren bei der Neuweihe (1457) schon vollendet, denn sie werden von den Konsekrationskreuzen (an der Nordwand) überschnitten.

Daß trotz der Neuorientierung der Anlage und der Höherlegung des Niveaus die alte Apsis erhalten blieb, zeigt, daß sie der Ort eines besonderen Kultus gewesen sein muß; der Grund aber kann nur mit der St.-Luzius-Verehrung zusammenhängen, wenn auch die näheren Umstände nicht bekannt sind.

IV. Wohl erst nach der Reformation legte man die alte Apsis nieder und vermauerte die Zugänge. Die an der Westseite des Turmes zutage gekommene Bezeichnung «LIONARDO WALSER 1694» deutet wohl auf die Erhöhung des Turmes.

V. Bei der vollständigen Außen- und Innenrenovation von 1945/46 wurden u. a. auch die Maßwerke des Chores nach den alten Mustern vollständig neu aus Sandstein von St. Margarethen hergestellt.

Abb. 458. Maienfeld. Steigkirche. Die Malereien an der Nordwand, von 1457. Text S. 430.

S. 52. **Malans.** Der *Pfauofen*, Lit. a, gelangte neuerdings in den westschweizerischen Kunsthandel. Der Ofen, Lit. c, befindet sich in westschweizerischem Privatbesitz.

S. 78. **Schiers.** Neuere Funde: Eine *Bronzenadel* der mittleren Bronzezeit («Hügelgräberkultur») und ein *bronzenes Stollenarmband*. JB SGU. 1942, S. 54, 101, 1943, S. 93.

S. 88. **Fideris.** Anläßlich einer Gesamtrenovation der Kirche (unter Leitung von Architekt ROFFLER) im Jahre 1938 wurden an der Nordwand des Chores *Malereien* entdeckt und restauriert (Abb. 459). Im untersten der drei Streifen ist der Tod Mariä dargestellt, der sich in einem von einer Holzdecke überwölbten Raum ereignet. Christus steht mit dem Kreuzstab inmitten der Apostel (es handelt sich also nicht um die Erweckung von Jairi Töchterlein, wie Bd. II, S. 88, vermutet). – Im mittleren Streifen: St. Johannes Bapt. zwischen St. Erasmus und Gallus vor dem Hintergrund einer Landschaft mit Stadt. Oben der «Gnadenstuhl»: Gottvater stehend, den toten Heiland (ohne Kreuz) vor sich haltend. Als Fond ein Teppich. Um 1460 (Weihe 1461). Vgl. ZAK. 1939, S. 243.

S. 117. **Fanas.** Das *Patrozinium* der Kirche war St. Bartholomäus. Vgl. den Bericht des Mag. Joh. Ochsner von 1624, BMBl. 1897, S. 130.

S. 123. **Küblis.** Unter Literatur zu lesen: FR. JECKLIN... BMBl. 1903, Nr. 10.

S. 136. **Klosters.** Das östliche Zifferblatt datiert 1831. Wappen der III Bünde; renoviert 1934.

S. 139. **Serneus.** Das *Patrozinium* war St. Sebastian, vgl. den Bericht des Joh. Ochsner von 1624, BMBl. 1897, S. 130.

S. 143. **Davos.** Neuere Funde: Ein bereits 1926 im Davoser See gefundenes, aber unbeachtet gebliebenes *Griffzungenschwert* der späten Bronzezeit (Urnenfelderkultur) kam neuerdings wieder zum Vorschein. Im Heimatmuseum Davos. – Am Scalettapaß wurde 1940 ein *Sesterz* des Vespasian aus dem Jahre 71 n. Chr. gehoben; nun im Rätischen Museum. JB SGU. 1939, S. 61 f. Davoser Revue 1940, S. 170–175, 1941, S. 145–150.

S. 147. **Davos.** Photographien, die 1944 vom Archiv für Historische Kunstdenkmäler im Landesmuseum erworben wurden, zeigen, daß auf den Fresken auch St. Theodul und Bartholomäus zu sehen und mit ihren Namen in gotischen Unzialen bezeichnet waren.

S. 154. **Davos.** Zur Literatur über den großen Ofen ist nachzutragen: CHR. BÜHLER, S. 6 und 40.

S. 168. **Davos.** Der *Ofen* Nr. 1 aus dem Seehof steht nun im Heimatmuseum Davos.

S. 198. **Maladers.** Bei einer Renovation der Kirche im Frühjahr 1938 ergab sich, daß die Vorlagen aus Tuffstein im Schiff mit den Wänden zwar nicht im Verband stehen, jedoch das Gewölbe zweifellos mittelalterlichen, also romanischen Ursprungs ist; denn die hernach zu erwähnenden Malereien setzten sich über die Wölbung hin fort.

Wandmalereien: Am östlichen Teil der Südwand kamen vier Figuren in dreiviertel Lebensgröße zutage, von denen eine auf den Wandpfeiler gemalt war. Gewänder grün und blau. Es handelte sich um Teile eines Apostelzyklus. Die Gestalten waren ganz frontal gegeben und trugen Bücher in den Händen. Eine Figur konnte an dem Stab als Jakobus d. Ä. erkannt werden. Den unteren Abschluß bildete eine rote Rautenborte; seitlich schlangen sich magere Spiralranken und in die Gewölbezone reichte eine rote Borte auf grünem Grund. Direkt an der Chorwand sah man noch einen kleineren knienden Mann mit Kapuze, über dessen Schulter ein Stab mit Beil (oder ein Krückstock?) lehnte. Ob es sich um einen Stifter oder einen Joseph als Teil eines Weihnachtsbildes handelte, war nicht zu erkennen. Mitte des 15. Jahrhunderts. Die Malereien mußten trotz ihres guten Erhaltungszustandes und ihrer bemerkenswerten Qualität auf Anordnung der Gemeinde wieder übertüncht werden. Vgl. BMBl. 1939, S. 21–23. ZAK. 1939, S. 243.

S. 202. **Molinis.** Am 31. Oktober 1699 bewilligte der Rat von Chur einen Beitrag an den Kirchenbau von Molinis (Ratsprotokoll XVII, S. 126). Offenbar erfolgte damals der Neubau des Chores.

S. 211. **Tschiertschen.** Ein *Aureus* des Hadrian, gefunden 1939. JB SGU. 1940/41, S. 144.

S. 246. **Churwalden.** Zum Wappen des Abtes vgl. die Abschrift des Wappenbriefes von 1500 mit Abbildung des Wappens in der Dokumentensammlung Mohr XV, Sec. II 3, Nr. 391 (Staatsarchiv).

S. 252. **Malix.** Das Todesjahr auf der *Grabtafel* an der Südwand ist 1622. Es handelt sich um den 1622 bei Malix im 56. Lebensjahr gefallenen Churwaldner Ulrich Buol.

S. 261. **Parpan.** Siehe oben Nachtrag zu Bd. I, S. 172.

S. 266. **Alvaschein.** *Bronzebeil*, nun im Rätischen Museum. Spuren einer bronzezeitlichen Siedlung wurden 1945 auf Saloms nachgewiesen. JB SGU. 1943, S. 36, 1945, S. 50.

S. 267. **Mistail.** Grabungen, die eine Gruppe des Kunsthistorischen Instituts der Universität Basel im Sommer 1943 hier durchführte, deckten die Fundamente eines *Nordannexes* der ehemaligen Klosterkirche auf. Seine innen eingezogene, leicht gestelzte, hufeisenförmige Apsis hatte einen Durchmesser von 3,40 m und reichte um ein weniges über die Scheitelhöhe der Seitenapsiden hinaus. Wie weit sich der ganze Nebenraum gegen Westen hin erstreckte, konnte nicht ermittelt werden; eine 3,20 m westlich der Apsissehne eingesetzte Quermauer erwies sich als sekundär. Ob der Annex, wie der Grabungsbericht vorschlägt, zweistöckig war, darf wohl nicht als gesichert gelten. Der Mauerbefund ist in dieser Hinsicht nicht eindeutig, und die Angabe Nüschelers (bzw. Brüggers) über einen ehemaligen Hocheingang an der nördlichen Kirchenwand könnte nur durch Entfernung des Verputzes nachgeprüft werden. Zu korrigieren ist die Bemerkung über die angebliche verkehrsgeschichtliche

Bedeutung von Mistail (ZAK., S. 108). Das Kloster lag nicht am Schynweg, der sich hoch oben von Scharans nach Obervaz–Lenz hinzog. Ein von Jecklin angenommener historischer Zusammenhang mit St. Peter auf dem Septimer ist nicht verbürgt. Näheres über die Grabung siehe ZAK. 1945, S. 108–114.

S. 277. **Alvaschein.** Das Haus in Prada wurde im Mai 1947 wegen Baufälligkeit abgerissen. Zu diesem Objekt ist noch nachzutragen: Das Mauerwerk des Hauses enthielt offenbar auch mittelalterliche Teile, denn einer der Keller wies eine anscheinend romanische Rundbogentüre auf. An der Talseite (Süden) lagen im Hauptgeschoß zwei Räume nebeneinander, die getäferte Stube mit einer Unterzugdecke (16. Jahrhundert) und die gewölbte Küche. Von der bergseits gelegenen Haustüre führte ein ehemals gewölbter, in Firstrichtung verlaufender Korridor zu diesen Räumen. Das Gewölbe war eingestürzt.

Die Wände des Ganges zierten verblaßte *Malereien:* Die Türe in der südlichen Schmalseite wies eine Umrahmung aus Roll- und Laubwerk, verbunden mit Architekturmotiven auf; links erschien – durch Inschrift bezeichnet – St.

Abb. 459. Fideris. Evangelische Kirche. Wandgemälde im Chor, vor der Restaurierung. Text S. 431.

Peter in bischöflichem Ornat, rechts St. Paulus mit Schwert. Darüber das Salis-Wappen mit fragmentarischer Unterschrift: Ber... oni... v. saliß. An der westlichen Längsseite folgten sich Figuren von weiblichen Heiligen, zu deren Häuptern ihre Namen in – meist völlig verblaßten – Frakturlettern auf Schriftbändern standen: 1. Maria mit Kind in Strahlenkranz, 2. St. Ursula, 3. St. Margaretha, 4. St. Katharina. Inschrift: Ave mater... gratia... Über Nr. 4 das Datum 1607. Auf der östlichen Längswand waren die Oberkörper von zwei Engeln in frontaler Stellung zu erkennen. Als oberer Abschluß diente ein Jagdfries: Ein Reiter mit Spieß hinter drei einen Hirsch hetzenden Hunden. Darunter ein unlesbarer Spruch in Frakturschrift. Die von H. Jenny (Alte Bündner Bauweise, Chur 1940, S. 99) auf Grund einer früheren Lesung mitgeteilte Signatur des HANS ARDÜSER war nicht mehr vorhanden.

Wenn wirklich alle diese Innenmalereien von Ardüser stammten, so hatte er hier mehr Sorgfalt aufgewendet als an manchen andern Orten. Unverkennbar zeigte seine Handschrift jedoch die Außendekoration, deren Motive nächste Verwandtschaft mit den Malereien im Capol-Haus zu Andeer verrieten. Scheinpilaster begleiteten die Hausecken, unter dem Dach liefen Borten mit hängenden Girlanden, und die Fenster wurden von den für Ardüser typischen Giebelstücken aus Rollwerk bekrönt, in die Halbfiguren von Männern einkomponiert waren. Die Fensternischen schmückten Blumenranken. – Zeichnerische und photographische Aufnahmen des Hauses liegen im Staatsarchiv Chur.

S. 280. **Mons.** Römerzeit. Oberhalb des Dorfes kamen *Fibelfragmente* und *Scherben* aus der ersten Hälfte des 1. Jahrhunderts n. Chr. zutage. JB SGU. 1946, S. 78.

S. 280. **Mons.** Die Kirche S. Cosmas und Damian erfuhr im Sommer 1937 eine Gesamtrenovation unter Leitung von Dipl.-Arch. W. Sulser. Dabei öffnete man in der Südwand des Schiffes, nahe der Ecke, ein Schlitzfenster mit rechteckigem Einsatz und beidseits geschrägten Leibungen. Der Stipes erhielt seine alte Form: Block 98×97 cm, die Platte roh behauen, Sepulcrum an der Front. Die in Bd. II, S. 281, bereits vorläufig erwähnten *Wandmalereien* wurden von Gg. Schmidt, Zürich, und Giac. Zanolari, Chur, abgedeckt und restauriert. Es handelt sich um zwei Etappen:

I. Im Schiff kamen Fragmente eines neutestamentlichen Zyklus zutage, der – in Reihen von kleinen quadratischen Bildchen – an der Südwand begann und sich von dort aus offenbar über die West- und Nordwand hinzog. Während an der Südwand nur ein Streifen zu konstatieren war, fanden sich nördlich auch Reste eines zweiten. Die Konturen bestanden teils in roten, teils in grauen Linien; als Rahmen dienten Wellenbänder und Zackenornamente. Vorherrschende Farben Rot und Blau. Wegen des schlechten Erhaltungszustandes und weil in der Ostpartie des Schiffes die Quattrocentomalereien auf der älteren Schicht lagen, konnten nur einige Bilder dieser Etappe restauriert werden: An der Südwand die Geburt Christi nach dem «Wochenstubentypus» sowie die Verkündigung an die Hirten; an der Nordwand nebeneinander der Einzug Christi in Jerusalem, Gethsemane und die Gefangennahme des Herrn mit der Malchusepisode. In der Reihe ist also das Abendmahl übergangen, das sicherlich nicht fehlte, aber wohl an anderer Stelle in breiterer Entwicklung dargestellt war. Unterhalb dieses Streifens fand man spärliche Reste einer Grablegung. Das Charakteristikum dieser Malereien ist ein ausgesprochen linearer Stil, dem die Farbe nur zur Ausfüllung der konturierten Flächen dient. Die Werke dürften von der Hand des zweiten Meisters von St. Georg bei Räzüns, also aus der zweiten Hälfte des 14. Jahrhunderts, stammen.

II. Die Reihe der Apostel schmückt in traditioneller Weise die Apsis. Sie tragen Bücher in den Händen; durch ihre Attribute definiert sind aber nur Jakobus der Ältere, Petrus, Bartholomäus und Paulus. Hintergrund stahlblau. – Die Sakramentsnische auf der Evangelienseite umschließt ein gemalter Architekturrahmen; flankiert wurde er durch zwei Engel, von denen der eine jedoch sich als völlig zerstört erwies. Den oberen Abschluß bildet eine Borte, die aus einem in Spiralform gewundenen Band besteht, wie es in ähnlicher Weise in St. Agatha zu Disentis vorkommt (vgl. Bd. V, S. 103, unten). – Zur gleichen Etappe gehören folgende Bilder im Schiff: An der Ostwand rechts vom Choreingang in querrechteckigem Feld die Halbfiguren von drei auf der oberen Borte mit ihren Namen in Frakturschrift bezeichneten weiblichen Heiligen: St. Dorothea, Katharina und Barbara. Dieses Gemälde vertrat ehemals die Stelle eines Aufsatzes über dem rechten Seitenaltar. – An der Südwand über dem erwähnten freigelegten Schlitzfenster sieht man ein Bild mit drei auf rotem Teppich stehenden männlichen Heiligen: in der Mitte St. Luzius im Königsornat, an seiner Rechten St. Sebastian und zur Linken St. Florinus in Diakonentracht. Darunter St. Plazidus in goldgelbem Brokat gekleidet, sein Haupt mit beiden Händen vor der Brust haltend.

Auf der gleichen Wand waren die Figuren der beiden Titelheiligen zutage getreten, doch konnte nur die Gestalt des hl. Damianus (rechts des größeren Fensters) erhalten werden; er ist barhäuptig und trägt in der Linken ein Pillenkästchen, in der Rechten ein chirurgisches Instrument. Die Bilder sind a fresco gemalt, was an den in den feuchten Verputz gedrückten Nimben zu erkennen ist. Im Gegensatz zu den Malereien der ersten Etappe sind diese Darstellungen völlig räumlich plastisch empfunden, ihre Zugehörigkeit zu dem lombardischen Kunstkreis der zweiten Hälfte des 15. Jahrhunderts ist nicht zu verkennen; und wenn man zögert, sie den Meistern Cristoforo und Nicolao da Seregno (vgl. Bd. I, S. 112) zuzuweisen, so nur deshalb, weil sie weniger derb als deren Werke sind. Vgl. auch ASA. 1937, S. 338.

III. In den Leibungen der großen Fenster kamen bunte Blumen zum Vorschein. Zweite Hälfte des 17. Jahrhunderts.

Die S. 283 unter Nr. 1 genannte *Holzskulptur* einer weiblichen Heiligen ist stilistisch von der Muttergottes S. 283, Abs. 3, zu trennen und in der zweiten Hälfte des 14. Jahrhunderts anzusetzen.

S. 294. **Obervaz.** Das *Holzrelief* einer thronenden Muttergottes aus der Sammlung R. Handmann gelangte nunmehr ins Kunstmuseum Basel. ZAK. 1942, S. 248. – Im Klostermuseum zu Disentis befindet sich ein Fragment eines bemalten *Fastentuches* aus Obervaz, auf dem die Geißelung Christi dargestellt ist. Ende 15. Jahrhundert.

S. 320. **Tiefenkastel.** Fund: ein *römischer Hufschuh.* JB SGU. 1940/41, S. 144. Zusammenfassung der bisherigen prähistorischen und römischen Funde von W. Burkart in BMBl. 1937, S. 308–318.

S. 349. **Lenz.** Spuren einer späteisenzeitlichen Siedlung auf Bot da Loz. JB SGU. 1940/41, S. 106.

S. 379. **Bergün.** Auf den Hügeln Craistas pitschna und Craistas granda Kulturschichten von vielleicht bronzezeitlichen Siedlungen. JB SGU. 1940/41, S. 70.

S. 408. Tabelle II. Unter Nr. 13 ist «1596», nicht «1546» zu lesen.

Zu Band III

S. 3. **Bonaduz.** Zusammenfassung neuerer Grabungen auf Bot Panadisch in JB SGU. 1940/41, S. 98f.

S. 7. **Bonaduz.** In das Schweizerische Landesmuseum gelangten neuestens drei *Holzfiguren* der hl. Drei Könige aus einer Epiphania-Gruppe, die wohl ehemals in der Pfarrkirche stand. LM. 23115–23117. H. 68,7, 83,2, 84,4 cm; um 1600. Neu gefaßt. Abbildungen im Jahresbericht des Schweizerischen Landesmuseums 1946 nach S. 24.

S. 10. **Ems.** Münzfund: *Klein-Bronze* des Valerian Maximianus, *Sesterz* des Vespasian, mit einem im Frühmittelalter auf dem Revers eingravierten Krückenkreuz. JB SGU. 1940/41, S. 131.

S. 14. **Ems.** Kirche St. Johann. Umfassende Innenrenovation 1946/47. Nachgrabungen im Innern und eine Abdeckung des Verputzes an der Südostecke des Schiffes ergaben, daß das romanische Langhaus beidseits um Mauerdicke schmäler war als das heutige. An dem Schildchen der Konsole in der Südwestecke des Schiffes kam das Zeichen des Meisters oder eines Paliers (Tab. III B 4) zum Vorschein. Folgende, bald nach 1515 entstandene *Wandmalereien* konnten abgedeckt und (durch F. X. Sauter, Rorschach) restauriert werden:

I. In den Gewölbezwickeln sieht man Blütenstengel, ähnlich wie in der Kirche von Remüs. Bd. III, Abb. 448, S. 446; die Flächen der Felder belebt durch rote Sterne. Am nördlichen Fuß des Chorbogens das Wappen Marmels. Südlich nur noch ein kleines Fragment eines Wappens mit rotem Grund und weißem Wappenbild. –

An der Nordwand des Schiffes als Reste eines größeren Passionszyklus: Kreuzaufrichtung und Geißelung. Diese Malereien überschneiden die Konsekrationskreuze, entstanden also erst nach der Weihe vom 5. Juli 1515 und sind vermutlich gleichzeitig mit der Gewölbedekoration. Die – vom Gestühl verdeckte – Sakramentsnische war, wie spärliche Spuren auswiesen, ehemals von einem gemalten Tabernakel umrahmt.

II. Zwischen Kanzel und Schalldeckel Halbfigur des Evangelisten Johannes mit Schriftbändern und über dem Chorbogen zwei schwebende Engel. Sie flankierten hier das große Kreuz, das nun an der Südwand hängt und über dem Chorbogen durch ein kleineres Kruzifix aus dem Beinhaus ersetzt wurde. Die Gemälde könnten von FRIDOLIN EGGER stammen, der 1689 hier nachgewiesen ist (vgl. Bd. III, S. 24). – Zu notieren ist noch eine *Grabplatte* im Chor mit Wappen Demont zu Löwenberg; Inschrift zerstört.

Anläßlich der Renovation der Kirche erfolgte auch eine Restaurierung des *Hochaltars* (durch Restaurator HOWALD in Bern), auch wurden die vier in Bd. III, S. 25 ff. beschriebenen Reliefs mit einem aus der St.-Antonius-Kapelle hierher verbrachten *Relief* der – die Maria unterweisenden – hl. Anna an der Nordwand des Schiffes zusammengestellt. Höhe des St.-Anna-Reliefs 79 cm; die Rückwand der Bank schließt in flachem Bogen, ihr Pfosten ist mit einer Renaissanceborte geziert. Um 1520 (Abb. 460). An der Südwand vereinigte man den schon erwähnten *Kruzifixus* vom Chorbogen mit den in einem Stadel aufgefundenen *Figuren von Maria und Johannes*, die schon ursprünglich eine Gruppe bildeten, wie an Kloben über dem Triumphbogen zu erkennen war. Dreiviertel Lebensgröße. In der rückwärtigen Aushöhlung der Marienstatue steht die Signatur: «1674 Johannes bin byldthouwer Veldkirch, Ignazius bin» (IGNAZIUS BIN ist 1686 als Bildhauer am Altar von Nendeln, Liechtenstein, nachgewiesen). Neu gefaßt 1947.

Im Turmdurchgang soll demnächst eine, einem Bildstock im Dorf entnommene *Vespergruppe* zur Aufstellung kommen. Vollrunde Holzplastik, H. 60 cm. Fassung neu. Die Gruppe dürfte kaum vor dem Anfang des 15. Jahrhunderts entstanden sein, obwohl sie wegen ihrer ländlichen Primitivität älter wirkt.

S. 38. **Felsberg.** Monographische Darstellung der prähistorischen Höhlenfunde am Calanda von W. BURKART im BMBl. 1942, S. 65–95.

S. 42. **Räzüns.** Neuere Funde. Bronzezeit: *Keramik, bronzene Pfeilspitze*. Römerzeit: *Großbronze* des ägyptischen Königs Ptolemäus Euergetes (247–220 v. Chr.). Älteste in Graubünden gefundene Münze des Rätischen Museums. JB SGU. 1939, S. 68, 1940/41, S. 141.

S. 42. **Räzüns.** Ein *Banner* der Herrschaft Räzüns, beidseits bemalt mit dem hl. Georg zu Pferd, den Drachen tötend. Roter Seidendamast, 15. Jahrhundert. Im Rätischen Museum zu Chur. Siehe A. und B. BRUCKNER, Schweizer Fahnenbuch, St. Gallen 1942, Nr. 560, mit farbiger Abbildung auf Taf. 35.

S. 67. **Räzüns.** PFARRKIRCHE. Bei einer Renovation im Jahre 1946 (Dipl.-Arch. W. SULSER) wurde hinter der Orgel eine lateinische Bauinschrift aufgefunden; sie stand auf einem Schriftband, das sich unter einem von Putten gehaltenen Cabalzar-Wappen hinzog und besagte – in Übereinstimmung mit dem S. 67f. Mitgeteilten – daß die Kirche von Pfarrer Joh. Peterelli am 2. Juni 1697 zu Ehren von Maria Geburt gegründet und am 17. Oktober 1701 von Bischof Ulrich von Federspiel geweiht worden sei. Kirchweihe am 3. Oktober. Die Inschrift wurde in der Taufnische 1946 kopiert. Außerdem fand man an Altären folgende Meistersignaturen: Am St.-Josephs-Altar: «Candinas (?) Job 1708» und «Johannes Bergmayer 1708», am St.-Michaels-Altar «Hans Jakob Mayer Maler» (Mitt. W. Sulser).

S. 72. **Räzüns.** SCHLOSS. Seit 1940 wieder Eigentum der Familie Vieli.

S. 78. **Räzüns.** Kapelle St. Johannes von Nepomuk. Der ältere Sgraffitoverputz datiert 1728, der zweite 1770.

S. 88. **Almens.** Katholische Kirche. 1946 wurden oberhalb des Sakristeigewölbes Fragmente einer Darstellung des Jüngsten Gerichts gefunden. Anfang des 17. Jahrhunderts. ZAK. 1946, S. 62.

S. 90. **Almens.** Evangelische Kirche. Renovation 1946. An der Giebelfront konnte ein Salis-Wappen aus den Resten wiederhergestellt werden, dagegen erwiesen sich andere Wappen am Turm (Planta und vermutlich Salis) als irreparabel. Neu gefunden und an der Kirchenmauer aufgestellt wurden zwei *Grabtafeln*: 1. Für Pfarrer Jakob Valentin, † 1712. 2. Tafel mit großem Planta-Wappen und einem darüberstehenden kleineren Wappen Casutt, bezeichnet «GIULIA V̊ CASUTT». Sonstige Inschrift zerstört.

Literatur: ZAK. 1946, S. 63, und B. Hartmann in «Bündner Kirchenboten» 1946.

Abb. 460. Ems. Kirche St. Johann. St. Anna, die Maria unterweisend, um 1520. Text S. 436.

S. 95. **Feldis.** Das Fächergewölbe im Chor ist sechs-, nicht fünfteilig, das Kästchen (S. 97) Mitte des 14. Jahrhunderts anzusetzen.

S. 112. **Canova.** Es sind noch drei weitere Gemälde bekannt, die – abgesehen von geringfügigen Abweichungen – genau mit dem auf S. 114 wiedergegebenen Bild übereinstimmen: 1. Im Besitz Dr. Anschütz-Kämpffe, München, farbig abgebildet bei Erich van der Bercken, Malerei der Renaissance in Oberitalien, Handbuch der Kunstwissenschaft, Wildpark-Potsdam 1927, Tafel XII, hier Bernardino Luini zugeschrieben. Bei der Maria fehlt der Stirnschleier. – 2. In der Sammlung Harrach, Wien, 90×58 cm, im Katalog von Rietschel, Nr. 134, als «Art des Luini» bezeichnet. Hier ist der Stirnschleier vorhanden, dagegen fehlt die große Laubmasse, die in Canova dem Haupt der Madonna als Hintergrund dient. – 3. In der Sammlung Modiano, Mailand, dort dem Giac. Caprotti, genannt Salaino, zugeschrieben, von dem jedoch nach Suida kein gesichertes Werk bekannt ist. Abgebildet in dem Erinnerungswerk für die Mailänder Lionardo-Ausstellung von 1939 (erschienen in Novara), S. 328. Hier ist zwar die Laubmasse gegeben, jedoch nicht der Stirnschleier. Diese «Überkreuzung» der Abweichungen gestattet die Vermutung, daß alle Varianten auf ein gemeinsames Original zurückgehen. Bei dem Bild in Canova könnte es sich um eine Kopie aus dem Anfang des 19. Jahrhunderts handeln.

S. 116. **Dusch.** Kapelle. Die dort vorläufig notierten *Wandmalereien* wurden 1940 durch Giac. Zanolari abgedeckt und restauriert. Es handelt sich um einen einheitlichen, also nicht durch Vertikalborten in Einzelszenen abgeteilten Bildstreifen, der Themen aus dem Leben der hl. Maria Magdalena behandelt. Am Beginn sieht man sie neben Christus bei der Auferweckung des Lazarus, der nicht wie in anderen Darstellungen mit Tüchern umhüllt, sondern völlig nackt dem Grab entsteigt, wie die Toten beim Jüngsten Gericht. Dann erscheint die Szene der Sünderin im Hause des Pharisäers Simon, wobei für die Tischgesellschaft das Schema des Abendmahls so

438 ANHANG

Abb. 461. Dusch. Kapelle. Darstellungen aus der Legende der hl. Maria Magdalena;
nach der Restaurierung. Text S. 437f.

wörtlich übernommen wurde, daß sogar der eucharistische Fisch auf der Tafel nicht fehlt. Nach der nun folgenden Schilderung der Ermahnung des Fürstenpaares von Massiglia durch Magdalena ist ein kniender Prämonstratenser in weißem Habit eingeschaltet, der durch ein seinen Händen entflatterndes, aber nun leeres Schriftband als Stifter gekennzeichnet ist. Nach rechts hin wird der Zustand fragmentarisch, doch darf aus den Resten geschlossen werden, daß die Speisung der heiligen Eremitin in einer der «sieben Gebetsstunden» (versinnbildlicht von läutenden Glocken) durch herabschwebende Engel und am Schluß der Tod der Heiligen dargestellt waren. Oben ist der Bildstreifen durch eine Akanthusborte, unten durch eine Weinlaubranke begrenzt. Die Gemälde sind a fresco ausgeführt, die Grenzen der jeweils in einem Tag bewältigten Flächen waren an Farbdifferenzen deutlich zu erkennen. Man sah daraus auch, daß die Borten unabhängig von den Bildern in einem eigenen Arbeitsgang gemalt wurden. Die Konturen bestehen aus blaßgrünen Linien. Daß die Fresken vom «WALTENSBURGER MEISTER» stammen (über sein Œuvre s. Bd. I, S. 72ff.) steht außer Zweifel. Zweites Viertel des 14. Jahrhunderts (Abb. 461, 462).

S. 143. **Scheid.** Das *Kästchen* stammt aus der ersten Hälfte des 14. Jahrhunderts. Vgl. Bd. III, S. 220f.

S. 143. **Sils.** *Depotfund.* 1856 wurden von Arbeitern unter einem Stein 37 Münzen gefunden. Die meisten waren Gepräge der Visconti, zwei von Kaiser Ludwig dem Bayern (Brief von Conr. v. Mohr an Ferdinand Keller v. 15. Febr. 1852 im Arch. d. Hist.-Ant. Ges. Zürich, Korresp., Bd. II, Bl. 146).

S. 145. Das Datum auf der *Grabtafel* Nr. 4 (L. Janett) lautet: 27 Dezember 1773.

Abb. 462. Dusch. Kapelle. Darstellungen aus der Legende der hl. Maria Magdalena; nach der Restaurierung. Text S. 438.

S. 152. **Ehrenfels.** Die Ruine wurde als Jugendburg ausgebaut. Neuer, durch die Grabungen gewonnener Grundriß sowie Ansicht vor und nach dem Umbau siehe Nachrichten der Schweizerischen Vereinigung zur Erhaltung von Burgen und Ruinen, 1940, S. 62f.

S. 154. **Hohenrätien.** In Zeile 1 lies «Gesamtanlage» statt «Gesamtlage»; der in Zeile 4 genannte Turm ist viergeschossig, nicht dreigeschossig.

S. 154. **Tomils.** Oberhalb der Kirche wurden einige, vermutlich bronzezeitliche, *Gräber* festgestellt.

S. 166. **Tomils.** In der Sammlung Dr. H. C. Bodmers, Zürich, befindet sich ein spätgotischer *Kelch* aus Tomils; Silber ziervergoldet, H. 21,9 cm (Abb. 463). An der Kante des sechspaßförmigen Fußes Renaissanceornamente, auf der Oberseite getriebene Flammen. Am Schaft Fialen, auf dem Nodus Rotuli mit den Evangelistensymbolen, zwei Kreuzen und zwei Wappen (Travers und unbekannt: Wachsender Ast mit fünf Blättern). Korb aus getriebenen, aufgelöteten Blättern. Kein Beschauzeichen. Meistermarke IB in einem Rahmen mit Blättchen. Erstes Viertel des 16. Jahrhunderts. Die zwei Schaftstücke vielleicht von einem Kelch aus der Mitte des 15. Jahrhunderts.

(Den Hinweis auf diesen Kelch verdanke ich Herrn Prof. Dr. K. Escher †.)

S. 168. **Tomils.** In der vorletzten Zeile des ersten Absatzes zu lesen «Joh. Rud. von Travers», nicht «Joh. Gg.»

S. 175. **Ortenstein.** Das abgebildete Gemälde ist eine Kopie nach einem jetzt verschollenen Bild von P. P. RUBENS. Ein seitenverkehrter Stich des LUCAS VORSTER-

Abb. 463. Kelch aus Tomils. Nun in Zürcher Privatbesitz. Text S. 439.

MANN nach diesem Gemälde bei M. ROOSES, L'Œuvre de P. P. Rubens, Anvers 1886, Nr. 132 (Mitt. Dr. H. Schneider, Basel).

S. 176. **Trans.** Nach Nüscheler, S. 99, lautet das Patrozinium Peter und Paul.

S. 178. **Cazis.** Auf dem Petrushügel bei Cazis wurde durch W. Burkart eine neolithische Siedlung erforscht. Bemerkenswert war insbesondere die große Zahl der aufgefundenen Steinsägen. JB SGU. 1939, S. 55 f., 1940/41, S. 59 f. und W. BURKART, Zum Problem der neolithischen Steinsägetechnik, Basel 1945. – Auf dem Hügel Cresta bei Cazis wurde eine *prähistorische Siedlung* nachgewiesen, die von der frühen Bronzezeit bis in die Eisenzeit reichte. Die Grabungen werden fortgesetzt. Das Fundinventar enthält auch fünf bronzezeitliche Mahlsteine und drei Kornquetscher. JB SGU. 1944, S. 43, 136 f. mit weiterer Literatur.

S. 182. **Cazis.** KIRCHE ST. MARTIN. An der Westwand kamen im Sommer 1947 durch Abbröckeln des Verputzes Fragmente eines monumentalen Christophorusbildes aus der ersten Hälfte des 14. Jahrhunderts zum Vorschein. Man sieht vom Haupt des Heiligen den größten Teil (die Mundpartie ist zerstört) sowie die Umrisse des Kopfes des Jesuskindes, das er auf dem linken Arm trug. Rote Konturen.

An der östlichen Kirchenmauer lehnt 1. ein *Steinkreuz*, ähnlich jenem von Tomils, Bd. III, Abb. 155, S. 166, jedoch mit Maria und Johannes zu seiten des Kruzifixus. Wappen und Inschrift für Frau Ursula Spina(t)sch, geb. Bataglia von Savognin, gest. 6. Oktober 1686, Mutter des Pfarrers Dr. O. Spinatsch. – Außerdem sind noch die Sockel von vier weiteren ähnlichen Kreuzen vorhanden: 2. mit Wappen und Inschrift des Andreas Spinatsch von Savognin, gest. 23. September 1679, Bruder des genannten Pfarrers. – 3. mit Wappen und Inschrift für Katharina Caweng geb. Singer, gest. 1721 im Alter von 57 Jahren. – 4. mit Wappen Caweng, Inschrift zerstört. – 5. Wappen und Inschrift zerstört.

S. 184. **Cazis.** PFARRKIRCHE. Im Sommer 1939 wurden bei einer Renovation der Kirche (Leitung Dipl.-Arch. W. SULSER, Chur) im Chor Teile der schon von den Chronisten des 16. Jahrhunderts erwähnten *Wandmalereien* abgedeckt und von GIAC. ZANOLARI restauriert. An der Nordseite sieht man eine Bekrönung der Sakramentsnische, komponiert im Sinn eines Altaraufsatzes, mit zwei durch eine Säule getrennten Bildfeldern und einem Gespreng aus rutenförmigen, in Spiralen auslaufenden Fialen. In den Hauptfeldern links das Abendmahl im Moment der Verratsankündigung, rechts der Mannaregen als «Vor-Bild» der Austeilung des Brotes. Auf dem linken Bild das Wappen der Äbtissin Margaretha von Raitnau. In der Bekrönung der Leidenschristus; am Sturz der Nische die eingemeißelte Inschrift: ecce panis angelorum (Abb. 465).

Die Gemälde an der Südwand sind in drei Streifen aufgeteilt und standen zumindest in ihrem untersten Teil zu einem dort anzunehmenden Seitenaltar in Beziehung

(Abb. 464). Dieser unterste Streifen allein ist wieder in drei Felder unterteilt; in der Mitte erscheint die hl. Petronella, die legendäre Tochter des hl. Petrus, mit Kanne und Brot (bei der Restaurierung irrtümlich als Lampe ergänzt), seitlich paarweise die vier abendländischen Kirchenlehrer. Eine von Campell überlieferte Inschrift: «S. Petronella filia S. Petri» wurde nicht mehr aufgefunden.

Der mittlere Streifen ist ein Stifterbild: St. Petrus in päpstlichem Ornat auf einem Thron, zu seiner Rechten stehend der Mitpatron St. Paulus; vor dem Apostelfürsten kniend und das Kirchenmodell darbringend der Klostergründer Bischof Victor mit dem Klosterwappen; hinter ihm ein zweiter Bischof, vielleicht Paschalis oder Adalgott, ferner kniend die Mitstifterin Episcopina und die Äbtissin Margaretha von Raitnau mit ihrem Wappen. – Im obersten und schmalsten Streifen ist in zwei kleinen staffageartigen Grüppchen das Martyrium der Kirchenpatrone Petrus und Paulus geschildert. Die Gemälde sind ohne Zweifel gleichzeitig mit dem 1504 datierten Bild an der Front über dem Haupteingang entstanden. Nähere Beschreibung siehe BMBl. 1940, S. 329–337.

S. 195. **Cazis.** In Cazis war bis 1618 eine *Armreliquie* des hl. Magnus aufbewahrt. Vgl. E. A. Stückelberg, Geschichte der Reliquien in der Schweiz, Zürich 1902, S. 118, Nr. 610.

S. 200. **Cazis.** In die Sammlung Iklé gelangte ein gotisches *Antependium* in weißer Leinenstickerei aus Cazis mit einer Darstellung des Todes der Maria; daneben St. Oswald mit dem Raben und dem Gefäß. 15. Jahrhundert (nun Privatbesitz). Vgl. A. Fäh, Die Sammlung Iklé in St. Gallen, Taf. 2.

S. 213. **Thusis.** Fund mehrerer Bronze- und Eisenstücke, darunter einer sehr schönen, zunächst noch undatierbaren *Bronzenadel*. JB SGU. 1946, S. 99.

S. 225. **Oberhalbstein.** Zweiter Abschnitt, vorletzte Zeile: nicht CD. IV, S. 158, sondern 135.

S. 227. **Bivio.** Römisches Heiligtum auf dem Julier. 1938 fand man eine Marmorplatte mit dem Rest einer Inschrift (Buchstaben A · R · E). Neuere Münzfunde von Crispina bis Constantinus II. JB SGU. 1938, S. 121, 1939, S. 106, 1942, S. 97.

Literatur: Zu den Grabungen auf dem Julier siehe auch noch JB HAGGr. 1940, S. 39, mit Abb. auf Taf. XVIII, XIX (hier auch Wiedergabe des Inschriftenfragmentes). – Zusammenfassung der Grabungsergebnisse auf dem Septimer (S. 236) auch JB HAGGr. 1940, S. 39, mit Abb. auf Taf. XIX, XX. – Archivalischer Nachweis eines Neubaues des Septimerhospizes durch die Kapuziner in den Jahren 1644–1646 in BMBl. 1939, S. 318–321.

S. 238. **Conters i. O.** Auf Caschlins am Hang östlich des Dorfes wurde ein sehr merkwürdiger bronzezeitlicher Bau ausgegraben, der von W. Burkart als Kultanlage angesprochen wird. Urnenfelderzeit und mittlere Bronzezeit. Unter den Funden zwei Randleistenbeile und – als besonders bemerkenswertes Stück – eine *bronzene Gußform* für ein Beil. Zusammenfassende Berichte mit Abbildungen JB SGU. 1944, S. 44f., 1946, S. 47–51.

S. 245. **Conters.** Pfarrhaus. Bei der Entfernung des Anstrichs kam am Täfer der unteren Stube des Pfarrhauses das Datum 1759 zutage, das im Hinblick auf die Ornamentik des Täfers eine deutliche «Stilverspätung» dokumentiert. Meister des Pfarrhauses war Johann Netzer aus Schruns, ansässig in Conters (Mitt. von Herrn Pfarrer P. Vasella) (Abb. 466).

S. 264. **Salux.** Auf Motta da Vallac wurde eine aus der mittleren Bronzezeit bis in die Eisenzeit reichende *Siedlung* nachgewiesen. JB SGU. 1945, S. 54, 1946, S. 94, mit Abbildung auf Tafel XV.

S. 280. **Salux.** Oberhalb der Kirche St. Michael liegt ein *Gräberfeld* des 6.–9. Jahrhunderts n. Chr. BMBl. 1945, S. 240–243.

Abb. 464. Cazis. Pfarr- und Klosterkirche. Gemälde an der Südwand des Chores; von 1504. Text S. 440f.

S. 281. **Savognin.** KIRCHE ST. MARTIN. Ein Eintrag vom 19. August 1672 im Taufbuch nennt als Architekten des (1677 geweihten) Neubaues: «Magistro Baptista Lera da Cramignano ex Valli Lugani Architecto Ecclesiae St. Martini» (Mitt. Herr G. Grisch, Meilen).

S. 286. **Savognin.** PFARRKIRCHE. 1941 erfuhr die Kirche eine umfassende Renovation unter Leitung von Dipl.-Arch. W. SULSER. Die wichtigste Korrektur am Äußern bestand in der Wiederherstellung des ursprünglichen Steilgiebels durch Entfernung der kulissenartigen Fassadenübermauerung des 19. Jahrhunderts. Im Innern wurden die Wand- und Gewölbebilder von den späteren Übermalungen befreit und restauriert (durch K. HAAGA, Rorschach). An den Wänden kamen bei diesen Arbeiten auch noch weitere Gemälde zum Vorschein: im Schiff Könige, im Chor Patriarchen. Fensterumrahmungen und Blumenranken in den Leibungen. Vgl. ZAK. 1941, S. 250.

Abb. 465. Cazis. Pfarr- und Klosterkirche. Wandgemälde über der Sakramentsnische; von 1504. Text S. 440.

S. 301. Zur Frage der Walser im Oberhalbstein siehe neuerdings E. MEYER-MARTHALER im BMBl. 1941, S. 321 ff.

S. 315. Vgl. oben den Nachtrag zu Bd. I, S. 7.

S. 318. **Bevers.** In einer Notiz vom 19. März 1523 im Reg. librorum horarum (BA.) ist von einer neu errichteten Kaplanei der Bruderschaft St. Jakob in Bevers die Rede.

S. 370. **Pontresina.** PFARRKIRCHE. Der Turm wurde 1897 neu gebaut; der alte Campanile stand an der nördlichen Langseite des Schiffes, wie auf älteren Photographien noch deutlich zu erkennen ist (Mitt. Arch. O. Kober, Pontresina).

S. 372. **Pontresina.** HEILIGGEISTKAPELLE. Im Dorfteil «San Spiert» konnte 1941 Architekt O. Kober Teile einer Kapelle nachweisen, die ohne Zweifel zu der genannten *Heiliggeistkapelle* gehörten. Sie sind als Keller dem Haus Faller einverleibt, das an der Berninastraße bei der Abzweigung des Weges zum Turm Spaniola liegt. Erhalten

– wenn auch unterteilt und verbaut – hat sich das Schiff (Innenmaße 8,70 m, Br. 5,60 m), während der ehemalige Chor, der nach Südosten gerichtet, eingezogen und vermutlich flach abgeschlossen war, nicht mehr vorhanden ist. Das Bodenniveau lag ursprünglich wohl beträchtlich tiefer als jetzt, auch ist an den hernach zu erwähnenden Wandmalereien deutlich zu erkennen, daß die über dem Raum ruhende Stichbogentonne eine spätere – nachmittelalterliche – Zutat darstellt. Der Turm stand offenbar in der Südwestecke des Schiffes.

An der Nordwand des einstigen Schiffes sowie an der anschließenden Stirnwand des Chores – also links von dem vermauerten Chorbogen – sieht man noch Reste zyklischer *Wandmalereien*. Die untere, 20 cm über dem heutigen Bodenniveau ansetzende Reihe (H. 80 cm) schildert in einheitlichem Ablauf, also ohne Vertikalborten, verschiedene Szenen, die wohl einer innerlich geschlossenen Handlung angehören, während der obere Streifen in einzelne – vermutlich ehemals quadratische –, nun aber durch den Ansatz des erwähnten Gewölbes oben reduzierte Felder gegliedert ist. Die Komposition dieser Bilder wirkt höchst ungewöhnlich, denn sie zeigt jeweils eine szenische Darstellung, in die ein Rundmedaillon mit nimbiertem Brustbild hineingesetzt ist. Der Verdacht, daß wir es hier mit zwei verschiedenen Etappen zu tun hätten, ist nach dem Befund auszuschließen. Bei den Brustbildern handelt es sich offenbar um die Apostel und nicht etwa um Propheten, da sie Nimben tragen. Auf Schriftbändern, die bisweilen aus den Medaillons herausflattern, standen die Artikel des Credo, deren Texte jedoch verschwunden oder doch bis zur Unlesbarkeit verblaßt sind.

Eine befriedigende Deutung der szenischen Darstellung ist angesichts des fragmentarischen Charakters der Bilder bis jetzt nicht gelungen. In der unteren Reihe erscheint dreimal eine Teufel- oder Dämonenfigur mit Fledermausflügeln, großem buschigem Schwanz, Klumpfuß und vogelähnlichem Kopf. Auch auf einer der oberen Szenen ist ein gehörnter Teufel zu sehen. Es liegt daher nahe, an eine zyklische Darstellung aus dem Leben des hl. Antonius Abt nach einer uns unbekannten Quelle zu denken. Auch nach dem Erlöschen des «Antoniusfeuers» wurde dieser Heilige als Patron gegen Seuchen, insbesondere auch solchen luetischen Charakters, verehrt. Der Titel St. Spiritus deutet auf eine Spitalkapelle, sagt jedoch noch nicht, daß die Anstalt von Brüdern des Ordens vom Heiligen Geist besorgt wurde. Nur ein geringer Teil der deutschen Spitäler dieses Namens unterstand jenem Orden. Es könnten also auch Antoniusbrüder hier gewirkt haben. Jedenfalls ist die Darstellung eines St.-Antonius-Zyklus in einer Spitalkapelle leicht erklärbar.

Links vom ehemaligen Chorbogen sieht man zwei stehende Figuren mit aufgeschlagenen Büchern. Wir haben sie uns wohl als Bild eines ehemaligen Seitenaltars zu denken, um so mehr, als der untere Rand dieses Gemäldes etwas höher liegt als bei dem Zyklus der Nordwand.

Die gegen Ende des 15. Jahrhunderts entstandenen Malereien sind ohne Zweifel dem quattrocentistischen Meister in St. Maria zu Pontresina und in S. Gian bei Celerina zuzuschreiben (Bd. III, S. 328 f., 362 ff.), was am Duktus der Linienführung und den Gesichtstypen unmittelbar deutlich wird.

S. 386. **Samaden.** PLANTA-HAUS. Seit 1943 Eigentum der «Fundaziun de Planta Samedan». Über den Stiftungszweck siehe BMBl. 1943, S. 224. Am 1. Oktober 1943 durch eine auf dem Platz niedergegangene amerikanische Fliegerbombe beschädigt. Bei der Wiederherstellung wurden 1944 die im 19. Jahrhundert angelegten störenden großen Fenster durch kleinere ersetzt. An der Ostwand kamen gemalte Fensterumrahmungen und ein Salis-Wappen zutage. Seit 1945 birgt das Haus auch das in Bd. III, S. 492 f., notierte Täfer von 1723 aus dem Haus Barbla Pool-Defila in Sent als Depositum der Sektion Engadin der Schweizerischen Vereinigung für Heimatschutz.

Abb. 466. Conters i. O. Büfett und Türe in der unteren Stube des Pfarrhauses; von 1759. Text S. 441.

S. 388. **Samaden.** In der «Chesa veglia» zu St. Moritz ist die *Decke* eines nicht mehr im alten Zustand vorhandenen ehemaligen Jenatsch-Hauses in Samaden eingebaut. Die Fasen der profilierten Tragbalken mit blattförmigem Anlauf; an einem Balken zu seiten des einfachen Jenatsch-Wappens das Datum 1610, dabei ein romanischer und ein lateinischer Spruch sowie: «Johannes Jenatschij f. f.»

S. 410. **Fex.** Kirche. Entstehung im 11. oder 12. Jahrhundert. Innenrenovation im Sommer 1939. Neuer Tauftisch sowie Glasmalereien von E. RINDERSPACHER. Vgl. ZAK. 1940, S. 163.

S. 443. **Remüs.** Zur Literatur über St. Florinus siehe nun auch noch O. SCHEIWILLER in BMBl. 1940, S. 162–174, und 1941, S. 311–319.

S. 457. **Schleins.** Auf Chastlins wurde eine eisenzeitliche Siedlung mit Trockenmauern festgestellt.

S. 465. **Schleins.** Im Rätischen Museum zu Chur eine *Taufdecke* aus Schleins; rote Seide mit gestickten bunten Nelken, bezeichnet «1783 D M A A S».

S. 472. **Schuls.** Römerzeit: Kleinbronze des Kaisers Claudius II., gefunden bei Bad Tarasp. JB SGU. 1945, S. 74.

S. 484. **Sent.** Den Wortlaut des Verkaufsvertrages mit Kloster Marienberg über die Kirchenzierden siehe BMBl. 1943, S. 484.

S. 486. **Sent.** Der *Turm von St. Peter* wurde nicht nachträglich aufgebaut, jedoch erfolgte in neuerer Zeit eine Veränderung der Fenster.

Abb. 467. Guarda. Das ehemalige Haus Stupaun von Westen, nach der Restaurierung. Text unten.

S. 492. **Sent.** Das *Haus Präs. Schmid* wurde laut Inschrift 1697 erbaut.

S. 500. **Ardez.** Zur Frage des Namens «San Martaila»-Friedhof siehe A. Schorta in Schweizer Sprachforschung, Bern 1943, S. 23, und H. Glättli, Probleme der kirchlichen Toponomatik, Bd. V der Romanica Helvetica 1937, S. 13–79.

S. 510. **Guarda.** Im Rahmen der hier erwähnten, vom Bund subventionierten Aktion für die systematische Wiederherstellung des alten Ortsbildes von Guarda wurde 1939–1945 durch Dipl.-Arch. J. U. Könz das Äußere von 33 Häusern restauriert, wozu noch vier bereits zuvor renovierte Bauten kommen, so daß sich also die Zahl der in neuerer Zeit restaurierten Fassadendekorationen auf 37 beläuft. Zu ihnen gehört auch das auf S. 112 genannte ehemalige Haus Stupaun (nun J. U. Könz) mit den reichen Sgraffitofassaden. Ansichten nach der Renovation siehe Abb. 467, 468, vor der Restaurierung Bd. III, Abb. 514–516 auf S. 510 f.

S. 527. **Tarasp.** Eine *Münze* des M. Aurelius Claudius 268–270 n. Chr. JB SGU. 1943, S. 78.

S. 528. **Tarasp.** Kirche. Der *Hochaltar* weist nur ein Säulenpaar auf.

S. 535. **Schloß Tarasp.** Die Signatur «W B» gehört nach neuerer Forschung dem Glasmaler Wolfgang Breny von Rapperswil. ZAK. 1946, S. 81 f.

S. 538. **Zernez.** Fund einer *Feuersteinklinge* an der Ofenbergstraße. Wichtig für die These vom neolithischen Charakter der Wohnstätte bei «Ova spina». JB SGU. 1943, S. 35.

S. 546. **Zernez.** *Wappentafeln.* An der Pension Filli (Haus Nr. 61) eine Tafel aus weißem Marmor mit Allianzwappen und Inschrift des Hauptmanns Johannes de Leone und seiner Frau Barbara geb. Rea a Porta, ohne Datum. – Am Postbureau (Haus Nr. 60) zwei hierher versetzte Wappensteine: 1. mit Wappen und Inschrift für Jacobus del Non; undatiert. – 2. mit Wappen und Inschrift für Peidar Uors 1637.

Abb. 468. Guarda. Das ehemalige Haus Stupaun von Norden, nach der Restaurierung. Text S. 446.

Zu Band IV

S. 14. **Fidaz.** Bei den *Wandmalereien* ist zu vermerken, daß sie nach der Abdeckung wegen ihres fragmentarischen Zustandes wieder übertüncht wurden.

S. 24. **Reichenau.** Der in Zeile 10 genannte GRUBENMANN heißt nicht «JOH. HEINRICH», sondern JOHANNES.

S. 30. **Trins.** Die Burg auf Crap S. Parcazi steht offenbar auf einer *Siedlung* der mittleren Bronzezeit. JB SGU. 1946, S. 54.

S. 32. **Fellers.** Als merkwürdigstes Ergebnis der weiteren Grabungen auf der «Mutta» kam eine *Scheibennadel* von geradezu hybrider Größe zutage (83 cm lang).
Literatur: Eingehend darüber W. Burkart und E. Vogt in ZAK. 1944, S. 65–74, ferner W. Burkart in BMBl. 1945, S. 65–74 (mit Abbildungen). Grabungspläne in JB SGU. 1943, S. 38f. – Fund einer Sanguisugafibel im Dorf. JB SGU. 1946, S. 59.

S. 48, 60. **Ilanz.** Im Depot des Schweizerischen Landesmuseums liegen *vier spätgotische Friesstücke* mit Maßwerk sowie eine weitere *Maßwerkschnitzerei* mit einem Bischof aus der «alten Kirche von Ilanz» (also wohl St. Martin), LM. 5773, 5774, ferner ein *Maßwerkfries* aus dem Disentiser Hof. LM. 8933.

S. 92. **Ruschein.** In der Kirche steht ein *Holzepitaph* mit Wappen und Inschrift für Landammann Otto von Toggenburg, gest. am 3. Dezember 1796, im Alter von 80 Jahren, und dessen Ehefrau Johanna Franziska, geb. von Montalt aus Laax, gest. 29. Dezember 1806, im Alter von 73 Jahren. Im Friedhof wurde eine Grabplatte mit dem Toggenburg-Wappen ausgegraben; Namen und Daten der Inschrift zerstört. Eine zweite völlig abgetretene ist als Stufe verwendet.

S. 100. **Sagens.** Zur Datierung des Kelches siehe vorn S. 153, Anmerkung 1.

S. 179. **Lumbrein.** Monographie über die Grabungsergebnisse in Crestaulta: W. BURKART, Crestaulta, Basel 1946.

S. 192 f. **Lumbrein.** S. ANDRIU. Die hier beschriebenen und abgebildeten Altarflügel gelangten 1946 in den Kunsthandel.

S. 204. **Oberkastels.** Unmittelbar oberhalb der Kirche wurde eine späteisenzeitliche Siedlung festgestellt, deren Bewohner offenbar keltische Lepontier waren, was die Ergebnisse der Ortsnamenforschung bestätigt. BMBl. 1947, S. 97–104.

S. 220. **Vals.** Eiserne *Lanzenspitze* aus der La-Tène-Zeit, gefunden auf der Vallatsch-Alp. JB SGU. 1945, S. 60.

S. 301. **Ruis.** PFARRKIRCHE. Ein Aquarell von J. R. RAHN, das den Turm wiedergibt, liegt in der Zentralbibliothek Zürich. Mappe XXV, 47.

S. 312. **Seth.** Spuren einer bronzezeitlichen Siedlung (Crestaulta-Kultur) auf Burg Friberg. JB SGU. 1940/41, S. 82.

S. 391. **Somvix.** Auf dem Hügel Cresta, gegenüber S. Benedetg, Spuren einer frühmittelalterlichen Siedlung. JB SGU. 1940/41, S. 181, 1942, S. 105.

S. 412. **Kapelle auf Grepault.** 1940 deckte B. Frei, Mels, an der Südseite der Kapelle die Fundamente eines *Anbaues* von 7,50 m Länge und 3,50 m Breite (innere Maße) auf. Er erstreckt sich vom Fußpunkt der Kapellenapsis bis zur Westfront des Schiffes, mit der er in einer Flucht liegt, steht aber mit dem Hauptbau nicht im Verband. Eingang an der Westseite. An der Ostwand, jedoch nicht genau in der Mitte, Spuren eines Altars oder einer Kredenz.

S. 428 f. **Truns.** KIRCHE ST. MARIA LICHT. Die Weihe erfolgte am 5. Juli 1672 zu Ehren von Mariä Heimsuchung. Vollendung der Erweiterung 1683. Der *Kelch* (S. 435) entstand nach 1701. K. Fry, Der Lichttitel der Wallfahrtskirche Maria Licht zu Truns, Zeitschrift für Schweizerische Kirchengeschichte 1943, S. 113–131.

S. 436 f. **Truns.** KAPELLE ST. KATHARINA. Eine Neuweihe der Kapelle mit drei Altären fand am 5. Juli 1672 statt. – Im Sommer 1943 erfolgte eine Gesamtrenovation. Zur Baugeschichte kann nun ergänzt werden, daß offenbar vor der erwähnten Konsekration der Boden erhöht, das bestehende Tonnengewölbe an Stelle einer flachen Decke eingezogen und die heutige Fensterdisposition hergestellt wurde. 1943 wurden auch die in Bd. IV, S. 437, nur vermutungsweise notierten *Wandbilder* von K. HAAGA, Rorschach, abgedeckt und restauriert. Ihr Bestand stellt sich jetzt folgendermaßen dar:

I. Aus einer ersten Etappe – vermutlich um 1592 – kam an der Nordwand eine kleine Darstellung der Enthauptung der hl. Katharina zum Vorschein, die von der Figur des hl. Paulus aus dem hernach zu erwähnenden Apostelzyklus überdeckt war. Sie wurde an der Westwand über der Türe kopiert und das Original hernach wieder mit der Apostelfigur nach dem alten Vorbild übermalt.

II. Einer zweiten Etappe (von 1612) gehören alle anderen Innenmalereien an: An der Nordwand des Schiffes eine Apostelreihe, eingeleitet von Christus mit Reichsapfel und Kreuzfahne und abgeschlossen durch Paulus. Alle Apostel sind definiert durch ihre Attribute und überdies durch Überschriften bezeichnet, von denen jedoch nur ein Teil erhalten ist. Einige Figuren (Andreas, Jakob, Matthäus, Jacobus d. J. und Simon) mußten ergänzt werden, da sie durch nachträglich eingebrochene Fenster oder sonstwie teilweise zerstört waren. Bei der Figur Christi steht die Meistersignatur: «1612 Jar H I G» (H und I verbunden). Sie bezieht sich auf HANS JAKOB GREUTTER aus Brixen (vgl. Bd. I, S. 158). – An der Südwand sieht man, nahe dem Seitenaltar, einen Leidenschristus mit den Passionsinstrumenten, daneben – durch das Fenster größtenteils zerstört – St. Michael. Die Mitte beherrschte eine selbständige Komposition: Maria, umgeben von einem Rahmen von Bildchen mit ihren – von Inschriften erläuterten – Symbolen. Oben Gottvater, begleitet von Sonne und Mond, unten das Datum 1612. Rechts dieses Bildes erscheinen St. Katharina (zum Teil ergänzt) als Patronin der zu ihren Füßen dargestellten Kapelle, und Antonius

Abt. – Die Gemälde an der Westwand sind nur noch in Fragmenten erhalten: Links der Türe die Szene, wie St. Placidus von der ihm begegnenden Frau das Schleiertuch entgegennimmt, um sein abgeschlagenes Haupt damit zu umhüllen; daneben das Klosterwappen und ein Schwert als Hinweis auf das Martyrium, rechts der Türe Reste einer St.-Sebastians-Figur. Alles in ziemlich hellen Farben unter reichlicher Verwendung von Gelb.

An der südlichen Außenwand erwies sich das in Bd. IV, S. 437, erwähnte Kreuzigungsbild schon als die dritte Schicht; bei der zweiten war das Rot vollkommen in Schwarz zersetzt; restauriert wurde das erste Stadium, das offenbar auch von GREUTTER stammt. Es zeigt den Gekreuzigten zwischen den beiden Schächern. Die dem bußfertigen Sünder an der Rechten des Herrn entweichende Seele wird von einem Engel aufgenommen.

Auch die Altäre wurden 1943 restauriert. Das Altarblatt an der Evangelienseite zeigt die mystische Vermählung der hl. Katharina, jenes an der Epistelseite Antonius v. Padua und einen hl. Diakon. Leider erhielt auch die in Bd. IV, S. 439, abgebildete Marienfigur eine neue Vergoldung.

Literatur: Beilage z. Bündner Tagblatt v. 20. November 1943. – ZAK. 1944, S. 185.

S. 462. Bei Vincenz, Ulrich, lies «Friberg», nicht «Triberg».

Zu Band V

S. 30. **Disentis.** Im 2. Absatz, Zeile 1, ist vor St. Martin I «St. Peter» einzuschalten.

S. 46. **Disentis.** KLOSTERKIRCHE. Der Meister des Hochaltars aus Deggendorf ist MELCHIOR STADLER von Niederaltaich; die Figuren der hl. Barbara und Katharina schnitzte MARTIN LEITHNER von Deggendorf. (Zu S. 46, 47, 53 beachte die Berichtigungen in Bd. VI, S. 399.)

Der S. 57 als «Reliquienkapelle» bezeichnete, zwar von der Kirche aus zugängliche, aber bereits im Südtrakt des Konventgebäudes liegende Raum diente vermutlich seit 1745 als Immakulatakapelle: ihr Inventar ging 1799 zugrunde. Nach 1880 wurde sie als Totenkapelle eingerichtet, 1943/44 wieder als Immakulatakapelle restauriert.

Abb. 469. St. Antonius Abt, um 1400. Aus Disentis; nun im Schweizerischen Landesmuseum. Text S. 451.

Abb. 470. Clugin. Fragment eines Epiphaniabildes. Text S. 452.

An dem neu errichteten *Altar* kamen zwei Altarflügel von HANS JAKOB GREUTTER zur Verwendung, die auf dem Estrich des Klosters gelegen waren. Sie zeigen auf den Innenseiten vier weibliche Heilige (St. Appollonia, Katharina, Ursula und Margaretha), außen St. Barbara, Dorothea und die Verkündigung. Im Schrein fand eine in der Kapelle schon vorhandene Marienfigur Platz, in der Bekrönung ein Auferstehungschristus; beide aus dem 17. Jahrhundert.

Literatur: Disentis, Blätter für Schüler und Freunde 1943; S. 54, 1944, S. 30 bis 33, mit Abb. auf S. 29.

S. 62. Die *Wappen* auf der Platte sind vermutlich als Allianz Haugh-Mader zu deuten (Mitt. Frl. Dr. D. F. Rittmeyer). Gleiche Wappen auf einem Meßgewand im Stift St. Gallen.

Ehemalige Standorte einiger der beschriebenen Kunstgegenstände (Mitt. P. Dr. Iso Müller): Der Kelch Nr. 5 auf S. 58 wurde vermutlich nach 1799 vom Prior der Kartause Ittingen geschenkt. – Den Kelch Nr. 12, S. 60, kaufte Abt Anselm Huonder (reg. 1804–1826) im Tessin. Nach Mitteilung von Herrn Rektor H. A. v. Roten, Raron, könnte es sich um ein Stück des 1803/04 geraubten Silberschatzes von Raron handeln. Die Wappen wären dann als Allianz v. Roten und Kalbermatten zu deuten. – Der Abtstab von Münsterlingen, S. 62, 65, kam nach Aufhebung des Klosters in den Besitz von Muri-Gries und erst unter Abt Benedikt Prevost (reg. 1888–1916) ins Kloster Disentis. – Von den Vortragekreuzen auf S. 64 kam jenes auf dem St.-Katharinen-Altar aus Mons, das zweite – ehemals auf dem St.-Michaels-Altar, jetzt in der Abtskapelle placierte – von Curaglia. – Der Korpus eines romanischen Vortragekreuzes (S. 62 und Abb. 61) soll von Ruschein stammen. – Das spätgotische Ölbergbild in einem Altarschrein (S. 74, 76) befand sich ehemals in Vals, und das Marienbild von H. J. GREUTTER (S. 76) in Mompé-Tavetsch. – Der Apostelteller, S. 79, stammt aus dem Kloster Münster.

Seither erschienene Literatur: N. CURTI und ISO MÜLLER, Neue Beiträge zur Kunstgeschichte des Klosters Disentis, ZAK. 1944, S. 100–116, mit Taf. 23–26. – P. Iso MÜLLER, Disentiser Reliquienübertragungen in der Barockzeit, BMBl. 1943, S. 206–223. – Derselbe, Kunstgeschichtliche Studien über Disentis im 17.–19. Jahrhundert, BMBl. 1946, S. 353–380. – Derselbe, Der Disentiser Barockbau, ZAK. 1946, S. 218–240, mit Taf. 61–65. Aus letzterem Artikel ist die graphische Rekonstruktion der 1843 übertünchten Scheinarchitektur in Ritzlinien hervorzuheben.

S. 84. **Disentis.** PFARRKIRCHE. Im Familienarchiv von Castelberg liegt ein Vertrag mit «Plazi Schmed, bildhauer» (in der Unterschrift: «Placi Schmet») vom 9. November 1800 über die Herstellung eines Altars zu Ehren der schmerzhaften Muttergottes auf Kosten der Disentiser Jungfrauenschaft. Es handelte sich offenbar um den Seitenaltar rechts vom Choreingang. Über PLAZI SCHMED (Schmid) siehe Bd. I, S. 216f. – Im gleichen Archiv ein Akkord mit Meister MICHAEL WINZENS (Vincenz) aus Rabius vom 25. August 1804 über die Anfertigung des S. 92 beschriebenen Chorgestühls.

Abb. 471 und 472. Parde. Kapelle St. Rochus. Wandbilder von Hans Ardüser, 1592.
Maria und St. Rochus. Text unten.

S. 94. Aus der Gegend von Disentis kam 1941 durch den Kunsthandel ins Schweizerische Landesmuseum eine *Holzfigur* des hl. Antonius, H. 108 cm; LM. 21894 (Abb. 469). Um 1400, Fassung teilweise erneuert. Der Heilige segnend, in der Linken den Krückstock haltend. Vgl. Jahresbericht des Schweizerischen Landesmuseums 1938 bis 1943, S. 91, mit Abb. 13.

S. 145. **Parde.** KAPELLE ST. ROCHUS (S. Roc). Die hier vermuteten *Wandmalereien* wurden 1943 abgedeckt und von X. STÖCKLI, Stans, restauriert. Sie zeigen: An der Nordwand links des Altars die Muttergottes, thronend in einer illusionistisch dargestellten Nische in den Formen der Frührenaissance. Der an der Mutterbrust saugende Jesusknabe hält eine Taube in der Hand (Abb. 471). Rechts des Altars St. Rochus, eilig schreitend, mit seinen traditionellen Assistenzen, dem ein Brot im Maul tragenden Hund und einem Engel, der ein Ziborium hält (Abb. 472). An den Längswänden sieht man die Reihe der Apostel mit ihren Attributen und den Namen in Frakturlettern. Den unteren Abschluß bilden Streifen von Diamantbuckeln und überecks gestellten, vielleicht von dem alten Deflorinhaus in Disentis (Bd. V, Abb. 103, S. 97) kopierten Würfelquadern. Die Gewölbemitte beherrscht ein großes, durch ein gemasertes Kreuz geteiltes Kreismedaillon mit den Symbolen der Evangelisten. In den Zwickeln Passionswerkzeuge. Die Konsekrationskreuze überschneiden die Malereien, woraus hervorgeht, daß diese bei der Weihe am 7. August 1592 schon vorhanden waren. Die Malereien lassen deutlich die Hand des HANS ARDÜSER erkennen, der im gleichen Jahr die Kapelle in Villa ausschmückte (vgl. Bd. IV, S. 264). Siehe auch ZAK. 1944, S. 249f.).

S. 196. **Clugin.** KIRCHE. Im Sommer 1944 wurden an der Nordwand des Schiffes durch Graf E. O. DE ROSALES, Andeer-Mailand, weitere *Wandmalereien* aufgedeckt und restauriert. Es kamen zutage: Links des Fensters in einem rotbraun gerahmten, hochrechteckigen Feld zwei bartlose männliche Heilige, die Palmzweige in der Linken halten und dadurch als Märtyrer charakterisiert werden. Vielleicht stellen sie die Patrone des Gotteshauses dar, dessen Titel nicht bekannt ist. Rechts des Fensters erschienen Fragmente einer Epiphaniadarstellung: Maria auf einer Bank sitzend und das auf ihrem rechten Knie stehende, völlig bekleidete Kind mit beiden Händen haltend. Rechts hinter ihrem Sitz Joseph mit Krückstock und Rosenkranz, links des Kindes der von dem knienden, heute nicht mehr vorhandenen König emporgehaltene Kelch, darüber, neben dem Stern, ein schwebender Engel. Von einem jugendlichen stehenden König sind links des Fensters noch Teile erhalten. Er trägt in der Rechten ein Deckelgefäß. Der Ärmel seines Gewandes ist «gezattelt» (festoniert). Das ganze Bild ist nur in roten Konturen angelegt und wirkt wie eine nicht ausgeführte Vorzeichnung (Abb. 470). Links vom Chorbogen kamen Fragmente des Erzengels Gabriel aus einem Verkündigungsbild, wie in Casti, zutage, jedoch in schlechterem Erhaltungszustand; rechts wurden aber keinerlei Spuren der hier anzunehmenden Maria gefunden. Dagegen erwies sich der Bogen der Apsis mit illusionistischen Profilierungen bemalt wie in Räzüns. An der Südwand sind gleichfalls Bilder zu vermuten.

Es ist nicht zu verkennen, daß die beiden Märtyrer sowie die Verkündigung von der gleichen Hand stammen wie die Gemälde in der Apsis, und also in den Werkkreis des «WALTENSBURGER MEISTERS» gehören (zweites Viertel des 14. Jahrhunderts, vgl. Bd. I, S. 72 f.). Nicht minder deutlich stimmt aber die Epiphaniadarstellung mit den Gemälden des zweiten Meisters in St. Georg bei Räzüns – aus der zweiten Hälfte des 14. Jahrhunderts – überein (Bd. IV, S. 48 ff.). Merkwürdigerweise ergaben jedoch die Feststellungen des Restaurators bei der Abdeckung, daß in Clugin die Tätigkeit dieses zweiten Räzünser Meisters jener des Waltensburgers voranging, während in Räzüns deutlich erkennbar die Reihenfolge umgekehrt war. Die Chronologie in Räzüns entspricht dem stilistischen Tatbestand, da die Werke des Waltensburger Meisters auf einer früheren Stufe stehen als jene des zweiten Räzünser Meisters. Die Erklärung für den geschilderten Sachverhalt kann darin gefunden werden, daß wir es hier mit Malern zweier verschiedener Generationen zu tun haben, deren Lebenszeit sich noch überschneidet, so daß also in Räzüns der ältere und in Clugin der jüngere vorangehen konnte. Daß der Waltensburger Meister an den seiner Generation vertrauten Formanschauungen festhielt, ist an seinem Gesamtwerk abzulesen. Die Aufeinanderfolge beider Meister könnte sich auch innerhalb des gleichen Auftrages abgespielt haben, und dies scheint in Clugin in der Tat der Fall gewesen zu sein, da die Vorzeichnung des Dreikönigsbildes offenbar nicht ausgeführt wurde.

Abb. 473. Münster. Klosterkirche. Detail der karolingischen Wandgemälde, gegen 800; abgedeckt 1947. Text S. 454 f.

S. 259. **Splügen.** Bronzezeit: *Dolch* der Hügelgräberkultur. Nun im Rätischen Museum. JB SGU. 1946, S. 54.

S. 278. **Avers-Cresta.** Gelegentlich einer Gesamtrenovation der Kirche kamen 1944 fragmentarische *Wandmalereien* zutage: an der Nordwand Reste eines szenischen Zyklus, irreparabel zerstört. Auf der Westwand ein St. Christophorus und St. Georgs Kampf mit dem Drachen, frühes 15. Jh. Restauriert von W. BÄRTSCHI, Zürich. Vgl. ZAK. 1945, S. 145. – Schweiz. Bauzeitung 1947, S. 271 f.

Abb. 474. Münster, Klosterkirche. Detail aus dem Wandgemälde in der Mittelapsis. Gastmahl des Herodes; um 1280. Text S. 455, vgl. auch Bd. V, S. 321, Abb. 334.

S. 280. **Juf.** Das Baudatum des Podestatshauses ist 1664, nicht 1666.

S. 312. **Münster.** KLOSTERKIRCHE ST. JOHANN. Im Sommer 1947 wurde die erste Etappe einer durchgreifenden Innenrenovation unter Leitung von Dipl.-Arch. W. SULSER durchgeführt. Die dabei vorgenommenen Untersuchungen erbrachten in baulicher Hinsicht folgende Ergebnisse:

Zur Baugeschichte. Hinsichtlich der Rekonstruktion der karolingischen Fenster von Zemp und Durrer ergab sich insofern eine Korrektur, als – zumindest bei den Nordfenstern – die schräg nach innen durchlaufenden Leibungen in einer Tiefe von 45 cm (von innen her gesehen) einen deutlichen Putzanschlag aufwiesen, der auf einen Fenstereinsatz deutet. Auch die Bemalung reichte nur bis zu dieser Stelle. Ferner kam in der Nordwand – und zwar etwa 4,20 m von der Apsis entfernt – ein zum Teil von dem spätgotischen Wanddienst überschnittener, also vorgotischer rundbogiger Durchgang nach dem viel diskutierten Annex hin zum Vorschein. H. 4,68 m, Br. 2,67 m. In baugeschichtlicher Hinsicht wichtig war die Freilegung des Datums 1492 mit Meisterzeichen Tab. II B, 3, eingemeißelt in die Steinumrahmung einer viereckigen Öffnung im Gewölbe des zweiten Joches von Osten her, sowie der damit übereinstimmenden Inschrift unter dem noch zu erwähnenden gemalten Wappen der Äbtissin Angelina von Planta: Angelina · dei · permiſſione · abbatiſſa · hui' · cenobij · fecit · fieri reſtauratm̄ · iſtius · ecclīe · anno · ſalutis · 1492. Beide Angaben beweisen, daß bereits damals – also nicht erst nach dem Schwabenkrieg von 1499 – die Einwölbung erfolgt war. Schwere Brand- und Wasserschäden an den Gewölben ließen indessen erkennen, daß das Feuer den Dachstuhl zerstört hatte. Die aufgefundenen Steinmetzzeichen

Abb. 475. Münster. Klosterkirche. Gewölbemalereien von 1492, nach der Restaurierung. Text S. 455f.

siehe Tab. II B, 3. Abgedeckt wurde auch der 1492 angelegte Eingang vom Kloster in den Nonnenchor in der Mitte der Westwand.

Die *Maßwerkbrüstung* der Empore (Nonnenchor) ist – wie sich nach Entfernung der Bemalung zeigte – nicht aus Naturstein gehauen, sondern aus einem Gemisch von gelöschtem Kalk und gesiebtem Sand in Formen gegossen und in Teilstücken versetzt, stammt jedoch sicherlich aus der Bauetappe von 1492. Aus gleichem Material erwies sich der obere Teil des Baldachins über der Karlsstatue, während die untere Partie aus Tuff besteht. Die Inschrift Karolus mangnus · anno · 1488 bezeichnet das Entstehungsjahr dieses Baldachins. Auf dem Pfeiler zwischen Mittel- und Nordapsis zeigten sich Spuren einer korrespondierenden Disposition mit Konsole und Baldachin.

Malereien und Inschriften: A. Über die *karolingischen Gemälde* an den Schiffswänden können erst vorläufige Angaben gemacht werden, da die Abdeckung noch nicht vollendet ist. Am besten erhalten sind Teile an der Nordseite und der Westwand über dem Nonnenchor, am schlechtesten größere Partien der Südwand. Bereits konnte festgestellt werden, daß die frühere Vermutung, alle Wände seien in lauter gleichartige Felder aufgeteilt gewesen, für die Westwand nicht zutrifft. Denn hier erscheint in der Mitte eine großformatige Komposition, die sich zu einem Teil als Darstellung des Jüngsten Gerichts erweist; ob die von Engeln assistierte Gestalt Christi als Pantokrator hierzu oder in einen andern Zusammenhang gehört, bleibt noch zu klären. Seitlich davon erkennt man den Beginn einer Reihe von Aposteln unter Arkaden (Abb. 473). Über dieser Zone sieht man die Toten sich aus ihren Gräbern erheben. Auch an den andern beiden Wänden ergab sich insofern bedeutungsvolle Aufklärung in thematischer Beziehung, als die bisherigen Untersuchungsergebnisse schon zeigten, daß wir es nicht, wie man bisher annahm, mit einer «ganz ausführlichen Geschichte Davids» (Zemp) zu tun haben, sondern daß auf den unteren Partien Ereignisse aus dem Neuen Testament dargestellt sind. An beiden Wänden konnte die Gestalt Christi bereits mehrmals innerhalb szenischer Darstellungen erkannt

Abb. 476. Münster. Klosterkirche. Gewölbemalereien von 1492, nach der Restaurierung. Text unten.

werden, von denen die Taufe im Jordan, die Heilung des Blinden, des Taubstummen und des Aussätzigen, ferner Petri Fischzug sowie Jesus und die Sünderin schon zu definieren sind. Näheres werden erst die weiteren Restaurierungsarbeiten zeigen. Als Umrahmungen dienten auch hier Bordüren mit Blättchen und Masken von der in Bd. V, S. 314, Abs. 2, beschriebenen Art. An der stilistischen Beurteilung der Malereien – als Zeugnisse der wiedererwachten spätantiken Kunst – wie sie im Anschluß an Zemp und besonders an Dvořák bereits in Bd. I, S. 32, umschrieben wurde, haben die neuen Entdeckungen nichts geändert. An der Nordwand unter der Empore erschienen Fragmente eines Mäanders. – Ergänzungsweise wird in Abb. 474 von den spätromanischen Malereien (um 1280) ein Detail – die Köpfe von Herodias und Herodes – nach einer Neuaufnahme gezeigt.

B. *Spätgotische Malereien:* Konsekrationskreuze, die sich auf den Umbau von 1492 beziehen, wurden an mehreren Stellen nachgewiesen. Sie sind in Kreise eingeschrieben und haben die Form von Tatzenkreuzen mit sehr spitz ausgezogenen Enden. An der Nordwand kam im dritten Joch (vom Chor her) ein Schriftband mit den Namen von fünf (nicht mehr vorhandenen) Heiligen und einer Stifterin aus spätgotischer Zeit zutage; ferner im zweiten Joch vor gelbem Damastgrund vier Heilige; drei davon zerstört, eine vierte – St. Katharina – jedoch gut erhalten und von bemerkenswerter Qualität. Anfangs des 16. Jahrhunderts. Im ersten Joch Wappen und Inschriften für drei Glieder der Familie von Planta: Äbtissin Ursula, Propst Caspar und Vicarius Johannes; 1578.

Am ganzen Gewölbe erschienen Zwickelmalereien aus Blattwerk und Rankenmotiven, von denen jene des Mittelschiffes qualitativ sich über die in den Abseiten erheben (1492). Im dritten Joch des Mittelschiffgewölbes (vom Chor her gezählt) fanden sich acht Wappen mit lateinischen Inschriften in Frakturlettern für 1. Karl d. Gr. Im Schild der Doppeladler, als Kleinod die Reichskrone, Zepter und Schwert. Die achtzeilige Inschrift nennt den Kaiser den fundator et edificator primus des

Klosters. – 2. Ortlieb von Brandis mit Angabe des Todesjahres 1491. – 3. Diepold von Schlandersberg, Herr zu Rodund. – 4. Ulrich von Schlandersberg. – 5. Bischof Heinrich von Höwen. – 6. Äbtissin Angelina von Planta, Inschrift siehe oben S. 453. – 7. Johannes Frech von Malans, Klosterpropst. – 8. Heinrich von Grüningen, Hauptmann auf Schloß Fürstenburg. – 1947 von F. X. SAUTER restauriert (Abb. 475, 476).

Quellen und Literatur: Berichte von W. Sulser und Dr. H. Holderegger, Mskr. – L. Birchler in der Neuen Zürcher Zeitung vom 10. Februar 1948, Nr. 287, 290.

S. 424. **Casaccia.** Im letzten Abschnitt Zeile 2: statt «1660» zu lesen «1680».

Zu Band VI

S. 19. **Brusio.** Im 3. Abschnitt auf Zeile 3 statt «Fabeltiere» zu lesen «Fabelwesen».
S. 57. **Poschiavo.** Marienkirche. Auf Zeile 17 nicht «ihren», sondern «seinen».
S. 149. **Roveredo.** Ein *Schalenstein* in Lemora. JB SGU. 1945, S. 93.
S. 154. **Roveredo.** S. GIULIO. Die hier erwähnte Restaurierung wurde im Sommer 1945 durchgeführt. Kurzer Bericht mit Abbildungen des Zustandes nach der Renovation ZAK. 1945, S. 145, mit Taf. 48. Bei der Reinigung des Dreikönigsbildes in der Südkapelle (S. 161) kam die Malersignatur «M · G / PINT / 1638» zum Vorschein. Auf dem Bild des S. Giulio (S. 162 unten) steht außer der in Majuskeln geschriebenen Stifterinschrift noch in Kursiv: «Lituno 1744» (Malername?).
S. 184. **Roveredo.** Im 3. Abschnitt Zeile 3 statt «fecit» zu lesen «fecerunt».
S. 245, 246. **Busen.** PFARRKIRCHE. «S. Pietro ed Antonio», nicht «e Antonio».
S. 275. **Sta. Domenica.** PFARRKIRCHE. In der zweiten Zeile der Baubeschreibung ist zwischen den Worten «eingezogenem» und «geschlossenem» einzuschalten «gerade».
S. 339. **Mesocco.** KIRCHE S. MARIA. Im Abschnitt «Sakristei» zu lesen «Nordseite des Chores», nicht Südseite. – S. 354. Abb. 402: «Text S. 356», nicht «S. 353».
S. 362. **Mesocco.** PROFANBAUTEN. In der «Caserma» steht ein Specksteinofen, der einen Schild mit Hausmarke, den Initialen «M B» und dem Datum 1469 zeigt (Mitt. Dr. R. Bosch, Seengen). – In der Sammlung Dr. H. C. Bodmer, Zürich, Bärengasse 22, befindet sich eine *Wappenscheibe* Sax-Misox, 30,4 × 21,8 cm. Der Schild steht unter einer kielbogigen Arkade auf blauem Damastgrund. Das Wappen ist geteilt von Gold und Rot mit zwei Säcken in verwechselten Farben. Gut erhalten; gegen 1500. Ursprünglicher Standort unbekannt.

Zu Band VII

Siegel S. 15. In Abschnitt Ziff. 6, Zeile 5, ist statt «S.» zu lesen «SIG(I)LLUM»; statt «1368» soll es heißen «1386». Ebenso in der Unterschrift zu Abb. 7.

Bischöfe. Auf Seite 18, Absatz 2, Zeile 2, ist statt «Johann V.» zu lesen: «Johann VI.», und auf Seite 70, vorletzte Zeile, statt «Johann V.» «Johann VI.». Auf Seite 186, Zeile 3, ist statt «Flugi» zu setzen «Federspiel».

Auf Seite 118, 120, Anm. 1, und 157 soll es «Heinrich V.» heißen (wie richtig auf S. 198, 206, 214) und nicht «Heinrich VI.». Dabei ist darauf aufmerksam zu machen, daß in der Bistumsgeschichte von Joh. Gg. Mayer Heinrich V. gleichfalls irrtümlich als Heinrich VI. gezählt ist. Die Lücke liegt dort zwischen Heinrich III. und Heinrich V. Einen Heinrich VI. gibt es also nicht (diesen Hinweis verdanke ich Herrn Bischöfl. Archivar J. Battaglia). Auch Eichhorn kommt fälschlicherweise auf sechs Bischöfe dieses Namens, da er den Prätendenten Heinrich von Realta, der nie den Stuhl von Chur bestieg, als Heinrich III. zählt.

S. 230. **Hofkellerei.** An der Fenstersäule des Oberstockes findet man das Steinmetzzeichen Tab. II, 6.

Seite 248. **St. Regula,** Zeile 3: statt «auf dem Hof» ist zu lesen «mit dem Hof».

S. 372. **Haldenstein,** Schloß. Von den nun im Haus Dr. Hector von Salis in Zollikon befindlichen Salischen *Familienbildern* sind qualitativ bemerkenswert: 1. Das Bildnis des Friedrich Anton von Salis; Hauptmann der Schweizer Garde unter König Ludwig XIV., 1675, im Alter von 22 Jahren. Brustbild, 90 × 74,5 cm. Signiert: «fecit Gilbertus de Séve, Regis pictor Ordinarius.» GILBERT DE SÉVE, geb. 1615, gest. 1698, war Gründungsmitglied der «Academie royale de peinture» in Paris und seit 1689 deren Rektor (vgl. Thieme-Becker, Allgemeines Lexikon der bildenden Künstler, XXX, S. 542). – 2. Bildnis des Landesobersten Andreas von Salis, 1714 (nachträgliche Bezeichnung). Brustbild, 80 × 62 cm. – Im gleichen Haus *zwei runde Monolithscheiben:* 1. Dm. 14,7 cm. Bild: Rebekka reicht dem Knecht des Abraham am Brunnen den Krug. Unten das Stammwappen von Salis mit Inschrift des Joh. Rudolf von Salis, ehemals Hauptmann der Schweizer Garde in Frankreich, Richter in Malans, datiert 1675. – 2. Dm. 14,6 cm. Bild: Verheißung an Abraham im Hain Mamre. Unten das quadrierte Saliswappen mit Inschrift für Hercules Freiherrn von Salis, ehemals Commissari sowie Landammann des Zehngerichtenbundes; datiert 1675.

Von den Möbeln aus dem Schloß sind zu erwähnen: 1. *Eine kleine Truhe* (50 × 90 × 42 cm) (Abb. 477). Die mit Wellstableisten umrahmten beiden Frontfelder zieren sehr vereinfachte Intarsien des Schlosses und der Burg Haldenstein. In der Mitte in Reliefschnitzerei das Wappen Schauenstein-Ehrenfels, quadriert, mit Herzschild wie auf dem Grabmal des Freiherrn Thomas von Schauenstein auf dem Friedhof zu Haldenstein († 1681). Ihm dürfte auch das Möbel gehört haben, da es stilistisch in die Zeit um 1660/70 paßt. – 2. *Spiegel,* H. 1,30 m, Br. 84 cm. In der durchbrochen geschnitzten Bekrönung aus Akanthuslaub ein gemaltes Wappen Salis-Schauenstein-Haldenstein, quadriert mit Herzschild, wie auf dem Grabmal des Hans Luzi von Salis in Haldenstein, † 1722 (Abb. Schweiz. Arch. f. Her. 1927, S. 179), doch mit dem Unterschied, daß im zweiten Feld nicht die drei Fische von Ehrenfels, sondern die beiden aufrechten Steinbockhörner von Lichtenstein stehen. Initialen H L (verbunden), M F (verbunden) SALIS. 1725. Die Buchstaben beziehen sich auf Hans Luzius von Salis und seine Gemahlin Maria Flandrina, die Erbtochter des Hauses Schauenstein-Haldenstein, doch war der erstere damals bereits verstorben (s. oben). – 3. Sehr graziöse *Rokoko-Uhr* mit stark bewegtem, vorzüglich geschnitztem, vergoldetem Rocaillewerk, in dessen Spitze ein Vogel sitzt. Auf der Rückwand der Pendelkammer eine zierliche Jagdszene, golden auf grünem Grund. Um 1750/60.

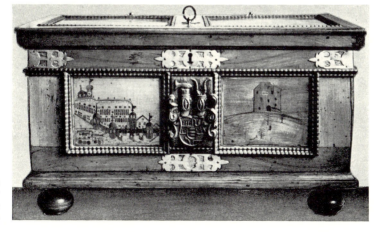

Abb. 477. Aus Haldenstein. Truhe. Um 1660/70. Text oben.

TABELLE I: MARKEN AUF METALLARBEITEN

Goldschmiedemarken

In dieser Liste erscheinen nur solche Goldschmiedemarken, die bei M. Rosenberg, Der Goldschmiede Merkzeichen, III. Auflage, Bd. I—IV, Frankfurt a. M. 1922—1928, und in den Ergänzungen dazu von Alfr. Schröder im Archiv für die Geschichte des Hochstiftes Augsburg, Bd. VI, Dillingen a. D. 1929, S. 541 bis 607, nicht vorkommen. Auf andere, bereits in früheren Bänden publizierte Zeichen ist im Text verwiesen. Die Marken sind in Originalgröße wiedergegeben.

A. Beschaumarke

1. Nicht sicher zugewiesene Beschaumarke, vielleicht von Maienfeld (oder von Sargans?). Auf zwei Abendmahlsbechern in Haldenstein. Erste Hälfte des 17. Jahrhunderts. Text S. 365.

B. Meistermarken

Lfde Nr.	Marke	Dazugehörige Beschaumarke	Meister	Gegenstand	Standort	Zeit	Textstelle
			Schweiz				
2.		oben Nr. 1	Peter Starck, Chur genannt ab 1627 Bürgereinkauf 1630	2 Becher / 2 Becher	Haldenstein / Igis	1. Hälfte des 17. Jh. dsgl.	S. 365 / S. 376
3.		Chur	Unbekannter Churer Meister	2 Becher	Zizers	1700	S. 410
4.		Zug	Jos. Martin Keiser	Reliquiar	Chur	1730	S. 174
			Ausland und unbekannte Orte				
5.			Meister und Wohnort unbekannt	Ziborium	Landesmuseum, ehem. Chur	2. Hälfte des 15. Jh.	S. 197
6.		Feldkirch	Vielleicht Hans Müller, Feldkirch	Kelch	Chur	1. Hälfte des 16. Jh.	S. 152
7.		Feldkirch	Unbekannter Meister in Feldkirch	Marienbüste	Chur	1600	S. 179
8.		Feldkirch	Unbekannter Meister in Feldkirch	Ziborium	Zizers	um 1670	S. 407
9.			Meister und Wohnort unbekannt	Monstranz	Chur	um 1700	S. 150
10.		Feldkirch	Unbekannter Meister in Feldkirch	Platte	Chur	um 1710	S. 154

TABELLEN VON MEISTERZEICHEN 459

C. Marken von Zinngießern

Die bei G. Bossard, Die Zinngießer der Schweiz und ihr Werk, Bd. I und II, Zug 1920 und 1934, vorkommenden Marken werden hier nicht aufgeführt.

Lfde Nr.	Marke	Meister	Gegenstand	Standort	Zeit	Textstelle
11.		Jakob Fyrabitt, Chur	Lavabo	Chur	1583	S. 325
12.		Joachim Schirmer, St. Gallen	Kanne	Igis	um 1650	S. 376

TABELLE II: STEINMETZZEICHEN

Auf andere, bereits in früheren Bänden publizierte Zeichen ist im Text verwiesen.

A. Einzelzeichen

Lfde Nr.	Zeichen	Meister	Ort des Vorkommens	Zeit	Textstelle	Bemerkungen
1		Unbekannter Steinmetz	Chur St. Martin	1471	S. 240	
2.		Claus von Feldkirch	Chur Kathedrale	1484	S. 128	
3.		Unbekannter Steinmetz	Chur, Schuhmacherzunft	um 1510	S. 311	
4.		Unbekannter Steinmetz	Chur Kathedrale	1517	S. 57	
5.		Unbekannter Steinmetz	Chur Hofkellerei	1522	S. 230	
6.		Unbekannter Steinmetz	Chur Profanbauten	1525 1533	S. 351 S. 323	vgl. auch Gruppe St. Martin, vorletzte Marke
7.		Unbekannter Steinmetz	Haldenstein Chur, Rathaus Molinära	1545 1546 1557	S. 368 S. 296 S. 394	
8.		Unbekannter Steinmetz	Dompropstei	1546	S. 231	wohl identisch mit Nr. 7
9.		Unbekannter Steinmetz	Chur Haus Reydt	1574	S. 324	
10.		Paul Gering, Chur	Chur «z. Raben» Chur, Rathaus	um 1585 1590	S. 321 S. 296	vgl. auch Bd. II, S. 408, Nr. 13; Bd. IV, S. 454, Nr. 10
11.		Hans Tscharner, Chur Stadtbaumeister	Chur, Rathaus	1590	S. 296	
12.		Unbekannter Steinmetz	Mastrils	1614	S. 388	
13.		Johann Wanckmüller, Chur	Chur Brunnen	1720	S. 35	

B. Zeichengruppen und Nachträge

1. Steinmetzzeichen in der St.-Laurentius-Kapelle der Kathedrale; 1467. Text S. 57.

2. Steinmetzzeichen im Turm von St. Martin zu Chur. 1505–1509. Text S. 242.

Zum 5. Zeichen der oberen Reihe vgl. Bd. I, S. 97; zum 8. Zeichen der oberen Reihe: Bd. IV, S. 453, Tab. II, Nr. 3; zum 1. Zeichen der unteren Reihe: Bd. I, S. 97; zum vorletzten Zeichen der unteren Reihe siehe oben unter A Nr. 6.

3. Steinmetzzeichen in der Klosterkirche St. Johann zu Münster. 1492. Text S. 453, 454.

Das erste Zeichen ist die Marke des leitenden Meisters.

4. Zeichen eines unbekannten Meisters oder Paliers in der Kirche St. Johann zu Ems. 1515. Text S. 435.

TABELLE III: BILDHAUERZEICHEN UND MALERMONOGRAMME

Lfde Nr.	Zeichen	Meister	Ort des Vorkommens	Zeit	Text-stelle
1.		Jakob Russ, Bildhauer, Ravensburg	Chur Kathedrale	1492	S. 106
2.		C. oder G. Dreher, Maler	Chur Kathedrale	1604	S. 126
3.		Vermutlich Joseph Laurer, Glasmaler, Chur	Arosa	1605	S. 356
4		Unbekannter Maler, vermutlich in Feldkirch	Chur Kathedrale	1611	S. 138

ORTS- UND PERSONENVERZEICHNIS

Das Hauptvorkommen der Orte ist durch Kursivdruck der Seitenzahlen hervorgehoben. Die Gebäude ohne nähere Ortsbezeichnung stehen in Chur. Die Bischöfe von Chur, die in diesem Band vorkommen, sind unter «Bischöfe» chronologisch zusammengefaßt. Die Handwerksmeister und Künstler s. S. 470ff.

ABYSS, Familie 330.
– Joh. 281.
AIMO, Prior 257.
AKTIENGEBÄUDE 350.
VON ALBERTINI, Christian 395.
ALMENS 423, 437.
ALTES GEBÄU 28, *337–344*, 345, 416.
VON ALTMANNSHAUSEN, Familie 125.
– Perpetua (verm. v. Hummelberg) 121.
ALVASCHEIN 432, 433.
AMBERG (i. Bayern) 129.
AMSTEIN, Haus in Zizers 416–417.
– Joh. Georg 417.
ANDEER 355, 434.
ANDELFINGEN 356.
ANSCHÜTZ, Sammlung 437.
ANTISTITIUM *316–318*, 321.
ANTONIN, röm. Kaiser 373.
ANTWERPEN 194.
APPENZELL 354.
AQUITANIEN 260.
ARBOR FELIX 4.
ARCHAS 22, 23.
ARDEZ 446.
ARLES 76, 91, 94–96.
AROSA 356, 460.
ARTH, Fernandus 408.
ASCONA 278.
ASPERMONT, Alt-, Burgruine 390, *395*.
VON ASPERMONT, Herren 395.
ATTALENS 166.
AUGSBURG 120, 153, 154, 156, 236, 246, 252, 270, 315, 392, 393, 398, 407, 413, 414.
AUGUSTUS, röm. Kaiser 6, 402.
AVERS-CRESTA 452.
AVINUS s. Igis.

BABENHAUSEN 259.
«BÄRENLOCH» 238.
BALDENSTEIN, Schloß 384, 415.
BALDIRON 16, 395.
BARRINA, Elsbeth 400.
BASEL 82, 85, 168, 196, 197, 233, 428, 432.
– Historisches Museum 196, 197.
– Kunstmuseum 435.
– Kupferstichkabinett 380.
BASSUS, Stephan, Dr., Domherr 143, 200.

BATÄNJER, Leonhard 367.
BATTAGLIA, Johann, Domherr 146.
– Maria, geb. Walser 410.
– P. 410.
– Ursula, verm. Spinatsch 440.
BAUMANN-LUSSI, Familie 356.
BAUMGARTEN, Sigismund Jacob 382.
BAWIER, Familie 11.
BAWIER, Haus (Weinschenke) 349.
BAWIER, Personen:
– Constantin 350.
– Hans 356.
– Johann 353.
– Rudolph 255.
BAYEUX 173.
BEELI, Haus 331.
BEELI, Jörg 354.
BEELI VON BELFORT, Familie 353.
BEELI VON BELFORT, Conradin 370.
– Hans Rudolf 399.
VON BELMONT, Herren 73.
– Heinrich von 100.
BENDERN 258.
BENER, Familie 314.
BENER, Haus, s. Haus Reydt.
BENER, Thomas 324.
BERGÜN 354, 435.
BERLIN 198, 199, 370, 371.
– Deutsches Museum 198, 199.
– Kaiser-Friedrich-Museum 427.
– Kunstgewerbemuseum 148, 370, 371.
– Schloß-Museum 370, 371, 372.
BERN 116, 235, 280.
– Historisches Museum 421.
– Kunstmuseum 422.
BERNARD, Familie 349.
– A. 349.
BERNEGGER, Wilhelm 233.
BERNHARD, Familie 416.
– Alexander 400.
– Anton 394.
– Georg 410.
– Ursula, geb. von Schorsch 394, 400.
BERNO, Bischof von Mecklenburg 36, 104.

BERTHRADA 248.
BESSLER VON WATTINGEN, Maria Anna, (verm. von Salis-Zizers) 407.
BEVERS 349, 443.
BIÄSCH À PORTA, Familie 365.
BIEL 354.
BILGERI, Heinrich 233.
BIRCHER, Familie 365.
Bischöfe (chronologisch):
ASINIO (452) 6, 36.
VALENTIAN († 548) 36, 257, 270.
VICTOR I. (614) 6.
PASCHALIS 441.
VICTOR II. 441.
TELLO († 773/74) 40, 46, 47, 97, 390.
VICTOR III. 36, 270.
HARTPERT († vor 972) 364.
HILTIBALD (972, 988) 10.
TIETMAR (1040–1070) 283.
HEINRICH I. VON WERDENBERG (1070–1078) 12.
NORTPERT VON HOHENWART, Gegenbischof (1079–1087) 155, 156.
KONRAD I. VON BIBEREGG (1122–1145) 257.
ADALGOTT (1151–1160) 37, 97, 284, 441.
EGINO (VON EHRENFELS?) (1167–1170) 12, 37, 97, 282.
ULRICH III. VON TÄGERFELDEN (1171–1179) 97.
VOLKARDT VON NEUENBURG (1237–1251) 147, 418.
HEINRICH III. VON MONTFORT (1251–1272) 54, 418, 456 f.
KONRAD III. VON BELMONT (1272–1282) 100, 275.
FRIEDRICH I. VON MONTFORT (1282–1290) 13.
SIEGFRIED VON GELNHAUSEN (1298–1321) 142.
JOHANN I. VON PEFFERHARD (1325–1331) 13, 14, 290.
PETER I. GELYTO (1355–1368) 136.
JOHANN II. VON EHINGEN (1376–1388) 203.
HARTMANN II. VON VADUZ (1388–1416) 142.

Bischöfe (Fortsetzung):
　HEINRICH IV. VON HÖWEN
　　(1441–1456) 14.
　ORTLIEB VON BRANDIS
　　(1458–1491) 103, 128, 129,
　　135, 139, 140, 141, 150,
　　203, 205, 206, 207, 257,
　　318, 354, 456.
　HEINRICH V. VON HÖWEN
　　(1491–1505) 118, 120, 157,
　　158, 198, 206, 214, 456.
　PAUL ZIEGLER (1509–1541)
　　70, 206.
　LUZIUS ITER (1541–1549)
　　15, 16, 54, 58, 70, 72, 123,
　　124, 203, 206, 207, 225,
　　226, 229, 231, 278.
　THOMAS VON PLANTA (1549–
　　1565) 102, 140, 142, 144.
　BEAT À PORTA (1565–1581)
　　14, 354.
　PETER II. RASCHÈR (1581–
　　1601) 72, 143, 144, 220,
　　352, 355.
　JOHANN V. FLUGI (1601–
　　1627) 63, 70, 72, 74, 102,
　　126, 144, 152, 153, 190,
　　355, 456.
　JOSEPH VON MOHR (1627–
　　1635) 232.
　JOHANN VI. FLUGI (1636–
　　1661) 17, 18, 64, 71, 72,
　　116, 122, 123, 142, 198,
　　208, 209, 214, 215, 229, 456.
　ULRICH VI. VON MONT
　　(1661–1692) 18, 115, 130,
　　143, 209, 214, 215.
　ULRICH VII. VON FEDER-
　　SPIEL (1692–1728) 150,
　　153, 186, 353, 436, 456.
　JOSEPH BENEDIKT VON
　　ROST (1728–1754) 144,
　　179, 209, 216, 218, 219.
　JOHANNES VII. VON FEDER-
　　SPIEL (1755–1777) 184.
　DIONYSIUS VON ROST (1777–
　　1793) 145, 179.
　CARL RUDOLF BUOL VON
　　SCHAUENSTEIN (1794–
　　1833) 146.
　KASPAR CARL VON HOHEN-
　　BALKEN (1844–1859) 52.
　KASPAR II. WILLI (1877–
　　1879) 142.
BISCHÖFLICHES SCHLOSS siehe
　Schloß.
BIVIO 354, 441.
BLASIUS, Joh. 15.
VON BLUDENZ, Herren 71.
VON BLUMENTHAL, Haus in
　Zizers 415.
VON BLUMENTHAL, Rudolph,
　Domherr 146.

BODMER, Haus 23.
BODMER, H. C., Sammlung in
　Zürich 439, 456.
BONADUZ 435.
BONORAND, Joh. Conr. 376.
BORGO S. DONNINO 90, 91.
BOSSI, Joh. Georg, Domherr
　146.
VON BRANDIS, Herren 73, 184,
　318.
BRANDIS, Haus 318.
BRANDIS, Personen:
　– Johannes, Domprobst 195.
　– Ludwig 195.
　– Sigmund 195.
　– Ulrich 378.
　– Verena (geb. von Werden-
　　berg-Bludenz) 318.
BREGENZ 3, 4.
BREGENZ, Grafen von 7.
BRESCIA 46.
BRILLENTOR 21, 26, 27, *30*.
BRÜGGER, Familie 38.
BRUNNENGARTEN, Haus zum
　351.
BRUSIO 456.
BÜHL (Baden) 385.
BUELE (Buol?), Barbara,
　verm. Lütscher 366.
BÜSCH, Familie 351.
BULLINGER, Heinrich 15.
BUNDI, Haus 320.
BUNDI, Jakob, Abt 281.
BUOL, Familie 9, 287, 365.
BUOL, Haus «auf dem Fried-
　hof» 332, 354.
BUOL, Personen:
　– Paul, Oberst 144, 332.
　– Stephan 332.
　– Ulrich 432.
BUOL VON SCHAUENSTEIN,
　Anna Elisabeth (verm.
　v. Salis) 416.
　s. auch Buele.
BURGAUER, Haus 291, 302
BUSEN 456.

CABALZAR, Familie 122, 136,
　138, 436.
　– Caspar 122, 355.
　– Christian, Domherr 122.
　– Margaretha, geb. von Joch-
　　berg 122.
CALANCA 159.
CANNSTATT 56.
CANOVA 437, 438.
CANTELMI, Jacobus (päpstl.
　Nuntius) 130.
VON CAPOL, Familie 323.
VON CAPOL, Häuser:
　s. Planaterra.
　Haus in Andeer 355, 434.

VON CAPOL, Personen:
　– Hans 316, 355.
　– Luzius 322.
CARAFFA, Carlo, Nuntius 116,
　130.
VON CARL, Caspar, Domherr
　146.
CARRIÈRES-SAINT-DENIS 103.
CASA GRONDA in Ilanz 332,
　382.
CASACCIA 130, 456.
CASATI, Familie 72.
　– Alphons, Graf von Borgo-
　　Lavizzaro 116.
　– Francesco 116.
CASTALET, Landhaus bei
　Marschlins 386.
VON CASTELBERG, Familie 450.
　– Benedikt 255.
　– Christoffel 255.
　– Johannes, Domherr 120,
　　229.
　– Magdalena 255.
　– Victor 415.
VON CASTELMUR, Jakob, Dom-
　kustos 37, 70.
CASTION, Familie 366.
　– Hilaria, geb. von Raitnau
　　366, 368.
　– Joh. Jak. 363, 366, 368,
　　369, 370.
VON CASUTT, Giulia, verm. von
　Planta 437.
CAVIEZEL, Familie 349.
CAWENG, Katharina, geb.
　Singer 440.
CAZIS 440, 441, 442, 443.
CELERINA 444.
CHAM 245.
DU CHATELET, Marchiona 382.
CHORHERREN-TRINKSTUBE s.
　Hofkellerei.
CHRIST, Christina (verm.
　Schmidt) 352.
CHUR *1–356*, 359, 360, 361,
　365, 375, 376, 379, 384, 387,
　389, 393, 400, 401, 403, 410,
　416, 434, 437, 458–460.
CHURWALDEN 115, 283, 328,
　373, 432.
CLAUDIUS II., röm. Kaiser 445.
CLAVADETSCHER, Haus in Ma-
　sans 336.
CLAWUZ 22, 23, 28, 30.
CLAWUZER TOR 22, *30*.
CLERIC, Martin 369.
CLUGIN 436, 450, 451 f.
COAZ-WASSALI, Haus 320.
DE COCCEGI 386.
COLLEGIUM MUSICUM 281.
COMANDER, Johannes 10, 234.
COMO 4, 391.
CONSTANS, röm. Kaiser 6, 390.

ORTS- UND PERSONENVERZEICHNIS

CONSTANTINUS II., röm. Kaiser 441.
CONTERS I. O. (Cunter) 269, 441, 442, 445.
CRAP S. PARCAZI, Burgruine 447.
CRESTAULTA 447.
CRISPINA, röm. Kaiserin 441.
CUNO, Dompropst 203.
CURAGLIA 450.
VON CURTABATTI, Barbara, verm. Scandolera 319.

DANUSER, Haus, s. Pestalozzi.
DANZ, Anna 72.
DARVELLA 123.
DAVATZ, Familie 334.
– Fida, verm. von Schwartz 334.
DAVOS 359, 365, 431 f.
DEGGENDORF 449.
DEMONT s. von Mont.
DINKELSBÜHL 60.
DIOKLETIAN, röm. Kaiser 4.
DISENTIS 40, 120, 123, 125, 196, 281, 316, 422, 449, 434, 435, 447, 449–451.
DOLF, Haus in Igis 386.
DOLF, Rudolf 386.
DOMDEKANAT 9, 201, 202, 229–230.
DOMHERRENHÄUSER, 200, 227–232.
DOMITIAN, röm. Kaiser 395.
DOMMUSEUM 44, 114, 122, 143, 146, 147, 149, 152–194, 272.
DOMPROPSTEI 204, 228, 229, 230, 231–232, 245, 459.
DOMSEXTARIAT 229.
DUEL 273.
DUSCH 68, 438, 439.

EBERSTEIN, Schloß 103.
– Adelheid, Gräfin von, verm. von Höwen 118.
EHRENFELS, Burg 439.
VON EHRENFELS, Herren 365.
– Burgruine 439.
EIDG. GOTTFRIED-KELLER-STIFTUNG 118.
EMS 3, 10, 136, 256, 356, 435, 436, 460.
ENGI, G. 379.
EPISCOPINA 441.
ESCHER VOM GLAS, Familie 384.

FALKENSTEIN, Ruine 373, *387*.
VON FALKENSTEIN, Herren 387.
FALLER, Haus in Pontresina 444.
FANAS 431.
FEISTRITZ a. d. Drau 273.
FELDIS 437.

FELDKIRCH 152, 153, 154, 179, 228, 233, 249, 251, 271, 278, 407, 458, 460.
FELLERS 447.
FELSBERG 354, 359, 436.
FELSENBACH 373.
FERDINAND KARL, Erzherzog 116.
FEX 445.
FIDAZ 447.
FIDELIS, P., von Sigmaringen 102, 174.
FIDENZA s. Borgo San Donnino
FIDERIS 354, 431, 433.
FIESOLE 264.
FILLI, Haus in Zernez 446.
FINER, Peter 316.
FISCHER, Haus 291.
FISCHER, Joh. Jakob 255.
FLÄSCH 387, 428, 429.
FLIMS 322.
FLORENZ 264.
DE FLORIN (Deflorin), Familie 327.
– Johannes 352.
– Johannes Simeon 327.
FLUGI VON ASPERMONT, Familie 115.
– Domenica (geb. von Planta-Wildenberg 115.
– Johann Andreas 115.
s. auch unter «Bischöfe».
FLUMS, Ulrich von 56, 101, 139, 275.
FRACSTEIN, Burg 359.
FRECH, Johannes, Klosterpropst 456.
FREI, Hans 233.
FREI, H. Thomas 314.
FREIBURG I. BR. 66.
FREIECK, Haus 10, 22, 353.
FREISING 246.
FREISTADT (Freyenstadt) 233.
FRIBERG, Burgruine 448, 449.
FRIEDAU, Burgr. 373, 402, *418*.
FRIEDRICH II., deutscher Kaiser 380.
FRIEDRICH III., deutscher Kaiser 8, 401.
FRIEWIS (Fröwis), Burg *401*.
VON FRIEWIS, Herren 401.
FRIZZONI, Haus 366.
FRÖHLICH, Jacob 355.
FROMENGÄRSCH 125.
FÜNF DÖRFER *359–418*.
FÜRSTENAU 312, 313.
FÜRSTENWALD 3.

GADIENT, Familie 392, 394.
GÄUGGELI 352.
GALBA, röm. Kaiser 402.
GASSER, Anna (verm. Giger) 366.

DE GAUDENZI, Familie 116.
– Bernardino, Domherr 116, 143, 202.
GENF 76, 77.
– Musée d'Art et d'Histoire 412, 413, 414, 415.
GENZO, Presbyter 103.
GERBERTÜRLI s. Metzgertor.
GIGER, Anna, geb. Gasser 366.
– Peter 366, 367.
GIRSBERG, Schloß 327.
GLARNER, Jakob (Zimmermann) Chur 305, 306, 307.
GLOCKE, Haus zur 352.
GLURNS 284.
GIUBIASCO 373.
GÖPFERT, Johannes 400.
GOETHE, Joh. Wolfgang 327.
GÖTZ, Christian 411.
GONZ, Hof (Kt. St. Gallen) 270.
GRASS, Anton 410.
GRAUE HAUS, Das, s. Neues Gebäu.
GREDIG (Greding) Alexander 288.
VON GREIFFENSEE, Heinrich von, Domkantor 72.
– Peter 363.
GREPAULT 448.
GRESTI, Dorothea, verm. Päderi 400.
GRIESHABER, Haus 353.
GROTTENSTEIN, Burgruine 363, 368, *372*.
VON GRÜNINGEN, Heinrich 456.
GRÜSCH 364.
GUARDA 446, 447.
GUARRAZAR bei Toledo 147.
GUGELBERG VON MOOS, Familie
– Gregorius 354
– Hortensia, verm. von Salis 330.
GULER VON WYNEGG, Familie 331.
– Johannes 328, 329, 355.
– Johann Peter 365, 366.
– Margaretha, geb. Hartmann von Hartmannis 365, 366.

HABSBURG, Rudolf von 7.
HADRIAN, röm. Kaiser 424, 432.
HALBMIL 3, 32.
HALDENSTEIN 326, 355, 359, 360, *362–373*, 379, 396, 402, 457, 458.
VON HALDENSTEIN, Herren 362, 365, 373.
– Ulrich 354.

HALL i. Tirol 248.
HANDMANN, Sammlung in Basel 435.
HANIKELTURM s. Schelmenturm.
HANNOVER, Provinzialmuseum 156.
HARTMANN VON HARTMANNIS, Margaretha, (verm. Guler von Wynegg) 365, 366.
HAUGH, Familie 450.
HEGISTURM 32.
HEILIGGEIST, Kapelle *285*,*293*, 294, 298, 301.
HEILIGGEISTSPITAL *284-285*, 289, 294, 298, 301.
HEIM, Familie 353.
HEINRICH IV., König von Navarra 184.
HEINRICH DER LÖWE 157.
HEISS, Marianus, Abt 270.
HEMMI, Simon 255.
HEROLD, Familie 326.
– K. 250.
VON HERTNEGG, Christoph 363.
HESS, Hans 356.
HEXENTURM 32.
HILDESHEIM 156.
VON HINWIL, Jörg 200.
– Magdalena (geb. von Rotenstein) 200.
HIRZEL, Barbara Dorothea 384.
– Heinrich 383.
– Violanda, geb. von Salis 383
HÖFLI 229.
VON HÖWEN, Herren 401.
– Adelheid (geb. Eberstein) 118.
– Friedrich 401.
 s. auch unter «Bischöfe».
HOF 5, 7, 9, 15, 18, 19, 22, 23, 25, 122, 202, 205, 207, 209, 230, 231, 232, 248, 259, 271, 281, 286, 287, 289.
HOF in Truns 332.
HOFGRABEN 28.
HOFKELLEREI 25, 228, 229, *230*, 456, 459.
HOFSCHULE 139, 211, *218*.
VON HOHENBALKEN, Herren 71.
— Gregor 363.
— Margaretha (verm. von Salis) 352.
HOHENEMS, Schloß 369.
HOHENEMS, Grafen von 73.
– Anna Maria (geb. v. Sulz) 197.
– Hannibal, Jakob 369.
– Kaspar 197.

HOHENRÄTIEN, Burgruine 439.
HOHER TURM s. Schelmenturm.
HOISCHHÜGEL 273.
HOSANG, Familie 411.
VON HUMMELBERG, Familie 121.
– Hieronymus 121.
– Johann Damian, Domdekan 228.
– Michael, Domherr 121.
– Perpetua (geb. v. Altmannshausen) 121.
HUNGER, Familie 333.
HUONDER, Anselm, Abt 450.

JACTADUS 270.
JANETT, L., 438.
JECKLIN (Jeclin), Conrad 352.
– Katharina, geb. Schenk 352.
JENATSCH, Haus in Samaden 445.
– Georg 144, 145, 276, 337.
– Johannes 445.
IGIS 359, 360, 361, *373-387*, 402, 458, 459.
IKLÉ, Sammlung, siehe St. Gallen.
ILANZ 332, 382, 395, 447.
IM BODEN, Caspar 356.
VON JOCHBERG, Margaretha, verm. Cabalzar 122.
JOERG, Joh. Bapt. 146.
JOHANN CASIMIR, Herzog von Sachsen 304.
JOHANNES, Propst 257.
JOHANNES II., Walser, Abt 258.
JOHANNES IV., Kopp, Administrator von St. Luzi 258.
ISENHEIM 130.
ITER, Donat, Domdekan, 201, 202.
– Johannes 316.
 s. auch unter «Bischöfe».
ITTINGEN 450.
JUF, Avers 453.
JULIANUS APOSTATA, röm. Kaiser 390.
JULIERPASS 441.
JULIUS CÄSAR 216.

KALBERMATTEN, Familie 450.
KANTE, Haus zur 366, 367.
KANTONSSCHULE 281, 332.
KANTOREI (Cantorei) 230.
KAPITELSHÄUSER 229.
KARL D. GR., deutscher Kaiser 402, 454, 455.
KARL V., deutscher Kaiser 225.

KARLIHOF 32, 316, 352, 353.
KARLIHOFBRUNNEN 35.
KARLSRUHE 355.
KATHEDRALE 5, 6, 10, 18, 21, *36-201*, 202, 203, 227, 228, 229, 230, 264, 265, 266, 272, 274, 284, 287, 427, 459, 460.
KAUFHAUS s. Rathaus.
KAUFMANN, Norbert, Abt 270.
KEICHENTURM 30, 31.
KEISER, Burga (geb. Täscher) 408.
– Joh. 408.
KIND, Luzius, Domkaplan 201.
– Paulus 288.
KLOSTERS 431.
KLOTZ, Anna 366.
– Lorenz 366.
KNILLENBURG, Schloß 17, 23.
KOCH, Haus 314.
KÖHL, Anna Maria 399.
– Bernhard 369, 400.
– Peter 352.
KÖLN 364.
– Diözesan-Museum 421.
KÖNIGSFELDEN 376.
KONSTANTIN D. GR., röm. Kaiser 429.
KONSTANZ 171, 290, 306, 308, 354, 355.
– Sammlung Vincent 354, 355.
KORNHAUS 279, 315.
KRÄTTLI, Rudolf 374, 375.
KRONE, Haus zur 352.
KÜBLIS 431.
KULM(IA), Ludovica Adelgunda Victoria 382.
KUSTOREI (Welschdörfli) 5, 204, 230.

LACHEN 23.
LAMPERT, Haus 32.
LANDQUART 359, 361, 373, 376, 388.
LANFRANCHI, E., Dompropst 185.
LARGADÈR-Hemmi Familie 333.
LAUSANNE 60.
LEMNIUS, Simon 206.
LENZ 435.
LENZERHEIDEPASS 286.
DE LEONE, Barbara, geb. Rea à Porta 446.
– Johannes 446.
LEOPOLD I., Herzog 366.
LEPROSENHAUS in Masans 253, *286-287*.
LETZI von Chur 3, 6, 32.
LICHTENSTEIN, Burgruine 359, 362, 363, 368, *372-373*.

ORTS- UND PERSONENVERZEICHNIS

von Lichtenstein, Herren 365.
- Heinrich 372.
Linde, Haus zur, *326–327*, 328, 329.
Lisibühl bei Untervaz 359, 395.
Lopud, Süddalmatien 274.
Loreider (Lareida), Jöri 291, 302.
Loretz, Haus 291.
Loretz, Jakob 255.
Ludwig der Bayer, deutscher Kaiser 438.
Ludwig d. Fromme, deutscher Kaiser 36.
Lüneburg 156.
Lürlibad 4.
Lütscher, Anna (verm. Paal) 255.
- Barbara (geb. Buele) 366.
- Flori 366.
Lumbrein 422, 424, 447 f.
Lundo 45.
Luxemburg 103.
Luzein 375.
Luzisteig 17, 362, 428, *429 f.*

Mader, Familie 450.
Mädchenschule in St. Nicolei 281, 282.
Maffei, Scipio 386.
Magnentius, röm. Kaiser 6.
Maienfeld 3, 332, 359, 365, 379, 384, 387, 429–431, 458.
Mailand 4, 99, 240, 438.
- Sammlung Modiano 438.
Maladers 7, 432.
Maladerser Törli s. Schanfigger Törli.
Malans 359, 431.
Malix 7, 289, 432.
Mals 129.
Malteserturm s. Pulverturm.
à Marca, Majoratshaus in Mesocco 355.
à Marca, Anton 288.
Marcus Aurelius Claudius, röm. Kaiser 446.
Margadant, Hans 354.
Maria Bianca, von Österreich 117.
Mariazell 408.
Marienberg, Kloster 445.
Marin, Haus in Zizers 417.
- Christian Hartmann 411, 418.
- Katharina Margaretha (geb. v. Planta) 418.
von Marmels, Familie 18, 435.
- Jakob 366.
Marschallhaus in Maienfeld 332.

Marschlins, Schloß 322, 374, 377, *378–386*.
Marsöl 3, 21, *25 f.*, 206, 214, 215, 217, 218, 257.
Marti, Ambrosius 283.
von Martinengo, Gräfin, Hortensia (verm. von Salis) 384, 385.
Marusinac s. Salona.
Masans 3, 4, 9, 10, *253–255*.
Massner, Familie 11, 356.
- Häuser 336, 353.
- Thomas 336.
Mastrils 360, 361, *387–389*, 401, 402, 460.
Mathis, Maria (verm. Willi) 316.
Maximilian, Kaiser 127.
Memmingen 233, 291.
Mendrisio 157.
Meng, Sebastian 394.
Menhardt, Haus 297, *324–326*
- Jakob 324.
- Margaretha (verm. von Salis) 331.
Meran 259.
Mesmerei 229.
Mesocco 288, 355, 456.
Metz 351.
Metzg 30.
Metzgertor 10, *30*, 33.
Meyer-am Rhyn, Sammlung 428.
Misox 159, 194.
Mistail 432, 433.
Moesli, Hans 354.
- Barth. 354.
Mötteli von Rappenstein, Herren 401.
von Mohr (Moor), Familie 116, 232.
- Christoph, Dompropst 116, 232.
- G. Rud. 296.
- Joseph 394.
- Katharina, Äbtissin 232.
- Konrad, Domherr 116.
- Maximilian 116.
Molinära 361, 390, 394, 395, 460.
Molinis 432.
Mols, Kt. St. Gallen 270.
Mompé-Tavetsch 450.
Mons 374, 434, 450.
von Mont (Demont), Familie 71, 136, 138, 436.
- Christian, Domherr 201, 204.
- Gallus 138.
- Gregorius 355.
- Melchior 356.
- Michael 296, 356.
s. auch unter «Bischöfe».

von Montalt, Johanna Franziska (verm. von Toggenburg) 447.
Montfort, Grafen von 72, 280, 281, 287.
- Albero von, Domdekan 100, 139, 140, 144.
- Conrad von, Domdekan 100.
s. auch unter «Bischöfe».
Mudjur 188.
Mühlbach 24, 28, 32.
Mülhausen 354.
Müller, Joh. Georg 366.
München 125, 437.
Münster (Müstair) 43, 46, 148, 200, 232, 236, 238, 239, 280, 450, 452, 453–456, 460.
Münster, Sebastian, 15 ff., 25 f., 30, 60, 65, 205, 206, 231, 249, 259, 260, 268, 271, 276, 278, 287, 327.
Münsterlingen 450.
Münze, Bischöfliche 230.
Muri-Gries 450.

Nasir Hassan 182.
Nasir Mohammet 182.
Nendeln (Liechtenstein) 436.
Nero Claudius, röm. Kaiser 373.
Nesemann, J. P. 367, 385.
Neuenburg, Burgruine bei Trimmis 391, 395, *401*.
von Neuenburg (Neuburg), Jakob, Domherr 99.
Neues Gebäu, 291, *344–349*
Neues Tor 32.
Neuweiler (Elsaß) 60.
Nicolaischule 276, 278, 280, 281.
Niger, Franziskus 206.
del Non, Jacobus 446.
Nortpert, Propst 155, 156.
Nürenberger, Margret (verm. Saltzgeber) 354.
Nürnberg 240, 248.
- Germanisches Nationalmuseum 427.

Oberkastels 448.
Ober-Ruchenberg, Burgruine *395*.
Obersaxen 196, 373.
Obertor 3, 5, 21, 27, *29*, 31, 33.
Obertorer Brücke 33.
Obervaz 362, 396, 435.
Ochsenplatzbrunnen 35.
Ochsner, Joh. 431.
Oehringen 56.
Oldis 362.

von Orelli, Joseph 384.
Ortenstein, Schloß 318, 319, 330, 439.
Otto I., deutscher Kaiser 233, 282, 402.
Ottobeuren, Kloster 188, 189
Ova spina 446.
Ovinae s. Igis.

Paal, Anna, geb. Lütscher 255.
– Christina Katharina 255.
– Johann 255.
– Peter 255.
Padua 363.
Päderi (Päder) Dorothea (geb. Gresti) 400.
– Margret 400.
– W. Jakob 400.
Palazi, Palazol 22.
Papon, Gut zu Masans 336.
Paradies 9, 310, 315.
Paravicini, Familie 9.
– Caspar 333.
– Joh. Baptist 333.
– Nicolo 333.
Parde 451.
Paris 188.
– Cluny-Museum 188.
Parpan, Schlößli 428, 432.
Paspels 47.
Patnal 395.
Perugia 398.
Pestalozza (Pestalozzi) Familie 315, 319.
– Haus 319–320.
– Personen:
– Claudia (geb. v. Salis) 322.
– Franz 378.
– Hortensia (verm. v. Salis) 372.
– Joh. Anton 321, 322.
Peter, Trompeter 241.
Peterelli, Joh. 436.
– Josepha (verm. Gräfin von Salis) 408.
Pfävers 23, 204, 256, 257, 278, 287, 316, 360, 373, 374, 396.
Pfaffenstall 352.
Pfisterbrunnen 315.
– Haus zum 350.
Philanthropin s. Marschlins.
Philipp, Hieronymus 490.
Piacenza 49.
Pirani, Jakob 344.
Planaterra 7, 24, 249, 287, *322—323*, 330.
von Planta, Familie 18, 72, 418, 437.
von Planta, Häuser:
– Chur 349.
– Samaden 444, 445.

von Planta, Personen:
– Angelina, Äbtissin 453, 456.
– Caspar, Klosterpropst 455.
– Christian 416.
– Conradin 330.
– Domenica (verm. Flugi) 115.
– Giulia (geb. Casutt) 437.
– Johannes 355, 455.
– Katharina (geb. v. Sprecher) 378.
– Katharina Margaretha (verm. Marin) 418.
– Martin 367, 385.
– Maximilian 326.
– Stephan 349.
– Thomas s. Bischöfe.
– Ursula, Äbtissin 455.
von Plantär (de Plantair), Familie 322.
– Gaudenz 204.
Plazer, Gallus 219.
Plurs 388.
Poitiers 62.
Pontresina 443, 444.
Pool-Defila, Barbla, Haus in Sent 444.
à Porta, Barbara (verm. de Leone) 446.
– Johannes 387.
 s. auch «Biäsch à Porta» und «Bischöfe».
Poschiavo 456.
Pozzy, Familie 334.
Prada 433.
Prevost, Benedikt 450.
Ptolemäus Euergetes, ägyptischer König, 436.
Pulverturm 28, *30 f*.
Purtscher, Gottfried 259, 350.

Raben, Haus zum 321, 459.
Rätisches Museum 6, 17, 29, 30, 44, 45, 46, 214, 220–227, 239, 244, 248, 252, 272, 273, 285, 287, 304, 305, 306, 307, 308, 309, 311, 314, 315, 316, 324, 326, 327, *332*, 353, *354–356*, 362, 366, 370, 372, 373, 379, 380, 384, 385, 389, 395, 398, 402, 412, 432, 436, 445, 452.
Räzüns 66, 67, 68, 391, 430, 431, 436, 437, 452.
von Räzüns, Herren 70.
– Heinrich IV., 100.
– Heinrich der Letzte 72.
Ragatzer, Haus 317.
– Jacob 320.
von Raitnau (Reitenau) Hilaria, verm. Castion, 366, 368.
– Margaretha, Äbtissin 441.

Rappenstein, Burgruine 401.
Raron 450.
Raschèr, Familie 327, 328.
– Johann 355.
– Joh. Simeon 353.
Rathaus 9, 17, 24, 284, *289–309*, 310, 311, 316, 324, 325, 333, 459.
Ravenna 48.
Ravensburg 137, 325.
Rechsteiner, Joh. Ulrich 248.
Regensburg 195, 262, 275.
Regierungsgebäude s. Neues Gebäu.
Reichenau (Tamins) 447.
Reichenau-Mittelzell 119.
Reinach 165.
Reinhard, Jakob, alias Hanikel 32.
Reishaus 279, 282.
Remüs 435, 445.
Reydt, Familie 323.
– Haus 323 f., 459.
– Johann, 330, 356.
Rheinfelden, Truchseß Sebastian von 354.
ze Rhin, Anna Maria Franziska 153.
Rieger, Milo, Abt 258, 269.
Riga-Haus 349.
Rodels 185.
Roggenburg 257, 258.
Rohan, Heinrich, Herzog 326, 327, 329.
Rom 42, 209, 284.
Rorschacher Hof 9.
von Rost, Familie 145.
 s. auch unter «Bischöfe».
von Roten, Familie 450.
von Rotenstein, Magdalena (verm. von Hinwil) 200.
Rotes Haus *331*, 344.
Roter Turm, Haus 336 f.
Roth von Schreckenstein, Regina (verm. von Salis) 354.
Roveredo 66, 456.
Rovio 191.
Roy, Marcus siehe P. Fidelis.
von Ruchenberg, Herren 395.
Ruinelli, Haus 353.
– Andreas 352.
Ruis 448.
Ruschein 447, 448, 450.

Sacco s. Sax
Säbner Berg 273.
Sagens 447.
Saint-Gilles 96, 99.
Saint-Jouin-de-Marnes 62.
Salas 7, 22, 23, 28.

von Salis, Familie 11, 144, 187, 288, 289, 316, 331, 344, 348, 349, 350, 363, 365, 376, 381, 383, 385, 408, 412, 414, 415, 416, 433, 437, 444.
von Salis, Häuser in Chur:
- Altes Gebäu 337–344.
- Casinoplatz 333.
- Kälberweidweg 331.
- Kupfergasse 352.
- Neues Gebäu 344–349.
- Oberer Spaniöl 330.
- Rotes Haus 331.
- Salis-Hüsli 331 f.
- Sand, auf dem 349.
- St. Salvator 316.

von Salis, Häuser außerhalb Chur:
- Bevers 349.
- Bondo 415.
- Haldenstein 366–372.
- Marschlins 378–386.
- Zizers, Unteres und Oberes Schloß 411–416.

von Salis, Personen:
- Andreas, Dompropst 231.
- Andreas (Neuensins) 352, 356.
- Andreas, Oberst 457.
- Andreas, Bundespräsident 333.
- Andreas (Neues Gebäu) 344.
- Andreas (Rietberg) 331.
- Anna Elisabeth (geb. Buol) 416.
- Anna Margaretha 372.
- Anton, Oberst († 1552), 231.
- Anton, Bundespräsident 343.
- Anton, Oberzunftmeister 292.
- Baptista 372.
- Barbara Dorothea 378.
- Carl (Oberer Spaniöl) 330.
- Claudia (verm. Pestalozzi) 322.
- Cleopha 372.
- Cleopha Emilia 416.
- Dietegen d. J. 354.
- Emilia Johanna (geb. v. Schauenstein) 200, 406, 411, 413, 415.
- Ernst Simeon (Zizers) 408.
- Flandrina s. Maria Flandrina.
- Franz, Graf 328.
- Friedrich Anton 457.
- Hans Luzius (Haldenstein) 399, 457.
- Hartmann Dietegen 330.
- Hector, Dr. 457.

von Salis, Personen (Forts.):
- Hercules, Commissari 457.
- Hercules (Marschlins, † 1686) 376, 377, 378.
- Hercules (Soglio, † 1727) 337.
- Hortensia (geb. v. Martinengo) 384, 385.
- Hortensia (geb. v. Gugelberg) 330.
- Hortensia (geb. Pestalozzi) 372.
- Johannes (Chur) 353.
- Johannes (Zizers) 416.
- Joh. Baptista (Marschlins) 377.
- Joh. Heinrich Anton (Zizers) 407.
- Joh. Luzius (Haldenstein, † 1722) 363, 366.
- Joh. Luzius, Domherr, 174, 186.
- Johann Luzius (Haldenstein) 367.
- Johann Rudolf (Malans) 457.
- Joh. Ulrich, Sonderbundsgeneral 331.
- Josepha (geb. Peterelli) 408.
- Louis Rudolf, Professor 379.
- Margaretha (geb. Menhardt) 331.
- Margaretha (verm. v. Schauenstein) 366.
- Margaretha (Altes Gebäu) 343.
- Margaretha Katharina (verm. v. Schauenstein) 366.
- Maria Anna (geb. Beßler v. W.) 407.
- Maria Flandrina (geb. Schauenstein) 363, 369.
- Peter, Envoyé 337, 343.
- Peter, Hauptmann 291.
- Regina (geb. Roth v. Schreckenstein) 354.
- Rudolf, Commissari 331.
- Rudolf, Marschall 406, 408, 411, 415, 416.
- Rudolf, Dompropst 144, 174, 184, 186, 200.
- Rudolf, Baron (Haldenstein) 288, 367.
- Rudolf Andreas (Zizers) 411, 415.
- Rudolf Franziskus (Zizers) 415.
- Rudolf Maximilian, Bürgermeister 349.
- Simon (Chur) 316.

von Salis, Personen (Forts.):
- Simon (Tirano-Zizers) 415.
- Ulysses, Marschall (Marschlins) 377, 378, 415.
- Ulysses (Sohn des Vorgen.) 376.
- Ulysses, Minister (Marschlins) 379, 380, 384, 385, 386, 387.
- Ulysses Adalbert (Marschlins) 378.
- Ursula Margaretha (Marschlins) 378.
- Violanda (Wiolanda, geb. Stampa) 316.
- Violanda (Gem. des Marschalls) 377.
- Violanda (verm. Hirzel) 383.

Saloms 432.
Salona 274.
Saltzgeber, Haus in Luzein s. v. Sprecher.
Saltzgeber, Dewus 354.
- Margret, geb. Nürenberger 354.
Salux 441.
von Saluz, B. A. 367.
Salzburg 200.
Salzmann, Jakob 10.
Samaden 444, 445.
St. Afra, Kapelle 202.
St.-Andreas-Pfrundhaus 229.
St. Antönien (St. Antöni) bei Chur 3, 9, 286, 287.
Santa Domenica 456.
St.-Florinus-Kapelle 201, 202, 228.
St. Gallen 120, 199, 257, 291, 354, 356, 363, 376, 450, 460.
- Historisches Museum 356.
- Iklé-Sammlung 441.
- Kunstmuseum 356.
- Museum 270.
St.-Hieronymus-Kapelle 201–202, 229.
St. Hilarien 3, 19, 21, 282–283, 287.
St. Johannes Baptista, Kapelle 203.
St.-Johannis-Stift s. Zizers Unteres Schloß.
St.-Konrad-Pfrundhaus 229.
St. Laurentius, Kapelle 130, 138, 203–204, 227.
St. Luzi 3, 9, 10, 21, 164, 169, 209, 244, 257–271, 272, 274, 283, 284, 286, 363, 373.
St.-Luzius-Kapelle in der Kathedrale 126, 138, 202.

St.-Luzius-Kapelle am Mittenberg 204–205.
St. Margarethen 9, 22, 227, 283, 328–330, 331.
Sta. Maria (Calanca-Tal) 120.
St.-Maria-Magdalena-Kapelle 204, 228.
St.-Martins-Brunnen 34 f.
St.-Martins-Kirche 5, 8, 9, 10, 22, 28, 29, 232, 233–248, 252, 282, 284, 285, 286, 287, 310, 316, 460, 461.
St.-Martins-Spital 283–284.
St.-Mauritius-Pfrundhaus 229.
St. Moritz 445.
St. Nicolai 9, 10, 22, 23, 24, 27, 228, 244, 258, 275–282, 284, 286, 287, 290, 308, 310, 314, 315.
St.-Regula-Kirche 10, 22, 203, 233, 234, 248–252, 253, 255, 286, 287, 457.
St.-Salvator-Kirche 10, 23, 256, 287, 316.
– Wohnturm bei der, 316.
St.-Stephan-Kapelle 271–274.
S. Vittore (Misox) 194.
Sargans 359, 458.
Savognin 442, 443.
Sayn, Caspar, Domdekan 71.
Says 359, 360, 361.
von Sax (Sacco) Herren 72, 73, 456.
– (Sacco) P. Conradus 356.
Scaläratobel 34.
Scalettakirche 282.
Scalettafriedhof 30, 282, 287–289.
Scalettapass 431.
Scalettatörli s. Totentörli.
de Scandolera, Barbara (geb. von Curtabatti) 319.
– Johann 318, 319.
Scarpatetti von Unterwegen, Lucius Antonius, Domherr 155.
Schällibaum, Haus, s. Haus Menhardt.
Schanfigger (Schalfigger) Törli 3, 28, 30, 35.
Schattauer, Georg 366, 367.
von Schauenstein-Ehrenfels, Familie 73, 144, 284, 320, 365, 369, 372.
von Schauenstein-Ehrenfels, Häuser:
– Chur 320
– Fürstenau, Oberes Schloß 312, 313.

von Schauenstein-Ehrenfels, Personen:
– Emilia (verm. v. Salis) 200, 246.
– Georg Philipp 365, 367, 370.
– Julius Otto 365, 369.
– Margaretha Katharina (geb. v. Salis) 314, 365, 366.
– Maria Flandrina (verm. v. Salis) 363, 369, 457.
– Rudolf (Hohentrins) 355.
– Thomas (Haldenstein) «Rektor» 314, 354, 355, 356, 363, 366, 370, 457.
– Thomas († 1667) 366.
– Thomas († 1681) 366.
Schauensteinsche Mühle 284.
Scheck, Johannes 354.
Scheid 12, 438.
Schelmenturm 31 f.
Schenk, Katharina, verm. Jecklin 352.
Schgier, Bartly 354.
– Appollonia 354.
Schiers 431.
von Schlandersberg, Diepold 456.
– Ulrich 456.
Schleins 445.
Schloss, Bischöfliches 18, 19, 122, 126, 202, 205–227, 228, 229, 230, 297, 355.
Schmiedenturm 28, 32.
Schmid, Christoph, Zunftmeister 278, 279.
Schmid, Präs., Haus in Sent 446.
Schmidt, Christina (geb. Christ) 352.
– Jöri Elias 352.
Schmidt, Friedr. Samuel von Rossan 17.
Schnagg, Johannes 316, 317.
Schneider, Anton 408.
Schönberg 24.
Schönenhof in Zürich 327.
Scholasterei 230.
von Schorsch, Ursula (verm. Bernhard) 394.
Schuls 445.
Schulthess, Barbara 327.
von Schulthess-Bodmer, A. 385.
Schwaben, Herzöge von 7.
Schwaigern (Württemberg) 422.
von Schwartz (Suarz), Familie 334.
von Schwartz, Häuser:
– «Auf dem Sand» 334–336.
– «Zum Kaufhaus» 333–334.

von Schwartz, Personen:
– Fida (geb. Davatz) 334.
– Georg 365.
– H. J. 333.
– Jakob 333.
– Otto 333, 334.
Schwarz-Raas, Sammlung, Zürich 316.
Schwesternhaus auf dem Hof 139, 238.
Schwyz 136.
– Diözesanmuseum 428.
Seewis i. Pr. 174, 376.
Seewis i. O. 193.
Sennhof 32.
Sennhofturm 28, 32.
Sent 445 f.
Septimerpass und Hospiz 433, 441.
Serneus 431.
Servatus, got. «dux» 6.
Seth 448.
von Sforza, Ludovico, Herzog von Bari 159.
Siechhus s. Leprosenhaus zu Masans.
Sigismund, Kaiser 289, 290.
Sigmund, Herzog von Österreich 378.
Sils 438.
Singer, Katharina, verm. Caweng 440.
Sitten 165.
Sixtus II., Papst 124.
Solothurn, Städtisches Museum 171.
Somvix 448.
Spaniöl, Oberer 5, 24, 312, 330–331.
Spaniöl, Unterer 321–322, 332, 384.
Speyer 200.
Spinöl 26.
Spinatsch (Spinasch), Andreas 440.
– O. 440.
– Ursula (geb. Bataglia) 440.
Splügen 452.
Sprecher, Haus in Chur 320.
von Sprecher, Familie 365.
von Sprecher, Haus in Luzein 383, 384.
von Sprecher, Personen:
– Anton Herkules 328, 329, 331.
– D(aniel) 410.
– Katharina (verm. v. Planta) 378.
von Stampa, Wiolanda, verm. von Salis 316.
Storchenplatzbrunnen 35.
Storer, Daniel 369.

STRASSBURG 120.
– Sammlung R. Forrer 385.
STUMPF, Johannes, 15 ff., 24, 30, 249, 251, 252, 276, 323.
STUPPAN (Stupann, Stuppa), Familie 352.
STUPPAN, Häuser:
– Chur 332.
– Guarda 446.
STUPPA(N), Peter 332.
STUTTGARTER ALTERTÜMERSAMMLUNG 113.
SÜSSER WINKEL 310.
SULZ, Grafen von 73.
– Anna Maria, verm. von Hohenems 197.

TÄSCHER, Burga, verm. Keiser 408.
TARASP 445, 446.
TARDISBRÜCKE 359, 362.
TEGERNSEE 156.
TEURNIA 274.
THALHEIM 113.
THEDORICOPOLIS 6.
THEODORICH d. Gr. 6.
THEODOSIUS II., röm. Kaiser 6.
THEUDEBART I. 6.
THEUS (Deuß) 356.
THÖRL-MAGLERN 273.
THUMB VON NEUENBURG, Familie 68.
– Schwicker 401.
– Wilhelm Ludwig 369.
THUSIS 441.
TIEFENKASTEL 435.
VON TOGGENBURG, Grafen 418.
VON TOGGENBURG, Georg 146.
– Johanna Franziska, geb. von Montalt 447.
– Otto 447.
TOGGENBURGER HAUS in Zizers, s. Blumenthal.
TINZEN 193.
TIROL, Wappen 18.
TOLEDO 147, 191.
TOMILS 439, 440.
TORTURM auf dem Hof 25, 27, 30, 229, 230.
TOTENTÖRLI *30*, 282, 287.
TRABER, Familie 321.
TRAJAN, römischer Kaiser 216.
TRANS 440.
TRAVERS, Jakob 354.
VON TRAVERS VON ORTENSTEIN, Familie 439.
– Joh. Rudolph 439.
– Rudolph, Domherr 146, 200.
TREBITSCH (Mähren) 60.
TRIENT 274.
TRIMMIS 3, 34, 359, 360, 361, *389–394*, 395, 402.

VON TRIMMIS (de Tremune) Herren 390, 395.
TRIMONS (Trimmis), Burgruine *395*.
TRINS 447.
TRUNS 332, 448, 449.
VON TSCHARNER, Familie 321, 322, 327, 336, 353.
VON TSCHARNER, Häuser:
– St. Margarethen 328–330.
– «Zum Raben» 321.
VON TSCHARNER, Personen:
– Daniel 330.
– F. Anna 330.
– Hans 321, 327.
– Joh. Baptist 322, 330.
TSCHIERTSCHEN 432.
TSCHITSCHER, Johannes, Domherr 138.
TSCHUDI, Familie.
– Laurenz 326, 327, 328.
– Margaretha, Katharina 327.
TÜBINGEN 152, 153.
TÜRLIGARTEN, Großer 283, *327–328*.
– Kleiner *328*.
TURRIANI, Johannes, Nuntius 102.

ÜBERLINGEN 133, 134, 135, 137, 246.
UNTERLENZ s. Haldenstein.
UNTERSÄCKINGEN 421.
UNTERSTAMMHEIM 356.
UNTERTOR 3, 22, *30*, 293.
UNTERVAZ 52, 359, 360, 361, 362, 387, *395–402*.
UORS, Peidar 446.

VADIAN 234.
VALÄR, Familie 354, 365.
VALENTIN, Jakob 437.
VALERIAN MAXIMIANUS, röm. Kaiser 435.
VALS 422, 424, 448, 450.
VALZEINA 361, 394, 402.
VON VAZ, Herren 7, 362, 378.
– Johann 362, 372.
– Walter 395.
VENEDIG 155.
VERONA 264.
VERTEMATI, Johannes Franciscus 388.
VESPASIAN, röm. Kaiser 431, 435.
DE VIC D'ERMENONVILLE, Mery 184.
VICTOR, Präses 270.
VICTORIDEN, Die 7.
VIELI, Familie 436.
VIER DÖRFER, Kreis 7, 360, 394, 418.
VILLA 138, 451.

VILLINGEN 200.
VINCENZ, Udalricus, Domherr 153.
VISCONTI, Grafen 438.
VONZUN s. Zun

WAGNER, Valentin 253.
VON WALDBURG, Jörg 139.
WALDSEE 139.
WALLENSTADT 302.
WALSER, Christian 366.
– H. 333.
– Johannes II., Abt 177.
– Maria (verm. Battaglia) 410.
WALTENSBURG 66, 67, 430.
WARTAU, Burg 359.
VON WATT, Peter 240.
– Peter II., 240.
WEGERICH (Wägerich) VON BERNAU, Hans Jakob 352, 355, 356.
WEILBURG (Wylburg) Hermann 284.
WEINHAUS 292, 299.
WELSCHDÖRFLI 3, 5, 6, 7, 22, 23, 284.
VON WERDENBERG-BLUDENZ, Verena (verm. von Brandis) 318.
WERKHOF 282.
WIEN 194.
– Sammlung Figdor 186.
– Sammlung Harrach 437.
WILLI, Hans 354, 355.
– Joh. Simeon 316.
– Maria, geb. Mathis 316.
WINTERTHUR 372.
WOLF-SCHREIBER, Haus in Untervaz 401.
WORMS, Sammlung Heylshof 200, 227, 415.
WÜLFLINGEN 372.
WUNDERLI, Haus 290, 297, 298, 302.
WYSS, Johann 201.

ZERNEZ 446.
ZEUGHAUS 279, 332.
ZILLIS 78, 147, 191.
ZIMMERMANN s. Glarner.
VON ZIMMERN, W. W. 58.
ZIZERS 359, 360, 361, 373, 386, 387, 397, *402–418*, 458.
– Oberes Schloß *415–416*, 417, 418.
– Unteres Schloß *411–415*.
ZOFINGEN 275.
ZOLLBRUCK, Obere 359, 388.
ZOLLHAUS, altes 353.
ZÜRICH 3, 49, 90, 99, 235, 249, 250, 302, 327, 356, 372, 382, 384, 412, 413, 440.

ZÜRICH, SCHWEIZERISCHES
  LANDESMUSEUM 5, 134, 148,
  195, 197, 198, 200, 227, 270,
  302, 326, 353, 356, 376, 379,
  384, 385, 395, 397, 398, 401,
  406, 408, 415, 421–428, 435,
  447, 451, 458.

ZUG 174, 245, 407, 458.
VON ZUN, Johannes 227, 355.
ZUNFTHÄUSER: *309–316*.
  Pfister 9, 279, 280, 302, 305,
    309, 310, *315–316*.
  Rebleute 9, 287, 309, *310–311*, 315, 323.
  Schmiede 9, 305, 306, 309,
    314–315, 355.
  Schneider 308, 310, *311–314*,
    319, 330.
  Schuhmacher 307, 308, 310,
    311, 324, 459.

VERZEICHNIS
DER KÜNSTLER UND HANDWERKSMEISTER

Das Register führt auch Personen auf, die sich nur als Amateure (durch Aufnahme von Ansichten) betätigt haben.

A = Architekt
AB = Altarbauer
B = Bildhauer und Schnitzer
BM = Baumeister
BrG = Bronzegießer
GG = Glockengießer
GM = Glasmaler

Gr = Graphiker, Zeichner
GS = Goldschmied
H = Hafner und Ofenmaler
I = Ingenieur
M = Maler
MM = Maurermeister
OB = Orgelbauer

St = Stukkateur
StM = Steinmetz
T = Tischler
U = Uhrmacher
WS = Waffenschmied
Z = Zimmermann
ZG = Zinngießer

ALBERT, Mattheus, **GG** 248.
ALGÖWER, Hans Georg, **OB** 258.
 – Johannes, **OB** 258.
ALTDORFER, Albrecht, **M** 120, 125.
ALTHERR, Jakob, Rorschach, **B, StM** 34.
ANDREOLA, Pietro, **BM** 209.
ANTELAMI, **B** 90, 91.
APPENZELLER, Franz, **M** 309.
ARDÜSER, Hans, **M** 236, 433 f., 451.
ASCHMANN, J. J., Thalwil, **Gr** 19.
AZZO, **BrG** 155, 156.

BACH, zum, s. Zum Bach.
BADER, Hans, **M** 114.
 – Jürg **M** 114.
BÄRTSCHI, Zürich, **M** 452.
BARBE (Barbieri), Domenico, Roveredo, **BM** 209.
BARBIER LAINÉ, **Gr** 19, 268.
BARGÄHR, Andreas, **StM** 408.
BAUER, Joh. Jakob Ulrich, Chur, **ZG** 315.
 – Joh. Ulrich, Chur, **ZG** 255, 376, 394, 400, 410.
 – Mattheus, Chur, **ZG** 248, 365, 400.
BAUMHAUER, Felix, **M** 115.
BAUR, Georg Ignaz, Augsburg, **GS** 154.
BENTZ, Fred, Basel, **M** 103, 118, 126.

BERBIG, F., **GM** 366.
BERGMAYER, Johannes, **M** 436.
BERTOLD, Joh. Ign. Caspar, Augsburg, **GS** 154, 414.
BIANCHI, Alex., Chur, **B** 34.
BILGERI, Balthasar, Feldkirch, **StM, BM** 233, 249, 251.
BIN, Ignatius, Feldkirch, **B** 436.
BIRMANN, Samuel, Basel, **M, Gr** 20, 28, 33, 324, 332, 359.
BLEULER, Louis, Schaffhausen, **Gr, M** 20.
BOCKSTORFER, Christoph, **M** 125.
 – Gallus, **M** 125, 226.
 – Lukas, **M** 125, 226.
BOISSONNAS, H., Zürich, **M** 429.
BOSSI, Giov. Batt., **MM** 338.
BOURGOIS, **Gr** 403.
BRÄNDLE, Michael, **GS** 413.
BRENY, Wolfgang, Rapperswil, **GM** 355, 358, 446.
BREU, Jörg, d. J., **M** 120.
BRUPBACHER, **Gr** 21.
BULLINGER, J. B., **M, Gr** 363.
BURGER, Johann Karl, **GS** 414.
BURRI, Joh. Ulr., Weißlingen (Kt. Zürich), **Gr** 21.

CADENATI, H. L., **ZG** 311.
CAPROTTI, gen. Salaino, Giac. **M** 437.

CAZIN, Anthoni, **BM** 302.
CHRIST, Johannes, Chur, **BM, Gr** 20, 21, 32, 236, 283.
 – Paulus, Chur, **BM, A** 281, 282, 332, 336, 337, 349.
CLAUS VON FELDKIRCH, **StM** s. «Meister».
CLAUSARD, Kolmar, **GG** 271.
CLAUSER, Jakob, Zürich, **Gr** 15.
CLEBER, **BM** 411.
CLERIC, Hans Luzi, Chur, **BM** 35.
COGLER (KOGLER), Christoffel Ratenberg, **Z** 409.
CRANACH, Lucas, **M** 120.
CRISTOFORO s. «Meister».

DALP, Joh. Israel, Chur, **BM** 32.
DILLENA, E., Zürich, **M** 65.
DIOGG, F. M., **M** 384, 385, 387.
DREHER, G. (oder C.), **M** 126, 460.
DÜRER, Albrecht, **M** 119, 120, 123, 222, 423.
DÜRINGER, **Gr, M** 363.

EGGENDACHER, Georg, **Z** 209.
EGGER, Fridolin, **M** 436.
EGGER, Staad, **GG** 377.
ENGELMANN, **Gr** 403.
ERNST, Joh. Bapt., Augsburg, **GS** 270.

FEGER, F. H. De, **M** 416.
FELIX, Christian, Feldkirch, **GG** 146, 393, 394.
– Gabriel, Feldkirch, Chur, **GG** 146, 255.
FIRABET (Fyrabitt, Feierabend), Chur, **ZG** 291, 325, 459.
FISCHER, Joh. Gg., Chur, **BM** 34.
FISCHER, W. E., Chur, **GS** 64.
FITZI, J. U., Bühler (Kt. Appenzell), **Gr** 21.
FLÖTNER, Peter, **B** 371.
FRELL, Vit (Veit), **T** 230.
FROSCH, Jörg, Feldkirch, **M** 125.
– Moritz, Feldkirch, **M** 125.
– Werkstatt 125.
FRUEAUF, Rueland, d. J., **M** 120.
FÜSSLIN, J. M., **Gr** 363.
FUNK, Ludwig, Chur, **GM** 233.
FURGER, A., Luzern, **A** 268.
FYRABITT s. Firabet.

GASSER, Joh. Jak., Haldenstein, **Z** 364.
GAUDY, **A** 412.
GERING, Paul, Chur, **StM** 9, 130, 235, 291, 296, 303, 321, 459.
GIACOMETTI, Augusto, **M** 240.
GILI von Schams, **T** 230.
GIOTTO, **M** 163.
GIRARD (Pierre?) **M, Gr** 21, 207.
GLARNER, Lienhard, Chur, **Z** 290, 305, 307.
GOES, van der, Hugo, **M** 194.
GRAESSNER (Graesner), G. W., Konstanz, **M** 120.
GRASMAYER (Grasmaier etc.), Feldkirch, Jakob, **GG** 146, 271.
– Joh. Anton, **GG** 146.
– Jos. Anton, **GG** 389, 394.
– Söhne, **GG** 399.
GRASSMAYER, Buchs, **GG** 377.
GREUTTER, Hans Jakob, Brixen, **M** 448, 449, 450.
GRUBENMANN, Johannes, Teufen, **BM** 344, 347, 447.
GUGELBERG, **Gr** 19.
GUSERER (Guser), Joh. Christ., Dingolfing und Chur, **M** 72.

HAAGA, K., Rorschach, **M** 442, 448.
HAGNOWER, Niclas, **B** 130.
HALDENSTEIN, Ulrich, Zürich, **GM** 291, 356.

HANS von Amberg, **StM** 129, 233, 251.
HARNISS (Harnisch), Chur, **ZG** 248, 255.
HARTMANN, Benedikt, Chur, **T** 220, 221, 325.
HATZ, Martin, Chur, **BM** 351.
– Peter, Chur, **BM** 350.
HEIMGARTNER, Josef, **M** 405.
HEMMI, Peter, Chur, Feldmesser 230.
HEMPEL, Gaudenz, Chur, **GG** 365.
HERION, L., **GM** 383.
HEROLD, K., Chur, Bauinspektor 28, 29, 350.
HERRLIBERGER, D., **Gr** 363.
HITZ, Daniel, Chur, **BM** 387.
HOLBEIN, Hans, **M** 124, 125, 214, 221, 222, 223, 224, 225, 226, 227.
HOLTZHEY, Johann, **OB** 376.
HOWALD, Bern, **M** 436.
HUBER, Wolf, **Gr** 359.
HÜBNER, Johannes, **GS** 407.
HÜRLIMANN, Joh., Paris, **Gr** 21.
HUNDERTPFUNDT, Fideli, Bregenz, **B** 34.

JÄGER, Anton, Chur, **U** 64.
ILANZER MEISTER s. «Meister»
JOB, Candinas, **AB** (oder **M**?) 436.
JOSEPH, Meister, s. «Meister».

KÄNDEL, Jörg, **AB, M** 193.
KAPPELER, Otto, Zürich, **B** 345.
KEISER (Keyser), Beat Konrad, Zug, **GS** 407.
– Jos. Martin, **GS** 174, 458.
KELLER, Jakob, Unterstraß-Zürich, **GG** 248, 252.
KELLER, Luzern, **M** 125.
KIESER, Eberh., Frankfurt, **Gr** 17.
KLAIN, Mathes, Freistadt, **StM, BM** 233.
– Steffan, Chur, **StM, BM** 129, 205, 233, 234, 238, 239, 240, 375.
KLAUSER s. Clauser.
KÖNZ, J. U., **A** 446.
KÜHLENTHAL, L., **M** 236, 304.
KUHN, **OB** 236.
– Rudolff, Rieden, **H** 302.
KUONI, Alex., Chur, **BM** 34.

LANG, Daniel, Schaffhausen, **GM** 356.
LANG, Michael, St. Gallen, **M** 114.

LA NICCA s. Nicca.
LANDTHALER, Joh. Georg, Chur, **BM** 64, 229.
LAURER, Anton, Chur, **GM** 356.
– Jörg Thomas, Chur, **GM** 356.
– Josef, Chur, **GM** 291, 356, 460.
LAVERGNE, Claudius, Paris, **GM** 57.
LEITHNER, Martin, Deggendorf, **B** 449.
LEJEUNE, Rigaud, **M** 416.
LERA da Cramignano, Baptista, **A** 442.
LIGARI, G. P., Sondrio, **M** 337, 340, 341, 342, 343, 344.
LINDENMAYER, Karl David, Chur, **BM** 280, 292, 350.
LITUNO (?), **M** 456.
LOCHNER, Joseph, Feldkirch, **OB** 258.
– Leonhart, Zürich, **H** 384.
LÜTZELBURGER, Hans, **Gr** 221.
LUINI, Bernardino, **M** 437.

MÄDERL, Franz Christoph, Augsburg, **GS** 154.
MÄRTZ, Bascha, **T** 291.
MANDORT, David, Yverdon-Chur, **GM** 356.
MANUEL, Niklaus, **M** 422.
MASSYS, Quinten, **M** 194.
MATHIS, Rageth, Chur, **GG** 393.
MAYER, Hans Jakob, **M** 436.
MAYER, Michael, Chur, **GS** 234.
MEISSER, Leonhard, **M** 253.
MEISTER (anonyme oder nur unter dem Vornamen bekannte):
  Bartholome, Basel, **M** 233.
  Claus von Feldkirch, **StM** 129, 205, 251, 460.
  Cristan, **Z** 290.
  Cristoforo da Seregno, **M** 435.
  «Goldschmied aus Zürich», **GS** 169.
  Ilanzer, **StM, BM** 57.
  Joseph, **St** 130, 210, 216, 217, 338.
  Meßkirch, von, **M** 226.
  Michel, **M** 114.
  Nicolao da Seregno, **M** 435.
  Ottobeuren von, **B** 197.
  Peter, Chur, **GM** 356.
  Stephan von Zürich, **BM** 235.
  Waltensburger, **M** 66, 438, 452.

MEISTERINITIALEN (unaufgelöst):
B St, **H** 414.
C K, **H** 327.
D C, **GS** 407.
D M, **M** 138, 461.
F, **GS** 393, 398.
F W, **T** 410.
H K, **T** 244.
H S, **T** 371.
H W, **BM** 333.
I B, **GS** 439.
I C, **GS** 154, 459.
I M C T, **Gr** 379.
K L, **WS** 190.
M, **BM** 364.
M G, **M** 456.
MENTING, Antoni, Augsburg, **OB** 236.
MERIAN, Matthäus, Frankfurt, **Gr** 16, 25, 249, 293, 322, 323.
MEYER, Conrad, Zürich, **M** 382, 384.
– Felix, **M** 378, 379, 386.
– Johannes, **M** 379, 382.
MEYER, Daniel, Steckborn, **H** 291, 302, 313, 316, 349, 416.
– H. Heinrich, Steckborn, **H** 326, 349.
– Werkstatt, **H** 322, 331, 335, 384.
MEYER, Joh. Jak., Meilen, **M** 20, 65.
MICHEL, **M** 104, 114.
MORF, David, Zürich **BM** 338.
MÜLLER, Hans, Feldkirch, **GS** 152, 458.
MÜLLER, Heinrich, Basel, **M** 220.
MURER, Jos., Zürich **Gr** 17.

NEGRETTO, Giov., **BM** 209.
NETZER, Johann, Schruns, **BM** 441.
LA NICCA, Chur, **I** 34.
NICOLAO s. «Meister».
NÜSCHELER, Hans Jacob, **GM** 356.

OERTHLE, Bartholome, Schussenried, **M** 269.

PECCORINUS, Johannes Antonius, **GG** 408, 410.
PFANNER, Wolfgang, Wangen, **M** 236, 379, 380, 381, 383, 386.
PFAU, David, Winterthur, **H** 302, 319, 334, 335, 414.
– Hans Heinrich, Winterthur, **H** 302, 303, 384.
– Werkstatt 302, 318, 319, 353, 383, 431.

PINGRET, Ed., St-Quentin, **Gr** 20.
PIQUENOT **Gr** 19.
À PORTA, Andreas, **GG** 409.
PRENNER, Jos. Anton, Wallerstein, **M, Gr** 219.
PREWOST, Jakob, Chur, **MM** 27.
PROBST, Eugen, Zürich, **A** 379.

RÄPOLD, Hans, Igis, **MM** 409.
RAHN, J. R., **Gr** 363, 412, 448.
RAIMONDI, P., **M** 236.
RECHSTEINER, Ulrich, **T** 291.
RENI, Guido, **M** 342.
RENISCH, Wolff, **T** 209.
RIETMANN, J. J., **Gr** 363.
RIN, Hans, **AB, M** 421.
RINDERSPACHER, E., **GM** 445.
M. RISCH, Chur, Zürich, **A, Gr** 17, 23, 236, 238, 295, 375.
RIZZI, Wilh. Maria, Cazis, **M** 30.
ROBER, Hans, Chur, **GS** 176.
ROCA, **Gr** 21.
ROFFLER, **A** 431.
ROHBOCK, Ludw., **Gr** 21, 30.
DE ROSALES, E. O., Andeer-Mailand, **M** 451.
RUBENS, P. P., **M** 439.
RÜETSCHI, Aarau, **GG** 376, 394, 398.
RUOSTALLER, Johanes, Lachen, **H** 218.
– Johan Caspar, Lachen, **H** 218.
– Werkstatt, Lachen, **H** 218.
RUSS, Jakob, Ravensburg, **B** 103, 113, 114, 115, 116, 121, 129, 130, 135, 137, 140, 193, 460.
– Werkstatt 242, 246.

SALATHÉ, Friedrich, Paris, **M, Gr** 20.
SALER, Joh. David, Augsburg, **GS** 153, 270.
SAUTER, F. X., Rorschach, **M** 435, 456.
SCHÄFER, Otto, Chur, **A** 236, 238, 295, 375, 429.
SCHÄFER, W., Weesen, **A** 429.
SCHÄRER, Felix, **GM** 366.
SCHARFENBERG, Chur, **M** 342.
SCHEIBER, Paul, Perfuchs, **M** 348.
SCHEUCHZER, Wilh. Rud., München, **M** 21.
SCHILL, Lorenz, **BM** 235.
SCHIRMER, Johannes, St. Gallen, **ZG** 376, 459.

SCHMID, Christian, Bregenz, **GG** 146, 248, 252, 376, 388, 398, 400.
SCHMID, Johannes, Chur, **GG** 394.
SCHMID (SCHMED), Plazi, **B** 450.
SCHMIDT, Christian, Zürich, **M** 65, 254, 376.
SCHMIDT, Georg, Zürich, **M** 434.
SCHMIDT, Vincenz, Chur, **M, OB** 34, 236, 409.
SCHNELLER, Joh. Anton, **M** 405.
SCHNITT, Conrat, Basel, **Gr** 354.
SCHÖCH, Seb., Feldkirch, **Gr** 19.
SCHÖNBÄCHLER, F. Xav., Einsiedeln, **Gr** 19.
SCHONGAUER, Martin, **M** 398.
SCHORNO, Franciscus, Schwyz, **M** 127.
SCHULER, Christian, **MM** 409.
SCHWEIZER (Schwyzer), Christoph, Zürich, **Gr** 354.
SCHWERI, A., Bern, **GM** 57.
SEEKATZ, Joh. Conr., **M** 344.
SEETHALER, Jos. Ant., Augsburg, **GS** 154.
SÉVE, Gilbert de, Paris, **M** 457.
SOLARI, Francesco, St 338.
SPAICH, **OB** 236.
SPENGLER, Wolfgang, Konstanz, **GM** 18, 306, 307, 308, 311, 356.
SPINETTA, Michael, Como, **M** 269.
SPIRING, Jons, Feldkirch, **B** 135.
SPORER, Joseph, Konstanz, **B** 145.
SPRECHER, Moritz, **Z** 292.
VON SPRECHER, Anton Herkules, **Gr** 328, 329, 331.
STADLER, Melchior, Niederaltaich, **AB** 449.
STARCK, Peter, Chur, **GS** 314, 365, 376, 400, 458.
STECHER, Justus, Chur, **H** 368 f., 384.
STEPHAN, Meister, Zürich s. «Meister».
STEUTE, Matthis, Thisis, **AB** 269.
STIPPELDEY, Casp. Xaver, Augsburg, **GS** 154.
STÖCKLI, Xaver, Stans, **M** 451.
STREIT, Johannes, St 338.
STRIGEL, Bernhard, Memmingen, **M** 234.
– Yvo, Memmingen, **AB, M** 194, 197, 234, 422.

STRIGEL, Werkstatt 196.
STURN, Joh. Rud., Chur, **M** 18, 30, 116, 120, 122, 206, 208, 209.
SULSER, Walther, Chur, **A** 38, 98, 147, 259, 434, 436, 440, 442, 453.

TAGBRECHT, Peter, **M** 114.
TAUTENHAHN, Karl Ferdinand, **GS** 252.
THEUS, Felix, Felsberg, **GG** 248.
– Franz, Felsberg, **GG** 393.
– Gebrüder, **GG** 248, 388, 389.
TIMLER, Augsburg, **GS** 246.
THOMAS, S., **OB** 236.

TSCHARNER, Hans, Chur, **BM** 296, 321, 459.
TSCHOP, Jakob, Chur, **GG** 428.
TURING, Conrad, **M** 120.

ULINGER, I. C., **Gr** 363.

VILI (Willi oder Vieli ?), Chur, **BM** 338.
VORSTERMANN, Lucas, **Gr** 439.

WALPEN, Silv., **OB** 236.
WALSER, Johannes, Chur, **ZG** 335.
– Leonhard, **BM** 430.
WALTENSBURGER, Meister, s. «Meister».

WANCKMÜLLER, Johann, Chur, **StM** 34, 35, 459.
WEISS, Hans, von Weesen, **GM** 354.
WERNER, J., Sohn, **M, Gr** 21.
WILLI, Joh. Simeon, Chur, **BM** 35, 338.
WINZENS (Vincenz), Michael, Rabius, **T** 450.
WIRTH, Adam, Chur, **ZG** 428.

ZANOLARI, Giac., Chur, **M** 434, 437, 440.
ZECKEL, Johann, **GS** 407, 414.
ZIMMERMANN, Lienhard, s. Glarner.
ZUM BACH, Adam, Zug, **GM** 415.

VERZEICHNIS DER PHOTOGRAPHEN

(Die Zahlen bezeichnen die Abbildungsnummern)

ARCHIV FÜR HISTORISCHE KUNSTDENKMÄLER im Schweizerischen Landesmuseum, Zürich: Nr. 246–249, 319, 323, 396, 458, 459.
BASSI, C., Bergamo: Nr. 361.
BOISSONNAS, H., Prof., Zürich: Nr. 474.
BONER, Yvonne, Malans: Nr. 324.
BRUCKNER, A., Basel: Nr. 211.
BÜRGERHAUS-ARCHIV, ETH Zürich: Nr. 345, 357, 385–387.
DRÄYER, W., Photogr., Zürich: Nr. 36, 107, 108, 173, 216, 243, 257, 266, 267, 270–276, 335, 360, 365, 366, 369, 370.
GEIGER, J., Photogr., Flims: Nr. 20.
GULER, R., Photograph, Thusis, Nr. 461, 462.
HENNY, Chur: Nr. 310.
HISTORISCHES MUSEUM, Basel: Nr. 217, 218.
LANG, J., Photogr., Chur: Nr. 11, 19, 23, 27, 28, 46, 47, 50–55, 57, 58, 60, 61, 65–67, 72–78, 82, 83, 86, 91, 92, 94, 95, 97–106, 110–127, 135, 137–139, 143–144, 146, 152, 153, 159–167, 169–171, 174–180, 182–186, 188–196, 199–201, 203–208, 213–215, 219, 220, 223, 229, 231, 233, 234, 237, 240, 241, 245, 265, 269, 293, 298, 338, 348, 362, 395, 402, 405, 436, 444.
LINCK, Ernst, Photogr., Zürich: Nr. 463.
LOCHER, Theoph., Dübendorf: Nr. 471, 472.
MEERKÄMPER, E., Photogr., Davos: Nr. 45, 85, 128, 129.
MEISSER, H., Photogr., Zürich: Nr. 389.
MUSÉE D'ART ET D'HISTOIRE, Genf: Nr. 441, 442.
ÖFFENTLICHE KUNSTSAMMLUNG BASEL: Nr. 17.
PEDRETT, A., Photogr., St. Moritz: Nr. 466.
PHOTOGLOB-WEHRLI, Zürich: Nr. 21.

POESCHEL, Erwin, Zürich: Nr. 16, 22, 29–35, 37, 48, 49, 59, 62–64, 84, 93, 109, 130–134, 136, 140–142, 145, 147, 148, 150, 151, 154–158, 168, 181, 187, 197, 198, 202, 209, 210, 212, 222, 225, 235, 236, 238, 239, 242, 244, 254, 263, 264, 268, 279, 284, 299, 300, 305, 308, 309, 312, 322, 331, 347a und b, 364, 367, 368, 372–375, 384, 390, 391, 397, 398, 417, 421, 423, 424, 435, 438, 443, 445, 446.
ROSALES, E. O. de, Andeer-Mailand: Nr. 470.
RUEGG, A., Wallisellen: Nr. 285.
SALZBORN, E., Photogr. Chur: Nr. 25, 280, 297, 302, 306, 307, 330, 332, 333, 336, 342, 349–353, 363, 371, 382, 383, 392–394, 399–401, 403, 412, 418, 419, 426–429, 439.
SAUTER, F. X., Restaurator, Rorschach: Nr. 460, 473, 475, 476.
SCHWEIZERISCHES LANDESMUSEUM, Zürich: Nr. 2–7, 13, 18, 24, 25, 172, 227, 228, 250, 286, 287, 303, 325–329, 334, 354, 355, 376–378, 420, 422, 434, 447–456, 469, 477.
SEEGER-MÜLLER, Th. & H., Photogr., Basel: Nr. 44, 56, 68–71, 79–81, 87–90.
STEINER, A., Photogr., St. Moritz: Nr. 341, 467, 468.
SULSER, W., Dipl. Arch., Chur: Nr. 38, 39.
Unbekannter Photograph: Nr. 337, 404, 409.
VASELLA, Guido, Chur: Nr. 465, 466.
VONOW, Th., Photogr., Chur: Nr. 226, 304, 358.
ZENTRALBIBLIOTHEK, Zürich: Nr. 288, 440.
ZURLINDEN, W., Photogr., Chur: Nr. 318, 320, 321, 346, 356.
Nach dem Original: Nr. 8–10, 12, 14, 311, 379.

GESAMTVERZEICHNIS DER ORTE FÜR BAND II–VII

Hier werden nur die Stellen in den Bänden II—VII aufgeführt, an denen die systematische Beschreibung der Kunstdenkmäler erfolgt, also das Hauptvorkommen der Orte und Talschaften, sowie die dazugehörigen Nachträge und Berichtigungen, nicht jedoch gelegentliche Erwähnungen. Für diese sei der Leser auf die Register der einzelnen Bände verwiesen. Zur raschen Orientierung über die geographische Gliederung des Kantons möge ihm die Karte am Beginn des I. Bandes dienen.

Die römischen Ziffern nennen die Bände, die arabischen die Seiten. – «N» = Nachträge und Berichtigungen.

Talschaften

Albulatal II, 263–404.
Bergell V, 394–473.
Calanca VI, 230–316.
Chur VII, 1–356.
Churwalden II, 215–262.
Davos II, 143–176.
Domleschg IV, 79–178.
Engadin s. Ober- und Unterengadin.
Ferrera V, 203–208.
Fünf Dörfer VII, 357–418.
Heinzenberg IV, 178–224.
Herrschaft II, 1–56.
Lugnez IV, 143–279.
Medels VI, 128–151.
Misox VI, 116–386.
Münstertal V, 282–393.
Oberengadin IV, 314–438.
Oberhalbstein IV, 225–313.
Prätigau II, 57–142.
Puschlav VI, 1–116.
Räzünser Boden IV, 1–78.
Rheinwald V, 251–275.
Safien IV, 131–139.
Samnaun IV, 453–457.
Schams V, 177–251.
Schanfigg II, 177–214.
Tavetsch IV, 151–176.
Unterengadin IV, 439–548.
Vals IV, 220–242.
Vorderrheintal IV, 1–450; V, 1–176.

Orte

Acla (Medels) V, 139.
Acladira IV, 428–436; N: VI, 399.
Acletta V, 111.
Afeier IV, 288.
Aino VI, 94–112.
Almens III, 83–94; N: VII, 437.
Alvaneu II, 329–342.
Alvaschein II, 265–280; N: VII, 432, 433f.
Andeer V, 182–192.
Andergia VI, 360f.
Andest (Andiast) IV, 280–283.
Annunziata VI, 92f.
Anzone VI, 361.
Ardez III, 495–506; VII, 446.
Arosa II, 179–182.
Arpagaus s. Pugaus.

Arvigo VI, 230–236; N: III, 566.
Augio VI, 237–242.
Avers V, 275–281; N: VII, 452f.
Axenstein IV, 289.

Bellaua IV, 289.
Bergün (Bravuogn) II, 379–393; N: VII, 435.
Bevers (Bever) III, 318–322, N: VII, 443.
Biscuolm V, 140.
Bivio III, 227–238; N: VII, 441.
Bodio (Calanca) VI, 262.
Bonaduz III, 3-10; N: VII, 435.
Bondo V, 398–412.
Borgonovo V, 454.
Bos-cha III, 500, 504.
Braggio VI, 242–245.
Brail III, 547f.
Brienz II, 342–348.
Brigels IV, 342–382.
Brusio VI, 7–27; N: VII, 456.
Bucarischuna IV, 214.
Bugnai V, 165–167.
Burwein (Burvagn) III, 246.
Busen (Buseno) 245–252; N: VII, 456.

Cabbiolo VI, 329–332.
Calfreisen II, 182.
Camischolas V, 167f.
Camogask (Camues-ch) s. Ponte.
Campascio VI, 25.
Campieschas IV, 408.
Campiglione VI, 83f.
Campliun IV, 436; N: VII, 448.
Camuns IV, 143-145.
Canova III, 112f.; N: VII, 437f.
Canterdu IV, 289.
Capeder IV, 379–380.
Capella III, 396–398.
Cartatscha IV, 439f.
Casaccia V, 412–426; N: VII, 456.
Castaneda VI, 253–256.
Castasegna V, 426–433.
Casti V, 192–195.
Castiel II, 182–186.
Casut IV, 380.
Cauco VI, S. 256–264.
Cavaione VI, 26.
Caverdiras V, 117–119.
Cavorgia V, 168.

Cazis III, 178–200; N: VII, 440f.
Cebbia VI, 361f.
Celerina (Schlarigna) III 322–339.
Chur VII, 1–356; N: VII, 426f.
Churwalden II, 215–248; N: VII, 432.
Cierfs (Tschierv) V, 285–287.
Cinuskel III, 399–403.
Clavadi IV, 406.
Clugin V, 195–199; N: VII, 451.
Cologna VI, 86f.
Coltura V, 448.
Compadials IV, 402f.
Compatsch III, 455f.; N: IV, 466.
Conters i. Pr. II, 116.
Conters i. O. (Cunter) III, 238–246; N: VII, 441f.
Cons IV, 278.
Cresta (Avers) V, 277–280.
Cumbels IV, 146–153.
Cuoz V, 128.
Curaglia V, 134–139.

Danis IV, 372–376.
Dardin IV, 376–382.
Darvella IV, 440f.
Davos II, 143–176; N: VII, 431.
Del III, 277f.
Disentis (Mustèr) V, 1–128; N: VI, 399; VII 449ff.
Disla V, 119f.
Doira VI, 362.
Donat V, 199–203.
Dusch III, 115–117; N: VII, 438f.
Duvin IV, 153f.

Egga (Obersaxen) IV, 290.
Ems (Domat) III, 10–38; N: VII, 435f.

Faller III, 248–250.
Fanas II, 61–62; N: VII, 431.
Fardün V, 216–219.
Feldis III, 94–97, N: VII, 437.
Fellers IV, 32–42; N: VII, 447.
Felsberg III, 38–42; N: VII, 436.
Ferrera 203–208.
   Außer-Ferrera V, 204f.
   Cresta V, 205–207.
   Inner-Ferrera V, 207f.

GESAMTVERZEICHNIS DER ORTE FÜR BAND II–VII

Fetan (Ftan) III, 469–472.
Fex III, 410–413; N: VII, 445.
Fidaz IV, 12–14; N: VII, 447.
Fideris II, 86–92; N:VII, 431.
Filisur II, 393–400.
Fläsch II, 3–5; N: VII, 428 f.
Flerden III, 200–203.
Flims IV, 9–21.
Flix III, 300 f.
Flond IV, 42 f.
Frauenkirch II, 169–172.
Frund IV, 235 f.
Fürstenau III, 97–103.
Fuldera V, 288 f.
Funs V, 120.
Furna II, 92–94.
Furns V, 141.
Furth (Uors) IV, 155–157.

Garschenna (Carschenna) III, 146.
Giarsun III, 514.
Giuf (Tavetsch) V, 169.
Glaris II, 173.
Grepault IV, 411, 412; N: VII, 448.
Grono VI, 130–143.
Grüsch II, 72–78.
Guarda III, 506–514; VII, 446.
Gula IV, 307 f.

Haldenstein VII, 362–373; N: VII, 457.
Hinterrhein V, 251–256.
Hohenrätien III, 152–154; N: VII, 439.

Igels IV, 159–179.
Igis VII, 373–387.
Ilanz IV, 43–66; N: VII, 447.
Isola V, 455.
Jenaz II, 95–98.
Jenins II, 5–11.
Jennisberg II, 400.
Juf (Avers) V, 280 f.; N: VII, 453.
Julier III, 227 f.; N: VII, 441.

Kästris (Castrisch) IV, 66–69.
Klosters II, 132–139; N: VII, 431.
Küblis II, 122–128; N: VII, 431.

Laax IV, 69–78.
Ladir IV, 78–84.
Lain IV, 300–309; N: I, 292.
Landarenca VI, 264–268.
Langwies II, 186–192; N: III, 566.
Laret (Davos) II, 168 f.
Laret (Samnaun) III, 457.
Lasciallo VI, 262 f.
Latsch II, 389 f.

Laus IV, 403.
Lavin III, 514–519.
Leggia VI, 144–149.
Lenz (Lantsch) II, 349–370; N: VII, 435.
Le Prese VI, 112–115.
Leso VI, 362.
Lohn V, 208–211.
Lostallo VI, 316–329.
Lü V, 289–291.
Lüen II, 192–198.
Lumbrein IV, 179–200; N: VII, 447.
Luvis (Luven) IV, 85–87.
Luvreu III, 88.
Luzein II, 99–110.
Luzisteig s. Maienfeld.

Madernal V, 120.
Madrisch V, 280.
Madulain III, 339–343.
Maienfeld II, 11–38; N: VII, 429 f.
Maladers II, 198–201; N:VII, 432.
Malans II, 38–56; N: VII, 431.
Malix II, 248–254; N: I, 292; VII, 432.
Manas (Vna) III, 450–453.
Marmels (Marmorera) III, 246 f.
Marschlins VII, 378–386.
Martinsbruck (Punt Martina) III, 465 f.
Masciadone VI, 263 f.
Masein III, 203–206.
Mastrils VII, 387–389.
Mathon V, 211–216; N:VI, 399.
Medels (Medel) V, 129–151.
Medels (Rheinwald) V, 257 f.
Meierhof (Obersaxen) IV, 283–286, 290 f.
Mesocco VI, 334–372; N:VII, 456.
Mezzaselva II, 132.
Miralago VI, 26.
Miraniga IV, 294.
Misanänga IV, 294.
Mistail II, 266–275; N: VII, 432 f.
Molinis II, 202; N: VII, 432.
Mompe-Medel V, 121–124.
Mompe-Tavetsch V, 124 f.
Mons (Mon) II, 280–290; N: III, 566; VII, 434 f.
Monstein II, 176.
Monticello VI, 221–225.
Morissen IV, 200–202.
Motta VI, 26 f.
Mühlen (Mulegns) III, 247–249.
Münster (Müstair) V, 292–371; N: VI, 399; VII, 453–456.
Muldain II, 296–299.

Munt IV, 215.
Mutschnengia V, 142.
Mutten II, 290 f.

Nadels IV, 442.
Neukirch (Safien) IV, 138 f.
Neukirch (Surcuolm) IV, 202 f.
Nivaigl II, 309.
Nufenen V, 257 f.

Oberkastels (Surcasti) IV, 204–209; N: VII, 448.
Obersaxen IV, 283–298.
Obervaz II, 292–309, N: VII, 435.

Pagig II, 202.
Pagnoncini VI, 93.
Pali V, 144.
Panix (Pigniu) IV, 298–301.
Pany II, 108–110.
Parde V, 145; N: VII, 451 f.
Pardisla III, 109.
Parpan II, 254–262; N: VII, 432.
Paspels III, 102–117; N: IV, 466.
Pedemonte VI, 111.
Peiden IV, 209–211; N:VI, 399.
Peil IV, 238.
Peist V, 203.
Perdomet V, 120.
Pian S. Giacomo VI, 362.
Pignieu V, 219–221.
Pisciadello VI, 111.
Pitasch IV, 87–89.
Plan III, 457.
Platta V, 130–134.
Platänga IV, 294–296.
Pleiv IV, 249–262.
Ponte-Camogask (Punt Chamues-ch) III, 343–358.
Pontresina III, 358–373; N: VII, 443.
Portein III, 206–208.
Poschiavo VI, 28–82; N: VII, 456.
Prada II, 277.
Prada (Puschlav) VI, 87–94.
Praden II, 210.
Präsanz (Parsons) III, 250-258.
Präz III, 208–210.
Pratval III, 117–121.
Promontogno V, 410–412.
Pugaus IV, 380–382.
Putz II, 109.
Puzzatsch IV, 275–278.

Rabius IV, 407 f.
Räzüns III, 42–78; N:VII, 437.
Ravaisch III, 457.
Reams (Riom) III, 258–260.
Reichenau IV, 23–26; VII, 447.
Reischen V, 246 f.

ANHANG

REMÜS (Ramosch) III, 441–453; N: VII, 445.
RENTIEL III, 190.
RIEIN IV, 89 f.
RINGGENBERG IV, 442 ff., 449 f.
RODELS III, 121–127.
ROFFNA (Rona) III, 261–264.
ROSSA VI, 268–273.
ROTENBRUNNEN III, 128–130.
ROVEREDO VI, 149–196; N: VII, 456.
RUERAS V, 169–171, 176.
RUIS (Rueun) IV, 301–312; N: VII, 448.
RUMEIN IV, 177 f.
RUN IV, 408.
RUSCHEIN IV, 91–95; N: VII, 447 f.

SAAS II, 128–132.
SAFIEN IV, 131–139.
SAGENS (Sagogn) IV, 94–104; VII, 447.
SALASCHIGNS III, 256–258.
Salux (Salouf) III, 264–280; N: VII, 441.
SALÜDEN VI, 273.
SAMADEN (Samedan) III, 374–388; N: VII, 444 f.
SAMNAUN III, 453–457.
S. ANDRIU IV, 190–194.
ST. ANTÖNIEN II, 110–116.
S. BENEDETG IV, 403–406.
S. BERNARDINO VI, 357–360.
S. CARLO (Calanca) VI, 250–252.
STA. DOMENICA VI, 273–283; N: VII, 456.
S. GALL V, 145.
S. GION (Medels) V, 146.
STA. MARIA DI CALANCA VI, 283–312.
S. MARIA (Lukmanier) V, 148.
STA. MARIA (Münstertal) V, 372–389.
ST. MARTIN (Lugnez) IV, 211–214.
ST. MARTIN (Obersaxen) IV, 287 f.
ST. MORITZ III, 388–392.
SAN NICLA III, 467–469.
ST. PETER II, 203–209.
SAN RUMEDI VI, 20–25.
S. VITTORE VI, 197–225.
SARN III, 210–212.
SAVOGNIN III, 280–296; N: VII, 442.
SCANFS (S-chanf) III, 392–404.
SCARL (S-charl) III, 481 f.
SCHARANS III, 130–138.
SCHEID III, 138–143; N: VII, 438.
SCHIERS II, 78–86; VII, 431.
SCHLAPPIN II, 142.

SCHLEINS (Tschlin) III, 457–469; N: VII, 445.
SCHLEUIS IV, 104–109; N: VI, 399.
SCHMITTEN (Albulatal) II, 370–376.
SCHMITTEN i. Pr. II, 70–72.
SCHNAUS IV, 109–111.
SCHUDERS II, 83–86.
SCHULS (Scuol) III, 472–482; N: IV, 466; VII, 445.
SCULMS IV, 128.
SEDRUN V, 152–165.
SEEWIS i. O. (Sevgein) IV, 111–122.
SEEWIS i. Pr. II, 62–72.
SEGNES V, 125.
SELMA VI, 312–315.
SELVA (Puschlav) VI, 84 f.
SELVA (Tavetsch) V, 171 f.
SENT III, 483–495; VII, 445 f.
SEPTIMER III, 236–238.
SERNEUS II, 139 ff.; N: VII, 431.
SERTIG V, 172–176.
SETH (Siat) IV, 312–321; N: VII, 448.
SILGIN IV, 194–198.
SILS i. D. III, 143–154; N: VII, 438.
SILS i. E. (Segl) III, 404–413.
SILVAPLANA III, 413–418; N: I, 292.
SOAZZA VI, 372–386.
SOGLIO V, 433–445.
SOLADÜRA IV, 238–240.
SOLIS II, 310.
SOMVIX IV, 391–411; N: VII, 448.
SORTE VI, 332–334.
SPLÜGEN V, 259–272; N: VII, 452.
STAMPA V, 445–455.
STRADA i. E. III, 469.
STRAHLEGG II, 92.
STÜRFIS (Maienfeld) II, 38.
STÜRVIS (Stierva) II, 310–319.
STULS (Stugl) II, 390–393.
SÜS (Susch) III, 519–527.
SUFERS V, 272–275.
SULIVA V, 150.
SULSANNA III, 404.
SUMOTTI VI, 86.
SUORCUOLM s. Neukirch.
SUR III, 296–301.
SURAVA II, 376–378.
SURCASTI s. Oberkastels.
SUREN III, 507.
SURLEJ III, 418.
SUR-RAIN (Tavetsch) V, 172 f.
SURREIN IV, 408–410.
SURRIN IV, 198–200.

TAMINS IV, 21–26.

TARASP III, 527–538; N: VII, 445 f.
TARTAR III, 213.
TAVETSCH V, 151–176.
TENNA IV, 139–142.
TERSNAUS IV, 215–219.
THUSIS III, 213 ff.; N: VII, 441.
TIEFENKASTEL II, 320–328; N: VII, 435.
TINZEN (Tinizong) III, 302–313.
TOMILS III, 154–176; N: VII, 439 f.
TRANS III, 176-178; N: VII, 440.
TRAVISASCH IV, 214 f.
TRIMMIS VII, 389–395.
TRINS (Trin) IV, 27–32; N: VII, 447.
TRUNS (Trun) IV, 411–450; N: VI, 399; VII, 448 f.
TSCHAMANADA IV, 278 f.
TSCHAMUT V, 173 f.
TSCHAPPINA III, 222 f.
TSCHIERTSCHEN II, 211–214; N: VII, 432.
TSCHUGGEN (Davos) II, 169.
TUOR IV, 411.
TUORA IV, 104.

UNTERVAZ VII, 395–402.
URMEIN III, 223 f.

VAL (Somvix) 411.
VALATA IV, 296.
VALBELLA (Calanca) VI, 272.
VALCAVA (Valchava) V, 389–393; N: VI, 399.
VALÉ IV, 238–241.
VALENDAS IV, 122–128.
VALS IV, 220–242; N: VII, 422, 424, 448.
VANESCHA V, 279.
VATTIZ IV, 178 f.
VAZEROL II, 343.
VERDABBIO VI, 226–229.
VERSAM IV, 128–130.
VIANO VI, 27.
VICOSOPRANO V, 456–473.
VIGENS IV, 242–248.
VILLA IV, 248–266.
VRIN IV, 266–279.
VULPERA III, 530.

WALTENSBURG (Vuorz) IV, 321–341.
WERGENSTEIN V, 221.
WIESEN II, 400–404.

ZAFRAILA IV, 241 f.
ZARCUNS V, 174–176.
ZERNEZ III, 538–547; VII, 446.
ZILLIS V, 222–251; N: VI, 399.
ZITEIL III, 278–280.
ZIZERS VII, 402–418.
ZORTEN II, 292–295.
ZUOZ III, 418–438.

Die Kunstdenkmäler des Kanton

9783764308087.3